U0935354

后浪出版公司

欧洲与没有历史的人

著｜[美] 埃里克·R. 沃尔夫
译｜贾士蘅

EUROPE AND THE PEOPLE WITHOUT HISTORY

Eric R. Wolf

民主与建设出版社
·北京·

献给席黛尔

目　录

第一部分　联　系

第二部分　寻求财富

第三部分　资本主义

1982 年版前言

我在 1968 年写道，人类学应该发掘历史，尤其是解释当代世界的社会系统如何演变为现今面貌的历史，需要的是对于诸社会的分析眼光，包括我们身处的社会。我相信，我们需要这种分析历史以抵挡现今人文学科中日渐取得优势的形式化的理性，形式化即不再探求人类行动的原因，只寻找大体由制式词语堆砌问题的制式解答。研究方法愈渐精细，成果却是陈腐老调。由琐细趋向无关紧要，我想，我们要从过去寻找现在的成因。只有通过这个方法，我们才能理解推动诸社会与文化演变成今天面貌的力量。本书的信念源自于此。

从一开始我就知道，此种分析的历史无法仅通过对单一文化或国家、单一文化区域，甚至某一洲单一时期的研究得知，而必须回到早期人类学的洞见，恢复曾经导引阿弗烈·克鲁伯（Alfred Kroeber）、拉尔夫·林顿（Ralph Linton）等人类学家的灵感，借由他们努力建立的全球文化史。他们明白，我们却似乎遗忘，文化是从和其他群体互动中建立起来的，而非孤绝地形成。

但早期人类学甚少着墨推动诸文化自 1492 年以来互动的主要力量，此力量驱使欧洲进行商业扩张与工业资本主义。然而，这些人类学家试图勾勒的文化联系，只有透过它们各自的政治与经济脉络才能被清晰理解。

因此，人类学的洞见必须在新的、历史取向的政治经济学的映照下重新被审视。

这样一种再思考，必须超越描述西方历史的惯常方式，考虑到西方与非西方的群体是如何共同参与这个世界性进程的。多数人类学家研究过的群体早就被卷进欧洲扩张造成的改变中，他们也是造就这些改变的力量。我们不能再自满于撰写有关得胜精英的历史，或再添上几笔族群顺服的记录。社会史学家与历史社会学家已经说明，普罗大众是历史进程中积极的行动主体，就像他们同时是受害者与沉默的见证人。因此，我们要揭露“没有历史的人”的历史，即关于“未开化的族群”、农民、工人、移民与被征服的少数族群的鲜活历史。

为达目的，本书致力跨越划分不同人文学科的分界线，消除西方与非西方历史之间的界限。我在这本书中秉持的信念是，我们能够更好地理解人类的处境，它就掌握在我们手中。

本书的构想诞生自20世纪60年代末的思想重估风潮。1973—1974年，在国家人文基金会（National Endowment for the Humanities）的赞助下，我在英国进行了为期1年的研究。对于基金会给予的支持，我衷心感谢。

我自1974年春天起着手撰写本书，全书定稿于1981年。几位友人以批判的眼光审阅过此书。我心怀感激，他们是罗德里克·艾亚（Roderick Aya）、理查德·福克斯（Richard Fox）、艾什勒弗·贾尼（Ashraf Ghani）、雪莉·林登鲍姆（Shirley Lindenbaum）、雷娜·拉普（Rayna Rapp）、罗杰·桑杰克（Roger Sanjek）、简·施奈德（Jane Schneider）与彼得·施奈德（Peter Schneider）。塞缪尔·鲍尔斯（Samuel Bowles）与文思理（Sidney Mintz）花时间与我通信讨论书中的众多论点。他们提出的部分意见我并未遵从，此责任自然在我。我深深哀悼挚友安杰尔·帕勒姆（Angel Palerm）的离世，他未及见到本书完成，我怀念他深入而极具洞察力的评论。

我还要感谢以下人士提供资料使用方面的协助，包括安妮·贝利（Anne Bailey）、马里奥·比克（Mario Bick）、查尔斯·毕夏普（Charles Bishop）、沃伦·迪波尔（Warren DeBoer）、艾什勒弗·贾尼、赫伯特·古特曼（Herbert Gutman）、雪莉·胡内（Shirley Hune）、赫伯特·克莱恩（Herbert Klein）、卡罗尔·克雷默（Carol Kramer）、赫尔曼·里贝尔（Hermann Rebel）、罗杰·桑杰克、杰拉尔德·赛达（Gerald Sider)、胡安·维拉玛林（Juan Villamarín)、伊丽莎白·沃尔（Elizabeth Wahl) 与弗雷德里克·怀亚特（Frederick Wyatt)。在图片资料部分，我得到以下人士的帮忙与协助，包括海耶基金会（Heye Foundation) 赞助的美洲印第安人博物馆（Museum of American Indian）的馆员安娜·罗斯福（Anna Roosevelt）、詹姆斯·史密斯（James G. E. Smith) 与唐纳德·维尔纳（Donald Werner）；美国自然历史博物馆（American Museum of Natural History）的罗伯特·卡内罗（Robert Carneiro）、芭芭拉·康克林（Barbara Conklin) 与戈登·埃克霍尔姆（Gordon Ekholm）；史密森学会（Smithsonian Institution）的威廉·斯特蒂文特（William Sturtevant）；以及兰布罗斯·科米塔斯（Lambros Comitas）、琼·芬弗尔（June Finfer）、弗雷德·波珀（Fred Popper）、露西娅·伍德·桑德斯（Lucie Wood Saunders）、伯纳德·夏皮罗（Bernard B. Shapiro）、阿奇博尔德·辛汉（Archibald Singham）。诺尔·迪亚兹（Noël L. Diaz）与卡里尔·戴维斯（Caryl Davis）为本书绘制了绝佳的地图。我要向以上每一位致上最深的谢意。我还要感谢伦敦大学的伦敦亚非学院（The School of Oriental and African Studies）与伦敦政治经济学院（London School of Economics and Political Science），允许我利用图书馆馆藏。在研究过程中，纽约城市大学的赫伯特·莱曼学院（Herbert H. Lehman College），以及研究生院与大学中心的人类学博士课程，在研究、教学与思想交流等方面对我都极具启发。能有此机会，我要表达深切的感激之情。

若没有我的助手和另一半席黛尔·西尔弗曼（Sydel Silverman）提供的意见、编辑技巧与源源不绝的鼓励支持，与最重要的，她给予的人类学批判，以上种种努力无法化作丰硕的成果。“这么多的事物，我已经全部窥觑。凭借你的美善、你的大能，它们的恩泽和力量我方能瞻盱。”（《神曲 3·天堂篇》，第三十一章，黄国彬译）怀抱着爱意与尊敬，我将这本书献给她。

埃里克·R. 沃尔夫

1997年版前言

自本书面世至今，15年过去了，似乎是适切的时机对成书的初衷与读者的理解做一回顾。此版前言也让我有机会澄清评论提出的几个问题，不论是友好的还是批评的。

我以人类学家的身份撰写此书，书中也涉及历史学与其他社会科学。我试着提出历史的观点，分析跨越时间显现的结构与模式。我也尝试将人类学的发现与历史取向的政治经济学观点联结在一起，尤其着重于历史的面向。“政治经济学”一词，通常被界定为关于社会与国家的资源如何集中与分配的研究，倾向于混淆两种问题取径。其一采取衍生自市场经济学的技术评定国家财政政策。另外一个取径，也是我所从事的，研究诸社会、诸国家与诸市场，视之为随历史演化的现象，并质疑当中资本主义的经验衍生的特定概念，是否可以普遍化以涵盖各时代和地区。我们必须特别记住，马克思将《资本论》的副书名定为“政治经济学批判”。因此，我沿用“政治经济学”一词，用以指称对于不同国家与社会的经济基础演变轨迹的怀疑。

我运用历史与政治经济学，是为了将人类学研究的群体摆置在更广的权力场中，此一权力场产生自控制社会劳动的权力系统。这些系统并不恒久，它们会发展与改变。因此，去了解它们如何在时间与空间中开展并影响更多人群很重要。尽管我以人类学家而非专业历史学家的身份撰写本书，但我的确认识到历史的重要性。去了解这些系统如何、为何发展并扩展对于各群体的支配也很重要，基于此，我尤其着重政治权力与经济如何彼此维持与相互驱策。尽管我并非经济学者，但我认为描绘深植于历史中的政治经济学，对于了解决定并环绕人类生活四周的结构是极其必要的。我不同意某些意见，认为这无法告诉我们多少“真实的人民从事的真实的事”，我认为这正是此一取径所能说明的。或许就像“天国的馅饼”般是无法实现的许诺，但在现世如何派发馅饼仍旧是一个与生存密切相关的问题。

如何以一个适切的书名描绘上述问题意识，着实煞费苦思。关于“没有历史的人”一词，我不敢掠美，其发明须追溯至 19 世纪。马克思与恩格斯以此语表述他们对于东欧的国家分离主义运动缺乏同情。我的用意是反讽的，但这层意思并没有为某些读者理解。我意在挑战那些认为仅有欧洲人造就了历史的想法。选择 1400 年作为展示这一点的最初时间点，我希望清楚显示出，欧洲在扩张历程中，四处碰上拥有长远与复杂历史的人类诸社会与诸文化。我主张这些发展并非彼此独立而是互相联系的，而这种相互关联的特质，于欧洲建立的世界亦然。欧洲扩张的历史与它包含的诸群体的历史交错，而这些群体的历史又会回过头与欧洲的历史发生联系。既然这些历史的绝大部分都与资本主义的兴起与扩张有关，“欧洲”一语也可看作了解此一生产方式发展的捷径。此一生产方式孕育于欧亚大陆欧洲半岛，并逐渐支配其他各大洲的广阔地域。

写作本书的目的，并非提供范围广阔、涵盖全球的历史记录，或资本主义如何在全球扩张的世界史。初衷是为指出，我们无从适切了解人类诸社会与诸文化，除非能勾勒出它们历经漫长时空彼此之间的相互联系与相互倚赖。

我的断言具有实证基础，而不只因为我相信世上所有一切最终都彼此联结。在方法论上，过去社会科学中被称为“功能论”的分析仍然有用，特别是针对那些既不清楚、也不明显的内在关联。同时，我们也需不停自我提醒，任何组成结构的元素极少是稳定的，也极少回归最初的平衡状态。社会结构的内在联系被压力、矛盾、破裂的缝线标示出来，在更广大领域的互动产生的压力环绕下暴露出来。诸社会与诸文化永远是更大系统的组成部分。在资本主义兴起前的时代如此，而在资本主义生产方式已殖民全球更多地区的社会与文化生活的现今，更是明显。此种扩张造成全球各地域的群体在社会与文化生活方面的巨大改变已是常识，但还有更重大的工作亟待进行，即概念化与解释扩张的原因以及带来效应的本质。

为了点出这些相互倚赖和影响，我援引马克思众多极为有用的有关“生产方式”的概念库藏。如同文中解释的，我发现此概念在分析上卓有成效，就智识而言也极为丰硕。此概念强调社会如何动员社会劳动，将重点放在人类个体和整体对自然环境的关系、人群对人群的社会关系，引导了这些关系的国家与社会的机制与结构，以及传递这些关系的思想。这些关系性的概念用途是马克思主义传统的重要遗产。

马克思思想于我而言是取之不尽的，对此我并无歉意。现今有一种倾向要将这套思想都丢到智识史的废纸堆中。我们必须自我提醒，马克思主义传统包含多种思想与政略，其中有部分远比正统马克思主义，尤其是政治影响力最大的那些，要丰富。我有意使用“马克思的”（Marxian）一词，用以表明该传统的多样性，而非“马克思主义”（Marxist），因为此词的意涵已经被限缩成专指特定的政治。如果不能善用马克思的遗产，我们的智识与政治世界将陷入贫困，就如同社会学的门徒若因为马克斯·韦伯是热切的德国主义者便抛弃他，或物理学因为牛顿的秘密炼金术士身份便舍弃他，而造成损失那般。当然，并不需要将任何一位重要人物供奉在恒久不变的真理的万神殿，因为他们在各自的时代也并非总是正确，有时也会修正自己提出的理论与观点，某些诠释也经不起时间的考验。就马克思而言，尤其要将他分析者与先知的身份划分开来。马克思的许多分析仍然启发我们，但他对于新的阶级“自在”（in itself）如何得到“自为”（for itself）的阶级意识的预测，即便在他的时代，也缺乏社会学的实证。

使用马克思的概念也意味参与一场为时已久的辩论，关于马克思传统作为看待世界的方式。此传统通常被认为可以划分出两个范畴，“系统马克思主义”（Systems Marxism）与“普罗米修斯式的马克思主义”

（Promethean Marxism）。“系统马克思主义”期许成为一门科学，一门有着逻辑上相关的假定的学科，可以用来制定历史上社会发展的普遍定律。“普罗米修斯式的马克思主义”体现了将人类自经济与政治的剥削中解放获得自由的愿望，赞颂革命的意志，并视革命为通往此一愿望实现的未来的必经道路。

部分读者以近乎相反的政治立场阅读《欧洲与没有历史的人》，将这本书看作“系统马克思主义”的操演，不是将它视为智识圈的“特洛伊木马”，就是哀叹它欠缺普罗米修斯式的热切。我的确引用了马克思的概念，但并非援引基本的意涵，即以归纳出普遍法则为目标的科学。我将这些概念看作是引导研究发现的假说。对一个范围更广的任务而言，它们仅是最初的估计，其后在某些特定的案例中将看到它们是否适用。此一努力也牵涉使用外加的或替代的解释策略。至于普罗米修斯，我想对于革命意志的颂扬和美誉更适宜去标记精英分子带领的革命，而非期许改变基础广泛的普罗人民运动。而普罗米修斯的神话故事本身也不怎么支持这一点。他偷盗天火并带给凡人的举动，其下场是被永远锁在山崖，肝脏为宙斯的隼鹰日日啄食。

我提出以上思考，以更清楚界定《欧洲与没有历史的人》的主题。这本书并不是要介绍整合的全球发展的马克思理论。书中引用马克思的理论概念，是帮助我定位人类学研究的诸群体，在权力场域中他们成为研究对象。如同某些读者提到的，我的书并非针对理论概念的研究。如果我为此受责难，我只能说这就是我写的书，其他人可以写他们要写的。诸如我关注资本主义中重要商品的历史与分布，我的兴趣并不在于“商品崇拜”概念的问题意识，我的目标是展示商品的生产与贸易如何与生产出这些商品的群体发生关系，因为这一点影响他们的生活至深。

与某些评论指出的正好相反，我从未在这本书里或任何其他地方主张，被并入资本主义的网络就必然摧毁了诸群体独特的、植根于历史的文化理解与实践，使得既有的文化模式失去作用，不再相干。我的确将商品采集与生产者描绘为“资本主义的中介者”，如同我将资本主义体制下的劳工群体描绘为为资本主义企业提供劳动力赚取工资者。这么做是因为我相信，全世界各个区域群体的生活已经愈发在资本主义市场的支配之下，包括那些提供劳动力待售的区域。这里并不是要提供更多“资本主义宇宙论”（cosmologies of capitalism）下“忧郁的转义”（tristes tropes）。资本主义或许有、也或许没有使得特定的文化失去活力，但资本主义太过赤裸真实的传散确实引发几个疑问，究竟接连被拉进资本主义运行轨道的诸群体，如何提出与更新他们的理解，以回应新处境带来的机会与危机？提出这些问题并非意味民族志的终结。正好相反，我们迫切需要更多的民族志，因为获知问题的答案不能仅仰赖理论。

为了更适切地评估关于人类行为本质某些未经检验的浪漫想法，我们需要更进一步的民族志。类似的想法日渐普遍，从对于本书的回响中也可以看出来。未经检验的想法之一就是认为人类拥有与生俱来的创造力，能够随心所欲地表现和自我创造。另一种浪漫想法则是认为人类会本能地抵抗权威支配，并且“抵抗”可以被一元化地看待和研究。我相信这些就是类似思想的源头。人并非总是抵抗身处的限制，并不能随心所欲地在他们自己选择的文化建构下重新进行自我改造。文化改造与文化变迁在多变的、但也是极为限定的环境下持续发生。这些环境会活化也会抑制，既引发也使得抵抗消散。只有实证的研究能回答不同的群体如何在他们各自的多变环境下形塑、适应或抛弃他们的文化理解——或相反地，发现自己受阻于达成以上这些。还有待我们解答的问题是，某些群体的文化理解为何与如何适应认同资本主义，由此更加繁荣，另一些却不然。

另外，我也要澄清资本主义概念于本书的使用。资本主义生产方式在各地也许同样都被资本积累与劳动力两者的动态互动所驱动，但此一动态互动可能有各种各样的外观形式与表现。在《欧洲与没有历史的人》一书中，我把重点放在资本所有权与管理阶层雇用劳动力进行工厂生产的组合模式上，以此作为策略性手段，资本主义得以复旧其他种类的生产方式。在另外一些情形中，资本主义的生产在商业资本的挹注之下走得更远。在我看来，以计算机为基础的控制与资讯技术，联同新的运输模式，足以支持分散化的资本主义，借由家户生产与“弹性的”工作坊强化资本累积。历史上，此一生产方式曾经屈从于扩张与收缩的阶段。不同阶段的改变，伴随包括产量调配、以生产为目的的技术与组织配制、工厂设备与市场的地理分布、工人招募与人事安排等变革。驱动资本主义生产方式的逻辑也许是单一的，但与此同时，各种各样的运作方式也造就差异化与异质的外貌。我在本书强调了此论点。当资本主义扩大影响范围并寻得新利基，它同时造就获取利润的多变方式。这些赚取利润的不同方案吸引新的劳动力、新的中产阶级与创业阶层的注意。由此，他们全都要面对如下问题，即差异的文化理解如何符合持续改变的政治经济的要求。而他们会如何适应，这一点无法事先预测。

最终，问出正确的问题并找到满意答案，要求我们回归基础的理论问题。所有的社会科学，包括人类学在内，都横跨在两种真实之间，即自然世界的真实与人类借由技术与组织对它做的转化，以及人类彼此之间沟通习得的层级化、有组织的知识与象征操作的真实。两种真实的对比困扰着西方哲学，包括马克思的观点在内，并持续在人类学浮出水面，不论我们如何变着辩证的戏法希望跨越两者的区分。面对这个僵局的方法之一就是忽视它。某些人类学家视物质世界的行为为首要，对于人类自己的心灵活动报告并不照单全收。另一些以人类界定自身的心灵图式为优先，把物质世界的行为看作是理智世界的短暂现象。还有一些人务实地赋予行动与理念同等的重要性与价值，尽管他们推迟任何关于二者如何协调的讨论。

解答这个争议的关键或许仍未掌握在手中，但是，借由聚焦特定领域内物质与心灵活动的交会，我们或许能得到部分的答案，并将研究向前推进一步。在《欧洲与没有历史的人》的终章，我提出了一个建议做法，即应该更仔细地探究权力关系，因为它是社会中社会劳动力的调配，以及规定劳动分工中哪些人做哪些事的心灵图式二者的中介。这个建议有几个意涵。其中之一是，让我们注意到社会分工与心灵图式都随着男性与女性、年轻者与年长者、富裕者与贫穷者、定居者与移民、有权势者与无权势者，以及得为精神代言者与无法做到者变异。这一点反过来将我们的注意力导引到使得这些社会分布与理解和想象变得协调一致的各种过程。由此，我们或许可更清楚看出知识如何在言语与非言语表达中累积、沟通或受到禁制。而普世的秩序又是如何增进、诉求建构和积累某些形式的权力，并使另外一些噤声、再不被提及。还有，为何某些心灵图式相较另一些在性别、阶级与族群构成中取得主导地位，尽管也有另外的图式试图挑战主导权。这些相互联结的疑问，应该会让我们的注意力集中在某些问题上，而非随意地关注有限的社会与文化实体。关切历史的政治经济学与政治经济的历史学二者都有必要，文化分析与田野的民族志二者亦然。已有部分工作此刻正在进行，还有更多亟待我们去做。

第一部分

联　系

第1章

导论

本书的主旨在于说明人类世界的面貌是多样的，它是由许多过程彼此联结而构成的整体。因此，任何将这个整体拆散为星星点点，而后又不能加以拼合复原的研究，都是歪曲事实真相。如“民族/国家”、“社会”和“文化”这样的概念，所能指称的内容甚少，却喧宾夺主地想以此来取代我们对真实历史的认识。如果能够了解这些名词其实反映了一种多重关系的纠结，并且重新将这些抽象名词放在事实脉络中理解，我们才可望避免歪曲的论断而增加对事实真相的了解。

说我们都住在“一个世界”，已是老生常谈。各地区间有生态上的关系：纽约可以感染香港流行性感冒；美洲的蚜虫可以摧毁欧洲的葡萄藤。各地区间有人口学上的关系：牙买加人移居伦敦；中国人移居新加坡。各地区间有经济上的关系：波斯湾油井的关闭造成俄亥俄发电厂的停顿；美国收支失衡，使美金流入法兰克福或横滨的银行户头；意大利人在苏联生产菲亚特牌汽车；日本人在锡兰（今斯里兰卡）修造水力发电厂。各地区间有政治上的关系：在欧洲开始的战争激起全球回响；美国军队干预亚洲周边地区；芬兰人防守以色列与埃及间的边界。

这个情形不仅是发生在现在，也发生在过去。欧亚大陆的疾病曾经几乎毁灭了美洲和大洋洲的原住民，梅毒由新世界进入旧世界。欧洲人及其动植物入侵南北美洲。美洲的马铃薯、玉蜀黍和树薯传播到旧世界各地。大量的非洲人硬是被人用船载往新世界。中国和印度的雇佣劳工被运往东南亚和西印度群岛。葡萄牙在中国沿海的澳门建立殖民地。尼德兰人使用孟加拉劳力建造了巴达维亚（Batavia）。爱尔兰儿童被售往西印度群岛做苦工。逃亡的非洲奴隶在苏里南（Surinam）的山中避难。欧洲人学会仿制印度的织物和中国的瓷器，喝原产于美洲的巧克力饮料，抽原产于美洲的烟草，使用阿拉伯数字。

这些大家都熟悉的事实，显示出由接触、联结，进而产生了互动的关系。但是当我们为了了解看到的事实而求教于学者时，他们却往往忽视这些过程。历史学家、经济学家和政治学家以个别的国家为研究的基本单位。社会学仍然将世界分割为相互独立的社会。甚至一度十分注意文化特征在全世界如何传播的人类学，竟也把其研究的主题分为个别的事例。人类学家说，每一个社会有其特殊的文化，这些文化自成一体，彼此有明显的区别与界线。

如果社会与文化的差异性和相互离异性是人类的特点，那么我们应该最容易在所谓的原始民族——“没有历史的人”——中找到这个特点；照理说这些民族是孤立于外在世界的，同时他们彼此也孤立。根据这个前提，我们对于早在1570年欧洲商品已出现在尼亚加拉（Niagara）边疆遗址，而到了1670年易洛魁人（Iroquois）的子群奥内达加人（Onondaga）的遗址上除了烟斗以外几乎别无原住民制造品等考古发现，又如何解释？在大西洋的另一侧，庞大非洲人口群的组织和取向，都因奴隶贸易而有重大的改变。由于欧洲的奴隶贩子只是将奴隶由非洲海岸运往美洲，奴隶贸易中供应的一方完全操在非洲人手中。英国重商主义者马拉奇·波斯特斯华特（Malachy Postlethwayt）说：正是“非洲基础”而使美洲商业与海军壮丽宏伟的上层结构得以建立。由西非的塞内冈比亚（Senegambia）到安哥拉（Angola），一个一个人口群被扯进这个贸易，它向内陆远处延伸，就连那些从没见过欧洲商人的民族也受到影响。任何对克鲁人（Kru）、芳蒂人（Fanti）、阿善提人（Asante）、伊乔人（Ijaw）、伊博人（Igbo）、刚果人、卢巴人（Luba）、隆达人（Lunda）或恩哥拉人（Ngola）的记载，如果视这些群体为自给自足的“部落”，便是误导了非洲的过去与现在。再者，与易洛魁人和西非的贸易，反过来又影响到欧洲。1670—1760 年，易洛魁人对于格洛斯特郡（Gloucestershire）斯特劳德谷（Stroudwater Valley）制造的红蓝染布有需求。这个地区的英国织工乃是最早失去其自主权，而成为受雇者的劳工之一。或许，美洲贸易与斯特劳德谷工业革命的开始，彼此间有互动的关系。相对地，从 1658 年至 1661 年短短 3 年间供应给黄金海岸（Gold Coast）的 5500 多支滑膛枪，使得伯明翰（Birmingham）的造枪工人获得了丰厚的收益（Jennings，1977：99—100；Daaku，1970：150—151）。

如果各处都互相连接，那么我们为什么坚持要把动态的、互相连接的现象，转化为静止的、互不相干的事物？这或许部分是由于我们当初学习自己历史的方式。在课堂上和在课堂外面，都有人教我们说世界上有一个被称为“西方”的存在，我们可以视“西方”为独立并相对于其他社会和文明的一个存在。我们许多人甚至自小认为“西方”有一个谱系——古希腊产生罗马，罗马产生基督教的欧洲，基督教的欧洲产生文艺复兴，文艺复兴产生启蒙运动，启蒙运动产生民主政治和工业革命。工业遇上民主政治又产生美国，体现出生命、自由和追求幸福的权利。

这种发展图式导致误解。因为它将历史转化为一个关于道德的成功故事，一场时间上的赛跑，每一个奔跑者将自由的火炬传给下一个接力跑者。历史因而被转化为一个有关促进美德的故事，一个关于贤德的人如何战胜恶徒的故事。往往，这又成为胜利者如何因战胜而证明其贤德的故事。如果历史是随着时间最终达成的道德目标，那些主张这个目标的人，便成为历史喜欢描写的作用力量。

这个图式还导致第二种误解。如果历史只是一个不断展示道德目标的故事，那么谱系中的每一个环节、比赛中的每一个奔跑者，都只不过是最终典范的一个先驱，而非在其自身所处的时代和地方发生作用的社会与文化过程的综合。可是，譬如说，如果我们只把古希腊解释为一个史前的“自由女神”，在蛮荒的黑夜高举道德目标的火炬，那么我们关于古希腊会知道些什么？我们不会了解毁灭希腊城邦的阶级冲突，或自由人与其奴隶之间的关系。我们便没有理由问为什么在波斯王麾下作战的希腊人，会多于反抗波斯的希腊联军中的希腊人。我们也不会想知道为什么住在意大利南部和西西里（当时称为“大希腊”〔Magna Graecia〕）的希腊人，比住在希腊本土的希腊人更多。我们也没有理由问为什么外国军队中的希腊佣兵，不久便比在其城邦的军队中更多。希腊本土以外的希腊定居者、外国军队中的希腊佣兵，以及希腊家庭中所用的来自色雷斯（Thrace）、弗里吉亚（Phrygia）或帕夫拉戈尼亚（Paphalagonia）的奴隶，都意指希腊与希腊本土以外希腊人和非希腊人的关系。可是我们的指导图式不鼓励我们问关于这些关系的问题。

这个制造荒诞说法的图式，在有关美国历史的教科书中体现得最明显。教科书竟称颂许多敌对力量复杂的组合为永恒本质的展现。根据这个看法，美国不断变化的疆界与它反复地卷入经过宣战与未经宣战的内外战争，都只是为了得出这个经过压缩了的有目的性地理解出来的结论，那13个位于大陆东部海岸的殖民地，将在不到百年的时间里把美国国旗插在太平洋沿岸。但是，这个结论本身只不过是许多矛盾关系争战的结果。虽然这13个殖民地的人口（欧洲殖民者、美洲原住民和非洲奴隶）大多数倾向于保守党（the Tories），但是它们仍宣布独立。新成立的共和国几乎因奴隶制的问题而崩溃。它以一连串有问题的妥协来处理这个问题，因而创造了两个联邦国家，而任它们各自扩张。在这个新大陆上可以占有的土地的确很多，但先要从住在上面的美洲印第安人手中夺过来，而后才能将它们转化为可以炫耀的房地产。杰斐逊总统以低廉的价格买下了路易斯安那这块地，但只有等到海地奴隶反叛其法国奴隶主的革命之后，美国才夺取了法国原来打算作为加勒比海种植园粮食供应地的地区。对佛罗里达的占领关闭了南方奴隶的主要逃脱途径。与墨西哥的战争使得西南部成为奴隶制度和棉花的安全之地。美国在向太平洋推进的时候，受阻于西班牙的地主。这些西班牙地主在抵抗说英语的新来者，想要保卫自己的土地时，便成了土匪。“北方”与“南方”——前者由欧洲进口其劳工，后者由非洲进口其劳工——打了一场历史上最惨烈的战争之一。战败的“南方”一度成为战胜的“北方”的殖民地。后来，各区域间的顺序改变，工业地带“东北”的影响式微，“阳光地带”逐渐发达。显然，美利坚合众国既非不可分割，其疆界也非由上帝赐予。

事情的发展也可能与日后的实际情形大不一样。当时也可能出现一个说数种语言的佛罗里达共和国，一个说法语的密西西比美国，一个说西班牙语的新比斯开湾（New Biscay），一个大湖区共和国，一个哥伦比亚国（包括现在的俄勒冈州〔Oregon〕、华盛顿州和英属哥伦比亚〔British Columbia〕）。只有假设是上帝在北美大陆上加诸了地缘政治统一的驱动力，才会让这种回溯性的思考变得毫无意义。如果能抛弃这样的假设，我们便能从物质的角度来解释在每一个关头发生的事情，解释某些关系如何克服了其他的关系。因此，古希腊、罗马、基督教的欧洲、文艺复兴、启蒙运动、工业革命、民主政治，甚至美国，都不是由某个内在的驱动力日益推动的单一目标，而是一组在时空上不断改变和可以改变的关系，或者是许多组关系的关系。

它不只是学术上的问题。把空泛的词汇当成实在的历史，可以创造出错误的模型。如果我们说国家 / 民族、社会或文化像是一种内部同质而外在特殊和有界限的实体，那么我们所创造的世界的模型，便是一个全球性的撞球场，各个实体像又硬又圆的弹子球一样彼此撞来撞去。这样便很容易把世界分类为不同颜色的球，而宣布“东方是东方，西方是西方，二者永不相逢”。这样看来，一个典型的西方便与一个典型的东方对立起来。到后来，当其他地方的许多民族想要有别于西方和东方时，我们称这些想要申请新历史身份的民族为未开发的“第三世界”（弹子球中剩下来的），以别于已开发的西方与开发中的东方。或许无可避免地，这些具体化的类别在冷战时成为思想上的工具。西方是“现代”的世界。东方则沦为“现代化的疾病”的世界（Rostow，1960）。最后还有一个“第三世界”，它仍然埋首于“传统”，其现代化的努力受到压抑。如果西方有办法破除症结，而使“第三世界”走上现代化之路——通往西方人的生命、自由和追求幸福之路。这种世界观导致的可怕后果是“强制拉拔的都市化”理论（Huntington，1968：655）。这个理论是说，可以用空袭和使乡村成为焦土的办法将越南人赶进城市，以便让他们走向现代化。于是，名称变成了事物，而用“×”标出的事物可以成为战争的目标。

社会科学的兴起

把易洛魁人、希腊、波斯或美国这些被指称的实体，当成固定不变的东西，认为它们有各自的内部结构与外部疆界，彼此无涉，这个习惯让我们无法了解它们相互间的接触与对抗。把想象中的积木堆砌为所谓“东方”与“西方”或第一、第二及第三世界的金字塔，只是使这层理解难上加难。看起来，我们看待社会与政治现象的各种方式有一些概念上的缺陷，而不只是暂时的偏离。我们似乎在过去的某个关键点上发生了误解，而这个错误的选择则扰乱了我们目前的思路。

这个关键性的转折点发生在19世纪中叶，也就是对自然和人类的研究开始分化为几个独立（而且不相等）的专门研究和学科的时候。这种分裂关系重大。它不仅促成对人类的存在做更精深且细密的研究，还用意识形态将这些研究予以合理化。在社会学这门学问上这一点最为明显。在社会学出现以前，我们有政治经济学。政治经济学研究“国家的财富”，也就是在各政治实体（以及构成这些实体的许多阶级）以内和彼此之间财富的生产与分配。随着资本主义经济在18世纪的加速发展，政府和阶级的结构愈来愈受到新兴社会团体的压力，这些团体吵着要政府立法来保障他们的权利，以对抗原先政府所保护及代表的团体。在思想上，这种挑战是针对国家而主张新的社会、经济、政治和意识形态关系（此时概念化为“社会”）。日益升高的不满情绪，拿“社会”去对抗政治和意识形态秩序，终于爆发为骚乱、反叛和革命。骚乱和革命的幽灵提出一个问题：如何恢复和维持社会秩序？社会秩序最终是如何成为可能的？社会学旨在回答“社会问题”。赫伯尔（Rudolph Heberle）说，它有“一个不同寻常的政治起源……圣西门（Saint Simon）、孔德（Auguste Comte）和斯坦（Lorenz Stein）都视这个新社会科学为社会解体毒素的解毒剂”。（Bramson，1961：12，n.2）

这些早期的社会学家为了达成这个目的，将社会关系的领域与政治经济分开。他们指出，个人、群体与团体或机构的成员，彼此之间乃由各种关系结合在一起，而这些关系是可见的，却尚未经过仔细研究。而后，他们以这个社会关系的领域作为深入研究的主题。这些人及其后继者将这种想法扩大为几种理论假设，好将社会学与政治科学和经济学区别开来。下面是这些共同假设的概述：

一是个人是在社会生活中与他人产生社会关系。这样的关系可以从它们存在的经济、政治和意识形态脉络中抽取出来，单独加以研究。它们是自主的，构成自己的领域，即社会领域。

二是社会秩序有赖于个人与个人间社会关系的成长与延伸。这些关系密度愈高、范围愈广，则社会也愈秩序井然。因而，若将亲属关系和街坊邻居、群体与机构的关系尽量扩大，社会就愈有秩序，反之，若不能扩到最大，社会秩序便有了问题。发展各种各样的关系，也可以减少极化为阶级的危险。

三是参与关系的个人之间有许多共同的信念与习俗。这些关系的形成与维持，与共同信念及习俗的存在与扩散十分有关系。道德共识（尤其是在不需检证地信仰与对习俗无理性地接受的基础上），促使社会纽带的极大化。仅仅预期功利或运用技术，往往会削弱社会关系。

四是社会关系的发展与相关习俗与信念的传播，其创造的社会是个人与个人间社会关系的总体。社会关系构成社会，而社会又是凝聚力的所在地，是产生可预测性以及秩序的单位。如果社会关系井然有序和周而复始，则社会就有稳固的内在结构。这个结构的范围与社会关系的强度和范围相呼应。在社会关系较不强烈、较不频繁发生的地方，社会便到了其边界。

这些假设的缺陷是什么？它们使人容易认为社会关系不仅是自发的，其本身也是由某种原因所引起，且不说它们的经济、政治或意识形态脉络。由于认为社会关系是个人与个人间的关系，个人与个人间的交互行动成为社会生活最初的原因。由于社会的失序与社会关系的量与质有关，注意力乃从经济学、政治学或意识形态移开，转向在家庭和社群中找寻失序的原因，并试着去建立适当的家庭与社群生活。再者，由于失序是在于习俗与信念和共同的标准脱节，习俗趋同与信仰一致，乃被转化为检验社会是否处于正常运转状态的试金石。最后，这些假设使我们可以识别一般的社会和具体的社会。需求秩序的社会变成要被整顿的特定社会。在目前可见的脉络中，这个待整顿的社会于是很容易被认为与一些已知的民族国家类同，比如加纳（Ghana）、墨西哥或美国。由于社会关系已与其经济、政治或意识形态脉络脱节，我们便容易视国家为由道德共识赋予活力的社会纽带结构，而不是与其他关系相联系的经济、政治、意识形态关系。因而，无数的社会关系，而非经济、政治或意识形态力量，成为社会学理论的基本原动力。由于这些社会关系发生在单一民族国家的小圈子里，民族国家成为重要的历史创造者，每一个民族国家都由其内部的社会关系驱动。每一个社会因而是一个呼应内部规律而运转的事物。

经济学和政治科学

社会关系本蕴藏在经济、政治和意识形态的脉络之中，并且能够启动这个脉络。社会关系一旦与这个脉络断绝，便造成人类生活的经济和政治方面，也被分割而安置于各自独立的学科。经济学不再注意在社会上组成的人口群如何从事生产以供应其国家。相反，它研究需求如何创造市场。这种新经济学的指导理论如下：

> 它是一个有关市场和市场相互依存的理论。它是一个有关交换中一般均衡的理论，之后又延伸到生产与分配，有点马后炮的意味。它不是社会制度的理论，更不是经济力量和社会阶级的理论。家庭和企业被认为只是市场代理人，而不属于社会结构。其“最初的资本”（财富、技术和土地）是设定好的。再者，这个理论的目的是在于证实有一股走向均衡的趋势。阶级与行业间的冲突，在一开始设定时就被排除了。（Nell，1973：77—78）

换句话说，这种新经济学根本与真实世界无关（Lekachman，1976）。

它是许多相互作用的主观的个别选择制定出来的抽象模型。

政治学研究的命运也类似。新的政治科学使政治的领域与经济学断绝关系，而只考虑与政府有关的权力。由于把人类生活的经济、社会和意识形态等方面都贬低到“环境”的地位，政治学不研究这个环境的组织如何压制和指导政治学；相反，它研究决策。在政治的过程中，需求集结在一起，转化为决策；一如在经济学的市场模型中，需求的相互作用导致供给的生产。也如在市场的模型中一样，这样的研究很容易陷入如下假设：

> 社会各种有组织的私人力量互相平衡，以至能杜绝不负责任的集中原则……聪明的公共政策当可普及。一只神秘的、类似于亚当·斯密的看不见的手可以解释这个情形。（Engler，1968：199）

最后，在这样的模型中，是否愿意遵守政治市场的规定，必然不是由市场本身决定，而是由参与者的取向和价值观来决定，政治学家后来将这些方面称为“政治文化”。于是，大量的政治科学一方面研究各种决策，另一方面又研究这些取向，认为它们共同构成了一个已知社会的自主政治制度。

这些专门研究的基础是个人聚合的概念。这些人立下契约将社会秩序扩至最大，在市场交易，为制定政治决策提供依据。各种不同的学科表面上是研究人类的“行为”，但事实上只被分配到这个主题的一小部分。每一个学科之后便各自着手建立模型。模型似乎是能解释“确实”、可观察到的事实的工具，可是事实上却是为配合主题的狭窄定义而设计的一种带有意识形态的图式。由于在专业的讨论会上除了这个模型涵盖的现象以外，其他一切现象均不予理会，因此这样的图式提供的是不证自明的答案。如果这些模型像筛子一样无法盛水，那么他们便说这要么是因为它们不过是抽象的思维结构，不能被期望盛住经验的水，要么就是因为捣蛋的人给它们戳了些洞。各种专业化的社会科学，在放弃了整体性视野以后，便好像古典希腊神话中的达娜厄姐妹（Danae sisters）一样，被惩罚要永远把水倒入她们各自无底的罐子中。

社会学理论的发展

前面已谈到社会学是源自抵制社会失序的企图。为此，它创造了社会秩序的理论，并在社会关系的量与质中找到秩序和失序。这种研究的重要意义是它造成社会类型的两极化。其中之一，因为社会关系很致密并充满价值共识，故而社会秩序能达到最大化。另外一种，因为社会关系分裂为原子，并因为对于价值观念没有一致的意见而一片混乱，社会失序的力量超过秩序。由描绘这样的两极化一直到想象社会过程由一类社会改变到另一类社会，其间只有极短的差距。这个情形符合一般的看法，也就是说现代生活造成我们祖先那种“美好往昔”生活方式的逐渐瓦解。在 19 世纪的欧洲，古老的社会关系在资本主义和工业化双重影响下事实上已经瓦解，这种对社会两极化的现代解释，带着一种对经验的信仰。滕尼斯（Ferdinand Tönnies）认为这是由“共同体”走向“社会”。梅因爵士（Sir Henry Maine）说它是由基于身份的社会关系转移到基于契约的社会关系。涂尔干（Emile Durkheim）说它是由基于所有成员都类似的一种社会团结，转变为基于差异的“有机”互补的社会团结。芝加哥城市社会学派认为，它是紧密结合在一起的社会与离散的、异质的、无组织的城市的对比。最后，雷德菲尔德（Robert Redfield）综合各种不同的说法，提出了一个由“民俗社会”发展到“都市社会”的两极模型。在这个模型中，社会关系的量与质又是主要和独立的变项。社会互动的孤立或贫乏，再加上社会纽带的均质或类似，滋生附属性的变项：趋向群体（“集体化”）、支持信仰（“神圣”）和“组织”（人类头脑中各种观念交织）。相反，接触或经常性的接触，再加上社会纽带的异质或不相似，被视为产生“个人化”、“世俗化”和“瓦解”这些附属性的变项。总的说来，社会互动中量与分化的增加，使民俗社会的“道德秩序”为文明社会的“技术秩序”所取代。

因此，社会学是基于社会秩序因共同体的衰颓而饱受威胁而生。不过，随着 20 世纪慢慢消逝，人们越来越想当然地认为社会的规模会愈来愈大，内部会愈来愈分化，因而也会逐渐摆脱神圣和道德的约束，而增长功利主义的技术的关系。社会显然是走向韦伯所谓的法理社会（Vergesellschaftung，用滕尼斯的术语说）。运用这个术语，他表示关系的扩展建立在如下条件之上：

> 建筑在用理性推动的利害调节或协议上的关系扩张，不论这个合理判断的基础是来自绝对价值观念还是权宜之计。虽不能说所有状况皆属此类，但通常结合性的关系是奠定在因彼此同意而达成的合理协议基础上的。（Weber，1968：10）

虽然韦伯本人对使用这个词并没有十分的把握，但日后他那一派的学者却热切地接受这个说法。虽然“传统社会”将人们局限在狭窄的由继承而来的位置，而后又把他们牢牢地束缚在一起，放在独立和排他性的位置，但是“现代社会”却使人们与继承而来的关系一刀两断，并且根据整个社会不断变化的需要，给这些新的流动人口各种专业而分工的角色。这样的一个新生社会，也需要制定社会目标的方法，以及实现这些方法的组织。主张现代化的人认为，目标的制定来自扩大的群众参与。目标的实现（如经济发展），又需要创立官僚制度，也就是可以合理和有效地为了既定的目标而处理资源的组织。最后，公众参与制定和达成目标，需要在心理上重新定位，而确保执行技术与合理的规范。可以做出这种新安排的人，便能进入现代化。做不到这一点的人，发现其社会便停滞在过渡点上或陷入因循守旧。因此，由韦伯到帕森斯（Talcott Parsons），“法理社会”由符号上的简单改变转变成“现代化”。尽管“社会”这个词一度曾遭到人们质疑，20 世纪中叶以后，它却被视为可取的和有前瞻性的。到了这个时候，两极现象的负极便归于“传统社会”，它改变迟缓、无伸缩性，缺乏达到合理和世俗成就的精神驱动力。

因此，“现代化理论”逆转了社会学最初对 19 世纪社会的批评态度。它赞扬现代社会，而认为那些尚未现代化的社会不可取。美国的政治领袖自称愿意协助第三世界的发展，而“现代化理论”学家对这一点表示支持。可是，“现代化理论”仍对第三世界进行最具意识形态的理解。它使用“现代”一词，但是对它而言这个词是指美国或者一个民主、多元性、理性和世俗的美国理想。它说“传统”，但这是指所有必须先接纳这个概念而后才有资格接受美国援助的国家。这是一个容易引起误解的理论，使人对美国历史有错误的看法，以自满代替分析。它把中国、阿尔巴尼亚（Albania）、巴拉圭（Paraguay）、古巴、坦桑尼亚（Tanzania）这些国家一股脑儿地说成传统社会，因而也排除了对其中重要差异的研究。它说传统就是停滞和缺乏发展，因而不认为任何所谓传统的社会其本身会有什么重要的历史。尤其是，因为它把世界分成现代的、过渡性的和传统的社会，便使人不容易了解它们之间的关系。它又把每一个社会说成是由社会关系自主和有界限的结构构成的，因此阻挠了对社会与社会间或群体与群体间交流的分析，包括内部的社会斗争、殖民主义、帝国主义和社会的依附性。这个理论因而有效排除了许多严肃的研究，而这些研究反而能显示出那些影响世界的事物究竟为何。

人类学

如果上述社会科学还不能让我们对彼此联结的世界有适当的了解，那么人类学又如何？“人类学”（Anthropology）被热切地冠以“人的科学”（The Science of Man）的名号，它特别着重研究非西方和“原始”的民族。事实上，文化人类学在开始的时候是世界人类学。在主张演化论的阶段，它注意的是全球性文化的演化。在主张传播理论的阶段，它感兴趣的是各种文化形式在全球各地的传播和聚集。传播论者也认为，人群中展现出来的相同文化形式（母系、牙齿染黑、量身定做的衣服）是因民族迁徙或仿效造成群体间沟通的结果。他们不大注意人本身，但他们确实有一种全球各地彼此联结的观念。他们不相信“原始孤立群体”。

可是，当人类学家的注意力由文化形式转移到“活文化”时，也就是转为对当地的特定族群及其生活方式的研究，上述兴趣和了解便被搁置在一旁。田野工作（与当地人直接沟通，观察当地人平日进行的各种活动），成为典型的人类学方法。田野工作在暴露和纠正错误的假设和不正确的描写上成效卓著。它也揭示了在此之前从未发现到的各种社会活动与文化形式之间的关系。可是，这个方法的成功也使运用它的人过分自信。他们容易将方法上仅仅具有启发性的考虑，转化为关于社会和文化的理论设定。

由于进行田野工作的时间和精力都有限，可以进行观察和访问的数目和地点也有限，人类学家必须集中气力于一个可观察的地点和一群特定的“访谈人”，而后，又以如此得到的观察和沟通的结果，来支撑一个未经观察和沟通的广大时空，并建构一个社会与文化的实体模型。这样的模型不过是对“描写性的整合”的一种记述，是一个理论上的折中办法，还谈不上解释。然而，功能学派的人类学，则希望由单是对微观世界的研究中得到解释。它视微观世界为假想的孤立体，用每一个特征对维持这个想象中的孤立体的贡献来解释这些特征。因此，方法论上的研究单位借由先验的方式构建了一个理论模式。其结果是一连串完全孤立的个案分析。

过去曾经三次有人想超越这些微观世界的局限。其中一次，雷德菲尔德援引了社会科学的理论。他将“共同体”和“社会”的对立应用到人类学的事例中，以“共同体”代表或例示这些“假设的社会类型”。因此，他以尤卡坦半岛（Yucatan）上的谢查查尔（X-Cacal）和尚考姆（Chan Kom）共同体作为例子。以上两个地点说明了这个理论，但是这个理论不能说明形塑这些共同体的政治和经济过程：谢查查尔居留地是 19 世纪种姓战争（Caste Wars）中说玛雅语的起义者建立的；尚考姆的种植者因墨西哥革命而从大庄园制度中解放出来，在尤卡坦族社会主义党（Yucatecan Socialist Party）的支持下，以新来者的身份在边疆地区定居。因此，像一般的“共同体 - 社会”理论一样，雷德菲尔德的概念只朝一个方向发展，只停留在理论层次而未由理论走下去。

斯图尔德（Julian Steward）的社会文化整合层次的观念，是第二个想超越微观世界局限的主要企图。它想创造一个理论架构，以此从大脉络来研究微观世界。这个概念源于“突生进化”的哲学。它是说同一种类的单位在经过整合的过程以后可以产生新的单位；这些新的单位不仅包含较低层次的单位，还在一个较高的新出现的层次表现出在性质上不同的特征。当时有一些以“共同体”为“民族”的小复制品的议论，好像这些是在性质上相同的结构性现象。斯图尔德的概念最初就是用来反驳这样的议论。可是，在他日后设计的概念体系中，家庭层次的单位变成了共同体层次的成分，共同体层次的单位变成了区域层次的成分，而区域层次的单位则变成了民族层次的成分。

虽然“整合”这个词表示一个过程，这个概念却并非过程性的，而是结构性的。它是指整体及其各成分的一个结构，这些成分在事后才能被详细说明。这个模型因而是社会组成状态的“虚假”表现，在理论上可以应用到所有复杂的社会文化整体上去。可是，它没有提到产生这个结构的任何过程或者将它整合起来的特征或者它的任一组成部分的内容。从这个模型中不能了解过程，对于过程的了解必须要事后加到这个模型上去。因此，当斯图尔德着手研究“传统社会在当代的变化”时，这个模型对于资本主义的渗透、世界性专业化与分工的成长以及某些人口群主宰另一些人口群的发展均无法解释。斯图尔德怏怏不乐地被迫再去比较研究个别事例，以及令人不满意的传统与现代化概念。

第三个想要超越对特定地点人口群微观研究的尝试，以演化论重新复活的方式出现。19 世纪，演化论的思考方式在人类学界盛行。可是，日后因为有人主张“传播的广泛出现……根除了所有历史法则”（Lowie，1920：434），于是，这个思考方式也失效了。演化论者和传播论者彼此并非意见十分相左，而只是对不同的现象感兴趣。演化论者也承认传播的事实，但是自认为有正当理由可以将这些事实抽象化，以创造其社会与文化发展的连续阶段的模型。至于传播论者则规避由不同人口群在工艺技术和组织上重大的不平等造成的问题；相反，他们的注意力集中在文化形式由一个群体到另一个群体的传播。演化论者对特殊社会和文化的历史不感兴趣。传播论者对文化形式借以传播的生态的、经济的、社会的、政治的与意识形态的母体不感兴趣。这两个思想学派因而各说各话。而功能学派的学者又完全摒弃传播论者的“臆测性历史”。

当怀特（Leslie White）于 20 世纪四五十年代重新将演化的看法引入美国人类学时，他所用的方法是重申早期泰勒（Tylor）、摩尔根（Morgan）和斯宾塞（Spencer）提出的模型仍旧有效。针对这个普遍或单线演化的模型，斯图尔德提出了一个多线模型，描写演化为一个不断分支但却连续的过程。随后，萨林斯（Sahlins）和塞维斯（Service）为了统一这两种研究方法，说一般与特定的演化为同一演化过程的两面。他们给“一般演化”的定义是“由消耗较少的能量到消耗较大的能量，由较低层次的整合到较高层次的整合，由较低的适应力到较高的适应力”（Sahlins and Service, 1960：22—23）。他们给“特定演化”的定义是“文化沿其许多路线进行的发展性、分支性和历史性推移，对于特定文化的适应性修正”（1960：38）。他们虽然认为“辐合”是属于文化面的而非生物面的，但是却用旧式的传播学派术语给“辐合”下定义，说它是文化特征的传播，而不是由于不同文化背景的人口群互动产生的多方面关系。当开始对特定的演化进行详细的分析时，他们便强调“适应是对于环境特殊面予以利用的专精化”（1960：50）。他们了解环境同时包括人类生活的物质与社会文化母体，但是却强调对于不同物质环境的适应。在 20 世纪六七十年代，对于特殊生态学“体系”的研究愈来愈复杂、细腻，但却没有超越对单独事例的功能性分析，并且假设这个事例是综合的、自我调节的生态学整体。因此，演化派人类学虽然在理论上花了许多气力，但却太容易变成对生态适应的研究，使人类学回到对许多单独事例的比较研究。

除了对单独事例做生态学上的集中研究以外，近来人类学家又醉心于研究和阐明具有文化的单独人口群的“想法”。这样的研究不理会功能主义，也不管其中最有活力的部分，也就是人如何应付其生活中的物质与组织问题。他们也不理会连接一群人与群体以外的人的物质关系。相反，他们的兴趣在于探究地方性微观世界的意义，认为它们是自主的体系。

他们之所以转向对意义的研究，是受到语言学发展的影响，尤其是索绪尔（Saussure）的语言结构理论。这个理论以为语言是一个语言学形式的超个人社会体系，这种语言学形式在所有言词（utterance）中都是相同的。它将语言学的符号彼此连接在一起，而不理会谁和谁在说话、在什么时候、又说了些什么。洪堡（Humboldt）和沃斯勒（Vossler）等人认为，语言是由个人言词的不断变化形成的历史流构成。索绪尔之所以提出语言结构理论，最初就是为了反驳洪堡等人的看法。他将“语言”和“言词”

完全分开，以符号与符号间相互的关系给符号下定义，而不论其外在的脉络。同样地，给意义下定义时是使用其他的意义来做定义，而不管这个意义出现的实际脉络是什么。

50年前，弗拉斯诺夫（Vološinov）便说过，要解决上述两种对立的看法，须有合理的、辩证的看法。他质疑索绪尔静态语言学系统的主张，这个系统是由无面孔而被动的集体所构成。相反，他说事实上这个集体是由有不同“口音”和利害关系的具体说话人所构成，他们借由各种不同的具体脉络的口头言词，因而参与了历史性流动。脉络的内在不是同质的，其外在也与其他脉络分离。弗拉斯诺夫认为脉络构成“不同口音之间的互动，这些口音处于经常紧张的状态，不断地互动和冲突”（1973：80）。如果不搞清楚符号和意义说的是什么，它们在特定状况下的主题是什么，便不能了解符号和意义。而人类学把意义系统当成是完全自主的系统的这种趋势，势将违反这个见解，代之而起的是研究人类思想在与现实脱节的情形下所滋生的自言自语。

虽然有些人类学家将注意的焦点缩小，开始密集研究单独的事例，但另外也有许多人类学家希望将人类学转化为一门科学。他们从大量民族志事例中抽取已编过码的特征记录，做统计学的跨文化比较。他们十分注意如何孤立个别事例以为比较之用和如何说明要加以编码和比较的变项等方法论问题。那些数以百计的爱斯基摩地方群体是个别的事例吗？他们是更大的自我认同族群的例证吗，比如科珀人（Copper）、奈西里尔克人（Netsilik）和伊格卢利克人（Iglulik）？或者他们构成的是一个单一的爱斯基摩事例？还有些问题关于样本的性质。我们能确定这些事例在历史上和地理上是充分孤立的，以至能构成个别的事例吗？或是这个样本因空间或时间的接近以及交流而受到影响吗？不过，所有这些答案都假设最后选出来的事例是自主而有界限的。不论最后选出来的样本是什么，都要将它解释为个别单位的集合体。这些样本不是通过创新而独立产生文化特征，就是通过传播彼此借用特质。我们于是又回到了一个社会文化的弹子球世界，这些球在全球性撞球桌上滚动。

然而，如果认定了超越个别事例的许多过程，并且这些过程一面移动和超越事例，一面将它们转化，那么又会怎样呢？比如北美的毛皮贸易与美洲原住民和非洲奴隶的贸易。如原本局限于一地的说阿尔冈昆语（Algonkin）的父系族群在毛皮贸易的过程中迁徙进入大型非亲属的村落，而成为民族志中的奥吉布瓦人（Ojibwa）。又比如有一些奇珀维安人（Chipeweyans）放弃狩猎而成为诱捕动物取毛皮的人，或称“载运者”，而其他奇珀维安人则继续狩猎，被称为“食鹿者”。还有一些人经常在“载运者”和“食鹿者”之间变来变去。又如克里人（Cree）和阿西尼博因人（Assiniboin）使用多种语言、有多种种属、互相通婚，由于毛皮贸易的刺激而在北美洲大平原的极北部成长起来，最后各单位逐渐融合（Sharrock，1974：96）。亚马孙流域（Amazonia）的穆杜卢库人（Mundurucú），由于变成了捕猎奴隶的人，并向猎奴远征队供应木薯粉，由父居和父系继嗣改变为兼采从母居与父系继嗣的不寻常办法。又如奴隶贸易在非洲造成对奴隶无限制的需求，以致许多互不相关的人口群为了有奴隶售予欧洲人，通过战争、绑架、抵押或司法程序的方式使人们与其亲属断绝关系。在以上各种事例中，想要确定个别的文化整体和明确的界限，只会创造错误的样本。这些事例说明了，由于欧洲的扩张，在时间和空间上产生了不断变动的关系。如果我们进一步想到这种扩张在近五百年间影响到一个又一个的事例，那么想要找一个不同事例的世界性样本，便是虚幻的想法。

“社会”指的是人与人之间的互动构成的丛集，可以经由经验检证出来，这一点应该没有争论，除非有人用先入为主之见，硬是要质疑社会内部与社会外部之联系是不存在的。我在本书中将继续这么用“社会”一词，而不用其他笨重的字眼。人类的存在创造了文化形式。文化形式的本身基于人类使用符号的能力。否认这种人类学的见解也是错误的。

可是，人类学如果认为社会的文化是自发的、自我调节的、能证明自己为正当的，却又会囿于其本身定义的界限而不能自拔。在科学的殿堂里，观察和思想的范围愈来愈狭窄。可是在科学殿堂的外面，世界上的居民愈来愈进入到各大陆和全球性的改变之中。诚然，是否存在过这样一个时代，有任何人口群可以独立于更大的包容性关系以外，而不受更大力场的影响？社会学家在一个动乱而不断改变的世界追寻令人难以捉摸的社会秩序和整合。同样地，人类学家在资本主义和工业世界的底层和边缘寻找前资本主义和前工业的原始形象。但是，如果不是欧洲向外扩张攫取其他各洲的资源和人口，欧洲人和美国人便不可能遭遇带有质朴过去的人口群。因此，说人类学是因帝国主义所产生，这话是不错的。没有帝国主义便没有人类学家，也不会有提供研究之用的甸尼人（Dené）、巴卢巴人（Baluba）或马来渔夫。人类学隐隐假设这样的人是没有历史的人。这等于是一笔抹杀了500年的对抗、杀戮、重振和适应。如果社会学以“共同体”和“社会”的神话做研究，那么人类学往往便以其质朴原始人的神话做研究。二者都使虚构持续存在，而否认各种仍不断进行的关系与牵连。

有些人类学家及历史研究者专门研究现在所谓的民族历史（ethnohistory）。这些关系与牵连的事实清楚地在他们的著作中出现。或许可以称之为“民族历史”，为的是与研究所谓文明人的“真正历史”（real history）分开。可是从民族历史的研究中，我们可以清楚看出这两种历史的研究主题是完全一样的。我们对民族历史所知愈多，便愈明白“他们的历史”和“我们的历史”是同一部历史中的某一部分。因而，世上没有所谓独立于“白人历史”的“黑人历史”，这两种历史都是一部共同历史的组成部分。不过，这种历史为了经济、政治或意识形态的理由受到传统研究的压抑或被删除。

人类学家莱塞（Alexander Lesser）多年前在一个不同的情形之下曾经说，我们在做研究工作时，应当假设人类有普遍的接触与互动；我们应当认为“人类社会，不论是史前社会、原始社会或现代社会，都不是封闭的体系，而是开放的体系”；我们也应该认为它们与远近的其他群体在网状的关系中难分难解（1961：42）。我们在上一段中所说的话正好呼应了莱塞的说法。民族历史学家的业绩，一而再地指出这个说法的正确性。可是在我们由研究个别事例中的各种关系到采取一个较广泛的看法以前，这个说法不过是纲领性的。较广泛的看法，将使我们可以在理论上、在根据经验的研究中，将各种关系连接在一起。

照这个看法，我们很难把任何已知的文化当作一个有界限的体系或一个自我持续的“生活方案”。因而，我们需要一个新的文化形式理论。人类学家告诉我们：文化形式（也就是事物、行为和构想的“明确次序关系”），在管理人类的互动上的确有可证实的作用。我们未来应该做的，是不要否认这个作用，而要更精确地了解文化形式如何调停各种特殊人口群之间的社会关系。

马克思的影响

如果我们姑且承认这些关系的存在，那么应当如何了解它们？我们能把握产生和组织它们的一般过程吗？我们可能一方面想象这样一个一般的动态过程，一方面又了解它在时空上特殊的伸展——一会儿牵涉和席卷这个人口群，一会儿又牵涉和席卷另一个人口群。

这样的取向是可能的，但是我们必须得面对超越专门学科的理论可能性。如果是为了把所有的学科加起来可以产生新的看法，而走上多学科的路子，这是不够的。阻碍发展新看法的大敌是专业化本身。这个事实有一个历史，这个历史的重要性在于若干学科之所以存在，乃是由于共同反叛它们的学科母体——政治经济学。政治经济学旨在揭示围绕财富生产的定律和规则。它注意的是伴随着阶级在财富创造中的角色以及政府与不同阶级的关系，财富要如何创造的问题。保守主义者和社会主义者都注意这些事情。（马克思也谈它们，他批评政治经济学家，说他们把他认为是历史上特殊生产制度的特征当成平凡无奇的概念。）可是这些事情已完全由社会科学的研究中删除，以致《国际社会科学百科全书》（*International Encyclopedia of the Social Sciences*），甚至不列“政治经济学”和“阶级”这两个词条。今日，一般认为只有马克思主义者才会注意这样的事。不过，马克思本人却曾在给一位友人的信中说（Joseph Weydemeyer，March 5，1852）：

> 我在发现社会中有阶级存在或这些阶级间的斗争上，谈不上有什么功劳。在我之前很久，资产阶级的历史学家便曾描写过这种阶级斗争的历史发展。资产阶级的经济学家也曾描写过各阶级的经济解剖。（转引自 Venable，1945：6，n.3）

初生的社会科学之所以反对阶级概念，可能是来自把政治经济学视为阶级结构的概念。如果社会、经济和政治关系导致了阶级的敌对（这些阶级的产生在于政治经济学结构本身所说的彼此冲突的利害关系和能力），那么对于秩序的追求，永远会为争论的幽灵所困扰。这就是为什么麦迪逊（James Madison）在其口气坚定的《联邦党人文集》（*Federalist Papers*）中，说政府的功能是在于管制各敌对阶级间的关系。相反，若干社会科学学科却背弃政治经济学，转而密集研究个人与个人间的互动——在主要和次要群体中、在市场上、在政府管理过程中。它们因此也不注意关于生产、阶级和权力的性质等重要问题：如果生产是人之所以为人的条件，那么应当如何了解和分析生产？在什么样的条件下，生产会引起阶级的兴起？阶级划分对资源的分配与权力的运用有什么关系？国家的性质是什么？

虽然社会科学抛弃了这些问题，但是这些问题却持续隐藏在社会科学的议题中。因为马克思最坚持和有系统地提出这些问题，他在社会科学的论述中至今仍是一个隐匿的质问者。有人说得不错，社会科学一直与马克思的幽灵进行着漫长的对话。如果我们要超越目前这些界限和超越专业化学科的限制，便必须回到这些尚未被回答的问题上，重新对它们加以思考。

在若干方面，马克思对这样的再思考是十分重要的。他是最后几个致力于整体论人类科学的学者之一，他可以整合各种不同的专业。往往有人说他是一个经济决定论者，但这是不对的，他绝不是一个经济决定论者。他是一个唯物论者，认为物质关系最重要，而“精神”不那么重要。事实上，他的生产概念与黑格尔的精神（Geist）概念是彼此对立的，后者借由精神不断地具体化来展现自我。马克思认为，生产同时包含人类与自然之间不断改变中的关系，以及人在转化自然的过程中所进入的关系，还有人类象征能力因此而发生的转型。因此，严格说来，这个概念不仅是经济性的，还是生态学的、社会的、政治的和社会心理学的。就其本质而言，它与各层面都有所关联。

针对那些想要将“社会”或“市场”或“政治过程”普世化的人，马克思进一步主张在人类历史上存在着不同的生产方式。每一种方式代表许多因素的不同组合，对某种方式为真，并不表示对另一种方式就为真，因而并没有所谓的普世历史。马克思是一个十分注重历史的人。他认为每一种生产方式的构成因素以及其特征组合，都有可以详细说明的起源、发展和解体的过程。他不是写普世的历史学家，也不是只写个别事件的历史学家，而是研究物质关系的组合与征象的历史学家。当然，他将大半的精力都用在了解资本主义这个特殊方式的历史和作用上，不是为了替资本主义辩护，而是为了将革命的转型推上台面。由于我们的专业化学科讨论，目的是为了化解革命与失序，因此显然这个幽灵般的质问者在学院讲堂中是不受欢迎的。

可是，这个幽灵却给我们非常重要的教训。首先，除非追溯世界市场的发展与资本主义发展的走向，我们将无法了解现代世界。其次，我们必须有关于资本主义成长与发展的理论。再次，我们必须将这个发展性的历史和理论，与影响和改变当地人口群生活的过程联系起来。这个理论必须能够描述在这些过程中产生作用的重要因素，以及它们在历史上所做的系统性组合。同时，它应该细腻到可以解释这种组合与所有其他组合（比如，资本主义与已知的历史上的其他组合）之间重要的差异。最后，有理论支撑的历史与有历史支持的理论，必须合起来解释在时空上可指明的人口群，他们是由重要的过程产生的，也是其承载者。

在那些从理论上支持资本主义促成的世界史的人中，有两个人的名字引人注目。他们的说明清晰，研究范围也广泛。其中一位是弗兰克（Andre Gunder Frank）。弗兰克是一位经济学家，从 20 世纪 60 年代初期开始质疑经济发展中的现代化取向。他用清楚的言词，提出异端性的主张，认为发展与低度发展不是分别的现象，而是互相密切关联（1966，1967）。资本主义在过去几个世纪间，已由其最初的中心向外扩展到世界各处。所到之处，其他地区都被转化为都市中心的附属性卫星地区。它榨取在卫星地区生产的过剩物质以满足中心地的需要，因而扭曲和阻挠卫星地区为自己的利益而发展。弗兰克称这个现象为“欠发达的发展”。此外，都市中心与卫星地区间的剥削关系在每一个卫星地区重复，其阶级和地区与从其内部榨取剩余价值并扭曲和阻碍其发展的外部大都市，有密切接触。因而，卫星地区的低度发展，不是独特的现象，而是卫星地区与都市中心之间关系的结果。它在剩余物资转移的过程中不断出现，并因卫星地区对都市中心的依赖而不断加强。

沃勒斯坦（Immanuel Wallerstein）的研究方法与弗兰克的研究方法类似。他对“欧洲的世界经济体”的发展以及资本主义的起源，采取历史性的叙述。这种世界经济体兴起于15世纪晚期与16世纪早期。它构成了一个全球性的市场，其特色是全球性分工。公司（不论是个人、企业或区域），在这个市场上相遇，交易其生产的货物，希望得到利润。指引一般生产与专业化生产的是对利润的追逐。利润由初级生产者创造，沃勒斯坦称他们为无产阶级，不论他们的劳力是如何被动员的。这些利润由资本家通过法律制裁而被占有。沃勒斯坦将资本家归类为资产阶级（bourgeois），不论其资本由何而来。市场的成长与其造成的全球性分工，使核心国家（弗兰克所谓的都市中心）与边缘地区（弗兰克所谓的卫星地区）之间有了根本性的区别。这两种地区由“不平等的交换”连接，以核心地区生产的“高工资（但低监管）、高利润、高资本密集”货物，交换在边缘地区生产的“低工资（但高监管）、低利润、低资本密集货物”（Wallerstein，1974：351）。在核心地区，生产货物的是有工资报酬的“自由”劳力；在边缘地区，生产货物的主要是某种强迫劳力。沃勒斯坦虽然举出各种因素解释这个差异，但基本上仍旧是用一种人口学的解释。他说核心地区自由工资劳力的兴起，是由于人口的高密度使得工人彼此竞争，因而愿意服从市场的纪律，而边缘地区的低人口密度有助于强迫劳力的成长。关于这些说法，下面还会谈到，并加以批评。弗兰克与沃勒斯坦著作的重要性，在于他们用一个比较复杂、成熟和以理论为取向的说法，说明资本主义的发展与扩散，来取代有关现代化徒劳无功的辩论。资本主义的发展和扩散，是互相缠结但却又各自区别的各种关系的发展与扩散。

弗兰克与沃勒斯坦都集中注意力于资本主义的世界体系以及其各部分的安排。虽然他们都使用了人类学家和区域性历史学家的研究成果，但是他们主要的目的却是在于了解核心如何抑制边缘，而不是像人类学家所习于调查的小人口群的反应。这种对于焦点的选择因而使他们不去考虑这些人口群的范围与种类，以及这些人口群在欧洲扩张和资本主义到来以前的生存方式，还有这些方式是如何先被日益成长的市场，后又被工业资本主义所渗透、控制、毁灭或吸收。然而，如果不做这种考虑，那么“边缘”的概念便仍和“传统社会”一样是一个概括的词语。它比“传统社会”一词好的地方在于其含义：它指出较为广泛的连锁；如果要了解在边缘地区作用的过程，就必须调查这些连锁。可是，如果我们希望了解穆杜卢库人和苗人（Meo）如何被拉进较大的体系，并且受到影响而成为其代理人，则须进一步做研究。

本书便要进行这样的研究。我们希望描写在商业和资本主义发展中作用的一般过程，同时追踪它对民族历史学家以及人类学家所研究的小人口群的影响。我对这些过程及其影响的看法是历史性的，而我认为的历史乃是对物质关系发展做分析性的记载，要在包含一切的体系上以及在微观的层次上同时发展。我因而想细察 1400 年的世界，那时欧洲尚未主宰全世界。而后我讨论几个可以让我们掌握资本主义及资本主义以前生产方式决定性特点的想法。接下来，我谈到欧洲商业的扩张以及欧洲各国在延伸势力于全球时所扮演的角色。欧洲扩张的结果进一步促成往美洲淘银并进行毛皮贸易、奴隶贸易，以及在亚洲搜寻新的财富之源。而后，我追踪由工业革命过渡到资本主义的转折点，检视这个转折对于世界上供应各工业中心资源的地区的影响，并概述工人阶级的形成及它在各大陆以内和各大陆之间的迁徙。在本书中，那些说历史是他们的人以及没有历史的人，都将成为同一历史轨迹的参与者。

第2章
1400年的世界

1271年，威尼斯商人尼科洛·波罗（Niccolo Polo）、马费奥·波罗（Maffeo Polo），偕尼科洛之子马可（Marco），由地中海东岸出发，行经伊朗到达波斯湾边上的霍尔木兹（Hormuz），又由霍尔木兹往东北行抵达喀什噶尔（Kashgar），再由旧日的丝路到达北京。三人在中国和南亚长期旅行，而后乘船回欧洲，于1295年返回威尼斯。大约40年以后，摩洛哥学者型官员伊本·白图泰（Ibn Battutah）启程赴麦加朝圣，行经伊朗、安纳托利亚（Anatolia）和克里米亚半岛（Crimea）到达君士坦丁堡（Constantinople）。由此，他前往中亚和印度，在德里（Delhi）和马尔代夫群岛（Maldive Islands）的政府任职多年。在去过中国南部和苏门答腊以后，他于1349年返回故乡摩洛哥。3年以后，他又伴随许多摩洛哥商人穿越撒哈拉大沙漠到达西苏丹（Western Sudan）的马里王国（Kingdom of Mali），而后回到菲斯（Fez）口述游记，由一名书记员笔录。1405—1433年，中国宦官郑和7次下南洋，远达红海和东非海岸。1492年，一名受雇于阿拉贡女王（Queen of Aragon）的热那亚船长初次瞥见新世界。当看见巴哈马群岛（Bahamas）时，他以为到达了日本。

这类航海事件不是孤立的冒险事业，它们显示出当时存在的若干力量。这些力量正在把各个大陆拉近，并且不久就使世界成为一个人类活动的统一大舞台。为了要了解世界后来变成什么样子，我们必须了解它原来的样子。因此，我将追随一个被想象出来的 1400 年的航海家的脚步，描写他当时可能看到的世界。

这是“全球人类学”的一项工作。我将超越对特定的部落、文化区域和文明的描写，而将记述延伸到横跨至今仍然分离的两个半球（欧洲、亚洲和非洲的“旧世界”，以及南北美洲的“新世界”）的网络，也就是人类相互作用的网络。这些网络在时空中逐渐成长和扩散。有许多人口群，以往由西方人的观点所写的历史往往予以忽略或做讽刺性描述。我们若要说明上述网络，观察其成长与扩展，便必须追踪这些人口群的历史轨迹。有人认为他们是没有自己历史的人种，就好像人类学家研究的“当代原始人”。

在欧洲扩张以前，这些人口群之所以会广泛联结是显而易见的物质交流的结果。其中之一是可能引起争论的霸权政治与军事体系。两个半球分别出现了许多帝国，它们各自搜刮了不同地区的过剩物质。其次是远距离贸易的成长，将供给区域与需求区域联结起来，它也使联结商业通路两边的诸民族有了特殊的作用。帝国的兴建与贸易，又创造了广泛的交通线网。这些线网使不同的人口群借由支配性的宗教或政治意识形态结合在一起。这些过程共同形成了一个世界，不久以后欧洲为了满足自己的需要，将对它进行重组。

旧世界的政治地理

要了解 1400 年的世界，我们必须从地理开始。一幅旧世界的地图揭示了某些自然常数。其中之一是由东到西横亘欧亚大陆的大山脉。这条山脉由中国西部和南部的崎岖山地中崛起，一路升高成为昆仑山，再到“世界屋脊”喜马拉雅山和帕米尔高原，跨越厄尔布尔士山（Elburz Range）到高加索山、喀尔巴阡山（Carpathians）、阿尔卑斯山，最后到达比利牛斯山。有时候，这些山脉妨碍北方与南方的接触；有时候，山脉链间的空隙鼓励人口流动和互相攻伐。在中国北部，汉人得修筑长城，把中国人留在长城内，把蒙古人和突厥人拦在长城外。中亚有道路向南进入伊朗和印度。在西部，侵袭者可以顺着多瑙河河谷进入欧洲的心脏地带。

本书最后面的地图指出了第二个常数，也就是主要气候区域的分布。这些区域造成不同的自然植被以及不同种类的人类生活习性。这张地图明白地指出了一个大的干燥地带，由西向东自撒哈拉沙漠和阿拉伯沙漠横跨伊朗高原进入中亚和蒙古。这一片是游牧民族的家园，他们在沙漠边缘以及草原上逐水草而居，只有在绿洲永久水源周围的地带才能耕种。在沙漠和草原干旱地带的南边，是温暖而潮湿的热带和亚热带森林与热带草原，这些地方往往宜于耕种，如西非、恒河平原、东南亚的半岛和岛屿，以及中国的南部。在干燥区域的北方是森林地带。在乌拉尔山以西，森林地带多雨，生长季节较长，因而在林木被清除以后便是良好的农耕地。在乌拉尔山以东，森林较为干冷，变为耐寒的泰加针叶林地带和无树的苔原地带，成为森林猎人喜欢的居住地。从事农耕的人很少来此，牧人也不能在此养活牲口。

比较可耕种和可改良农业地带的分布与沙漠和草原的分布，便可看到重要的对比。干燥地带的分布是连续性的，可耕地的分布则不规则，星罗棋布。游牧走廊便利离心流动。而间隔化的可耕地区则引导人们向心流动，聚居而成村落。草原与农耕地的对比，形成了人类活动在旧世界的主要方向，有时候将牧人与农民分隔开，有时又激励他们互动。

非洲西北部的农耕大致限于阿特拉斯山（Atlas）以北的地中海一侧，在南面和东面受阻于草原和沙漠。在摩洛哥的苏斯河河谷（Sus Valley）和西部地区、在阿尔及利亚的舍里夫（Shelif）和米提加（Mitidja）平原，以及在突尼斯的麦吉尔达（Medjerda）平原上种植的小麦，对于维持当地宫廷和供养精英分子起到了重要作用。突尼斯以东是的黎波里绿洲，再向东是尼罗河形成的大绿洲，也就是埃及。在罗马帝国时代，埃及的谷物曾经供养了罗马城。在此之后，它也供养了拜占庭和大马士革（Damascus）的阿拉伯人，以及1453年以后的土耳其人。拜占庭和奥斯曼帝国也愈来愈依赖多瑙河下游和黑海沿岸的谷物供应（参见书后的地图）。

在巴勒斯坦的梯田山坡上，有小片耕地。安提阿（Antioch，今日的安塔基亚〔Antakya〕）和大马士革一带是主要的农业绿洲分布区域。在罗马时代和20世纪曾经被开垦过的叙利亚草原，在生态上属于边缘地带，长久以来被弃置，任由游牧民族占领。在安纳托利亚，地中海和黑海沿岸以及山岭高原偶尔也有小块土地可以进行农耕，其他地方则是草原，东南部则是沙漠。居于底格里斯河和幼发拉底河之间的伊拉克，一度物产丰富。从阿卡德人（Akkadian）的时代起，由于水利工程之便，剩余物产大量出现，遂足以支持国家的形成。在伊朗的萨珊王朝（Sassanid dynasty）统治下（226—637年），此地各种水利工程的兴建出现了一个高峰。但是，随着伊斯兰教徒的征服和巴格达成为有30万以上人口的首都，农业财富和人力资源却为这个城市所耗尽。这个情形造成农业生产额下降与贡物量逐渐减少（Adams，1965：84 ff.）。13世纪中期蒙古人入侵，更是对生产力造成致命的打击。蒙古旭烈兀可汗（Khan Hulägu）摧毁了河谷下段的灌溉工程。

在扎格罗斯山脉（Zagros）以外是伊朗高原。高原上的大部分地区是干草原和沙漠，只有在沿着扎格罗斯山内侧边缘的一个扇形冲积地带上才有若干地块得天独厚，适合耕作。有时，耕地也借助地下暗渠延伸到较干燥的地区；在重力作用下水沿着河床流到边远的地块。在阿富汗和俾路支斯坦（Baluchistan），荒地和沙漠也把农耕地带限制在东部地区。

虽然这个地区有许多荒凉的沙漠和草原，但是以灌溉农业为基础的一连串都市化绿洲，成为往来于东西旅途中的商队的客栈和物资补给站。最重要的一条商队路线是“丝绸之路”。“丝绸之路”由叙利亚北部的安提阿开始，经过雷伊（Rai，在德黑兰附近），而后穿越梅尔夫（Merv）和巴尔赫（Balkh，巴克特里亚〔Bactria〕）到达喀什噶尔。它在喀什噶尔分为两支，分别从塔克拉玛干沙漠（Taklamakan，即南戈壁〔Southern Gobi〕）的南北通过。北支通往库车（Kucha）和喀喇沙尔（Karashahr）；南支通往莎车（Yarkand）和和田。南北两支在中国甘肃敦煌会合，由此进入中国腹地。因而，喀什噶尔是长途贸易的中心。马可·波罗曾赞美其花园及葡萄园，说它的居民在世界各地旅行和经商。由喀什噶尔开始，另一条路向北到达撒马尔罕（Samarkand）乃至伏尔加河（Volga）下游的撒莱（Sarai），由撒莱可以到达亚速海（Azov）和黑海。沿着这个庞大的欧亚山脉链的北面陡斜坡，可耕作的凹地散布其间。如果能阻止逐水草而居的牧人进入，人们便可在凹地上从事农耕。

因此，彼此相距遥远的农耕链，形成了一个大弧形，由摩洛哥的阿特拉斯山一直到中国的甘肃。交通和贸易路线将农业区域联结起来。这条长链子在政治和宗教上只统一过一次，也就是在 7 至 8 世纪伊斯兰国家的军队由阿拉伯半岛向东面和西面做扇形出击的时候。在此之后，链子的环节脱散，再未复合。政治的分隔又因宗教的门户之见加剧。每一种分裂又加深另一种分裂。

一再的分裂，削弱了这条长链子上的许多环节。孤立的农业区域滋生孤立的政府组织。这些组织在内部受到其支配资源有限的限制，而其边界的不设防，则使它们暴露于袭击和政权更迭之中。将这串珠状的地理政治结构连在一起的是贸易与宗教信仰。这些关系可以超越每一个孤立的组成部分，也可以广泛地聚合资源。可是，由于政治上没有统一的力量来保护它们，这些环节也因遭遇一再的干扰而断裂。

在欧亚山脉链的北部是一片大草原，形成了广阔的走廊地带，由东面的蒙古大草原穿过吉尔吉斯斯坦和俄罗斯大草原，一直延伸到紧邻中欧心脏地带的匈牙利大草原。这些是游牧民族最爱出没的地方。一直到俄国人在 17 世纪击败游牧民族及其可汗以后，南俄的大草原才成为永久耕地。

从俄国大草原往西是欧洲半岛。这个半岛是温带森林地带，可以开垦耕作。不过，它除了罗马人统治下的地中海地区以外，其他地区的发展都非常迟缓。它的四周几乎全是水域，如波罗的海、北海、大西洋和地中海。靠近水域是个优势，但只有在他们能成功守卫海岸并抵御来自南北两个方向的侵扰者时，才能使之变成真正能被加以利用的主要资源。但直到 9 世纪，这一任务才算完成。与此同时，经过 1000 年之久，欧洲的森林才得以被清除。一直到 1000 年，森林与农田的比例才对耕农有利。于是，有利于耕作与军事防卫的核心地区位于森林与海洋之间，而这个地区又往往有大河流贯，因而可以将货物运输出海。这些高产的优势地域是低地国

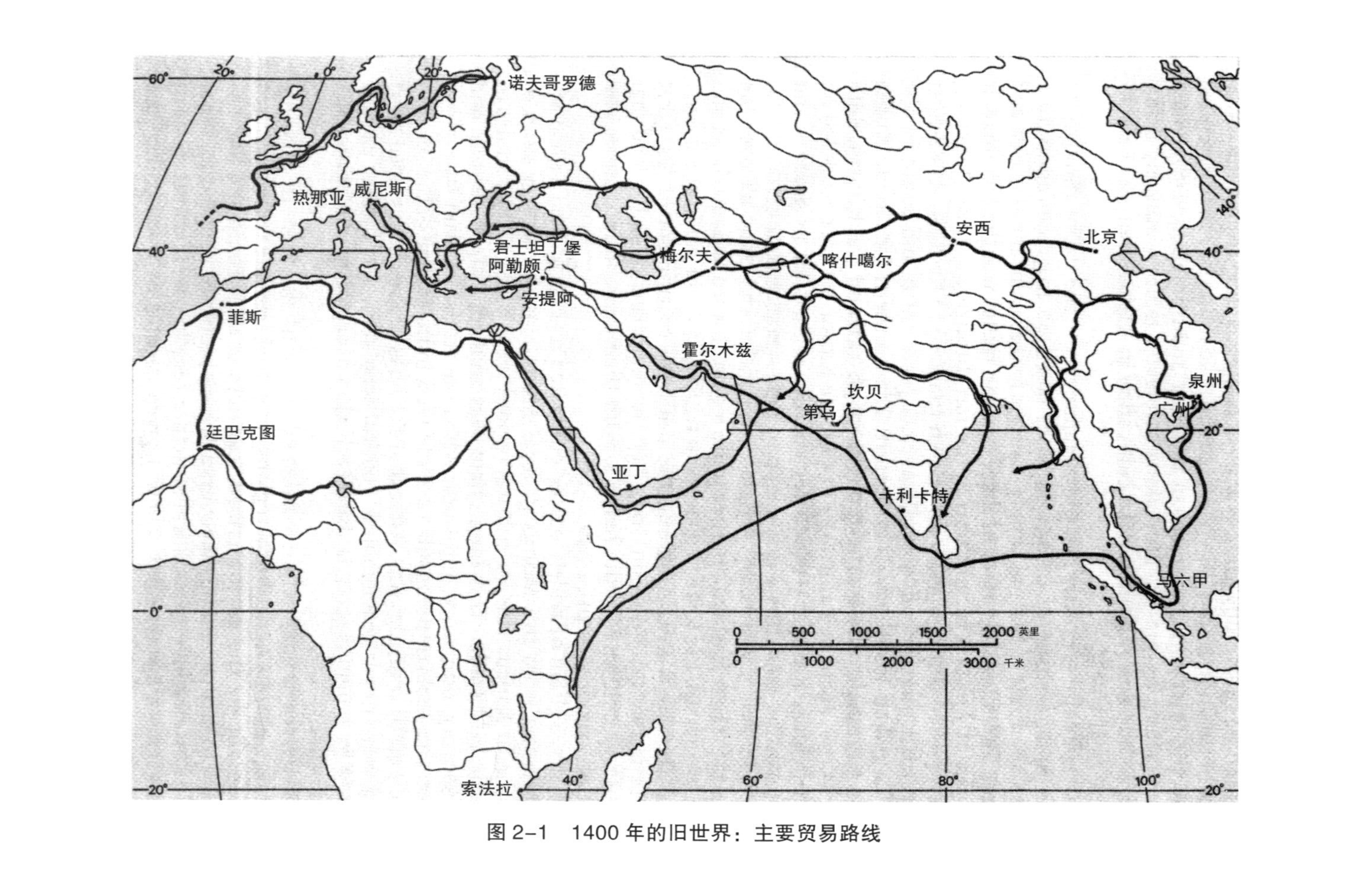

图 2–1　1400 年的旧世界：主要贸易路线

家、塞纳河流域（Seine Basin）、莱茵河中游的灌溉区域、英国的泰晤士河流域、葡萄牙的特茹河（Tejo）流域以及意大利的波河（Po）流域。这些区域的过剩农产品促成政治力量的成长，成为不断发展的国家的战略供应基地。

横贯欧亚大陆的道路从丝绸之路东端的甘肃伸展到中国内地，进入一个与欧洲和伊斯兰国家完全不一样的政治－经济世界。欧洲被局限在半岛的外围地区，其地理政治的核心区域沿陆地的周边加固。伊斯兰世界纵向延伸，横跨欧亚大陆的脊骨，又伸展进入非洲的西部和东部。然而，中国却发展为一个结构紧密的单位，与西方国家相较起来显得硕大无朋。这个发展是渐进的。农业在中国北方的陕西泾河与渭河流域、山西的汾河流域和黄河下游扩展，支持了国家的形成。这个区域主要的作物是粟，不过公元 700 年以后小麦也渐趋重要。此时，这个古老的政治重心开始与产米的长江流域发生关联。7 世纪初开凿的大运河将北方和南方联系起来。在此之后，长江以南又发展出第三个关键地区。汉人在 3 世纪初开始迁入这个地区的肥沃三角洲和盆地。7 至 8 世纪，建立在改良的工具、种子和灌溉技巧基础之上的更复杂的稻作技术的出现，加速了汉人的南迁。

早在 1 世纪，在灌溉稻作农业的支持下，一个受到中国和印度模式双重影响的国家结构在湄公河三角洲兴起了。不过，在公元第一千年间邻近区域和岛屿形成的水利中心，却主要是仿效印度的模式。吴哥的高棉王国、爪哇中部和锡兰的王国都是这样。在印度，印度河流域的一个更早期的核心地区，曾支持了摩亨佐－达罗（Mohenjo-Daro）和哈拉帕（Harappa）的国家体系。但是，这些国家在公元前 1200 年却由于印欧民族的入侵灭亡了。在此之后，干旱的印度河流域再没有恢复过去的关键性作用，只是有时成为中亚民族武装集结、待命入侵的地方。此后形成的国家都源于恒河流域，尤其是比哈尔（Bihar）和孟加拉地区。在那里，大米是主要作物。若年降水量只有 40—80 英寸时，人们便以灌溉辅助稻米种植。在年降水量超过 80 英寸的地方，人们便修筑水坝和堤防防洪。

亚洲东部和南部灌溉农业的发展，使得使用较不密集耕作方式的人口他迁。在印度，从事密集耕作的人，排挤像比哈尔地区的蒙达人

（Mundas）和奥昂人（Oraons）等从事火耕的山居部落。在中国，汉人将他们的历史认同归结到在公元前700年以后以灌溉为基础发展出来的政治经济。在他们的南面是非汉人的“野蛮人”——苗族、瑶族和傣语民族。当汉人渡过长江进入“蛮”区时，他们便兼并了一些与他们类似的农业和政治模式的群体，而将从事火耕的人逐入更为多山和荒凉的区域。在其他地方，流动的耕作者，为了保护以亲属关系为原则组成的社会免受政治与经济压迫，纷纷撤退。因而，自12和13世纪以后，非汉族的少数民族的残余人口，便生存在中国西南的山区和邻近的缅甸、泰国、老挝和越南。在低地地区发展起来的灌溉农业核心区域，同样的过程重复出现，只不过是以较小的规模，山居者使用粗放的耕种方式，在山地和难以进入的内陆耕作。

贸易

我们这位想象中的观察者，在1400年行经旧世界的高地和堡垒时，当是沿着1000年来无数商人在相隔遥远的区域之间建立的广泛的商业路线行走才是。事实上，农业地区如群岛般分布，促使人类筑路加以连接，不论是海路还是陆路。这些路线，不论是长距离还是短距离，都需要维护和防御攻击。同时，任何控制了重要路线的群体，都能够为了自身的利益而插足于这个交通线网，也可以切断联系，加剧这些可耕种岛屿间的分隔。因而，撰写旧世界的历史，可以从战略性的农业地区着眼，也可以从它们之间的联系着眼。

欧亚大陆的欧洲半岛，其最大的一个优势，是靠近周边的水路，从芬兰湾和波罗的海直到地中海东部。从这个海上网络的最东北极，可以到达伏尔加河，像8—10世纪间掠夺欧洲西海岸的北欧海盗一样，扬帆进入里海。不过，这条路线被大草原上的游牧民族打断，一直到16世纪中叶才重新通行。丝绸之路从东地中海的港埠通往喀什噶尔，进入中国。地中海的第二条路线由阿勒颇到达波斯湾，从那儿再航行到印度和东南亚。第三条路线是陆海联运，横跨苏伊士地峡，而后通过红海和亚丁湾（Gulf of

Aden）航行到非洲东部和印度以及更远的地方。在地中海南部的海岸地区，许多使用“沙漠之舟”骆驼商队的路线，横跨撒哈拉大沙漠，在尼日尔河（Niger River）拐弯处的城市加奥（Gao）和廷巴克图会合。由此，人们通过河运和驴子将货物运入西非的心脏地带。相反，从马来亚到菲律宾和日本，东南亚有无数可用来掠夺和贸易的路线。

这些路线的存在显示，长距离的交流对古代社会十分重要。商人一直以来将货物从生产过剩的地区运往物资缺乏的地区，并因这种服务而获利。由于交通设备有限，必须运用人力或畜力在陆地上运送货物，将货物放置在低吨位的船中在海上运输，因而运输频率最高的货物是奢侈品，每一件奢侈品均可产生高额利润。当珍贵货物贸易占优势时，贸易的交易往往便是在两个不同的区域进行。一个是本地贸易与交换，日常用品在严格限定的村落和城镇中流动；另一个是珍贵物品的长距离贸易。这些物品为满足精英分子的消费而生产，用以凸显他们在政治和经济上具有支配性的地位。

图2-2　紧邻水路的欧洲半岛

游牧民族

商人和其他旅行者在横贯旧世界的干燥地带，由非洲到亚洲的极远处时，便进入了游牧民族居住的区域。他们不仅是牧民，还往来驰骋于大多数连接绿洲和绿洲、核心地区和核心地区、区域和区域的交通路线之上。他们有骑兵装备，可以阻拦战略地点间的互动，也可以集结进攻绿洲和城镇的贸易中心。我们今日的形势对游牧民族是不利的，他们愈来愈没有能力为了自己的利益而发动战争。然而，在欧洲人打通通往东方的海上航线以前，游牧民族在横贯大陆的商队贸易中有重要的作用。他们以确保安全的承诺而收取贡金。F. C. 兰恩（F. C. Lane）叫这种贡金为“保护金”。它成为游牧民族丰厚的收入。尼尔斯（Niels Steensgard）估计，由于欧洲人日后绕道好望角，直接与亚洲进行贸易，黎凡特地区的经济损失为三四百万皮阿斯特（1973：175）。

1400年，商队贸易与担任保镖的游牧民族都尚在全盛时期。游牧民族并不能独立生存于定居地带以外。游牧民族虽长于养牲口，随其牛羊逐水草而居，但是他们都靠农耕者供应谷物和工匠的产品。因而，游牧民族与农耕者往往因必要的交易而产生联系。这种交易的条件视交易人口的力量分配而异。在游牧民族有马匹的地方，他们在与定居人口交易的时候往往在突袭、机动性和攻击力方面占据优势。游牧民族分部、分等级的世系也占有战术上的优势。原本各自行动的许多世系，可以通过追溯一个共同的宗谱而结合，并由较高一级的世系领导。

这并不表示游牧民族始终预备好要攻打定居人口。当时有许多游牧民族与定居的村落处于和平共生的状态。许多游牧人口在每年的移动周期中也从事一点耕作，或者委托其联盟中的一个子群从事永久的耕作。影响畜牧与农业产品间交易价格的因素有很多。有些变化使牧人放弃畜牧而从事农耕。还有一些变化使农耕者放弃农田而专营畜牧。一个必须要问、而又不容易回答的问题是：究竟在什么样的情形下游牧民族决定进行侵略性的战争，而不选择调解和共生的办法？

我们这位1400年的观察者无疑会认为，游牧民族是“上帝之鞭”。

有 400 年之久，他们一再地攻打农耕中心。造成这个情形的原因不尽清楚。欧文·拉铁摩尔（Owen Lattimore）探索了历史上从大草原到边界区发生的冲突的原因。有些边界地带的土地既可用于耕耘又可用于放牧，农耕者和游牧民族为占有这些土地而互相争执（1951）。这样的地区也是政治动荡地带。农耕者的统治阶级想要挑拨游牧民族自相残杀，而游牧民族也能探得定居地区的虚实。在 4 个世纪的时间里，在我们的观察者开启这次旅行以前，游牧民族，不论是突厥人、蒙古人、阿拉伯人还是柏柏尔人（Berber），他们影响力的强度和范围都已经达到了相当大的程度，使得这个时代明显地不同于之前或之后的时代。

在战时，游牧民族的长处是可以集结大量流动的兵力接受有效的指挥。但是在和平时期，这个能力却造成问题，很难持续统治被征服的人口而又不丧失自己作战的能力。据说汉化了的契丹人耶律楚材，曾对成吉思汗的继承人窝阔台说："天下可以由马上得之，不可以由马上治之。"（Grousset，1970：257）。因而，游牧的征服者为了巩固既得利益，就采用他们征服民族的行政模式。实际上，这表示大草原西部的游牧民族依循伊斯兰教的榜样，而东面大草原和沙漠上的游牧民族假借中国汉人的榜样。这一举措有着深远的影响。集中精力于日常行政技巧的结果，往往是削弱了维持军事威力的技巧。同时，提高豪华的定居宫廷生活依靠的税收基数，又招致其他敌对的游牧民族向征服者挑战（Lattimore，1951：76—77）。其结果是统治的精英分子随着在战争中赢得的战利品的猛烈贬值或丧失（包括过剩的人口与其生产依赖的技术基础遭到毁灭）而在政治上产生轮替现象。

各游牧民族不仅与密集耕作的地区互动，他们之间也彼此互动。游牧民族入侵其他游牧民族的牧地，又为了控制最重要的贸易点而争执。譬如，据梯加特（Frederick Teggart，1939）的说法，游牧民族每次在中国长城之下遭到败绩以后，便向后撤退攻打其他的游牧人口。这种压力一波波传递下去，一直到流动的入侵者在西部攻击罗马帝国的边界。虽然梯加特的描写或许夸大了这个过程的同步性，但是游牧民族沿干旱地带的持续移动，却将这个走廊变成密集互动的区域以及冲突的舞台。参与这些活动的，在北方是蒙古－突厥语族，在南方则是阿拉伯语族。

近东和非洲

突厥人

1400年，我们的这位旅客必曾遇见沿旧日丝绸之路移动的大量游牧人口。在喀什噶尔以东主要是说蒙古语的人；在喀什噶尔以西主要是说突厥语的人。公元1000年以后，说突厥语的人与城镇居民和农耕者的接触日益频繁。在伊朗北面的边界地区和邻近的大草原地带，这个现象尤其显著。在这些地方，当大草原上的战士得势时，农业与农耕阶层的势力便衰微。突厥人皈依了伊斯兰教，并将其战士的意识形态与圣战的角色合并，而得以重新捕捉到早期主张扩张主义的伊斯兰教在意识形态上的活力。自11世纪起，突厥人逐渐取代了别的民族而成为替近东统治者服务的佣兵和军事奴隶。事实上，在安纳托利亚中部和印度西北部这两个地区，他们在11世纪巩固了自己的统治权。13世纪中叶，突厥和切尔克西亚（Circassia）军事奴仆中的一名优秀分子，在叙利亚和埃及取代了库尔德人后裔的统治集团。

13—14世纪，成吉思汗及其麾下蒙古军队的西征，扫除了大部分的突厥人群体。突厥人先是与蒙古人联手，而后又从蒙古人的撤退中获利。譬如，在伊朗，塞尔柱（Seljuk）突厥人的一个王朝在13世纪前30多年在蒙古人的猛攻下覆亡，但是100年后蒙古人与说突厥语的人又恢复了竞争。最初赢得竞赛的是来自中亚河中地区（Transoxiana）的突厥人恐怖的帖木儿（Timur）。1400年，他的疆域由黑海一直延伸到喀什噶尔。但是，帖木儿于1405年逝世以后，这个国家开始崩溃。一个世纪以后，帖木儿汗国在中亚河中地区的心脏地带被乌兹别克人（Uzbek）攻克，领导乌兹别克人征伐的可汗是成吉思汗的后裔。而也就在这个时候，伊斯兰教什叶派萨法维教团（Safawi）动员游牧的土库曼人（Turkoman），在东部击败信奉伊斯兰教逊尼派的乌兹别克人，并且统一伊朗以对抗信奉伊斯兰教逊尼派的奥斯曼土耳其人由西方入侵。

奥斯曼人本是拥有梅尔夫城四周牧地的乌古斯部落（Oghuz）的后裔。他们的领袖是一个说波斯语的塞尔柱突厥人。他们是麦克尼尔（McNeill）所说的“掠夺者的边陲公国”的核心部分（1963：499）。自1300年起，他们从安纳托利亚西北部的一个基地出发侵袭和抢劫拜占庭聚落，并于14世纪下半叶迅速扩张，进入巴尔干半岛。到了1400年，他们已将一度强大的拜占庭人逼到了君士坦丁堡和萨洛尼卡（Salonica）以及伯罗奔尼撒半岛（Peloponnesus）的东南部。1402年，当帖木儿在安卡拉（Ankara）击败他们之时，他们正预备对这些目标做最后一击。在与帖木儿的对抗中生存下来以后，奥斯曼土耳其人在15世纪恢复了扩张。他们在1453年征服了君士坦丁堡，并且建立了一个延续到第一次世界大战结束时的帝国。

因而，我们的这位观察家会遇到在被帖木儿打败之前的奥斯曼土耳其人。他必会注意到穆斯林战士意识形态的力量。这种思想以圣战的口号激励奥斯曼人扩张，进入无宗教信仰者的领域；但他很少会注意到奥斯曼人建立起来以维持和管理被征服地区的制度。这个庞大的帝国将主宰近东

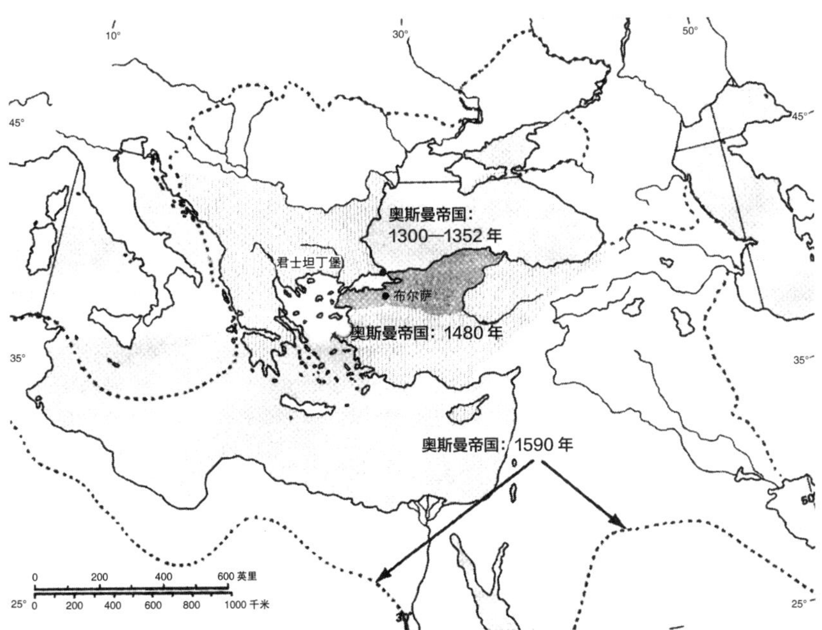

图2-3　奥斯曼帝国的扩张

达 3 个世纪之久，并阻碍欧洲人直接进入东方，使欧洲人的扩张转向西面的南北美洲，开辟绕道好望角的海上航线。因此，奥斯曼人值得我们简短地看一看他们发展出来的帝国结构。

奥斯曼政体以苏丹及其王室为中心，包括他的军事奴隶，即著名的禁卫军。这些奴隶一般是从非伊斯兰教徒、战俘或被征服民族进贡的儿童中征召的。他们接受的是效忠苏丹的教育，并且只对苏丹效忠，而不效忠任何贯穿于国家机器中的亲属群体。游牧民族的分割性社会组织往往造成离间和竞争的问题。奥斯曼人的做法，旨在避免这样的问题。（奥斯曼人并非最初采用这种做法的人。早在 8 世纪，巴格达阿拔斯王朝〔Abbasid〕的哈里发，便从附近大草原上的突厥人中吸收了大量的奴隶。西班牙科尔多瓦〔Córdoba〕倭马亚王朝〔Umayyad〕的哈里发，则偏爱斯拉夫人。）

军事奴仆被委派出去管理各个行省，并搜集其过剩产品以供养奥斯曼的军队，并且必须保证核心区域的食物供应。为此，他们也能终身享有一些贡物。在欧洲的封建制度之下，土地和劳力对于许多亲族来说可以传给子孙后代。而奥斯曼的君主则保留地契，不把土地给予他人，因而欧洲式的封建制度在此不得存在。奥斯曼政府也建立了对乌里玛（Ulema）的统治，乌里玛即伊斯兰教的法学家和神学家。和以前伊斯兰教的做法不同的是，奥斯曼将这些学者组成了一个管理阶层，他们对政府负责，统一律法，以消除因地方宗教差异而产生的离心力。军事奴仆和乌里玛共同组成了军人阶层。其他所有人都被归为庶民，以贡物支撑政府和官吏。

然而，奥斯曼的经济以货币的广泛使用为基础。多余的贡物，以及农民的农业产出和手工业行会的工艺品，放在地方性、区域性以及区域间的市场出售。因而，收税和政府稳定物价的措施都有赖于商人这个社会阶层。商人的活动对于政府是必要的，但他们始终威胁要摆脱政府的控制。商人由政府正式特许；政府官员密切监督市场销售，并加以抽税。但是，16 世纪后期，奥斯曼境内的贸易，愈来愈与威尼斯、热那亚和佛罗伦萨以及黑海沿岸的商业中心联系起来。大部分这样的贸易都是走私，那时候确实是“走私者的天下”（Islamoğlu and Keyder，1977：41）。同时，政府由于愈来愈无能力收税，就将以贡物酬劳官员的办法改为请人承包赋税。承包收税的人将收到的税交给政府，为此，他们有权在地方上收取贡物和税，并被予以处置权而从中谋利。但是，政府控制的减弱，造成地方权贵阶层的崛起。随着宫廷及其代表的权力日益衰微，这些人开始逐渐累积地方势力和商业影响力。

北非和西非

再向西，1400 年北非的游牧人口也有关键性的作用。北非的每个城市或商业中心，周围都是农田和棕榈小树林，彼此之间又由沙漠或草原分隔。这些市镇通过许多贸易路线联结起来，但是它们的商队必须穿越荒凉而贫瘠的地区才能往来于这些贸易路线。半游牧民族和游牧民族控制这些地区，为己谋利。

虽然这个区域的地理和聚落模式，凸显草原与已耕地之间，以及城市及其农村内地之间尖锐的对比，但是北非的伊斯兰社会，却以“横向团结”跨越这些鸿沟（Laroui，1976：35）。城市并不独立于周围的乡村而自治。每一个城市都有许多区域，每个区域的群体因种族、宗教和职业的差别而与另外的群体分开。这些群体在城镇和村落均有其分布。因而，城市、镇和农村形成了“地理、生态和社会的复合体，其中的地域和人口既不完全是都市的，也不完全是乡村的，而是二者的结合”（Lapidus，1969：73—74）。主宰每一个区域复合体的是一些联姻家族的精英分子，其中包括地主、商人、政府官员、同业公会领袖，以及清真寺、学校和慈善组织的乌里玛。同时，共同的利害关系跨越区域界限将这些精英分子联系起来。长途贸易在商人团体中促成了一个商业关系网络，也促成了保证在广阔范围内商队交通安全的游牧群体领袖的联盟。此外，宗教领袖乌里玛在伊斯兰世界各处皆有，他们以宗教和法律的领袖和诠释者的身份将不同的区域联系在一起。最后，战略中心和要塞掌握在政治－军事精英之手。他们通常由一个至高无上的苏丹的军人奴隶组成。这些政治－军事精英负责收税和管辖，有时与宗教精英发生冲突，有时又与他们和解。

通过精英控制这片区域，以及与可以维护腹地商队路线和绿洲安全的游牧民群体结成有效联盟，有助于在这些政治体中维持权力。想要争夺控制权，就必须要与心怀不满的部落分支结盟，并尽力争取愤愤不平的城市商人与手工业者的合作。其结果是经常的交替变动。联盟中的异议分子考验统治者控制权的极限，一直到他们可以接掌控制权为止。在抓住权力以后，这个周期重新开始。

14 世纪，柏柏尔朝臣伊本·赫勒敦（Ibn Khaldun）曾经精彩地分析了这个不断地结盟与解盟的过程，以之为游牧民族亲属团结与定居生活利害变化之间连续的交替。伊本·赫勒敦说明这个过程有其本身的逻辑。可是在北非，它是一个较大脉络的结果。这个脉络一方面是跨越撒哈拉大沙漠的贸易；另一方面也是与伊比利亚半岛和意大利的经济与政治力量的关系。

与西非进行跨越撒哈拉大沙漠的贸易，对于北非、近东，甚至是欧洲，都有战略意义。贸易路线穿越沙漠，进入跨越非洲的草原地带，又越过这个地带进入热带雨林地区。西非在班布克（Bambuk）和布尔（Buré）的金矿，在旧世界的黄金储备中发挥了非常重要的作用。中世纪晚期，这个地区供应了西半球经济中 2/3 的黄金流动量（Hopkins，1973：82）。雨林地带也为近东供应了大量奴隶。此外，这个地带也外销布匹、象牙、胡椒和可乐果（在伊斯兰教禁止使用酒类的地方，可乐果是很重要的兴奋

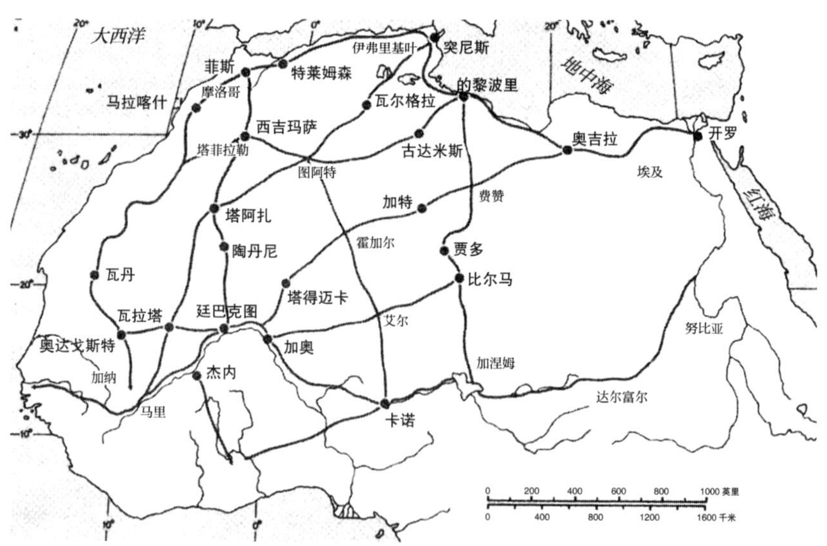

图 2-4　西非的主要贸易路线

剂）。反之，这个地带由北非进口马匹、黄铜、红铜、玻璃器皿、珠子、皮革、织物、成衣和腌制食品，并由撒哈拉大沙漠的矿场进口食盐。穿过撒哈拉大沙漠的西部到达摩洛哥和阿尔及利亚的贸易路线，主要掌握在说曼德语（Mande）的迪尤拉族（Dyula）商人手中。这些商人已由尼日尔河支流巴尼河（Bani）沿岸的杰内（Jenne）向南扩张，到达森林地带边缘黄金和林产品的主要集散地贝格霍（Begho）。去往突尼斯和利比亚的东部贸易路线与豪萨族（Hausa）的商业网络联结起来。豪萨族从尼日利亚北部的卡诺市（Kano）和其他的豪萨市镇出发，往南与森林地带进行贸易。

当然，这个外在的网络具有政治意义。对森林与草原间和草原与沙漠间转移点的控制，使可以取得和把持这种控制的人有极大的权柄。这三个地带的分界线，对于西非国家的形成也十分紧要。这些国家中最早的一个是奥卡尔（Aukar），建立于公元 800 年以前，是以尼日尔河上游和塞内加尔以北草原地带上的市场中心为基础建立起来的。这个国家或许是索宁克人（Soninke）建立的，依照其统治者的头衔而被称为加纳。它控制了来自班布克金矿的黄金贸易，借由对它的垄断，并透过一群侨居的伊斯兰商人由摩洛哥取得必要的货物。11 世纪，毛里塔尼亚（Mauritania）的柏柏尔人，即穆拉比特人（Al-Murabitun），攻陷了这个王国，而夺取了北向贸易的控制权。尔后到 13 世纪，加纳的一个旧日属国兴起，成为由马林凯人（Malinke）主宰的康加巴（Kangaba，马里）国。这个势力建立在对黄金贸易的控制和对从廷巴克图出发的贸易路线的霸权之上。

1400 年，康加巴不断衰落。在这 100 年中，它终于屈服于以加奥为首都的桑海王国（Songhay）。桑海借由生活在绿洲至北方地区的信奉伊斯兰教的列姆图纳（Lemtuna）柏柏尔商人而继续与北方贸易。桑海随后因摩洛哥人由北方入侵而覆亡。接下来，国家的形成沿旧日桑海的南面和东面进行。16 世纪末叶，南方出现若干莫西族（Mossi）的国家，它们控制了由杰内到阿善提族森林地带通往下沃尔特（Volta）草原区域的路线。在加涅姆 - 博诺帝国（Kanem-Bornu）的东边，就是通往突尼斯、利比亚和尼罗河中游的贸易路线，这条路线由于豪萨族国家的兴起而显得不那么重要了。豪萨族诸邦以东部两个主要的市场城镇卡齐纳（Katsina）和卡诺为中心。由这两个中心，豪萨人与西非森林地带说约鲁巴语（Yoruba）的民族及其邻人接触。

因此，撒哈拉大沙漠以南的非洲，并非如欧洲所想的那样是孤立和落后的地区，而是一个关系网络的整合，这个网络将森林地带的耕种者与采矿者和草原与沙漠的商人以及北非定居地带的商人与统治者联系在一起。这个关系网络的经线是黄金（“摩尔人的黄金贸易”），纬线是其他产品的交易。这种贸易产生了直接的政治结果。在尼日利亚的贝宁（Benin）或豪萨的卡诺发生的事情，对突尼斯和拉巴特（Rabat）都有影响。当欧洲人日后由海岸进入西非时，他们会发现这块土地已有密集的市镇和聚落，并置身于交易网络之中，这些交易网络远超过沿海欧洲商业中心区的狭窄区域。

在摩洛哥和阿尔及利亚贸易路线的北面终点，我们可以看到这样的影响力。一个接一个的精英在此崭露头角，每一个都依靠了与撒哈拉大沙漠与森林地带的互动。每一个精英都拴定在一个以亲属关系为原则的同盟之中，它通常是通过宗教思想动员起来的。前面已经提到毁灭加纳的穆拉比特人，这些人是宗教运动的活跃分子。11 世纪，当阿拉伯游牧民族贝都因部落（Bedouin）进入毛里塔尼亚部分的撒哈拉大沙漠而威胁到游牧民族桑哈扎（Sanhaja）柏柏尔人同盟的资源基地时，他们从这个同盟中崛起。在军事 - 宗教寺院，他们倡言回到纯净的伊斯兰教。穆拉比特人的一支向南去控制加纳的黄金，另一支向北去征服摩洛哥和西班牙。他们使用西班牙化的名字穆拉比德人（Almoravids），在 1090—1110 年统治了安达卢斯（Al-Andalus）。12 世纪，他们为穆瓦希德人（Al-Muwihiddin，西班牙化的称谓是阿尔摩哈德人〔Almohades〕）所取代。“穆瓦希德人”的意思是“一神论者”，属于麦斯木达（Masmuda）同盟。13 世纪，由邻近西吉玛萨（Sijilmassa）商业中心的沙漠来的游牧民族贝尼马林人（Beni Marin）取代了穆瓦希德人。贝尼马林人为了自己的同盟参纳塔（Zanata）的利益，剥夺了桑哈扎和麦斯木达的权力。随后，贝尼马林人在两线同时作战，一方面在突尼斯迎战穆瓦希德人的残部（哈弗西德人〔Hafsids〕），另一方面迎战同盟自身中的一支西阿尔及利亚的扎亚尼德人（Zayanids），后者质疑他们对西吉玛萨的控制。哈弗西德人和扎亚尼德人与欧洲海岸进行贸易，尤其是与西班牙东部的阿拉贡进行贸易，想要抵制马林人的权势和补偿由游牧民族的劫掠而造成其本身内地的赤贫。在信奉伊斯兰教的格拉纳达（Granada）于 1492 年败给卡斯蒂利亚（Castile）王国以后，哈弗西德人与扎亚尼德人要求奥斯曼帝国的保护。为此奥斯曼帝国派来一支海盗舰队，他们自此以海上抢劫为主要收入来源（Abun-Nasr，1971：167）。

1400 年，我们这位旅客当曾遇见其时控制摩洛哥的贝尼马林人。然而，贝尼马林人随后日渐失势。16 世纪，统治权转入一场宗教运动的领袖们的手中，他们自称是先知穆罕默德的后裔。这个运动源于苏斯谷地的柏柏尔人，他们倡言对葡萄牙人发动圣战。16 世纪末，这些萨迪人（Sa'dians）将致力于入侵和毁灭桑海国以重获对苏丹王国黄金的控制权。但是，他们也只能使黄金贸易从西部的商队路线转到东部。不久以后，这些摩洛哥的统治者，也会像阿尔及利亚和突尼斯的统治者一样以海盗行为攫取由欧洲人开辟的新的海上航线上的财富。

东非

东非也卷入到了陆上通道和海上航道的网络之中。其结果对一个 1400 年的旅客来说是很明白的。

住在东非的大致是说班图语（Bantu）的人口。虽然他们的历史尚有待阐明，但是考古学、比较语言学和民族历史学的证据都指出他们源自喀麦隆（Cameroon）中部。由此，两支人口以不同的方向向外迁移。第一支在公元前第二个千年东迁通过苏丹王国地带，从事谷物的生产、动物饲育和铁器制作。到了公元前 1000 年，若干属于东面一支的人口群，已到达东非大裂谷和坦桑尼亚的高地与肯尼亚的南部。公元前 500 年前后，这一支转向南行，跨越维多利亚湖（Lake Victoria）附近的热带雨林。由这一个入口，说班图语的农耕者和牧人向南往德兰士瓦（Transvaal）行进和向西南行进到达赞比亚（Zambia）中部、津巴布韦（Zimbabwe，罗得西亚〔Rhodesia〕)，进入安哥拉。公元400年前后，南行者横渡林波波河（Limpopo River）进入德兰士瓦。

第二支说班图语的迁徙者由喀麦隆向南，沿海岸和河边的路线到达刚果河河口。他们与东行的饲育牲口和制铁器者迥异，仍是使用石器耕种并且食用根茎类农作物。在基督纪元开始前后，这两支民族可能已在安哥拉的北部会合。到了公元500年，他们向东继续扩展进入赞比亚和扎伊尔（Zaire）的东南部，开始了历史上清晰的建国过程。他们在前进时驱逐了当地原来从事狩猎采集的人口：说克瓦桑语（Khoisan）的原住民被逐入荒凉的西南非洲。今日他们仍是住在西南非，一部分是饲养牲畜的霍屯督人（Hottentot，或叫科伊科伊人〔Khoi-Khoi〕)，一部分是采集食物的布须曼人（Bushmen，或叫桑人〔San〕)。

这些扩张的班图人逐渐与近东和亚洲的商人接触。至迟在10世纪，东非已有阿拉伯的商站，将奴隶、象牙、铁、犀牛角、乌龟壳、琥珀和豹皮输出到印度和印度以东的地方。早在7世纪，中国的文献便有来自黑非洲奴隶的记载。到了1119年，据说广州大多数的富有人家都蓄有黑奴（Mathew，1963：108）。很可能牵涉这种早期外销贸易的是来自苏门答腊三佛齐王国（Kingdom of Sri Vijaya）的马来人，因为他们在8到11世纪控制了印度与中国之间的贸易。虽然阿拉伯人可能从8世纪起便占有桑给巴尔岛（Zanzibar），但是东非第一个重要的港埠似乎是基尔瓦（Kilwa）。自11世纪起，它控制了由罗得西亚南方来的黄金贸易。其他重要的基地是摩加迪沙（Mogadishu）、基西马尼－马菲亚（Kisimani Mafia）和马林迪（Malindi）。当联系安纳托利亚和波斯湾及印度洋的贸易路线的重要性在13世纪超过蒙古人支持的大陆路线时，东非黄金、象牙、红铜和奴隶的贸易大幅增加。东非因此成为南海贸易网络的一个重要部分。东非由外销所得的回报，是印度的珠子和布匹以及中国的瓷器（大多为明代的瓷器）和由缅甸及越南来的陶器。

黄金贸易对非洲内地有极大的影响。到了9世纪，金矿的开采（有时开采到超过100英尺的深度）在赞比西河和林波波河之间的地区十分活跃。“出口的黄金量可能异常巨大。”（Summers，1961：5）采矿的人是

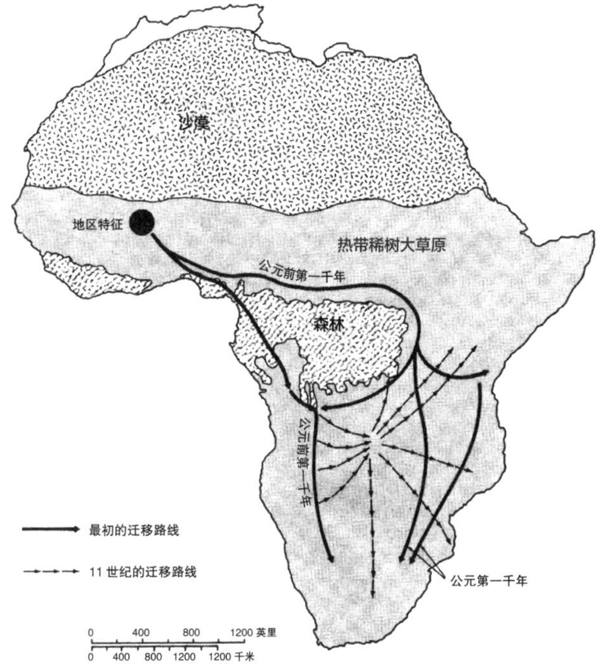

图 2–5　班图语族迁徙路线图（After Phillipson, 1977；courtesy of the author）

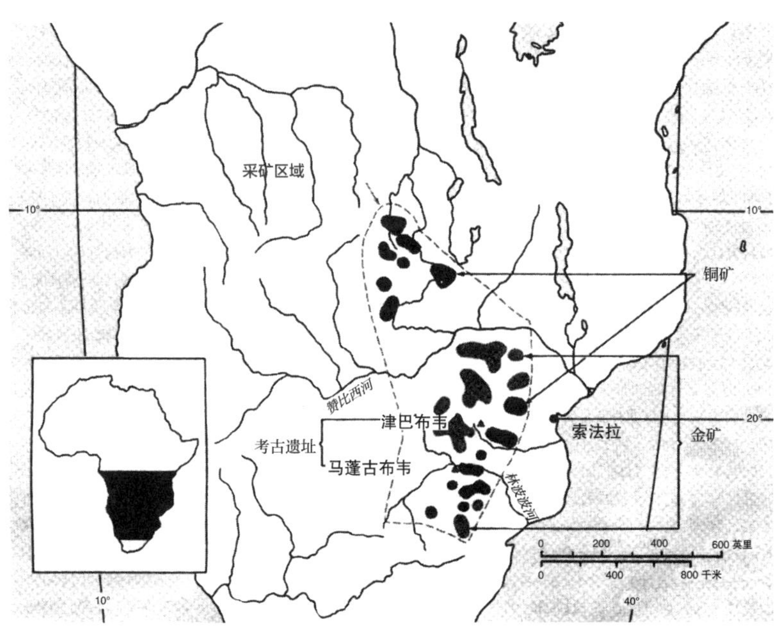

图 2–6　东非史前时期的采矿区

使用铁器的牲口饲养者，可能也有一些农耕者。1000 年左右，它们逐渐为新来者所支配，这些人可能说的是修纳语（Shona）。这些新来者与矿工住在一起，有石头造的大本营和仪式中心，最有代表性的是津巴布韦遗址。其首领接管了与海岸阿拉伯人的黄金贸易，并且攫取了林波波河河谷的象牙与红铜。赞比西河河畔的英格比伊莱德（Ingombe Ilede）的众多墓葬尚可看到他们对内地的影响力，可清楚看出红铜、铁和黄金贸易的范围十分广阔。

1400 年，统治津巴布韦修纳人的是罗兹韦王朝（Rozwi），即穆塔帕王国（Mwene Mutapa）。早期的葡萄牙旅客和日后对这个地区的口述历史，都曾描写过这个政治体（Abraham，1966）。我们知道的关于这些人的事情，使我们对于一个以进入半球性质贸易网络为基础的政府的形成情形，有异乎寻常的一瞥，也可以认识到一个发展中非洲王国的政治经济与意识形态。在这些记载中修纳人是父系社会，他们组成若干“部落”或亲属团体。每一个团体都与祖灵有关系。这些祖灵的主宰是一个或一个以上代表和维持部落酋长制度创建人及其后裔群体的灵（Mhondoro Spirits）。在这些酋长祖灵之上的是奈比耶（Nembire）皇族的祖灵，它是皇族与神之间的联系者。津巴布韦同时是奉献给泛修纳神祇的仪式中心和麦比耶（Mbire）统治者的政治中心。这个政体统治者的荣誉称号是木威奈・穆塔帕。对土地的最终统治权属于国家的最高统治者。他又将土地的权利授予父系世系群的酋长们。这些酋长将来会成为“姆虹多罗”（Mhondoro）等级制中的资深部落神“姆虹多罗”之灵。为了回报最高统治者，得到授权的人贡献给他黄金、象牙、武器、牲口和锄头。而这些货物又被用作与海岸贸易的商品。虽然木威奈・穆塔帕的中央集权政体在 15 世纪中叶就崩溃了，但是后继的酋长国在新兴的葡萄牙人与东方的贸易中将有非常重要的作用。奈维特（Malyn Newitt，1973：32）说：“东非的黄金与象牙被用于购买印度的香料。而香料是葡萄牙在东方主要要找的东西。如果不能控制这种贸易，葡萄牙人便永不能与伊斯兰教徒在印度的市场上一较高下。”

南亚和东亚

向东走横渡印度洋，再向东就是印度和中国及东南亚列岛的广大区域。罗马帝国早期曾一度繁盛的印度与西方的海上香料与黄金贸易，在 2 世纪以后已经式微（Wheeler，1955）。这个情形使印度转向东南亚开展贸易（Coedès，1964：44—49），而阿拉伯人和波斯人接管了到东方的路线。4 世纪和 7 世纪早期，广州有阿拉伯商人的居留地（Leur，1955：111）。一直到 10 世纪，中国人还使用阿拉伯或伊朗的船只，以及中国南部和中国诸海非汉人的航海民族的船只，将货物载运出国。因此，在亚洲南部、东部和西部的核心地区之间，它们久已有贸易的关系。

可是印度和中国的发展，依靠的主要是农耕生产的过剩产品，而非对外贸易造成的关系。在扩张的过程中，印度和中国都发明了特殊的经济和政治措施，将取用过剩产品的人和生产过剩产品的人联系在一起。这些都是需要从其本身来研究的。我们稍后也会谈到东南亚，那里是中国与印度的交会点。

印度

我们这位观察者于 1400 年在印度各地旅行的时候，会看到许多已经成为废墟的城市。帖木儿于 1388 年入侵印度北部，击败了突厥 - 阿富汗苏丹们的军队。1398 年他劫掠德里，屠杀其居民，将苏丹们的财富掳回了中亚河中地区。虽然新的阿富汗王朝在 15 世纪中叶开始重新巩固了部分势力，但是印度北部的政治局势自帖木儿入侵以后长期处于混乱状态。

如果我们这位旅客行经印度的村落，他必然会对当地人口长久以来分化出的世袭种姓制度有深刻的印象。早在公元前 300 年，出使旃陀罗笈多 · 孔雀（Chandragupta Maurya）王朝的马其顿大使，便曾汇报过一些种姓制度的特色。16 世纪初，陪伴麦哲伦绕行世界的葡萄牙人巴博萨（Duarte Barbosa），也详细描写过这种种姓制度。（英文中的种姓制度“caste”是由葡文中的“casta”而来。）因而，种姓制度在印度有漫长的历史，它在欧洲人来到印度之前和之后，形成了这个次大陆上诸民族之间的关系。因而，我们需要详细且循序渐进地考查这个制度，它不但影响了变迁的方向，而且受到变迁的影响。

在印度语中，种姓制度一词的词根是“jati”。“jati”由“jan”（生产、生育）而来，其意是指由一个共同祖先生产的世代或血统。这个共同血统的观念可以引用于不同层次——大家庭、家系、地方层次的家系、一个区域中的家系丛以及阶级说（varna）的最高范畴，这种说法将所有单位分为四层阶序，最低的是失去阶级的人（Outcastes）——“不可触及的”或“贱民”的阶层。说什么人属于什么阶级，视在当时脉络中的利害关系而定。在有的情形下，若干阶级可以被合并以方便强调共性或联合。当情形有变化时，它们也可以分开（Béteille，1969：157）。虽然各部分可以不断地分分合合，但是它们彼此之间也有高低顺序。种姓的高低代表了纯净或污染，这一点使印度人认为种姓制度的次序稳定而合理（Dumont，1970：44）。

一群有亲属关系的人为了组成一个种姓，必须固守某些习俗，如饮食习惯或衣服式样，并举行共同的仪式。如果某一个种姓的一个部分想与同一个种姓的另一个部分分开，则它必须发展特定的习俗和仪式。如果两个部分合并，则必伴随以习俗和仪式的合并。虽然这个制度的指导原则说它的各种安排是静止固定的，但是实际上它里面可以有许多伸缩性和流动性。由于种姓的资格关系到经济与政治的权力，任何一个部分的行动都会影响到其邻近的部分。因而，任何一个种姓的流动，都会受到其他种姓对抗力量的阻挠。不过，在种姓阶序中，有些部分显然上升，有些部分就显然下降。最后，外人也可以在这个制度中占有一席之地。通常新的征服者可以爬到接近阶级组织顶端的地方，成为刹帝利武士阶级（Kshatriya）。非印度民族的群体也可通过被归入一个阶级的类别，从而进入这个体系。

然而，为了具体了解种姓制度如何作用，我们必须超越亲属组织和仪式特色去看种姓制度的政治经济。任何一个特定省份都有若干世系丛掌握领导和支配的职位。在其中心是首领的世系。这些具有支配权力的世系互相通婚，在全省范围内加强其统治地位。它们以仪式展示其地位，所以其支配形式不仅是政治性的，也是仪式性的。统治阶级中的各部分，在每一个村落中以地主和战士的身份控制当地的经济和政治生活。在省这一层级上，由支配的种姓来担任统治者，让省在政治上成为一个“小王国”（Dumont，1957）。这样的小王国往往是一个更大的国家的一部分。省统治者在这样的大国家中政治地位如果上升，则在这个省中统治的种姓，其影响力也上升；地位若下降，则会威胁支配种姓的地位与团结，有可能使它降低到村落层级。

在概念上，种姓层级最高的是僧侣的亲属丛，或叫婆罗门（Brahmins）。他们是宇宙秩序、价值和规范的支承者（Dumont，1970：68）。他们具体表现最高度的仪式纯净性。他们不会污染在他们之下的任何人，但却可被这些人污染。他们主持宗教事务，并按照古代梵文典籍作为行为标准。因此，纯净程度较低但想要增加纯净程度的种姓，便效法婆罗门的习俗和仪式，并由僧侣处求得认可。于是，婆罗门模式沿着种姓制度从上到下受到较低等级的效仿（Srinivas，1961：Chap.1）。然而，模仿僧侣并非唯一取得较高地位的办法，也有人模仿武士和商人的模式。

婆罗门保证仪式的纯净；刹帝利，也就是武士阶级，表示权力。僧侣是宇宙秩序、价值和规范的承载者，而武士的领域是力量、财富和利己主义（Dumont，1970：66）。但是由于力量创造权力，最终将等级和分支牢牢地黏合在一起的是武士阶层。在一个村落或几个村落中，地方的支配种姓尽到战士的职能。在意识形态上，这个统治的世系代表村落层次的皇家职能（Dumont，1970：66）。因此，武士的权力是这个系统真正的关键，不管是谁，只要可以运用或夺取这个权力，便是以武士的身份起作用（Jayawardena，1971：118）。不过在某些情形下，当商人群体的重要性超过武士时，较低阶级会想取得商人的身份（Sinha，1962）。因此，种姓的分类可以配合权力与影响力的变化。而地方或省的许多世系，可以借此操纵而加强或扩张它们在更大地区中的地位。在国家的层次上，国王甚至可以重新分配种姓身份（Hutton，1951：93—97）。在市镇中，种姓身份往往不如手工业行会中的会员资格重要（Lehman，1957：523）。甚至在村落中，支配种姓的地位也不是绝对的。虽然支配种姓可以通过宴乐、交易和仪式来表示与服务种姓的特殊关系，但是其他较低等级的种姓却可以用模仿婆罗门的举动加以抗衡，以表示他们与支配种姓作对（Heesterman，1973：101）。

地方的支配种姓，其手中最有力的王牌是对村落土地的控制。在英国人于18世纪开始土地改革以前，印度流行若干形式的土地所有权。其中一种形式是“bhaiacharya”保有权。在通行这种保有权的地方，支配种姓的一部分占有全部的土地。他们周期性地根据家户大小和需要的起伏把土地重新分配给他们的家户，这些人需要集体付给土王租金。另一种是“pattidari”保有权。在通行这种保有权的地方，土地根据宗谱地位分给支配种姓的一部分家户，但是租金仍是以一个单位整付。第三种是“bighadam”保有权。在通行这种所有权的地方，占有的土地面积大小不等，占有土地的人依自己占有土地的大小付租金。在英国人到来以前的印度，这些保有权的形式和税收的办法互不排斥，而构成在一个连续统一体上不断变化的点。持续的土地分割或强大的国家压力，可以削弱亲属纽带，也可以使根据宗谱等级的保有权，变化为根据家户需要的配给物。如果一个上升中的世系的首领逐渐拥有权势，保有权的变化也可以逆转。这些保有权制度的基础是亲属关系的权利和义务，包括要求支持的权利和首领要求亲族劳力和效忠的权利。因而，当这些要求发生增长和衰微的变化时，他们对土地的权利也有变化。当英国人接掌印度时，他们解释这些人与人之间浮动的关系为欧洲式的各种固定财产形式。他们制定了一个他们认为是财产法的自由制度，但事实上却取消了以前各种办法的适应能力。

两类人在村落中没有土地权。第一类人是以工匠或理发师身份给地主群体服务的种姓群体。他们可以与一个特定的地主家户有关联，也可以为整个地主种姓服务。这些村落中的仆人拥有自己行业所用的工具，而且得到一种“生活的保障”，这一点使他们与既无行业工具又没有世袭基础来对土地要求权利的那一种人迥异（Meillassoux，1974：102—103；Newell，1974：487）。这些人或是无土地的劳工或地主的自愿佃户，有些兼职皮革工人或鼓手。他们是村落统治阶层可以使用的劳力（Mencher，1974），构成所谓“不可触及的”种姓。由于他们与较高阶级的关系有若干禁忌，他们的地位更形低下。这种不可触及的世袭阶级，其分布与生态的因素有关。不可触及的种姓主要集中在北部印度河 - 恒河平原人口密集的灌溉区以及南方肥沃的沿海地带，在这些地方他们大多是农业劳工。在比较干燥的多山地区，地主自己耕种土地，工匠往往来自较贫穷的地主阶级。事实上，随着资源的萎缩，村落地主有时将不可触及种姓的劳工逐出村外（Newell，1974：487—488）。得以留在村中的劳工，主要听从村落地主的吩咐和命令。

印度社会的整个体系建筑一方面是蜂窝状和分节的，另一方面在不同的小穴窝与环节之间又可产生联系。这个情形最好在印度的政治生态学背景下加以了解。印度至少有三个。第一个是恒河平原的印度；第二个是沿海地区的印度；第三个是中部山区德干高原（Deccan）的印度。恒河流域的印度雨量丰沛，密集种植稻米。在历史上它是印度国家形成的中央地区。公元前 322 年—前 185 年，这儿是孔雀王朝的政体中心。300—600 年，笈多王朝的君主（the Guptas）在此享有统治权。沿海地区的印度有一系列的河流三角洲和海岸地区，如沿东部科罗曼德尔海岸（Coromandel coast）的安得拉（Andrah）、泰米尔纳德（Tamilnad），西部的喀拉拉（Kerala，沿马拉巴尔海岸〔Malabar coast〕）、康坎（Konkan）和古吉拉特（Gujarat）。沿这些海岸的港埠，久已在长途海外贸易中占有重要地位。第三个印度是德干高原上的印度，它由连续的大小山脉与另外的两个印度分开。分开德干高原与北方恒河平原的是一个山区，里面仍住着说南亚语言的人。分开德干高原与沿海低地的是东西高止山脉（Western and Eastern Ghats）。德干高原本身气候干燥，其自然植被是灌木丛，而其主要的作物如粟，都是旱地作物。用从零星水塘汲来的水灌溉，也可生长稻米和别的作物，但是往往在最需要水的时候水塘便干涸，这使德干高原成为一个周期性缺乏粮食的地方。

印度半岛今日是世界上人口最稠密的地区之一。但是造成这种情形的密集的人口聚落和农业生产，其过程却是缓慢和不连续的，以至仍有一些零散区域掌握在食物采集者和刀耕火种者的手中。当中央集权的国家出现时，它们便使用权力赞助定居者同业公会或婆罗门组织从事清除、灌溉、深处采矿和边疆殖民的工作。但是政治上的中央集权不多见，只在孔雀王朝和笈多帝国的统治下达成，而也只有在恒河平原。在其他时候和地方，普遍的政治单位仍旧是“小王国”。“小王国”是由高级世系的土王统治的范围，它常常没有能力动员人民从事农业的扩张。再者，德干高原只能用零星的池塘灌溉，其结果是人口分散而非集结在一个水力核心地区的四周。在比较适宜但孤立的生态环境中，殖民与聚落的分散更使人口的分散和划分加剧。定居地区之间的地带，仍掌握在以亲属关系为原则组成的群体之手，他们敌视这些入侵的定居小邦。因而，印度文化范围的扩张，与中国文化范围的扩张，形式很不一样。中国的扩张是在于扩大一个同质的水力核心地区，将刀耕火种的农业人口逐入西南山区。印度的情形相反。印度给予各种不同人口在较大种姓网络中不同的地位，因而将它们都纳入了这个网络。

针对分裂，婆罗门提供了反抗的力量。在每一个个别的地方上由地主、工匠和奴仆组成的小单位，都由地方性的仪式和对一个“小”传统的崇拜团结为一体并为神圣的梵文经典所支持。无首领的民族群落，如果使其头人被认可为武士，将其妇女嫁给婆罗门和采取梵文的传统仪式，也可以变成较大文化网络的一部分。这些方式一直持续到今天，许多“部落”的成员因接受婆罗门的裁判而成为印度人。（山区说南亚语言的“在册部落”〔scheduled tribes〕，今日尚存。他们一直到今天都还用自己的人作为主要的诠释和教授宗教者，而不把这个地位给婆罗门〔Cohn，1971：19〕。）婆罗门通常也引入一些新农业技术，比如犁耕农业和新作物，并与较广大的贸易和市场网络连接。邀请婆罗门在其村落中定居的国王和雄心勃勃的统治者，也授予婆罗门土地（Kosambi，1969：171—172）。

因此，我们可以认为婆罗门的支配势力和种姓制度模式在各农业地区和村落的重复出现，是回应生态学和政治上的划分。它一方面联系起僧侣、武士和商人这些高级种姓的成员，一方面将这些阶层的地方性种姓分支与地方上的工匠及附属群体联系起来。照希斯特曼的说法，它是“穷人应付帝国的办法”（Heesterman，1973：107）。莱曼认为种姓制度模式将有组织性的服务与文化技巧引入印度乡村的结构，制衡了因长期有效中央权威的崩溃造成的漫长时期的紊乱（Lehman，1957：151—152）。

以种姓制度为基础的农村结构，许多世纪以来，抗御了外来征服者一再的猛烈攻击。想统治印度的人，一个又一个派遣军队由山脉以北的大草原地带下到印度平原，通常是走由巴尔赫穿过隘口进入旁遮普（Punjab）的路线。1 到 3 世纪是说伊朗语的塞种人（Sakas）和贵霜人（Kushan）。5 至 6 世纪是蒙古 - 突厥的白匈奴（Epthalites），其分支古加拉人（Gujaras）留在印度成为拉杰普特人（Rajput，意为“王族后裔”）。11 世纪是波斯化了的突厥人（伽色尼人〔Ghaznavids〕）。12 世纪是来自赫拉特（Herat，古尔人〔Ghorids〕）的阿富汗人。13 世纪初年是突厥王朝的古尔奴隶和蒙古人。14 世纪晚期是帖木儿帝国已波斯化了的突厥人。15 世纪是阿富汗人。

1525 年，帖木儿的一个后裔巴布尔（Babur）在面对乌兹别克征服者时放弃了中亚河中地区，转而征服印度。他在击败阿富汗人和印度拉杰普特人的反对势力以后自立为王。他开创的统治体系，日后统一了印度次大陆大半的地方，并且一直统治到英国人占领印度为止。不过，这个莫卧儿王朝（Mughal Dynasty）只是一连串起自中亚草原地带的精英中最晚的一支。就其特征来说，他们根本不代表“传统的印度”，其实他们新赢得的势力，建筑在比他们自己更古老和坚实的社会构象之上。

中国

在中国丝路的东端，我们的旅客看到的是北方游牧民族与在长城以南定居的农耕者之间持续互动的另一个主要部分。在此前的世纪中，中国不断受到北方“野蛮人”的攻击。11 世纪早期，来自热河的说蒙古语的精英——契丹（辽），曾经占领淮河以北的中国。几年以后，由来自中国东北地区森林地带的通古斯族女真人取代了契丹，其领域一直扩张到长江沿岸。到了 11 世纪末，成吉思汗领导的蒙古人已同时消灭了北方的女真人和当时仍旧统治江南的宋朝，并且跨越南方的山岭到达缅甸的八莫（Bhamo）和越南的河内。然而，蒙古诸王旋即内讧。到了 1370 年，明太祖将蒙古人逐回蒙古，结束了蒙古人在中国的统治。因而，1400 年这一年正处于明代初期汉人的再兴时期。

中国虽然迭受北方侵略，但是却构成一个有强大连续性的文化领域——黑格尔称之为“有周期性原则的国家”。这种连续性的战略条件，在于水利工程对中国的国家运作相当重要，这一点已由魏特夫（Karl Wittfogel）指出。这类水利工程基本上有两种：一种是运河的灌溉沟渠，旨在将水引入农田；另一种是大水坝和水闸，使有人定居的地区不致遭受洪水的侵袭。除此以外，还有运输用的运河加以补充，使谷物可以流通到更多的地方。已知最早的一批大水利工程建于东周式微的时候（约公元前500年—前250年），其时列国激烈竞争。两个最重要的水利工程分别灌溉四川的成都平原（3500平方英里）和陕西的渭北平原（1000平方英里）。这些水利工程建于秦（公元前221年—前207年）将中国统一为一个帝国以前，可能也是巩固这个帝国的基础。运输用的运河或许也始于秦朝，但其最大的扩展却是在7世纪。水利工程的维持和扩大，逐渐成为中国政府的一大任务。为了这个目的，安排劳力和税收是历代政府最注意的事之一，而国家的式微往往与做不到这件事有关（Wang，1936）。

7世纪以后，在江南进一步的农业殖民，使中国的财富增加。在苏南和浙江，灌溉稻米的种植有重大创新，这不仅表现在引入和扩大水利工程

图2-7　稻田插秧，中国四川，布鲁诺·巴贝（Bruno Barbey）摄于1960年

上，还体现在耕种土壤的工具和技巧的改良上，以及更为精细的肥料使用方法上。由苏南和浙江，灌溉稻米的耕作继续向南扩散。宋朝提倡这种扩张。宋人失去了长江以北的统治权，因而急于增加其剩余国土的生产力。较大的产量造成人口的大幅增加，而较多的人口又反过来增加了产量。606—742 年，南方的人口增加了一倍；742—1078 年，又增加了一倍（Elvin，1973：206，208）。在这个过程中，中国人（自称为汉人，以别于其他的民族群体），或是吸收了长江以南非汉人的人口，或是把这些人口逐入不容易密集耕作稻米的地带。一度住在长江中下游的苗人被逐入云南、四川和贵州；一度住在东部海岸山区的瑶人被逐入他们现在居住的贵州。在这些无法从事精耕和维持中国官僚组织的地区，当地的酋长制和刀耕火种盛行（Fried，1952）。

但绝非所有的灌溉系统均为政府所修建。譬如，长江下游区域大半的水利工程均为富有的地主修筑。不过却可以说中国农业对水利工程特殊

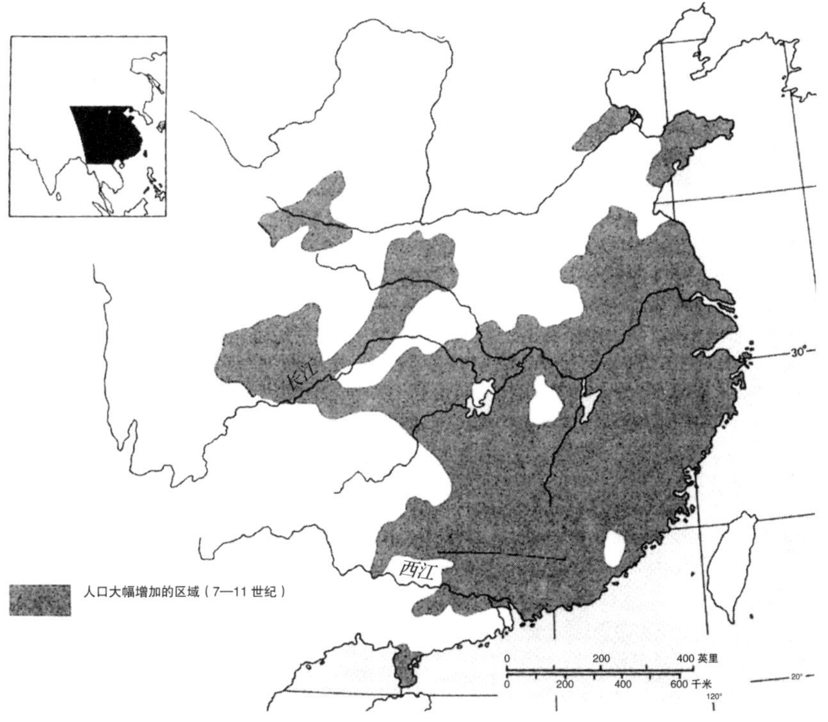

图 2–8　汉族向中国南方的扩张（Elvin, 1973; courtesy of the author）

的需要，影响到典型中国官僚政治的发展。政府主办的许多任务，包括对水利工程的控制，都超越地方性或区域性贵族或团体的能力，中央政府因此创造了大量可能成为官僚的人才，使其官吏的供应可以源源不断。这些人可以执行政府层次的任务，并且防止地方上有权力者的分裂力量。

这种官僚政治有时被称为官吏制。官吏从士绅阶级中遴选出来。它的中文称谓是“绅士”或戴饰带的学者。饰带是帝国官职保有权的标记，“学者”指通晓中国经典的人。在理论上，官职只能保有一生，不能继承。可是在一生中，在职者可以免于强迫劳役和缴税，不受地方官在司法上的控制，也可以参加帝国的宗教仪式。礼节和思想意识的训练根据对经典的研习，尤其是根据对孔子谈话和著作的研习。孔子主张维持由“君子”理想具体表现的恰当社会关系。儒家典籍完成于贵族正在丧失权势而庶人正在兴起的时代。这些典籍叙述一种贵族式的举止，但是有功的庶人也可和贵族一样采取这样的举止。接受过这种举止训练的人奉行在宗教上受认可的习俗（礼），而且以礼而不是以法（实际的法律）裁决冲突。

虽然自秦始皇或秦始皇以前便有帝国的官吏阶级，但是只在 7 至 9 世纪唐朝的统治下它才变得显著起来。唐朝用它去抵制贵族家系的势力。到了 1000 年，这些士绅本身也取得了经济和政治的权力。许多士绅成为强大的地主，用农民的劳力耕种其地产，无需向国家缴税，并将其官职通过“荫”的继承特权传给子孙。正如较早时期的贵族创造以祖先为根据的家系一样，士绅也开始创造由家族精英管理的强有力世系领域。这些父系世系群控制宗庙、土地和墓园，并且裁决内部争执。他们在外人面前保障自己家族的共同利益，并且通过联姻和政治关系扩大势力范围。这样的世系群在中国的南方尤其凸显。在南方，他们往往是拓殖官员。事实上，中国大多数最有权势的世系群均可溯源到宋朝，也就是可以溯源到长江以南农业扩张的关键时期（Hu，1948：12—13）。因而，可以了解为什么自 14 世纪末汉人的统治恢复以后，明朝与清朝的皇帝均力求控制和排斥士绅愈形独立的权势。明朝取消了“荫”的特权，并规定所有想任官职的人都必须参加科举考试。然而，只有在 18 世纪，满族政权清朝才用取消农奴制的办法削弱了士绅对土地的把持。

因此，士大夫阶级显然既非只是委身于由政府具体表现的较高理想的哲王，又非一个单纯的地方性地主阶级。他们的作用是将中央制度和地方性及区域性的制度予以衔接。他们的立场不免是矛盾的和容易改变的，要看中央政府还是地方利害关系哪一个占上风而定。

士大夫阶级的作用和性质逐渐改变，而农民阶级的作用和性质也在改变。在公元前 221 年统治中国的秦国，也立法使农民有土地所有权。为此，农民直接向政府缴纳赋税，并为政府服劳役和兵役，而不向某个中介的贵族缴纳赋税，或为贵族服劳役和兵役（Wittfogel，1931：50—51；Lattimore，1951：441—442）。拉铁摩尔也指出，此举创造了一类无土地的人，成为永远听政府吩咐的流动人力（Lattimore，1951：441—442）。汉朝、隋朝和唐朝初年继续这个扩大自由农阶级的政策，农民民团成为其军队的主力。他们往往没收大地产，并往往制定有利于较为公平分配土地的法规。

然而，到了 8 世纪中叶，这样的立法失效了，大地产迅速增加。农民民团式微，农民也不再免税。其结果是许多农民不是依附于地主以免缴税，就是出卖田地以求温饱。还有一些农民因受到威逼而成为受拘束的劳工。虽然当时也有一点奴隶制度，但其涉及的人口百分比很小（Wilbur，1943：174；Elvin，1973：74，n.1）。受拘束的劳力有两种形式：第一种是佃户农奴，必须为特定个人服务，其身份可以继承，也可以买卖。在理论上只有士绅可以有自己的农奴，但在实际上没有饰带的地主也设法以法律上的拟制收养来获得农奴。第二种是被固定在田地上的佃户，他们可以和这块田地一起被出售。1400 年，受拘束劳力耕作的庄园已是主要的地产形式（Balazs，1964：125；Elvin，1973：79—80）。一直到很久以后的 18 世纪 30 年代的清朝，农奴制才终于被废除。由于 16 世纪和 17 世纪农业的获利减少而别处的赢利机会增多，地主往往转而在其他方面投资。其结果是农民拥有土地的情形增加，但当时的情形与造成古代建立自由农制度的情形不同。

1400 年前后，中国与外在世界的关系开始改变。在古代，贸易和宗教的联系已使中国与邻国发生关系。在唐朝（618—906 年），中国与印度的接触日增，也开门接纳来自南方的佛教影响力。在宋朝(960—1279年)，南面的海上贸易大幅扩张。在蒙古人的统治下（1280—1367年），中国重新开启旧日的丝路与西方接触，并将伊斯兰教、基督教和犹太教的商人引入国内。(中国宦官郑和率领帝国舰队进入印度洋，并到达非洲海岸。郑和本人便是一名伊斯兰教徒。)蒙古君主尤其喜欢任用维吾尔人和景教徒为抄书吏和顾问，一面也削减儒家士绅的作用。

明朝在1367年将蒙古人逐出境外，并逆转了中国对外紧密交流的过程。中国于是闭关自守，断绝外交上的关系，这个情形也许是由于明人本身的本土化性格，在经过400年的外族入侵以后，明人想回到自己中国的根源。这个反动获得士绅的支持，因为在蒙古人的统治下，士绅的影响力受损，一旦外交政策逆转，他们便能从中获利。中国这个时候正有经济上的困难，中国的人口在蒙古入侵以前达到高峰，后则下降。或许如伊懋可（Elvin，1973:298 ff.）所说的，这个反逆是工艺技术逐渐停滞的结果。技术与组织在当时已到达工业革命以前可能的生产力极限，因而造成了这种停滞。明朝力求确保中国北面边疆的安全，遂动员大军修建大运河连接南北以运输军队。这种战略强调运用国内的水路，而少用海岸的水路。这个时候日本的海盗与汉奸也正在侵扰海岸的水路。因此，在明朝的统治下，中国向后退缩，放弃了创新和探险而求取稳定。这个模式要到17世纪才有所改变。来自中国东北地区的通古斯语族女真部落联盟，借蒙古人之助与中国人的合作，建立了满族政权，也就是最后一个王朝——清朝。

东南亚

东南亚的半岛与群岛，位于印度洋与中国海交汇的地方。这是印度文化与中国文化领域相交的一个点。1400年，我们在这个区域可以同时看到印度和中国的影响力。这些影响是建立在一个较早的文化根柢之上的。这个文化根柢又以刀耕火种和旱稻临时种植为基础。东南亚大陆的“山民”（hill people）和印度尼西亚外岛的“部落群体”至今还在使用这样的耕作方法，它使得在宗谱上互相关联和分阶级的群落得以维持生存。在基督纪元开始前后，拓殖者引进了灌溉稻米的耕作方式和印度或中国的文化形式。可是，我们的旅客还是可以看到“山民”和“部落群体”的耕作方式一仍其旧。

印度对这个地区的影响力早于中国。引进印度文化的人大概是印度的商人。婆罗门伴随这些商人而来，以仪式的力量使当地酋长成为统治种姓或者刹帝利。借由授予这种仪式力量，他们创造了一个与早先在印度次大陆一样的政治基础结构。

公元前 200 年—公元 200 年，这些拓殖群体已在东南亚大陆和苏门答腊与爪哇这些大岛上定居下来。他们逐渐成为较有权势的精英，以皇家朝廷为中心，并从稻米的精耕或贸易中汲取资源。皇家朝廷的形式在各地都相当类似。其中心是一个神圣的神 - 王，住在同时是寺庙和堡垒的皇宫之中。与皇宫结合在一起的是国王的武装侍从、亲属群体、工匠和仪式专家。朝廷同时是权力的顶点和宇宙象征性的核心。在这个核心以外是许多诸侯（家臣）和同盟。他们贡献的资源，使中心可以报酬其徒众和加强其供养的基础。水利工程的兴建、力役的调度和拓殖，使剩余产品大增。大半的盈余都投资在兴建庞大的寺庙群，以强固皇权与超自然之间的关系，如 8 世纪在爪哇中部修建的婆罗浮屠（Borobudur），9 世纪与 12 世纪修建的大吴哥和吴哥窟。这样的邦国虽然竭力加强皇家的领袖气质（或许由于这事花钱太多），但却常常是不稳固的，容易因朝代的对抗、地方豪强的反叛和王权的式微而崩溃。

尼德兰社会学家勒尔（J. C. van Leur）以这样的“内陆”邦国与他所谓的“海港侯国”做对比。“海港侯国”位于海岸或河口，不靠灌溉与劳役而靠商业。它们的食物得自附近奴隶耕耘的土地，其余来自“部落”人口的刀耕火种。这些“部落”人口通过其酋长的代办（海洋之王的臣属）将农作物供应给商业中心区。商人在这些侯国有关键性的作用。他们大半是外地人，根据其民族的来源而分开居住，各有发言人在政治和商业上代表他们。虽然有些商人在宫廷有影响力，但他们并不构成一个独立的阶级，这或许是因为他们来自不同的国家，具有不同的职责。他们受制于君主及君主的侍从，并且模仿皇家随员的举止。

实际的情形比勒尔的二元理想类型更为复杂和多样。“内陆”王国和海港侯国至少有两次被囊括进同时包含它们两者的大结构中。三佛齐王国便是一个例子。7—10 世纪，它由苏门答腊东部的巨港（Palembang）向外扩张，苏门答腊正好位于纵贯马六甲海峡的海上丝绸之路的要道上。三佛齐王国显然是一个海上霸权，占领了苏门答腊和大半的爪哇。8 世纪，它的一位皇室成员登基为高棉国王。第二个例子是 14 世纪核心位于爪哇东部的满者伯夷国（Madjapahit）。满者伯夷国在结构上是一个内陆王国，但是却广泛地与中国、印度和东南亚大陆进行贸易。它逐渐占领了爪哇、苏门答腊、马来半岛的南部、婆罗洲和大半的菲律宾群岛。到了 1400 年，满者伯夷国已非常衰微，因为它的王朝发生争执而民众也在反抗它的榨取。这个情形在内陆国家层出不穷。同时，它的海上事业又因中国在南面海域的扩张，尤其是伊斯兰教在印度洋和中国海的商业世界扩大影响力而不断萎缩。随着信奉印度教－佛教的满者伯夷国的瓦解，在东南亚沿岸的海港侯国，其商人和统治者迅速皈依了伊斯兰教。

1400 年，马六甲城盛极一时。它是 1380 年前后由三佛齐王国的一位王子率领的来自苏门答腊的一群海盗所建。这些人发动叛乱，与满者伯夷国对抗。到了 14 世纪末，王子皈依伊斯兰教，将苏门答腊富有的巴塞（Pasai）伊斯兰商业群落吸引到马六甲。他的伙伴变成这个新商业中心区的重要官员，并且供应他担任战争领袖、关税税吏，以及财务总长、首席大法官和皇家司礼的人选。马六甲城共有 4 个大贸易群落，它们各有其代表。这 4 个群落是古吉拉特人、卡林加人（Kalingas）和孟加拉人、来自群岛的商人和中国人。葡萄牙人皮雷斯（Tomé Pires）在一个世纪以后描写马六甲城，说它有四五万居民,61 个“民族”参与它的贸易。他说：“马六甲的重要性与财富举世无双。能主宰它的人就能控制威尼斯。”

伊斯兰教信仰将散布在印度洋沿岸港口至菲律宾苏禄（Sulu）群岛的伊斯兰贸易点串联起来。游走四方的伊斯兰教苏菲派（Sufi）布道者，深入内地传教，使伊斯兰教的神秘主义与当地居民对人格化了的自然信仰互相混合。伊斯兰教尤其使新的港埠君主或海盗头目有了意识形态上的合法性。这些人就像伊斯兰国家的苏丹一样，是“真主在世间的影子”。港埠皈依伊斯兰教，重启了内陆国家与港埠侯国间的敌对。显而易见，这一次对商业之王们有利。最后，伊斯兰教也会主宰内陆国家。只有在巴厘岛（Bali），一群印度教 - 佛教的流亡者还维持着岛屿世界中完整的古老崇拜仪式。

新世界

新世界没有伊本・白图泰、马可・波罗或郑和这样的人留下游记。可是，我们可以用考古学、语言学和民族历史学的证据，去重建一个 1400 年的旅客可能在美洲见到的情形。

这些证据指出西半球各个不同文化区域之间很可能有所互动，在有的地方更是可以确定。考古学家把表现出强烈内在相似性的地区称为“互动的地区”，因为类似工具、建筑形式和艺术风格在这些地区内部广泛地流布，指出彼此间有接触与社会关系。考古学家威利（Gordon Willey）指出，1400 年美洲有两个“高等级”（high contour）的互动区域。这两个地区在考古学上的特征是从事密集型农业，包括灌溉农业；有人口稠密地带，包括建有精巧寺庙与宫殿的城市；有陶器或纺织物这样的手工艺产品（显然是为地位崇高的精英所制）；以及拥有意识形态上层结构的宏伟证据（由此，精英将其掌控的势力范围的目标显示给一般老百姓）。安第斯山脉中部今日的秘鲁和玻利维亚就是一个这样的高等级互动地区。这个地区在 15 世纪成为印加帝国的心脏地带。但是在 1400 年，印加人尚是一群粗野的暴发户，他们占领了一个小地区，以高地城镇库斯科（Cuzco）为首都。另一个地区是中美洲，是今日墨西哥和危地马拉的高地及其邻近的低地区域。当西班牙人征服美洲时，住在这个区域的是阿兹特克人（Aztecs）和玛雅人。然而，1400 年我们的旅客还不太可能注意到阿兹特克人，那时他们不过是一小群佣兵，替一个较大的邦国服务。而此时玛雅人的后起精英们正自相残杀、争论不休，纷纷争夺更为荣耀的过去的遗产。

南美洲

在南美洲，农业集约化与拱形政治体系的兴起，其关键地区是绵延大陆西侧的安第斯山脉地带，安第斯山脉包含许多纵行的山脉，它们高达15 000到20 000英尺的山峰由高原盆地中拔起，也有适合人类居住的平原。山脉由西面的山系下降到太平洋海岸。这个海岸是一条仿佛荒漠的狭长地带。许多小河谷横切这个地带，由山坡下到大海。千年以来，沙漠和山坡地带都有农耕。沙漠借运河灌溉耕作，山脉借构筑庞大的梯田和泄水渠耕作。

安第斯山区的特色是海岸、山麓地带、高原和高地冻原构成许多迥异的环境和供给许多不同的资源，因而需要并且也可以有不同的人类活动。沿海居民可以在条件适宜的绿洲上种植棉花，并收集海鸟的粪便作为肥料。山麓地带可以生产玉蜀黍和胡椒。高原生产马铃薯和奎奴亚藜。在高地冻原，牧人饲养骆驼以取骆驼肉和毛，并且收集食盐。在安第斯山的东侧，居民种植古柯，也可由森林中取得蜂蜜、木材、羽毛和其他产品。同时，不同地带的活动往往是有所交叉的。因而，用骆驼牧人收集到的粪便作为肥料，便可提高农作物的种植海拔限度。在低处挖掘水塘和排水沟不仅对农业有利，还可以增加水的供应量和牛马的草料作物，使放牧可以延伸到较低的地方（Orlove，1977）。穆拉认为（Murra，1972），相近的海拔高度和交叉错杂的情况，促进了致力于生产活动的社会性组织的发展。这一点使居于社会复合体各层次的安第斯山居民（小村、村落、区域、王国、帝国的居民），都想在不同海拔高度上控制最大可能范围的生态地带。如果能使某个具有支配力的权威来控制，这是比较好的，因为这样可以系统化地聚集这些地带的资源，而后重新分配给各地带。穆拉说这就是为什么安第斯山的人喜欢通过互换和重新分配来组织交易的系统，而非通过私人和市场的公开交易，与世界上其他有密集型农业和国家体系、并在市场上交易资源的地区相比，安第斯山区的人，比较喜欢通过以等级制方式组织起来的政治群体代表之手，来引导货物的流通。

当西班牙人到达南美洲时，由厄瓜多尔的曼塔（Manta）以北到智

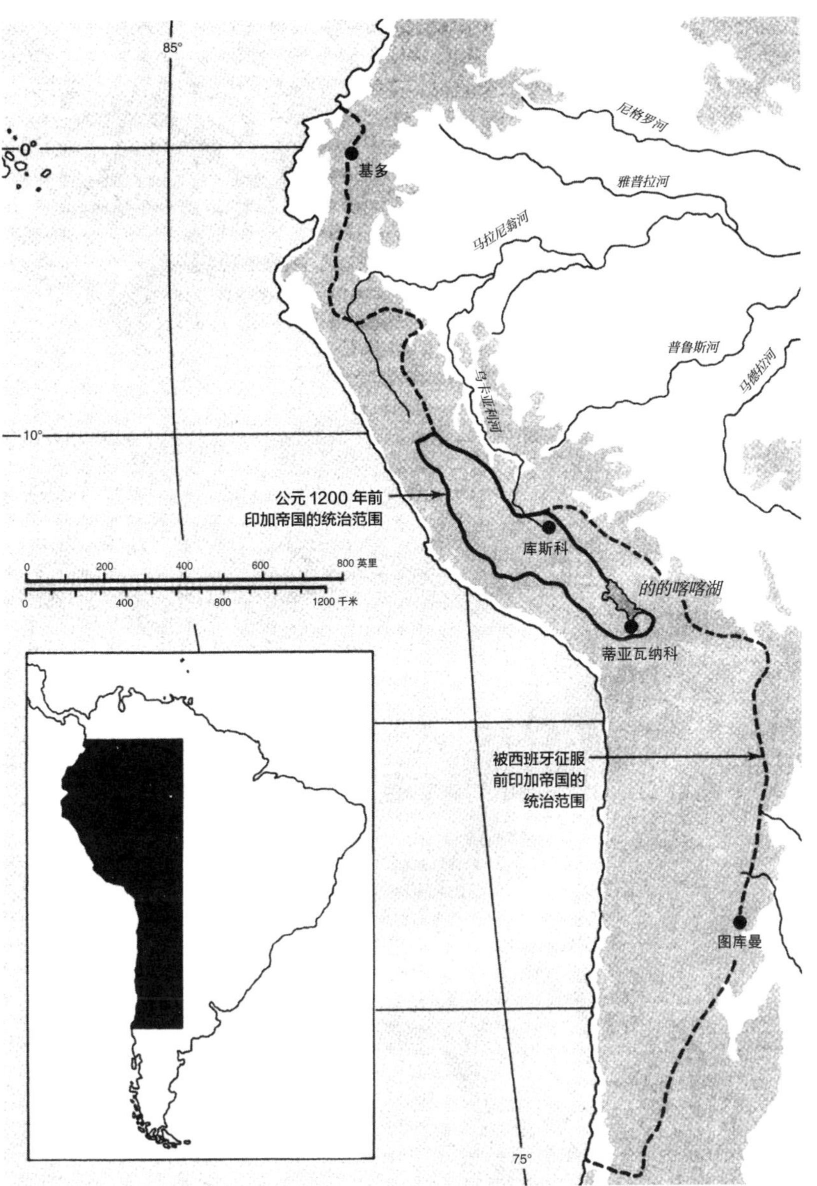
85°
0°
基多
尼格罗河
雅普拉河
马拉尼翁河
普鲁斯河
马德拉河
乌卡亚利河
10°
公元 1200 年前
印加帝国的统治范围
库斯科
0
200
400
600
800 英里
0
400
800
1200 千米
的的喀喀湖
蒂亚瓦纳科
被西班牙征服
前印加帝国的
统治范围
图库曼
75°

图 2-9 安第斯山区

利的毛利河（Maule River），都在印加的统治之下，但是1400年，印加的扩张才刚开始。1000—1476年，也就是印加开始统治以前的一段时期，事实上是政治崩溃的时期。考古学家称之为晚期中间期（Late Intermediate），因为它发生在早期统一时期和晚期印加统一时期之间。800—1200年，这个地区的居民曾致力于政治上的统一。从考古遗址中可以看到两种分布广远的艺术风格，每一种都与一个城市有关。一种是的的喀喀湖盆地南部的蒂亚瓦纳科的风格，一种是安第斯山中部阿亚库乔谷地（Ayacucho Valley）的瓦里城（Wari）的风格。蒂亚瓦纳科的艺术主题，如有美洲豹的嘴巴和蛇形头饰的“门神”（印加维拉科查神〔Viracocha〕的原型）和猫神，主宰了的的喀喀湖盆地，并向南伸入科恰班巴（Cochabamba）区域，直到干燥的阿塔卡马（Atacama）边缘南部。威利说这个风格是由拓殖者携带，或许是由拓殖精英携带过来的。北方的瓦里城位于曼塔罗河（Mantaro River）流域。其早期的成长大约是受到蒂亚瓦纳科的刺激。多彩和带有蒂亚瓦纳科式神话人物和动物象征的陶器，标示出这个风格的势力范围。携带来这个风格的人，大概是一些有支配力的精英。他们在乌鲁班巴盆地（Urubamba Basin）到马拉尼翁河（Marañón）中游和奥克诺（Ocono）到奇卡马（Chicama）沿海地区的地方性政治宗教中心，奠定自己的势力。较晚的瓦里城居留地由许多有计划的复合体组成。这个模式可能来自海岸地区，也开日后安第斯山区政权规划的先河。在这样的计划中，食物由政府管理的仓库根据区域分配，也在公路沿线和靠近重要居留地的地方安置控制站。

到了1250年，这两个较大的政治体系已经分裂为若干政治组织单位。好几个邦国为了控制高地而互相争战。另外几个邦国各主宰一段海岸地区。其中，最重要的是奇穆（Chimu），它统治着从奇拉（Chira）到苏佩（Supe）的北面海岸。其首都昌昌（Chanchan）位于莫切谷地（Moche Valley）。昌昌至少占地6平方英里，分为10个独立的有城墙围绕的方庭，每一个方庭均有住宅、天井、下陷的贮水池和墓葬。在这个中心区以外的是下属行政城镇和为数众多的村庄，由现存的证据可知在奇穆的疆域内有许多庞大的防御工事，还有一个巨大的跨山谷运河系统将水供应给各堡垒

图2–10　绘于陶罐上的战争图，秘鲁北部海岸莫切文化风格，大约绘于公元400年（Courtesy of Christopher Donnan, Museum of Cultural History, Los Angeles）

和中心。主干道的交通十分繁忙，它们主要用于流通贸易，并加强对众谷地的政治控制。日后，印加帝国使用的控制方式很可能是由这个奇穆王国传下来的。

1400年，印加人在乌鲁班巴河谷的上游地区形成了一个小邦。那个时候，印加王朝大约已有200年的历史。但是一直到第九个国王帕查库提·尤潘基（Pachacuti Inca Yupanqui，1438—1471年），印加才开始扩张。印加扩张的先头部队是职业军队，后又修筑公路和控制点以巩固征服的成果。

在印加帝国扩张的这个阶段，其社会是按照等级制来组织的一个神圣王朝。它是国家宗教的载体；它也是一个贵族政体，皇亲国戚和服从印加统治的地方统治者构成了贵族；它又是一个由拥有土地、实行内婚制的父系继嗣群构成的高等级的地区群体；同时包括继嗣群成员本身。男性通过修筑公共工程、务农和服兵役交纳赋税。妇女大半的时间织布，生产出来的布匹被集中放在印加的仓库中，以为酬劳忠实的臣民之用。织成的布匹带有不寻常的仪式价值。政府在新辟的农地上垦殖，尤其是在山麓可以种植玉蜀黍的地方垦殖。政府也维修灌溉工程和道路以及维持一个很好的邮传制度。这个邮传体系雇用送信人将音信由帝国的一端传到另一端。任何服从印加统治的人，都会在这个有等级组织和秩序良好的体系中占有一席之地；但若拒绝便会招致战争，反叛群体通常会被要求迁出原居住地，前往离其故乡遥远的地方。

在秘鲁以北，安第斯山继续延伸到厄瓜多尔，而后分出支脉延伸到海岸的低地。厄瓜多尔高地的盆地不像秘鲁的盆地那么大或有生产力。但是其气候与安第斯山区中部类似，其主要作物为安第斯式的马铃薯和奎奴亚藜。然而，再向北，山脉进入亚热带和热带地区，主要的农作物却是玉蜀黍。这个地区的特色是有各种各样的地方性小气候，居民以刀耕火种、土壤选择、筑梯田和运河灌溉等变化多端的办法加以利用。这些活动的范围常很狭隘，并受到环境的限制。

安第斯山心脏地带的北缘，其特色是在地方统治者统治下的小规模政治领域，或是在一个最高统治者统治下的这些领域的联邦。在厄瓜多尔的南部，最重要的联邦是卡纳里联邦（Canari）。印加帝国在 15 世纪中叶毫不费事地征服了卡纳里联邦。但是在短短的 60 年以后，他们与西班牙人联合，摆脱了印加的统治。在厄瓜多尔的北部，是许多世袭酋长组织起来的卡拉联盟（Cara federation）。它对印加人的抵抗更加强烈。

在厄瓜多尔的海岸上，有一个航海业市镇的联盟，它们有一个最高头领，其首邑是曼塔。供养这儿稠密人口的是山坡梯田的密集型农业和广延的贸易。曼塔人长于航海，使用轻质木材和圆形木材制成的筏子，或许还曾与中美洲有过重要的贸易关系。西班牙人到来不久，曾掳获一个大的轻质木材筏。筏上有帆和舱，水手 20 人，载有 30 吨奢侈商品，由此可见这个地区贸易的规模。

在北面的哥伦比亚，最重要的国家是奇布查人（Chibcha）和泰罗纳人（Tairona）的国家。奇布查人占领了今日昆迪纳马卡（Cundinamarca）和博亚卡（Boyacá）地区的高地盆地，他们有两个分别由统治者吉帕（Zipa）和吉库（Zaque）统治的大国，以及若干小的独立国。西班牙人征服的时候，吉帕势力最盛。他在 15 世纪已击败若干对手巩固了自己的领土，并在 16 世纪早期胜过吉库。吉帕控制的人口在 12 万至 16 万人之间（Villamarín and Villamarín，1979：31），有等级组织。许多家户群构成一个有首领的行政单位，许多有首领的行政单位形成一个半独立的群落，每一个群落对吉帕效忠，考古学家认为今日芬萨（Funza）附近的一个大遗址便是当时吉帕的首都。这似乎曾是一个高度集中的城市，由草屋顶的寺庙、宫殿、仓库和住宅构成。山脊农田和山坡梯田生产的玉蜀黍、马铃薯和奎奴亚藜，在经济上供奉了这个国家。统治这个国家的贵族，由平民处抽取货物与劳力的贡赋。他们以农产品和纺织品，交易自己仪式和浮华消费所需的黄金。由考古学的证据看来，奇布查人的精英，因为发明了一种根据他们秘传的超自然知识发展起来的宗教礼拜仪式，而享有范围广大的文化领导权。

泰罗纳人住在奇布查人以北近加勒比海的一列山脉——圣玛尔塔内华达山脉（Sierra Nevada de Santa Marta）。其政治组织似乎与奇布查人的政治组织相似，由一个最高统治者统治若干半独立的群落。这些统治者住在庞大的中心。布里塔卡200号（Buritaca 200）遗址就是一个例子。这个遗址的使用期是1360—1635年。它沿内华达山脉北坡高峻的柯瑞亚山（Corea Mountain）山脊广布达1000英亩。这个中心有许多考究的工程，如楼梯、壕沟、马路、护墙和高坛，排列在不同的区域供居住、工作、公共典礼和宗教仪式之用。山麓梯田上的集约型农耕实行灌溉和轮耕制，生产玉蜀黍、豆类、树薯、甘薯和红辣椒。在这个遗址挖掘出的墓葬出土了精美的陶器和黄金制品。

奇布查人、泰罗纳人与哥伦比亚其他的人口，互相争战不休。这样的战事是仪式性的，是取得身份的手段，但也有经济上的作用。雷赫尔-多尔马托夫（Reichel-Dolmatoff）曾经指出，住在哥伦比亚雨量低、一年只收成一次玉蜀黍地区的人口，往往入侵一年二熟或三熟的地带，使80英尺的等雨量线简直成了军事上的一个前线（1961：86）。通过战争，人们也可以取得耕田和做家务的奴隶，这些奴隶还可以被用作宗教牺牲及供食用。

在其他好几个地区，如加勒比海岸的低地、大安的列斯群岛（Islands of the Greater Antilles）和玻利维亚南部的莫霍斯平原（Mojos Plain），其地方群落各有领袖，在一个至高统治者的统治之下组成一个较大的版图。在委内瑞拉的低地和加勒比海的岛屿上，这种版图建筑在玉蜀黍与苦树薯的耕种和海洋资源的基础之上。莫霍斯平原上的国家在河边平原上种植甜树薯和玉蜀黍，那儿人们培垄以防止洪水泛滥。这个地区与安第斯山高地有接触。譬如，据说莫霍斯的商人走到艾马拉（Aymara），以其棉布和羽毛交易金属工具和装饰物。安第斯山的贵金属和红铜便是沿这条路线到达遥远的巴拉圭河上游。16 世纪征服墨西哥和秘鲁的西班牙人，就是在这里听说了西面有一个传说中的大莫霍斯王国（Realm of the Great Mojo）。印加的黄金饰物也顺乌卡亚利河（Ucayali River）而下，成为热带山区群落间贸易的一部分。

安第斯山脉以东是南美内陆的热带雨林。住在那儿的大多数人采取的是刀耕火种式的种植方式，种植苦（有毒）树薯，由狩猎和渔捞中取得蛋白质。居民通常组织成大的共同居住单位，其成员经由外婚制与婚后居留的规则被吸收进来。因而，亲属关系网络超越地方群体。首领可以动员出征，重新分配食物和其他货物，以及通过对舆论的管理协助解决争端。然而，他们没有制度化或习俗化的处罚办法。人与非人类的关系被编为神话，而形成各种力量的关系。巫师管理这些关系，他们通过使用能使人产生幻觉的药物，而与超自然接触。欧洲人到来以后，这些热带雨林的居民因疾病、抢劫奴隶、夺取剩余产品和彻底的种族绝灭而丧生。因而在1400 年，他们的人数可能比之前要多得多。

热带雨林诸民族显然与安第斯山区的诸民族有重要的关系。热带雨林或许是干燥太平洋海岸若干种植成功的农作物的发源地，如甘薯、甜树薯和花生。在安第斯山区的历史上，总是拿东面山坡的产物，如古柯、羽毛、美洲虎皮、鱼毒和药品，去交易高地的农产品和工艺品。然而，印加帝国未能征服热带雨林的居民。他们跟猎头而其地富于金矿的希瓦罗人（Jívaro）作战失利。印加人向东南进军想进入低地，又在莫斯特恩人（Mosetene）占领的地区受阻。

从安第斯山中部往南，高地文化模式进入智利和阿根廷北部的荒漠地带，先是在蒂亚瓦纳科时代，后来是印加帝国时代。骆驼的放牧在这个区域很普遍，但是梯田上也有灌溉农作物。阿塔卡马人（Atacameño）以其范围广大的运输业著称。由于这种运输业，海岸的产品如鱼和食盐，可以用来交易高地的商品，如骆驼毛和烟草。迪亚吉塔人（Diaguita）以冶金术著称，但是印加人扩张进入迪亚吉塔人的区域以后，这和往更南方的皮昆切人（Picunche）区域扩张一样，他们想要的却是贵金属的本身——黄金、白银和红铜。印加也将说阿劳干语（Araucanian）的皮昆切人纳入其帝国之中，但是却不能征服南面说阿劳干语的人，如马普切人（Mapuche）和威利切人（Huilliche）。这些民族种植马铃薯、放牧骆驼，组织成自治的地方系群，地方系群属于由战争领袖统治的松散联邦。在比奥比奥河（Bio-Bio River）以南的潮湿的山毛榉和香柏森林，安第斯山的生态和政治模式延伸到了其南面的极限。印加人无法再向远处渗透。

中美洲

1400 年，我们虚拟的观察者在中美洲见到的情景，比当时在安第斯地区见到的在政治上更分崩离析。墨西哥谷地的主要中心特奥蒂瓦坎（Teotihuacan），在 1 世纪称霸于中美洲，南面至少到今日危地马拉市附近的卡米纳尔胡尤（Kaminaljuyu）和森林地带佩滕（Petén）的心脏地区蒂卡尔（Tikal）。特奥蒂瓦坎城在极盛的时候约集中了 15 万至 20 万人，几乎把四周的人群都吸引了过来。供养该市的农艺技术，大约是在附近冲击湖

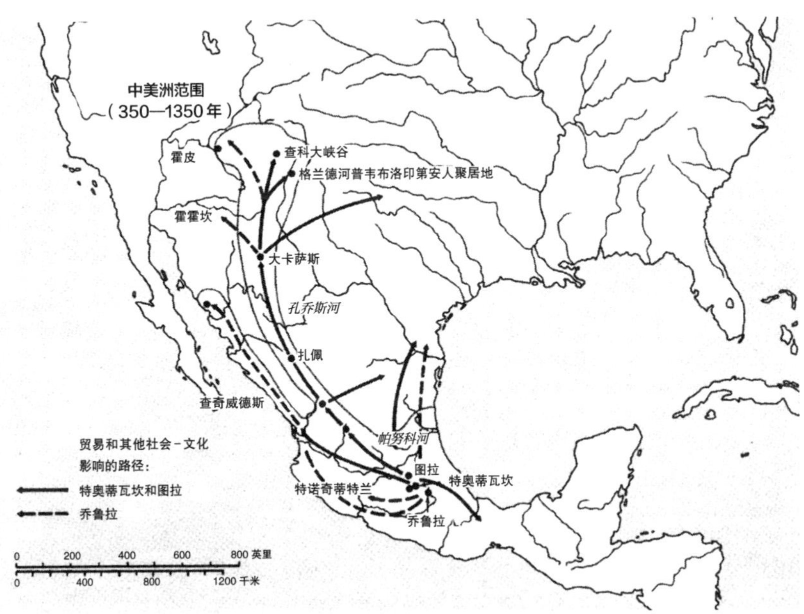

图 2-11　中美洲（Adapted from Weigand, 1978; courtesy of the author）

岸边修筑的运河灌溉和密集排水系统。它还控制了许多大黑曜石矿场，并有无数生产黑曜石工具的工场。可是到了 700 年，广大的特奥蒂瓦坎体系崩溃了。

这个体系崩溃的原因无法详知了。很可能是由于当农业生产力到达扩张的决定性极限时，控制人口的宗教和政治机制衰退。在此之后，原来特奥蒂瓦坎城的居民纷纷搬回乡村地区，住在自己田地近处的较小聚落。同时，似乎贸易的体系也大为衰退。好战的团队外徙，向北到达绿松石的矿源，向南到达出产当时货币交易主要媒介（如珍贵的羽毛、黄金、可可豆）的地方。

特奥蒂瓦坎城的失势，连带使佩滕热带森林中的许多玛雅城市也衰微了。这些城市排水农业的扩张或许也遭遇了决定性的极限，而且显然也是过分将人口集中到城市的复合结构之中。或许像拉特耶（Rathje）所说的，玛雅地区周边生产黑曜石和玄武岩的人，已不愿将这些玛雅中心缺乏的对象供应给玛雅人以换取宗教上的赦免。相反，他们或许是想将珍贵货物的交易网络掌握在自己手中。

图 2–12　尤卡坦半岛奇琴伊察（ChiChén Itzá）的战士庙壁画（1200 年左右），描绘了乘舟的战士、从事日常工作的村民与一场奉献祈祷的仪式（Courtesy of the American Museum of Natural History, New York）

特奥蒂瓦坎城灭亡以后，各路好战精英夸示各种不同政治合法性的象征，瓜分了特奥蒂瓦坎的世袭财产。这些后继邦国互相掠夺战利品，并且四处找寻新的领域。在一段短暂的时间里，中美洲心脏地带和重心北移到墨西哥谷地以外伊达尔戈（Hidalgo）的图拉城（Tula）。图拉成为托尔铁克人（Toltec）的首都。托尔铁克不是一个统一的帝国，而是多群战士、商人、农民和僧侣的聚集相交地区。这些人使用托尔铁克人的名号与象征，作为他们征服和殖民的特许状。有些群体向更北的地方迁徙，将耕作扩张到墨西哥高原以北的干燥地带。找寻绿松石、明矾、食盐、香和粗铜的托尔铁克殖民者或商人，可能曾经远达今日美国的西南部。

还有一些群体向南征服尼加拉瓜、危地马拉高地和尤卡坦半岛。12 世纪，一个来自塔巴斯科（Tabasco）低地说琼塔尔语（Chontal）的普顿人（Putún）组织控制了尤卡坦半岛，并在奇琴伊察建都。这种迁移也许是试图将食盐、棉布、蜂蜜、柯巴蜡香和奴隶由塔巴斯科输入洪都拉斯，回程中由中美洲运回可可、黄金、玉和黑曜石。这些普顿人似乎与图拉高地的托尔铁克人结盟了。在图拉于 1200 年式微以后，普顿人控制的奇琴伊察也式微了。普顿人的一个分支迁徙到玛雅潘（Mayapan）的一个新中心。15 世纪中叶，玛雅潘城也崩溃了，继之而起的是许多互相争战的小国家。

1400 年我们的这位访客，在中美洲心脏地带墨西哥谷地这里，也会看到 5 个不同城邦间的冲突与争斗。主宰每一个城邦的是一个独立的精英集团。当时由一群说奥托米语（Otomí）的特帕尼克人（Tepanec）统治的阿斯卡波察尔科（Azcapozalco）城邦，显然势力日增。当时不会有人能预料到仅仅 30 年以后，这个城邦就毁于阿兹特克人之手。更准确说来，这群阿兹特克人应该是库尔华 – 墨西卡人（Colhua-Mexica），他们那时候不过是为特帕尼克人服役的一队佣兵。

北美洲

公元 1000 年以后，中美洲的两股影响力进入北美洲，一股由“托尔铁克”殖民者和商人带进干燥的西南部。这些新来者影响了霍霍坎人（Hohokam）和阿纳萨齐人（Anasazi）。霍霍坎人住在希拉河流域（Gila River Basin）的灌溉农地上；阿纳萨齐人住在科罗拉多高原（Colorado Plateau），以其多户口的大型复合建筑结构著称，采取灌溉和梯田式的密集型农耕方式维生。典型的西南仪式艺术大多来自托尔铁克时期末期（约1300年），并且似乎是中美洲雨神崇拜和当地各种宗教传统的融合（Kelley，1966：107—108）。可是不久以后，定居生活的边界就急遽退缩了，因为愈来愈甚的干燥和战事使占领边境农业地区较为困难。

在中美洲影响力向西北方向延伸进入沙漠的同时，它在东北方向扩散到密西西比河、密苏里河和俄亥俄河汇流的温暖潮湿森林地区和河边的港湾，形成的文化被称为密西西比文化。在干燥的西部，今日可以复原中美洲影响力进来的路线。可是我们尚不知道聚落模式、建筑和仪式性艺术风格的原型是循什么路线到达密西西比海岸的。规模宏大的梯田状土台，围绕在城市广场四周，土台上面有寺庙、精英住宅和其他建筑物，与在墨西哥见到的特征有属类关系，而像哭泣的有翼眼睛、上有眼睛或十字的人手，以及人类的颅骨和肢骨这种引人注意的艺术刻画，又与增加的“南方崇拜”有关。但是只在陶器技术和被毁伤的牙齿上，才有确切的相似之处。有人说可以用与中美洲长距离贸易的商人（如阿兹特克的波其德卡〔pochteca〕）的接触来解释这些与中美洲相似的特征，可是我们对这些商人当年在东部森林地带寻找什么尚不清楚。

属于密西西比文化的一个较古老文化丛，叫“土丘墓葬”（Burial Mound）。“土丘墓葬”的得名，是因为这个文化丛的人将死者埋葬在土岗之下，并用从怀俄明远到东海岸地区得来的讲究、区别身份的物品殉葬。这些殉葬品说明有一个高级社会，并且它通过共同的象征体系与广大的地区沟通。不过纵有这种广延的互动，地方上的食物系统却变化多端，其中包括动植物和当地种植的细小动植物（如向日葵、假苍耳等），还有玉蜀黍。

相反，密西西比文化的人仰赖玉蜀黍、南瓜和豆类的耕种。这个生计基础供养的聚落模式，集中在大的市镇。大市镇有寺庙土墩和广场，其周围是有土岗的较小市镇，较小市镇之外又是一圈无土岗的村落。密西西比人的殖民地围绕卡霍基亚（Cahokia，靠近今日的圣路易斯〔St. Louis〕）的中心向外迁移，远至威斯康星州和佐治亚州。这种迁移随身携带的南方崇拜和较早的土丘墓葬文化一样注意给予死者慷慨的安葬，并且特别重视战争中的勇武。这种崇拜可能有政治上的功能。其大遗址之一俄克拉荷马州的斯皮罗土丘墓葬（Spiro Mound），“似乎曾是一个总部，在政治上获得重要地位的后裔，往往在此处借由祭拜伟大的祖先，来获取意识形态上的力量”（Brown，1975：15）。这种墓葬艺术的原料如红铜和贝壳，由广远的范围而来，这个范围从苏必利尔湖（Lake Superior）一直到佛罗里达的浅滩。

密西西比人由密西西比河流域中部做离心式扩散。他们遭遇了周围土丘墓葬诸文化并影响了这些文化。当密西西比势力在 1300 年以后或许由于激烈的战事而式微以后，这些区域性的文化又复苏了。这些文化是与

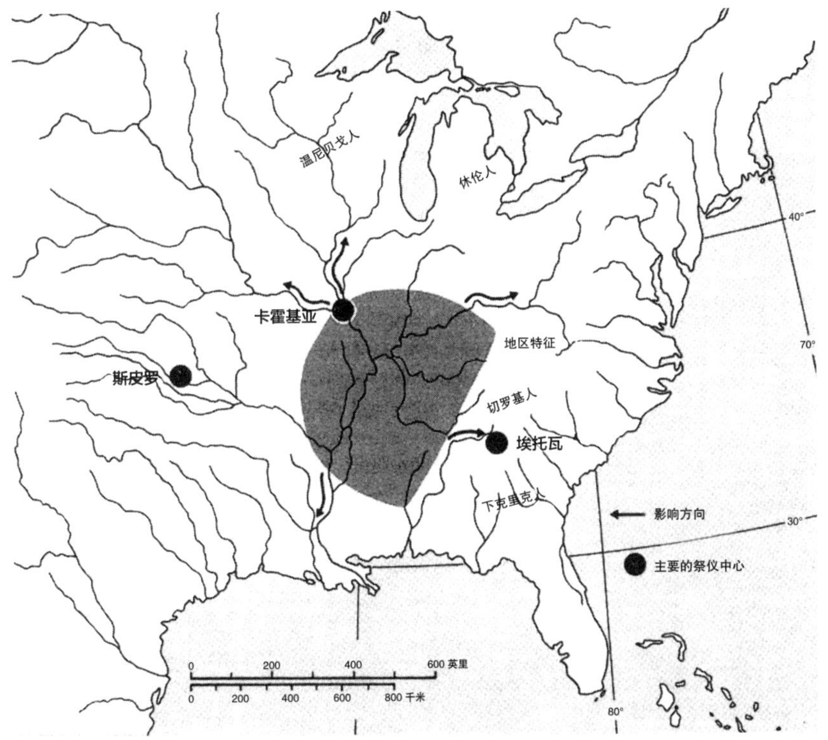

图 2–13　密西西比人的扩张

来到北美的欧洲人遭遇的族群的祖先，这些族群有俄亥俄河河源的易洛魁人；阿巴拉契亚山脉（Appalachians）南部的切罗基人（Cherokee）；密西西比河下游的纳奇兹人（Natchez）；以及密苏里河流域的波尼人（Pawnee）、曼丹人（Mandan）和其他“村落印第安人”（村落印第安人一面以村落为中心耕种，一面每年夏天也狩猎野牛）。易洛魁人和“村落印第安人”日后在毛皮贸易中将有显著的地位（第6章）。切罗基人则在发展南方棉业时被驱离（第9章）。然而，纳奇兹人后来却消失了。纳奇兹人的等级制度很复杂，分为一个以“大村”为枢轴而转动的“太阳”皇室世系群、两个并行的贵族世系群和一种被称为“臭鬼”的平民层。这个制度似乎是密西西比人与较早似加勒比海湾区传统接触的结果。18世纪，法国人毁灭了大部分的纳奇兹人，将许多纳奇兹人卖到西印度群岛为奴。剩下的纳奇兹人则与克里克人（Creek）和切罗基人混合。可是由于夏多布里昂（Chateaubriand）富于幻想的小说《阿达拉》（*Atala*），他们仍生活在欧洲人的想象中。

因此，我们这位1400年的旅客，在南北美洲“高等级”的两个地区，必曾目击大规模的政治分裂，以及安第斯山与中美洲影响力地带周围各邦国间猖獗的战争。除了邻近这两个核心地区的制造战争的小邦国与联邦以外，在南美的热带森林和北美的东北森林地带，尚有其他的农作地区。

当刀耕火种的农耕民族扩张进入这些地区时，他们攻击以狩猎和采集为生的人，后者于是撤退到边缘地区。这些狩猎采集者对于环境中资源的使用有极大的差别。住在南北美洲大洋沿岸的群体，如北极极地附近的猎人、北美洲太平洋海岸的渔人、狩猎海生哺乳动物的人和智利列岛的贝类采集者，都开发利用海洋资源。在农耕所不及的山脉和大草原，其他的群体搜寻猎物和野生植物以为食物，如北方森林的猎人，从加利福尼亚山区到中美洲边界的干燥美洲地区的橡子和草籽采集者，以及南美洲查科地区（Chaco）和大草原上的驼马和鸵鸟狩猎者。这些人在欧洲人到来以前一直住在这样的地方，有时扩张进入可耕地带向农耕者挑战，比如在特奥蒂瓦坎衰落之后的美洲干旱地区，有时则会开发利用当时农业技术还无法耕作的地带。

在 1400 年世界的各处，各民族间互相关联，自以为在文化上有差别的许多群体，因亲属关系与仪式性的忠顺而发生联系；许多邦国扩张，将其他民族纳入较广大的政治结构之中；精英群体一个继一个出现，控制了农业人口并建立了新的政治和象征性秩序。贸易网络由东亚到黎凡特，横跨撒哈拉大沙漠，由非洲东部经过印度洋到东南亚列岛。“新世界”也有征战、兼并、重新合并和商业，在东西两个半球诸民族通过可渗透的社会界线互相攻击，导致逐渐混合和互相交织的社会与文化团体。如果当时有孤立的团体，那么也是暂时的现象，是暂时被驱逐到交互行动地区没有人过问的团体。因此，社会科学家独特而分离的系统模型和一个无时间性的“接触以前”民族志学的现在模型，都不能充分描写欧洲人扩张以前的情形。它们更不能让我们了解欧洲人扩张创造出来的世界性的联系系统。

我们的这位旅者尚未涉足欧洲。这个时候的欧洲正要发动海外扩张。欧洲在一段很长的时间里对广大的世界来说是不重要的。阿拉伯人称之为“西海上的法兰克人之地”。最初到达亚洲的欧洲人是葡萄牙人。他们在马来亚被叫作“斐林吉”（Feringhi），中国人称之为“佛郎机”（Fo-lang-ki）。中国人到后来才逐渐知道葡萄牙人和那些住在澳门的意大利耶稣会会士、尼德兰人与英国人是有区别的。在世界的另一面，阿兹特克统治者不知道来到美洲的西班牙人究竟是神还是人。不过一个有经验主义头脑的特拉斯卡拉（Tlaxcaltec）战争领袖却解决了这个问题。他将一名西班牙囚犯按在水下面，这名囚犯和其他人一样死了。来到太平洋地区的欧洲人被称为“库克人”，随库克船长（Captain Cook）而得名。这些“红毛、高鼻的外来野蛮人”，强行进入世界各部分的速度和强度，使我们不能不好好看一看欧洲。这是本书第 4 章要谈的内容。

第 3 章
生产方式

我们在观察 1400 年的世界时，设置了一个想象中的旅客去 4 个大洲的人群间漫游。同时，我们也简略叙述了欧洲人在扩张中将会遇到的各种不同社会体系和文化条件。为了分析和描写这种变化性的关键特点，下面将使用马克思的“生产方式”概念，先讨论这个概念的前提，而后描写各种生产方式，以便指出在欧洲人与世界上大部分民族的交互行动中，重要的过程是什么。

生产与社会劳动

马克思在系统说明生产方式的概念时，先谈对人类状态的两项明确了解。这两项了解也是现代人类学的公理。第一项以智人（Homo Sapiens）这一物种为自然的一部分。第二项以人（Homo）为一社会物种，其个别的分子在社会上互相关联。人类这个物种是自然过程的自然发展。同时，人类天生又是社会性的物种。

然而，人类这个物种不仅是自然过程被动的产物。在演化的过程中，他也取得了转化自然为人类使用的能力。如果人类是整个自然中的一部分，那么这一部分已取得与包含它的整体对峙的能力。马克思的说法是：“人类是自然本身的一种力量，他与自然的物质斗争。当他改变自然的物质时，他也同时改变了他本身的性质。”（引自 Schmidt，1971：77—78）自然界物种间的积极关系，根植在生物学的特性之中，由工艺技术、组织和构想等肉身以外的方法予以体现。人类借由我们今日所谓文化的手段，起而与自然抗衡。

马克思的第二项公理强调人类的社会性。人类以有组织的多数人聚居方式生存。再者，其社会组织的方式支配了其对抗和转化自然的方式。而因此转型的自然，又影响到人类社会关系的建构。马克思说：“人与自然之间有限制的关系决定其彼此间有限制的关系，而其彼此间有限制的关系，又限制人类与自然间有限制的关系。”（引自 Colletti，1973：228）

有没有一个概念，可以说明在社会上有相互关系的人类与自然之间复杂的关系？马克思在其劳动力的观念中得到这样的概念。人类适应自然，并且通过劳动转化自然为己之用。因而，“劳动的过程便是人与自然之间新陈代谢的一般条件；它是人类生存永恒的和由自然强加的条件”（引自 Schmidt，1971：136）。可是劳动力永远是社会性的，永远是由一个有组织的社会大多数人动员和调度的。马克思因而区别工作（work）和劳动（labor）。工作代表个人的活动，不论是一个人的活动或成群的人的活动，它消耗精力以产生精力。但是马克思却认为劳动和劳动的过程是一种社会现象，劳动由社会上彼此结合的人类共同从事。

只要认为各种不同的工作（耕种、纺织、祈祷）在“质”上互相有别，便不能想象劳动是由有组织的大多数人推行的社会过程。只有认为不同种类的工作都具有金钱上的意义，“一般的劳动是什么”才可以被了解。马克思把最初说明这个概念的功劳归于亚当·斯密，说这个“大跃进”正是发生在不同种类的劳动可以相互交换的时候（Gr.，1973：104），也就是在资本主义开始的时候。然而，这个概念的效用超越其特殊的历史渊源。一旦我们可以谈论一般的劳动，便可想象任何有组织的人类社会是如何启动这个过程和分配其产品的。

因此，了解人类如何转化自然为己之用，不止于描写和分析技术与环境的互相作用。劳动者是直接的生产者。他绝不是一个离群索居的鲁滨孙（Robinson Crusoe），他永远与别人有关，或是亲属，或是农奴，或是奴隶，或是拿工资的劳工。类似地，控制社会劳动的人，也不应当被视为指挥技术性作业的技师。他们在调度社会劳动力的系统中是年长的亲属、首领、领主或资本家。使我们了解自然的技术性转型如何与人类社会性的组织相结合的，便是社会动员、调度和劳力配置的概念。

马克思采用“生产”一词来表示这一组自然、工作、社会劳动和社会组织间复杂的互相依靠关系。本书也把“生产”一词做这种解释。由于现代用法往往把它完全限制在工艺技术方面，我们必须明白制定它的背景。马克思使用“生产”的概念来说明他的看法与黑格尔的“精神”概念之间的不同。它因而带有马克思对抗黑格尔式唯心论的寓意。黑格尔说，人类对自然的各种改造代表“精神”或“心智”的连续具体化（“什么的模型”和“为什么而设计的模型”）。马克思对于“生产”一词的使用，又与费尔巴哈的直观唯物主义不一样。费尔巴哈说黑格尔不应当以思想为超出一般经验的、而非自然的人类的一个属性。可是他既不把人类的社会考虑在内，也不把人类与自然的对抗考虑在内。相反，马克思强调双重意义的“有社会组织的人类的活动”。人类积极改变自然，并且积极创造和再创造造成环境转型的社会关系。他认为“生产”一词一方面表示这种与自然积极的衔接，一方面表示随之产生的社会关系的“再生”。

应该注意的是，马克思“生产”的概念包括坚决认为人类手脑并用从事生产。人之所以异于其他动物，在于他们将劳动的过程概念化并计划劳动的过程。因此，劳动的先决条件是意图，也是信息和意义。劳动永远是社会性的劳动，信息和意义也总是社会性的。马克思说，思想不是从高空凭空下降到真实世界的，思想和语言只是实际生活的表现形式（引自 Coletti，1973：225）。人类调度手脑并用的社会劳动来应付自然。而社会劳动的调度，又使人类社会性的物质和观念再发生关系。

各种生产方式

社会劳动的概念，因而使我们可以将人类组织其生产的主要方法概念化。每一种这样的主要方法都构成一种生产方式，也就是一组在历史上出现的特殊社会关系。通过这些社会关系的调度，我们可以用工具、技巧、组织和知识从自然中获取能量。

调度社会劳动的方式有哪些？马克思本人曾谈到好几种不同的方式，如根据摩尔根的原始共产主义模型想象出来的最初 / 原始 / 公社式的方式，古典欧洲历史悠久的农奴制的方式，日耳曼民族在其早期迁徙中典型的日耳曼方式，据说为早期斯拉夫人特征的斯拉夫民族方式，农民的方式，封建的方式，亚洲的方式和资本主义的方式。这些不全是根据相等的标准。有一些其本身并不是首要的方式，而只不过是附属或补充的方式。另一些则是现在已被宣告为错误的历史解释和推测。

对这本书来说，马克思是对还是错，他假定两种、八种或者十五种生产方式，或者是否应该用其他方式取代他假定的方式，都不重要。这个概念的用处，不在于分类，而在于它强调有组织的大多数人在调度劳动时谈及的关键性关系。由于我们要谈的是资本主义方式的扩散及其对世界上社会劳动分配方法不相同的各地区的影响，我们将只谈那些可以用最简明办法表现这种遭遇的方式。为了此目的，我们只说明三种方式，也就是资本主义生产方式、贡赋制生产方式和亲族制生产方式。我不是说只可能有这三种方式。在谈论到别的问题时，我们可以用进一步的区别创立其他的方式，或是将此处所用的区别以不同的方法组合。

这三种方式并不代表演化上的顺序。虽然我们将探索方式与方式之间的历史关系，但是本书却认为人类学家研究的大多数社会，都是欧洲扩张的自然结果，而非过去各演化阶段的原始结果。这个立场进一步强调其他作者已经提出的警告，反对不分青红皂白地说 1400 年后的观察者描写的团队、部落或酋长所辖的范围，与欧洲扩张以前存在的社会和甚至邦国兴起以前的社会是相等的（Service，1968：167；Fried，1966，1975）。弗里德坚决认为，“部落”是“一个第二级的社会政治现象，是由社会组织比较复杂的社会（尤其是邦国）的调停而产生”（1975：114）。我认为有记录的人类社会都是“第二级的”，甚至往往是第三级的、第四级的或第一百级的。文化变迁或文化演化不是发生在孤立的社会之中，而往往是发生在许多互相关联的体系中。在这些体系中各种社会在较广大的“社会领域”以内有各种不同的联系。生产方式的概念，其用处之一，正是让我们可以想象各种体系与体系之间以及体系以内的关系。我们将使用这个概念，去揭示一种生产方式（资本主义）与其他生产方式互相作用，以取得其现在支配地位的方法。这个方法不断演变。在这个过程中，易洛魁人、阿善提人、泰米尔人（Tamil）和中国人，与巴巴多斯人（Barbadians）、新英格兰人和波兰人一样都是参与者。这个过程将受害人和受益人、互相竞争的人与互相合作的人都联系在一起。

我们不应视这三种方式为给社会归类的方法。生产方式与社会这两个概念，属于不同的抽象层次。社会的概念以人与人之间真实或可能的交互行动作为出发点。而生产方式的概念，却旨在揭示在交互行动下面调整和约束交互行动的政治和经济关系。这些关键性的关系可以只描述一个社会整个交互行动中的一部分，或者也可以包括社会的全部，或者也可以超越特殊的、由历史构成的社会交互行动体系。拿生产方式的概念做比较研究，它使我们注意到在各种政治经济安排中主要的变异，也让我们可以想象这些变异的后果。使用这个概念，也让我们能探究当基于不同生产方式的不同交互行动体系（社会）遭遇时，发生了些什么。

虽然在 18 世纪发展出来的资本主义方式比其他的生产方式发展得晚，但是我们还是最先说明资本主义的方式。马克思是在分析这个方式时发展了他的一般概念。我们也像他一样，坚信对这个方式的了解，对于我们了解其他方式非常重要。

资本主义生产方式

马克思的大半生，都在分析资本主义的生产方式。当然，他分析的方法，旨在消灭资本主义的生产方式。他认为资本主义的显著特点是什么？

马克思认为资本主义方式的出现，是在货币财富能够购买劳动力的时候。这种特殊的能力不是财富本身的固有的属性。它是在历史上发展出来的，并且需要先具备某些条件。劳动力本身不是为在市场上求售而创造出来的商品。它是人类的一个属性，是智人的一种能力。只要人可以掌握生产的手段（工具、资源、土地），并且不论在什么社会安排下用这些手段都能维持生活，他们便不需要将自己工作的能力出售给别人。要出售劳动力，则生产者与生产手段间的关系必须永远被断绝。因此，拥有财富的人必须能够取得生产的手段，而且除了按照他们自己的意思以外，任何想要使用这些生产手段的人都不能拥有这些手段。相反，不能拥有生产手段的人，必须去到控制这些手段的人的面前，讨价还价以取得操作这些手段的许可。为此，他们得到工资以支付维持生活的必需品。

于是，在资本主义的方式下，生产决定分配。把持生产手段的人，也可以把握生产出来的商品。生产商品的人，必须从拥有生产手段的人处将商品购买回来。而生产的手段又只在有资金取得这些手段的人之间流通。没有资金而必须出卖自己劳动力的人，也没有生产的手段。因此，这个方式使社会劳动力造成自然转型的方法，也主宰了已经使用和取得的资源如何在生产者与非生产者之间分配的方法。有一位重视生态学的人类学家说（Love，1977：32），人类包括收入在内的资源流动和生物学上有机体的吸收能量并不相似。在人与资源之间，有许多关键性的关系。这些关系主宰了将社会劳动力分配给自然的方式。

然而，拥有生产手段的富人，如果劳工生产的只能支付其工资成本，便没有雇用劳工的理由。在一个工作日中，劳工事实上生产的多过其工资成本，而生产出盈余。在资本主义方式的条件下，这些过剩品属于拥有财富的人，也就是资本家；工人操作资本家的生产手段。盈余愈多，当资本家扣除他花在工厂、资源和劳动力上的成本时，他所得的利润也愈大。

资本家有两个方法可以增加这个盈余。一个办法是将工资压低，或者将工资减少到在生物学和社会上可能的最低点。另一个办法是提高生产盈余的层次，提高工人在工作时间中的生产量，使剩余额超过必须支付劳力的金额。要增加生产量，就必须改良工艺技术和生产的组织。这些必须履行的责任造成无情的压力，刺激资本家累积愈来愈多的资本和不断刷新工艺技术。他们手上的资金愈多，提高技术生产量的能力便愈大。因此他们更能累积额外的剩余品去更进一步扩大生产，并且在生产上超过其竞争对手，又能削价打击竞争对手。后者未能在新工艺技巧上投资，因而只能以加重其劳工的负担去应付竞争。

因此，资本主义的方式有三个缠结在一起的特征。第一，资本家保留对生产手段的控制权。第二，劳工不能独立取得生产的手段，而必须将其劳力售予资本家。第三，劳工用资本家的生产手段生产出的盈余，在尽量增加以后，使资本家可以不断累积，并改变生产的方法（Sweezy，1942：94；Mandel，1978：103—107）。

然而，要了解这些特点，不但要考虑到其并发性，也必须考虑到其历史性。这个生产方式有确切的时间上的渊源，也随时间而发展。而上述特征是其发展中的三个面。这一点非常重要。财主手上的财富不是资本。一直到它控制了生产的手段、购买了劳力并使劳工工作、不断提高技术上的功率增加生产率而扩大盈余以后，财主的财富才是资本。为了达到这个目标，资本主义必须把握生产，必须介入生产的过程和不断改变生产条件本身。只要财富是处于生产过程之外，不去抽取初级生产者的产品并出售这些产品牟利，它就“不是”资本。它可能是大财主、霸主或商人取得和独占的财富，但是它还没有走上马克思所谓的窃取和转化生产手段本身的“真正革命性道路”（*Cap.* Ⅲ，1967：334）。只有当财富以上述方法控制了生产的条件时，才能说明资本主义的存在或支配的情形。因而，天下没有商业或商人的资本主义，只有商业的财富。为了成为资本主义，资本主义就必须是生产上的资本主义。

这样的资本主义生产方式必然是以阶级的划分为基础的。它使生产盈余的人口与控制生产手段的人口分开，并且不断重新分化。它同时又在每一个阶级的内部进行分化。在竞争较高生产率时，拥有生产手段的人又分化为胜利者和失败者。在剩余新资源的创造与经济衰退的持续交替中，劳工也在充分就业、不充分就业与失业之间移动，这两个分化的过程事实上互相连接，因为资本的股东不断在找廉价和温驯的劳力，或以机器取代昂贵或难驾驭的劳力。

这个生产上的资本主义的成长，是一个在欧洲半岛某些地区起源的历史性的发展过程，并由这些地区扩大到欧洲以外的地方。它所以能成长，是因为它有不断再生扩大自己规模的内在能力。它与其他的生产方式配合，吸收财富和人口，将它们转化为资本和劳力。因而，资本主义的方式始终表现出一个双重性质。它可以在内部发展而又分离出去，在地球各处安设其关键性的关系网络；也可以与其他的生产方式进入暂时性和有变动的共生和竞争的关系。与其他生产方式的这些关系是它的历史和发展的一部分。我们在下面将看到，资本主义生产方式内在的动力，事实上可能使它有向外扩张的倾向，因而也使它有与其他生产方式交替的倾向。

贡赋制生产方式

我们想象中的旅客在1400年经过的主要农业地区，由政府把持。政治或军事的统治者从初级生产者那儿榨取盈余。在这些邦国代表的生产方式中，不论是农人还是牧人，初级生产者可以接触到生产的手段，但是这些掌握生产手段的权贵人士却用各种政治或军事的手段，来抽取他们的贡赋。马克思描写这种方式的最重要属性时说：

> 在某些制度之下，劳动者仍然“拥有”生产他自己生计所需的必要生产手段和劳动条件。在这些制度下，财产的关系显然必须同时是主子与奴隶的直接关系。直接的生产者没有自由，可以从强迫劳力的奴隶制减轻到单纯的贡赋关系。我们假设此处的直接生产者拥有他自己的生产手段，也就是拥有完成其劳动和生产其本身生计所需的必要的物质劳动条件。他独立地从事他的农业活动和与农业活动有关的农村家庭工业……在这样的情形下，只能用经济压力以外的其他方法，为名义上的地主向他们勒索剩余的劳力。（*Cap.* Ⅲ，1967：790—791）

简言之，在这样的情形下，动员社会劳动使之改造自然的，主要是以权力和支配为手段，也就是通过一个政治上的过程。因而，在这种方式下，社会劳动的调度视政权焦点而异。当这个政权的焦点转移时，它便会起变化。

我们可以设想两个极端的情形。一个是权力集中在居于权力体系顶点精英统治阶级之手。另一个是权力大致为地方上的权贵掌握，顶点的统治脆弱。这两个情形可以解释各种权力分布的现象。

居于权力体系顶点收取盈余的精英统治分子，其权力强大的条件有二：第一，他们要能控制生产过程中的某一关键因素，如水利工程（Wittfogel，1931）。第二，他们要能控制某种强制的关键因素，如有高强军事效能的一支常备军。如此，统治者才可以不借地方权贵之助调遣自己的收集贡物人员。他们可以让地方权贵放松对资源的控制以及对盈余的初级生产者的控制，并使这些权贵依靠统治者提供的收入。如果统治者能办到这一点，那么便能促使地方权贵为争取较多的收入而彼此火并。这样的统治者也能减缩商人的权力，不让他们接触乡间的初级生产者，也防止他们为了自己的利益而在财政上资助可能反叛的权贵。最后，这样的强硬中央势力可以限制超越地区的“草根”组织，不论是同业工会、阶层、联盟或宗教上的宗派。同时，强硬的中央政府统治往往会得到生产盈余的农民的支持，因为中央统治者和农民都对掌握权势和收取盈余的居间者怀有敌意。

相反，如果地方上收取盈余的人掌握了关键性的生产要素和威逼的手段，则中央的权力衰弱而地方上的权贵强大。在这样的情形下，地方权贵可以中途拦截送往中央的贡物，加强对土地和在土地上耕作的人口的控制，并且自己组成地方性或区域性的联盟。可是这种地方性的联盟，往往针对的不仅是中央，还是其本身阶级中的分子。其结果是各地乡间都有小派别的纷争，因而削弱其阶级地位。而小派别间的纷争，又可使中央的精英分子使用分化与统治的计谋而得以存活。矛盾的是，两败俱伤的派系斗争，也削弱了初级生产者的地位，因为在缺乏强硬中央控制的情形下，他们必须找人保护以应付纷乱和掠夺。

大致而言，上述两种情形对应马克思所谓“亚细亚生产方式”与“封建生产方式”的概念。一般人以为这两种方式是持久不变的相反方式，一个属于欧洲，另一个属于亚洲。不过前面的解释应可说明我们所谈的事实上是两个非生产的阶级为了争取最高权力而造成的不同结果。只要这些不同的结果都寄托在施加“非经济性压力”的机制之上，则它们彼此是相似的种类（Vasiliev and Stuchevskii，1967；Töpfer，1967）。涵盖这种相似之处的最适合词语，便是萨米尔·阿明（Samir Amin）形容这个生产方式的词语——“贡赋制生产方式”（1973b）。

将“封建制度”这个概念具体化为一个个别的生产方式，只不过是将欧洲历史上一个短暂的时期转变为一个典型的事实。所以，其他“似封建”的现象，都必须以它为标准来度量。亚细亚生产方式的概念，是统一由一个中央集权国家的官僚政治主宰一成不变的贫苦农村群落。它也有对亚洲历史做与历史无关的和意识形态上的解读的毛病。西方人长久以来习于拿西方的自由和东方的专制做对比。希罗多德（Herodotus）在谈到希腊诸城邦与波斯之间的斗争时是如此。蒙田和伏尔泰在对比建筑在社会契约上的社会与在专制统治下群众卑躬屈膝的社会时也是如此。然而，我们的描写法，可以指明区别一个贡赋情形与另一个贡赋情形的政治变项。因此，有高度集中的水利因素的中国，它代表的一组贡赋关系，显然与依靠分散的“水塘”灌溉的印度或以地下井或运河灌溉的伊朗，情形不一样。再者，非常中央集权的“亚洲”国家，往往崩溃为类似封建制度的政治寡头制。而地方权贵更封建式、更分散的控制，过了一些时候又复归于更中央集权和集中的权力。将萨珊王朝、拜占庭或唐代政府的软弱时期具体化为似封建的生产方式，而又将这些国家政府的强大时期具体化为一个亚细亚方式，是错误地在一个单一方式的连续体中，分开成两种不同的生产摆动方式。

如果贡赋方式中的变异要视国家的权力组织而决定，则这个方式的运作，至少部分是由这个国家与其他国家相比是强是弱而决定。譬如，在北非以及亚洲西部、中部和东部的国家以内，政权的转移与草原游牧人口军事与政治的扩张和收缩，以及与陆路贸易的剩余产物转运的拓宽与紧缩，有密切的关系。如果说非资本主义的、以阶级为依归的各种方式使用“经济手段以外的手段”榨取盈余，那么便不能只用孤立社会去了解如何得以榨取盈余。相反，它随更广大权力场域中不断改变的组织而改变。这个特殊的贡赋体制就位于这个更广大权力的场域之中。

因而，历史上基于贡赋方式的社会，容易走向中央集权或分裂，或在这两个极端之间摇摆。它们在贡物收集、流通和分配的方式上也有变异。只有在很少的情形下，也就是在收取盈余的人及其随员在消耗所有盈余的情形下，盈余或在社交上或在地理上流通的过程，才会不发生作用。不通过商业中间人或商人，盈余由以阶级为原则组成的精英分子梯队向上汲取和向下分配的情形，也很罕见。安第斯山的印加帝国接近这个形式，但即使是在印加帝国，今日的证据还是指出在秘鲁和厄瓜多尔海岸的有限地区，也还是有商人的活动。在通常的情形下，盈余通过中间人的交易而转手和交换。

文明

由贡赋制社会政治和商业交互行动构成的较大社交领域，在文化上的对应物是“文明”，也就是以每一个地区主要的支配性的贡赋社会为枢轴而转移的文化交互区。这样的霸权通常牵涉一组收取盈利和成功的中央集权精英分子发明的意识形态模型的发展。在较广大的政治经济交互行动势力范围中，其他的精英分子又复制这个模型以为己用。虽然一个模型在某个势力范围中会具有支配性的地位，如中国士大夫奉行的儒家模型，但是文明的势力范围是若干模型共存或竞争的斗技场。在这个势力范围内的诸贡赋制社会之间的不断改变的关系中，这些模型各取所需。

这些模型的特点是它们不但强调收取盈余者的身份和将他们和其他人分开的距离，也自称有超自然的起源和有效性。中国的皇帝享有天命，确保天与地之间的平衡。儒家的士绅将正当的阶级组织关系制定为法律，而启动这个天命。东南亚统治者的宫殿不只是政府的中心，也是神－王与其贵族随从人员举行宗教仪式的场所。伊斯兰国家的国王是“信仰的指挥者”、法律的守护人以及“劝善禁恶”的人（*Koran* Ⅲ：106）。修纳人认为，奈比耶王室的祖灵将本族和神连接在一起。最高级权力与超自然制定的常规之间的关系，在别处较不直接，而且可以由僧侣斡旋。印度的土王遵守自私自利和功利的原则，但是他需要婆罗门建立正当超自然秩序的原则。在基督教国家，国王是有神圣权力的统治者，但是他与另一个同等势力——教会——分享治权。这些统治权不论是单一的还是分成两支的，都被写入了世界的结构之中。

这些与贡赋制方式平行的意识形态模型，有某些共同的特点。它们通常描述世界的等级制度，其间具支配性的超自然常则，通过主要掌权的人，涵盖和统属全人类。同时，意识形态的模型将掌权的收取盈余者和受支配的生产者之间真正的关系，置换为高等神灵与低等受支配者之间想象的关系（Feuchtwang，1975）。公共权力的问题因而转化为私人道德的问题，而要求受支配者通过对他自己行为的节制维持秩序，以赢得功绩。这种置换也有矛盾在内。如果公共权力被动摇，而使事情不能被公平处理，则连接受支配者与超自然的意识形态关系也会受到怀疑。统治者失去合法性。天命可能归于其他的竞争者。或者，人民可能开始不服从官方的仲裁。可是提出来支持这些要求的议论，将以受支配者与超自然之间想象关系的性质为中心，向不以固定在“经济手段以外”的支配性质为中心。

商业财富

如果贡赋制方式指出榨取盈余通过的各种关键性关系，那么我们也必然要问这些盈余在被榨取到以后如何分配。通常，盈余的一部分用于流通和交换。早在1400年以前，商人已通过商队和大帆船将商品转运到各地，出售商品获利，累积财富。互相竞争的国家，其间的竞争或共生可以创造较广大的活动范围。在这个活动范围中的贡赋制社会，精致货物或奢侈品的长距离贸易，尤其是一个频繁和高度发达的现象。要求最高权力的人，通过意识形态上的各种模型做此要求。而精致奢侈的货物具体表现这些模型，因而有重要的政治象征意义。简·施奈德（Jane Schneider）说：

> 贸易与社会阶级的形成，其间的关系，不仅是高级群体通过小心执行节约条例或垄断身份的象征，表示自己与众不同，它也涉及通过施恩惠、赠予和有意地分配珍奇异宝，而直接与有意识地操纵各种半边际性与中间层次的群体。（1977：23）

可是这种奢侈货物的贸易，往往与长距离的大宗土产交易同时进行。在可以走水路降低运输成本的地方，如地中海、黑海、印度洋与中国海地区，这个情形尤其普遍。因而，当欧洲航海商人闯入其他大洲时，他们见到的历史悠久的商业关系网络，它们根据的原则和运作的情形，是他们非常熟习的一套。

如果贡赋关系与商业活动久已并存而且互利，则这个相互性也引起许多冲突。商人是交易专家，靠买卖货物牟利，为了增加利润，他们竭力扩大交易的范围，吸收由亲属制方式或贡赋方式生产的生活用品或知名商品，将之引入商业交易的管道，也就是市场。把使用价值转化为商品（为交易而生产的货物），其结果并不是中立的。如果将贡赋权力赖以建立的货物和服务商业化，贡赋权力会被严重削弱。如果商品化的范围更大，则会促使整个贡赋权贵阶级依靠贸易，而重新调整其社会上的优先秩序，这对商人比对政治或军事领袖更好。因而，基于贡赋方式的社会，虽然激励商业，但当商业势力太盛时，也会一再加以压抑。视时间与情形而异，它们教训商人要“安分守己”。让商人“安分守己”的办法有很多，包括在政治上加以监督或勉强商人与权贵合伙，没收其资产、制定特殊的课税，或榨取高额的“保护”租金；在社交上玷辱商人的身份，支持诋毁商业有罪或邪恶的活动，或者甚至让大家轻视的或没有势力的外围集团去从事商业活动。因此，商人的地位总是就政治和经济的情形来决定，并且永远依靠其他社会阶级的权力和利害关系。

虽然每当贡赋权势受到商人侵略威胁时便采取防御性的机制，但是公元 1000 年以后发展出来的欧洲政权，比其他各种政治系统给予商人更大的独立与特权。这可能是由于和中东与东方比较强大、富有和中央集权的贡赋结构相比较，居于边际的欧洲半岛是落后的。力求在欧洲核心地区巩固其势力的君主，往往需要借商人之助取得经费，而为了抵制敌对的求取权势者，也往往支持商人。由于欧洲边缘政治四分五裂的状态，商人更多地创造自己广大的贸易与金融网络，以抗拒政治和社会的压力。

欧洲的商人与其他各大洲的商人相比，还享有地理和工艺技术上的优势。欧洲因为近海，大河与海洋上的航运在较早期就成长起来。水运不仅成本比陆运低，还使地方性和跨地方性的商业可以密切整合，并能避免洲际商队贸易负担的沉重保护成本。而在一个日渐拓宽的交通线网上不断扩张的商业交易活动范围，又加速了钱赚钱的过程，使一定数目的钱重复获利。

有些学者认为，这些中世纪欧洲的商人是资本主义的直系祖先。根据这个看法，由商业财富到资本的变化是持续的、线状的和量的，而资本主义的发展只不过是在贡赋方式中已存在的各种过程的扩张。韦伯、沃勒斯坦和弗兰克基本上是采取这个立场。然而，如果认为由商业财富到资本的变化不仅引起量的成长，也引起许多决定性过程的重要变换，那么资本主义便是一个在质上来说的新现象，一个在转化自然时动员社会劳力的新方式。马克思采取这个立场。由这个观点看，钱赚钱的历史只不过是“资本的史前史”。只要主宰生产的是以亲属关系为原则安排的或贡赋式的关系，商业财富便不是资本。生产者或收取贡物者没有消耗的，可以被拿到市场上去交易别处的过剩产品，使商人可以赚取贸易价格差。

1400 年以后，贸易的成长大幅扩大了市场的规模。但它却不能自动导致资本主义方式的确立。在 18 世纪资本主义的方式开展并且开始由内部威胁到它以前，贡赋制方式都还具有支配力。在这一段漫长的时期中，贡赋的盈余物一直是权贵阶级及其随员和仆人的主要依恃。贡物也继续供应政府的主要所需——支付其海陆军的军费，供养士兵，并支付其官员的薪俸。因此，对贡物的持续榨取成为商业活动进行和旺盛的条件。可是正由于它的成功，商业财富开始增多其商品交易的管道，使收取贡物的人愈来愈依靠它。钱赚钱、利滚利的金额愈来愈大。而这笔财富的投资又是为了增加商品的流通市场分量。在这个过程中，它将世界各地的生产者引入一个共同的交易网，调节现有的生产关系去容纳商品的交易，或资助各种强制的商品生产办法。

从事海外业务的欧洲商人，以好几种方式将剩余产品引入商业交易。有时候他们喜欢用一种方式而不用其他方式。可是在有的情形下，他们所有的方式都用。这些将货物转化为商品的方法都不新颖，在其他的贡赋制度中都有类似的方法。它们是直接从贡赋方式的运作中产生出来的，而且长久与这种方式缠结。

其中一个方法是出售贡赋方式的盈余物。商人由贡赋制权贵或政府的代理人处购买盈余物存货，并以货物为回报。他们的商品负担贡赋制阶级生活方式的费用。他们的货物供应了政府的军队并填满政府的仓库。有时候商人本身也参与劫掠，而后将掠得的物品出售。

商人将货物引入贸易流程的第二个方法，是与初级采集者与生产者进行交易。商人提供对他们来说价廉但当地人想要的货物，又由当地人那儿获得对生产者而言没有什么价值但可以在远处市场高价出售的货物。这样的交易使本地的生产者可以得到其珍爱的使用价值。但是经过一段时间，对象人群越来越依赖商人。加强生产关键性的贵重物品往往使本地人减少或放弃其他重要的经济活动。生产者在愈来愈专精于供应一种物品以后，其工具、生活用品、知名货物，乃至食物，便仰赖于商人。如果生产者不愿意进行这种交易，商人有时便强行把商品卖给他们，而生产者不得不偿付。有时商人用香烟或烈酒使生产者依靠上他们而交易得以顺利进行，因此确保交易的恢复。逐渐地，这种不平等的交易通过垫付制度而暂时得以延伸，它造成的以劳役偿债现象，使初级生产者迫于其本身的需要而不得不在未来专注于生产某种有价值的物品。

在商人控制下的“外包工作制”，其发展也愈来愈造成专业化和依赖。这个制度通常源于许多人家生产特殊的商品而后将这些商品售予商人，由商人重新出售。可是商人逐渐以改良工具或原料的方法控制劳动的过程。他们没收成品，算是生产者对改良的生产因素的偿付。

商品的劳役偿债制度与外包制都近于资本主义，但是尚未由资本主义的关系控制。这两种雇用劳力的制度都是由商业的观点发明出来的。商人是交易的代理人，将改良了的生活用品和制造品借给生产者，而由生产者处得到专门的商品。商人通过改良的手段而对劳动力有留置权，不论是以亲属关系为原则组成的群体的劳动力还是其运作近于贡赋方式的手工作坊的劳动力。他们甚至进一步改进工具和原料，如火药、子弹和随身使用的物品，或织布机与纤维制品，因而使劳动有了复杂的工具。不过这样的商人尚未在工人竞争工作的市场上购买劳动力，也尚未真正控制实际的劳动过程。对盈余物的榨取，不是把它当作盈余价值，而是通过在一个垄断性或类似贡赋关系体制中做不平等的交易。生产的过程仍然由需求的一端主宰，由在市场上进行交易的商人的需要主宰，而非由生产过程本身以内的劳动力和机器主导，只要是这个情形，商人控制生产过程与因新的需求而加以改变的能力也都是有限的。

商人取得盈余物以事交易的第三个方法是扩大奴隶制度。奴隶劳动力自来就不是一个主要的独立生产方式。但它却有辅助的作用，供给包括以亲属关系为原则安排的、贡赋式的和资本主义式的所有生产方式的劳动力。在大规模的农业和矿业生产中，生产额有赖于将劳动力扩大到最大限度，而工具和技巧的使用则很有限。这样的生产，一再使用奴隶制度。自古典时期起，在欧洲便有持续使用奴隶的历史。因而在欧洲开始海外扩张的时候，使用奴隶以生产交易用的商品，便是一个可能的办法。这个过程，在克里特岛（Crete）、西西里岛、马德拉群岛（Madeira）、亚速尔群岛（Azores）、加那利群岛（Canaries），以及几内亚湾（Gulf of Guinea）久已存在。日后美洲奴隶制度的成长，只是它在海外的再实现。

和改良从初级生产者与加工者开始一样，奴隶制度的进行，也需要注入大量的商品。商人将商品贷予非洲奴隶的供应者，因而将奴隶当作一件商品放进交易的流程。商人也借钱和商品给种植园主，后者购买奴隶在其大规模的庄园工作。奴隶制度是一个强迫劳动力的制度，它需要固有的成本，通常这些成本是由商业改良得到弥补。奴隶需要训练和监督。高生产力需要高昂的强迫代价。由于大多数的奴隶人口不生儿育女，就必须源源不断地获取和购买新的奴隶。奴隶主必须养活奴隶，而其成本要靠使用大规模种植园的利润支付。如果允许奴隶在大规模种植园中的“供应品场地”上耕作以供应其本身的生计所需，则他们的自治权增加，而奴隶主的控制力相对减少。因而，要有效控制奴隶，就往往需要输入食粮和其他必需品。在这个制度中，商人不是唯一的参与者，种植园主往往自己有继承的贡赋财富，并将利润再投资于自己的大规模种植园。可是商人在资助奴隶制度、供应必要的商品、提供产品市场，以及将利润带回母国等方面，发挥的作用愈来愈大。

在欧洲扩张的过程中，商业财富开辟了流通的路线，也开启了交易的管道。它获利的来源在于维持价钱上的差额——贱买贵卖，并且与任何可以阻碍“自由市场”发展的势力联合，以抵制矫正价格的措施，维护自己的利益。它依靠政治和军事势力以夺取供应地区、取得接触供应者的特权、阻碍贸易中闯入的竞争者和通过对销售垄断性地控制确保最大的利润。它的目的在于增加产量和使产品多样化而控制住人，并没有创造劳动力的市场。因此，商业财富没有改变动员社会劳动力的方式，而仍与贡赋性的方式结合。一直到新的政治和经济情况促使工业资本主义兴起以后，这种依靠的关系才得以断绝。

亲族制生产方式

如果 1400 年占领集约农业生产地区的是基于贡赋性生产方式的诸社会，那么在世界各地这些地区的边缘上，住着以不同原则组成的社会群体。在人类学的文献中，这些人口被称为“原始人”。如果这个名词让我们认为易洛魁族或克劳族（Crow）或隆达族是我们“当代的祖先”，或是尚未追求高度文明的人，则给人错误的印象。在分析上这个名词也有问题，因为它提到一个开端，却未加以描写。克劳德・梅拉苏（Claude Meillassoux）说得不错，如果拿这些人口缺少什么特征来描写他们，如称他们为“无阶级的人”、“无领袖的人”或“无政府的人”，并不能让我们知道他们是什么样的人。

通常大家形容这样的人口因“亲属关系”而结合在一起，但较少人追究亲属关系是什么。根据实际的经验，各人口群的亲属关系范围有大有小，力量有强有弱。有的人有“很多亲属关系”，有的人“亲属关系”较少。共同居住往往比家系重要，许多地方上的群体由亲戚组成，但也有许多不是。任务可以由非亲戚组成的团队进行，狩猎或其他活动的产品也可以由非亲属和亲属分享。事实上许多人类学家认为，在了解人们如何组织自己的群体上，住所比亲属关系更为重要。因而，克鲁伯和提迪耶夫（Titiev）都主张同居关系是世系群形成的基础（Kroeber，1952：210；Titiev，1943）。同样，利奇（Leach）也嘱咐人类学家“由具体的实际情形（地方上的一群人）开始，而不由一个抽象的真实情形（如世系群的概念或亲属关系制度的观念）开始”（1961：104）。梅耶·弗提斯（Meyer Fortes）的主要贡献在于分析较广大的亲属关系制度及其在法律和政治上的意义。甚至他也说：

> 如果一个世系群的成员从来不能聚在一起办事，则它不容易以一个共同的群体行动。因而，非洲诸社会的世系群通常固定在一个地方，但它不一定限于某个区域。就一个分散广泛的群体来说，一个固结的核心便足以是其地方上的中心。（1953：36）

有些个别的人口群，将其家庭组织以内的亲属关系模式扩大延伸到远亲家庭。至于延伸多远，每个人口群的情形有很大的差异。家庭亲属关系的延伸和复制模式，在什么程度上涉及群体间法律与政治的义务，也各有不同。简言之，在有些人口群中亲属关系的规则可能支配子女与父母的关系和婚姻，不过只是如此而已。再者，这样的规则可能只给人一个词语上的亲属关系“名称”，而不同时涉及其法律和政治上的义务。但在另一些人口群中，亲属关系是一件关系重大的事。亲属关系的模式可以用来扩大社会和意识形态上的联系，而这个联系在法律和政治上可以成为重要的运作因素。

因此，亲属关系可以在两个层次上起作用，一个是家庭或家庭群体的层次；一个是政治次序的层次。可是这个说法仍然只提到亲属关系有什么作用，而未提到亲属关系是什么。如果我们不能给亲属关系下一个定义，便也不能给非亲属关系下一个定义。人类学家彼此对亲属关系究竟是什么也没有一致的看法，这一点可能是出乎非人类学的读者意料的。关于这个问题，人类学家可以分为三组。第一组是假定亲属关系的事实是由人类生物学衍生出来的。人类在性别上同种二形，男女有性关系。其结果是女性生儿育女。性关系的生物学事实和生育，被视为人类婚姻和传代的根本。照这个看法，亲属关系是追踪血统的事。第二组反对上述立场，主张亲属关系不仅是对性和生育的社会控制，也牵涉将后代分配给亲代配偶的婚姻契约与文化建构的文化上的定义。照这个看法，亲属关系是有其本身内容的一个特殊文化范围，其中包括世代与密切关系等象征性构念。关于这些象征符号，每个文化都不一样。最后一组人类学家认为亲戚关系只是讨论经济、社会、政治和仪式关系的“惯用语法”。照这个看法，亲属关系是隐喻，其真正的内容在别处。当亲属关系“表示”的关系得到解释时，它的事实也得到解释。

以亲属关系为生物学（性与生育）的社会规范的人类学家，重视生物学上产生出来的行动者分享权利和义务（包括对资源和支持的权利）的方式。他们认为亲属关系的形式或模式是完成这种分配的文化副现象。一般而言，他们的亲属关系的概念主要是法律上的：亲属关系将出生在一个群体中的人各指派到法律的位置上。相反，文化象征主义者以为亲属关系是象征性构念，与文化中其他的象征关系连接。亲属关系的构念被视为有道德的功能，有助于在意识形态上整理文化承载人的象征性世界。实际上，象征主义者认为简单的家庭是文化象征符号的仓库，并且肯定调查家庭以外的领域会揭示相同或平行的象征性构念（Schneider，1972）。

就广义来说，这两种立场是互补的。由于人和乌龟不一样，不是由卵中孵出来、放在一个安全的地方，而后被弃置的，而是通过乱伦禁忌的作用而出生和社会化的，亲属关系的名称和类别自一开始便是象征符号构念。乱伦禁忌这个人类的制度，其作用是区别共有某种物质（以同样的骨血来象征）的人与不共有某种物质的人。前者不可互相交配，后者可以互相交配。虽然对乱伦禁忌的起源尚无完整的解释，但是克劳德·列维-斯特劳斯（Claude Lévi-Strauss）却正确地以之为他研究亲属关系的起点。

这个禁忌最初设立的亲属关系类别是象征性的构念，所有其他基本的亲属关系类别也是象征性的构念，如性别、绝对和相对的年龄、继嗣和姻亲关系。由于象征主义因此进入了人类社会活动，各处的人类也将对这些人“本质”的基本建构与其关于自然和超自然的建构联系起来。（有鉴于此，上面提到亲属关系研究中的第三个立场是不令人满意的。它只给亲属关系的象征性符号以隐喻性的地位，而不去追究它不欲探讨的现象。）

如果将这两种方法合并为一种对亲属关系可供使用的办法，我们便可在政治经济的脉络中看亲属关系，如此一来，便可视亲属关系为将社会劳动力用于转化自然的一个方法。它诉诸亲嗣关系和婚姻，也诉诸血缘与姻亲关系。简言之，社会劳动力通过亲属关系而被“锁定”在或“植入”人与人之间特殊的关系中。要动员劳动力就必须通过人的接触，而这种接触是在象征意义上说明的。做了“什么”可以启用社会劳力。“如何”做牵涉血亲与姻亲的象征性定义。因而亲属关系涉及（a）象征性的建构（“亲嗣关系 / 婚姻；血缘 / 姻亲”）（b）不断将生下来的和征召的行动者，（c）放入彼此的社会关系中。这些社会关系（d）使人可以用各种方法动用每一个人承担的那一份社会劳动，以便（e）实现对自然必要的转化。

如果亲属关系是给人建立权利的一种特殊方法，而因此要求共享社会劳动力，那么这些权利和要求借以建立的方法，在不同的有文化人口群体之间也非常不同。人类学家现在已认识到亲属关系在两种不同的情形下基本上以不同的方式起作用。一种情形是资源被广泛利用，有能力取得资源的任何人都可以去求取。另一种情形是对资源的利用有严格的限制，只有持“亲属关系特许证”的人才能求取。在第一种情形下，亲属关系的联系产生于日常生活中的“平等交换”，并将日常交互行动的人连接在一起。在第二种情形下，亲属关系的圈子，借群体成员身份的精确定义，而围绕资源的基础划出。

这个对比说明亲族制生产方式两种不同的形式，因为在这两种形式中社会劳动力的调度不同。第一种形式在人类学文献中最好的例子是采集食物的“团队”。这样的群体不改变自然，而是采集和集中环境中天然现成的资源为人所用。天然环境不是人类控制的有机转型（如农耕或畜牧）

的一个手段。它是“劳动的对象”，不是“劳动的工具”（Marx，*Cap.* I，1977:284—285）。在这个情形下，人群（每种都要承担共同的社会劳动）的聚合与分散遵循生态的制约与机遇。工艺技术与地方环境之间的交互作用，以及一个群体通过舆论的形成和非正式的制裁力去处理冲突的能力，为集中的共同的社会劳动设立上限。因此，亲属关系主要是通过婚姻与亲嗣关系去创造个人与个人间的关系，也就是社会劳动参与者之间的合作关系。这种合作关系以网状组织的方式由特殊的参与者延伸到其他人。它们没有确定的界限，可以纳入新来者或将新来者排除在外，视互相联系的合伙人的利害关系允许或要求而定。

在第二种以亲属关系原则安排的方式中，社会劳动的部署又不一样。在自然可以通过社会劳动而加以转型的地方，环境本身便成为生产的一个手段，一个消耗劳动力的方法。一组配备了工具、组织和观念的人转化自然的一部分，以便生产农作物和牲畜。在这样的社会中，社会劳动在不同的社会族群中进行分配。这些族群以累积和跨世代的方式将劳动力用在环境的一个特殊部分，同时累积跨世代的对社会劳动力的要求与反要求。当条件超出生态界限时，这些族群间的关系需要更详细地加以说明和限制，而这些族群也很快变成排外的群体。

在这些条件下，亲嗣关系和婚姻被用于建构跨世代的真实或虚构的家系。这些可以用来接纳或排斥那些根据成员资格而有权进行社会劳动的人。

这样的群体往往具有神话意义上的纲领，定义在文化上经过选择和确定的亲属关系血统。这些纲领有好几种功能。第一，它们让群体可以根据亲属关系要求特权。第二，它们可以允许或拒绝让人接触关键性的资源。第三，它们通过给姻亲关系的定义，组织血统可考的群体之间人的交换。婚姻已不仅是新郎、新娘及直系亲属之间的一种关系，而成为群体间政治联盟的纽带。第四，它们将管理的职责分配给家系中特殊的阶级，而在政治和法律的领域中做了不平等的分配，不论是以年长者支配年幼者，以长子世系支配幼子世系，或以较高的家系支配较低的阶级。在这个过程中，法律－政治层次的亲属关系包摄和组织了家族－家庭层次的亲属关系，使人际关系在无条件地接纳和排斥上受制于这些纲领。

亲属关系的“延伸”，因而和亲嗣关系和婚姻层次上的亲属关系不一样。它牵涉的是权利和要求在法律上的分配，因而也牵涉人与人之间的政治关系。在亲嗣关系和婚姻的层次，亲属关系在社会劳动的参与者之间设立个人的联系。相反，延伸的亲属关系将社会劳动组织成劳力储备库，并且控制劳力由一个储备库转移到另一个储备库。

不过，亲属关系的特色在法律与政治上的持续，却造成一个问题。亲属关系的术语，始终牵涉一个象征的过程。当亲属关系由一组人际关系升格到政治秩序时，它便成为政权分配中具有主宰性的一个意识形态因素。但是在这个不同的背景中，为什么亲属关系的语言还会持续？谈这个问题的学者很少，梅耶·弗提斯是其中之一。

> 为什么这些团体以血统而非地域或其他原则为基础，是一个需要详加研究的问题。我们还记得拉德克利夫－布朗（Radcliffe-Brown，1935）说：承袭的规则，与明确区别针对人与不针对人而言的权利的需要有关。与它关系最密切的事实是继嗣关系群体的制度，可以轻易管制妇女生殖的力量。但是我认为牵涉得比这个更深的是，因为在一个同族社会中，亲子关系最足以精确而无误地给一个人在社会上定位。（1953：30）

弗提斯的解释虽不完全令人满意，但是却能指出在以亲属关系为原则安排的生产方式中两个重要的权势来源，也就是对妇女生殖力的控制和出身。二者都是跨世代的，二者都将不同的权力和影响力分配给人。第一种给人对“妇女、子孙和姻亲具体承担的社会劳动”的权利。第二种不仅确定继嗣关系，也确定旁系亲属关系，可以成为盟友的系谱上的范围。因而，可以用婚姻和血统的术语，来传达有关为工作和供养而动员劳力的各种不同可能性，也就是有关在互相竞争的群体间社会劳动力不断变化的分配情形。

亲属关系的象征建构就是如此扩展的。互相竞争资源的社会劳动者的关系在结构上是垄断性的。社会群体互相争夺地位和支配权。同时，想要将与其他群体间的外在对抗力尽量增加的趋势，又与内在对抗力的增加同时出现。首先是男人与女人之间的对抗。只要亲属关系在资源开放的情形下只是许多安排性因素之一，或许便可维持男女角色之间互补的均衡。然而，随着血统进入政治领域，姻亲关系变成政治关系，妇女对男子而言，因为成为结盟的象征而丧失身份。长者与幼者也对立。长者通常在群体内外居于管理和指挥的地位。有些年幼者日后成为年长者而有年长者的地位，但也有一些年幼者始终未能得到重要的位置。我们知道这种对立可以爆发为公开的冲突。譬如，在大平原（Great Plains）上牧马业的扩张中（第 6 章）和在安哥拉劫掠奴隶群体的形成中（第 7 章），我们都可看到“男孩子”反叛其长者的情形。

最后，内部的分等，也在最初的定居者与新来者之间，一个祖先传下来的长支与幼支之间，或地位上升的分支与处于式微状态的分支之间，造成对立的情形。上升与式微间的摆动，可能是由于人口学上的升降，对于联盟、人口或资源管理是否成功，以及在战争中的成功与失败。能有效缔结政治上的关键性联姻或明智地重新将生计和奢侈品分配给追随者的领袖，胜过其较不合宜的竞争对手。假以时日，这种成功可以转化为宗谱上的特权，而血统也会予以修正以展示此种变化。

领袖得以用这种方式造成自己地位的上升，构成亲属关系方式中极少数的弱点之一，也是其症结所在。因为当一个酋长或其他领袖通过明智的联盟和重新分配的行动而得到许多徒众的同时，他也会到达一个极限。只有打破亲属关系秩序的界限，他才能超越这个界限。他可以操纵新娘聘金以找到生育只效忠于他的子女的妇女；他可以邀请外人定居在他的群体的领域中，以更吸引他个人的徒众；他可以取得人质和奴隶，在他个人的控制下工作。可是只要这些策略可以遭到他的亲属及亲属盟友的抑制，他行动的范围便很有限。酋长想扩张自己对剩余物质的掌握，一个办法就是发动战争。可是战争的成果也很有限，因为战利品是偶尔和无常的，而且必须要与别人分享。要打破这个亲属规则的限制，一个酋长必须有属于自己的独立可靠和源源不断的资源。

虽然亲属规则如此而为内部的分化设了上限，但是在封闭性资源的情形下，它却更容易造成不平等而非对生活机会更平等地分配。性别、年龄的差异和规定的与取得的权力，其区别造成的对立，由内部破坏亲属关系的秩序。此外，个人或群体间的冲突、不同的亲戚提出互相冲突的对于属民的权力要求，以及远近亲属应履行的正常亲属义务失效，也会破坏亲属关系的秩序。这些力量和因素都威胁到亲属关系秩序的维持。那么，什么可以防止其崩溃？以亲属关系原则组成的单位如何能长久凝结在一起？

以亲属关系为原则安排的生产方式，之所以能再生，可能是由于除了因亲属关系而来的特殊关系以外，没有任何机制可以集合或动员社会劳动力。它们通常造成的对立是微粒状的，如某一特殊时间和地点，某一特殊世系群中某一老者与某一幼者之间的对立，而非老者这个阶级与幼者这个阶级之间一般性的对立。在日常生活中，以亲属关系为原则安排的生产方式，借着将紧张状态和冲突特殊化而包容其对立的情形。

然而，在神话和仪式中，在日常生活中暗藏危险的那些对立，却在一般性的层次上得到戏剧化的发展。虽然在日常生活中普遍性被消解为特殊性，在神话与仪式中特殊性却被消解为普遍性，传达有关世界本质的信息。如果有解释，那么其形式是一般化的真理。我们或许会想，将特殊冲突如此放映到一般神秘事件和意义的银幕上，可以平息这些冲突。这个机制的有效性，似乎要视真实冲突能保持特殊化与片断性的程度，同类和同一方向冲突持续地累积，可能给神话仪式系统累进的压力，而减少其效能。

害怕取得支持必须付出的高昂代价，也可以抑制以亲属关系原则组成的各单位以内和单位与单位之间的冲突。寻找盟友需要收回过去的承诺和保证在未来支持盟友，因而任何冲突升级的情形，都威胁要在时空上延伸这个冲突。不过当利害关系足够严重时，升级事实上是件好事，它使送礼和交换妇女以巩固同盟的情形有所增加。我们可以说北美皮毛贸易的故事，是“亲英国的印第安人”间的支援同盟逐渐扩张，以对抗“亲法国的印第安人”。通过对神话和仪式的精致化，这些同盟得以稳固和加强，譬如，易洛魁联盟将精力用在向外对付共同的敌人，以求抑制内部的冲突。

可是在以亲属关系原则安排的生产方式中，冲突的解决在这个方式本身结构的问题上遭遇终极极限。累进的冲突往往超过以亲属关系为基础的机制应付它们的能力。于是，各群体会分裂和解散。这样的现象不但频繁，事实上还是导致改变的重要原因。因为我们往往将各社会概念化，好像它们存在于无时间性的民族志学上的现在，并且彼此孤立，我们便误以为，以亲属关系为原则组成各群体的分裂与分散，只不过是复制父辈群体秩序的整顿。事实上，发生分裂的群体很少能逃进无人占领的地带去避免竞争对手，而且也容易受到贡赋性和资本主义生产方式的社会的压迫，因而复制的过程很少见。发生分裂的群体一旦遭遇自由迁移的极限时，通常会开始改变。

因此，建筑在亲属关系上的社会族群，不能免于内部的分化与外在促使它们改变的压力。对于分担社会劳动做不平等的分配，容易产生一些有影响力的管理人士，而与其他群体的接触，又可以使会处理利害关系中歧见与会处理冲突的人，有重要的地位。当以亲属关系为原则组成的群体与贡赋性或资本主义社会发生关系时，这类功能不平等的趋势更为明显。这些关系，使一些人有了更多攫取和转移那些在亲属模式内得到的过剩产品的机会。酋长于是可以使用这些外在的资源去僵化亲属关系秩序的运作。这就是为什么在两个大洲上都有许多酋长与欧洲皮毛贸易与捕捉奴隶的人合作，并且声名狼藉。与欧洲人的关系使酋长可以得到武器和珍宝，因而也可以在亲属关系以外得到不受亲属关系约束的徒众。

酋邦的问题

在日常用语中，“酋长”（Chief）一词意指为一个有社会组织的群体的领袖。实际上，欧洲人通常用这个词表示任何可以赞助或妨碍其利益的有影响力的原住民。在这个用法上，酋长的意义涵盖各种不同的征召情形和各种不同程度的权威，但在分析上没有什么用处。这样的人物，其指挥社会劳动和影响群体间关系发展的能力，有赖于他在权力竞赛中的资本、他管辖群体的规模与力量、这个群体手中资源的性质及其对外人的重要性，以及他作战的能力、他防守资源和干预对手的能力。西北海岸酋长的力量不及祖鲁族（Zulu）酋长的力量，而祖鲁族酋长的力量，又不及蒙古可汗的力量。这样的差异，也影响到一个酋长打破以亲属关系为原则安排的生产方式极限的能力，或其在贡赋性或资本主义关系中成为参与者的能力。

“酋长”之间的种种差别，可以部分说明人类学上关于“酋邦”的老问题。人类学家在建立诸文化的演化次序时，认为酋邦是介于以亲属关系组织的部落与有阶级分等的国家之间。照这个看法，在一个共同家系中，不同的阶级有不同的地位与权力，可是大家在得到生产手段的机会上没有区别。在协调专业活动、计划和监督公共工程、管理分配和领导作战上，酋长和其高级世系群被视为整个社会的代表。因而，酋邦是一“有永久协调机构的再分配式社会”（Service，1962：144）。虽然家系中的阶级以各人所负的职责而加以区别，但是整个社会却由共同利害关系、共同血统和一般的重新分配而团结为一体。大家都是亲属，只不过有的人比别人关系更近一些而已。

然而，生产方式的概念，不注重一个社会中高阶级酋长和一般百姓之间交互行动的形式与特色。相反，它探究社会劳动调度的方式。照这个看法，所谓酋邦可以被分为不同的两种：一种是以依照亲属关系安排的生产方式为基础的社会，其间酋长及其追随者遵守亲属关系的安排，也为这些安排所约束。在另一种社会中，即使一个具有支配力的群体将等级的划分转化为阶级的划分，并用亲属关系的机制去提高其本身的地位，但还是可以维持亲属关系的形式与特色。在第二种社会中，酋长的世系群事实上是贡赋性生产方式中初级形式的盈余收取者阶级。

这种阶级的成长，牵涉好几个不同的过程。人口的增加提高了酋长家庭相对的重要性。酋长世系群的成长，使它能与其他世系群发生无数的关系（Service，1962：149）。在运用姻亲策略时，酋长的世系群必须将由婚姻交易中得到的财富集中到自己之手。这又表示必须控制可以用来交换的妇女，并且禁止阶级较低的分子获得地位尊崇的妇女。控制可以向下延伸，使精英可以控制一般的婚姻交易。婚姻的策略也可以滋生继承的策略。谁得到什么因一个人特权阶层的身份而定。因而，对于在婚姻交易中及在贵族继承到的财富中，最重要的货物不致被纳入一般性的重新分配。

同时，不断成长中的酋长世系群又可因“家族的向外分支”而扩大（Service，1962：166）。它又在习惯的交互作用地带以内和以外分支。高等级分子在领土上的扩大和增殖，会造成多数的权力中心，取代一个单一的决策中心。酋长世系群中的成员，可以互相争夺酋长的位置，或脱离母体另创其本身的权力领域。权力竞争又反馈累积和重新分配的过程。争权的人必须累积足够的“权力经费”。为了获得追随者，他们将这样的经费做选择性的重新分配，而不将资源开放做一般性的重新分配。

由这个角度看，“重新分配”成为阶级形成的一组策略，而非酋邦“重新分配社会”的一般特色。人类学中重新分配的概念是博兰尼（Polanyi）发明的。他让我们可以想象超越“互惠”或“市场”交易以外的各种交易机制。但是，我们必须以三种方式限制重新分配的概念。第一，必须详细说明重新分配的各种不同种类的范围。通过宴会的重新分配，与供应品为公共工程或战争做重新分配不一样，与通过酋长代理人对特殊资源做重新分配也不一样。第二，对于分配的是什么、有多少，与分配给谁（这一点最重要）也必须弄清楚。大家都参加的宴会，可以与精英的累积关键性货物同时进行。为老兵举行的宴会可以表彰整个军队的军事贡献，即使俘获的敌人和资源不公平地分配给贵族和一般人。第三，重新分配可以“购买”盟友和抚慰可能的对手，将他们和他们的资源一起引进以等级制方式管理的偿付流之中。由这方面看来，重新分配不是某个社会一种正常的利他主义特点，而是在阶级形成过程中一再出现的策略。

因此，在第二种酋邦中，亲属关系的作用由决定有类似组织的群体之间的关系，改变为区别一个阶层与另一个阶层。贵族阶级利用和夸示其以亲属关系为原则的关系，以之为其与众不同和独立的标记，只给平民阶级剩余的权利。贵族阶级激烈地改变亲属关系，而使自己成为另外一个阶级，以便拉大统治者和被统治者之间的社会距离。他们说自己是诸神的后裔或拥有魔力。他们可以设法通过对私通和乱伦的处罚而破坏其属下的亲属关系（Cohen，1969），却又通过阶级族内通婚的办法使自己成为一个独立的社会阶层。他们可以援引处理战利品的特殊权力，包括不把被征服人口包含在他们的亲属关系协定中。

上述贵族阶级往往分出去征服和统治外面的人口。在分裂与扩张时，贵族阶级通常维持其特殊的亲属关系以促进其阶级的团结和自别于被统治的人。这个情形当然可以和平地发生。譬如非阿卢尔族（Alur）群体，曾经邀请有祈雨和解决冲突能力的阿卢尔酋长世系群分子和他们住在一起统治他们（Southall，1953）。但是通常好战与流动的贵族却援引超自然的权力，将其支配的方式强加在附属人口之上。这种掠夺性贵族的例子，包括由图拉向外扩张到中美洲边界上的托尔铁克人；由其非洲中部家园做扇形扩张的卢巴族和隆达族精英（参看第 7 章）；以及许多沿旧世界干燥地带走廊强行统治农业人口的蒙古、突厥及阿拉伯贵族。

由上面的讨论可知，对社会劳动的调度是经济方面的也是政治方面的。以亲属关系安排的生产方式抑制了政权的制度化，这主要是基于对参与族群的舆论管理。再者，亲属关系也给为了集体目的而能动员的社会劳动的量设限。聚合许多个别关系可以集结社会劳动，但当情形发生变化需要重新安排义务时，社会劳动再次被分散。同时，亲属关系的延伸与收缩又使这些社会的边界开放和不断移动。

酋长可以成为自己亲属群体的权力枢轴。但是，他有时虽能具体表现亲属关系的秩序，但也是这个秩序的囚犯。想要冲破亲属关系秩序的酋长，必须掌握能保证他们享有对资源独立控制权的机制。这样的酋长必须或是将其控制的部分劳动力分配给另一种生产方式，或是直接与另一种生产方式发生关系，也许是作为贡赋性生产方式中的权贵，也许是作为资本主义生产中的参与者。要造成这样的改变需要新的政治支配工具，不论是由酋长直接控制这些工具，或是由能代表他们利益的其他人使用这些工具。如果做不到这一点，那么他们想要动员的人很可能反叛或脱离出去，使他们成为有名无实的酋长。

与按照亲属关系安排的生产方式相反，贡赋性生产方式与资本主义生产方式，均将它们控制的人口分成生产剩余产品的阶级与取用剩余产品的阶级。这两种生产方式都需要控制支配的机制，以确保剩余产品在能预测的基础上由一个阶级转交给另一个阶级。有时这样的控制牵涉根据恐惧、希望和慈善而创造出的许多制裁力，但是如果没有强制的办法去维持基本的阶级划分和使它造成的结构不受外来的攻击，便不能有这样的制裁力。因此，贡赋性和资本主义的生产方式，其特色都是以国家这个强制机器的发展和确立为标志的。

在贡赋性方式的情形下，这个方式的本身由支配的机制构成。这个机制用“经济压力”以外的方法由生产者处榨取贡赋。一个贡赋性生产方式的政府，其政治活动可以影响到贡物在各种互相竞争取用剩余产品群体间的集中和分散，但是不论国家的组织形式是什么，它都固定在直接榨取的关系之中。

相反，资本主义的方式似乎在经济上可以自我调节。只要是生产手段为资本家所有而不给劳动者，那么在每一个生产周期结束以后，劳动者仍继续被迫替资本家工作，从而开始了另一个生产周期。但是，国家在这个生产方式的创造与维持上发挥关键性的作用。要启动这个生产方式，就必须先储备用于钱赚钱的钱，将它转化为资本，并且创造一个把自己劳动力当作商品出售的劳动者阶级。在这两个“原始积累”的过程中，国家有非常重要的作用。一旦建立了这个方式，国家就必须进一步运用其权力维持和确保国内外资本家阶级对生产手段的所有权，并且支持这个方式需要的工作与劳动纪律规范。此外，国家还必须供应这个方式需要的基本技术服务设施，如运输与通信。最后，新国家还得调停与处置其管辖区域以内互相竞争的资本家群体间的争端，也得在国家与国家间的竞争中代表自己资本家群体的利益，能用外交的手法便用外交的手法，必要时也不惜一战。

我在本章中概述的三种生产方式，既不构成可以将人类社会分类的类型，也不构成文化演化上的阶段。我只不过是借它们想象某些关键性关系的建构。人类的生活就是在这些关系中展开的。这三种方式是思考欧洲人与地球上其他居民在扩张中造成紧要关系的工具，以便我们可以了解这些关系的影响。

第 4 章

欧洲，扩张的序幕

800 年，欧洲还是一个不起眼的半岛，罗马帝国灭亡以后，没有强大的中央集权国家顶替罗马的地位。相反，许多占地狭小的属国，竞相争取罗马破碎的遗产。世界政治和经济的重心，已向东转移到“新罗马”（拜占庭城）和伊斯兰国家。可是 600 年后，即 1400 年，欧洲情形发生了巨大的变化，它与亚洲和非洲邻近地区的关系也有显著的改变。许多小公国已合并为数目较少的强大国家，它们在与南邻和东邻的竞争中获胜，而且行将发动大规模的海外探险事业。这究竟是如何发生的？

在回答这个问题以前，我们必先思考至少三个互相关联的问题。首先，长距离贸易中的转变，使欧洲的地位由亚洲的一个从属边缘地带变成商业发展中的关键地区。这些转变的性质是什么？其次，800 年那些无数弱小和分散的附属公侯国，此时已成长为在政治和军事上统一的几个王国。其统一又牵涉什么？最后，在这些统一国家，发动战争的统治者与商人阶层形成了一种合作关系，推动国家不断向外扩张。而驱使这些国家向外扩张的力量是什么？在每一个国家，官商合作的性质又是什么？

长距离贸易模式的转变

地中海西部地区和西南亚长久以来就有密切的关系。权力的均势，在东西这两块地区之间做周期性地来回摆动。由考古学文献来看，亚洲长于过剩产品的生产、国家的形成、手工业的专门化、城市的兴建与长程的商业。埃及和美索不达米亚在公元前第二个千年扩张进入爱琴海地区，并触发与西欧贸易的成长。贸易将资源供给东部，又将东部珍贵的物件转运给西部的诸酋长。继爱琴海商人而起的是腓尼基人与迦太基人。之后，爱琴海商人的地位又有所崛起。公元前 3 世纪，希腊的扩张导致东南欧诸民族几乎源源不断地涌入叙利亚、巴比伦王国和伊朗，由小亚细亚甚至到叙利亚向外扩张（Ghirshman，1954：225）。罗马的扩张也走同一方向，将埃及变成罗马城的谷仓。

而后，罗马帝国逐渐沦亡。乡村的势力逐渐大于城市。公元 100 年以后，帝国各地在经济上愈形自给自足。食物的生产无法供应城市，而都市的工艺则由市镇迁移到内陆腹地。罗马非凡的政治与法律结构重在建立势不可挡的权力，而其使用的方法是在生活有限的范围之内无情地强制要求秩序与服从（Deutsch，1954：10）。这个结构愈形失效。首都以外地区的军队近于自治状态，帝国边区的行省势力超过帝国的中心。

在一个小部落的首领奥多亚塞（Odoakar the Herulian）于西方对罗马军队致命的一击以后，罗马“沦亡”了。可是，罗马只是在西面沦亡。它在东面的拜占庭（新罗马）又存活了 1000 年。拜占庭在希腊扩张中得到的地区维持了罗马的惯例，用罗马的制度及法律，有发达的市镇生活，在宗教上共同效忠东正教，而其黄金铸币一直到 11 世纪还为西方所欣羡。6 世纪，它建立了一支强大的海军，使外人由西面和南面不能接近拜占庭城，并得以扩张进入黑海的边缘地区，由黑海边缘地带得到大量的小麦、木材和奴隶。事实上，它主要是一个赫勒斯滂（Hellespontine）海域政权，而非一个地中海政权，它把大部分的地中海地区拱手让给他人。

大部分的地中海地区被分成信仰伊斯兰教的地区和信仰西方基督教的地区。伊斯兰教地区由其中心——商贸城市麦加——迅速向外扩张，7

世纪已越过北非；在 8 世纪 20 年代，穆斯林军队占领了伊比利亚半岛的大部分地区；9 世纪，西西里岛落入伊斯兰教徒之手。然而，当伊斯兰国王在 8 世纪中叶将首都由大马士革迁到巴格达时，伊斯兰教的重心从地中海向东移动，这与拜占庭势力的东移相似。它与高加索、亚洲内陆、阿拉伯、印度和中国的贸易，逐渐比与地中海西部的贸易关系来得重要。而叙利亚的商人，尤其是犹太人，此时期从事已不重要的地中海贸易。这样的商人被称为瑞丹奈(Radanites)，或许是由波斯文“瑞丹”(rah dan) 得名，意为“识途者”。他们将“法兰克人的地域”和埃及连接起来，又将埃及和中国连接起来。

我们对伊斯兰世界的经济历史至今所知有限，但可以概述其几个重要的方面。从 8 世纪起，伊斯兰国家经历了一次农业革命，从而改变了植物与植物群、农业操作规程与水利技术。这次革命导致拓殖与再拓殖的大幅扩张。过剩的农产品不断增加，而后又被用于加强农业，并使商业和市镇生活得以扩张。从 9 世纪起，伊斯兰世界几乎垄断了苏丹的黄金和埃及与伊朗的珍宝。这些都使伊斯兰国家的贸易关系和工艺品生产大幅增加，以供应国内的精英阶层及国外的奢侈品消费者。

伊斯兰和东面的基督教国家因而瓜分了大部分的地中海沿岸地区，可是它们都不注重海洋。西罗马帝国零散的遗产都留给了西面的基督教国家。那时候，西面的基督教国家是许多贡赋制政权。其首领是条顿人，由自己的扈从拥立。那些年，君士坦丁堡至少有 20 万居民（Russell，1958），巴格达有 40 万居民（Adams，1965：115），科尔多瓦有 9 万居民（Russell，1972：178）。西方基督教国家存活下来的城市，无一能与这些城市相比。虽然都市的手工业已在乡村建立基础，但是欧洲的乡村地带已倒退回生存型农业和地方性交易的阶段。欧洲确乎还有一些从事长途贸易的商人（Vercauteren，1967），但是其活动在 6 到 8 世纪与叙利亚和犹太商人相比黯然失色。叙利亚和犹太商人把黎凡特地区与欧洲半岛连接起来，为了叙利亚、亚历山大港（Alexandria）和君士坦丁堡的利益而开发利用欧洲半岛（Lewis，1951：14）。欧洲主要供应奴隶和木材，得到的回报是一些奢侈品。

欧洲奴隶到达近东的路线不仅是走地中海的航线，还和珍贵的皮毛与其他产品同时顺俄国的河流进入黑海。运送奴隶的人是北欧瓦兰吉罗斯人（Varangian Rus），他们是航海和海上劫掠民族的一个分支。他们由斯堪的那维亚半岛的港湾向外做扇形扩张，骚扰欧洲沿海地区，并将奴隶运到近东市场。9世纪，他们也开始征服和殖民英格兰和诺曼底、西西里、波罗的海沿岸及俄国。因而，我们可以认为欧洲半岛在这个阶段三面环水，并受到以赫勒斯滂和黎凡特地区为中心的长途贸易的主宰。

意大利港市的崛起

9世纪中叶，新来的竞争对手进入上述商贸区域。这些人来自意大利沿海拜占庭占领区的港市。其中，最重要的地区是亚得里亚海北端的威尼斯与萨勒诺湾（Gulf of Salerno）的阿马尔菲（Amalfi）。威尼斯和阿马尔菲最初不过是贸易中的小中间商角色，而这种贸易对于统治黎凡特地区的强国而言并不重要。但是由最初小中间商的地位开始，这两个城市都因商业的日渐繁荣而获益。

977年，阿拉伯商人伊本·哈瓦乔尔（Ibn Hawqal）形容阿马尔菲说："由于阿马尔菲的各种条件，它是伦巴第（Lombardy）最高尚、显赫和富有的城市"（Lopez and Raymond，1955：54），不过，阿马尔菲很快就在与强邻的竞争中失利。相反，威尼斯日渐发达，以西方的铁、木材、海军必需品、奴隶交易东方的丝织品、香料和象牙制品，还出售本地的盐产品和玻璃产品。

10世纪，意大利伦巴第的另外两个港市也开始在商业与军事上扩张。第勒尼安海（Tyrrhenian Sea）域的比萨和热那亚这两个港市，为了抵抗伊斯兰教徒的侵略而将其渔船改装为海军船，在科西嘉岛（Corsica）、撒丁岛（Sardinia）和北非的沿海地区克敌制胜。

这些意大利市镇，由于取得了贸易与战争的胜利，开始打破地中海东西两个地区间的贸易均势，使之改变为对西部地区有利。它们由于本身没有农业腹地，扩张有赖于海上商业，因而，在公元1000年以后地中海世界新的权力局势中成为主要的受惠者。此时期，拜占庭开始致力于实现陆地的军事统一，依靠其武装农民抵抗来自四面八方的攻击。威尼斯几乎成为拜占庭的商业代办，独占其大部分的海上贸易。

政治上的统一

在意大利的港市在地中海地区日益重要的同时，阿尔卑斯山南北的农村腹地也在进行独立的政治与经济统一过程。这个过程有地方性与区域性两个层次。前面已经提到，罗马帝国在地中海西部式微，引起罗马法律与政治上层结构的崩溃与解体，以及城市手工业退缩到乡村。工艺技术日益乡村化和扩散，使一种新形式的政治经济组织的发展有了技术上的基础。这种新形式将农耕者集结到高高在上的“领主”周围。领主一词(lord)源自盎格鲁 - 撒克逊（ Anglo-Saxon ）语“hlafweard”，意为养活其随员的人。农耕者以份地形式依附领主。份地的起源与确切特征各有不同，但都规定各种方法，将贡物由生产过剩产品的人转移给取用过剩产品的人，它们确立了取用过剩产品的人有相对于随从者的政治与军事权力，也确保了取用剩余产品的人作为一个阶级而获得的权力。

公元 1000 年以后，由于密集型农业与农耕的拓展，剩余产品大幅增长，这个情形在阿尔卑斯山以北的地区尤其明显。马拉犁的方式使这个地区可以三年轮耕，而剩余产品大为增加。对欧洲大陆浓密森林的开辟和平原的耕作，使生产剩余产品的可耕地大为扩张。这两个过程都是在收取贡物的贵族保护下发生的，也都增加了统治阶级的政治力量。这个阶级的军事能力有赖于它支付高成本战马和甲胄的能力。于是，剩余产品的增加增强了它的军事能力。

想要在一个中央主权之下走向政治的统一，同时需要两种能力，一方面要能榨取贡物以支付战争的用度；另一方面也要能配合政治任务的大小发挥制造战争的潜力。要达成这一点基本上有三个方法：第一个方法是向外扩张，攫取外部敌人的剩余产品；第二个方法是发现资源，不论是本国生产的资源或劫掠来的资源，将这些资源售予商人以交易自己需要的货物或信贷；第三个办法是扩大皇室的领土，以便可以不在中间人干预的情形下直接取得资源的供应。正在发展中的欧洲国家兼采这三种策略，只不过在不同的时候这三种策略的使用比例有所不同，也得到不同的结果。

国外的战争

葡萄牙、莱昂－卡斯蒂利亚（León-Castile）和阿拉贡这些伊比利亚半岛上的国家，在重新征服伊斯兰教势力下的西班牙时，所用的主要策略是攫取国外的资源。法兰西和英格兰国王，在初步巩固其政权（1096—1291年）之后不久开始采取十字军东征的方式，也是用这个策略。十字军东征的公开动机是从非基督教徒之手重新夺回圣地。可是另一方面，东征也是为了巩固国内毛羽不丰满的政治体系，而攻击当时已处于弱势的敌人。拜占庭在这个时候已退缩进其领土的核心地区，而把商业拱手让给威尼斯人。巴格达的阿拔斯王朝，也许因为其长途贸易对生产贡物的农民造成过重的负担，引起国内的反叛与外来游牧民族的攻击而势力衰微（Anderson，1974：509）。十字军东征最后大败，对欧洲西北部的国王没有任何直接的好处。

从十字军东征中真正受益的是意大利的港市。这些港市由于在十字军东征中担任载运工作而获利，又出售它们得到的战利品，战后还在拜占庭和黎凡特地区建立有治外法权的殖民地。意大利的内陆城市也逐渐参与沿海城市的活动，使意大利商人的人数与影响力大增。在法国人与英国人撤退以后，根据洛佩兹的说法，他们便发动大规模的商业与金融扩张，从格陵兰一直到北京。意大利的这个贸易网络也越过阿尔卑斯山，开始与南日耳曼的市镇有所联系，并且通过莱茵河以西地区与佛兰德斯（Flanders）和英国接触。

日耳曼民族神圣罗马帝国的皇帝也想攫取国外的资源以扩大其皇室的资产。他被强大的竞争对手局限在原日耳曼诸省之内，唯一扩大皇室资产的办法是向国外征战。这个策略的一部分是拿下意大利，使它归日耳曼帝王所有。1176 年，意大利伦巴第的各个城邦联手在莱尼亚诺（Legnano）击败神圣罗马帝国皇帝，给日耳曼诸王中央集权的愿望画上了休止符。

商业

第二种策略是将农牧产品和战利品商业化。它与其他取得剩余物的方法同时发展出来。贸易与战争必然互相助长，而同时又涉及不同的组织原则。贸易导致商业集团与商人联合会的形成。战事造成军事专家的增加，而这些人又有赖于安全的纳贡人体系的供养。商人与军队有时合作，有时又彼此争执。福克斯（Edward W．Fox）说：

> 如果封建制度是由无数单个的庄园供养，则将它松散地维系在一起的是信息的流通和军事保护活动中的人们。商业社会的存在有赖于货物（尽可能用水上运输）和信息（通常是以命令和报酬的形式）的流通。这两种情形很不一样。许多传统证据说明它们通常不相混用。（1971：57）

在某种程度上，我们也可以认为欧洲中世纪国家的发展，是以农业核心地区和军事力量为基础的政治地块之间竞争的结果，也确立在河海交通要道的商业网络的基础上。香槟集市的命运便是一个绝佳的例子。意大利的商人由地中海经过隆河（Rhone River）和索恩河（Saône）河谷，到这些集市上以地中海货物交易北方的产品。只要能独立于法兰西王国与日耳曼民族的神圣罗马帝国以外，这些集市便很发达。可是在法兰西王国于 1285 年占领了这个地区以后，随着日渐增加的赋税、战事和对进口英格兰羊毛与佛兰德斯布料的设限，香槟集市迅速式微。

之后，商业转移到沿海的海上路线和意大利北部与莱茵河河谷间的陆上路线。有许多争取自治权的商人公司和社团沿海上路线兴起，如 13 世纪由科隆（Cologne）和莱茵河以西到吕贝克（Lübeck）和汉堡（Hamburg）的汉萨同盟。若干隘口国家沿跨越阿尔卑斯山与上溯莱茵河的路线兴起，与制造品跨越山脉的移动有密切的关系，如瑞士同盟和蒂罗尔区域（Tyrol）。沿多瑙河上游和莱茵河，13 世纪与 14 世纪日耳曼南部兴起许多商人的商号和同盟，如斯瓦比亚联盟（Swabian League）、莱茵同盟（Rhenish League）与佛兰德斯和布拉班特（Brabant）17 市镇公会（Brotherhood of the Seventeen Towns of Flanders and Brabant）。虽然这些商业联盟都不能独立于陆上军事权贵的势力之外，但是“由地中海到北海和波罗的海贸易带上的城市，在若干世纪里都强大到可以抵制任何想将它们纳入军事管理的努力”（Rokkan，1975：576）。

皇家版图的扩大

走向政治统一的第三个策略是中央版图的扩大。在日后成为法兰西和英格兰的地区，用的便是这个策略。这是一个与伊比利亚半岛所用极不相同的策略。葡萄牙和卡斯蒂利亚大致上说是掠夺性的国家，靠掠取伊斯兰教势力下的西班牙资源为生。葡国的胚胎是阿维什骑士团（Knights of Aviz）。其大首领在 1384 年成为葡萄牙第一任国王。卡斯蒂利亚国也以卡拉特拉瓦（Calatrava）、阿尔坎塔拉（Alcántara）和圣地亚哥（Santiago）的宗教 - 军事团体为基础，这些团体均成立于 12 世纪。相反，英格兰与法兰西由其国王的个人版图向周围扩大形成。

未来法国的核心是卡佩（Capetian）王朝的直接版图。这个地区被称为法兰克（Francia），跨骑于塞纳河和卢瓦尔河（Loire）河谷之上。它在农业上有极大的重要性。关于作物三年轮栽和现代畜力利用方式的最早文献证据，都是关于这个区域的。由这个最初的基础，法国国王通过战争、教士的支持和缔姻等策略，扩大了他的直接版图。到了 1328 年，皇家版图及法国国王的采邑加起来几乎占有全部的法国。

英格兰的形成是由于来自诺曼底的一群法国化了的北欧海盗，在英吉利海峡对岸以武力创建了一个“英格兰诺曼底”（Douglas，1969：29）。这个“英格兰诺曼底”的核心是由“征服者威廉”（William the Conqueror）开创的。他分封土地给追随者，但在每一郡确保他自己有一个大于任何诸侯封土的直接版图。英国和法国版图的扩张不久便发生冲突。法国国王和英国国王打了几百年的仗，争夺“法国”的西部和南部，到了 13 世纪，“英国”控制了大半的“法国”，一直到 1453 年他们才最后被驱逐出境。

所有欧洲国家都成长得很慢，许多国家和地区分分合合，它们的疆界与今日很不一样。今日我们认为国家是不可分割的民族实体，可是照当时的疆界画出的欧洲地图，会与今日国家的布局很不一样。当时的地图可能含有一个海洋帝国，包括斯堪的那维亚、欧洲北海岸和英格兰；一个包括法国西部和不列颠诸岛的政权；一个包括法国和日耳曼西部的联盟，或一个介于日耳曼与法国之间包括隆河与莱茵河河谷的国家；一个包括日耳曼与意大利北部的联盟；一个统一加泰罗尼亚与法国南部的国家；伊比利亚半岛又分为北部基督教王国和南部伊斯兰教王国。这些都表示当日可能存在的事实，也表示划分今日欧洲的地理政治疆界是如何形成的，而不应当视之为原本就如此。

国家的形成与扩张

对外作战、贸易与内部的统一，在欧洲创建了许多新的国家，并且逆转了早先具支配力的东方与贫困的西方之间的关系。可是公元 1300 年前后，欧洲成长的速度又缓下来。或许是因为当时的工艺技术已达到其生产力的极限，农业停止发展。气候恶化使食物的供应更不稳定。流行性传染病使许多因饮食欠佳而身体虚弱的人感染。可是，生态学上的苦况只不过是所谓“封建制度的危机”的一个方面。为了支付战争和扩张的用度，取用军事贡赋的人，加紧榨取过剩产品，却引起日益高涨的农民抵抗和起义。

为了化解这个危机，人们必须发现新的边疆。实际上，它表示进入更新的地区去种植更多的食物和找寻新的食物防腐剂。它表示可以用较低廉的价格购买奢侈品，或者有更多的黄金和白银去支付奢侈品。它也表示有希望制止金银块外流到东方（甚至在罗马帝国时代，西方人已担心金银块外流到东方，到1200年这个问题已变得十分严重）。要化解这个危机，人们必须增加战争的规模和激烈程度，也就是增加军备和船只的生产，加强士兵与水手的训练，增加军事行动和前哨站的经费。

在经济上，封建危机的最后化解是用了找寻、攫取和分配欧洲边疆以外资源的办法。迁移到新世界、沿非洲海岸设立堡垒和商栈、进入印度洋和中国海、通过美洲和亚洲北方的森林扩展皮毛贸易，都是达成这些目标的办法。新的货物如烟草、可可子、马铃薯和郁金香都成了在交易中可以得到的东西。历史学家布罗代尔说：非洲的黄金和美洲的白银使欧洲人过着超出自身财富的生活。

可是，仅仅增加在欧洲流通的财富存量和使其形式五花八门，还远远不够。“原始积累”不但需要攫取资源，也需要集中、组织和分配资源。这样的行为不久便超出任何一个单独的商号或商人公会，或任何一个单独的士兵团体和官吏集团的能力范围。它们促成高层统御性机构的出现，一方面统筹这种大规模扩张性和商业性的工作，一方面团结生产过剩物品的民众为此目标而努力。

如此而发展出来的高层统御机构是指挥权高度集中的国家。指挥权或在一个单一的统治者及其随从之手（如葡萄牙和西班牙的情形），或在一个寡头统治集团之手（如尼德兰联省共和国〔United Provinces of the Netherlands〕）。这样的国家像是中央集权执政人与商人阶级的联盟。国家购买武器和船只。用武力赢得的货物支付雇用士兵的费用、制造枪炮的费用和修造更多船只的费用。在海外抢劫的武装军队，需要国家保护他们以战胜竞争者，并且提供有能力掌握和巩固新赢得地区的官吏。同时，国家也需要商人贷款给皇室或远征军的统领；收集、转运和出售由国外获得的货物，以及取得和输出分散在王国各地的前哨站需要的货物。每个史家的看法不同，有的强调扩张主义国家的官僚主义特性，有的强调它的基础是农村权贵的剩余物资生产，有的强调它与喜好从事海外抢劫与贪图暴利的商人之间的关系。这些都是构成当日新兴国家的因素，不过这些构成因素在每一个国家的组合方式不同。

从事海外扩张最重要的国家是葡萄牙、卡斯蒂利亚－阿拉贡、尼德兰、法国和英国。这些国家都是特定环境与适应它们策略的产物。每一个都以国家为核心，发展出一些与其他国家不同的阶级秩序。每一个国家都动员人力和资源从事征服与商业，在地球上的某个地区立足，并且影响到庞大的人口群。每一个都设法把持国内外的资源不让别的国家接近，并减低其竞争对手扩张的能力。下面将谈一谈这些政体，看看它们如何发展，如何使用战争与商业扩张的资源，又如何到达基于商业财富的政治经济极限。

葡萄牙

葡萄牙是第一个成为扩张活动中心的欧洲国家，在海外追求财富。它也是一个最不为人了解的扩张主义国家。葡萄牙是个穷国，在欧洲中世纪末年不过有 100 万居民。可是不久它便在远方建立了殖民地，如美洲的巴西、非洲的莫桑比克（Mozambique）和东南亚的马六甲。1725 年，果阿（Goa）大主教还在梦想一个葡萄牙帝国，说上帝确曾答应让它征服全世界（Boxer，1973a：376）。可是到了 1800 年它已衰退为一个二流国家。回想起来，以这么狭窄的生态资源为基础，而它在最初扩张的时候能有那么大的力量和热情，这实在是一件反常的事。

葡萄牙最初是西班牙莱昂政权的一个边界采邑。它和莱昂一样逐渐成长，以抢劫为生的骑士和殖民者向南进入伊斯兰教势力下的伊比利亚半岛。可是它与西班牙不一样，早早地便自成政治单位，1147 年由伊斯兰教徒手中夺下里斯本，1249 年最后一个伊斯兰教根据地斯尔韦斯（Silves）落入葡萄牙军队之手。1385 年，新建立的葡萄牙王国击败了卡斯蒂利亚人，在由阿维什宗教－军事教团大首领建立的王朝统治下，维持了其国家的完整。

葡萄牙人虽然日后航行到很远的地方，但是在整个历史上它都十分倚重农业。葡国土地陡峭、多石，不宜耕作，降雨量小又不规律，作物因而贫乏。不过，大多数的人口却从事农耕。他们大半租田耕作，支付租金或货物以长期占用耕地（约为每年产物的 1/10 到 1/2），或每周两到三天在无偿的情形下为地主服劳役。

由于倚重农业，葡萄牙也向内陆发展，远离海洋。葡萄牙和非洲西海岸的外海有寒流流经，可以捕鱼，但是恶浪很大，又无避风港。葡萄牙纵然在海上探索，可是航海的人口自来不多，出外洋的船只找不到足够数目的水手，而且葡萄牙人也没有多少船。葡国境内适合造船的木材很少，必须进口大部分的木材和海运用品。葡萄牙即使在最鼎盛的时候，也只有 300 艘出远洋的船（Boxer，1973a：56）。在从事海外扩张以后，大多数的葡萄牙船只均是在印度的果阿（木材取自西岸的柚木林）和巴伊亚（Bahia，使用巴西的硬木）修建。由于葡籍海员不足，葡萄牙人从其他欧洲人、亚洲人和非洲奴隶中征召海员。

在葡国国内，农业租金和力役税供养了军事贵族阶级和庞大的教会组织。军事贵族免缴税，也不能对他们任意加以拘捕。14 世纪黑死病流行以后人口减少，农村租金不得不降低，但是市镇的工资较高，将乡下人吸引到市镇。农业劳工的缺乏，也促使靠地租度日的贵族整军经武向国外另找劳动力的出处。在 1450—1500 年葡萄牙取得的 15 万非洲奴隶中（Boxer，1973a：31），有些被派赴新占领的出产糖与小麦的马德拉群岛和亚速尔群岛，有些被卖给意大利和西班牙，但是大多数却被运回葡萄牙，成为新的受法规约束的劳工。同时，在 1385 年与卡斯蒂利亚的战争以后，军事贵族丧失了许多政治权力。大多数的“老贵族”被杀，或因偏袒卡斯蒂利亚人而被流放。这个情形造成支持阿维什王朝的“新贵族”的得势，也增加了商人阶级的重要性。

商人在 14 世纪晚期更为重要，尤以在里斯本和波尔图（Oporto）为然。他们买卖农产品，先是以谷物而后又以橄榄油、水果酒、软木和染料交换英国的布料。他们也从塞图巴尔（Setúbal）的盐池向欧洲供应保存肉类和鱼类需要的食盐。

有的学者说由于这些业绩，商人阶层逐渐从纳税控制中产生出来。但是，这个说法是可疑的。最大的商人是王室，他们最初是通过小亨利（Infante Dom Henrique，一般被称为“航海者亨利王子”）的活动而走上这条路的。亨利在历史上以他对航海与绘制地图的兴趣而著称。但是他也用在西非和大西洋群岛的贸易，出让阿尔加维（Algarve）沿海地区的捕鱼权，将染料和糖进口到葡萄牙，以及控制国内制造肥皂业等办法所赚的钱，去从事各种活动。而这些一再遭到葡萄牙议会的抗议。1425 年葡萄牙攻占了穿越撒哈拉大沙漠黄金贸易的终点站之一的休达（Ceuta），亨利是此次征战的主导。他又由沿西非海岸航行奴隶的捕获与销售中得利。随后，王室将对于进口黄金、奴隶、香料和象牙的专利权以及所有出口与再出口的权力留给自己。商人通过特许权和合同由这样的活动获利，但是始终没有足够的权势对葡萄牙的阶级结构做重大改变。

卡斯蒂利亚 - 阿拉贡（西班牙）

伊比利亚半岛上的另一个国家是西班牙。1469 年卡斯蒂利亚的君主与阿拉贡的君主联姻，使两国统一为西班牙王国。之前日耳曼人由北方入侵和伊斯兰教徒由南方入侵，破坏了罗马帝国西班牙行省（Hispania）行政上的统一，在北方残存了几个小邦。这些小邦逐渐统一为卡斯蒂利亚王国和阿拉贡王国，后者包括了加泰罗尼亚公国和阿拉贡王国。

14 世纪中期，这两个国家的统一是一件非常不稳定的事。卡斯蒂利亚当时正进攻信奉伊斯兰教的安达卢斯，因而被锁定为一个军事政权。它将征服的土地分配给在征伐中领兵的军事贵族，这些土地随后成为大领主的领地。这导致 15 世纪末叶出现了一种土地所有权模式，即 2% 或 3% 的人口拥有 97% 的土地，其中大部分的土地集中于少数几个家族之手（Elliott，1966：111）。在卡斯蒂利亚地区主要的职业是饲养牲畜，尤其是放牧绵羊生产美利奴羊毛，并将羊毛在尼德兰织成布。

相反，阿拉贡王国王室的土地是由定居者逐渐拓殖而来。在他们创建的小群落中，土地的分配比在卡斯蒂利亚平均。同时，阿拉贡的王室也统一了重商的加泰罗尼亚公国和以农业为主的阿拉贡。加泰罗尼亚在 13 与 14 世纪是一个繁荣的商业国家，其海上的贸易关系远达黎凡特地区。可是在 15 世纪，它却在竞争中败给了热那亚。热那亚不仅降低了加泰罗尼亚在地中海的影响力，还越过它与卡斯蒂利亚直接建立了商业和金融关系。热那亚的金融业者与卡斯蒂利亚生产羊毛的贵族的联合，扼杀了加泰罗尼亚商业的成长，并且逐渐降低了加泰罗尼亚纺织品生产与外销的效率。14 世纪末叶和 15 世纪，加泰罗尼亚的经济又再一步衰退。农民为反对贡赋性（“封建性”）的税收发动了一连串猛烈的起义。商业贵族阶级与小商人和工匠又在市镇中发生了公开的冲突。

卡斯蒂利亚和阿拉贡的统一是把两个极不平等的伙伴强拉在一起，也确保卡斯蒂利亚支配阿拉贡，从而成为一个“倒退的社会”（Elliott，1966：42）。统一使拥有庞大羊群的贵族，在这个新兴的伊比利亚政权中成为领袖。这些贵族组织建立了一个强大的牧羊主联盟（Mesta），以此提高他们在向王室纳税时从国家那里取得的社会地位和政治利益。卡斯蒂利亚的羊毛由北方的港埠输出，这使坎塔布连（Cantabrian）的边境地区与卡斯蒂利亚军事贵族的利害关系结合起来。

卡斯蒂利亚转向畜牧经济有决定性的影响。此举不仅压制了西班牙境内的工业发展，还降低了其他阶级质疑收取贡赋的军人主权的能力。战争与攫取人民和资源成为社会繁殖的主要方式，而非工商业的发展。就这一点来说，对新世界的征服只不过是在伊比利亚半岛本身再征服的延伸。16 世纪以后，白银由新世界注入，由于引起物价上涨与通货膨胀，进一步阻止了西班牙工业的发展，使它不能与尼德兰的工业产品争一日之短长。

然而，新世界的白银也增加了国王的财源。西班牙的绵羊和美洲的白银，加起来支持了西班牙在欧洲大规模的战争。它造成皇家官僚政治的成长，远超过西班牙经济的终极能力。寅吃卯粮的结果是向外国金融业者举债，而以未来进口的白银和出售羊毛的税收为抵押。外国金融业者因而乐得把钱借给西班牙。西班牙始终没有一套前后连贯的经济政策，其帝国的官僚体系不过是一条将财富输入意大利、日耳曼南部和尼德兰国库的管道而已。1609—1614 年，西班牙将不肯改信基督教的 25 万伊斯兰教徒从南部地区驱逐出去。此举进一步削弱了西班牙的农业。农业的衰落使得领主无法征收到赋税，因而他们也不能偿付抵押。17 世纪中叶，甚至西班牙羊毛的外销也竞争不过英国了。船运也衰退了。到了 16 世纪末，西班牙的造船业者已敌不过北欧造船所的新技术。资本开始流入私人贷款及政府债券，因为贷款及债券的利率高于投资直接生产事业的利率。1600 年的西班牙已经成为塞万提斯在其杰作《堂吉诃德》中描写的衰败破灭的光怪世界了。西班牙经济到此不过是为其他经济体不断输送商业财富，是“外国人的母亲，西班牙人的继母”。

商业财富的国际流通

因此，外国商人在葡萄牙和卡斯蒂利亚－阿拉贡的经济控制方面，逐渐发挥了关键性的作用。葡萄牙得到意大利城市热那亚在财富与商业上的支持。那时候，热那亚正与威尼斯争夺与黎凡特地区贸易的控制权，因而很乐意支持葡萄牙的贸易，以打破地中海各种限制。13 世纪热那亚的商人已到达葡萄牙。到了 14 世纪早期，里斯本已成为热那亚商业的重镇。15 世纪许多热那亚人在塞维利亚（Seville）定居，并于 15 与 16 世纪资助西班牙出航西半球，参与这个过程的主要家族是斯皮诺拉（Spinola）、琴图廖尼（Centurioni）、朱斯蒂尼亚尼（Giustiniani）和多利亚（Doria）。1477 年，哥伦布为琴图廖尼家族工作；1478 年他航行至马德拉群岛度蜜月，同时也是给他们采买蔗糖，这都不是偶然的（Pike，1966:154，n.58；206，n.2）。哥伦布最初两次的航行由弗朗西斯科·佩尼利（Francisco Pinelo，意大利文 Pinelli）资助。日耳曼南部奥格斯堡（Augsburg）的富格尔家族（Fuggers）和韦尔泽家族（Welsers）不久也加入了热那亚金融家的行列。15 世纪中叶以后，这两个家族的庞大财富源于日耳曼南部与威尼斯的贸易和阿尔卑斯山脉及喀尔巴阡山脉各处的采矿事业。

安特卫普（Antwerp）位于布拉班特的斯海尔德河（Scheldt River）河口。其兴起是由于热那亚和巴伐利亚在财政成长以后给它的资助。15 世纪早期，它还是一个小港，但是 1437—1555 年，它的居民由 1.7 万人增加到 10 万多人（Russell，1972：117；Smith，1967：395）。安特卫普通海上航道，它是由威尼斯到莱茵河以西地区陆路的终点和北海汉萨同盟城市链条中的一个环节。安特卫普位于勃艮第公爵（Duke of Burgundy）的领域。在勃艮第公爵成为神圣罗马帝国皇帝查理五世以后，它的网络也涵盖了由西半球来的白银舰队的航道。因而，16 世纪上半叶，安特卫普成为国际信贷与支付系统的中心。热那亚和巴伐利亚的银行家因为贷款给西班牙国王，旋即成为美洲白银舰队和卡斯蒂利亚税收的债权人，从对帝国王室的贷款中获利。如此，白银向北流到安特卫普，进入其国际流通渠道。

但是，安特卫普及其赞助人的优势为时并不长久。1550 年，西班牙王室首次破产。1566 年，尼德兰在叛乱中崛起。叛乱的“海上乞丐”封锁了安特卫普的出海口；西班牙人则因为安特卫普欠债不还，于 1576 年劫掠安特卫普。1575—1576 年，西班牙王室再次破产，这一次把巴伐利亚的商业家族也卷了进来。不过，热那亚人未受影响，他们加强了对航道和帝国资源的控制，让这些资源愈来愈多地流入热那亚。其结果是，“由 1579 年或许甚至由 1577 年起，热那亚人成为国际信贷、欧洲和世界财富的主人，也是虽有些许挑战但根基稳固的西班牙政治白银的主人”（Braudel，1972：393）。

但是 17 世纪早期，热那亚人也为阿姆斯特丹及与之联盟的尼德兰诸城市所取代。阿姆斯特丹此时成为欧洲的国际信贷中心，收取西班牙的白银和葡萄牙的黄金以交易北欧的制造品。所谓葡萄牙的“新基督教徒”是领洗的或秘密的犹太教徒，他们早先移民到阿姆斯特丹以躲避伊比利亚半岛上的经济和宗教迫害。“新基督徒”在阿姆斯特丹的上升过程中发挥了重要的作用。他们本来在葡萄牙的新大陆奴隶与蔗糖贸易中有重要的地位，现在以其资本和知识为尼德兰人效力。

尼德兰联省共和国

当葡萄牙和西班牙都在努力解决其广大帝国发生的问题时，它们又遭逢新的对手。这些人是尼德兰水手和渔人。15 世纪中叶，尼德兰人在波罗的海与西欧的海上贸易中崭露头角。他们在向西航行的时候载运波罗的海的谷物和木材以及瑞典的金属，在向东航行的时候将食盐和布匹载运到北方的沿海地区。此外，在 1452 年鲱鱼由波罗的海迁徙游入北海的水域以后，他们又加强了渔捞业，这也是他们“主要的金矿”。波罗的海的这种贸易，在经济上始终比尼德兰人与亚洲和西印度群岛的贸易重要。尼德兰人致力于海上的商业，继续扩张到其他的海域。

尼德兰人最初依赖外国的资本来资助这些国外的事业，出资人主要是意大利和日耳曼南部的银行家。在查理五世将尼德兰纳入他跨洋的帝国以后，他也将西班牙商人在西班牙港市享有的特权授给了尼德兰人。尼德兰商人因而也由通过里斯本和塞维利亚进来的金银流动中获益，并且累积了足够的资本从事与外国金融家无关的商业交易。

宗教改革的开始与尼德兰人改信基督新教，使尼德兰与信奉天主教的西班牙决裂。之后，尼德兰与伊比利亚半岛上的国家打了 8 年仗。矛盾的是，在这次漫长的战争以后，尼德兰不但在军事上、也在财政上都比以前更为强盛。这次反叛巩固了若干尼德兰市镇（各由其当地的商业寡头精英统治）间的联盟，以及这些海上贸易精英与陆地省份封建地主间的联盟。新共和国欢迎来自瓦隆（Wallonia）和佛兰德斯的宗教异议分子，也欢迎葡萄牙和西班牙的犹太人，因而使其资本和技术大增。1585 年前尼德兰船只很少在地中海出现，之后却成为地中海的常客。尼德兰与巴西的直接贸易也增加了。到了 1621 年，尼德兰人已控制 1/2 到 2/3 巴西与欧洲之间的转口贸易。此外，在漫长的战事中，尼德兰商人继续与敌人进行贸易。西班牙和葡萄牙的海军需要尼德兰人从波罗的海运来木材和海军军需品。尼德兰商人缴税给政府以取得与敌人贸易的许可证，他们所缴的税金成为供应尼德兰作战的主要收入（Boxer，1973b：23—24）。17 世纪中叶，由于这种范围广大的贸易，阿姆斯特丹成为欧洲金银贸易的中心。这个情形维持了 200 年。

可是到了 17 世纪下半叶，尼德兰的霸权盛极而衰。波罗的海的谷物在欧洲的市场上愈来愈不重要，这减少了尼德兰人的影响力（Glamann，1971：42—44）。同时，尼德兰开始遭受英国的竞争。英国为了应付经济不景气而增加了谷物的外销，并且开始抽取尼德兰货物的税收，以鼓励以英国国内实业取代进口。昂贵的战争也影响到尼德兰的经济，因为为了支付战争的用度就必须加税。

那么，为什么尼德兰不转向发展工业？理由有好几个。第一，运输、造船和与运输和造船有关的活动仍然重要，并且有利可图。第二，商业活动的获利仍然很高，超过投资纺织业的利润。第三，尼德兰的农业已经有充分的资本，并且已经专业化，工人的工资也很高。因而和英国的情形不一样，尼德兰没有贫穷的乡村人口可以充任低工资的工业劳工。第四，尼德兰整体的发展，终极的基础在于它利用技术和服务的能力，而非本身强大的资源基础。尼德兰的人口不多，由 1514 年的 27.5 万人上升到 1680 年的 88.3 万人，但 1750 年又下降为 78.3 万人。事实上，甚至运输业的人力也不足，18 世纪大量雇用斯堪的那维亚人与北日耳曼人上尼德兰船工作。再者，英国天然有充分的煤与铁，尼德兰却没有。最后，这个共和国一直是一个由近乎自治的许多城邦组成的政权，每个城邦都有其自身的商业寡头。使这些城邦采取一致步骤的是阿姆斯特丹的优势地位和在尼德兰兴盛时期它们取得的共同成功。而在困难越来越多的时期，由于小派别的斗争日炽，尼德兰联邦中的诸邦不能制定和执行共同的政策。因此，1688 年以后，尼德兰的资金开始流入英国，投资在英国东印度公司、英格兰银行、英国国债以及新发展的工业中。这样做使尼德兰付出了“领头人的罚金”，支配权转入其主要竞争对手之手。

法国

法国的情形是对封建制度危机的另一种回应。法国是典型的政治封建制度的中心地。封建制度利用领主与其隶属省之间关系的法律形式，建立了一个分等级关系的巨大体系，体系的顶端是国王。政治统一首在将以国王为首的封建金字塔转化为保护人与受保护人之间关系的网络。此网络延伸于法国全境，国王通过对大部分资源的控制，来掌控这个网络（Koenigsberger，1971：6）。法国是用集中国内过剩农产品的办法达成这种转化，而非用海外扩张的办法。同时，法国皇室较之葡萄牙或卡斯蒂利亚－阿拉贡的统治者，更能避免对外国金融家的依赖及其造成的国际纠纷。

前面已经叙述过，未来的法国是如何由控制塞纳河和卢瓦尔河中游的一个肥沃小地区向外扩张的。国王最初只不过是若干强大诸侯中的领导者，但是在向外扩张皇室疆域的过程中获得了越来越多的权力，到 1328 年已占有现在法国的一半领土。另一半是皇室的封土。然而在这个扩张的过程中，法国国王不仅将英国人和英国人的封建佃户驱逐出去，还在西面的阿基坦（Aquitaine）和南面的奥西塔尼亚（Occitania）打败可能与他敌对的人。这个情形使国王可以处置更多的农业资源，也使西面和南面的沿海地区服从巴黎政治中心的统治，包括南特（Nantes）、波尔多（Bordeaux）和图卢兹（Toulouse）等商业城市。15 世纪以后，法国统治的以陆地为基础的核心区，其经济与政治的迫切需要，控制也限制了大西洋沿岸的商业活动，这对于法国参与欧洲扩张有重要的意义（Fox，1971）。

虽然法王巩固了法国的统一，但是他却不能断然质疑贵族由农民处取得过剩产品的权力。农民有权以现金或货物支付租金，而不需要在收取贡物者的私家农场或领地上服劳役。生产者是农夫。地主收取部分收获以为贡物，并在市场上出售。就这一点来说，国王只是顶尖的贵族，靠他自己的领地生活。由于他的领地很大，他也相对有权势。但是因为贵族免缴税，国王的财源仍然有限。国王想要靠与意大利城市的贸易和信贷关系累积资本，可是意大利城市的式微却影响到他取得经费的能力。

最后，国王将官爵出售给商人和专业人员，想借以创造他自己的贵族阶层——穿袍贵族而非佩剑贵族，由此解决这个问题。新贵族中有赋税承包人。他们借钱给皇室，而取得收税和保留税收的权利。最终付税的人是农民和商业与制造业的业主。法国由收税得到的收入非常庞大，较英国所得大 10 倍（Finer，1975：128）。但是正因如此，它也压抑了农业、贸易和工业的发展。农民的负担过重；资产阶级也不易存活（Wallerstein，1974：297）。

国王、旧贵族、新贵族和农民间的这组关系，在 1789 年的法国大革命中破坏殆尽。造成大革命的人是起而摆脱其收税贵族的农民、巴黎的贫苦工匠和手工艺人，以及感到不易存活的资产阶级。它是针对贵族制度的革命，使农民免于支付贡赋，也为第三阶级的执政扫清了道路。但它却未给资本主义的发展开道。它所解放的资产阶级不是工业资本家阶级，而是由工匠、小店主、小商人和小规模企业主组成的小资产阶级。一直到19世纪下半叶，法国才有大规模的工业革命。

商业流通的极限

前面已谈到葡萄牙、西班牙和尼德兰这三个欧洲国家如何经历了一次海外商业的扩张，而结果却是国事每况愈下。第四个国家法国则将精力花在国内的统一上。它将权力集中在巴黎，而减缩其沿海地区的活动。

15世纪早期，葡萄牙因国家与商人的联盟而兴隆。16世纪这个联盟继续扩展，17世纪却逐渐式微。1703年的《麦修恩条约》（Methuen Treaty），允许英国纺织品进入葡萄牙以交换葡萄牙的葡萄酒输出到英国。这项条约更促成葡萄牙国家与商人联盟的解体。16世纪，统一后的西班牙在卡斯蒂利亚统治者的领导之下，扩张成一个由佛罗里达到智利和由加勒比海岛屿到菲律宾群岛的帝国。可是到了17世纪初期，西班牙已经式微，在凋敝的现况中仍不知伟大的荣耀已成过去。波旁王朝（Bourbon Dynasty）在18世纪采取“实用开明”的政策以求挽回颓势，但却徒劳无功。1566年尼德兰反抗西班牙获得成功，16和17世纪向海外扩张，但是在17世纪末叶达到势力的极限，愈来愈感受到英国的压力。18世纪，法国想要将英国逐出印度和北美洲。可是这时它的工业成长和海军军力都已萎缩，基本上成为一个陆地国家，无法与英国的海军和工业竞争。

对于这些国家来说，17世纪是一个关键时期。那些在15世纪克服了“封建制度危机”的国家，在17世纪却被经济不景气和政治上的问题拖垮了。在伊比利亚半岛，这个情形尤其明显，所有的盈余因国家的军事和政治活动与宫廷的奢华消费而耗尽。连绵的战争和抢劫使封建贵族持久不衰甚至扩大了势力。对于南北美洲的“再征服”，使国王和贵族的军事和社会力量增加，而又造成市镇与乡村经济的停滞。与此同时，战争花销日益增加，或是耗竭了资源，或是将资源给了皇室的债主。法国的盈余集中在国王之手。国王用这些盈余打击或收买国内的敌对力量和从事对外战争，使其他的经济和政治活动受到损耗。尼德兰政府的要求就比较有分寸，它也不太挥霍。可是世界性的商业扩张加重了尼德兰商人中间人的作用，也促进了贸易与运输业的附属制造业的发展，如造船和供应海军必需品。尼德兰的情形说明造成危机的不是战事与宫廷生活昂贵的开支本身，而是由于未能将在战争与商业活动中获得的利润用于新兴生产盈余物品的活动。这种能力有赖于将商业财富转化为资本。

在 17 世纪经济与政治危机背后的是一个更大的危机，其发生是由于商业财富不能改变将劳力用于创造新资源的方法。前面已经谈过资本主义与使用财富牟利的区别。欧洲商人确曾赚到钱和累积财富。他们从事皮毛、香料、奴隶、黄金和白银的贸易，并且通过发展大宗贸易而发展出了地区性的专门化生产，以一个地方生产的谷物交易另一个地方生产的食盐，以一个地方织成的布匹交易另一个地方冶炼的铁制品。他们创造的商业网络可以聚集工人和工具，以生产大量的商品供集中销售。他们影响了也改变了流通的地点和路线。他们从事伊本 · 赫勒敦所谓的“商业”。伊本是 14 世纪的柏柏尔社会学家，他说：

> 我们必须知道商业是为了牟利。商人廉价购买商品而以较高的价格重新出售，借以增加最初的金额；不论这些商品是奴隶、谷类、动物或纺织品。增加额被称为利润。取得利润的方法是储存商品以等待市场价格上扬，从而得到大的利润；或者将上述商品运到对它有更大需求的另一个区域，以得到大的利润。（引自 Rodinson，1966 : 47）

欧洲商人甚至在不少地方改变了工作的组织方式和用于生产一种待销售商品的劳力条件。但是他们不曾以他们的财富为资本，去取得和转化生产的条件，或购买劳工阶级求售的劳动力，使财富得以不断流通。

英国

只有英国采取步骤由商业财富的累积和分配，走向彻底的资本主义转型。但是 1400 年以前，英国还不像日后那样昌盛。它的地理位置是在欧洲海岸以外，远离欧洲核心。而与大陆国家的发展方向相比较，它的发展方向又似乎有点特别。1066 年，挪威维京人说法语的后裔征服了英国，给这个海岛强加了一个在国王支配下的统一的财政和司法制度。这个制度的运作主要是靠地方贵族的合作，而非法国式完备和中央集权化的官僚体系。政府的费用因此减少。再者，英国国民税收的负担也较法国公平。英国贵族付税，法国贵族在 1789 年的革命以前不付税。英国由于是一个岛国，较能免于由大陆而来的攻击。而在英王被逐出法国以后，英国可以不像它日后大陆上的敌国那样，支付在陆上和海上庞大的作战费用，这点给之后它的那些对手们带来了很大的困扰。

14 世纪末叶以前，英国主要是一个农业国家，它着眼于国内，没有将注意力投向海上的活动（Graham，1970：14）。然而，英国的经济有两个与大陆上的各种发展不同的特征。第一个是在 14 和 15 世纪，旧日农夫由大地主处取得的可继承土地使用权逐渐被取消。继起的是付租金的方式。租金的多寡，每隔一段时期按当日的经济情势重新磋商。如此，“习惯上”的付款便转化为可改变的现金租金。法国的情形迥异。法国农民得到永续继承权的保证日增，因而加强了对土地的把握。大地主可以用增加农民可以接受的租税的方式增加他应得的贡金贡物，但他不能在根本上改变土地管理和耕种的情形。因此，与法国农民相比较，英国农民异常软弱。使用土地牟取可变化现金租金的利润的办法，使大地主有权把土地重新分配给能得到最大利润的佃户。因而英国收取贡金贡物的人，比法国收取贡金贡物的人更容易将土地转化为一种商品。于是在 16 世纪，英国地主以“改良了的地主”身份开始从事商品生产。

英国经济的第二个重要特征，在于其早期是一个生产生羊毛的国家；它生产的生羊毛在欧洲最为精美。13 和 14 世纪，英国大部分的羊毛都被卖到了国外，尤其是供应佛兰德斯的毛纺织业。羊毛贸易不久便成为主要的皇家收入。羊毛的外销使英国在某种程度上成为佛兰德斯人的殖民地。皮雷纳（Pirenne）说：

> 英国人“满足”于为佛兰德斯人供应原料。他们与佛兰德斯毛纺织业的关系，与今日阿根廷共和国和澳大利亚与欧洲和美洲毛纺织业的关系是一样的。他们不与佛兰德斯人竞争，而只是致力于生产大量羊毛，因为羊毛总是有很好的销路。（1937：153）

英国羊毛不仅是在外国市场销售，大多数外国人，尤其是汉萨同盟的商人，还将它运到海峡对岸。

可是到了 14 世纪末期，英国人却由外销羊毛变为自己制造布匹。若干互相联系的因素促成了这个转变。在布匹的生产增加以后，在经济上英国毛织品可以在外国市场上有竞争能力。同时，14 世纪的封建制度危机使这个新办法为人所喜，尤以在设法应付不景气现况的农业地区为然。如此一来，毛纺织业因而可以由市镇搬迁到乡村。在乡村，人们可以利用水力转动漂洗机。乡村的劳动力也较低廉，因为没有城市同业工会对就业的限制。这种替代性的乡村劳力，再加上牧羊面积的扩大与农耕面积的相对缩小，造成土地的密集使用，使之成为一种可以销售的商品以及商品生产的工具。

扩大织布业需要国家的支持。国家抵制外国进口货以保护本国的工业，它鼓励造船，用新的航海技术建造配备有枪炮的“轻快”大帆船。它创建国家特许的商业机构以促进英国布料的外销，如 14 世纪英国的“布商公会公司”（Mercers’ Company）和 15 世纪的“商人冒险家公司”（Company of Merchant Adventurers）。不久，商人在国外的机构也不断增多，如 1553 年的“俄罗斯公司”（Russia Company）；1577 年的“西班牙公司”（Spanish Company）；1578 年成立，在斯堪的那维亚和波罗的海贸易的“东地公司”（Eastland Company）；1592 年成立的“黎凡特公司”（Levant Company）；1600 年的“东印度公司”（East India Company）；1606 年的“弗吉尼亚公司”（Virginia Company）；1619—1623 年的“英国亚马孙公司”（English Amazon Company）；1629 年的“马萨诸塞湾公司”（Massachusetts Bay Company）。1660 年成立的“皇家非洲冒险家公司”（Royal Adventurers into Africa），12 年以后为更有效率的“皇家非洲公司”所取代。这些公司及其后继的公司，不久便拓宽了英国商业经营的规模。而这个情形又刺激了手工艺和制造业的发展，以提供新的流通路线和场所。

1640 年和 1688 年的政治巨变，为扩张扫清了道路。光荣革命使收取利润的地主、制造业者和商业经纪人联合起来，反对皇室、高级大贵族和商人垄断者享有的特权。它摧毁了皇家专制主义，重组了政府，并且改变了课税的基本原则——废除对制造专营权征税和为货物税（对一般商品的税收）征收的皇家税收和征税估额，以及地产税。它建立了英国的海陆军，以备与尼德兰和法国进行军事竞争。它鼓励进一步的土地和公地围场，使农业商品生产的成长加速，它支持国内工业的发展，使用流离失所的农人或没有土地人家的劳动力。

在光荣革命期间，权力由一个阶级转移到另一个阶级，由仍然依靠封建性生产方式和以宫廷为基础的掌权者，转移到首都以外地区的企业家联盟之手。然而，这次革命并没有消灭失势的人。相反，它与失势者合作（Hill，1949：126）。事实上，英国人保存了许多封建传统制度，如君主政体、贵族制、教会、国会和习惯法，而给这些制度新的功能。英国人也保留了贵族阶层的观念与礼节，以之为阶级规则的形式，即使不以之为阶级规则的内容。收取利润的地主和上升中的制造业者与生产商人，采用了传统乡绅的象征性形式。

因而，英国的情形在许多方面是独特的。英国在一开始是一个位于边缘的殖民国家。对岸的大陆住的是强邻。它们较英国富有，也有比英国更复杂完备的制度。可是在诺曼底诸王的统治下它早早统一。诺曼底诸王统一了它的行政机构并取消了内部货物与人民流通的障碍。一直到 19 世纪，这些障碍尚在困扰其大陆上的邻国。它的农民在法律上非常软弱，很容易被赶离家园。它的布料贸易的成长是一大成功，从许多幸运的事件中受惠。布料贸易也使它进入更广大的市场和政治势力范围。最后，它混合新旧而又成本低廉的统治方式，在建立和维持资本主义工业化依靠的阶级力量的分配上，也非常成功。英国日后也会付出“后起之秀的罚金”，但这已是一个世纪之后的事情了，那时候它已突破进入一个新的生产方式。

在公元 800 年以后的几百年间，欧洲由一个旧世界的边疆，变成了财富与权势的中心。欧洲的两个阶级联合起来促成了这个结果。一个是军事大封建主阶级，一心一意要扩大其封建领地。另一个是商人阶级，希望将剩余的贡物转化为金钱与利润。政治与军事的统一产生了许多领土国家，将权力由有自主权的大封建主转移到至高的统治者之手。逐渐地，封建贵族不再能跨国界组成独立的联盟，而愈来愈服从一个政治中心的指导。为此，中央政府保证其封建的权力。同时，贸易的成长促成很多将剩余贡物转化为战略性和能增加名望的商品的机会。新的政治体系因而可以凭借赞助商业的办法增加其手中的资源。可是，商业也造成一个可能的威胁。良好的交易固然可以加强国力，不好的交易也能削弱国力，会“吞噬国家的心脏”。新兴的中央集权政治体系也得决定它们与贸易及含糊承诺之间的关系。

葡萄牙与卡斯蒂利亚这两个伊比利亚半岛国家，在对半岛上伊斯兰国家的战争期间，是作为成功收取贡赋的组织兴起的。这两个王室对商业的控制，增加了王权的力量，并且使收取贡物的精英有财富购买国外的货物，而不致改变国内的封建关系。但是葡萄牙与卡斯蒂利亚的财富，都不足以支付行政与战争的用度。由于皇室破产与负债，资金与贸易的控制权落到了外国商人 - 银行家之手，使这两个国家成为“热那亚人的印度群岛”（Suarez de Figueroa，1617，quoted in Elliott，1970 : 96）。法国却避免了这个命运，在不依靠外国信贷的情况下实现了政治上的中央集权。法国重视在国内生产农产品剩余物，甚于重视商业利益，因而使“典型的”、以土地为基础的纳贡性封建制度可以继续发展。不过，法国虽然因此不受外债的困扰，但后来在很长的时间里它也不能在国外的商业中有强大的竞争能力。

伊比利亚国家为外国商业所苦，法国躲避了外国商业，可是尼德兰与英国却能成功地适应外国商业。尼德兰发展成为商人寡头联邦。尼德兰人一早便依靠海上贸易，尽量利用商业上的机会，而不求在其腹地得到大的领土基础。他们成为“北方的意大利人”，像热那亚与威尼斯这些城市一样，把精力用在长途贸易的拓展上。相反，英国很久以来便是一个领土国家，由收取贡赋的军事贵族阶层统治，直到15世纪它不得不放弃自己喜欢的法国阵地。英国贵族在被逐回其岛国以后，在内战中自相残杀终至毁灭。继之出现的新贵族阶级，长于利用养绵羊、制造布料和海外商业的机会。同时，英国的新君也不像大陆国家的君主那样有权。虽然他们也力求中央集权，但受到有地乡绅与商人群体的钳制。因而，王室、地主和商人被迫彼此合作，从而形成了灵活的联盟关系，这对各方都有利。

尼德兰与英国的发展不同，但与其他欧洲国家相比，它们的共同点是都愿意以商业为政治竞争的工具。英国很早便摆脱了意大利和汉萨同盟商人对其国外商业的约束。而尼德兰人与西班牙进行经济与政治战争，最终获得独立。它们的共同经验是利用商业进行“一种政治暗战”，而不为商业所用（John Hagthrope Gent，1625）。在尼德兰和英国寡头统治阶层的手中，商业与国外的战争殊途同归，都是累积财富的手段，也是“国王的老命”（Gerard Malynes，1623）。

因而，在尼德兰与英国的海外扩张中，在巩固欧洲内部政治统一的基础上加强国力的三种手段，被融合为一个单一的政策，其目的就是最大可能地将金银集中在国家手里。为了达成霍布斯（Thomas Hobbes）所讲的“共和政体的富强”，人们必须使金银块大量流入国库并且阻碍其外流。就尼德兰和英国来说，这表示尽量由葡萄牙、西班牙及其美洲属地吸收黄金与白银，并使用这笔财富建立和垄断在东方的商业。亚洲自罗马时代起便为欧洲收取贡物的阶级承办珍贵的货物，长久以来耗竭了欧洲的贵金属。因而，在亚洲扩大征服与贸易，可以逆转这个债务人与债权人之间不对称的关系，并使欧洲的海上商人可以通行无阻地取得东方的珍宝。17世纪，查尔斯·戴维南特（Charles Davenant）写道：“不管是谁控制这个贸易，他都可以为整个商业世界制定规则。”

第二部分

寻求财富

欧洲的海外扩张由一件小事开始。1415 年，葡萄牙人攻占了直布罗陀海峡非洲一侧信奉伊斯兰教的港市休达。他们最初只不过是想取得“地中海之钥”，但是在入侵北部海岸以后，却逐渐到达大西洋上的许多岛屿和非洲海岸。于是，葡萄牙开辟了欧洲船只去南大西洋的航道，从而成为欧洲对外扩张的先锋。前面已经提到，欧洲人由于剩余物资的减少，再加上新生的国家需要用钱，就向外发展，追求财富。他们原本可以在拜占庭和伊斯兰教势力下的黎凡特地区找到财富，可是却一方面受阻于拜占庭人、塞尔柱突厥人，以及 1453 年以后的奥斯曼土耳其人，另一方面又受阻于威尼斯人和热那亚人，他们是欧洲与东方贸易的代理商。而葡萄牙新开辟的大西洋航线，可以使欧洲人绕过土耳其这个拦路虎而直取亚洲的财富。

葡萄牙人在攻占休达以后，旋于 1420 年在马德拉群岛殖民，1448 年在毛里塔尼亚的沿海岛屿阿尔金岛（Arguin Island）修建了一个堡垒和一所货栈，1482 年在贝宁湾（Bight of Benin）的埃尔米纳（Elmina，或称米纳〔Mina〕）修建了第二个堡垒。一年以后他们到达刚果河河口，1487 年又绕过好望角航行，打开了去印度的海路。1497 年，达·伽马绕道好望角，到达东非和印度的马拉巴尔海岸。1505 年，葡萄牙人在东非的索法拉（Sofala）建造了一个先头基地，4年以后开始征伐亚洲南方海域的关键防守据点。1500年葡人卡布拉尔（Cabral）横渡大西洋登陆巴西以后，1502年一艘来自里斯本的轮船获准将巴西木材运往葡萄牙。16世纪20年代葡人开始在巴西东北部种植甘蔗，1530年以后非洲的奴隶开始到达这个新殖民地。于是，香料贸易逐渐使里斯本与亚洲联结起来，蔗糖使里斯本与美洲联结起来，而将南大西洋两边联系起来的则是奴隶贸易。

由这个时候起，所有欧洲内部的争霸战都带有全球性的特征。欧洲诸国设法控制大洋，将其竞争对手逐出亚洲、美洲和非洲的要害地方。地球上一个地方发生的事件能影响到其他地方。几大洲进入全球性的关系系统。

卡斯蒂利亚－阿拉贡旋即学步葡萄牙从事海外扩张。1492年，哥伦布为卡斯蒂利亚航行到达加勒比群岛。卡斯蒂利亚－阿拉贡迅速深入美洲大陆。1513年，巴尔博亚（Balboa）跨越巴拿马地峡到达太平洋。科尔特斯（Cortés）于1519年开始征服墨西哥。1530年，皮萨罗（Pizarro）由巴拿马出发征服秘鲁。1564年，西班牙远征军由墨西哥出发占领菲律宾，将西班牙的影响力扩大到太平洋。1580年，西班牙国王同时继承葡萄牙王位，直到1640年西班牙与葡萄牙结为一体。

长久与西班牙作战的尼德兰人，于是有了将葡萄牙人逐出其亚洲与美洲地盘的借口和机会。1602年，他们成立了“荷兰东印度公司”，就是为了制止葡萄牙人垄断香料贸易；1621年又成立了“尼德兰西印度公司”。20年后，尼德兰人已夺取了大部分的葡萄牙沿非洲大西洋海岸的根据地；占领了巴西、库拉索（Curaçao）和若干其他加勒比海的岛屿；并在北美洲的新阿姆斯特丹（New Amsterdam）、长岛（Long Island）和特拉华（Delaware）成立殖民地。不过，尼德兰人在东印度群岛虽多有斩获，但却不能保住它在西面新占领的大部分土地。巴西起而反叛，1654年将尼德兰人逐出。葡萄牙收复了许多非洲的根据地。英国则在1644年攻克了新阿姆斯特丹。

一开始，与尼德兰人的势力相比较，英国的海外扩张相形见绌。“英国东印度公司”于1600年经特许成立，但一直到17世纪后期才成为继“荷兰东印度公司”之后的第二大公司。虽然英国人在16世纪与西班牙的斗争中入侵了南北美洲，但是到 1624 年才殖民巴巴多斯，而在西属加勒比海立足。1655 年，英国又攻占了牙买加。他们在北美洲沿岸的弗吉尼亚、马里兰和新英格兰等地建立了若干殖民地，并在与尼德兰人的竞争中巩固了这些属地。17 世纪下半叶英国与尼德兰进行全球性的斗争，英国在美洲多有所斩获，而尼德兰人的势力缩小。1660 年，英国组建了一个新的公司在非洲从事贸易，进一步削弱了尼德兰人的贸易地位。

可是当尼德兰的威胁消除以后，英国人在北美又面临与法国的竞争。法国于 17 世纪早期开始殖民北美洲，1608 年建立了魁北克，1642 年建立了蒙特利尔。在皮毛贸易沿圣劳伦斯河（St.Lawrence River）向西扩展到大湖区（Great Lakes）以后，英国与法国长期缠斗，想要终止法国的进展。一直到英国在 1763 年攻占加拿大以后，这场斗争才结束。在地球的另一面，“英国东印度公司”又面临 1664 年成立的“法国印度公司”猛烈的竞争。1769 年，“法国印度公司”因庞大的战债而破产，英国遂在这场竞争中获胜。

因而，欧洲国家在两个世纪内不断扩大它们在各大洲贸易活动的范围，使整个世界成为战场。对美洲白银、皮毛贸易、奴隶贸易和对亚洲香料的追逐，使世人进入始料不及的新的互相依存状态，这深刻地改变了他们的生活。

第 5 章
在美洲的伊比利亚人

哥伦布在初次航行到加勒比海以后，于 1493 年回到欧洲，一直到临终，他都以为自己到达的是亚洲东部海岸的外围岛屿。1494 年，卡斯蒂利亚－阿拉贡与葡萄牙在托德西利亚斯（Tordesillas）签订条约，界定它们对新发现的诸岛的领土主张。它们划定了一条长达 370 里格的分界线，在佛得角群岛（Cape Verde Islands）以西。卡斯蒂利亚以为现在已控制了去东方的直接路线，说界线以西原有的地方归它所有，因而取得了西半球大部分的地方。葡萄牙的主要目的是不让西班牙人进入南大西洋，就取得了界线以东所有的土地，因而也占有巴西。葡萄牙一心一意想在南大西洋及亚洲季风带建立霸权，不大注意在新世界争权夺利。可是卡斯蒂利亚－阿拉贡则迅速采取行动，以取得“印度群岛”传说中的财宝。

卡斯蒂利亚人在发现南北美洲 20 年以后，已经巩固了它们在大安的列斯群岛和沿巴拿马地峡的根据地。1521 年，科尔特斯摧毁了墨西哥的首都特诺奇蒂特兰（Tenochtitlán），完成了对墨西哥的征服。1533 年，皮萨罗攻下了印加帝国的首都库斯科。1541 年，卡斯蒂利亚人已为在智利的新城市圣地亚哥建立了雏形。卡斯蒂利亚国王在两个城市驻有直接代表：一个城市是新西班牙总督辖区（Viceroyalty）中心的墨西哥城（Mexico City）；另一个是秘鲁总督辖区的中心利马（Lima），由这些代表统治属于王室的西印度群岛。

在由征服获得的领地中，胜利的报偿是名誉与财富，而两者都有赖于原住民劳动力。这个新社会于是自一开始便分为“当地原住民”与西班牙人两种人。各种原住民虽然在语言和文化上有显著的差异，却被统称为“印第安人”。社会地位在印第安人之上的是西班牙人，包括征服者及其后裔，以及所有后来的西班牙人。这些人自以为是“有理性的人”，但他们也不同是一种人。征服者之中有贵族，也有平民，并且有贫有富。在征服以后，他们很快又分为若干往往互相敌对的阶层，包括真正有财富与权势的首领，财富、技巧与影响力不大的人，许多仰赖别人的“面包和水”维生的饥寒追随者，以及居于社会关系网络边缘的流浪者。可是，他们都想在被征服民众之前维持其征服者共同的优越感。他们在市镇是主宰分子。市镇将已征服的乡村笼罩在西班牙控制的网络之下，也是西班牙在西印度群岛势力的基础。这些市镇的布局均成格子状，中心的方场是市政府和教堂，它们也是日常市场和军队紧急召集的所在。每一个市镇都建有由可出席市议会的公民组成的寡头统治机构，即“卡比尔多”（Cabildo），这代表了西班牙人对广大印第安人统治的一个缩影。

殖民者终极想控制的是这些印第安人，可是这个基本资源却立刻遭受了一场灾难性的耗损。

大灭绝

最先纷纷死亡的是加勒比海诸岛上的印第安人，而后是大陆海岸与中南美洲低地的印第安人，最后受难的是高地，也就是当年阿兹特克、奇布查和印加等大帝国的所在地。因而，1492 年哥伦布最初接触到的埃斯帕诺拉（Española，圣多明各〔Santa Domingo〕）大约有 100 万居民，可是到了 16 世纪 20 年代末期，存活下来的已寥寥无几（Sauer，1966：65—69，200—204）。人口凋零的主要原因是因为旧世界的病菌传播到了新大陆，而新大陆的人对这些病菌没有抵抗力。天花与麻疹，往往再伴随

图 5-1　西班牙和葡萄牙在新世界的领地分界

呼吸器官的疾病，在许多地区造成决定性的影响。1520—1600 年，中美洲有多达 14 种严重的流行性传染病，安第斯山区或许有多达 17 种严重的传染病（Gibson，1964：448—451；Dobyns，1963：494）。其他疾病的影响比较局部性。疟疾或许是由西班牙的商人和士兵从意大利传入的。它在中美洲的海岸地区造成了区域性的破坏，而后又传遍热带低地。

但是病菌的传入，其本身并不能充分解释当日发生的事情。我们必须质问其时的社会与政治情形，为何让病菌繁殖得这么快？在加勒比群岛及其边界地区，这些情形显然包括：为了找寻黄金，滥用印第安人的劳力；1494 年以后，抢劫奴隶与奴隶制度又日益猖獗。16 世纪上半叶，单是尼加拉瓜一地便有 20 万居民被抢为奴。抢劫奴隶的人在加勒比群岛、巴拿马和秘鲁将受害人出售牟利（MacLeod，1973：52）。葡萄牙人的殖民地巴西也引入了大规模的印第安人奴隶制度。到了 16 世纪 60 年代，已有 4 万美洲原住民在巴西东北部沦为奴隶（Hemming，1978：143）。到了 16 世纪最后的 30 年，由于原住民的社会关系完全被搅乱，巴伊亚的印第安人起而发动强大的千禧年运动。他们不再为自己种植食物，希望神将他们由奴隶制度下解放出来，让欧洲人为他们的奴隶。一般以为在圣保罗（São Paulo）抢劫奴隶的人，在巴西奴隶制度期间曾经供给巴西东北部 35 万美洲原住民奴隶。由于低地大部分的人口都从事以亲属关系原则安排的生产方式，这种大量的人力耗竭使他们严重丧失了赖以生存的能力。

在中美洲和安第斯地区，往日数目庞大的人口曾经支持复杂的纳贡体系，如阿兹特克同盟和印加帝国。在这些地区，人口的凋零促成现存政体的分裂与崩溃。中美洲在西班牙人到来以前的人口，据估计有 2500 万人，印加帝国的人口为 600 万（Rowe）至 3000 万（Dobyns）。不论基线数字为何，在西班牙人到来以后原住民人口大半灭绝。17 世纪中期，中美洲只有 150 万人，这种情形以后慢慢有所恢复。位于下秘鲁的利马和上秘鲁的查尔卡斯（Charcas），其西班牙领地内的居民均由征服时的 500 万人分别减少到 18 世纪 80 年代和 90 年代的 30 万人以下（Kubler，1946：340）。

在这些高地地区，或者因为营养不良而使新的疾病具有高度的传染性（Feinman，1978）。中美洲与安第斯山区的食物供应，主要是靠高度组织的密集型土地耕作制度。由于这些制度因战争、外国的侵略和部分劳力因病死亡而扰乱，剩下来的人口的存活便受到威胁。水利工程的瓦解与各区域间特产交易的中断，衍生出许多后果。这两个地区也依靠严格的食物运输制度。安第斯地区是依靠集中贡物和重新分配贡物，中美洲是凭借贡物的重新分配与市场安排。由于这些机制遭到破坏，现有的剩余物质不能抵达需要的人手中，许多人因而死亡。最后，这些调整的机制又依靠统治阶级的政治与思想方式发生的作用。然而，原住民精英阶层的混乱，加上西班牙的政府与宗教范式又强加在原住民头上，则严重地伤损了这种作用。

在短短一段时期以后，欧洲人也为了自己的农场、作坊和牧场，开始将土地和水源据为己有，并且征召原住民工作。在中美洲许多地区，也像在西班牙一样，绵羊开始“吃”人。在安第斯山区，欧洲式的农业在海岸开展，同时内陆高地又进行采矿。这个情形扰乱了海岸、山麓地带、高地，以及无树多风盆地之间同步发生的生态关系（参看第 2 章）。新农业和畜牧业除了土生的农作物以外，如玉蜀黍或马铃薯，也使用由旧世界引进的农作物，如小麦，又引进了南北美洲在征服以前不存在的牲畜，如马、牛、绵羊、山羊和猪。可是，新的食物生产方法的集约化程度还是不如西班牙人到来以前的水利型农业那样高，即使是筑了水坝、掘了运河和灌溉了农田的地方，情况也是如此。耕作不再密集和整体化以后，所用的劳动力减少，因而可以经得住劳力的减少。一种由耕种得整整齐齐的田地和开放式的牧场构成的农业方式，取代了过去由精耕、排水和修筑小块梯田构成的农业模式。

西属美洲的财富

追寻白银

伊比利亚半岛的人在新世界所找的主要是金银块，最初是黄金。人们在安的列斯岛曾发现沙金，但是其生产区很少、很小，也很浅（Sauer，1966:198）。原住民人口不久便在提炼沙金的过程中不断献出自己的生命。中美洲地峡的含金矿床不过昙花一现。只有所谓“金卡斯蒂利亚”的哥伦比亚才出产大量黄金。在1503—1660年，运往塞维利亚的18.5万千克黄金中，大半出自哥伦比亚。这批黄金将欧洲黄金的供应量提高了1/5（Elliott，1966：180）。而白银的生产最后成为西班牙财富的基础，它也是皇家控制力强度的重要指标。

银矿首先是由西班牙人在1545年发现的。这年一名印第安采矿者发现了一座2000英尺高、名为圣路易斯波托西（San Luis Potosí）的银山，这个地区是现在的玻利维亚。之后，人们在墨西哥西面山系也有了一连串的重要发现：1546年在萨卡特卡斯（Zacatecas）；1548年在瓜纳华托（Guanajuato）；1549年在塔克斯科（Taxco）；1551年在帕丘卡（Pachuca）；1555年在松布雷雷特（Sombrerete）和杜兰戈（Durango）；1569年在弗雷斯尼诺（Fresnillo）。波托西尤其成为财富的象征，即使是贪婪之人也无法想象它的财富。它的盾形纹章就宣称它是“世界的财富、众山之王、所有国王的欣羡对象”。到了1611年，它已是南北美洲最大和最富有的城市，有16万居民。波托西位于海拔1.3万英尺的高地，在那儿居住多有不便，所有的食物必须仰赖进口，西班牙人的妻子得到较低的谷地去抚养其子女。为了开采这座神奇山脉的矿砂，矿场主人征召美洲原住民。1603年，波托西有5.88万名印第安工人。其中大多数人（4.32万人）为自由的按日计酬散工，只有1.05万人为契约劳工，剩下的5100人为应召劳工。他们的工作十分艰险，需要在危险的梯子上来回行走，将装着矿砂的篮子担到矿场口。在印加帝国时代，已存在轮流和强制性地征募劳工的做法，西班牙人将这个办法扩大用在矿场上。1570年他们将这个办法制度化，规定每个村落每年以其1/7的成年男性为矿场或公共工程的劳工。这样的劳工每7年工作时间不超过18周，也有工资，由皇家视察员监工。矿工工资现在以白银支付，他们可以用来做贡金。

但是，实际的情形却较理论残酷无情得多。譬如，的的喀喀湖岸的丘伊库托省（Chuicuito）在16世纪末叶每年派遣2200名成年男性去波托西的矿场。由于这些被征募的劳工携家带眷，上路的有 7000 人，300 英里的路共走了 2 个月，用 3 万到 5 万头美洲驼载负他们的行李和一路上的食物。到了波托西，劳工在矿场上做 4 个月的工，另外做 2 个月的强制服务。如果做完这个艰辛的工作而尚能幸存，那么回丘伊库托的旅程又是 2 个月。到家以后，他一时不能收获自己的农作物和放牧一批新的骆驼，必须先靠邻人的接济而活。与此同时，他在自己的村中还得应召服家务、运输、邮传、管理旅店和修路等劳役（Kubler，1946：372—373）。而且在 17 和 18 世纪，村民还被迫生产工艺品和供应城市食物、草料和木材（Villamarín and Villamarín，1975:73）。住在村中的人也得付贡金、贡物。

在人口锐减的时期，劳役与贡献的配额依旧。地方官员因而不得不比法律规定得更经常地强迫男人服劳役，让留在村中的人付更高额的贡金、贡物，或雇用契约劳工代替不在村中的人。许多被征召的劳工在做完外面的工作以后不肯回到自己的群落，希望因此避免进一步的贡献和劳役义务。有些人留在采矿中心，从而使自由劳工的人数大增。又有一些人成为西班牙人的农奴，以致后来农奴与纳贡的村民人数差不了多少（Villamarín and Villamarín，1975：76；Kubler，1946：377—378）。还有一些被征召的劳工成为流动人口。虽然由殖民时代的记录上看不出谁是属于村落的耕作者（规律性地以传统安第斯方式在不同的生态地区间移动），而谁又是无所系属的流动人口，但是公开移动的情形却经常而广泛（Rowe，1957：180；Santamaría，1977：255—257）。最后，有一些高地居民干脆逃入热带森林（Rowe，1957：175）。

虽然波托西和上秘鲁的强迫劳役要到 1823 年才被废止，但是在墨西哥，17 世纪开始不久矿场已不再使用轮流的劳力。一方面许多公共工程需要轮流的劳力，如给墨西哥河谷排水；另一方面，到了 1600 年，矿区已经有相当大数目的支薪自由劳工。这些劳工中有很快与其家乡断绝文化和语言关系的印第安人，或贫穷的西班牙人或非洲人；也有非洲奴隶或非洲自由民。采矿用类似佃农的制度。矿场主人与一个独立的矿工（采矿人）订约，后者或许自己做工或者雇用别人代他挖矿。矿主供应采矿人工具和火药，而得到的回报是一半产品，采矿者负责竖坑照明和将矿砂运到矿

图 5-2 库斯科地区的木杯，具有被征服以前时期的风格，杯身描绘了西班牙骑士狩猎的情形（Photograph courtesy Museum of the American Indian, Heye Foundation）

口，运到矿口他便拿一半的矿砂。他可以把这部分矿砂卖给矿场主人，或直接卖给熔炼业者。但是用水银提取白银矿砂的工作（有水银中毒和矽肺病的危险）通常是指派给奴隶做，先是印第安人，后来是非洲人。这种采矿用自由劳工、加工处理用奴隶劳工的劳力制度，在墨西哥矿场一直被沿用到 18 世纪末叶。到了这个时候，瓜纳华托的大矿场，其出产补偿了波托西白银产量的下降情况。

白银的流动

为了使白银流入西班牙，西班牙王室将与西印度群岛之间的旅行和贸易转化为皇家的专利事业。王室在塞维利亚创设了贸易局，控制钱币、商品和人口的流动。贸易局特许某些船只和商人从事贸易，颁发许可证让他们载运旅客和货物，并收取由西印度群岛来的珍贵白银。16 世纪下半叶，每年它都会派遣大规模的舰队出航，以确保在横渡大西洋时不受外来的攻击。1560 年以后，每年有两支舰队由加的斯（Cadiz）或塞维利亚出航南北美洲。第一支为“新西班牙舰队”，在墨西哥的韦拉克鲁斯（Veracruz）登陆。第二支是“秘鲁舰队”，目的地是哥伦比亚的卡塔赫纳（Cartagena）或巴拿马地峡边的波托韦洛（Portobelo）。骡队由卡塔赫纳将欧洲货物翻过安第斯山脊到达上秘鲁。由波托韦洛的另一支骡队将其船货运到太平洋海岸，经近海运输转送利马。骡队在回程时将白银和美洲的货物载运到停泊在美洲港埠过冬的舰队，由舰队再运回欧洲。“新西班牙舰队”再上货的地点是韦拉克鲁斯，“秘鲁舰队”再上货的地点是哥伦比亚和巴拿马的港市。这两支舰队在哈瓦那（Havana）会合，路上先停在安的列斯岛的港口，而后扬帆驶向西班牙瓜达尔基维尔河的河口（Guadalquivir）。

从 1503—1660 年，有 700 多万磅的白银由美洲运抵塞维利亚，这使欧洲白银的供应量增加了两倍（Elliott，1966：180）。王室实收其中的 40% 左右，部分算是美洲缴的税，部分是皇家对所有的白银生产抽取的伍一税。但是西班牙王室在欧洲和全球各地穷兵黩武，甚至美洲的白银也不能延缓其破产。在 16 世纪中期以前，神圣罗马帝国的皇帝查理五世每年收取 20 万到 30 万达克特的美洲白银，但是他的花销却高达 100 万左右达克特，在 37 年间负了 3900 万达克特的债务，债权人大多是外国人。腓力二世（Philip II）要比父亲节俭一些。到了 16 世纪 90 年代，他从美洲收取 200 万左右达克特的白银，另外还有卡斯蒂利亚和教会的所得税收入约 800 万。可是到那个时候，他每年要花 2100 万达克特（Elliott，1966：203，282—283）。同时，白银的流入使得国内物价飞涨，经济进一步衰退。造成西班牙经济衰退的原因是国内食物生产的减少，为支付外国的廉价进口货而导致木材增加输出，以及大量进口在西班牙和西印度群岛使用的外国制造品。因而，美洲白银的到来无助于解决王室财政上的问题，但却使西班牙工业的衰退加剧，无法与外国竞争。

于是，西班牙经历了一场普遍的且大规模的物价飞涨，这使得王室与普通群众所需的商品成本都有所增加。当时目击这场“价格革命”的

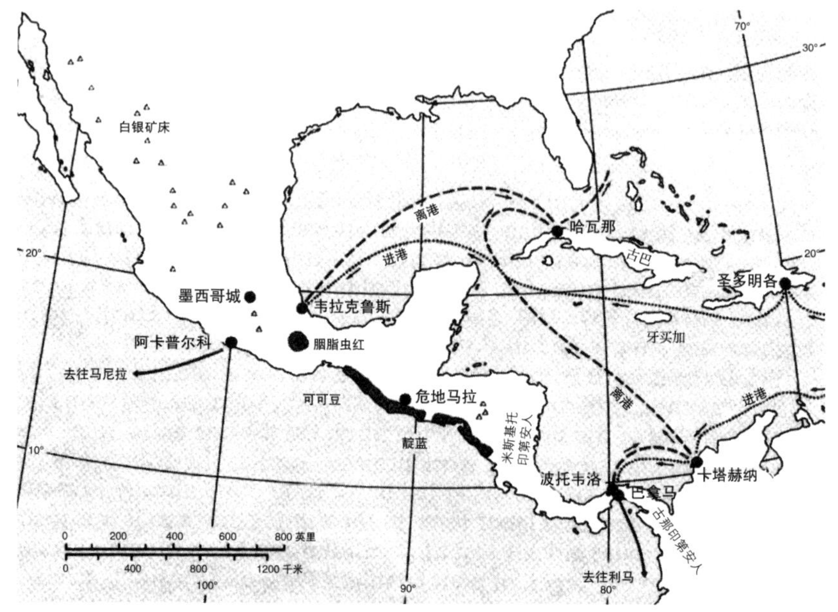

图 5–3 通往新大陆西班牙属地的海上通道

人和日后的经济史学家，都认为其主要的原因是大量白银的注入。不过，货币供应量的增加虽然可能有重要的作用，但是它还是不能完全解释这场经济危机。美洲对于欧洲货物需求的增加可能在 16 世纪造成物价上涨。国内对于货物的需求也有增加。之后，美洲属地在货物与服务上渐能自给自足，这对母国或许有不利的影响。然而，大多数的白银并没有留在西班牙。譬如，到了 16 世纪末叶，流入西班牙全部银块的 3/5 又都流到国外去清偿皇家和私人的债务。而在美洲的贸易发达以后，它又吸收了更多的船只与供应品，当然也需要更多的保护。西班牙依靠外销农牧产品，如羊毛、果酒和橄榄油，以取得海军军需品、锡、亚麻布、鱼和谷物。这个情形造成了支付差额的问题。它以大量输出白银来解决这个问题。

次要的输出品：染料和可可豆

白银虽是西属美洲主要的输出品，但是胭脂虫红、靛青和可可粉也相当重要。胭脂虫红是以吃仙人掌的胭脂虫为原料生产出来的一种红色染料。每生产一磅胭脂虫红染料需要消耗 7 万只干虫。于是，美洲原住民村落的领主和地方官员迫使美洲原住民群落（尤其是墨西哥瓦哈卡的美洲原住民群落）采集和加工处理这种昆虫。16 世纪下半叶，胭脂虫红越来越重要，成为新西班牙仅次于白银的外销品。靛青是一种蓝色染料，具有自然、稳定和不褪色的特性。取得靛青的方法是浸泡一种灌木的叶子，而后让泡出来的泥状沉积物沉淀为饼状。最初的生产地是早先出产可可豆的中美洲太平洋海岸，由季节性的原住民劳工生产。17 世纪，由于运输成本太高，靛青工业的中心转移到墨西哥低地。墨西哥东南部的尤卡坦半岛一直到 19 世纪还是靛青的一个主要生产地。

可可树在西班牙人到来以前，原生长在中美洲的太平洋海岸地区。在西班牙人的统治之下，美洲原住民人口被迫以可可豆为贡物，并以货物偿付皇家官员给他们的贷款。官员和原住民群落的领主甚至要求高地的农人交出可可豆，以致这些农人不得不下到海岸在可可树丛间劳作，以收获的可可豆缴纳贡物。可是高死亡率限制了可可的生产，因而中美洲逐渐不再着重可可的生产，而改为着重在厄瓜多尔和委内瑞拉热带海岸地区的奴隶种植园生产。

对外贸易的虹吸作用

西班牙由新世界取得白银、黄金、可可豆、胭脂虫红和靛青，又将价格高昂的制造品和奢侈品运到新世界。许多这样的制造品与奢侈品在西班牙以外的地区生产，主要是欧洲西北部。它们的定价很高，以便政府可以多收一般税和关税，也给出售的人专利利润。交易由商人经手。欧洲一端的商人，组成塞维利亚商人同业公会；美洲一端的则是新西班牙和利马两个商人同业公会。在欧洲一边的商人同业公会与皇家贸易局接合起来。皇家贸易局是一个大规模的政府经销机构，监督来往于西班牙和西印度群岛间的船舶、人员和货物，并为西班牙皇家国库收取一般税和关税。它有意将贸易限于窄狭的通道，以便完全由使用西班牙船舶和卡斯蒂利亚经纪人的专利代办处进行。它不是起于需求和供应的自由作用原则，而是卡马格兰尼（Carmagnani）所谓的“受约束的贸易”，即受欧洲一侧需求的约束（1975：31）。

这种“受约束的贸易”事实上牵涉两个不同的交易周期。一个是横越大西洋的周期；另一个是美洲以内的周期。为了启动横越大西洋的周期，欧洲商人以货币购买商品，将商品运给其在新世界的代理商或经纪人，希望得到美洲商品的偿付，再将这些美洲商品在欧洲出售，在金钱上得到大的利润。这个交易周期在欧洲开始的时候，必须投资金钱。它在结束的时候，又在欧洲将商品变卖为金钱和利润。可是在美洲，却没有以金钱交易金钱，只有以商品交易商品。美洲代理商将欧洲商品预付给矿场主人或靛青业主，之后他们将美洲商品交付其代理商，以为偿付。由于日后制造品的价格在欧洲上涨，美洲白银和其他商品的交易价值降低。这种不平衡又迫使美洲的生产者压低或减少生产的成本。下面我们将谈到这个周期如何促成在新世界农业与家畜豢养上贡赋性生产方式的重现。这个周期也使由原住民生产者处取得胭脂虫红和靛青的生产制度，出现大量诈欺和威逼事件。

新的供应体系

由于白银的开采在卡斯蒂利亚属西印度群岛有关键性的作用，它逐渐支配和重塑了卡斯蒂利亚在新世界属地的结构。由于倚重采矿，关键性的经济地区由西班牙到来以前集约化的种植和居留地带，转移到干燥的新西班牙马德雷山脉（Sierra Madre）和形势险恶的玻利维亚高原上的白银矿脉。它在食粮和原料的生产上造成重大的改变。政府的政策也有改变，由最初注意皇室对征服者与被征服者的控制，转移到以尽量扩大采矿和取得白银为目的的政策。这些转变创造了新的地理布局，并且改变了被征服人口的生态、经济和政治情况。

这些改变之间彼此有密切的关系。美洲原住民人口的减少与对集约的原住民种植必需的政治控制的破坏，使供应矿场与市镇的食物与家畜产品的生产，需要新的方法。采矿业对此有极大的需求。它需要养活工人和做工动物的饮食、制绳索和容器的兽皮、制蜡烛和多脂木材火炬以照明矿坑所需的牛羊脂、由矿砂提炼白银所需的水银、爆炸的火药、供炼矿所做燃料用的木材，以及做工和运输用的大数目驮兽。新的农业经济也必须供养支持西班牙控制管道网络的西班牙市镇，市镇与乡村的宗教建置，以及连接开矿地点、市镇、船只沿途停靠港口的交通线上的驻足点。再者，矿场与城市大量消费的需要，要求以尽量低廉的代价得到商品。

西班牙王室以好几种方式协助这个支持体系的成长。由于水银是处理白银矿砂的必要成分，也是采矿中的一大成本，西班牙王室力求保障水银的廉价供应。水银的生产和销售是皇家的专利。秘鲁的矿工由万卡韦利卡（Huancavelica）的皇家矿场得到水银，新西班牙的矿工由阿尔马登（Almadén）的西班牙矿场得到水银。王室也通过公共谷仓，采取保证以管制的价格供应矿场与市镇食物的政策。尤其是，皇家的政策是逐渐将土地和劳动力转移给农业生产商，因而不像以前那样想维持其本身对印第安人口的最高控制权。

西班牙王室的初衷是不让进入美洲的征服者直接控制土地和在土地上工作的印第安劳工。它希望抑制纳贡地主阶级在西印度群岛发展成为一个独立的阶级，因而最初坚持照它自己的意思授予大地主美洲的劳役。为此，它颁发了临时的托管特权。托管者可以使用规定数量的印第安人贡物和劳力，为此他们必须使这些印第安人改信基督教。但是授予托管特权并不是授予托管者对印第安人土地和无限劳役的权力。王室把这些权力保留给自己。它希望能出现一个二分为征服者部分和印第安人部分的社会，因而尽量让皇家官员置身于西班牙籍印第安劳力雇主与印第安人本身之间。

1542 年以后，受托者如果想分派原住民劳工做某件工作，照规定得呈请一位皇室官吏。官吏接受这些呈请，决定其间的优先次序，在轮替的基础上指派劳工，并确保劳工得到规定的工资。这种劳力分配方式正式的称谓是“征调制”（repartimiento）。可是在中美洲，一般人继续用阿兹特克语中指公共工程强迫劳力的词“夸特奎多”（Cuatequitl）来指它。在安第斯山区，一般人继续使用盖丘亚族（Quechua）的“mita”一词。

1542年，印第安人奴隶制度正式被废除。这是断绝西班牙人与印第安人口之间关系的另一种办法。除了在叛乱人群拒绝接受西班牙统治权的边疆地区以外，各地均宣布以印第安人为奴隶的制度为非法，这表示一直到17世纪80年代以前，智利南部的阿劳干人还可以被拘捕下狱和奴役。墨西哥的西北边疆也是如此，一直到19世纪，阿帕切人（Apache）、纳瓦霍人（Navaho）和肖肖尼人（Shoshoni）还被奴役（Bailey，1966）。可是在西班牙占领的核心地区，印第安人的奴隶制度都被废除了，或至少大为减缩了。但是这个禁令并不涵盖非洲人。西班牙人将大数目的非洲人进口到美洲，以取代日渐减少的美洲原住民人口，尤以在低地为然。

大庄园

托管制逐渐为“庄园制”（haciendas）所替代。“haciendas”意为大庄园，在这些大庄园上工作的劳工也定居其上，并且直接依附于地产的主人。西班牙王室的人手与资源不足，因而无法阻止它们的成长。而充分控制土地和劳力的农业商人，比依靠皇家官吏的托管人，更能回应市镇和矿场的需求。但是大庄园的发展在各处的形式不同，节奏也不一样。在人口稀少、可以用极少人力豢养家畜的地方，它们出现较早。在有些地区，原住民村落和对原住民劳力和贡物有兴趣的皇家官吏反对大庄园对土地和人力的要求，它们发展得较迟。因此，在秘鲁高地，到18世纪才建立大庄园。而别处于16世纪取得授权的托管人，只在1个世纪以后就拥有了大庄园。在法律上，托管权的授予并不创造大庄园。皇家给予的托管权既不给托管者土地所有权，也不允许他们订立原住民劳动服务或贡金贡物的规定。相反，大庄园直接以土地合法的所有权为基础，也以业主直接磋商劳工契约条件的能力为基础。

大多数大庄园上的工人都是由美洲原住民人口中征召而来。有时候，大庄园主剥夺了原住民的土地，使这些人成为劳工。有时候，他们又吸收离开其重税盘剥的村落到别处定居的流动人口。大庄园主也愿意替其工人付税，或以其他方式施以信贷。由于债务而造成的完全的农奴制（包括建立可继承的债务）是日后才发展出来的。

通常大庄园主把庄园土地的一部分交给工人使用，而工人按规定给庄园主服务和农作物。庄园主自己保留核心的土地（上面有加工的机器设备）、关键性的供水设施，以及最适宜生长主要商品作物的土地，而把他比较贫瘠和边缘的土地留给佃户－劳工。因此，庄园制是逐渐建筑在商业作物栽种和附属于土地的农奴－佃户劳役的双重结构之上的。逐渐地，庄园主的直接管理与农奴－佃户的经济农作互相交错。市场的扩大有助于庄园主的扩张，而不利于农奴－佃户。市场的萧条则有助于佃户。

庄园制可以达成若干不同的目的，矿场或作坊主人所有的庄园，以低廉的成本或不花成本供应矿场或作坊必要的商品。有些庄园则可以供应因附近市镇、采矿中心或港市的需求而出现的区域性市场。有的地区专门为这些市场生产食物。智利的中央谷地为秘鲁生产小麦。科恰班巴和苏克雷（Sucre）农业谷地供养上秘鲁（玻利维亚）。墨西哥谷地与巴希奥（Bajío）区域供给墨西哥城和各采矿中心谷物。墨西哥干燥的北部地区以及拉普拉塔河（Rio de la Plata）的排水区域，为市镇和矿场豢养家畜。有些低地区域专为内部市场生产糖和蒸馏烈酒。墨西哥高地种植龙舌兰和酿造龙舌兰啤酒。安第斯山的热带地区生产可可叶。各地也有一些教会或上流社会的家族簇群（包括食客和随员）大庄园。有时候大庄园的功能也有所改变，由供应一个市镇的谷仓变为供应一个矿场，或由市场取向变为生计取向。它们也回应不断变化的市场，视需求的波动而调整其运作。

大庄园虽有适应的能力，但其可能的成长却受到实际需求多寡和运输困难的限制。在它们在安全但设有限制的当地或区域性市场出售产品的地方，它们的运作最有赢利，因为这样的市场物资稀少，所以能够保证卖上好价钱。譬如说，生产小麦这类欧洲人主食的大庄园便是如此。这类谷物有一个小规模可靠的欧洲消费者市场。有些地方用强迫销售给公共谷仓的办法先发制人，使往往能以低廉成本生产的美洲原住民群落不能以价格为竞争手段。在这样的情形下，大庄园的运作也有赢利。

一般而言，大庄园并不是十分有利可图的事业，它们大多数举债而后转入新业主之手。最经常和最成功的新业主是教会机构。布雷丁（David Brading）对于墨西哥大庄园的描写或可说明西属美洲的一般情形：

> 大庄园是一个沟渠，不停地将在外销经济中累积的盈余资金排尽。采矿业和商业创造的财富都被投资在土地上，它们在土地上慢慢地消散或逐渐流入教会的财库。其结果是地主阶级中不断地以新人易旧人。（1977：140）

印第安人的群落

市镇和矿场的四周逐渐都是大庄园。围绕大庄园的又是存活下来的原住民人口的聚落。这种居留地的模式以矿场为取向，但它却不仅是地理上或生态上的。它是由它具体表现出来的政治经济安排的，每一个较低的阶层将其盈余转让给它上面的一个阶层。采矿的人售予商人，商人给欧洲的制造品定高昂的价格。矿场主人而后迫使大庄园主或管理人以低廉的价格供应他们食粮和原料。大庄园主和管理人压迫原住民群落，迫使许多原住民或是成为地产上依附性的农奴－佃户，或是成为季节性的劳工，赚取低廉的工资。在这个阶级组织之内，不断出现的印第安人群落是最低的一级。

人类学家在谈到这些西班牙人所谓的“印第安人共和国”时，往往视它们为西班牙人到来以前的“陈列馆”，未经受卡斯蒂利亚人 3 个世纪的统治。可是殖民政府却将这些群落组织起来，成为西班牙及其经济体系的成员。西班牙王室设立这些单位有双重目的：一方面是为了打破征服以前原有的权力结构；另一方面想要确保新的管辖区域各自为政，互不相干。虽然在毁灭了印加、墨西哥或奇布查这些庞大政体以后，其下面旧日的小邦复现，要求治权与人民的效忠，但是一般而言，西班牙人却能以小规模的纳贡贵族和地方上的群落取代征服以前的邦国。

印第安人的高级贵族，在形式上同化为西班牙的贵族，有权要求贡金贡物、财产和补助金，但却没有任何统治权。这些高级印第安人贵族皈依了基督教，更失去了征服以前他们在意识形态上的影响力，而被整合进基督教会进行的各种活动中。西班牙人责成印第安人的低级贵族监督地方上的群落。3 个世纪以后，英国人对非洲人口做“间接统治”时，设置了许多酋长。与此相仿，这些印第安人的地方贵族，也成为在征服者与被征服者之间居间调停的人。他们在外面的官府面前代表其群落，又设法运用传统上的要求和效忠观念维持自己在群落内部的管辖权。

他们奉派监督的群落和征服以前已存在的群落不一样。许多征服以前的群落几乎在前述的“大灭绝”中丧亡殆尽。新的群落为了行政与教会的控制聚集剩下的人口而成。西班牙这种迁民和集中的政策，不仅在人口学上，也在经济上与行政上改变了地方群落的性质。每一个新群落均有法律上的身份，各由其地方议会统治，也有宗教上的身份，各有其供奉守护圣徒的地方教堂。在经济上也有改变，这些印第安人群落对村落的土地和资源有权利要求，但也有纳贡的义务。所纳的贡有好几种：给西班牙王室的是银币，给西班牙托管人的是货物与服务，给受到认可的印第安人贵族贡金贡物，在政府工程中做义务劳动，如修筑水坝和筑路。

皇家的官员监视印第安贵族对这些群落的统治，并设有特殊的印第安人法庭处理地方代表呈递的法律案件。建立这种行政结构的原因是因为西班牙王室最初想要将印第安人和西班牙人分开，可是印第安人法庭旋即接获对西班牙征服者和商人的大量抱怨和控诉，以致不知所措。因为这些人设法将原住民的土地和水道纳入自己的庄园。再者，负有管理共同资源和义务的地方上印第安较低贵族精英，往往与外面的西班牙权贵串通，扩大自己在村落中的势力。而皇家官员又可由其行政职权中得到商业上的好处。在秘鲁，皇家官员收集贡物，将贡物拍卖，以其市价的一半买回应上缴的贡物，再以市价将这些贡物出售（Rowe，1957：163）。他们可以在市镇以低廉的价格由商人处买货，而后强迫其属下的印第安人以高价收买。或者他们可以由印第安人处购买其产品，而后在别处高价出售。甚至，他们自己也可以成为商人。譬如，在危地马拉西部，皇家官员可以在海岸地带买生棉花，强迫自己辖区以内的印第安妇女将之纺织成布料，而后将布料售回给印第安人或殖民者而获大利（MacLeod，1973：316）。

这样的印第安人领袖和皇家官员，如果认为外方的利害关系威胁到他们自己的权力和利润，也起而保卫其原住民群落，与此同时，原住民人口日减而工业和农业商人对劳力的需求又日增，他们大多也对维护公众的利益不再有大的热忱。西班牙王室也发现，他们如果要保护美洲原住民，便不容易通过税收或津贴尽量增加自己的金融利润。如果一个殖民者对于劳力和资源的配合使用可以为王室取得盈余，那么政治和道德的考虑便往往被丢在一边。当商人由采购西班牙人到来以前珍视的货物（如可可豆、珍贵的羽毛和棉织品），转而重新安排土地和劳力，以种植小麦、开采白银、生产羊毛布、采炼胭脂虫红或豢养绵羊取羊毛时，这个情形尤其明显。当金钱开始说话时，它说的是西班牙语而非纳瓦特语（Nahuatl）或盖丘亚语。

最后，为替矿场和市镇生产货物而对资源做出重新安排，产生了许多原不属于印第安群落的新群体。这些人中有工匠、劳工和在新居留地上或其附近工作的家仆，以及将货物由一个地点转移到另一个地点的中间人。这种印第安人与印第安人和白人的混血儿日增，不久便填满了印第安群落与正式的贡赋性金字塔之间社会与经济的空隙，而且将一个地方的人与其本地以外的活动与利害关系连接起来。皇家官员一再抱怨外人不断进入印第安人的群落牟利，而印第安人群落中的人又离开指定的区域而混进印第安人与白人的混血人群中。由此可见，当日群落的界限往往是可以渗透和流通的。

再者，印第安人的群落，其内部并非一致和没有差异。一个群落有时可以统一在其本身的酋长之下，以对抗西班牙庄园主或商人的侵犯。有时候，酋长本人在与其受托管的人交往中，自己像是个庄园主或商人。他可能加入西班牙人的行列，或者跟随他的人指控他加入了西班牙人的行列。在有些地方，一个印第安群落中的商人和农人在致富以后，可能与上面的官员以及自己的印第安大地主发生冲突，而成为其群落对抗暴政的代言人。这些致富的商人和农人，在通过胭脂虫红或棉布的生产而进入市场以后，又可能关闭其群落不让外人进入，以便维持对内部劳动力管辖权的垄断。

在两个总督辖区，西班牙人都允许也期盼各群落通过一个地方官员的阶级组织管理其本身的事务；这些官员被授予西班牙官衔，也是根据西班牙官员的原型而设立的。同时，教会依照西班牙天主教慈善团体的模式，设置了许多宗教机构以便在天主教年历上的节日举行仪式。在较大的西班牙和西班牙化的居住区中，民事与宗教这两组机构互相独立。但是在印第安人的群落中，它们通常都合并为共同的民事－宗教阶级组织，其间世俗政务与宗教事务交替进行。宗教活动往往要花很多钱买烟花、装饰品和香烛，也必须支付音乐师的报酬和分配给参与者食物和饮料。因此，只有群落中比较富有的人才能晋升到宗教和政治上较高和较尊贵的职位，因为担任这些职位要花很多钱。反过来说，这种在经济上的重新分配逐渐对领受的人家有重要的作用，使它们在经济上、政治上和宗教上依附于神圣化了的官员的运作。民事－宗教阶级组织因而在群落中安置了一个精英统治体系，而同时又允许这些精英在外面的权贵面前代表其整个群落。

这个阶级组织也举行使群落与超自然发生关系的各种仪式。仪式通常有双重性质，一部分是基督教，一部分是异教。基督教重视神圣的时刻甚于神圣的地点。虽然它注意耶路撒冷、罗马、阿西西（Assisi）或卢尔德（Lourdes）这些圣地，但它最重视的却是通过堕落、救世、最后的审判和最后审判日之死者复活等时间的累积。相反，西班牙人到来以前美洲的各种宗教，却十分重视空间，用空间的分段去划分时间的分段、社会群体的特性、自然的各方面，以及超自然事物的分群。基督教礼拜式的日历与西班牙人到来以前美洲宗教的合流，把基督救世的时间系统和先基督教传统的生态指示物连接在一起。在先西班牙时代，这些指示物形成了以神圣空间为基础的整体意识形态组织的一部分，由印加、墨西哥或奇布查这些统治广大地区的政体安排和维持。西班牙人的征服毁灭了这个较大的意识形态框架，而以基督教救世经济加以取代。同时，基督教传教士因为想使地方上的人深切了解这种具有主宰性的宗教仪式，而地方上的从业者又想让它表达地方上的利害关系，遂使这种宗教仪式与当地的信仰和实践结合起来。最后发展出来的宗教结构由一个群落到另一个群落不一样，其意识形态上的地方中心主义，与各群落间彼此政治上的疏离情形相似。

印第安人的群落因此是一个较大的政治和军事体系的一部分，并且随这个体系的改变而改变。它们既不构成先西班牙人过去的“部落”残余，也不是有一组固定特性的静态的农民共同体。它们在征服者与被征服者之间的拔河游戏中成长，并且受制于内部与外方利害关系的交互作用。西班牙人的政府授予它们土地和税收的权利，可是也给它们在政治上的义务，包括纳贡和服劳役。它们往往无法抵御有掠夺性的地主、官员和教会人士。这些人有时横征暴敛，迫使它们起而反叛、不合作或逃亡。西班牙政府允许这些群落通过其民事－宗教阶级组织自治。地方官员可以在外面的权势与竞争之前保卫自己的群落，但也可以牺牲其村民或出卖其利益给外面的权贵以求自肥。

由较大的西班牙殖民秩序来看，印第安人的群落不构成其主要的基础，而只是其次要和侧面的支柱。这个秩序的中心是采矿经济与供应采矿经济的各种活动。而印第安人的群落是劳力的储藏库和廉价农业与工业产品的出处。在印第安人必须以货币纳贡的地方，他们不得不受雇于他人赚取工资，或为市场而生产。他们也可以用实物清偿纳贡的义务。再者，他们得为官方服劳役。皇家官员可以让他们在公共工程项目中工作，或为对公众重要的私人利益而工作。如此，他们以自己的贫穷支撑帝国的各种盘剥。

巴西和加勒比海地区

在西班牙人以高地白银为基础建立其领域的同时，葡萄牙人在巴西沿海地区的热带低地成立的种植园开始生产蔗糖。在新西班牙和秘鲁的西班牙农业，是为了供养殖民地内部的需要。但是这些葡萄牙的新企业，一开始便是为外销而种植农作物。白银之于西属美洲，相当于糖之于巴西和葡萄牙。这个情形会持续很久。可是到了 17 世纪，甘蔗的种植也散布到加勒比海诸岛。尼德兰人、英国人与法国人在甘蔗的生产上也与葡萄牙人竞争。虽然西属美洲大陆的农业面向内陆的市镇和矿场而不朝向欧洲，但是热带美洲日渐开发的种植园地带，却与欧洲的市场直接联系。

葡萄牙人在巴西东北部的黑色黏土地上种植甘蔗时，将欧洲地中海世界一套悠久的农业方法引进了新世界。这套方法是公元第一个千年末期由阿拉伯人引进地中海的。在征服新世界以前的几个世纪中，甘蔗的种植逐渐越过地中海诸岛向西传播。到 15 世纪的最后二三十年，葡萄牙人开始在马德拉群岛种植甘蔗，不久又在几内亚湾的圣多美（São Tomé）种植，使用由附近西非海岸购买的奴隶。1500 年，一支欲开往印度的葡萄牙舰队最先看到了“圣十字架之地”（Land of the True Cross）。不久，这个地方便被称为巴西，因生长在其海岸地区的红色产颜料树巴西木得名。25 年以后，里斯本海关已征收巴西蔗糖的关税。葡萄牙人原来计划在非洲扩大蔗糖的生产，但遭到非洲人的抗拒。非洲人限制葡萄牙人只能在海岸地区种植蔗糖。因此，葡萄牙加强了巴西的蔗糖生产。到了 1570 年，巴西已有 60 所制糖厂，每年产糖 450 万磅。同年，巴西伯南布哥（Pernambuco）、巴伊亚和里约热内卢地区的糖产量已赶上马德拉群岛和圣多美，1570 年以后巴西的糖产量按指数律增加，1627 年以后到达 2500 万磅以上（Barrett and Schwartz，1975：541）。

巴西乡间的生产焦点是榨蔗厂。它榨自己土地上生产的甘蔗与庄园主在自己土地上生产的甘蔗，后者占总数的一半。奴隶劳工很重要，先是巴西的印第安人，后来又是非洲人，但是自由工资劳工也重要。巴伊亚的塞尔希培孔迪糖厂（Sergipe do Conde）是 16 和 17 世纪巴西最大的榨蔗工厂，可以压榨 180 吨甘蔗。1600年它自己有 259 名工人，但也付给 270 名劳工工资。据估计，交付塞尔希培糖厂甘蔗的那 20 个庄园主，可能自己拥有 200 名奴隶（Barrett and Schwarts，1975：547）。

虽然葡萄牙人掌握了生产，但是佛兰德斯人和尼德兰人却逐渐控制了糖业的加工处理和资金供应。从一开始，葡萄牙人生产的糖便大部分运往低地国家。先是安特卫普，1590 年以后又是阿姆斯特丹，它们都成为精制糖的中心以及葡萄牙蔗糖贸易的金融中心。1580—1640 年，葡萄牙与卡斯蒂利亚的王室结为一体。但是即使是在这些年间，尼德兰人也设法通过葡萄牙的居间者而保持与葡萄牙的接触。1624—1625 年，尼德兰人想干脆占领巴伊亚而未果。与此同时，他们进入非洲中部，控制了罗安达（Luanda）有可观利润的奴隶贸易源头。1629 年他们入侵伯南布哥，占领产糖地区达 15 年之久。然而，1645 年荷属巴西的人口在债务缠身的葡萄牙－巴西（Luso-Brazilian）种植园主领导之下，起而反叛其大地主。虽然尼德兰人与波蒂瓜尔（Potiguar）和说热依语（Gê）的塔普亚阿（Tapuia）等美洲原住民族群有结盟关系，但是又有一些波蒂瓜尔族和马拉尼昂地区的托巴佳拉族（Maranhao Tobajara）却支持葡萄牙人。葡萄牙－巴西人在接下来的游击战中控制了乡村地区，尼德兰人被迫退到海岸地区。尼德兰人固守累西腓（Recife）到1654年，后来也被迫投降。对手使用的游击战术给他们造成很大的损失。同时，尼德兰又卷入与英国的第一次商业战争。然而，最重要的却是巴西的制糖工业硬体建置大半被毁，在巴西建立一个持久的尼德兰蔗糖殖民地的计划已耗费太大，而荷属西印度公司的股东开始对高昂的成本与损失颇有怨言。

尼德兰人因为在巴西困难重重，改在加勒比海地区求发展，1626年以后，英属诸岛，如圣基茨岛（St. Kitts）、尼维斯岛（Nevis）和巴巴多斯岛，已开始在小农场种植烟草。到了1639年，在欧洲的市场上烟草泛滥，许多岛民迁徙到别处找寻较好的机会。17世纪40年代早期，巴西的尼德兰人引导巴巴多斯的英国殖民者种植甘蔗。他们向英国人提供贷款，以便购买非洲奴隶以及将甘蔗汁制成糖所需的煮锅和冷却锅，他们也主动帮忙将生产的糖在欧洲出售。糖不久即改变了这些岛屿的经济与政治局面。种植烟草的小地主成了“贫穷的白人”。他们迅速被使用非洲奴隶的大种植园取代而迁移到别的地方。1655年英国人入侵牙买加，5年以后尽逐西班牙人。

此后甘蔗种植业在这些岛屿上迅速发展起来，不久便超过葡萄牙－巴西制糖工业的规模。虽然世界糖价日益下跌，但它还是能累积资本。我们所知的甘蔗种植园一直有赢利，1700年的投资有多达20%的赢利，1750—1775年的投资有至少10%的赢利，1790年左右的投资有7.5%左右的赢利（Craton，1974：139）。英国布里斯托尔（Bristol）和利物浦（Liverpool）的生计，逐渐大部分依靠牙买加和巴巴多斯。18世纪末，英国首相小威廉·皮特（William Pitt the Younger）估计，英国由海外得到的4/5收入是来自西印度群岛。法属圣多明戈（Saint Domingue，今海地）也同样供养了法国的南特市和波尔多市。当1791年海地的奴隶起而反叛其大地主时，他们摧毁的结构原来曾吸收法国国外商业股份的 2/3。

非法买卖

甘蔗栽种扩散到加勒比海诸岛，其结果之一是欧洲大西洋沿岸诸国在进入卡斯蒂利亚王国西印度群岛属地的大门口，建立了许多先头基地。尼德兰人、英国人和法国人在西印度群岛的推进，正发生在西班牙国力式微的时候。整个 16 世纪，白银流入西班牙的分量都稳稳上升。这个分量在 16 世纪 90 年代达到高峰，以后开始下降。可是虽然运往西班牙的白银减少，但是新世界白银的生产并未明显减少。许多白银于是留在美洲，或寻找其他的出路。有些支付针对外来侵略和竞争的防守费用。但是大多数白银却用于和西班牙王室敌人的非法买卖，包括和“尼德兰西印度公司”、英国海上商人的买卖。

由于西班牙国势日弱，这些敌对的竞争者愈来愈想取得西班牙在新世界属国的财富。购买移民特权的外国人日增，以便可以与西印度群岛进行贸易。横渡大西洋舰队中的外国船只不断增加，到了 1630 年已占横渡大西洋所有船只的 1/3。从这个时候起，非法买卖空前猖獗。

在西班牙占领了葡萄牙、夺取了塞图巴尔以后，尼德兰人因为无法取得伊比利亚半岛的食盐，于 1594 年开拓进入加勒比海的固定海运，1599 年攻占产盐岛阿拉亚（Araya）。他们于是和委内瑞拉及哥伦比亚海岸的西班牙殖民者直接进行贸易，先是以北欧的商品和非洲的奴隶交易食盐，后来交易烟草和兽皮，再后来又交易大宗的可可豆。英国攻占牙买加，开启了另一种赢利的奴隶贸易与欧洲人和西班牙美洲属国间的非法买卖。委内瑞拉在增加可可豆的生产以后，也开始用可可豆交易由墨西哥挖掘的西班牙白银。尼德兰人和英国人因而得以通过加勒比海的通道汲取西班牙的白银。17 世纪末叶，只是通过牙买加贸易，英国每年便汲取了大约 20 万磅西班牙纯银，接近“英国东印度公司”每年输出到远东白银的一半（Lang，1975：57）。欧洲西北部的货物也通过巴西进入西半球。葡萄牙人在巴西与波托西和上秘鲁的西班牙人属地进行陆上贸易。西班牙人用白

图 5–4　欧洲人在巴拿马临加勒比海海岸修建轻快帆船，西奥多·德·布雷的铜版画，1590 年（Courtesy of the Rare Books and Manuscript Division, The New York Public Library. Astor, Lenox, and Tilden Foundations）

银支付这些货物。据估计，这项巴西贸易在 17 世纪可以汲取波托西白银产量的 1/4 之多（Lang，1975：56）。1730 年的《乌特勒支条约》（Treaty of Utrecht）授予英国供应非洲奴隶给西班牙殖民地的特权，走私货流入西属加勒比海的分量随奴隶的出售而增加。

可是西班牙的白银不只是输出到欧洲，也向西横渡太平洋。16 世纪下半叶，一个多边贸易网络（大部分是走私货的买卖），在连接墨西哥阿卡普尔科与菲律宾的马尼拉市这一条主要商业轴线四周成长。1564 年，西班牙利用葡萄牙人的势力在南亚海域的式微，开始征服菲律宾诸岛。可是即使在葡萄牙失去它对菲律宾的权利以后，在中国沿海城市澳门的葡萄牙商人仍旧继续与马尼拉贸易。1573 年，第一艘马尼拉大型帆船将中国丝织品、绸缎、瓷器和远东的香料运到阿卡普尔科，回程时将新世界的西班牙白银运到马尼拉。从这个时候起，马尼拉成为一个新的贸易网络中心。这个贸易网络把中国人拉进菲律宾的活动范围，又创造了一个以中国纺织品交易新世界白银的商业路线。马尼拉不仅成为一个西班牙人城市，也成为一个华人城市。到了 16 世纪的最后 20 年，中国人在马尼拉的人数已非常之多，以至给他们划出一个专门居住区（被称为“市场”）。到了 17 世纪中叶，马尼拉已有居民 4.2 万人。他们依靠附近的吕宋岛和邦板牙（Pampanga）的居民通过当地头人的斡旋而送来的贡物维生，比如白米、木材和劳力。

货物在阿卡普尔科先被装上骡背，之后再经海运到达墨西哥城。然而，大量的秘鲁商人也来到了阿卡普尔科，以秘鲁的白银交易中国货物。西班牙王室不久便十分注意在阿卡普尔科和沿尼加拉瓜海岸的这种非法的秘鲁贸易，并设法对此加以限制。虽然有政府的禁令而尼德兰人又加紧袭击南亚诸海，但这种贸易却一仍其旧。18 世纪它不仅通过广州得到许多中国人的参与，也通过马尼拉使印度商人加入到此行列（Chaunu，1960；

图 5–5　阿卡普尔科港，西奥多·德·布雷的铜版画，1590 年（Courtesy of the New York Public Library, New York）

Bertin et al. 1966）。事实上，在整个 18 世纪中国贸易已有两条路线：一路向西以中国的茶交易印度的鸦片；另一条路线逆向而行，以中国的纺织品交易美洲的白银。一直到西班牙在南美洲的统治结束以后，这项中国-南美洲的贸易才得以终止（Cheong，1965）。

这个商业的规模诚然十分庞大。1597 年固然是一个异例，不过这一年由阿卡普尔科运到马尼拉的白银高达 1200 万比索，超过横渡大西洋的任何运载量。16 世纪末叶，白银的输出普通为 300 万到 500 万比索，其中 2/3 或许来自秘鲁（Parry，1973：119）。1570—1780 年，外销到远东的白银估计是 4000—5000 吨（Konetzke，1971：310）。

海盗、“殖民部落”和逃亡奴隶

由于非法买卖、抢劫奴隶和奴役等现象盛行，在加勒比海的边缘地区出现了好几种人口。他们住在根基稳固的社会的边缘地区，靠其资源的糟粕为生。加勒比海地区多山、地形分散、岛屿和港湾众多，以及其热带植被十分浓密，遂成为走私者与在逃奴隶的藏身之地，也给他们结盟从事商业和军事活动带来许多机会。

造成这个世界不稳定的因素之一是海盗。海盗大半是法国人，也有一些英国人。他们在一开始是狩猎西班牙人丢在圣多明各的野生牲畜的人，连他们的名字也是从熏烤兽肉的木质烤架得来的，他们将兽肉和兽皮卖给过路船只的水手。由于被西班牙人驱逐，他们在狩猎以外兼事海盗活动。当西班牙人取缔他们的活动时，他们扩大了掠夺的范围，时而与英国在牙买加的总督联合，时而又与法国在圣多明戈的总督联合，最初与西班牙人为敌，继而又与尼德兰人为敌。他们半是海盗半是佣兵，一面攻击西班牙的大市镇和港埠，一面又与沿海和内陆腹地的居民进行贸易。17 世纪最后 20 多年，他们的活动已对这个地区的商业造成极大的威胁，以致在加勒比海的欧洲国家采取严厉的措施将他们驱逐出境。他们有一些因而在英属洪都拉斯海岸做苦工和砍伐苏方木。又有一些人将其大本营搬到了西非的塞拉利昂（Sierra Leone），又由塞拉利昂到达马达加斯加岛。他们在马达加斯加成立海盗共和国（Pirate Republic of Libertalia），一个真正的“海盗市场”（Toussaint，1966：146）。在被一支强大的法国舰队驱散以后，他们到达马达加斯加东海岸从事奴隶贸易的国家贝齐米萨卡（Betsimisaraka）避难，在 19 世纪初年以前，继续与当地人联合从事海盗活动。

造成环加勒比海地区混乱的第二个因素是玛丽·赫尔姆斯（Mary Helms）所谓的“殖民部落”。这些群体中最著名的是洪都拉斯和尼加拉瓜莫斯基托斯（Mosquito）海岸的米斯基托人和巴拿马与哥伦比亚的古那人。米斯基托人是以亲属关系为原则组成的美洲原住民。他们吸收了大量逃脱的非洲奴隶和海盗。米斯基托人由海盗那儿取得枪炮和弹药，开始入侵其邻人的内陆并与他们进行贸易。他们由内陆产地得到可可豆、黄金、烟草、靛青，后来又得到牲畜，而后拿这些东西再加上他们自己的独木舟、桨、龟甲、革制品、树脂和帆布或绳编吊床与前来的英国人交易，由英国人那儿得到制造品。米斯基托人也抢掠奴隶。英国人还用他们追捕牙买加的叛逃奴隶（Campbell，1977：395，411—412）。

古那人是说奇布查语的人口。在英国人到来以前，他们有比米斯基托人更复杂的工艺技术和组织。古那人组成几个有阶级组织的贡赋性国家，各有其王朝统治，并以精深的冶金术和长途贸易的专长著称。随着欧洲人的征服，他们失去了复杂的社会和政治组织，放弃了金属品的制造，愈来愈以采集的食物果腹，而成为斯图尔德和法龙（Faron）所谓的“历史文化解体”的经典案例。他们也像米斯基托人那样善待逃亡奴隶，并与海盗联合，由海盗那儿得到枪炮和弹药。使用新得到的武器，他们在 17 世纪开始猛烈扩张，横渡阿特拉托河（Atrato River）进入哥伦比亚，1779 年焚烧西努河（Sinú River）边上的蒙特里亚（Montería），并迫使西班牙人以独木舟队确保西努河航道的安全（Fals Borda，1976：18）。一直到 18 世纪，哥伦比亚才控制了古那人。

米斯基托人与古那人中的逃亡奴隶的名声日渐显著。这个情形让我们注意到环加勒比海地区动乱的第三个人口因素——逃亡的奴隶。逃亡的奴隶一词源自西班牙文“cimarrón”，意指“野性未驯、黑色的”。最初它是指西班牙逃脱的野生牲畜，后来又指逃亡的印第安奴隶，最后于16世纪30年代指逃亡的非洲奴隶。逃亡的奴隶往往为了相互支持、保卫和抢劫而聚集在一起。他们形成团队，环境许可时也形成比较持久的群落。这种逃亡的现象是种植园生活一个经常而重要的特色，是种植园制度缓缓不停地溢血。各处都兴起逃亡奴隶的反叛群落。最初的一个反叛群落出现在靠近巴基西梅托（Barquisimeto）的布尔西亚（Bursia）矿场。在16世纪30年代，古巴也出现了好几个早期的反叛群落。最后，在加勒比海和巴拿马地峡沿海地区偏僻的隐密地点、哥伦比亚和厄瓜多尔的太平洋沿岸，以及某些加勒比海岛屿的山寨，都有这样的群体。他们往往以走私和当海盗补充赖以为生的农业，也支援刺探西班牙属美洲虚实的武装袭击者。

因此，加勒比海地区的“内海”是西班牙在新世界属地的软弱点。连接这些属地与西班牙母国最重要的交通线通过加勒比海，但是这个地区在军事上是脆弱的，是西班牙敌人的入口。这个地区在政治和经济上也很脆弱。走私者、种植经济作物的种植园主，以及来去自如的武装商人，渗透进西班牙帝国的垄断性结构中。他们消耗它的力量，使外部的国际经济获利。

伊比利亚半岛上的两个王国在16世纪初年扩张进入美洲。西班牙征服了美洲的核心部分，并且巩固了它对大陆的把持。葡萄牙则占领了巴西的大西洋沿岸地区。

在西属美洲高地，卡斯蒂利亚的王室在西班牙征服以前的贡赋性国家的废墟上，建立了新的殖民秩序。这个秩序建立在强取美洲的贵金属之上。而当时使用的食物生产制度是一个由欧洲人管制的新制度，将必需的供应品供应给采矿事业。强制性的贸易路线将美洲的白银与外面的世界连接起来，但是粮食与原料的供应制度却面向内陆采矿的地点，而远离海洋。为了控制美洲的原住民，这个新秩序把美洲的印第安人群落转化成间接统治的建置，其自治权永远是由西班牙人的行政安排来决定。印第安人供应西班牙人廉价的劳力与商品，由西班牙人处购买货物，一般是被强迫购买。西班牙人允许印第安人在群落中建立自己的官吏阶级组织。这些官吏对外代表自己的群落。他们也通过民事－宗教上的次序、经济上的重新分配，以及对宗教仪式的管理，来处理内务。宗教仪式同时具有基督教和当地文化的形式。在较大的西班牙体系中，被分成许多地方实体的印第安人群落，是劳力与产品的出处。

欧洲种植园主及其后裔，在沿海低地和岛屿的种植园地带，制服了原来在那儿以亲属关系为原则组成的贡赋性诸社会，而以许多小队的非洲奴隶予以取代。非洲奴隶被迫在有严密组织的农业制度下工作。这个制度是为生产外销的经济作物，但也封锁了种植园地带的边界，不让内地的美洲原住民闯进来，也不让沿海地带的劳工逃出去。外销作物的生产，把这个地区和欧洲的市场牢牢地联系在一起。而由于经常需要新的奴隶，又使实施种植园制度的美洲部分，直接与当时不断扩张的三大洲间的奴隶贸易联结起来。因此，非洲奴隶及其后裔在巴西沿海、加勒比海诸岛及沿海地区以及哥伦比亚、厄瓜多尔和秘鲁的沿海地区成为主要的人口。他们在这儿，在种植园和逃亡奴隶的避难处，以自己的方式适应和起义。他们的历史此刻才开始有人仔细研究。

第6章

毛皮贸易

伊比利亚半岛的舰队在16世纪末叶以前主宰了大西洋，阻碍其他的欧洲人扩张进入北美。可是在伊比利亚人的势力衰落以后，北方欧洲人迅速在北美洲沿海岸的地方殖民，北美洲的皮毛贸易也随之开展。但是，欧洲人在寻求财富的时候，并不十分重视皮毛。黄金、白银、蔗糖、香料和奴隶才是他们喜欢的利之所在。不过，对皮毛的探求却对北美原住民以及其生活方式有深远的影响，而且构成欧洲商业扩张历史中最具戏剧性的一页。

毛皮贸易的历史

在首批欧洲皮毛商人开始在北美洲大陆活动以前，皮毛贸易在欧洲和亚洲已有十分悠久的历史，且赢利颇丰。斯堪的那维亚曾经供应古罗马城皮毛，外加琥珀、海象牙和奴隶，而由古罗马城取得黄金、白银和其他财宝（Jones，1968：23）。9世纪末叶，那些领主商人，比如来自靠近现在的特隆姆瑟（Tromsö）挪威峡湾的奥塔尔人（Ottar），将拉普兰族（Lapp）猎人进贡的貂鼠、驯鹿、熊和獭的皮毛，在挪威、丹麦和英国出售（Jones，1968：161—162）。10 世纪早期，北欧海盗罗斯人，将黑貂、松鼠、貂、黑白狐、貂鼠、河狸和奴隶，运到伏尔加河河湾处的保加尔（Bulgar）。阿拉伯人伊本·法德兰（Ibn Fadlan）曾于 922 年生动地描述罗斯商人如何沿伏尔加河而下，将黑貂和女奴运到信奉伊斯兰教的黎凡特地区的市场。继北欧海盗之后，日耳曼北部地区的汉萨同盟也在斯堪的那维亚半岛开展皮毛贸易。他们由在卑尔根（Bergen）的一个商栈残忍地压榨挪威人，强迫挪威人交出并清洗大量的皮毛和鱼类以偿付汉萨同盟预先借支给他们的付款，因而实行一种“国际性的劳役偿债制度”（Wallerstein，1974：121）。

北欧罗斯人的作为，在 9 至 10 世纪促成了基辅（Kiev）和诺夫哥罗德（Novgorod）这两个政体的发展。就这两个国家和后来成立的所有国家来说，从很早的时期直至 18 世纪甚至是更晚的时候，皮毛已成为最有价值的一种商品（Kerner，1942：8）。有人形容俄国扩张的过程是“长期设法通过对河流盆地之间的河道的控制，去控制一个接一个的河流盆地，其扩张的速度由在每一个河流盆地是否已斩尽杀绝有皮毛的动物来决定”（Kerner，1942：30）。俄国人和从前的奥塔尔人一样，用强迫全体原住民纳贡和对原住民个人取得的毛皮抽什一税的办法收集皮毛。事实上，日后以这些办法取得的皮毛，成为俄国的一项主要收入，由 1589 年全国岁入的 3.8%，增加到 1644 年的 10%。一直到彼得大帝（Peter the Great）的统治下俄国走上工业化之路以后，皮毛的纳贡才较不重要。即使如此，在 19 世纪以前它还是西伯利亚对俄国经济的主要贡献。

因而，皮毛贸易不仅是北美洲的一个现象，也是国际上的一个现象。旧世界与新世界之间的联系是“尼德兰西印度公司”。在英国人征服加拿大以前，阿姆斯特丹收取由北美得到的大部分皮毛，将河狸皮再出口到俄国进行深加工是其波罗的海外销贸易的一个环节。国际上的再出口网络，往往可以防止皮毛充斥欧洲市场（尤以在 17 世纪的战争期间为然），亦能在整个国际系统中维持其价格的稳定（Rich，1955）。在 19 世纪，河狸皮渐不重要，其地位为由北美外销中国的海獭皮和海豹皮所取代。到了 17 世纪末年，俄国也失去了它在欧洲皮毛市场中的主宰地位，其皮毛逐渐销往中国和亚洲别的地方（Mancall，1971：12）。

北美洲贸易的主要目标是河狸皮，尤以 16 世纪末河狸在欧洲日益减少以后为甚。猎河狸不是为其生皮，而是为紧接其生皮生长的一层柔软卷毛。这个卷毛层必须与生皮和较长较硬的保护性毛的一层分开。柔软卷毛层而后被用来装饰衣服或帽子。使用河狸皮毛制作有边帽子尤其日渐流行。譬如，在 16 世纪早期的英国，西班牙和尼德兰的移民造成佩戴边帽而非羊毛织品无边帽的风气。在这之后，任何节约立法都不能阻止制无边帽业的式微。戴无边帽成为较低阶级的印记。就身份高的人士来说，有边帽子的形状与款式成为政治忠诚的标记。斯图亚特王室和拥戴它的人士喜欢高顶宽边近方形的“西班牙河狸帽”。而清教徒引进了朴素的毡制或河狸皮有边帽子。复辟时代流行宽边、略平的法国宫廷式软帽，上面还饰有一根羽毛。光荣革命时期是低冠、宽边的“教士铲帽”，它后来又为三角翘帽所取代。这个式样一直流行到法国革命时期。法国革命时期推出了高顶硬礼帽。到了 19 世纪，河狸皮有边帽才不那么流行了，继起的是丝质和其他质地的有边帽子。

然而，欧洲水手进入北大西洋水域的最初动机，不是为找皮毛，而是为了捕鱼。鱼在欧洲中古时期是非常重要的商品。在斋戒日和严寒的冬天，干咸鱼是食物中主要的蛋白质来源。15 和 16 世纪，波罗的海的鲱鱼捕获量减少，渔人开始探索拉布拉多（Labrador）、纽芬兰和新英格兰海岸边

图 6–1　哈德逊湾的铜质小河狸雕像，在早期的毛皮贸易中被当作代用货币，其价值为一张河狸皮（Photography courtesy Museum of the American Indian, Heye Foundation）

多鳕鱼的水域。葡萄牙渔人或许最先到来，正式要求在整个海岸线上捕鱼的权利。不过，他们不能在由诺曼底、布列塔尼和英格兰西部来的为数愈来愈多的竞争者面前，维护这个权利。最初只是偶尔上岸，水手要带着鲜鱼回到家乡的港埠求售。不过，后来渔人却开始上岸过夏，补一补渔网，并用风干和烟熏的办法保存其手头的鱼。因此，纽芬兰海岸成为坚强、独立的国际性渔业群落的一个固定的季节性营地（Parry，1966：69）。

北美的皮毛贸易就始于这些渔人与当地阿尔冈昆人用以物易物的方式交换皮毛。探索北美洲海岸的皇家代理人和殖民者，也不是不知道可以开发利用这些“新发现的土地”以求取皮毛。然而，在伊比利亚人的大西洋海上霸权随 1603 年腓力二世的驾崩而丧失以后，北欧诸国才能在北美实实在在地殖民。之后不久，它们便建立了若干殖民地：英国的“弗吉尼亚公司”在 1608 年建立詹姆斯敦（Jamestown）；“新法兰西公司”的基地魁北克建立于同一个年头；奥尔巴尼（Albany）的拿骚堡（Fort Nassau）建立于 1614 年，新阿姆斯特丹建于 1624 年，二者均为“尼德兰西印度公司”所建；新普利茅斯（New Plymouth）建于 1620 年；而马萨诸塞湾则是建于 1630 年。

在这些殖民地中，魁北克和新阿姆斯特丹日后在贸易的发展过程中都发挥了非常重要的作用。这两个市镇都处于通往盛产皮毛的内陆的主要路线上。魁北克控制了联系大湖区及其沿岸各港口的圣劳伦斯河。新阿姆斯特丹则控制了从哈德逊河通往奥尔巴尼以及向西到达安大略湖（Lake Ontario）边上奥斯威戈（Oswego）的水道。因此，北面的路线久为法国的利害关系控制，而南面的通路先为尼德兰人把持，1644 年后又为英国人把持。于是从一开始，毛皮贸易便是在两个国家的相互竞争中发展起来的。这种竞争不仅影响到欧洲的商人，也影响到供应他们皮毛的美洲原住民。

这种贸易的一个显著特征是迅速向西移动。因为一个又一个河狸栖息地都已被猎尽，猎取皮毛的人不得不进入更深的内陆以找寻未被开采的河狸栖息地。这表示最初感到皮毛贸易影响力的人，势必被丢在后面，而新的群体又设法进入皮毛贸易。这个贸易的到来，在各地对参与者的生活都造成了分化的结果。它扰乱了习惯上的社会关系和文化习惯，又促成各种

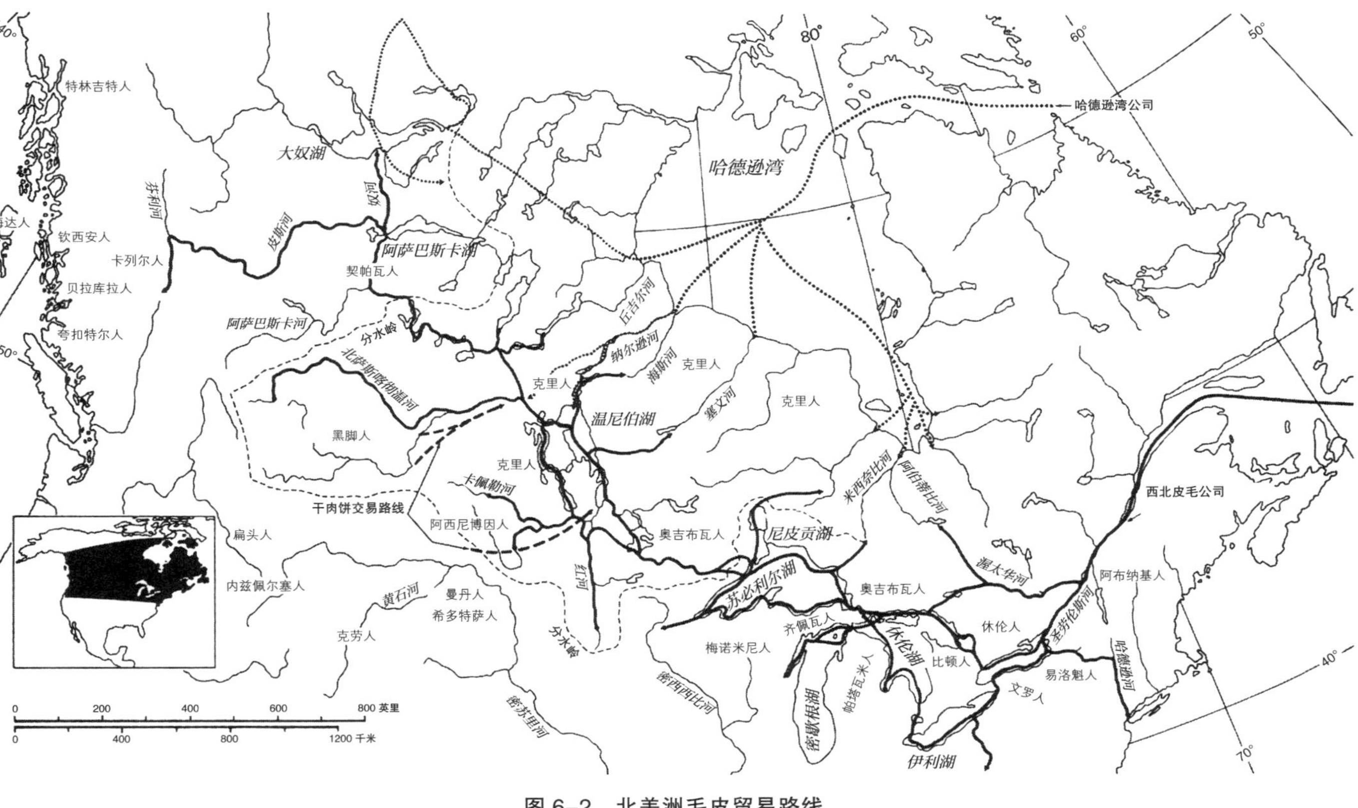

图 6-2　北美洲毛皮贸易路线

新的回应——不论是在内部各种人群的日常生活中，还是在他们彼此之间的对外关系上。由于商人向一个又一个群体要求皮毛，而偿付给他们欧洲的制造品，各个群体环绕欧洲制造品重新制定其生活方式。同时，欧洲人对皮毛的需求又增加了美洲原住民群体之间的竞争。他们竞争新的猎场以满足欧洲人日增的需求，也竞相取得欧洲的货物。欧洲货物不久便成了原住民工艺技术的必要成分，以及等差身份的标志。皮毛贸易因此改变了美洲印第安人人口群之间战争的性质，并使之更为激烈和有更大的规模。它导致美洲原住民的总人口大幅度减少，有的还被逐出其从前的聚居地。印第安人供应的也不只是皮毛。日渐成长的皮毛贸易也需要各种供应品。当皮毛商业向西面扩张时，它改变和加强了为狩猎者和商人生产食物的模式。

因而在思考整个皮毛贸易时，人们需要顾到好几个方面。法国人与英国人互动，又与各种印第安人的群体互动。而一个接一个的美洲印第安人口群，感到重新适应欧洲人的压力，以及彼此重新适应的压力。而这些冲突与适应的目标，竟是由诱捕一种重约一磅半、长着皮毛的小动物中牟利。

东北部的人口群

阿布纳基人

缅因（Maine）海岸说阿尔冈昆语的东阿布纳基人（Eastern Abenaki）是第一个与欧洲人进行持久皮毛贸易的美洲原住民人口群。他们的情形说明这种接触经常发生的两个结果：一个是原住民人口的突然减少；另一个是原住民群体经济活动的重心转移，其社会关系也因此改变。17 世纪最初几年，东阿布纳基人占有 20 多个村落，每个村落都有自己的酋长，总人口 1 万人。到了 1611 年，存活下来的只有 3000 人，其他的人都死于美洲原住民没有免疫能力的欧洲疾病。存活下来的人更频繁地拿河狸皮毛与欧洲人交易。他们仍旧种植一些玉蜀黍，但是由于种植季节很短，收成往往也不好，因而他们迫切期望以皮毛交易食物，1625 年以后便与普利茅斯殖民地进行这种交易。他们放弃了昔日捕鱼和猎水禽的海岸，在内陆开辟小片家族狩猎的领域，以家族小群体的狩猎为适应新情势的方法（Snow，1976）。

阿布纳基人不是唯一开辟家族狩猎领域的美洲原住民。大约在欧洲人到来以前原住民猎人便有各自喜欢的特殊猎场，冬天他们便在那儿狩猎。可是由小家族群体所有，并且不许别人使用的狩猎领域，都是像捕河狸的人与商人之间新的个别化交易关系的后果（Leacock，1954）。阿布纳基人分裂为较小的群体，这对于随最初探险家到来的天主教传教士们来说是有利的。由于每一个家族各有其自己的猎场，不跟着其邻人走，让他们改奉天主教比较容易（Jesuit Relations，1632，引自 Bailey，1969：89）。

休伦人

法国探险家和商人溯圣劳伦斯河而上，不久便与说易洛魁语的休伦人（Huron）建立了关系。“休伦”一词是来自法语的“hure”，其义为“野猪、无赖、野人”。休伦人自称温达特人（Wendat），早在 15 世纪便组织 2 万到 3 万个有许多不同起源的人为一个同盟。他们最初是一个十分重视园艺农业的群体，在休伦湖（Lake Huron）乔治亚湾（Georgian Bay）的岸边定居以后，与北面的狩猎采集者展开贸易，以玉蜀黍、烟草和印第安大麻交易皮毛、皮衣、鱼类、红铜、狩猎和旅行用具。因而，他们在将皮毛贸易扩展到北面森林居民的过程中居于要冲的位置。

他们在愈来愈致力于商业以后，便减少了种植活动，而由其西面的盟友比顿人（Petuns，或称提昂塔提人〔Tiontati〕）及安大略湖和伊利湖（Lake Erie）之间陆桥上的纽特罗人（Neutrals，或称阿提万达伦人〔Attiwandaron〕，意为“说话稍微不同的人”）处得到玉蜀黍的供应。他们由北面森林的居民处学会使用便捷的桦树皮小轻舟，以之运输大量的皮毛顺流而下到蒙特利尔一年一度的市集。休伦语一度成了上大湖区和加拿大地盾区（Canadian Shield）的共同语言。1648年易洛魁人消灭了休伦人，可是此前休伦人是法国与内地贸易主要的代理人和受益人，也是法国在这个地区军事行动的主要支持者。

休伦人在这方面的成功有好几个理由。他们在适于种植玉蜀黍、豆类、南瓜和烟草的南方生物地带和北方由猎人和渔人占领的地带之间，居于交易的要冲位置。这两个地带的交易要比与欧洲人的联系早了好几个世纪，或者于1200年左右为种植业所促进（McPherron，1967）。当皮毛贸易进入这个地区时，这儿已有现成的机制使货物的交易可以顺利进行，现在只是要加上河狸和其他的皮毛品种而已。1636年，让·德·布雷伯夫神父（Father Jean de Brebeuf）写道：某些交易路线仍掌握在特殊的家系之手，必须由家系的“家长”启动；“家长”的权力世袭。

在进行各种交易的同时也交换礼物，这是友谊的象征。送礼是治疗仪式与外交宴乐的一部分（Wright，1967）。最值得注意的是，在举行“死者的飨宴”时也伴有大规模的礼物交换。“死者的飨宴”大约每10年举行一次，埋葬自上一次飨宴以后死者的遗体。在这样的场合，已死亡酋长的继承人继位，并且继承亡者的名号。这些仪式因而带有确保地方上继嗣群领导继续不断的意义，同时又是各继嗣群酋长间交换礼物的场合。它们凸显了各群体的特殊身份与独特性，而同时又建立了这些群体间的联盟关系。这样的场合可以使不同语言和政治群体的人聚集在一起。1641年，法国传教士拉勒曼特（Lalemant）在乔治亚湾曾目击这样的飨宴。当时，当地的尼皮辛人（Nipissing）一共邀请了2000人，向西远到索尔特（Sault），向东远到休伦尼亚（Huronia）。在宴会上人们拿出来送人的皮毛、礼服、珠子和五金器皿，其量可观。雷尔曼说：“那一次光是尼皮辛人给其他民族的礼物，就值4万到5万法郎。”（Hickerson，1960：91）。当皮毛贸易由休伦向西扩展时，这种实现联盟关系和认可酋长身份的礼物交换，成为其广泛的伴随现象。最初采用它的是大湖区说阿尔冈昆语的原住民，而后它又由这些人扩散到苏必利尔湖的克里人，17世纪末又由克里人扩散到北美大平原（Nekich，1974）。

易洛魁人

在新阿姆斯特丹的尼德兰人和1644年取代尼德兰人的英国人，在哈德逊河的上游排水区域遭遇另一种说易洛魁语的人口。他们也务农，欧洲人称他们为易洛魁人。“易洛魁”这个法语词源自阿尔冈昆语，意为“真正的猪鼻蛇”。易洛魁人组成一个联盟，他们称这个联盟为“长屋”（The Lodge Extended Lengthwise）。组成这个联盟的 5 个“民族”（或有名称的母系世系群）是莫霍克人（Mohawk，“莫霍克”在阿尔冈昆语中意为“食人肉的野蛮人”，他们自称“燧石人”）、奥奈达人（Oneida）、奥内达加人、卡尤加人（Cayuga）和塞内卡人（Seneca，“塞内卡”一词是尼德兰语对马希坎人〔Mahican〕的误译，马希坎原是指易洛魁对奥奈达人的称呼）。18 世纪早期，奥奈达人允许塔斯卡洛拉人（Tuscarora）进入联盟。于是，在外人眼中，这个联盟由“6 个民族”组成，不过塔斯卡洛拉人始终没有权出席联盟的会议。由现有的证据来看，易洛魁人久已居住在这个地区。在历史时期，这 5 个民族各自控制自己的聚落、田地、森林和狩猎领域。它们虽结为一个政治组织，但彼此之间有文化和语言上的差别。它们听不懂自己族群以外的语言，联盟的事务由会说多种语言的酋长们处理。

易洛魁联盟大约成立于 15 世纪，其目的是减少各族群间的冲突与战争。可是日益发达的皮毛贸易不久便成为各族群间凌驾一切的共同利害。虽然在易洛魁人居住的地区河狸并不常见，但由于狩猎越发频繁，河狸的数目更为稀少，他们旋即明白，他们族群各自和共同的未来有赖于河狸。为了自己能多取得皮毛，他们必先降低或消灭其邻人的竞争能力。先是在尼德兰人的支持之下，后来又在英国人的支持之下，他们对法国人支持的竞争对手发动了一连串的摧毁性战争。在 1640 年的天花流行病削弱了休伦人以后，他们于 1648 年攻击了休伦尼亚，消灭了其独立的地位。1656 年，他们消灭了纽特罗民族和伊利民族。1675 年莫霍克族攻击为对抗英国殖民者而在新英格兰组成的阿尔冈昆同盟。同年，与马里兰和弗吉尼亚的英国殖民者联合的塞内卡人，消灭了控制宾夕法尼亚中部谷地的塞斯克汉诺人（Susquehannock）造成的威胁。1680 年，五民族与伊利诺伊人（Illinois）开战，以阻止法国人与他们接触。

虽然易洛魁人军事行动的规模不小，但是真正参加这些行动的战士却不是很多。1660 年，一位耶稣会的神父估计，莫霍克人可以动员 500

名战士、奥奈达人不到100名、奥内达加人300名、卡尤加人300名、塞内卡人不到1000名（Trelease，1960：16）。易洛魁人的军事能力在于能取得愈来愈多的火器，这些火器主要是尼德兰人和英国人卖给他们的。到了1660年，每一个战士或许都有自己的火枪。这种优越的火力，再加上在游击式战争中依恃个人勇武，使他们可以胜过邻人（Otterbein，1964）。

从事皮毛贸易和进行密集的战争，也使易洛魁人的生态和社会组织发生了其他的变化。易洛魁人生活的经济基础在皮毛贸易发展起来之前是种植业与狩猎。种植工作多由妇女来做，不过在砍烧周期中男人也帮着开垦土地。开垦群体的阶级成分仍不可知，但是其他农耕工作却由村落的全体妇女在做，她们一般是由统治家族的头人主妇指导，其他家族的主妇充当助手。使用土地的权利以及种植和加工处理食物的工具，由上一代妇女传给下一代妇女。妇女也主管农产品的分配。这些经济任务使妇女具有相当的权威。她们可以使用她们备食和供应鹿皮鞋的能力，否决她们不赞同的战争团体的活动（Randle，1951：172）。她们也在飨宴中安排款待，这对于巩固族群以内和族群之间的联盟来说是一项重要的活动（Brown，1975：247—248；Rothenberg，1976：112）。此外，妇女拥有多个家庭共居的住所，并且行使提名议员出席“长屋会议”的权利。

相反，狩猎与作战是男人的工作。在易洛魁人涉足皮毛贸易日深和更依靠皮毛贸易以后，这些活动也日益重要。欧洲的商品早在1570年便出现在易洛魁人的居留地，大约是为了交易皮毛。100年以后，易洛魁人几乎完全依靠贸易和外交礼物以取得武器、金属工具、壶罐、衣服、珠宝和烈酒。到了1640年，河狸在易洛魁人的家乡大致灭绝。于是易洛魁人不得不慢慢走向远处，进入邻人和敌人的地盘，以求取得支付欧洲商品的资源，或与人作战以偿付别人给他们的外交礼物。随着皮毛贸易的发展和与外人的牵连日深，男人和女人的角色也更为有别。男人往往一走好几年去追逐皮毛和敌人。女人则愈来愈离不开她们的农田和果园、菜圃。可能在17世纪早期以后，由于男女活动日益分叉，易洛魁人愈来愈实行从母居制（Richards，1957）。

可能像理查兹说的那样，女人也逐渐有权将俘虏收养进当地的母系世系群。这件事愈来愈重要，因为易洛魁人想拿俘虏取代其阵亡的男丁。1657 年，据说在塞内卡人中外人比自己人还要多。1659 年，耶稣会会士拉勒曼特说：“如果有人想要计算出纯种易洛魁人的人数，他在这‘5 个民族’中很难找到多于 1200 个的纯种易洛魁人。因为在很大程度上这‘5 个民族’是他们征服的各部落的人的集合而已。”1669 年，2/3 的奥奈达人是阿尔冈昆人和休伦人。耶稣会会士甚至抱怨说，不易用易洛魁人自己的语言给他们传教。（Quain，1937：246—247）

这项证据有惊人的意义。它指出在皮毛贸易和加剧的战事中，易洛魁人亲属关系的形式虽然依旧，但其意义和功能已大为改变。当欧洲人最初到来的时候，“长屋”主要是地方群体的一个联盟。它裁决地方上农田和其他资源的利害关系，也防止地方上的争执升高为世仇和战事。可是易洛魁联盟逐渐成为来自各方的皮毛商人与战士的协会，以处理诸如皮毛贸易和欧洲诸国间政治斗争这样的地区间迫切事务。威廉·芬顿（William Fenton）说这个联盟是“亲属关系的邦国”，因而将两个一般以为互不兼容的概念联系在一起了。我们也许最好说易洛魁联盟是一个协会，想要用亲属关系的各种形式去发挥协会的功能。欧洲的商业公司也合并经济与政治的功能，因而我们甚至可以说，易洛魁联盟是结构与欧洲商业公司相类似的美洲原住民的一种组织。就这一点而言，易洛魁人也与西非尼日尔河下游的阿罗人（Aro）相似。阿罗人也用亲属关系的机制和仪式去组织和主宰地方上的奴隶贸易（参看第 7 章）。易洛魁人和阿罗人一样，他们没有邦国，只有一个联盟，这个联盟建立在亲属关系上，是为了应对地区间政治与经济的压力而发展出来的。

联盟持续的亲属关系基础，是其力量也是其弱点。前面已提到，易洛魁妇女有权提名其母系世系群中的男性成员在奥内达加的会议上任职。这些职位与 50 个头衔或姓名有关，为许多母系世系群集体所有和控制。值得注意的是，议员们在会议上很维护当地的利益和意见。他们在会议上发言不是为了自己，而是为了当地以亲属关系为原则组成的选举区的利益。因此，这个联盟绝不是一个完全统一的政治机构。它的作用主要是减少选区各村落族群间的群斗和宿怨，并且管制与外邦大使和经纪人之间的磋商。它可以代表整个联盟对外宣战，但所有的议员必须一致同意才能做出宣战的决定。如果大家在一件事上有异议，则这件事便被搁置一旁，或由某一个族群采取行动解决。联盟的许多活动都是仪式性的，像追悼会议期间哀悼死亡议员和庆祝新议员就职。即使在经济、社会、政治和宗教问题上的分歧造成选民的分裂时，通过这样的仪式，议会的头衔和统一在意识形态的层次上还是得以持续。

当战事转趋激烈时，会议内部的不和睦也增加了。正如奎恩（Quain，1937：267）指出的那样：

> 当战事在与欧洲人接触的刺激下成为日常生活的一部分时，战争领袖将军事的普遍性转化为自己在政治上的有利条件，担当起重要的管理角色。以前对酋长总是很有利的酋长与战争领袖间的权力均势现在改变了，以致酋长政府的合作动机不再重要。

最后，没有任何机制可以消灭真实或可能的异议。因此东面的莫霍克人与西面的塞内卡人之间往往关系紧张，1657年双方几乎要打起来。塞内卡人和奥内达加人常常在法国人攻打莫霍克人时幸灾乐祸。而当塞内卡人、卡尤加人与塞斯克汉诺人作战的时候，莫霍克人也不肯帮塞内卡人和卡尤加人。在一个部族的族群中，有几个村落偶尔也背离其他村落而单独与法国人和英国人的代表签署协议。联盟很少能采取任何一致的行动，因而也不能一致挑起法国人与英国人之间的斗争，以坐收渔人之利。特里利斯曾说（Trelease，1960：342），困难的所在是议员们或是不能做出决定，或是不能一贯地执行其决定。在美国革命期间，易洛魁人也苦于不能提出和遵守一个共同的政策。莫霍克人和奥内达加人内部发生分裂，有的支持反叛的美国人，有的支持效忠英国的人。虽然易洛魁联盟正式宣布中立，但是卡尤加人和塞内卡人却支持英国人，而塔斯卡洛拉人和奥奈达人又支持美国人。

因而我们不能过分强调易洛魁联盟在政治上的一致性，也不能说它有任何垄断皮毛贸易的一致政策。取得河狸对易洛魁人而言当然是最重要的，但是他们的方法或是占领邻人的狩猎场地，或是夺取别人收集和运输的生皮。虽然他们迫使休伦人放弃在皮毛贸易中居间人的地位，但是却不能阻止休伦人的西邻渥太华人（Ottawa）接替这个地位。易洛魁人有相当的军事潜力。但是，要不是法国人和英国人为了共同利益都极愿让易洛魁人充当他们彼此之间的缓冲，易洛魁人当年的实力也还不足够阻挠其他欧洲人的入侵。英国人把易洛魁人武装了起来，以便阻止法国人进入渥太华和大湖区的狩猎场。而正如拉翁唐男爵（Baron de Lahontan）在1700年所云（引自Trelease，1960：246，n.44），法国人为了自己的利益想要削弱易洛魁人，但知道易洛魁人若全军覆没，对他们也并无好处。法国人与易洛魁人之间的关系因而十分矛盾。

> 虽然易洛魁人构成了加拿大最大的经济和军事威胁，但是他们也是阻碍奥尔巴尼与渥太华人发生直接关系而损害加拿大皮毛贸易的唯一因素。（Trelease，1960：246）

事实上，如果当时奥尔巴尼和西部地区辟有直接的交通线，那么新法兰西便无法与纽约竞争。英国人的有利条件是可以降低制造品和运输的成本，降低税率，获得更高品质的商品，以及可以由西印度群岛取得低廉的朗姆酒。1689年，在蒙特利尔得到一支枪需用5张河狸皮，但在奥尔巴尼得到一支枪只需1张河狸皮；在蒙特利尔得到一张红色或白色的毛毯需用2张河狸皮，但在奥尔巴尼只需1张河狸皮。印第安人在奥尔巴尼卖1张河狸皮可以得到整整6夸脱的朗姆酒，可是在蒙特利尔1张河狸皮甚至连1夸脱的白兰地酒也买不到（Trelease，1960：217，n.27）。在18世纪，这种差别依旧。卡德瓦拉德·科尔森（Cadwallader Colson）总结这种差别说："纽约商人可以用加拿大商人所出价格的一半在印第安人住的地区出售其货物，而得到比加拿大商人多一倍的利润。"（Washburn，1964：153）。易洛魁人虽然通常是法国人的敌人，但却可以保卫法国与西部地区间的商业。

相反，易洛魁人也可以挑拨法国人与英国人之间的斗争，以坐收渔人之利。不过这种外交上的游戏却很少发生在易洛魁联盟的层次。然而，有些族群今天支持法国人，明天又支持英国人。只有莫霍克人始终支持英国人的活动。又有一些族群，像一部分塞内卡人那样，在18世纪中期甚至为法国人作战，并且参与法国支持的庞蒂克（Pontiac）起义，反叛英国人（1763—1764年）。

然而，对外关系的不一致，损害易洛魁人的团结。美国独立战争造成其一个族群与另一个族群间的斗争。族群中的小派别也使亲属彼此作对。这个情形使联盟软弱并四分五裂，它只在仪式的基础上得以持续。可是随着美国的胜利，它也失去在军事和政治上的主要功能。支持英国的易洛魁人迁徙到加拿大，其后裔至今住在那儿。

因此，易洛魁联盟暴露了自己的主要弱点。只有当族群间的冲突能化解时，它才能裁定冲突。它可以挑拨彼此作对的外国势力及其印第安盟友间的利害关系而坐收渔人之利，但是在面对强敌时它却没有一致的政策。使它结合为一体的是亲属关系和仪式。在追悼会议的仪式中，它使用邻近部落广泛使用的纪念已故酋长与宣布继立酋长的模式。休伦人的“死者飨宴”也可以达成同样的目的，使参与者发生结盟的关系。我们在奥吉布瓦人与联盟群体中会再看到这种模式。在所有这些情形下，人们都是用仪式的方法去创造团结。只要政治利害一致，仪式便可以创造政治上的可靠关系。可是，当这些人口群卷入皮毛贸易与政治活动的矛盾时，它却不能给他们任何技巧，去创造使各方面都服从的临时一致意见。易洛魁人虽然在会议和军事方面都很进步，但却未能创造出一个邦国。他们在与中央集权程度更高的政体竞争时，仍处于不利的地位。

大湖区的人口群

虽然易洛魁人始终未能垄断圣劳伦斯河下游以西的皮毛贸易，但是他们对于大湖区的人口群却有着巨大的影响。易洛魁人未杀死或吸收的休伦人，都向西逃难。易洛魁人也将住在大草原和种植玉蜀黍的帕塔瓦米人

（Potawatomi）、索克人（Sauk）、福克斯人（Fox）、基卡普人（Kickapoo）、马斯古腾人（Mascouten）和部分伊利诺伊人，逐出其故乡。这些人口群被易洛魁人由俄亥俄河（Ohio River）以北的下密歇根（Michigan）和俄亥俄地区撵到密歇根湖的西面。1634 年，他们通过帕塔瓦米族和渥太华族中间人，在法国人于格林湾（Green Bay）建立的商栈进入皮毛贸易。这个地区不是他们的家乡，他们也没有像有人说的那样在这儿定居，并利用当地的野生稻米。吸引他们去格林湾的是皮毛贸易，而把他们撵出最初栖息地的是易洛魁人（Wilson，1956）。

然而，休伦人的中间人角色，日后主要为渥太华人所取代。“渥太华人”由阿尔冈昆语中“adave”一词而得名。这个词是说阿尔冈昆语的各种民族所熟习的。它是对到 1660 年那些放弃自己生计活动而经营贸易，已西迁至希夸默根湾（Chequamegon Bay）猎皮毛地区的说阿尔冈昆语族群的总称。到了 1683 年，法国人收到的生皮，其中有 2/3 由渥太华人经手（Peckham，1970：6）。

别的族群也开始西迁以追逐皮毛。早在 1620 年，以动物名称如“熊”或“鹤”为名的说阿尔冈昆语的族群，开始在连接休伦湖和苏必利尔湖的苏圣玛丽河（Sault Sainte Marie River）两岸会合，这条河的水流十分湍急。法国人称这些急流为“索尔特”，因而称这些急流上的人为“索尔特人”（Saulteurs 或 Salteaux）。这个区域是皮毛商人理想的聚集地，有许多较易捕获的白鱼可供食用。不久，躲避易洛魁人的难民和部分帕塔瓦米人、克里人、阿尔冈昆人和温尼贝戈人（Winnebago）也到来了，“索尔特人”的队伍逐渐壮大。“索尔特”一词逐渐不再被使用了，而以当地一个族群的名称“奥吉布瓦人”取代。

这些身份的融合与改变是皮毛贸易在亚北极加强以后触发的一般过程中的例子。带有当地名称的地方性小群体：

> 在寻找皮毛的时候离乡背井，大部分西迁。群体间的冲突增加，并且互相混合。它们逐渐失去自己的身份而没入较大的群体，以较大的群体之名为名。较大的群体有时以从前的一个小群体而得名，如

> “索尔特”或“奥吉布瓦”。在法国人的时代，被称为“奥吉布瓦”或“索尔特”的大群体还没有出现。此外，商栈而不是传教点的建立，或许也鼓励由附近地区来的不同群体形成较大的群体。（Rogers，1969：38）

苏必利尔湖南岸的希夸默根村，便是这样的一个融合点。1679 年，奥吉布瓦人占领了这个村落。他们与在苏必利尔湖以西狩猎和种植玉蜀黍的达科他人（Dakota）达成协议，以由法国人处得来的商品交易进入狩猎场的权利。1736 年，出产玉蜀黍等农作物的希夸默根村大约已有 750 到 1000 人。这一年协议取消，双方发生激烈战斗。

米德维文

以前族群之间各自具有地方认同的融合与结盟过程，在意识形态上有重要的影响。新的宗教形式取代了“死者的飨宴”，而成为交换和联盟的主要仪式。其中，最著名的宗教形式叫米德维文（Midewiwin）。这种宗教崇拜大约于 1680 年源自希夸默根。“死者的飨宴”原是为庆祝地方群体的认同以及地方领袖的继位。它也在类似的地方群体之间加强联盟与交易。相反，米德维文更注重个人，以及个人如何融入一个超越地方与继嗣群的等级组织中。

在米德维文的仪式中，个人通过与超自然直接接触得到的力量，由一个白色贝壳（Megis）传达。米德维文的成员都有一个装有宗教用品的“药”袋子，其中就有一枚白色的贝壳。一个人若是被这些贝壳发出的“射线”击中，那就意味着他入会了。每一枚白贝壳都是超自然力量的贮藏器，它在每一个聚落中复制整个团体的力量。同时，团体成立的神话又说它的形成早于任何继嗣群的表记或图腾，因而位于任何特殊的地方性继嗣群之上。团体的本身又分等级。团员贡献财富给主管官员，便可由低级晋升到高级，由对神圣知识了解的较低层次晋升到较高层次。

财富因而是一个人在团体中晋升的先决条件。在战争与皮毛贸易中的成就，使一个人成为领袖。再者，团体的规模是跨地区的。其领袖与祭司在新成立的复合聚落中，一方面宣称具有最高的神圣知识，一方面又仲裁社会与法律上的关系。他们也和外人，如商人、政府官员和传教士打交道。因而，随着皮毛贸易的发展，继嗣群的独特象征服从于跨地区"教会"的发展，为在社会与意识形态上控制冬季集结的大数目人口群提供了一种机制。

向西扩张

在17世纪最后30多年以前，北美洲的皮毛主要通过圣劳伦斯河与哈德逊河两条路线运到欧洲。可是1668年，人们又开辟了一条新的向北的贸易路线。在哈德逊湾从事贸易的英国总督、公司和冒险家，这年在流入詹姆斯湾的鲁珀特河（Rupert River）河口，建立了一个贸易站。这个贸易站日后被称为"鲁珀特商行"（Rupert House），也就是"哈德逊湾公司"。别的商栈迅速继之成立，吸引了克里人和说苏语（Siouan）的阿西尼博因人。阿西尼博因人原与克里人争战，现在却与他们联合，对抗自己的亲族扬克托奈人（Yanktonai）。"哈德逊湾公司"最大的吸引力是枪支。1689—1694年，每年交易的枪支有400多支（Ray，1974：13）。即使这些武器一坏就没有用，可是它们却使克里人和阿西尼博因人与他们的敌人（南面的达科他苏族人、西南面的格若斯维崔族〔Gros Ventre〕和黑脚族〔Blackfoot〕，以及北面说阿萨巴斯卡语〔Athabascan〕的人）相比占有决定性的优势。

法国人害怕受到哈德逊湾、纽约和新英格兰敌人的包围，就挑起激烈的战事，想要占有哈德逊湾沿岸的贸易站，并挑拨达科他人与英国的贸易站为敌。可是1713年的《乌特勒支条约》把哈德逊湾划归英国人。配备有英国枪支的克里人与阿西尼博因人于是进一步对达科他人施压。法国人因而开始西进，设立商栈和传教机关，一面想与新狩猎地区的美洲原住民发生直接的接触，一面想抵制"哈德逊湾公司"由北方挺进，以及商人由路易斯安那殖民地向南移动。可是法国人的这个举动，只引起奥吉布瓦族的猜疑，以为自己将失去作为达科他人中间人的作用。包括来自希夸默根的奥吉布瓦人，因而与阿西尼博因人与克里人联合，与达科他人进行残暴的战争，把达科他人由明尼苏达和威斯康星北部的居留地逐出去。克里人与阿西尼博因人继而扩张进入阿萨巴斯卡人的领域，一直到丘吉尔河（Churchill River）。1717 年丘吉尔贸易站建立，阿萨巴斯卡人有了自己的枪支，才制止了克里人与阿西尼博因人的扩张。

达科他人与奥吉布瓦族、克里族和阿西尼博因族之间的冲突，不仅是美洲原住民人口群之间的争执，更是法国与英国全球性冲突在北美洲的体现。在印度，“法国东印度公司”与“英国东印度公司”一直暗中较量，直到 1756 年的“七年战争”（在美洲被称为“法国与印第安人战争”〔French and Indian war〕），才使这两个国家及其盟邦发生公开对抗。在《乌特勒支条约》中英国得以保留哈德逊湾。但是在 1713—1756 年，法国势力却有所增强。它巩固了与原住民群体的联盟，建立了新奥尔良，使海船可以进入密西西比河，又在匹兹堡建立了迪尤肯贸易站（Fort Duquesne）以巩固对俄亥俄的把持。1755 年英国人想夺取迪尤肯贸易站，但遭遇大败。可是在接下来的“七年战争”中，英国人却在 3 个大洲上决定性地击败了法国人。在印度，1757 年，克莱武（Clive）在普拉西（Plassey）击败了法国人及其盟邦。1758 年，英国人攻占了迪尤肯贸易站，并用英国首相之名名之，曰皮特贸易站（Fort Pitt）。1759 年英国海军在法国海岸外击败了法国海军，使之元气大伤。1760 年英军攻占了魁北克市。在 1763 年的条约中，法国将加拿大割让给英国，将上密苏里地区割让给西班牙。

毛皮贸易起变化

18 世纪下半叶，皮毛贸易扩张进入萨斯喀彻温河（Saskatchewan）流域。这件事触发了一连串的连锁改变。贸易本身的物流系统有所改变。于是涉足贸易的美洲原住民群体，其内部结构有所改变；商人与捕河狸的人的关系也有所改变。在此之前，皮毛贸易的路线基本上都是沿着天然水道而行，由东部海岸溯河而上，沿着一连串湖泊，再渡过内陆海。主要的内陆贸易站都建在这些海运或河运路线的源头处，可是现在有人却想使贸易路线越过大西洋与太平洋水域之间的陆地分界线。因此，他们也撇下圣劳伦斯河下游的供应基地、大湖的渔场和大湖沿岸生产玉蜀黍的地区，而进入需要新运输工具的地方。

皮毛贸易组织上的改变也随这些新的生态危机而发生。在 18 世纪中叶以前，各贸易公司对于依靠美洲原住民中间人的合作交付皮毛感到满意。可是这种合作只能部分满足贸易公司的需要。因为一旦中间人群体具有自主权，这些公司则对它们的社会与政治关系只有起码的控制权，包括它们的联盟与冲突。因而贸易公司设法取消中间人，而直接与初级“生产者”打交道，即猎人和收集皮毛者本人。于是，商人便直接深入内陆地区，在皮毛的出处求取皮毛供应。

庞蒂克起义

贸易上的这些变化，与英法战争在时间上几乎同时发生，这于 1763 年导致一次大规模的美洲原住民起义——庞蒂克起义。庞蒂克是渥太华人。渥太华人则是大湖区一个重要的中间人群体。到了 18 世纪中叶，他们已十分倚重欧洲商人以求继续其居间者的角色和取得欧洲制造品。同时，欧洲皮毛商人直接深入内陆，威胁到他们的特权地位。这个时候大家都明白，欧洲人是住下不走了。他们不再是美洲原住民的访客，而是永久的定居者，要占领他们的整个家园。原住民依靠的代理人，也正是在剥夺他们存活机会的人。这种“双重关系”在东面森林地带的美洲原住民中间激起了强烈的抵制思潮。原住民先知宣讲道德改革，并与驱逐侵略的殖民地开拓者的呼吁相结合。此时，英国人决定让渥太华人此后过上勤劳的生活以供养其家人，而不求助于外人。庞蒂克起义，一方面是对于“生命宗师”所传讯息的神秘回应，一方面也是对于英国人这个决定的军事回应（Jacobs，1972：81；Peckham，1970；Wallace，1970：120—121）。参加渥太华人起义的，还有肖尼人（Shawnees）、奥吉布瓦人、休伦人、迈阿密人、帕塔瓦米人和塞内卡人。在取得了最初的胜利后，起义者无法攻下底特律、尼加拉瓜和匹兹堡这些主要的英国贸易站，起义宣告失败。武器和弹药的不足，再加上法国人背信弃义，当年单独与英国人媾和，因而起义终因内部纷争和叛变而失败。

西北地区的阿萨巴斯卡人

当中间人群体在皮毛贸易中不再有关键性的作用时，哈德逊湾以西的新人口群却被直接牵扯进这个贸易。皮毛商人与说阿萨巴斯卡语的契帕瓦人（住在丘吉尔贸易站与大奴湖〔Great Slave Lake〕及阿萨巴斯卡湖〔Lake Athabasca〕之间的地方）联络。契帕瓦人有了枪支，开始将河狸和奴隶从阿萨巴斯卡湖和大奴湖地区逐出去，并向北面的耶洛奈夫人（Yellowknife）和多格里布人（Dogrib）索取皮毛。契帕瓦人与其南面和东面森林地带的克里人之间也有摩擦。克里人原是中间人，可是现在其地位已不保。有些克里人和阿西尼博因人逐渐迁移到北极圈附近的森林与大草原之间的边界地带，开始以狩猎野牛为生。1730 年后他们有了马匹，此后成为专业的骑马畜牧民族。

皮毛商人现在想主动与捕河狸的人做生意，而非等诱捕河狸的人前来和他们做生意。狩猎驯鹿与捕鱼的需要与诱捕河狸的任务发生了冲突。因而，皮毛商人想将“吃驯鹿的人”变为“备办者”（契帕瓦人指出了其间的区别）。他们把食物、枪支、弹药、陷阱、布匹、毛毯、烈酒和烟草借贷给印第安人的“酋长”和个别的印第安人。18 世纪，这种借贷面粉、猪油和茶等主食的情形，使诱捕河狸的人口群的自主狩猎活动衰退。由于印第安人逐渐不再依靠大的驯鹿群和群体捕鱼，以前组织狩猎大的驯鹿群的“大家追随的大人物”，现在失去了作用。皮毛商人于是雇用猎人供应肉类给其贸易站，或与“贸易酋长”打交道。“贸易酋长”因为有了由商栈借贷的狩猎器具和主食，对其追随者有相当的影响力。有些以亲属关系为基础的群体开始自营狩猎与贸易，尤其是因为商人对于皮毛的竞争，使想与他们结盟的酋长人数和这些酋长间的冲突都大为增加。于是商人与诱捕河狸的人之间的关系个人化，适合形成以一对对夫妇为基础的小团队，而非早先那种较大的狩猎群体。

新成立的公司

1797 年，“哈德逊湾公司”遇到了一个新的竞争对手“西北公司”（Northwest Company）。赞助“西北公司”的是在美国独立战争时期效忠英国国王而被奥尔巴尼逐出的皮毛商人。这个公司的基础是法国皮毛商人的专门知识和技术，其雇用的船工大部分是法裔加拿大人和曾经参加英国征服加拿大的战役或英国对美国战役的苏格兰退役军人。这个新成立的公司在各大湖和通往落基山脉（Rocky Mountains）以及落基山脉以西的陆路地区，大力探索和发展贸易。在西北内陆的新领土上，其人员往往是最先到来的欧洲人。

这两个以加拿大为基地的公司的西向扩张，激起了美国人的竞争。美国这个新成立的共和国，希望能控制北美大陆。1803 年，美国得到了路易斯安那。1804—1806 年，刘易斯与克拉克（Clark）代表美国国会探索西部。1808 年，约翰·雅各布·阿斯特（John Jacob Astor）在杰斐逊总统的默许下，组成美国皮毛公司（American Fur Company）。1811 年，该公司在哥伦比亚河河口兴建阿斯托里亚贸易站（Fort Astoria）。虽然阿斯托里亚贸易站在两年以后归英国人所有，但是美国皮毛公司却得以取代在圣路易市营业的较早的法国公司，并且在与加拿大公司的竞争中得利，直到 1842 年美国皮毛公司才破产。

大平原上的骑马游牧民族

在大湖区以西的整个地区，皮毛商人愈来愈依靠在大平原（the Plains）骑马的野牛猎人供应他们食用的肉类。1519 年西班牙人征服墨西哥，将马匹引进新大陆。因而，在大湖区以西的骑马畜牧是在那之后才有的一项历史发展。最先骑马的美洲原住民是在新西班牙北疆采集食物的奇奇梅克人（Chichimecas）。他们从西班牙的前哨站抓马或偷马。后来一个接一个美洲原住民取得了马，用它们袭击较弱的邻人，抓俘虏卖给法国人和西班牙人当奴隶。

阿帕切人于1630年左右由奇奇梅克人处获得马匹。犹特人（Ute）和科曼奇人（Comanche）在1700年左右由阿帕切人处获得马匹。怀俄明和蒙大拿东部的东肖肖尼人（包括斯内克人〔Snake〕）在18世纪最初30年开始骑马。斯内克人不久便成为北部大平原上主要的马匹商人和捕捉奴隶的人。肖肖尼人还供应马匹给黑脚人。马匹传播的另一条路线是往东北方向。1730年前后科曼奇人将马匹供应给其北面的基奥瓦人（Kiowa）。基奥瓦人或许供给务农的波尼人、阿里卡拉人（Arikara）、希多特萨人（Hidatsa）和曼丹人的马匹最多。

马匹提高了新主人的作战能力，也改进了他们狩猎野牛，运输工具和供应品的能力。较大的机动性又使人可以涉足日益开展的贸易网络，而从事贸易不久又可取得新的军事资源——枪支。

达科他人是最早合并骑马和用枪的美洲原住民。前面曾经提过在18世纪30年代以前达科他人是苏必利尔湖以西森林地带和平原上徒步的农人和猎人。在那之后，配备有“哈德逊湾公司”供应枪支的克里人、阿西尼博因人和奥吉布瓦人，向他们所住的地方挺进。达科他人由法国人处取得枪支，因为法国人想阻挠英国盟友前进。达科他人使用这些枪支抵挡由北方来的攻击，驱逐夏安人（Cheyenne）等其他印第安人，并且在密苏里河沿岸劫掠农民，将他们售予欧洲人为奴。可是这些村民已由基奥瓦人处获得马匹，便以骑兵攻击达科他人。这种形势到18世纪50年代达科他人自己也由阿里卡拉人处获得马匹时才得以扭转。到了1775年，达科他人已在大平原东北部骑马荷枪，逞威作福。他们与圣路易市的欧洲商人展开直接的贸易关系，因而越过那时已垄断大部分大平原与密西西比河沿岸市镇间贸易的曼丹人。达科他人击败了夏安人，断绝了基奥瓦人与阿里卡拉人的关系，而又搅扰了克劳族与曼丹人之间的接触。

黑脚人在平原的西北部也扮演了类似的角色。黑脚人被克里人和阿西尼博因人逐出家园，之后他们住在哈德逊湾以西的地方，以采集食物为生。他们在1730年前后获得马匹，在18世纪下半叶取得枪支。他们不久即击退大敌斯内克人，以及库特奈人（Kutenai）和扁头人（Flathead）。这些人都没有枪支。

马匹的到来不仅改变了军事的模式和增加了机动性，还使人更易追逐野牛，可以在部落周围的地方猎取大数目的野牛。这种新生活的诱惑使许多人口群变成了专业的猎牛人。边缘地区的农人抛弃了自己的农田，如格若斯维崔族、达科他人、夏安人和阿拉巴霍人（Arapaho）。在另一些情况下，一些族群从农业人口中分离出来，如希多特萨人的分支克劳人。

甚至沿密苏里河和普拉特河（Platte River）的曼丹人、阿里卡拉人、希多特萨人和波尼人的永久农业村落，也感到了这些新机会的冲击。这些大村落以种植玉蜀黍为基础，由妇女在母系世系群拥有的土地上种植。男子作战和狩猎，但园艺和农业仪式主宰年度周期，包括每年的野牛狩猎。母系世系群分为上层家族与平民家族。一个家族出村落的酋长，另一个出仪式的领袖。村落的酋长维持村中秩序和控制战事。仪式的领袖与其他上层成员一起照顾神圣的母系家族，确保他们住在每个村落的中央位置。上层家族由生产力很高的农业中得到盈余，也收到仪式过程中奉献的礼物、进入有阶级组织的男子会社的入会费，以及周围食物采集者用以交易农产品的货物。这些财富又按上层成员的等级身份重新分配。社会整体的形态似乎是根据亲属关系的方式。虽然呈献是根据亲属关系与仪式的参与程度，但是也可能具有纳贡性质。上层成员开始使用多余的玉蜀黍与阿西尼博因人和欧洲人进行广泛的交易。阿西尼博因人以得自“哈德逊湾公司”的火器和制造品交易这些农村的玉蜀黍。

狩猎野牛使个人有了事业进取心的机会。这种情形使人质疑上层成员是否有权控制战事、会社的活动和超自然力量的获得。年轻的男性战士想要自己独立狩猎、贸易和进行战斗，开始质疑其村落领袖的权威。因此，当波尼人的青年会社成员在维持村落治安时偷了神圣的肉类时，他们辩解说他们曾到过西面的村落，那些村落的人一切平均分配（Holder，1970：133）。偏袒苏族的阿里卡拉“不良男性青年”必须被逐出去（Holder，1970：129）。

最重要的是，宰杀野牛的能力提高以后，村民多了一大样新的东西可以与欧洲人交易。18 世纪下半叶，皮毛贸易扩张到马更些盆地（Mackenzie Basin）。皮毛商人因此可以由骑马的游牧民族处得到一种新的食物——干肉饼。这种食物是用野牛肉做成的。将野牛肉切成片，在太阳下或火上弄干，再用木槌将之捣成粉，与融化的脂、骨髓和晾干的野樱桃糊混合而食。这种干肉饼装在兽皮袋子中，重 90 磅。据估计，每个旅人每天须进食 1.5 磅的干肉饼，因而每袋可以供养一个法国人 60 天（Merriman，1926：5，7）。1813 年，“西北公司”需要 58 059 磅或 644 袋干肉饼，以供应其 219 艘小轻舟（Ray，1974：130，132）。大平原上的游牧民族成为森林地区、瘠地和丘吉尔、哥伦比亚与弗雷泽（Frazer）诸河沿岸驿站干肉饼的主要供应者。他们也供应马匹给这些驿站。在埃德蒙顿贸易站（Fort Edmonton）小轻舟停泊区以北的地方，需要用马匹运输。野牛也可构成其他商品。村民与圣路易市大量交易野牛舌和脂肪。1825 年以后，河狸已经不再重要，野牛皮外套则成为主要的皮毛贸易商品。1841—1870 年，单是黑脚族地区的本顿贸易站（Fort Benton），便汇集了 2 万多件野牛皮外套（Lewis，1942：29）。

因此，在日渐扩张的商业关系脉络中，马匹与枪支共同在短短几年中促成大平原上印第安人的组合形态。徒步的狩猎采集者和农耕者也迅速采取这个形态。再者，这些彼此不同的人口群虽然起源各异，但是逐渐在社会上和文化上彼此相似。这种合流的理由，有的是在于生态适应的新方式。野牛群冬天四散，各以小群迁徙到山脉中的庇护所，到了春天，它们迁回多草的平原，在七八月的交配季节再集结为大兽群。狩猎野牛必须要配合这个节奏。猎人在冬天分散为小团队或家族群体，而后再集合在一起进行年度的大围猎。选择扎营地点也必须顾及马群对牧草和保护的需要。

大平原文化的辐合性发展，也是由于大团队的需要。大团队在狩猎和袭击时必须聚合集结，而在适应不断变化的季节性需要时，又得保持灵活性。每年的围猎，需要分散而不同的群体集合为一个共同的营帐圈。为了适应这种需求，骑马的游牧民族由邻近的曼丹人和波尼人这些定居的农人处借得有向心力的组织形式。其中之一是男性会社。会社同时又是舞蹈俱乐部、军事协会，以及协调每年狩猎野牛的“野牛管辖处”。另一个统

图 6–3　内兹佩尔塞（Nez Perce）妇女正在制作干肉饼，由威廉·亨利·杰克逊（William Henry Jackson）摄影，1871 年（National Anthropological Archives, Smithsonian Institution）

一的方法是使用维系各团队的象征符号，如波尼人的部落药物束、夏安人的圣箭和阿拉巴霍人的圣管轮。就这一点而言最重要的是一年一度的大规模太阳舞（Sun Dance）仪式。太阳舞仪式源于以前务农的群体，如阿拉巴霍人、夏安人和达科他人。对于这种仪式的特殊成分，其原型与类似之处在曼丹人、阿里卡拉人和波尼人的文化中可以找到。可是骑马的游牧民族在采取这种仪式时，将集体仪式的统一功能与个人荣耀的建立功能结合起来。太阳舞仪式通常与年度的野牛狩猎共同举行。它聚焦于个人的自我折磨，但是也为所有人点燃了世界复兴的希望。这种新仪式由大平原东北部扩散到所有迁入大平原的人口群中。

虽然在村落中土地、特权和药物束是由母系世系群或家族所拥有，但是在大平原上共同的亲属关系单位却衰减或完全消失。生产工具（如马匹和武器）的所有权以及对药物束、歌曲、舞蹈和姓名的权利，都个人化了。与继嗣血统有关的亲属关系称谓逐渐消失，继之而起的是对双边关系的看重，强调通过双亲血统来看一个人的出身。再者，将“兄弟”这个词延伸到非亲戚，虽然牺牲了继嗣血统的团结，但是加强了战士组人人平等的团结。在这些村落中，领袖地位原是上层家族的继承性特权。这些家族要求全体村民的服从。然而，在骑马的游牧民族中，领袖权逐渐主要视一个人在战争与贸易中的成就而定。支持领袖的人主要是他自己的团队，而非整个部落。因此，虽然大平原上的组合形态是由农村得到向心力的成分，但它也减弱了亲属关系的联系与权威。

决策权力的分散与大平原上骑马群体机动性的提高，也是由于日益扩张的贸易的需要。骑马的游牧民族为了取得更多的枪支和弹药、壶罐和金属工具、毛织品、烟草和烈酒，不得不取得更多的干肉饼和马匹，以出售给皮毛商人。因而对马匹的需求上升，同时抢劫马匹和偷窃的事件也有所增加。而这又需要更多的马匹做进攻与防守之用。由于男人有了马便可多娶几个妻子，也可使制作干肉饼的人手大增，在准新郎给新娘家送的聘礼中，所需马匹的数目增加了，这更增加了对马匹的需求。

一个人能将干肉饼投入贸易的量愈大，他取得配备自己战团武器和装备的能力便愈大，他释放自己亲人和依附者，使他们参加战事的能力也愈高。因此，比较成功、并与商栈有关系的商人和酋长也变为成功的战争领袖。其结果是马匹和珍贵的货物都集中在富人和成功者的手中，使富人与穷人分化，酋长和依附他的人分化。社会地位的取得需要慷慨地分配财富，需要缴纳入社和在会社中晋升的费用、支付药物束和舞蹈特权的费用、支付聘礼的费用，因而马匹和枪支的获取最终代表在社会以及超自然关系中的成功。甚至分等级会社在黑脚族、阿拉巴霍族和格若斯维崔族中的发展，可能也不是由村庄部落借用古老成分的结果。这项发展大致颇晚，在 1830 年前后。会社因而提供了“表达和实现与财富增加相对应的垂直流动的一种理想机制”（Lewis，1942：42）。

红河边的欧洲人与印第安人混血儿

平原印第安人不久便不是唯一供应皮毛贸易中干肉饼的人口群，而平原印第安人的生态适应，也不只限于印第安人。19 世纪初年，苏格兰移民在曼尼托巴（Manitoba）的红河流域定居，不久便以狩猎补充其贫乏的农业。欧洲人与美洲原住民的混血儿（皮毛贸易的合理化使他们成为诱捕河狸的人与中间人）以及克里人和奥吉布瓦人，不久便加入了他们的行列。当“西北公司”想要配备萨斯喀彻温人和阿萨巴斯卡人的部队时，便请这些红河边的猎人与诱捕者供应他们干肉饼。因此，沿红河河岸兴起的各种活动的周期，与密苏里村民活动的周期相似。红河边的人有稳定的定居地，住在靠近其农场的木造小屋中，并向各公司借贷。他们在狩猎时节搬进帐篷中，骑马追逐野牛，以可以装 900 磅野牛肉的双轮马车将其猎获物载回来。有时候他们也与达科他人作战。1840 年，红河边的欧洲与印第安人混血儿在两个月的狩猎中得到近 100 万磅的野牛肉。他们将这些肉售予公司偿债和买家用货物。但是当年许多猎人必须还出猎一次或两次，以便取得够其家人过冬的野牛肉。加拿大政府在授予原住民群体和与之有关系的半原住民群体保留地的时候，并没有把欧洲人与印第安人的混血儿包括在内。这使混血儿大为不满，他们在路易斯・瑞尔（Louis Riel）的领导下于 1869 年和 1885 年两度反叛。

西北海岸

18 世纪最后二三十年，人们在北美洲的西北海岸又开辟了一个皮毛贸易的新地域。1778 年，库克船长的两艘船“决心”号（the Resolution）和“发现”号（Discovery）在努特卡海峡（Nootka Sound）登陆，取得了一些海獭皮。这些海獭皮在中国出售，最好的卖了 120 美元。消息传出去以后，到 1792 年已有 21 艘欧洲船只想找海獭皮。这种海上贸易在 1792—1812 年达到最高点。在它开始以后不久，“西北公司”的皮毛商人便由陆路到达海岸，1805 年在落基山脉以西地区成立了第一个皮毛商栈。到了 1812 年美国与英国之战结束时，“西北公司”已充分控制了落基山向太平洋倾斜的一面，但是一直到 1821 年与“哈德逊湾公司”合并以后，才开始有系统的陆上贸易。新公司最重要的贸易站是辛普森贸易站（Fort Simpson）和鲁珀特贸易站。前者在 1831 年建于纳斯河（Nass River）河口“大市场”附近的钦西安人（Tsimshians）地区，后者在 1849 年建于夸扣特尔人（Kwakiutl）地区。

西伯利亚的毛皮贸易

欧洲人在进入北美洲西北海岸的水域以后，其贸易船只便遭逢俄国人。俄国人在 18 世纪 30 年代已开始探索这个海岸。前面已提到，俄国人早在 10 世纪就已开始搜索皮毛。16 世纪中叶，俄国战胜了伏尔加盆地的蒙古 - 突厥汗国，这为他们搜索皮毛提供了动力。1581 年，受雇于斯特罗加诺夫（Stroganov）商号的许多哥萨克人（Cossacks）越过乌拉尔山（Urals）消灭了西伯利亚汗国（Sibir）。哥萨克人继续前进，于 1638 年到达太平洋海岸。1690 年堪察加半岛（Kamchatka）已有永久聚落。18 世纪三四十年代，俄国人又勘探了千岛群岛（Kuriles）和阿留申群岛（Aleutians）。1797 年，俄国政府组织了一个贸易公司，勘探了更远的东北地区的皮毛资源。它在科迪亚克岛（Kodiak Island）建立了基地，并沿海岸建立了殖民地，在南端直到加利福尼亚。1839 年，“哈德逊湾公司”

以供应北方的俄国贸易站为条件，租借到由费尔韦瑟山（Mt. Fairweather）到波特兰运河（Portland Canal）之间的大陆海岸地区。1867年，美国购买了阿拉斯加（Alaska）。

北美贸易是以商品交换皮毛，可是俄国的皮毛贸易主要依靠贡物，也就是以接纳皮毛作为政治征服的象征。譬如，在征服了西伯利亚汗国以后，俄国立即规定西伯利亚每年纳贡，贡物是黑貂和银狐。沙皇鲍里斯·戈都诺夫（Boris Godunov）以使俄国农人成为农奴著称。他规定的皮毛贡献细节是每个已婚男子10只黑貂，每个未婚男子5只黑貂，再加上其他猎物皮毛的十分之一。俄文中皮毛贸易一词是"iasak"。蒙古人和土耳其人对这个词也很熟悉，其意是"调整"或"规定"（Grousset，1970：586，n.106），是蒙古建国的遗产。皮毛贡献的规定与西伯利亚的扩张同时进行。1673年为彼得大帝绘制的民族志学地图，说明皮毛贸易的分布与各居留地和社会群体之间的关系（Baddeley，1919，I：cxxxvi）。最初收集皮毛的是军事指挥官，后来是"宣过誓的人"。"宣过誓的人"不领薪水，但是被特许蒸馏酒精和经营酒店，他们给人喝酒而收受皮毛以为代价。个体商人在18世纪以前的作用受到限制，但是此后逐渐占据重要地位，开始以皮毛交易中国的茶叶、丝织品、亚麻布和大黄。商人的业务受到布里亚特（Buriat）、通古斯（Tungus）和雅库特（Yakut）家族和部落酋长的支持。俄国人将这些酋长转化为世袭贵族，而加以吸收。他们得到俄国贵族的头衔和特权，在18世纪60年代以后又得到自己收集皮毛的权力（Watrous，1966：75）。

然而和北美的情况一样，为了满足皮毛贸易的需求而滥捕滥杀，造成成群产皮毛动物的毁灭。黑貂在15世纪曾漫游到远在西方的芬兰，但是1674年只限于在西伯利亚才有，1750年更只限于在西伯利亚的东南部。18世纪，贸易的焦点由黑貂改为海獭。中国人珍视海獭，满族贵族尤然。俄国人的扩张进入北太平洋，就是由寻找海獭促成。

俄国贸易扩散，进入太平洋的活动范围，这需要极大的后勤支持。贸易的中心是伊尔库茨克（Irkutsk），供应品取自远在西面的叶尼塞斯克（Yeniseisk）。当地的雅库特人不仅奉命提供肉牛，还奉命供养马匹，将谷物和其他供应品运输到海岸以及各半岛。负责供应装备的酋长召集大数目的马匹和雅库特向导；每个雅库特人都要服从征调。他们所用的健壮小驮兽是雅库特著名的“吃鱼”马，其饲料除了牧草、树皮和柳枝以外，还有鱼（Gibson，1969：191）。冬天的运输靠狗队，地方上得加强捕鱼，以喂养每个人所需要的6只狗。

俄国人既需要地方上的人口供应鱼，也需要他们的海上技巧以猎海獭。俄国人先雇用堪察加人（Kamchadal），可是到1750年，堪察加的海獭已经被猎尽。18世纪中叶俄国商人进入阿留申群岛，强迫阿留申原住民替他们猎海獭。在70年间，原住民的人口数锐减，只有以前的二十分之一。到了1789年阿留申群岛也没有多少海獭了。此后，大部分的海獭贸易转移到北美洲的西北海岸。这个贸易主要掌握在英国和以波士顿为基地的美国船队之手，俄国人基本被排除在外。

西北海岸的人口群

欧洲人到达西北海岸以后，进入与北美北部极不同的环境。这儿的气候温和，温暖潮湿的空气由日本海流上升，在海岸一带凝结为雨或雾。充沛的雨量滋养了浓密的针叶树丛，如枞木、云杉、香柏、紫杉和红杉。西北海岸的居民主要是渔人，靠大量的大洋鲑鱼和鲱鱼为生。鲑鱼和鲱鱼一年一度游往河流的上游，寻找淡水的产卵地点。渔人便在这个时候捕鱼。除了捕鲑鱼和鲱鱼以外，他们也在海岸的水域捕鱼，猎野禽，采集甲壳类和可食的根部作物。有一种渔人叫努特卡人，专事捕鲸。海岸上的食物资源丰富，不过偶尔的恶劣天气和产卵鱼数每年的波动，也会偶尔造成食物短缺的现象。

欧洲海员与海岸居民第一次有记录的遭遇是在1774年，西班牙船“圣地亚哥”号与一群海达人（Haida）交易，用衣服、珠子和刀，交换獭皮、毯子、雕刻的木盒和其他人工制品。4年以后，库克船长的船在努特卡海湾靠岸，交易海獭毛皮。

新来者旋即发现他们贸易的对象和别处的人一样狡猾和工于心计。

他们事实上是进入了一个广泛的原住民贸易范围。由于西北海岸地区的资源是地方化的，在岛民与大陆居民之间以及在海岸居民与内陆人口群之间，久已有贸易往来。譬如，烛鱼只在有限的地区活动，如纳斯河和沿夏洛特皇后海峡（Queen Charlotte Sound）的某些河流和港湾。许多人由远处携带货物来交易烛鱼油。有权在这个捕鱼区捕鱼的群体，对烛鱼油也有垄断权。在上游的群落中，狩猎陆地的动物尤其重要。北方的特林吉特人（Tlingit）用山羊毛和香柏树皮织奇尔卡特（Chilkat）毛毯，但是由于他们住的地方不长香柏，树皮和香柏木须由南方运来。铜是由库珀河地区运到奇尔卡特人的地区，又由此往南方运。海达人和努特卡人尤其以其精良的独木舟著称。努特卡人和夸扣特尔人生产的黄香柏皮外套和说萨利希语（Salish）的各民族生产的用山羊毛、狗毛和野禽柔毛制成的外套，也在海岸地区作为交易商品。岛民供应大陆人干鹿肉、海豹油、干鱼、贝、做工具用的绿岩、香柏树皮、香柏树皮篮子、做仪式对象的香柏木，以及做弓和储藏盒子的紫杉。大陆人供应岛民兽皮和皮毛、布料和衣着、烛鱼和烛鱼油、蔓越橘、角质匙、针枞木根制成的篮子和奇尔卡特毯子。

虽然原住民的贸易之行不进入空旷的大洋而主要是靠近海岸，但是有时也会走得很远。特林吉特人航行 300 英里去和海达人或钦西安人交易。大陆人也与内地说阿萨巴斯卡语的人进行贸易，带去香柏皮篮子、鱼油、铁、贝壳装饰品给他们，回程带回兽皮、鹿皮鞋、狭长皮带和砂铜（Drucker，1963；Oberg，1973：107—108）。沿哥伦比亚河下游的切努克人（Chinook），是沿海岸贸易和海岸与内地间贸易的重要中间人，他们由加利福尼亚沿哥伦比亚河到海岸出售奴隶（French，1961：363—364），以交换努特卡人的独木舟和角贝。他们的语言兼有切努克和努特卡的结构特色和英语的词汇，成为切努克“行话”，是西北海岸的贸易用语。

欧洲人在海岸地区找的主要是海獭皮。根据记载，1785—1825 年有 330 艘船来到海岸，其中近三分之二交易两季或两季以上（Fisher，1977：13）。最初欧洲人以铁和其他金属交易海獭皮，后来又以布料、衣服和毯子交易，再后来以朗姆酒、烟草、糖蜜和滑膛枪交易。美洲原住民商人大多是“酋长”。他们动员自己的下属和私人关系以交付海獭皮，他们的权势也随这项贸易的发展而成长。

这些酋长在海岸地区的亲属关系单位中居于顶尖的位置。在道格拉斯海峡（Douglas Channel）以北的人口群（特林吉特人、海达人和钦西安人）中，基本单位是母系世系群。在海峡以南，尤其是努特卡人和夸扣特尔人，这个单位是两边的扩展家庭或“家族”。每一个世系群或家族群便形成一个当地的群体，集体拥有对渔场、猎区、贝床和浆果田等资源的权利，也拥有仪式性的特权。管理这些资源的权力属于某些有官衔的职位。占有这些职位的人为酋长，西班牙人称之为“Tais”，切努克行话称之为“Tyee”。这些酋长管理群体的资源，也成为皮毛贸易的主要经纪人。其中最著名的一个是有“马奎纳”（Maquinna）头衔的努特卡酋长。1791 年，欧洲人最早和他们接触。他控制了住在温哥华岛东岸人口群的贸易网络，不久便成为那个地区杰出的商人。1803 年他已非常富有，给出 200 支滑膛枪、200 码布料、100 件衬衫、100 面镜子和 7 桶火药的礼物（Jewitt，1815，引自 Fisher，1977：18）。像他这样的酋长还有几个。他们不但让自己的人加强狩猎海獭，还把别处的群体拉进他们贸易的网络，并再出口其皮毛。

这些人一定很喜欢进入皮毛贸易，因为如此一来他们立刻可以扩大由他们处理资源的规模。乔伊斯·维克（Joyce Wike，1957：309）曾说过：“在大多数地方，比较容易取得的重要或珍贵资源都已有了主子或已分开给几个主子，以至一个群体除非侵略其他的群体便不可能扩张。”由于从欧洲人那里越来越容易得到武器，获取领土和奴隶的战争频率也越来越高。同时，地方上的酋长一定也视这项新的贸易为他们在自己社会中提高地位的办法。由于获得职位并非自动自然的，而是需要用资源给大家礼物，参与皮毛贸易便可扩大他们身份所依赖的财富。

将人组成母系世系群的群体以后，每一个这样的群体便共有一个系谱以及许多仪式性的头衔。照理酋长是由继嗣关系的长房选出，但是只有规则说明哪些人可以当酋长，而没有规则说明到底哪一个是真正的继位人。继位人的选择要看一个人通过赠予礼物证实其继承权的能力，也就是把礼物分赠给由真实或可能的亲戚世系群中来的宾客。这种赠予称为“Potlatches”，来自切努克语“给予”一词。虽然接受任何头衔都牵涉某

图 6-4　特林吉特人饰有中国硬币的海象皮甲胄（Photography courtesy Museum of the American Indian, Heye Foundation）

种赠予，但是对于这些北方人来说最重要的是宣布继任酋长职的赠予（这项典礼使我们想起休伦人和大湖区阿尔冈昆人的“死亡的飨宴”）。由于皮毛贸易，这种赠予的规模大为扩大。在欧洲人到来以前，赠予的东西大部分是食物和皮衣。在皮毛贸易开始以后，礼物还有各种欧洲商品，以及通过交易这些商品所取得的本地食物和工匠制品。

在南面的群体中，两边扩展的“家族”彼此之间排出高低位置。想要高位的人，必须列出其父母双方的头衔目录。因而在这些人中，成功之道不是继嗣关系中长房的继承权，而是通过各种仪式双边累积下来的头衔。其中，最重要的仪式是婚礼。每一次仪式都伴有一次赠予。婚礼中的赠予对于一个可能成为酋长的人累积头衔目录有决定性的作用。

一个母系世系群或一个两边的扩展家族，其成员当然有亲属关系，但是他们也分等级。北方长房的后裔与南方“出身良好”的有头衔者，形成“贵族阶层”，通过衣着、举动和仪式特权以示与“平民阶层”有别。北方的贵族通过交表婚以巩固其特殊的地位，因而将纯粹的血统和用于赠予的财富保留在有限的家系中。在提高身份和赠予在理论上都更公开的南方，最重要的高级头衔事实上均已被每一代拥有头衔的人替他们的直系后裔抢先占有。拥有头衔是有好处的：贵族收取平民生产食物的五分之一到一半（Ruyle，1973：615）。管理世系群资源的人、军事领袖、贸易商人和主办仪式性交易的人，都出自贵族阶层。贵族阶层拥有获得这些职务的所有先决条件。

再者，贵族拥有和买卖奴隶。奴隶主要是战俘，或由普吉特海湾（Puget Sound）或加利福尼亚北部买来的男男女女。各群体中奴隶的百分比据不同的估计占人口的七分之一到四分之一（Ruyle，1973：613—614）。据朱伊特的说法（1815），努特卡酋长马奎纳有近50个奴隶。朱伊特曾给马奎纳当了3年的奴隶。“哈德逊湾公司”的职员罗德里克·芬利森（Roderick Finlayson）说，在史蒂坎贸易站（Fort Stikine）的两个特林吉特酋长各有90到100个奴隶，大多是由海达人处购得（Hays，1975：45）。奴隶的亲属群体也可以把他们赎回去。如果掳掠奴隶的人就住在附近或者这个奴隶是一个重要的人物，奴隶常常便被赎回。就19世纪最初10年来说，特林吉特人主要是用海獭皮赎回奴隶（Langsdorff，1817，引自Gunther，1972：181）。俘虏如果离其原来的亲属群体过远，被赎回的可能性便不大。

平民世系群的成员可以脱群而去形成新的聚落。可是，奴隶的身份却是世袭的。奴隶不能脱离其主子。奴隶主可以用奴隶作为牺牲或把他们当作礼物用以交换，也可以让他们做工。他们往往是做低贱的家仆工作。皮毛贸易兴隆以后，他们又做艰辛的弄干和撑开海獭生皮的工作，以供应市场。我们不知道当时一个奴隶值多少钱。不过1840年，史蒂坎贸易站的特林吉特酋长，愿意用10美金的价钱出售一个奴隶。19世纪70年代，奇尔卡特的特林吉特人以每年9至12美金的价钱将其奴隶租给白人（Hays，1975：96）。1931年，为奥伯格（Oberg）提供消息的老人说，他们年轻的时候（大约是19世纪最后25年），一个奴隶值4床奇尔卡特毯子或 1 支后膛装弹枪，10 到 15 个奴隶可以买 1 艘大的独木舟（1973：111—112）。

因而，酋长们利用自己在皮毛贸易中重要的地位去累积赠予用的财富，通过幸运的婚姻增加姻亲关系，延伸其贸易的网络和加强其社会特权。有的酋长利用其奴隶的劳力增加财富对象的生产。不过在西北海岸的诸社会，社会劳力的基本利用仍旧是根据亲属关系的方式。酋长居于领导地位，是其亲属群体的行政官。家家户户由于其亲属关系向他缴纳货物以尽义务，也希望由重新分配中得到回报。在民族志学的记载中常常出现"没有价值的人"，因而族人对酋长的贡献（劳役或用于赠予的财富）大约不是自动自发的。有人如果对酋长不满，可以脱离他搬到别处去。最后，如果酋长对群体的资源管理不善，也可以被杀。

当哥伦比亚的文官开始干预原住民的战事时，赠予在敌对与结盟中的政治作用更增强了，"以滚滚财富阻止血流漂杵"。奴隶的经济利用价值日增，这使仪式性的杀戮减少，同时又有助于暴富的商人出人头地。可是酋长不能独立于赠予系统之外。1896 年努特卡的马奎纳酋长在给《殖民地日报》（*Daily Colonist*）的一封信中（Hays，1975：88）说，赠予构成了某种防护堤。果真如此的话，它主要是亲属关系式的防护堤，而非纳贡财富或资本式的防护堤。

到了 19 世纪 30 年代，海獭已十分稀少，贸易由岛民之手转入大陆人之手，后者主要是想保有对由多山内陆地区来的皮货的控制权。兰格尔（Wrangell）的特林吉特人在夏克斯酋长（Chief Shakes）的领导之下，垄断了与史蒂坎河源头的阿萨巴斯卡人的贸易。塔库（Taku）的特林吉特人控制了上下塔库河的贸易。奇尔卡特的特林吉特人控制了奇尔卡特河谷的贸易。米尔班克海湾（Milbanke Sound）的居民，主宰了麦克洛克林贸易站（Ft. McLoughlin）与内陆奇尔卡特间的路线。"哈德逊湾公司"辛普森贸易站的钦西安人，在雷盖伊克酋长（Chief Legaic）的领导之下，垄断了斯基纳河（Skeena）上游与吉兹坎人（Gitskan）的贸易。吉兹坎人又控制了与塞卡尼人（Sekani）的贸易。贝拉库拉人（Bella Coola）在与阿尔卡乔卡列尔人（Alkatcho Carrier）的关系上也有同样的作用。当"哈德逊湾公司”于1849年建立鲁珀特贸易站时，搬迁到那儿的夸扣特尔人控制了与其他人口群的贸易。

在海岸群体与内陆地区群体之间的关系上，亲属关系往往构成不对称贸易的合伙关系。譬如，贝拉库拉人接受阿尔卡乔的男子为女婿，因而将阿尔卡乔卡列尔人纳入其贸易合伙的网络。这些阿尔卡乔的姻亲由“善猎者、精明强悍的商人和幸运的赌徒中征召而来”（Goldman，1940：344），他们可以供应其贝拉库拉的岳父皮毛。而他们得到的则是贝拉库拉的贵族妻子，以及由妻子世系群得到的头衔与名号。他们因此形成了一个阿尔卡乔“贵族阶层”，成为贝拉库拉人赠予系统的一部分。村落中最重要的阿尔卡乔“贵族”，成为其赠予首领，以及村落间赠予的经纪人。不过，这些人真正的权威很有限。阿尔卡乔人的生计基础太有限，只允许少量的赠予交换。“一次普通的交换只在10张毯子左右。”（Goldman，1940：347）贝拉库拉人毁灭财物，但阿尔卡乔人只象征性地把财物“丢进火中”。礼物赠予增加了参与的扩展家族的生产力，并使某些阿尔卡乔的商人由附近的卡列尔人（Carrier）和奇尔科廷人（Chilcotin）处收集皮毛。但是有限的生产基础最终限制了礼物赠予的发展。再者，阿尔卡乔人也没有接受其富有姻亲复杂成熟的秘密会社制度。阿尔卡乔的村落资源短缺，不容易支持这样的活动，这大约是他们未能采用这些形式的部分原因。同时，贝拉库拉人防护这些仪式以及相关的仪式特权，以之慑服其邻人。他们的邻人也害怕贝拉库拉人的巫术。

在贸易上具有支配力量的人口群，自然会极力巩固自己的垄断特权。1834年，当“哈德逊湾公司”想在史蒂坎河沿岸修造一个贸易站以便中途拦截特林吉特人与俄国人的皮毛贸易时，特林吉特人威胁要毁掉这个贸易站。（事实上，这个贸易站于1839年在俄国人的同意下建成。）1854年，奇尔卡特的特林吉特人因为认为“哈德逊湾公司”的塞尔扣克贸易站（Fort Selkirk）干扰了他们的贸易，就派了一支军队深入内陆300英里到育空河谷（Yukon Valley）加以摧毁。

这种对于贸易管道的有力控制，利于海岸的中间人，而不利于内地的群体。20世纪30年代，有些特林吉特人还欣然记得他们是如何以一堆高达一支枪的皮毛与一名欧洲商人交换若干支燧发枪，之后又用这些枪由阿萨巴斯卡人处交换到两倍高的一堆皮毛（Oberg，1973：10）。那个时候，抢劫奴隶与奴隶贸易之风大盛。普吉特海湾以北民族由于早早有了枪支，便占了仍然使用弓箭作战的海岸地区萨利希人的上风。掠夺奴隶的现象异常猖獗，以致河流上游的民族，不久便在其年度周期中害怕下到海边去（Collins，1950：337）。辛普森贸易站和达尔斯（The Dalles）旋即成为主要的奴隶市场。

再者，在辛普森和鲁珀特贸易站，钦西安人和夸扣特尔人都有了新的重要的政治发展。辛普森贸易站位于钦西安人的区域。钦西安的 14 个群体中，有 9 个在梅特拉卡特拉隘口（Metlakatla Pass，在今日鲁珀特王子港〔Prince Rupert〕附近）形成了一个共同的冬日聚落，他们在斯基纳河下游及纳斯河上分别有捕鲑鱼和烛鱼的区域。这些群体已发明了在每一个群体中排列各世系群高下的制度，将最高的地位给予最高世系群的酋长。可是他们在组成一个同盟的时候，便面临排列 9 个世系群群体高下的问题。1849 年迁移到鲁珀特贸易站的 4 个夸扣特尔人群体，也形成了一个同盟，因而他们又被称为“鲁珀特贸易站的人”。这些人最先是由弗朗茨·博厄斯（Franz Boas）详细描写的，他们的礼物赠予之风特盛。这些互相竞争的礼物赠予绝非整个地区在与欧洲人接触以前的一个现象。相反，“它应当属于文化适应研究的范围，而非原始经济学的范围”（Ruyle，1973：625）。菲利普·德鲁克（Philip Drucker）曾经指出（1955：137—140）在这两个面对同样问题的群体中，竞争性的礼物赠予尤其显著。鲁珀特贸易站的人在排列新同盟中 4 个群体酋长的高下时，没有先例可以援引，于是发明竞争性的礼物赠予以建立其高下次序。钦西安人也一样，用礼物赠予来排列同盟以内 9 个群体的高下。因此，在这两个地方竞争性的礼物赠予发展到了顶点的地步，或者说到了其竞争最激烈的高峰（Drucker，1963：137）。

竞争性的礼物赠予不仅增强了竞争的激烈性，还增加了送出去的货物的分量。海伦·科德尔（Helen Codere）在描写 1849 年前的礼物赠予时指出：

图 6-5 在鲁珀特贸易站，人们为准备赠予正在清点毯子（Photography by Franz Boas, 1894, courtesy of the American Museum of Natural History, New York）

> 在 1849 年以前 6 代人（每一代约 20 年。在此之前的许多年或记载中难以置信的头 3 代以前，没有礼物赠予的记录）的时间里，提到的 10 次礼物赠予有 5 次是 170—220 床毯子的规模（一般赠予规模是 75—287 床毯子），而规模也没有扩大的趋势。记载中较小的两次礼物赠予，则是晚些年的事。（1961：443）

之后，分赠的毯子数目迅速增加。1869 年的一次礼物赠予用了 9000 床毯子。1895 年的一次用了 1.3 万多床毯子。1921 年最后一次夸扣特尔人的礼物赠予用了 3 万多床毯子（1961：467），还另加其他货物。

这些财富中的部分来自皮毛贸易。1850 年，鲁珀特贸易站据估计用皮毛贸易赚了 6000 英镑（Codere，1961：457）。但是从 1858 年起，突然繁荣起来的维多利亚（Victoria）市镇，给了夸扣特尔男人当按日计酬散工的机会，而夸扣特尔妇女开始充当洗衣妇和妓女赚钱。愈来愈多的食品罐头工厂也雇用男人捕鱼，雇用妇女装罐头。同时，人口又因梅毒和天花这些欧洲人带来的疾病而锐减。南方的夸扣特尔人在 1835 年为数 7500 到 8000 人，1881 年减少为 2300 人，1911 年减少为 1200 人，只是其 75

年前人数的六分之一(Codere,1961:457)。因此，当货币的流通量增加时，有头衔和特权的人数却减少了。这个情形使在社会和经济意义上流动的人有了新的机会。19 世纪后期，一个平民可以利用房产的转让和继承人的死亡，用由卖淫和充当报告人的收入，去取得高级头衔（ Wike，1957 : 311 ; Boas，1921 : 1113—1117)。

1858 年，在弗雷泽河发现黄金的消息传到了加州，使这个地区的美洲原住民遭遇最后的挫折。在短短几个月之间，数以千计的淘金人蜂拥而至。跟在淘金人后面的是想在他们所谓这片“荒废的不可救药的土地上”立足的殖民者（ 引自 Fisher，1977 : 104)。一名温哥华原住岛民很明白这个情形的后果。他在 1860 年说：“更多乔治国王的人不久便会来这儿，抢走我们的土地、我们的柴薪、我们的渔场。他们会把我们安置在一个小地方。乔治国王的人想叫我们做什么，我们就得做什么。”（ 引自 Fisher，1977 : 117)

远道而来的欧洲人与原住民贸易伙伴间所展开的商品交易网络日益拓广。3 世纪多来，皮毛贸易的发达与扩展，不断将美洲原住民吸引进这个网络。这个贸易最先接触的是东面森林地带与北极圈附近地区的采集食物和务农的人。而后，随着法国人被驱逐和英属加拿大与美国瓜分北方地域，它也到达大湖区以外的西面北极圈附近，并在大平原地区创造了一个新的供应地带。最后，在 18 世纪末叶，皮毛贸易在濒临太平洋的西北地区建立了滩头阵地，并跨越了海岸的山脉，与逐渐向西扩展的内陆商栈联系起来。

所到之处，皮毛贸易也引发传染病及频仍的战事。许多原住民群体被毁灭，进而整个消失。还有一些群体大部分丧生、四分五裂，或被迫离乡背井。为了避难，残余的人口群与其他人口群结盟或合并，往往有了新的名称和民族身份。少数几个，如易洛魁人，也向外扩张，牺牲其邻人的利益。

有些居于战略要冲位置或有强大军事力量的群体，成为皮毛贸易主要的受益人。他们发达昌盛，精心创作了兼收并蓄原住民和欧洲人工艺制品和模式的新文化结构。而之所以能这样，是因为新颖和珍贵的欧洲货物，流进当时尚是自动调节的原住民经济。只要美洲原住民可以透过以亲属为原则产生的关系，将其大部分的劳动力用于保证其生计的任务，那么由兼事猎取皮毛中得到的货物，便是补充而非取代自己生产的方法。

再者，在 18 世纪末叶以前，欧洲各国由于彼此在北美洲处于政治和军事上的敌对竞争关系，都想在美洲原住民中找寻盟友。那个时候的印第安人仍是独立的军事和政治力量（当时称为“民族”）。要取得他们的支持，就必须给他们财货，包括武器在内。因此，印第安人与欧洲人之间交易货物与服务，更像是一种赠礼行为，而不仅仅是交易商品，已超越纯粹的物质关系。马塞尔·莫斯（Marcel Mauss）曾经指出：礼物的交易具体表示友谊和结盟的邀请，或中止敌对关系与战争。

欧洲货物与礼物的取得，不久便改变了各群体之内和群体与群体之间交互行动的模式。在以亲属关系为原则组成的社会群体中，取得这类货物和把它们分配给亲属与下属的能力增加以后，“大人物”或军事领袖的地位更形突出，也提高了主持再分配的酋长的影响力和势力范围。礼物和称为礼物的货物，也在印第安人的群体间和欧洲人与印第安人之间创造联盟。这种交换对于产生新群体与范围更大的族群认同有重要的作用。有时候这样的群体或同盟，由从前围绕一个欧洲贸易站或商业中心的个别地方群体合并而成。有时候，组成这种同盟或联盟，是为了控制新的猎场或要冲的贸易路线。日后政府官员或人类学家认为是个别民族群体的许多“民族”或“部落”，都是为了回应皮毛贸易本身的扩张而形成。在这个过程中，美洲原住民与商人、传教士和欧洲从事侵略的士兵一样是积极的参与者。因此，这些所谓没有历史的民族历史，是欧洲扩张本身历史的一部分。

美洲原住民发明了超越个别群体的集体形式和仪式，以团结这些新的民族群体。有时候他们赋予传统文化的形式新的功能，譬如将阿尔冈昆人的“死者的飨宴”转化为“贸易仪式”，将“萨满竞争”演化为米德维文的“教会”，或使用西北海岸的礼物赠予去巩固合伙关系或协调互相竞争的群体；有时候，又合并来源各异的许多文化形式，而创造较广泛的团结。譬如大平原上的诸民族发展出了一种群体的仪式——太阳舞，以适应他们比较流动的生活方式。

可是在欧洲商人巩固了其经济与政治的地位以后，诱捕河狸、海獭等动物的美洲原住民，与欧洲人的关系由平衡转为不平衡。在国际战争减少以后，为了政治动机而由欧洲官方流动到美洲原住民联盟的货物也减少了。美洲原住民本身逐渐愈来愈依赖商栈，不仅是为了皮毛贸易中使用的工具，也是为了他们自己生计的手段。这种依赖性日增，迫使原住民中的皮毛猎人和供应干肉饼的人愈来愈致力于贸易，以偿付欧洲商人借贷给他们的货物。他们放弃了自己的生计活动，成为外包工制度中的专业劳工。欧洲的企业家借贷给他们生产货物和消费货物，将来他们以商品偿付。专业化使美洲原住民愈来愈牢牢地进入全美洲和国际的交易网络，成为附属性的生产者而非合伙人。

第 7 章

奴隶贸易

欧洲人在南美洲寻宝，主要是找黄金和白银，在北美洲寻宝，主要是猎河狸；印第安人密克马克族（Micmac）称河狸为“欧洲人的最爱”。非洲的主要商品是“黑象牙”，也就是可以在南北美洲等地出售的人。

贩人的贸易并非当时的新现象，也不限于在南北美洲。欧洲半岛在很久以前就已是奴隶的出处，先是供应拜占庭城，后来又供应伊斯兰世界。在地中海区域的塞浦路斯岛（Cyprus）和西西里岛，早在 12 世纪，已使用奴隶劳力种植甘蔗和开矿。那时候，奴隶显然不限于是什么肤色。欧洲人在亚洲也使用奴隶。譬如，17 世纪尼德兰人用远自马达加斯加岛和棉兰老岛（Mindanao）获得的奴隶，在非洲好望角的殖民地和班达群岛（Banda Islands）的豆蔻园做苦役。在尼德兰人新建的爪哇巴达维亚城住的是由孟加拉湾引进的奴隶（Boxer，1973b：268—269）。可是在 15 世纪奴隶贸易展开以后，大部分的奴隶来自非洲，后来大量的非洲奴隶被运往南北美洲。美洲对奴隶的需求最大，而非洲则是最大的奴隶供应地。

奴隶贸易的路线

美洲的需求历经各种阶段的变化。这种需求在 16 世纪逐渐增加，因为西班牙的白银矿场和种植园需要劳工，葡萄牙在巴西的东北地区也需要砍伐和榨甘蔗的人。1451—1600 年，输往美洲和欧洲的奴隶在 27.5 万人左右。17 世纪，主要是由于加勒比海岛屿上甘蔗种植日渐发达，非洲奴隶的外销增加了 4 倍，总计 134.1 万人左右。（安的列斯群岛的繁荣，多少补偿了 17 世纪西欧的经济萧条。）17 世纪中叶是加勒比海诸岛农业生产上的分水岭。1650 年以前，这些岛主要种植烟草，由经营小农场的欧洲殖民者把持。1650 年以后，加勒比海诸岛改在使用奴隶劳力的种植园生产蔗糖。北美洲大陆，尤其是在弗吉尼亚和南北卡罗来纳的大地产上，也愈来愈使用奴隶劳力种植烟草。

18 世纪是从事奴隶贩卖的黄金时代。1701—1810 年，由非洲被强迫输出的人口超过 600 万人。主要的生产中心是英属牙买加岛和法属圣多明戈。输往加勒比海地区的奴隶，三分之二在甘蔗种植园工作。英国在 1807 年废止奴隶贸易。可是 1810—1870 年，由非洲输出的奴隶仍有近 200 万人。其中，许多奴隶是输往 19 世纪加勒比海地区主要的蔗糖产地古巴。18 世纪与 19 世纪上半叶显然是奴隶贸易的高峰期。1701—1850 年，到达新世界的奴隶占全部奴隶的 80%。

最早沿非洲西海岸开展奴隶贸易的是葡萄牙人。葡萄牙人在此之前将殖民事业由大西洋上的诸岛向南延伸。14 世纪绘制地图的人已经知道马德拉群岛，1402 年就有葡萄牙人在那定居。卡斯蒂利亚在 1344 年攫取了加那利群岛。但是在 1426—1450 年，葡萄牙人也在加那利群岛的某些岛屿上定居，并像卡斯蒂利亚的殖民者一样，与这些岛屿上的原住民白人关切人（Guanche）斗争。葡萄牙人奴役关切人，把他们带到马德拉群岛，用他们的劳力建造灌溉工程，不久便把马德拉群岛转化成一个小麦和甘蔗田的“真正农业天堂”（Greenfield，1977）。15 世纪 30 年代，葡萄牙人最先占领了亚速尔群岛，1445 年在毛里塔尼亚的沿海岛屿阿尔金岛建立了第一个商栈，接下来 1470 年在几内亚海湾发现了圣多美岛和普林西比岛（Príncipe），1471年在尼日尔河河口发现了费尔南多波岛（Fernando Po）。不久，他们于1482年在贝宁湾的埃尔米纳建立了第二个大商栈，1503年又在阿克西姆（Axim）建立了一个商栈。1483年迪奥戈·康（Diogo Cão）上溯刚果河河口，在刚果王国与葡萄牙王国之间开始了一段时间的“友好关系”。

葡萄牙人在西非的商业，重点最初不在征召奴隶。他们出航西非，早期是为了找寻黄金和香料。商人载运回家的，有黄金、胡椒、象牙、产颜料的树木、树胶、蜂蜡、皮革和木材，以及奴隶。在唐·曼努埃尔（Don Manuel）一世朝（1496—1521年），单是由埃尔米纳输入葡萄牙的黄金，年均达17万多布拉（Boxer，1973a：29）。回程中，葡萄牙人将英国、爱尔兰、法国和佛兰德斯的纺织品，摩洛哥、大西洋近海诸岛和北欧的小麦，日耳曼、佛兰德斯和意大利的黄铜器皿和玻璃珠子，以及加那利群岛的蚝壳运到非洲。因而，他们主要是转口其他民族的货物。然而，巴西产的烟草，不久便在非洲驰名，这使葡萄牙人获得了一种有销路的商品，可以继续维持对非洲的贸易。

虽然葡萄牙人进行多种商品的贸易，但是自一开始奴隶贸易便可以赚大钱，1450—1500年，葡萄牙人可能取得多达15万人的奴隶，其中许多被运回了葡萄牙（Boxer，1973a：31）。1500年左右，葡萄牙在发现尚无人烟的圣多美岛和普林西比岛非常适合种植甘蔗以后，奴隶贸易更加发达。此后非洲奴隶大量涌入这两个岛屿，不过有其他人，如由葡萄牙逐出的犹太儿童，也在那里定居。圣多美岛成为新兴蔗糖与奴隶贸易的一个激发点。1500—1530年，其甘蔗的生产量增加了30倍。然而，到了1520年巴西也开始种植甘蔗，而且旋即成为最大的奴隶需求地。

如果葡萄牙人在15和16世纪是奴隶贸易最大的承办商，则“尼德兰西印度公司”也在此时开始侵略葡萄牙人的禁区，而且不久即主宰了奴隶贸易。尼德兰人来到非洲海岸，是与它在1624—1654年想要由葡萄牙人手中夺取巴西产糖的海岸有关。尼德兰人在进入东非以后，在1607—1608年攻击莫桑比克的葡萄牙人；在西非，他们在1637年攻克了黄金海岸的埃尔米纳、阿克西姆和沙马（Shama），并于1641—1648年又占领了安哥拉海岸。然而，到 1654 年他们失去了在巴西的最后一个根据地，此后便不再设法在巴西和非洲直接控制领土。不过，他们对加勒比海的外岛库拉索和阿鲁巴（Aruba）却紧抓不放。

尼德兰人自己不从事蔗糖的初级生产，而主要是以资金和技术供应加勒比海生产蔗糖的人。由于葡萄牙人在尼德兰人的工厂中加工处理甘蔗，巴西运往欧洲的大部分蔗糖都是先运到阿姆斯特丹。然而，到了 1660 年，尼德兰人却初次遭遇有组织的英国人的竞争，先是所谓的“皇家非洲冒险者”，后来是更干练的“皇家非洲公司”。由 1664 年起，法国人也特许了好几家公司在南大西洋开展贸易。

英国人和早他们一步的葡萄牙人一样，最初来非洲并不是只为了奴隶贸易。17 世纪末叶“皇家非洲公司”经手的最重要的项目是黄金。事实上，1500—1700 年，据估计黄金海岸出口的黄金每年值 20 万英镑（Bean，1974：353）。可是由 18 世纪初年起，奴隶便成为非洲贸易的主要商品，而英国主宰了奴隶贸易。1701—1810 年，英国由西非输出了 200 万名以上的奴隶，占三大奴隶贸易国输出总数的三分之二。另两个奴隶输出大国是法国和葡萄牙，在同一时期各输出约 60 万名奴隶。到了 1710 年，总部在伦敦的“皇家非洲公司”势力已不如由布里斯托市出航的私人商船，到了 18 世纪中叶，布里斯托势力又不如利物浦。在 1807 年废止奴隶贸易以前，利物浦成为欧洲最重要的奴隶贸易港埠。利物浦的得势主要是由于它与日渐工业化的内陆地区有密切的关系。内陆地区给它资金和廉价的工业制造品，以此与非洲的奴隶贩子进行交易。法国主要的奴隶贸易港埠是南特。1763 年以后，南特和其他几个法国港埠联合起来，想弥补法国在加拿大皮毛贸易中败给英国人所造成的损失。

虽然输往美洲的奴隶数目在稳定增加，但是由奴隶贸易中获利的比率却有争议。有的获利率高达 300%（Craton，1974：120），有的却破产。奴隶贸易商必须付杂费和税给当地的非洲官员，雇用当地的劳力，承担载运延期的成本和面临在非洲与西印度群岛间大西洋中央航线上水手与奴隶的丧失问题。不过从整体来说，这种贸易诚然有利可图。英国重商主义者马拉奇·波斯尔思韦特（Malachy Postlethwayt）为“皇家非洲公司”的利益辩护说："奴隶贸易与其自然的结果，可以认为是英国无尽财产与海军力量的泉源。"（引自 Davis，1966：150）他说："奴隶贸易是其余一切事情的首要原则和基础，是驱动机器所有轮子的大发条。"（引自 Craton，1974：120）1700 年"皇家非洲公司"期望出售奴隶的价值是用以支付奴隶的商品价值的 4 倍，而私商期望的赢利是 6 倍。克拉通估计，1620—1807 年的全部赢利大约是 1200 万镑，其中半数或许是 1750—1790 年的自然增值（1974：117）。克林伯格（Klingberg）估计，18 世纪奴隶贸易每年的利润为 24%（引自 Davis，1966：155，n.60）。可是安斯蒂（Anstey）估计 1769—1800 年的利润却较低，每年为 8% 到 13% 不等（1977：84）。

奴隶贸易对参与的欧洲国家有间接的影响。母国需要生产或支付用以在非洲海岸交易奴隶的商品。因而，1730—1775 年英国外销非洲货品的价值上升了约 400%。制造商、粮食供应者和水手都由这种贸易中获利，而往往祈求它继续。再者，使用奴隶劳力的种植园很赚钱，而利润则回归母国。西印度甘蔗种植园在 1700 年以前每年赢利大约为 20%，1750—1775 年至少为 10%，1790 年为 7.5% 左右（Craton，1974：139）。克拉通下结论说：

> 因而，根据甘蔗种植园的情形，我们可以假设在整个 18 世纪，所有西印度种植园的利润，自来没有低于奴隶年均市价的 8% 到 12%。（1974：140）

埃里克·威廉姆斯（Eric Williams）在其所著《资本主义与奴隶制度》（*Capitalism and Slavery*）一书中，主张奴隶贸易与伴随它的活动，事实上供应了英国工业革命起飞需要的资金。威廉姆斯或许低估了国内市场的成长，而高估了非洲与南北美洲在为英国成长滋生资金上发挥的作用。国内市场很重要，而英国在 17 和 18 世纪输出到欧洲大陆的货物价值，又超过它输出到非洲和南北美洲货物的价值。可是 17 世纪下半叶英国种植园日增的需求，的确给了"英国制造商在其中受到保护的市场，在其中很少遭遇当地人竞争的市场，而这个市场的吸收能力又随殖民地外销的成长而迅速增强”（Davis，1954：154）。再者，18 世纪英国外销到非洲和南北美洲的货物增加了 10 倍，而输出到欧洲大陆的量却没有增减。“因而，18 世纪中叶英国外销贸易的主要推动因素是殖民地的贸易。”（Davis，1962：290）所以，我们可以换一句话来申述威廉姆斯的论点，也就是说英国的工业发展不是主要取决于大西洋上的贸易，但是大西洋上的贸易却将“主要的推动因素”提供给了英国的工业发展。

在大西洋贸易发展的过程中，由于旧日的种植园地区和采矿区为新的地区所取代，需求奴隶的地方有了改变。而随着商人与供应者的兴衰，供应奴隶的地区也有改变。在葡萄牙人于 15 世纪奴隶贸易中刚刚占据优势的时期，奴隶的来源地主要是由塞内加尔河（Senegal River）南边到塞拉利昂。由佛得角群岛很容易到达这个地区，因而葡萄牙人称之为“佛得角的几内亚”（Curtin，1969：96）。16 世纪，塞内冈比亚仍然是一个主要的供应地区，将在卓洛夫国（Jolof State）崩溃以后的战争中掳获的无数俘虏出售为奴。同时，随着葡萄牙人深入恩东戈王国（Kingdom of Ndongo），刚果河以南的地区也日渐重要（Curtin，1969：101—102）。

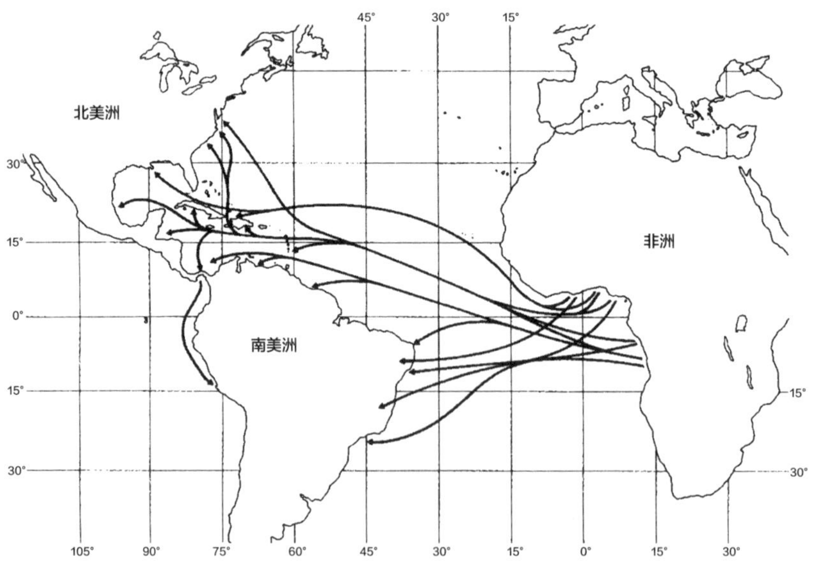

图 7–1 大西洋奴隶贸易的起源地与目的地

到了 17 世纪中叶，外销到新世界伊比利亚人所属地区的大部分奴隶，都是“安哥拉人”。

17 世纪，巴西接纳的奴隶占由非洲运来奴隶的 42%，西属美洲接纳了 22%，而当时英属加勒比海地区接纳了 20%，而法属加勒比海地区接纳了 12%。可是英国人购买的奴隶愈来愈多地来自一个新供应区，即芒特角（Cape Mount）到贝宁关（Gap of Benin）之间的西非地区，包括谷物海岸（Grain Coast）、象牙海岸（Ivory Coast）、黄金海岸及奴隶海岸。1675 年前后，“皇家非洲公司”买卖的所有奴隶中，64% 来自这个区域（Curtin，1969：122）。这种分布上的改变，或许影响到西半球的新非洲 - 美洲文化。

18 世纪，塞内冈比亚和塞拉利昂更不重要，而西非成了主要的奴隶供应地。在这个时期，葡萄牙、英国、法国商人外销的奴隶中，约有 60% 来自西非（323 万人左右），而 40%（223 万人）来自中非和东南非（Curtin，1969：211）。在西非内部，各地区供应奴隶的数目随情形的改变而改变。在 18 世纪最初 10 年，贝宁湾（或称奴隶海岸）通过重要港埠维达港（Whydah），在奴隶贸易中发挥了重要的作用。1730—1750 年阿善提（Asante）政权兴起，国势巩固，黄金海岸成为奴隶的重要出处。18 世纪 40 年代和 60 年代，大量的奴隶来自向风海岸（Windward Coast），尤其是今日的利比里亚（Liberia）地区。克鲁族在这个地区成为奴隶贩子和水手。到了 1740 年，比夫拉湾（Bight of Biafra，尼日尔河三角洲）也开始大量供应奴隶。由那时候起到 18 世纪末，这个地区每 10 年输出 10 万名以上的奴隶，18 世纪 60 年代和 90 年代，更是达 14 万左右。奴隶输出数目的增加，也是由于在以往以亲属关系为原则组成的人口群中，出现了有效的捕捉奴隶的方法和运输奴隶的组织。18 世纪 80 年代奥约王国（Kingdom of Oyo）积极参与奴隶贸易，以致奴隶海岸又成为奴隶的重要出处，外销了 12 万名以上的奴隶。

18 世纪，非洲中部的奴隶贸易也急遽发展。葡萄牙在 18 世纪最初 10 年和 20 年代虽然大半由贝宁湾得到奴隶，可是从 18 世纪 30 年代起到奴隶贸易终止的时候，他们由中非和莫桑比克输出的奴隶每 10 年不少于

12万人，到了18世纪90年代，更是超过18万人。英国人也依靠这个地区，1781—1810年每10年由这个地区得到不止10万名奴隶。法国在18世纪80年代由这个地区买了13万名左右的奴隶（Curtin，1969：211）。这些数字显示中非奴隶贸易的庞大扩张。它对这个地区有重大的社会－政治影响。

虽然英国在1807年决定废止奴隶贸易，而奴隶不再流入英属加勒比海地区，输入美国的奴隶人数也大减，但是在19世纪仍有不止60万奴隶进入新世界的西班牙自治领，其中55万人被运往古巴。法属加勒比海地区在1811—1870年几乎获得了10万名奴隶，而巴西获得114.5万人之多。到巴西的奴隶大致来自刚果河流域和安哥拉。可是更多的奴隶却来自东非的莫桑比克。在非洲中部有一条奴隶买卖的大道，莫桑比克的尧族（Yao）控制了这条大道的东端。

为什么是非洲?

为什么非洲成为西半球奴隶的主要来源？为什么非洲成为欧洲人奴隶的主要来源，而不是欧洲自己成为欧洲人奴隶的主要来源？这个问题绝无清楚的答案，但其蛛丝马迹却日渐明显。前面已经提到，欧洲在公元第一个千年确曾供应奴隶给伊斯兰教徒和拜占庭人。在十字军东征的那几个世纪，伊斯兰教徒奴役基督徒，基督徒又奴役伊斯兰教徒。一直到15世纪末，在伊比利亚半岛上还是这个情形。13世纪，热那亚人和威尼斯人开始由黑海边的塔纳（Tana）进口突厥和蒙古奴隶，而14世纪大部分进口到欧洲的奴隶都是斯拉夫人和希腊人。14和15世纪，由这些地区进口的奴隶构成托斯卡纳（Tuscany）和加泰罗尼亚－阿拉贡人口的一个重要部分。而威尼斯的大部分财富来自奴隶贸易。虽然1386年以后在威尼斯奴隶不能用公开拍卖的方式被出售，但是在16世纪还是可以用私人契约的方式被出售。后来一直到17世纪，奴隶贸易还是地中海两岸海盗活动的一大部分。可是在欧洲，奴隶制度不完全是一种地中海现象。17与18

世纪，苏格兰的矿工和盐场工人仍然受到奴役，有些工人的衣领还必须缝上其主人的姓名（John Millar，1781，引自 Davis，1966：437；Mantoux，1928:74—75）。此外，苏格兰和爱尔兰的战俘也被送到新世界做苦役（不过不是终身奴隶制度）。

再者，英国人十分倚重契约仆人在其新世界的殖民地上服劳役。所谓契约（Indenture）关系就是"各方面以一定条件在有限的时期中受制于一个人之下"（Baynes，1641—1643 年，引自 Jordan，1968：62）。契约劳役事实上与奴隶制度相差无几。在契约约束下的契约仆人往往被人购买或出售，如果违反纪律，便受到严厉的责罚，许多人在契约期满以前便死了。这个情形和进口到加勒比海的非洲奴隶是一样的，这些奴隶出名的短寿。1607—1776 年，每 10 个英属北美洲的契约仆人中，只有两个能活到其劳役届满，取得独立的农夫或工匠身份。他们大多在契约期满以前便死了，其余的变成按日计酬的散工或贫民（Smith，1947：297—300）。18 世纪末，服务契约在北美发展到最高峰。服务契约苦役对雇主可能有些好处，因为契约仆人的成本不及奴隶的成本。可是在同时，服务契约有期限，受到习惯与法律的限制，仆人也比较容易逃脱。不过，我们不应过分高估法律或意识形态对奴役欧洲人的约束力量。为什么欧洲人未被合法地奴役，是一个尚未被解答的问题。每当诉诸基督教的平等不够用时，或许重商主义者主张保全国内人力的想法，便发生作用。在新世界的系统中，欧洲有时限的奴仆与非洲终身奴隶之间的区别，便在无数法律和社会系统中将白人和黑人分开。

那么，为什么欧洲人没有更广泛地使用美洲原住民奴隶？西班牙人对于奴役印第安人没有感到良心上的不安。这个情形尤以他们在加勒比海殖民的初期为然。他们不仅在中美洲大陆抢劫奴隶，也在北美洲大西洋海岸和墨西哥湾海岸抢劫奴隶。1520 年，卢卡斯·瓦斯克斯·德·艾利翁（Lucas Vásquez de Ayllón）由北美洲大陆拐了 50 名印第安人到西印度群岛（Nash，1974：110）。巴西的葡萄牙人从 16 世纪开始在巴伊亚的产糖区使用原住民劳力。16 与 17 世纪，据说以圣保罗为基地的抢劫奴隶者，曾经使多达 35 万的印第安人成为奴隶（Curtin，1977：6）。

在北美洲日后叫作南卡罗来纳的地方，英国殖民者由原住民人口中取得印第安人奴隶（战俘）和鹿皮，并以欧洲的商品报偿猎奴的群体。纳什说：英国人“把战争转包给”印第安人（1977：117）。他们挑拨威斯托斯人（Westos）反对内陆的人；肖尼人反对威斯托斯人；克里克人反对提默夸人（Timucua）、瓜尔斯人（Guales）和阿巴拉契人（1704年，这些族群中有1万人被输出为奴隶）；卡托巴人（Catawba）反对肖尼人；卡托巴人、康加里人（Congarees）和肖尼人反对切罗基人；切罗基人什么人都反对。在1715—1717年的雅玛西人（Yamasee）战争中，卡罗来纳的印第安人奴隶贸易达到最高峰，此后便走下坡路了。

欧洲人之所以喜欢非洲奴隶甚于喜欢美洲原住民奴隶，一般的说法是非洲劳工比较好，比较可靠。到了18世纪20年代，非洲奴隶的价格已经比印第安奴隶为高（Perdue，1979：152，n.5）。可是主要的因素却是印第安奴隶因为住得离其原住民群体近，容易反叛，也常脱逃。英国殖民者也害怕以印第安人为奴隶，会疏远对西班牙人和法国人作战的美洲原住民盟邦。最后，欧洲人也可以请美洲原住民帮忙，将逃走的非洲奴隶抓回来归还主人。譬如，1730年，切罗基人签约捕捉和归还逃走的奴隶，代价是每归还一名奴隶由欧洲人付一支枪和一件斗篷（Perdue，1979：39）。

虽然契约白人仆人和美洲原住民奴隶多少可以由其自己的族群中得到一点支持，但是非洲奴隶的这种支援却被剥夺。在非洲一端，奴隶被捕捉或出售，远离自己的亲属和邻居；在到达美洲的港埠以后，欧洲人又有意将不同民族和语言的非洲奴隶混合，以防止他们团结一致。一旦有了指派的主子以后，由于法律上的歧视和种族主义感情的发展，他们与白人契约仆人和美洲原住民之间的隔离被确立下来。如果他们脱逃，则任何想领赏的“巡逻者”，都可以用他们的肤色为识别标志。因而，奴役非洲人得到的劳力，可以在奴隶主的指挥下不断做辛勤的工作，法律与习俗的约束减低到最小的程度。它排除了新世界其他劳动人口群成为奴隶的可能。

那么，为什么是非洲？在葡萄牙人和西班牙人探索大西洋地区的时候，地中海的奴隶贸易十分频繁。可是不久以后，由于1453年奥斯曼帝国攻占了君士坦丁堡，而随后土耳其人又封锁了去东方的路线，地中海西部地区不再能由地中海东部地区和黑海四周取得奴隶。那个时候，葡萄牙人已经开始在非洲的西海岸从事奴隶贩卖，尼德兰人、法国人和英国人只不过是学步葡萄牙人。1562 年约翰・霍金斯（John Hawkins）在初次出航时，在加那利群岛听人说："黑人在伊斯帕尼奥拉岛（Hispaniola）是一种很好销的商品。"（引自 Jordan，1968：59）奴隶贸易有利可图的观念，无疑激励了他得到那枚盾形勋章，那枚勋章上刻着一个被绑住的摩尔人俘虏的半身像。

非洲的背景

虽然霍金斯听人说"在几内亚海岸可以得到大量的黑人"，但是非洲当时的人口事实上增长得并不快。由塞内加尔北界到今日尼日利亚的东界，1500 年人口估计在 1100 万左右。那时候非洲的中西部（赤道几内亚、扎伊尔和安哥拉）约有 800 万居民（McEvedy and Jones，1978：243，249）。到了 1800 年，西非人口约有 2000 万，非洲中西部的人口约有 1000 万。这两个地区人口的增加，可能是美洲农作物引入的结果，如玉蜀黍和木薯。因而，这个地区能维持大规模的人口贸易，以及在欧洲需求与非洲供应之间运输系统的迅速发展，都是出人意料的。这种发展是欧洲的主动与非洲的合作配合而成。欧洲人出资主办奴隶贸易。捕捉、运送以及对俘虏在等待运送出洋期间的控制和供养，大多由非洲人经手。欧洲人负责将俘虏运送出洋、让他们习惯新环境，以及到了目的地出售俘虏。

这种新贸易发生的所在地，其社会都有相似的生态基础。它们以砍烧方式种植块茎、香蕉、粟和高粱，也养牲畜。（由于采采蝇的猖獗，大半森林地带不适宜养牛马。）制铁工匠供应铁锄、铁斧以及矛尖和剑。通过广大的交易网络和市场，各地的人交易许多工艺制品与铁矿、红铜、盐和棕榈产品等地方性原材料。世系群代表祖先与后裔间的继续合作，并控制了土地与其他资源的取得。这些世系群由长老统治。长老以新娘聘礼交换对妇女生殖能力及其子孙的控制权，也因此实践世系群间的联盟。在这种适应中缺乏的不是土地，而是劳力。长老以世系群代表的资格操纵亲属关系的安排，而掌握对劳力的使用权。

虽然这些相互影响的世系群往往形成自主的社会与经济体系，但是也有罩在许多世系群上方的政体。统治这种政体的是“神王”，其本人具体表现超自然的身份与属性。在这种仪式性王权与皇家控制最重要资源（如黄金、铁矿床、盐和奴隶）和对长距离贸易管辖权结合的地方，出现了更复杂的“金字塔式”政治结构。这些政体通过神话故事，可以表明为首的世系群追溯至超自然力的主要中心。但是沿由非洲森林地带到地中海沿岸地区贸易路线的各人口群，其间不断改变的关系，对于上述政体的形成，或许有密切的关系（参看第2章）。战事和涉足长程贸易造成的政治统一，使从事战争和贸易的精英分子发达，使若干地方世系群结合起来环绕一个皇家中心。如此而造成的政治“金字塔”，建筑在一个相当自治的农业基础之上。但是其统治阶层却集合军事和经济资源，把这些资源集中在皇家的朝廷。地方性以亲属关系原则组成的世系群，对于土地和劳力保留相当大的控制权，不过在战争与贸易上却服从皇家中心。权力如此分配，也使主管地方上土地和新娘聘礼经济的“长老”，将其利害关系与皇家世系群仪式与贸易精英分子范围较广大的利害关系结合起来。（这种相融或许反映在流行的意识形态之中，也就是说不将权力授权他人，而主要是参与和分享。）关键性垄断权的发展、战争的加剧以及长程贸易的扩展，可以扩大社会政治的金字塔。外来的侵略或脱离又可使之缩小。因而，这样的金字塔系统容易遭受外人的征服或渗透。

与欧洲人的接触引进了金属、金属器皿、枪炮和火药、纺织品、朗姆酒和烟草。它在两点上影响到这样的金字塔体系。第一点是主宰联姻与分配子孙的那些知名货物的流通。第二点是精英分子的消耗，也就是长程贸易的关系的顶点。因而我们可以说欧洲的扩张吻合原先存在的非洲交易系统，没有改变其基本的结构，只不过是将许多货物注入了非洲的交易系统。但是这样的遭遇还有另一个方面，而它不久就不但影响到流通，也影响到劳力的分配。只要欧洲人只是想得到胡椒或黄金或明矾，奴隶制度的

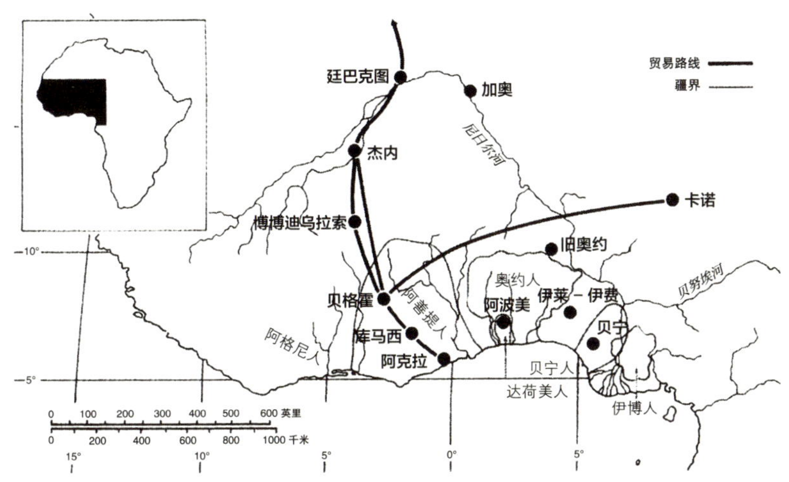

图 7-2　西非国家的形成和贸易路线

问题便是次要的。但是不久因为欧洲要求以进口的货物交易非洲人，生产关系的本身便受到影响。

新生的奴隶贸易无疑对供应地区造成政治上的影响，尤其是因为欧洲人自己很少动手捕捉奴隶。17 世纪晚期，法国代理商让·巴伯特（Jean Barbot）说，欧洲人依靠的是非洲的“国王、富人和第一流的商人”（引自 Davidson，1966：213）。而非洲的合作又加强了已有的国家政权，并在欧洲影响力到来以前没有国家的地区促成国家的建立。

在欧洲人来到非洲以前，两个日后对奴隶贸易有重要作用的地区，已经在非洲国家的控制之下。其中一个是刚果王国（Kingdom of Kongo）。据说刚果王国建于 14 世纪下半叶，若干源于刚果河以北的高级亲属群体，主宰了刚果河以南的人口。第二个在欧洲人到来以前已有国家的地区是尼日利亚南部的贝宁。贝宁的统治者和日后奥约王国、达荷美王国（Dahomey）的统治者一样，说自己的世系可以追溯到约鲁巴族的圣地伊莱－伊费（Ile-Ife），与尼日尔更东面和北面的地区有关系。

在另外两个地区，国家的形成是在与欧洲人接触以后。一个地区是在刚果王国以东，其中心在基萨莱湖（Lake Kisale）四周，在上刚果河区域。这是卢巴－隆达人在17世纪初年以后扩张的心脏地带。而这种扩张的开启是受到葡萄牙人开发大西洋海岸所造成的经济刺激（Oliver and Fage，1962：129）。第二个在欧洲人到来以后才形成国家的地区是黄金海岸。17世纪末叶，阿善提人势力增长，扫除了几个较小的政体。

奴役的机制

奴隶是些什么人？是用什么方法使他们成为奴隶的？在欧洲人到来以前，一个自由人变成潜在的奴隶的方法有3个：人质的制度，在司法上使一个人脱离其世系群的保护以及为取得俘虏而打仗。

人质的方法用得很广。偿付债务用抵押，即把一个人归于另一个人所有以偿付债务。在抵押期间，收债者对接收到的这个人的劳力、生殖活动和子孙都有权控制。人也可以在饥荒的时候抵押自己和自己的亲戚，以对人的权力交易食物。

第二个成为潜在奴隶的方法是通过司法来运作。简言之，违反亲属关系秩序和世系群结构的行为，被视为不但反抗活人，也反抗祖先，因而也就是反抗超自然。当为了处罚一项犯罪而将一个人由其世系群开除时，这个人非但再得不到其亲属的支持，而且也被宣布为违反超自然的秩序。在某种意义上，亲属关系秩序为了自我保护，将向它挑战的人置于它的领域以外。这样的人可以被卖为奴。当奴隶主的世系群或姻亲使用权力避免自己被指控时，也可以让奴隶代他们受过（Balandier，1970：338—339）。

第三个办法是抓战俘。和其他的方法一样，受害人实际上也被强迫与其本土的世系群断绝关系，失去亲人的支持。因此，一般而言，不论是人质、罪犯或战俘，取得潜在奴隶的方法都是断绝他们与亲人的关系，并把他们转交到奴隶主的亲属群体手中。

应该注意的是，人质或奴隶一旦为其主人世系群所有，即使否认他们与主人的世系群有关联，在家族团体中却可以成为一个有作用的分子。因而人质和奴隶制度也可以有比较良好的结果，不像西半球特有的那种“动产奴隶制度”（Chattel Slavery）。不过人质和奴隶却也都没有世系群分子所有的权利，因而由其奴隶主任意摆布。玛丽·道格拉斯（Mary Douglas）曾经指出，这种操纵奴隶的能力在母方组成的社会结构中如何发挥特别重要的作用：

> 一个女性人质可以生产其他家族的世系群分子，不过这些子女可望住在其主人的村落中，并受他的控制。他可以把这个女性人质的女儿许配给自己年轻的族人为妻，而建立他在当地的家族分支。她生下的儿子也将是他的人质，他可以说服他们住在他的村子中，他可以把自己家族中的女子许配给他们为妻，使他们不去找自己母亲的兄弟。人质的主人之间也可以缔结联盟，使许多不同家族的人质结合。（1964：303）

再者，在一夫多妻制的情形下，人质可以带给世系群长老更大的权力，因为长老控制妇女与新娘聘礼的分配（Douglas，1964：310）。

在培养家族团体的层次与在精英分子管理的层次，所有这些方法都有不同的作用。酋长和最高统治者取得的人质、罪犯和战俘，不会变成家族团体的成员。相反，他们被指派在酋长的种植园中和皇家的金矿上工作，以及在长程贸易中运输货物。商人也用奴隶供给沿贸易路线的商队站食物，或担任挑夫。因此，对军事、司法和商业精英分子来说，奴隶劳力供应他们生活所需剩余物质中的绝大部分，以及与他们精英身份相称的货物与服务。因而战争与司法控制同时被用来扩大奴隶阶级，以其劳力支持精英分子的各种特权（Terray，1975）。

这三种机制也都用来供应奴隶贸易中的奴隶。如此一来，原来已有的制度便为欧洲的商业扩张所用。非洲各社会专事运送奴隶，专事奴隶贸易中海岸与内地间的运输。为了研究奴隶贸易的细节与它对当地人口群的影响，我们将集中讨论两个地区。这两个地区大批供应输往西半球的奴隶：西非（尤其是黄金海岸、奴隶海岸和尼日尔河三角洲）和中非（也就是奴隶登记簿中“安哥拉人”和“刚果人”的来源地）。

奴隶供应地区：西非

黄金海岸

奴隶贸易的兴起立即在黄金海岸造成一连串的大变动。16 世纪下半叶，沿着热带森林地带出现的是若干小邦，它们想利用这种新的商业机会。有些小邦以“大人物”为中心形成。这些“大人物”有足够的权势，视其本身的利害关系今天支持一群欧洲商人，明天又支持另一群欧洲商人。艾克罗森（Akrosan）兄弟便是这种“大人物”，17 世纪中叶他们在菲图（Fetu）有很大的权势。1656 年哥哥死了以后，弟弟（欧洲人称为约翰·克莱森〔John Claessen〕）成为整个几内亚海岸最有权势的人（Daaku，1970：109）。他有一支独木舟作战部队和 2000 名配备滑膛枪的士兵。他在埃尔米纳的尼德兰人与“瑞典公司”之间周旋，可以不接受任何一方的贿赂。他拒绝接受菲图的王位，因为国王在礼仪上不许接触大海，因而会使他不能与欧洲人协商。另一位“大人物”是阿夸姆(Akwamu)的阿科马尼（Akomani）。他因为有大炮，可以任意攻占克里斯蒂安堡的城堡（Christiansborg Castle）。

可是，在这些海岸商人中最著名的一个却是科曼达（Komenda）的约翰尼·凯布斯（Johnny Kabes）。他生于 1640 年左右或 1650 年，死于 1722 年。凯布斯成为英国人与阿善提人之间主要的中间商，而又维持他对英国人与阿善提人的独立。他控制了供应（在非洲与西印度群岛间的大西洋中央航线上）奴隶贩子所需食物的最重要盐池与玉米种植园，为兴建堡垒和商栈提供劳力和原料，并且维持独木舟舰队以供出租。他虽然承认艾古福（Egufo）统治者的统治权，但自己却拥有军队。波科索的阿汉塔人（Ahanta，阿坎人〔Akan〕的分支）约翰尼·康力（Johnny Konny of Pokoso）是与凯布斯同时代的人，也是阿善提人的中间商，尤其是在阿善提人的黄金贸易当中。他反对尼德兰人，而支持“勃兰登堡公司”（Brandenburg Company）。尼德兰人和英国人事实上曾经结盟想摆脱他，但没有成功（Daaku，1970；Henige，1977）。

这些早期的商人维持自己的军队，这成为一个新的政治因素（枪炮）到来的预兆。我们不应过于高估枪炮本身的影响力，因为在热带森林的环境中，早期形式的枪炮往往不是很有效力。只有当这些新武器进入能有效利用它们的人之手以后，这些武器才有了力量。贝宁国在欧洲的武器引进之前便在这个地区成立了。这个森林国家的王朝在 14 世纪早期便已存在，那时候葡萄牙人尚未到来（Bradbury，1964：149；Kea，1971：185—186）。

枪炮的使用和有关技巧，并不完全是由欧洲人引进这个地区的。在森林以北无树木的大平原地带，枪炮与火药的使用按照近东的方式而非欧洲的方式。虽然金属枪炮于 14 世纪早期最初在西欧和斯堪的那维亚被使用，但是到了 14 世纪末，大炮已传到巴尔干半岛并进入奥斯曼土耳其人之手。手枪则在 15 世纪早期开始流传广远，而到了 15 世纪中叶大炮与火绳枪已在奥斯曼帝国的战争中造成了一场革命。1590 年，由持火绳枪的西裔伊斯兰教徒和葡萄牙与西班牙战俘所组成的摩洛哥军队，摧毁了桑海国。到了 16 世纪末，博诺的统治者，以由的黎波里请来的土耳其教师为教练，训练了一个军团的步兵（Goody，1971：52；Davidson，1966：139）。因而，在与欧洲人接触的时候，在森林地带的北缘人们已经知道枪炮这种东西了。

然而，森林居民大规模拥有火器，却显然改变了政治力量的平衡，并加速促成新政府的形成。葡萄牙人为了保护其堡垒，将枪炮分发给埃尔米纳周围的“友善原住民”。而 1610 年，英国人开始出售枪炮，到了 1660 年，与阿坎族商人间的枪炮贸易十分兴隆。17 世纪中叶以后，由于“英国东印度公司”开始自由出售武器，这个地区火器的数量急遽增加。1658—1661 年，“东印度公司”在黄金海岸卖出 5531 支滑膛枪和火药。1700 年，尼德兰商人威廉·博斯曼（William Bosman）在埃尔米纳写道：

> 主要的军事武器是滑膛枪或卡宾枪。这些非洲人很擅长使用这两种枪。我们将它们大量卖给他们，等于是给了他们一把杀我们自己的刀。可是我们也不得不卖给他们，否则他们也很容易由英国人、

> 丹麦人或普鲁士人那儿得到它们。而且即使我们管理者都同意停止出售火器，英国或尼德兰的私商还是会继续卖给他们火器。（quoted in Davidson，1966：217）

到了1730年，西非每年进口的枪支已达18万之数。1750—1807年，每年枪支进口的数目在28.3万与39.4万支之间上下浮动（Inikori，1977；Richards，1980）。在应对武器的大量需求上，燧发枪最为重要。它提高了枪主的军事能力，并为会使用它的政治组织供应了暴力的工具。

贸易和战争的新机会促成了小邦国的出现。如基亚所言（Kea，1971：201），它们都以火器为基础。最早的小邦国之一是奥达河（Oda River）边的登基拉（Denkyira）。登基拉国由埃尔米纳的尼德兰人处购买到火器，终于摆脱其以前的霸主阿丹斯（Adanse），而成为一个独立的邦国。再向东，沿比里姆河（Birim River）的阿夸姆联邦在1677年推进到海岸，征服了加蓬的市镇，尤其是大阿克拉地区（Great Accra），并与英国人、尼德兰人和丹麦人建立直接的接触。阿夸姆在欧洲人的协助下，进一步向远处扩张，在西面囊括了阿戈纳（Agona）的芳蒂国（Fante），以及通往维达的所有的东部黄金海岸（1702年）。可是1729—1730年，阿夸姆为北邻的阿基姆人（Akyem）所毁灭。阿基姆人控制了丰富的黄金矿产，组成了一个短命的阿基姆·阿布亚夸国（Akyem Abuakwa）。

这些小群体的动作，却被阿善提人的迅速扩张所打断。在18和19世纪主宰黄金海岸的阿善提人，一直到17世纪末叶才成为一个独立的政体。在17世纪最初的几十年里，有些说契维语（Twi）的母系世系群开始迁离阿丹斯区域。到了17世纪中叶，其中有一些（尤其是艾古诺〔Ekuono〕和奥约科〔Oyoko〕），或许是通过海岸的火器贸易而取得枪炮，而在政治上有了势力（Wilks，1975：110）。17世纪六七十年代，这些世系群互相斗争，想要控制旧日塔福（Tafo）的黄金市集周边的夸曼（Kwaman）地区。最初它们受制于登基拉国。登基拉榨取它们的黄金与奴隶，以便在埃尔米纳支付枪炮和其他货物。然而，它们在1699年起而反叛，于1701年消灭了登基拉的势力，而后取代它与欧洲人交易。

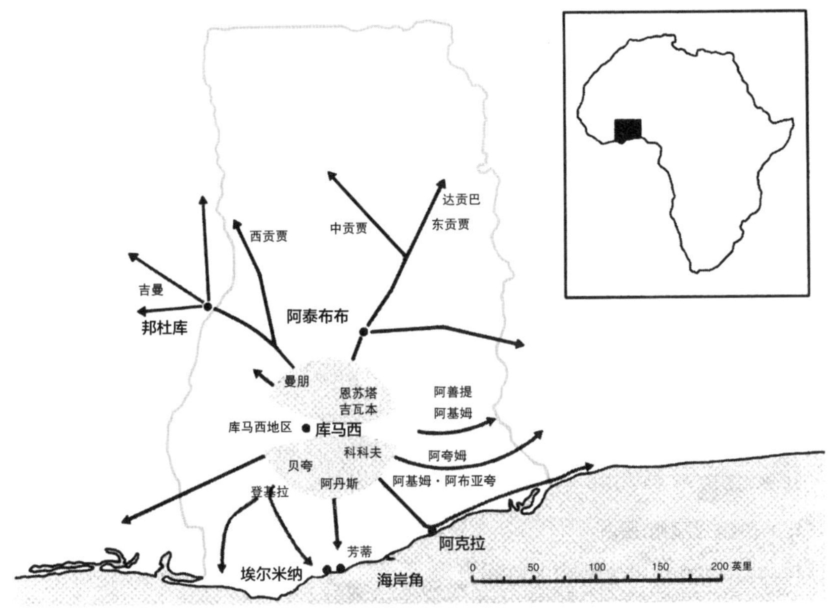

图 7–3　阿善提人的扩张

皇家宝座成为阿善提王权的象征，其权力似乎直接建筑在阿善提统治者由欧洲人取得枪炮和控制贸易的能力之上，也就是建筑在军事与商业职权的中央集权之上。阿善提的黄金宝座也象征司法的主权，以及所有阿善提人与超自然的共同关系。与此同时，在各自的酋长统治下的母系世系群相当自主自治，在军事组织上亦然。而阿善提国主要是世系群的一个复合体，其次才是中央集权的国家。

库马西地区是坐在黄金宝座上的阿善提国王的所在地。这也是一个人口稠密的区域，有一个相当大的城市（1817 年人口为 1.2 万到 1.5 万）以及许许多多的农夫，农夫为酋长及其家人种植食物。这个地区构成了阿善提军队中最强大的军事单位。1817 年，它提供了 6 万名士兵。第二大地区德瓦本（Dwaben）提供了 3.5 万人，其他三个地区各提供了 1.5 万名士兵。然而，只要奴隶贸易兴隆，阿善提国内所有的地域族群就都对阿善提霸权的扩张有兴趣，因为霸权可以使他们进入新的贸易路线和取得奴隶。

阿善提人最初配备了由尼德兰人供应的滑膛枪，之后向四面八方扩张。它占领了西贡贾（Western Gonja，1722—1723 年）、东贡贾（Eastern Gonja，1732—1733 年）、阿克拉（1742 年）、阿基姆·阿布亚夸（1744 年）和曼普鲁西（Mamprussi，1744—1745 年）。19 世纪初年，他们拆散了海岸芳蒂国与英国人的联盟。18 世纪上半叶军事上的节节胜利，反映在当时由黄金海岸输出的大量奴隶上。每次胜利以后，阿善提人便以战俘和纳贡的方式取得奴隶。1751 年，克潘比（Kpembe）的国王承认阿善提的霸权，并且答应每年纳贡 1000 名奴隶。当 1772 年阿善提人掳获达贡巴（Dagomba）的统治者时，他的儿子用 1000 名奴隶把他赎回（Wilks，1975：22）。看起来，只要奴隶贸易兴隆，阿善提国的军事化倾向便不断加强。商人受到政府的控制，不允许发展为一个独立的阶级。

奴隶贸易在 19 世纪的衰退，削弱了军方的影响力，而造成了新的政治联盟。它使商人与较低的阶级联合起来。构成较低阶级的是由北面而来的大部分奴隶、被抵押偿债的阿善提人质和被剥夺地位的官员。这个联盟尤其是为解决军事的征集问题而形成（Wilks，1975：701—720）。

奥约王国和达荷美王国

阿善提王国的核心是森林地带，之后它向外扩张，囊括了南方海岸与内陆稀树大平原的地区。另外一个政体，即约鲁巴人的奥约王国，由其开敞的温带草木区向外扩张，向北由尼日尔河边的努佩族（Nupe）收取贡物，向南与新港埠的欧洲人接触。在阿善提西面的森林地带与延伸到尼日尔河的东面森林之间，一个广阔的稀树大平原向下一直延伸到海岸。这儿的奥约王国可以部署骑兵，而这一点在森林地带则是不可能的。奥约的统治者由其北面的豪萨人处购买马匹，在 1550 年左右开始军事与政治上的扩张，逐渐主宰了稀树大平原的走廊地区。

奥约统治者是说约鲁巴语王朝的成员。这个王朝的宗谱可以追溯到奥都阿（Odua），也就是地球的创造者及圣城伊莱 - 伊费的第一位国王。一直到今天，这种信仰仍对大多数约鲁巴人子群的王权起到了一种神话宪章的作用，而许多国王地位的排列次序，也是用他们与奥都阿的 16 个儿子在宗谱上的关系决定（Bascom，1969：9—12）。虽然奥约的君主有神圣的血统，但是事实上他们却要面对贵族辈的势力，因为所有的贵族都拥有骑兵。为了抵制贵族，统治者们由以前的奴隶中征召官员。对于马匹的依靠则同时是奥约王国的长处与弱点。由于采采蝇猖獗，当地不容易繁殖马匹，因而必须由北方进口马匹，连带照顾马匹的马夫。为了支付马匹的费用，统治者必须要有货物输送到北方。随着欧洲人的到来，此地最喜欢的是海上商人带来的商品，而奥约又必须以奴隶偿付这些海上商人。因此，奥约王国成为重要的奴隶供应地。而奴隶贸易在 19 世纪的减少，最后扰乱了这个交易模式，使贵族与国王发生冲突。

然而，奥约王国不仅是由自己的资源去支付奴隶的需求，它也从其他的国家收取奴隶和商品等贡物。其中一个国家是达荷美。17 世纪下半叶，丰族（Fon）中的阿拉达克索努部落（Alladaxonu clan）组成了达荷美国。这个家族像奥约国的统治者一样，说自己是奥都阿的后裔。他们像奥都阿其他各支的子孙一样，控制了当地的百姓，在阿波美（Abomey）高原上建立了国家（这也就是“达荷美”一词的来源）。

往往有人说由奥尼达达（Onidada，丰族君主）所统治的达荷美国，是一个完全自主的邦国，独立进行奴隶抢劫和买卖的活动。可是事实上，达荷美在 1712 年败给奥约以后，便是奥约的一个属国。1724—1730 年，奥约至少 5 次派骑兵攻击阿波美高原，以加强其宗主国的地位。达荷美年年进贡，几乎达一世纪之久。每年的贡物都包括 1700 支左右的枪。奥约攻击阿波美高原，不仅是为了取得贡物，也是为了防止丰族控制海岸。1725 年，丰族曾经攻击阿德拉（Ardrah）。那时候，阿德拉是奥约霸权下的一个王国，控制了好几个海岸港埠。丰族攻占了几个港埠，如维达（1727 年）、萨维（Savi，1728 年）和亚肯（Jakin，1732 年），不过旋即把对阿德拉和亚肯（或波多诺伏〔Porto Novo〕）的控制权让给了奥约。在设法让英国人独自永久接管维达以后（Polanyi，1966：29—30），丰族承认了萨维的掌权者与欧洲人在 1704 年签署的一项协议，此后将萨维港对一切来者开放。丰族在攻占维达以后，可以有系统地组织奴隶贸易。不过在 1772 年以前，他们却面对无数的地方性反叛。协助这些反叛的，有奥约，也有外国官员和公司。因而维达非但没有给达荷美带来财富，反而成为它政体上的一个伤口（Polanyi，1966：33）。

达荷美外交上的困难，在19世纪初年奥约瓦解以前持续不断。可是它却是一个高度中央集权的国家，内部也团结一致。这个国家基本的单位是拥有土地的父系群，其领袖是长老。几个父系世系群形成一个村落，本身有公共劳力组织。村落的村长需由国王以证书授权。不过，这个新的国家不只是一个由皇家父系世系群统治其他父系世系群的组织。它有一支配备滑膛枪的常备军，包括由2500名女兵组成的皇家扈从。此外，战时也普遍征兵。国家也有有效的税收制度，对每一个村落征收农产品的基本税，牲口、盐和工匠的产品税，以及送到市场的货物的通行税。它以智巧的方法保存和核对人口调查表和生产统计数字。国王有强大的司法控制权。如果一个酋长犯罪，则他的围地被毁，财产被没收，女眷被售为奴，男性子孙被强迫在军中服役。西非森林地带普遍有秘密会社。达荷美却认定秘密会社非法，以抑制反对力量。相反，祭司控制国教，并主持入教仪式。为了进一步抑制对政府的挑战，皇家父系世系群的成员不许担任官员，而只有国王与民女生的儿子才可以继承王位。政府官员通常是由平民出任，请他们任官的条件是送他们礼物，也允许他们可以与皇族女子通婚。他们不能巩固自己的权势，因为他们得听命于国王，职位不能传给子孙，还有一名皇族妇女严密监督他们的工作。这些官员称这名妇女为他们的“母亲”。

政府也强力控制对外贸易。国王的代表前往迎接每一艘到达维达的船只，并指派当地的搬运工将货物载送到城里的库房。欧洲人住在城里办事，由政府派仆从照顾他们。皇家官员控制贸易；国王给货物和奴隶定价格。没有国王的许可，欧洲人不许擅自离开维达。同时，由北方来的奴隶贩子不许造访维达和直接与欧洲人贸易，他们必须把俘虏卖给达荷美的代理商。任何枪炮和弹药不得越过达荷美到达北方的国家。

一个人只有经国王公开的授予才许拥有奴隶。任何人都不得独立拥有或买卖奴隶。不过某些官员却可以以其自己的军队捕捉奴隶，并在付给政府一笔税以后保留其士兵捕捉到的奴隶。在战争中攻下一个城市以后，战胜的军官可以垄断该城的贸易，不过要缴税。而且他也必须通过有执照的贸易官员运作，而这些官员与军方没有关系。

贝宁

在欧洲人控制西非海岸以前，那儿或许只有过一个国家，也就是在几内亚东部的贝宁。贝宁的君主和奥约及阿波美的君主一样，可以追溯其血统到约鲁巴圣城伊莱－伊费的奥都阿。或许由于尼日尔河上的贸易，这个王朝在1400年前后控制了贝宁地区说埃多（Edo）语的人口。奥约的统治者必须与世袭贵族辈斗争。而贝宁国没有这个问题，其众多的会社使平民的地位可以提升。这些会社与东面尼日尔河区域的会社类似，是由商人和拥有称号者组成的团体（Bradbury，1964）。在贝宁兴隆以后，这些会社或许在当地人口中为国王争取到了广泛的支持。

贝宁先是将胡椒，后来又将奴隶出售给葡萄牙人。它是奴隶海岸上第一个取得火器的国家。贝宁的统治者使用滑膛枪向东扩张远到邦尼（Bonny），向西扩张远到埃科（Eko，拉各斯〔Lagos〕）。17世纪，它成为奴隶的主要供应地。不过到了17世纪末，由于与其他约鲁巴城市的激烈竞争，由贝宁运出的奴隶成本太高，以至欧洲人改在维达和卡拉巴尔（Calabar）寻找比较廉价的奴隶。随着贝宁的经济持续衰退，内部的冲突也加剧了。贝宁的统治者仍是其政权的神圣中心，可是在他的四周，世袭贵族、在皇宫侍从团体中有称号的人、平民仪式代表、控制奴隶海岸与内陆市场间路线的商会成员之间，冲突四起、闹作一团。这些利害冲突导致内部发生反叛，以致到了18世纪末，贝宁的国势已衰颓不堪。

尼日尔河三角洲

阿善提、奥约、达荷美和贝宁这些黄金海岸和奴隶海岸的国家，都由它们在内陆的基地向海岸发展，以控制装船和进口的冲要地点。在贝宁以西的地区，也就是尼日尔河三角洲，奴隶贸易的中心都是沿海岸和水道发展，随之兴起的大港埠有邦尼、新卡拉巴尔和旧卡拉巴尔。它们是欧洲货物和影响力的入口点，也是将由内陆来的奴隶装船的地方。黄金海岸与奴隶海岸的奴隶贸易由纳贡国经营，可是尼日尔河三角洲的奴隶贸易却植根在由亲属协作关系主宰的社会背景之中。

贝宁已在尼日尔河三角洲上开拓，它派出的殖民者，由皇亲国戚和君主的家臣所率领。这些殖民者组成许多小的卫星王国，与贝宁保持不同的关系。其中一个是阿博（Aboh）。阿博的位置十分重要，正好位于尼日尔河入海前分成三个支流的那个地方。贝宁的另一个卫星城镇是北面伊加拉（Igala）王国的伊达（Idah）。伊加拉国王从伊达派出许多有头衔的酋长向内陆殖民，由附属地区吸收奴隶、象牙和其他产物。他们顺尼日尔河而下，以奴隶、象牙和其他内陆的产物与阿博交易食盐和欧洲制造品。

在阿博下游的三角洲红树沼泽地带住的是说伊乔语的人，他们组成

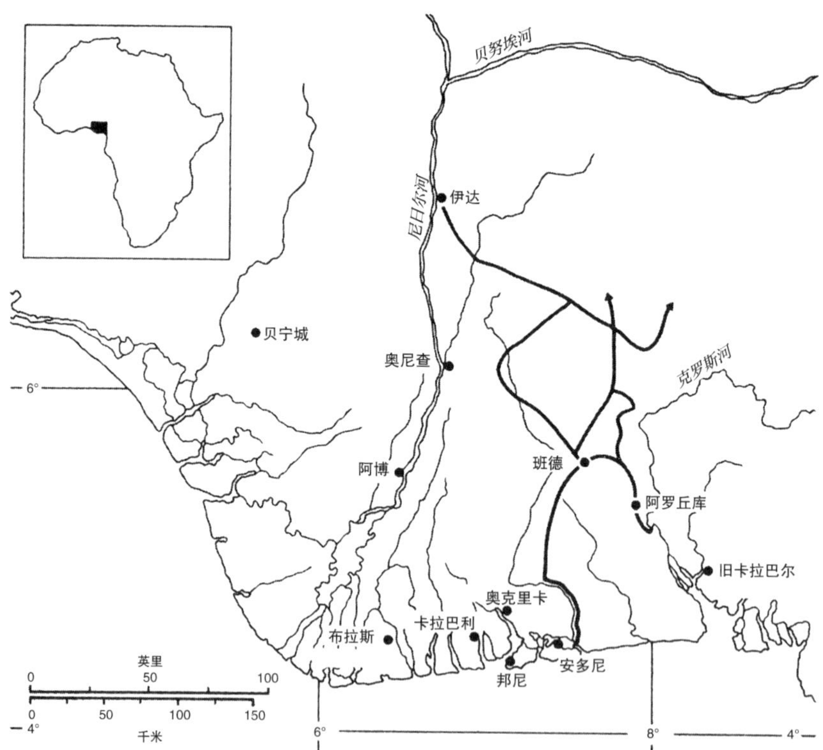

图 7-4　尼日尔河三角洲，由奥滕伯格绘制的阿罗贸易路线，1958 年（courtesy of the author）

自治的村落，村落的单位是扩展家庭的“家户”。伊乔人捕鱼和收集食盐，将他们的产物与北面的卫星王国交易农作物、家禽和牲口。伊乔生产的食盐和鱼类，而后又沿尼日尔河交易红薯、棕榈制品、牲口、一种供制红色染料的木材、象牙和草碱。

在欧洲人刚到达海岸的时候，伊乔人居于冲要的位置，可以利用由新港埠出来的路线，越过三角洲上的小溪和支流，到达上游的城市。16 世纪早期，北方的诸王国开始以奴隶、农产品和牲口交易伊乔的食盐。伊乔人又以这些奴隶、农产品和牲口交易欧洲人的红铜手镯。到了 17 世纪末叶，伊乔的群落如卡拉巴利（kalabari）、安多尼（Andoni）、邦尼、奥克里卡（Okrika）和布拉斯（Brass，又称嫩贝〔Nembe〕），已成为以奴隶交易欧洲制造品的中心。18 世纪，火器在这个地区已相当普遍。伊乔的军事领袖给其坐 50 人的独木舟装上了大炮，互相竞争日益成长的贸易的控制权。在贸易与战争的过程中，伊乔扩展家庭的家户，变成了“独木舟家户”。这些由亲属和已同化奴隶所构成的团体，为取得奴隶而广泛地经商和作战。

到了 18 世纪，配备大量大炮的独木舟家户，也出现在了阿博。阿博实质上成为整个三角洲中这种独木舟的主要出处。阿博所取得的奴隶，大多是来自北方伊达的伊加拉人。伊加拉人由尼日尔河与贝努埃河（Benue River）合流处的地区取得奴隶和象牙，以之与南方交易食盐和欧洲货物。这些奴隶贸易的活动，使这个地区的人口分裂为两大阵营。一端是有国王领导的捕捉奴隶的河边人口（Olu），另一端是被抢成为奴隶的高地人口（Igbo）。“Igbo”这个词原是指奴隶贸易中的受害人，日后才变成一个民族类别的名称，也就是今日的伊博人（Ibo，Henderson，1972：40—41）。这些斗争的结果，使布拉斯、卡拉巴利和邦尼成为三角洲东部的主要中心。

在克罗斯河（Cross River）河畔的旧卡拉巴尔，在海岸说伊比比奥语（Ibibio）的民族中间，出现了另一个这样的奴隶贸易中心。这儿的人口也主要是以捕鱼、制盐维生，并将其产品在北面伊博人的地区交易红薯。17 世纪后期，一群说伊比比奥语的渔人和商人离开其老家，迁居日后所谓的克里克敦（Creek Town，又称伊通科〔Etunko〕）。17 世纪初，克里克敦的一部分居民分出来组成老城（Old Town，又称奥布通〔Obutong〕）。17 世纪 20 年代或 30 年代，老城居民又分出来一支建立杜克敦（Duke Town，又称阿塔科帕〔Atakpa〕）。这几个城组成了旧卡拉巴尔。17 世纪中叶，奴隶贸易在这里开始。从 1650 年至 1841 年（这一年对外奴隶贸易终结），据估计输出奴隶 25 万人之多（Latham，1973：22—23）。他们所得到的欧洲货物，最初是铁、红铜、五金制品和布料，1713 年又加上火器。

贩卖奴隶旋即成为旧卡拉巴尔的一项大买卖。就好像贩卖奴隶在说伊乔语的民族中间将扩展家庭的家户转化为“独木舟家户”一样，在说伊比比奥语的埃菲克人（Efik）中间，奴隶贸易也削弱了父系世系群及由父系世系群头领所组成的会议。取代父系世系群的是 7 个住区，每一个区由不同的扩展家庭和世系群分支组成，而以一个重要的商人及其奴隶随从

图 7-5 护送一群英国人去阿博，威廉·艾伦（William Allen）的素描画，他于 1832—1833 年为英国海军部调查尼日尔河，选自威廉·艾伦的画册《尼日尔河风光》（Picturesque Views of the River Niger），1840 年（Courtesy of the General Research Division, The New York Public Library. Astor, Lenox, and Tilden Foundations）

为中心。有的住区十分繁荣，以牺牲其他住区的代价发展起来。莱瑟姆(A. J. H. Latham) 说：

> 在奴隶贸易中最成功的住区，因为聚集的侍从最多，扩张得也最快。由于欧洲人喜欢与那些迅速而诚信偿债的人进行贸易并相信他们，有的住区就要比其他住区发展得快一些。逐渐地，信誉不好的债务人便得不到信贷，只有值得相信的人才得到资助。愈为人信任的人，其组织与储备也变得愈大愈多，也有资格得到更多的信贷。(1973 : 51)

与说伊乔语的人相反，埃菲克人没有将奴隶纳入其扩展家庭和世系群。部分是通过崇拜一个共同的守护神恩德姆·埃菲克 (Ndem Efik)，他们维持和巩固自己上层阶级的地位和团结。不过他们也与非埃菲克血统的商人沟通，允许他们参加秘密的埃克佩 (Ekpe) 会社。这个会社以一位森林神灵得名。埃克佩 (欧洲人称之为埃格博〔Egbo〕)，在18世纪早期比较引人注目。它接受所有的男人，不论是自由人还是奴隶。会员的身份是购买的。会社分阶级，最上面的4级理论上只能是自由人，不过据知有一个出身奴隶的人曾当上副会长，每一级有一位指挥者，在埃克佩的顶端是会长和副会长。指挥者、会长和副会长往往由具支配力量住区的成员担任。最高一级的成员组成决策会议。第二级执行这些决策。

这个会社有各种功能。一方面，它是一个社交俱乐部，重要住区的男人可以在此聚会饮宴。另一方面，它有法律上的权威，可以制定和执行法律。它可以罚款，拘捕或软禁人，并处决罪犯。它可以宣布联合抵制。它可以没收或毁坏一个人的产业，或者禁止他使用。最重要的是，这个会社还有经济上的功能。它有权强迫人偿债。“这种坚持偿债的权力是埃克佩会社可以在克罗斯河上游更深内陆地区的其他民族间扩散的原因，因为在接受埃克佩会社以后，埃菲克人便认为他们可以信赖，因而可以从埃菲克人处贷款。”(Latham，1973 : 39) 其结果是若干欧洲商人也参加了埃克佩会社。

虽然埃菲克人在装船的地点主持奴隶贸易，但是他们市场上的大多数奴隶却是由一个被称为阿罗的内陆群体供应。阿罗这个群体包含来源不同的人，他们由克里克敦附近阿肯科帕（Akankpa）的奥克扬（Okoyong）佣兵集合在一起。雇用佣兵从事贸易或战争的模式很常见，但是阿罗代表这种模式的一项特殊发展。他们最初在克罗斯河附近立足，正好在大奴隶市场班德（Bende）的东面。他们的聚落包含9个主要的村落，每一个村落中住着一个最早的父系世系群，又包含10个次要的村落，由这些世系群的分支构成。奥图西村（Village of Otusi）核心父系世系群的首领，也是阿罗酋长世系群的首领。阿罗的议事会由9个父系世系群的首领与次要村落的代表所组成。他们遵循伊博人习用的模式，在阿罗丘库（Aro Chukwu）建立了一个神谕和朝圣的中心（英国人日后称之为大符咒〔Big Juju〕）。

由它在阿罗丘库的中心，阿罗群体向外拓殖到其他民族中去，规模由沿阿罗贸易路线上的小站到主宰一个市场或村落群的大聚落不等。这些殖民地往往会建有一个地方性的神谕处，大家可以把疑难案件（如对土地和继承的争执、宿怨、偷窃、巫术、魔法及谋杀案）拿到这儿来求神问卜。在当地不能化解的争论，便被送到阿罗丘库求解。任何阿罗人都有权送交阿罗神谕处求卜，同时也为神谕典藏人收集资讯，作为裁决之用。神论认为有罪的人，可以被处罚金、处决或出售为奴隶。

阿罗群体也贷款给群体以外的个人，使他们感恩图报，而如果他们不能偿债，便强迫他们出售本人或其家人为奴隶。阿罗也在当地奴隶市场上买奴隶或雇用佣兵捕捉奴隶。阿罗人通过与卡拉巴尔的关系取得大量的火器，以对火器的控制，作为其司法、超自然和经济功能的后盾。

阿罗人始终没有建立一个真正的邦国。他们始终没有形成中央集权的统治阶级，对政治的支配权也不感兴趣。不过作为某种笼罩着宗教合法光环的经济组织，他们实践了某些与邦国有关的功能。在这些方面，他们近似易洛魁联盟和9世纪带着奴隶和琥珀顺伏尔加河而下的瓦兰吉罗斯人，而不像阿善提、达荷美或贝宁等西非中央集权国家。

奴隶供应地区：中非

刚果王国

当葡萄牙人在 1483 年上溯刚果河时，他们遭遇最大的一个非洲政权，也就是巴刚果王国（Kingdom of Bakongo），其首都为姆班扎刚果（Mbanzakongo，日后被称为圣萨尔瓦多〔San Salvador〕）。

这个刚果王国当时已是沿上刚果河及其两个支流开赛河（Kasai River）与桑库鲁河（Sankuru River）几个国家中最重要的一个。这几个国家都可溯源于斯坦利湖(Stanley Pool）地区以北的一个创始王国。再向东，在很难逾越的斯坦利瀑布(Stanley Fall）上方、刚果河上游及其支流流域，是另一个邦国形成的地方。其中心位于基萨莱湖周围。当奴隶贸易向内陆深入到卢瓦拉巴河（Lualaba River）两岸的时候，许多愈来愈积极想建国的卢巴和桑格（Songye）精英，都来自基萨莱湖周围（Vansina, Mauny, and Thomas，1964：96—97）。

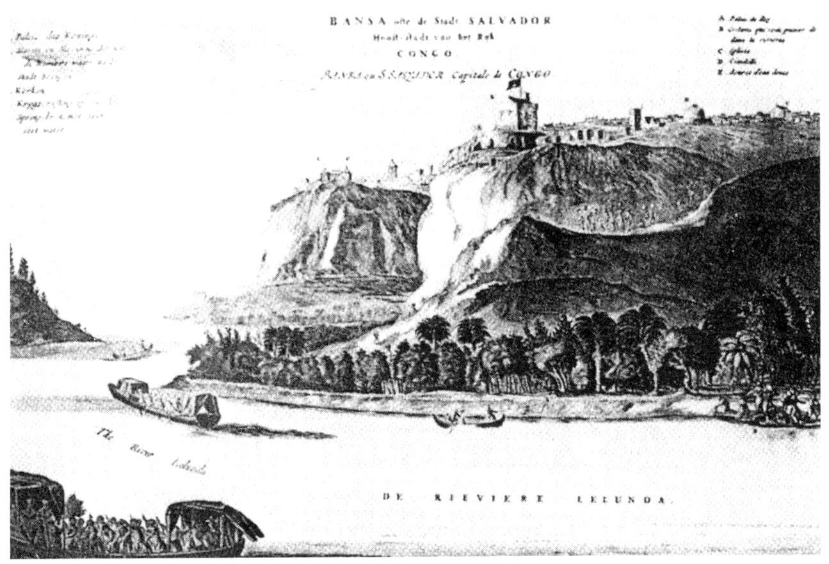

图 7–6　刚果王国的主要城市姆班扎或萨尔瓦多。达帕(Olfert Dapper)的铜版画，1676 年（Courtesy of the General Research Division, The New York Public Library. Astor, Lenox, and Tilden Foundations）

刚果王国幅员广阔，占地约 6 万平方英里，由刚果河向南延伸到丹德河（River Dande），由大西洋海岸向东到宽果河（Kwango River）。在初与欧洲人接触的时候，这个地区大约住有 250 万人。王国的社会组织以母系继嗣关系为基础，再加上从舅居的制度。基本的社会单位是母系世系群，这些世系群分阶级，顶端是皇家母系世系群。每一个母系世系群都把其女子嫁给等级更高一级的世系群，从这个世系群取得新娘的补偿金和礼物。嫁出去的女子所生的儿子，也归于其娘家的母系世系群所有。这些儿子住在其娘家兄弟的围地之中。皇家世系群保留其女子，不以她们与人交换。他们的女子可以嫁给平民，也可以嫁给奴隶，不过她们与她们的子孙都要留在皇家世系群中。这个制度的一个必然结果就是皇家世系群是新娘聘礼和礼物向阶级较低的母系世系群传递环节中的首要一环（Ekholm，1977）。由于皇家母系世系群不收礼只送礼，这一整套婚姻交易的基本先决条件之一是皇家可以得到其他任何群体所得不到的资源。

在欧洲人到来以前，这些资源是红铜、食盐和罗安达岛（Luanda Island）皇家渔场的贝。皮加费塔（Pigafetta）称这个渔场为“刚果国王与周围地区居民的金钱矿场”（引自 Balandier，1968：130）。这种贝币的单位已经标准化。2 万大贝的价值为 1 万大贝的 2 倍，1 万大贝相当于 10 倍的 1000 大贝。罗安达岛皇家渔场的贝是欧洲人到来以前贡金的主要部分，也是王国中通用的硬币，公共财政的主要工具。私人交易也常使用标准尺寸的布料。到 17 世纪末期，100 块餐巾大小的布的价值相当于 4000 葡萄牙里斯币（Reis）或 1 个奴隶的价值（Balandier，1968：129—132）。因而，皇家为了拓展其在国内的权力资源，显然欢迎国外新资源的到来。

刚果国王热切接待葡萄牙人，可是葡萄牙人却要求刚果以奴隶和象牙交易其货物。于是，与葡萄牙人交易的增加，也增加了奴隶贩卖和加强了原有的奴隶制度。事实上，刚果王国一度成为葡萄牙人的盟友。葡萄牙派传教士在巴刚果王国的朝廷上传授基督教，并给王族受洗。姆本巴·恩津加国王（King Nzinga Nvemba，1506—1543 年在位）皈依了基督教，成为阿方索一世（Dom Afonso I），同时抛弃了巴刚果历来对神圣王权的认可。

葡萄牙人因为能给巴刚果王国的货物有限，于是提供我们今日所谓的技术协助。里斯本派来姆班扎刚果的技术劳工、工匠以及家庭经济的教师，将其技巧传授给巴刚果王国。有些年轻的巴刚果人也被派往葡萄牙留学。

可是日益扩张的奴隶贸易却破坏了这些活动。到 1530 年，刚果每年输出的奴隶据估计为 4000—5000 “件”（Peça 或者 Piece），身强力壮的青年男子被称为“一件”，妇女或其他年纪的男子则被称为“不到一件”。最初的奴隶是从巴刚果王国的境外取得的，经由与东北方的特克人（Teke）或姆蓬布人（Mpumbu）“以物易物”，或者通过战争或贸易与南方的姆邦杜人（Mbundu）交易。可是不久以后，葡萄牙人却愈来愈想在刚果国内寻找奴隶。葡萄牙的工匠、商人、牧师、船长和水手以及皇室官员，也为了本身的利益而从事奴隶贸易。由于葡萄牙人大批参与，欧洲的商品和枪炮也不再只是经由刚果的皇家世系群之手流通，而是任何地方的酋长和实力强大的人只要能交出奴隶便可取得。因此，刚果王国的社会政治组织，以及其母系世系群的阶级组织和妇女与赠礼的流动机制，全部都崩溃了。国王的势力也随之崩溃。再者，当地方上的酋长自己也抢劫奴隶时，母系的计称法为父系的族群所取代，因为需要人力捕捉奴隶的酋长，开始对他们与自己女奴所生的子女要求所有权。

为了扩大捕捉奴隶的地区，葡萄牙人将其贸易的范围延伸到丹德河以南的姆邦杜人的恩东戈王国。他们以刚果的酋长为姆邦杜酋长的大封主，并由姆邦杜酋长处榨取奴隶。开始这项贸易的是由圣多美来的个体商人。虽然葡萄牙国王想要让所有的奴隶都通过刚果的港埠姆平达（Mpinda）输出，但是这些私商却将奴隶由宽扎河（Kwanza River）河口输出。不过 16 世纪中叶以后，葡萄牙国王积极加强对恩东戈国的控制，并在这个地区的东缘牵制抢劫奴隶的人，这些人利用刚果王国的软弱为自己的利益捕捉奴隶。到了 16 世纪末，葡萄牙皇家军队逐步进入安哥拉。他们俘虏奴隶，迫使姆邦杜酋长贡献奴隶，并且派欧洲 - 非洲的商人在内地市集上购买奴隶。内地市集“彭波斯”（Pombos），受斯坦利湖地区的胡姆人（Hum）掌控，是这些市集中最重要的市集之一。逐渐地，这个词也用来指购买奴隶的远征队的非洲头目。买卖奴隶所用的是葡萄牙酒和白兰地酒、巴西的朗姆酒和烟草、欧洲和印度的布料以及精美的非洲棕榈布。棕榈布是用海岸的食盐和海贝与刚果北面边界的森林居民交易而来。由于奴隶贸易的扩大，到了 17 世纪中叶，由安哥拉输出的奴隶已有 1.3 万人到 1.6 万人。刚果王国的式微，也可以由葡萄牙人在 17 世纪中叶占领罗安达岛的皇家渔场看出来。这个动作事实上将刚果的皇家财富转移到了葡萄牙国王若奥（King João）的手中。

虽然奴隶贸易再加上商品贸易，最初曾把人口吸引到海岸地区，但是这种贸易的破坏性结果又使人东迁离开海岸。撤离部分是为了逃避捕捉奴隶的人，部分也是为了捕捉奴隶的头目想要垄断内地深处的奴隶贸易，以改进他们与葡萄牙人交易的条件。

伊邦加拉人

刚果霸权的式微和内地贸易的扩张，在远离葡萄牙人直接影响的地区造成一连串的事件。这些新发展的一个所在地是上卢瓦拉巴河与开赛河之间的稀树大平原。公元 1500 年后，这一带发生了重大的政治变动。一开始的时候，这些变动可能不是由于外力的影响，可是它们不久即卷入起于奴隶贸易的各种过程。

当捕捉奴隶的人出现在刚果和恩东戈的东界时，在葡萄牙人影响力以内的地区，最早感觉到这些改变。刚果王国的局势日益混乱，各种小酋长与酋长彼此争夺王位。内地深处的武装团队利用这个混乱的局面，侵占了较大王国的附属群体，建立其本身的奴隶贸易国。有两个世纪之久，这些国家的统治者为葡萄牙人抢劫和买卖奴隶，同时又阻碍欧洲人深入内地。他们一般被称为伊邦戈拉人（Imbangola）或伊邦加拉人（Imbangala），不过伊邦加拉人的一些分支史称杰加人（Jaga）。杰加人在一些虚构的葡萄牙故事中被描写为食人肉的野蛮人，他们在觉得自己的小孩是累赘的时候便把小孩杀死（Miller，1973）。伊邦加拉人出现在刚果和恩东戈的东面边界，部分缘由大约是卢巴人和隆达人向更东面扩张，也无疑是由于奴隶贸易的潜力。伊邦加拉人在宽果、阿姆巴卡（Ambaka）、卡桑杰

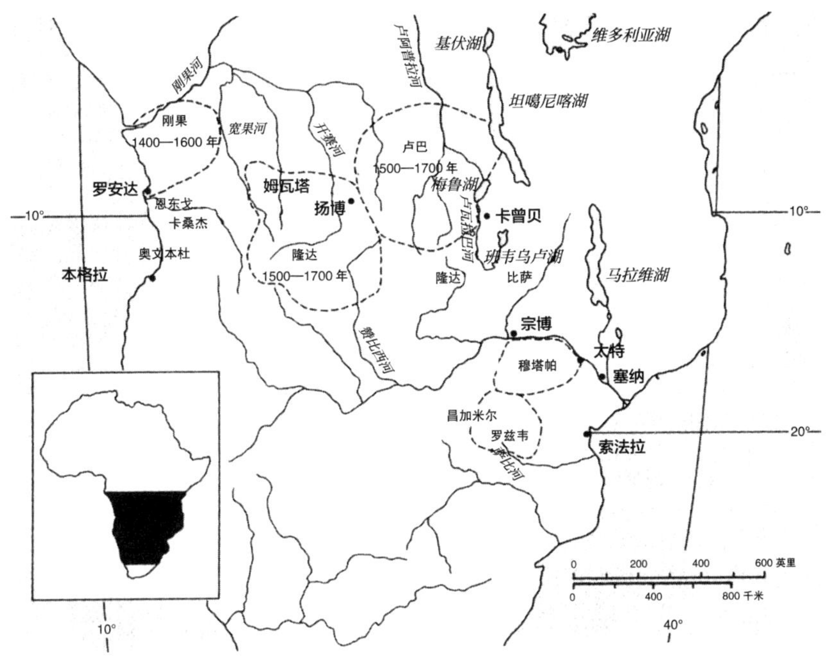

图 7-7　中非国家的形成

（Kasanje）及本格拉高地（Benguela highlands）建立了一连串的国家。卡桑杰旋即成为沿海最重要的奴隶市场（Vansina，1968：145，202）。再向北，雅卡人（Yaka）的宽果王国对宽果－开赛河中游盆地的居民实施恐怖统治。雅卡人的主要贸易中心是马坦巴（Matamba），其贸易掌握在当地阿姆巴卡人、其他非洲人及葡萄牙人之手。伊邦加拉人在本格拉高地的奥文本杜人（Ovimbundu）中建立的几个王国，也开始侵犯内地，将俘虏卖给由恩东戈来的商人。18 世纪，所有这些王国都积极参与奴隶贸易（Vansina，1968：199）。

卢巴－隆达人

伊邦加拉人之所以出现在刚果和恩东戈的边疆，可能是由于一个较广大的政治过程。这个过程的根源在更东面的基萨莱湖周围。它是政治－军事贵族向外扩张的结果，促成卢巴王国和隆达王国的发展。

卢巴最初是一组父系世系群，它强行统治大数目的当地群体，而成为一个入侵的精英阶级。这个精英阶级产生了一个国王。国王据说运用由男性传承的超自然力量统治。精英阶级也产生酋长，监督被征服的群体。当地的酋长保存下来，其权力据说是“地主的仪式性权力”。卢巴人又向外扩张，由酋长率领四出殖民。酋长对中心负责，与其所部在邻近的人口群间定居。可是卢巴的宗主权还是有限的，因为入侵的精英与“地主”是分开的两类人。地主不与卢巴的统治阶级混合，仍然只是收集贡金贡物的人，因而往往是地方叛乱的根源。入侵的精英父系世系群也制衡国王的权力。这些世系群将女儿嫁给皇族，并且可以任意支持他们所喜欢的皇族继承人，这些继承人彼此竞争工位。在勒文比河（Lwembe River）与卢瓦拉巴河之间的大卢巴王国，以及东面的基康加（Kikonja）和西面的卡隆兑（Kalundwe）、坎纽克（Kaniok）几个较小的卢巴王国，都是这种情形。

有些卢巴的入侵精英世系群在恩卡拉尼河（Nkalaany River）定居，这个地方成为隆达王国的核心区域。卢巴王国的入侵精英世系群始终与当地群体分开，但是隆达人所发明的政治模式，则是一面维持隆达精英分子间的亲属关系，一面又允许通过虚构的亲属关系将非隆达人吸纳进来。这个模式包含两条相互联系的原则，也就是“地位的继承”与“无休止的亲属关系”（Vansina，1968：80—83）。“地位的继承”是指一个在职的人不但继承了一个职位，而且继承了他前任的资源和社会身份，包括他前任的姓名和亲属关系。因而，两个兄弟在世系上的后代，虽然已是很远房的亲属，但是却可以因为他们的那两位祖先，而被认为也是兄弟。连续的在职者可以取得王国初建时他们原来祖先的身份。同时，又可以任命非隆达族的当地酋长为村落的头人，而且在隆达无休止的亲属关系系统中给他们社会身份，因此而同化他们。

根据隆达人的模式，这些头人统治各村落。头人的职位可以按母系世袭，头人也能得到长老会议的支持。15 个最古老村落的头人在宫廷有特殊的仪式性职位。许多村落根据其头人所承认的无休止亲属关系而组织在一起成为村落群。许多村落群又形成行政区。行政区受中心监督，但由许多头人所提名的酋长统治。这些酋长的主要职责是收集贡赋。

国王姆万特·雅夫（Mwaant Yaav）是这个等级体系的中心，他的四周是有宗教职称的人，包括最古老村落的头人，被称作“父亲”的官员，他们的“儿子”负责收集行政区酋长呈送的贡物，以及乡间非隆达人的酋长（也就是国王的“孩子”）。“流动酋长”外出到王国非隆达人住的边远地带，在那儿收集贡赋和执行命令。

隆达王国不是一个有界限的实体，而是一个势力范围。它的势力集中在中央，由首都向外逐渐减弱。供养首都姆桑巴（Mussamba）的是贡物和贸易。流入的贡物包括食盐、红铜、食物和奴隶。姆桑巴是一个大的商业中心，从17世纪起，它的主要贸易伙伴是西面的伊邦加拉人的卡桑杰王国。卡桑杰与姆万特·雅夫有亲属与仪式性的关系。奴隶与象牙由姆桑巴运到卡桑杰，而后再运到海岸，所需枪炮和布料由海岸经卡桑杰进入姆桑巴。这也是美洲粮食作物传播到内陆的路线。16世纪下半叶，玉蜀黍传到这个海岸，木薯在1600年左右传入（Vansina，1968：21）。这些农作物可能巩固了隆达的势力。姆桑巴使用奴隶耕作木薯田，可能因此加强了王国的生产基础。显然，隆达的结构以奴隶贸易及军事贵族阶级将奴隶运送到中央的能力为基础（Vellut，1972：77，83—84）。

隆达的军事精英也把这种政治模式带到了南方和东方。在向南迁往赞比西河上游的隆达军事精英中，有一个是军事酋长卡农吉沙（Kanongesha）。他把自己新赢得的土地分给亲属和随员，并从他们那里得到贡赋，他把其中一部分的贡赋上缴给了姆万特·雅夫。新土地的诸酋长逐渐自主自治，又与其他新来者及其随员联合。通过精英阶级的殖民过程而归属隆达霸权之下的人中有恩登布人（Ndembu）。由于特纳（Victor Turner）的著作，人类学家大多知道恩登布人。虽然恩登布的统治者与姆桑巴的隆达中心之间的关系日益薄弱，但是20世纪50年代他们还告诉特纳说他们是“姆万特·雅夫的子民”（Turner，1967：3）。

其他的隆达酋长东迁到卢瓦拉巴河与卢阿普拉河（Luapula River）之间的地区。这一次隆达领域的延伸非常迅速，因为他们已配备枪支。而且，虽然新领土的酋长在政治上日益独立，但是与姆万特·雅夫的仪式关系还是保存了下来。到了18世纪末叶，一位有卡曾贝（Kazembe）称号的隆达酋长取得了统治地位，他将向他纳贡的各酋长组织起来，势力范围广大，一直延伸到姆韦鲁湖(Lake Mweru) 以外的地区。他单独与太特(Tete) 的葡萄牙人进行交易，他的首都成为去尼亚萨湖（Lake Nyasa）和基尔瓦商路上的一个常驻站。不过，卡曾贝始终没有放弃与姆万特·雅夫的关系。他运送奴隶到姆桑巴，而由姆桑巴得到精美的羊毛织品、子安贝、蓝珍珠项链、玻璃珠、镜子和茶具（Cunnison，1961：65）。玉蜀黍、木薯和拉菲亚树也由这个路线向东传播（Vansina，1969：173）。

因而，到了18世纪末，一条横跨非洲大陆的贸易路线将大西洋沿岸与印度洋沿岸地区联系起来。这条贸易路线的西端是卡桑杰的伊邦加拉中间商，东端是比萨人（Bisa）。比萨人的故乡是班韦乌卢湖（Lake Bangweulu）与本巴高原（Bemba Plateau）之间的地区，他们由承认卡曾贝霸权的隆达酋长所组织，以长途商人著称。1806年，一位造访卢阿普拉河河畔卡曾贝首都的葡萄牙访客就遇到了一位熟知安哥拉的比萨人（Cunnison，1961：65）。

东非的象牙与奴隶贩卖

在18世纪晚期与19世纪早期，由于对象牙和奴隶的需求日益增多，卡曾贝领土的东面边疆遭受巨大的压力。东非在很久以前就供应象牙给亚洲的市场。可是在18世纪，欧洲人习染了中国和印度的艺术品味，也嗜好象牙的雕刻、镶嵌物、扇子、弹子球和钢琴键，同时，对奴隶也有了新的需求。法国人想给他们在印度洋上的留尼旺岛（Réunion Island）和毛里求斯岛（Mauritius Island）新的种植园寻找奴隶。他们由马达加斯加岛上捕捉奴隶的诸王国和东非海岸伊斯兰港埠的奴隶贩子手中，买的奴隶愈来愈多。1807年，英国废除奴隶贸易，并干预西非奴隶的供应。这件事使巴西和古巴的奴隶贩子往东非寻找新的奴隶。同时，阿曼的阿拉伯人在桑给巴尔建立了丁香种植园，在附近的非洲海岸为这个新事业购买奴隶。

东非内部的好几个人口群，能够满足这种对象牙和奴隶的双重需求。1700年，他们已经开始将象牙运到海岸。其中主要的一群商人是比萨人。

他们在卢阿普拉河河畔的卡曾贝首都与沿海的基尔瓦之间往来贸易。他们也与尧族交易。尧族是主要供应葡萄牙人象牙的人。他们住在马拉维湖（Lake Malawi，原称尼亚萨湖）东面的地区，现在将贸易网络向北扩大，包括基尔瓦、桑给巴尔以及葡萄牙人沿赞比西河的定居地。在卡曾贝和比萨人失去他们以前对这种贸易的支配力以后，尧族加强贩卖奴隶。另一个人口群奇昆达人（Chikunda）也加强贩卖奴隶，并开始向西沿赞比西河抢劫奴隶。奇昆达人原是几种不同民族的混合群体，但是在进行奴隶贸易的过程中，他们却成长为一个“新的”部落，有其独特的语言和民族认同。在马拉维湖以北的地区，尼亚姆韦齐人（Nyamwezi）从事奴隶贩卖与贸易，他们组成许多由做决策的酋长领导的群体。酋长一方面有仪式和司法的职责，另一方面在内陆与海岸之间的商队贸易中充当中间商的角色。

这些新的商业机会不仅促使内陆的群体进入象牙和奴隶贸易，也吸引了桑给巴尔的阿曼阿拉伯人和海岸伊斯兰斯瓦希里（Swahili）商人。这些新来者组织武装商队，并在内陆兴建堡垒和商栈。随着火器配备日益加强，他们逐渐成为地方上有权势的人，时而与非洲酋长联合，时而又与他们公开冲突。由于政治竞争加剧，再加上奴隶贸易日渐扩大，武装冲突日益激烈。有些政体式微，另一些适应了军事竞争的政体则崭露头角。在这些上升的群体中，有一个群体被称为本巴。

本巴人

本巴人公认他们自己的家系源于鳄鱼部落的酋长世系，酋长具有永久的荣誉称号“契提姆库卢”（Chitimukulu）。本巴人在约 18 世纪中叶到达上卢阿普拉河，仿效隆达人的模式在他们占领的人口群中间建立酋长制。到了 18 世纪末叶，他们已经开始自己收集象牙贡物，并捕捉奴隶。从 19 世纪初年到 30 年代，他们逐渐征服了比萨人。在占领尼亚萨湖和梅鲁湖（Lake Meru）岸边的基尔瓦以后，本巴人便控制了与斯瓦希里海岸之间日益成长的象牙和奴隶贸易。

1840 年前后，一位通过控制比萨中间商而在象牙贸易中致富的本巴行政区酋长，篡位为本巴国王，并且集大权于一身。他组织了一支常备军，同时把象牙贸易变成皇家的专利。他以象牙交易枪炮，扩大对象牙贸易的控制，并为捕捉奴隶而侵袭邻国。这位本巴君主与外来的阿拉伯人联盟，一度抵挡了所有的竞争对手，包括恩戈尼人（Ngoni），本巴因此至今享有勇武的美名。在此，我们又看到一个与奴隶、象牙和枪炮贸易有关的尚武国家，在迅速发展。当英国人废止奴隶贸易和猎象以后，本巴人被迫改在荒瘠的土地上耕种，迁徙到红铜地带的矿场上做劳工（Stevenson，1968：114）。

有500年之久，由西面的塞内冈比亚到说斯瓦希里语的东海岸，奴隶贸易将上百万的人向海岸输送，以便运载到海外，主要是新世界。奴隶贩卖由非洲人与欧洲人分工合作：奴隶的捕捉、供养和陆上运输操在非洲人之手；欧洲人管理越洋的运输、奴隶的适应以及最后的分配。这种贸易回应美洲的需求，其基础是购买奴隶者与供应奴隶者之间的合作，以及双方在各种复杂活动中的协调和配合。

这一点是需要强调的，因为奴隶贩子及其受益人所写的历史久已抹杀非洲的过去，说非洲人是野蛮人，是欧洲人让他们接受文明的洗礼。这样的历史一方面否认了欧洲人到来以前已经存在的复杂政治经济，另一方面也否认了非洲人在奴隶贸易开始以后，在这种贸易中所表现出来的组织能力。近年来，另一种对非洲历史的研究却转了180度的大弯。它否认非洲的军事与商业精英曾经参与奴役自己的同胞。可是真实记述非洲人口群的工作，不是要说什么人对什么人不对，而是要揭示在建造世界的时候，使欧洲人与非洲人（和其他的人）发生关联的各种力量。我们仍然无法计算出在奴隶贸易中人类付出的代价，但可以查明奴隶贸易的经济与政治原因，以及它们对所有参与者造成的后果。

奴隶贸易在西非加强了某些现存的邦国，如贝宁，也促成某些邦国的出现，如阿善提、奥约和达荷美。在尼日尔河三角洲，它促使以亲属关系为原则的父系世系群，转化为以商人为首的战斗与贸易组织。在尼日尔河沿岸地区，奴隶贸易增强了地方上从事贩卖奴隶的纳贡统治者的权势，而在内地，它开启了从事捕捉奴隶的阿罗人的世系群联盟。在刚果河流域，奴隶贸易削弱了早期的政治结构，并使中非的纳贡军事与商业精英大量涌现，他们在贸易与战争中向东扩散。

在这些商业与军事活动中，有人成功，也有人失败。失败的人往往被奴役或驱逐到边缘地区，今日那儿还有他们的后人。上沃尔特（Upper Volta）与加纳之间边境上的洛达加人(Lo Dagaa)、“格隆西人”(Grunshi)、塔伦西人（Tallensi）和科康巴人（Kokomba）便是这种情形。在人类学上有名的塔伦西人，是由那个地方原来的居民与由捕捉奴隶的酋长率领的移民混合而成。这些酋长是贡献奴隶给阿善提人的酋长阶级组织的一部分。另一个因贩卖奴隶而形成的分裂带是尼日利亚中间地带（Nigerian Middle Belt），就北面的伊斯兰酋长国和由海岸来的奴隶贩子来说，这是很好的贩卖奴隶的地方。奴隶贩子在它以亲属关系为原则组成的人口群中，找寻奴隶。这个地带的东南方是“奴隶贸易中受害人 Igbo”的家园。海岸来的人在这一带普遍抢劫奴隶，这使地方性以亲属关系为原则组成的族群，有了“民族的”共性，而成为现代的伊博人。抢劫奴隶者的另一个目标地区是现代安哥拉、扎伊尔和赞比亚这几个国家的边界地区。住在这个地区的是南隆达人，其中恩登布人在人类学的文献中最为知名。在这个地区，追随一位隆达精英的若干酋长，由于替奥文本杜人的奴隶贩子抢劫奴隶，在 19 世纪下半叶有了新的经济和政治生命。

非洲久已形成旧世界政治与经济系统的一个主要部分，而公元 1400 年以后欧洲的扩张又把它拉进全球性的贸易。对于非洲奴隶的需求，重塑了整个非洲大陆的政治经济。与此同时，它还促成新的纳贡国和专门捕捉奴隶者的组织，而且将人类学家所谓的“无领袖、割裂和以世系群为基础”的社会，转化为奴隶贩子偏好的目标人口群。因而，我们不能认为这些不同的社会结构是类型学上可分离的邦国或没有历史的“部落”。相反，它们是一个统一的历史进程中的可变结果。我们如果不能掌握非洲人在欧洲的发展与扩张中所发生的作用，那么便也无法了解欧洲。在这种成长过程中的主要参与者，不仅有欧洲商人与奴隶贸易的受益人，还有其非洲方面的主办人、代理人和受害人。

第8章
在东方的贸易与征服

欧洲人自来就想象亚洲蕴含无尽宝藏，其探险家与商人远航美洲和非洲，原先都是为了寻找去亚洲的路线。1291年马可·波罗回到威尼斯，细述在东方旅行的奇事异闻。同年维瓦尔第兄弟（Vivaldi Brothers）由热那亚出发，想找一条“向西走”到“印度”的海道。他们后来下落不明，但仍然不断有人想由西面的大洋去亚洲。哥伦布以为他是乘船去马可·波罗笔下的日本国。威尼斯人乔瓦尼·卡博托（Giovanni Caboto，或者称为约翰·卡伯特〔John Cabot〕）以为在高纬度的地区向西航行，可以由北方到达日本国，因为高纬度的地区相对来说要窄小一些。甚至到了1638年，皮毛商人尼科莱(Jean Nicolet）在密歇根湖接触到温尼贝戈印第安人以后，便穿上他随身携带的一件中国长袍，预备谒见中国的大汗。

自马可·波罗去东方以后，欧洲人便知道去中国的陆路。14世纪早期，托斯卡纳人佩戈洛蒂（Pegolotti）在他所著的《贸易实践》(*Practice of Commerce*）一书中，细述如何由亚述去中国。1459年，威尼斯人弗拉·毛罗（Fra Mauro）绘制了一幅地图，指出向东航行可以抵达亚洲。这个说法与托勒密以为印度洋完全为陆地所包围的说法相抵触。葡萄牙航海家亨利王子得到了毛罗地图的副本。葡萄牙水手旋即将这个可能性变成现实。他们沿非洲海岸航行，不仅是为了寻找几内亚的黄金，也是为了寻找祭司王约翰（Prester John）——传说中的统治印度群岛某处的神秘君主。1487 年，迪亚士航行绕过好望角，证明托勒密的说法是错误的。10 年以后，达·伽马绕道好望角，在马林迪认识了一位经验丰富的阿拉伯航海家，之后到达了印度的卡利卡特（Calicut）。于是，向东去往东方的航线打开了。

当 16 世纪欧洲的海上商人开始在亚洲扩张贸易的时候，亚洲大陆还掌握在几个庞大而富强的贡赋制国家之手。它们的幅员比欧洲国家大，人口也更稠密，生产力往往也更高。然而，亚洲周边的海道却为入侵者敞开。只要入侵者有足够的军事和组织力量，挡开土耳其的海上舰队并深入印度洋的水域，便可扬帆亚洲诸海。最早完成这项事业的是为葡萄牙国王，也是为自己经商的葡萄牙人。“荷兰东印度公司”旋即跟进，与葡萄牙人在南方诸海争夺控制权。接着到来的是英国人。英王特许的“东印度公司”为控制海道与贸易向先来的葡萄牙人和尼德兰人挑战。在 200 多年的时间里，这几个欧洲国家尚无法深入亚洲国家的疆域。它们在亚洲大陆的沿海地区建立了一些定居点和贸易点，因而活动范围只限于海岸上不稳定的几个立足点（Murphey，1977：13）。一直到 18 世纪后期，英国才占领了一个大陆帝国莫卧儿政权，在商业的利润之上，加上了税收的收入。

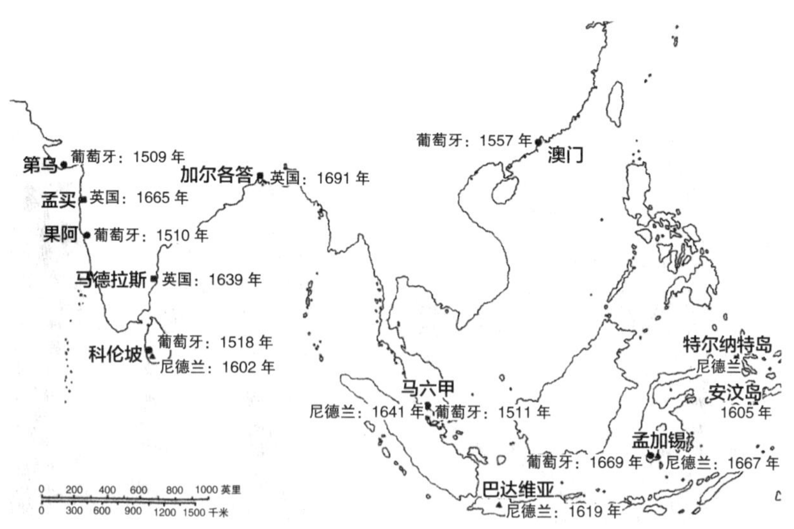

图 8-1　葡萄牙、尼德兰和英国在亚洲的据点，1500—1700 年

欧洲人因为有较强的海军力量和商业组织，得以攫取诸海上通道，主宰大洋上的交通。阿拉伯、古吉拉特（Gujarati）、马来和中国的商人在印度洋和中国海的海岸线与岛屿上经营范围广大和有优厚利润的载运业。欧洲人也逐渐插足这项生意。可是欧洲人却不能像他们在南北美洲以及通过奴隶贸易在非洲那样，决定性地主宰亚洲的生产与商业。欧洲各贸易群体仍然长期依靠当地统治者的善意，并且不断变换政治盟友。他们互相竞争对海军驻扎点和市场的控制权，但对主要的亚洲国家无法建立绝对的霸权。同时，他们发现自己还需与另一个文化领域的对手斗争。这个文化领域是在早期的伊斯兰教扩张中创建的亚洲伊斯兰国家。

南亚的伊斯兰教

在 9 世纪，由波斯湾出航的海船，开始在东非海岸往返航行，通过在沿岸各岛上建立的商栈，发掘“赞吉”（Zenj）的穷乡僻壤。这些伊斯兰商人进口布料、陶器和玻璃，而出口象牙、龙涎香、豹皮、龟壳、黄金和奴隶。从 9 世纪“赞吉”奴隶在伊拉克起义的规模来看，伊斯兰商人由东非获得的奴隶，数目一定很大。早在 7 世纪甚至更早的时候，中国便设立了阿拉伯人贸易区。阿拉伯商人在东非取得的许多奢侈品，都被转销到中国。

11 世纪末叶，印度北部建立了第一批稳固的伊斯兰政体。1200 年以后，拥有许多通往南海的重要港埠的孟加拉和古吉拉特，已落入伊斯兰教徒的手中。13 世纪后期，沿马来海峡的东南亚贸易要冲地区，都已信奉伊斯兰教，其中海峡北面的马六甲，更是重要的商业中心区和根据地。到了 14 世纪初期，除了最南端信奉印度教的维查耶纳伽尔王国（Kingdom of Vijanagar）以外，印度已在伊斯兰教徒的控制之下。随着海峡落入伊斯兰教徒之手，诸岛上的港埠和港口公侯国也相继落入伊斯兰教徒之手。它们在改信伊斯兰教的过程中，面对世袭下来的等级和种姓区分，采取了一种宣扬宗教平等主义的文化模式。同时，伊斯兰教呼吁全球性的贸易关系。到了16世纪初期，爪哇内陆的统治者也信奉了伊斯兰教，此举或许是为了能控制其农民，因为伊斯兰教已开始在其农民间传布（Wertheim，1973：13）。只有位于贸易路线边缘的巴厘岛，仍然坚持其印度教的信仰。因而，伊斯兰教的传播和贸易的发展在亚洲诸海齐头并进。当欧洲人进入这些海域时，他们于是进入了一个伊斯兰教在其中占支配地位的势力范围。

葡萄牙人在亚洲

葡萄牙人到达东非斯瓦希里海岸以后，便与这个在南亚日益扩张中的伊斯兰贸易网络发生了直接的接触。葡萄牙舰队总司令阿尔方索·德·阿尔伯克基（Alffonso de Albuquerque）很快便明白了这个网络的性质，而在其中确立了要冲压力点的位置。葡萄牙人接二连三地攻占伊斯兰教徒沿亚洲海岸的要塞。其中就有比贾布尔王国（Kingdom of Bijapur）境内印度康坎海岸上的果阿（Goa）；位于波斯湾入口处荒岛上的富裕城市霍尔木兹，它是印度与波斯之间的转载点；还有马六甲，马六甲是一个有5万居民的富有城市，它是与摩鹿加群岛（Moluccas）进行香料贸易的商业中心区。葡萄牙人在1510年占领果阿，1515年占领霍尔木兹，1519年占领马六甲。在占领这些关键性的据点以后，他们在由东南非洲的索法拉（Sofala）到摩鹿加群岛的特尔纳特（Ternate）之间的海岸上，建造了许多葡萄牙的堡垒和商栈。最后，他们又在其他主权国家控制的地区建立定居点，如在科罗曼德尔（Coromandel）海岸建立了圣多美德梅里亚波（São Tomé de Meliapor），在孟加拉建立了胡格利（Hughli），在中国的海岸建立了澳门。

此后使葡萄牙人和其他欧洲人可以扩张进入亚洲的工具，是配备枪炮的大帆船。1400年左右，欧洲造船的人已经开始合并其传统模型的横帆装置与阿拉伯人的大三角帆。前桅上的横帆利于迎风航行，后桅和主桅上的阿拉伯式大三角帆，使船行驶的速度加快。更进一步的成就是在船上装大炮。14世纪，欧洲和亚洲都已广泛使用大炮，可是15世纪欧洲的

图 8-2　葡属果阿的市场与商号，西奥多·德·布雷绘制的铜版画，1598 年（Courtesy of the General Research Division, The New York Public Library. Astor, Lenox, and Tilden Foundations）

制炮工匠在炮的质与量上均已超过亚洲的竞争对手。再者，1500 年以后，欧洲已普遍在上层甲板和船楼上架炮，还在主甲板上装置大炮，在船体上开凿炮眼。这样的大型帆船成为配备大炮的威力巨大的帆船，同时充当战舰和商船。海战中最有功劳的不再是撞击敌舰和登上敌舰的船长，而是知道如何操纵其船只以舷侧炮轰击的海军炮手。1509 年在第乌（Diu），阿尔伯克基便以这种大型帆船摧毁了埃及奴隶出身的骑兵和古吉拉特的联合舰队，而使葡萄牙人可以扩张进入南海的海上航道。

葡萄牙人想找的主要是香料，尤其是胡椒。1587 年，里斯本方面提醒这位总督，胡椒是“东印度群岛的特殊物质”。欧洲人需要大量胡椒，是出于对各种香料的必然需求。香料是肉类和鱼类必要的防腐剂，部分因为欧洲的牛群在漫长的冬天不能在厩中被饲养，而秋天屠杀的动物，其肉必须被腌制以便储藏。另一个因素是东方烹饪法影响到欧洲人，使他们认识以往所不熟习的香料。胡椒成为最重要的香料，其次是生姜。葡萄牙在西非交易到的几内亚胡椒，大量供应欧洲。几内亚胡椒的交易量很大，但是其利润敌不上由南亚和东南亚进口胡椒的利润。事实上，在欧洲的部分地方胡椒逐渐被当成货币使用。它像黄金一样耐久和容易分配，有的人要求以胡椒付税。

香料由亚洲卖到欧洲，其悠久的历史可以追溯到古典时代。在葡萄牙人闯进来以前，这个贸易的东端操在中国人之手。中国人收集干丁香花苞、豆蔻和豆蔻干皮，将它们运到马六甲。伊斯兰商人再加上锡兰的肉桂皮和印度胡椒，把这些货物从马六甲一齐运到马拉巴尔海岸港埠和古吉拉特。伊斯兰商人常驻东非、阿拉伯和埃及的代理人，在马拉巴尔海港港埠和古吉拉特接收货物，而后又把它们运往红海和波斯湾的港埠。香料由此由陆路运送到东地中海的港埠。威尼斯商人在亚历山大港和叙利亚海岸以高价购买这些农产品，而后再将它们转卖到欧洲各地。葡萄牙人成功地介入这种贸易，一度以较低的价格供应胡椒而具有支配力。但是他们始终未能完全垄断这项贸易。相反，他们决定控制亚洲诸海的运输，让船长们都拿葡萄牙的许可证，并在葡萄牙的要塞付税。因而，“葡萄牙人在这个区域的运输业，只是现存马来到印度尼西亚港埠间贸易网络上的一部分而已”（Boxer，1973a：49）。1521 年，当葡萄牙人想用兵力在中国扩张其滩头阵地时，又为中国海岸的巡逻舰队打得大败。此后，他们使用在澳门的立足点从对中国的贸易中分得一杯羹，但是得看中国皇帝的脸色。

因而，葡萄牙人的势力是有限的。葡萄牙人之所以能战胜在军事与政治上不团结的海上诸王和商人殖民地，是因为他们依循一条统一的政治策略：为友人与代理人开启经济机会，而拒绝给敌人机会。他们控制了主要的海上航道，由亚洲的载运业中获利，但是始终未能主宰任何亚洲的内陆地带。他们整顿海岸上船只沿途停靠的港口，并利用这些港埠增加它在亚洲各海岸间贸易中的分量。只要他们在印度洋上的控制权不受到挑战，便可因取得胡椒及其他香料而获利。可是到了 17 世纪 30 年代，他们的力量已经显然不足以封锁波斯湾，无法阻止竞争对手将香料通过波斯湾运往其他地区。波斯湾逐渐落入势力日强的土耳其手中。其结果是东方的葡萄牙殖民地开始了解，存活的前景取决于亚洲而非与母国的关系。用戈迪尼奥（Godinho，1969:783）的话来说，他们把自己“完全融入了东方的世界”。

尼德兰人在亚洲

到了 1600 年，葡萄牙人开始感觉到尼德兰人的竞争力量。尼德兰人在东印度群岛的运作最初是由若干个别并且互相竞争的公司进行的，但是在 1602 年，尼德兰的议会发给“荷兰东印度公司”特许状。“荷兰东印度公司”和葡萄牙的公司很不一样。葡萄牙国王垄断香料贸易，可是私人也可以投资这项贸易。非垄断商品的私人贸易与香料贸易同时进行，使用亚洲的商人。相反，“荷兰东印度公司”完全垄断尼德兰的贸易。它有权向当地的君王宣战和缔和，修建堡垒和组织当地的管理机构。虽然管理其在尼德兰总公司的是理事会，有 17 位理事，但是在东方代表公司的总督在制订策略和执行紧急决策上，有很大的自由。这个机构主要的目的，是及早建立对香料的生产与分配完全的支配权。

1605 年，尼德兰人开始攻击葡萄牙人在亚洲的根据地，占领了摩鹿加群岛的蒂多雷岛（Tidore）和安波那岛（Amboyna）。“荷兰东印度公司”因为想到这些要塞离亚洲贸易的中心太远，1606 年意欲攻占马六甲。他们在此举中失利，但是由万丹（Bantam）的苏丹手中夺得了爪哇的雅加达港（Jakarta）。他们在此建立其主要的根据地巴达维亚，并于 1628—1629 年抵挡住了爪哇马塔兰（Mataram）王国的侵略。1638 年他们征讨锡兰的葡萄牙人，到 1658 年已赢得对锡兰及其肉桂生产的控制。1641 年他们将葡萄牙人逐出马六甲，1662 年又尽逐前来协助葡萄牙人的西班牙人。他们在征服马六甲以后，便控制了外销稻米到马来半岛的马塔兰王国。1677 年他们战胜了马塔兰王国，1684 年又接着征服爪哇的万丹。由于葡萄牙人已于 1622 年将霍尔木兹港给了波斯人，此时他们手中只剩下果阿和澳门。

尼德兰人在南方诸海域最有价值的收获是摩鹿加群岛，它是丁香、豆蔻和豆蔻干皮之乡。安波那岛是丁香的主要产地。班达岛生产豆蔻和豆蔻干皮。这些岛屿正式的统治者是特尔纳特的苏丹。“荷兰东印度公司”答应保护他不受菲律宾群岛上西班牙人的侵扰，而因此由他那取得垄断这些香料的权利。尼德兰人而后与安波那岛与班达岛上的地方头人签订正式契约，包办香料的转运。

可是苏丹的正式授权与和当地头人订立的契约，都不足以防止亚洲和欧洲其他国家的商人购买这些商品，或防止当地人出售这些商品。为了确保其控制权，尼德兰人严酷限制竞争。1621 年，他们杀戮班达人或将他们驱逐到巴达维亚。尼德兰人在班达岛上拓殖，分到种植有豆蔻树的广大土地，也有公司的奴隶为他们耕作。公司控制丁香生产的办法，是除了安波那岛与其邻近的几个岛以外毁坏所有的丁香树林。而它对特尔纳特的苏丹收入损失的补偿办法，是支付给他公司账簿上所谓的“肃清款项”。由 1625 年起，装有舷外铁架的武装小艇，开始周期性地造访未经授权的丁香产区，将无许可的丁香树砍掉。1651 年，公司强迫西塞兰岛（West Ceram）上的 1.2 万名居民移住到安波那岛，以加强劳力的供应，在 1669 年最后征服孟加锡（Macassar）以后，尼德兰人终于结束了香料的一切非法交易。他们还控制了一个港口，它曾经是来自其他地区的那些不满的伊斯兰商人的避难所。

尼德兰在东印度群岛与葡萄牙的争夺战中之所以占上风，有各种因素。第一，尼德兰的船舶数量比葡萄牙多很多。这些船只较轻，修得较好，比葡萄牙的船只容易操作，还装有更精良的远程大炮。尼德兰人在很多岛屿上建有根据地，因而出海的时间可以比较长，比以果阿为根据地的葡萄牙人更容易在当地占据主动地位。第二，尼德兰人很容易找到他们需要的水手和士兵，如果不在尼德兰国内找，也可以雇用法国、德国、斯堪的那维亚和英国的佣兵（英国佣兵限于 1652 年以前）。而葡萄牙人缺乏远洋水手。他们不容易在东印度群岛征召到士兵，就由葡萄牙监狱中征召犯人。第三，尼德兰指挥官与葡萄牙指挥官相比较，更精通海军战术，更依靠训练有素的军队，也更有部署其丰富资源的自由。葡萄牙人在海战中仍然是用与交船并列或相对航行加以攻击和占领的办法，在陆战中仍然是听“圣詹姆斯，对准他们”的口号而进攻，其行动受制于缺乏效率和集中的指挥。此外，葡萄牙人十分看重宗教动机，可是尼德兰人清楚他们最注意的是贸易，明智地选择不以传教去危及贸易（Meilink-Roelofz，1962：181）。可是最主要的因素却是尼德兰富有，而葡萄牙人则愈来愈贫穷。其财富上的差异又反过来体现在尼德兰的商业寡头政治集团日益广泛的商业活动，而葡萄牙人不久即成为其母国贫困的牺牲品，连谷物、布料及制造品都要依靠进口。在尼德兰人与葡萄牙人的竞争中，商业资产阶级战胜了海上贸易贵族精英。

虽然尼德兰人战胜了葡萄牙人，但他们在东方的胜利却旋即消逝。“荷兰东印度公司”的赢利付出了沉重的成本，其中主要的是战争的成本。再者，正当尼德兰人巩固了对香料贸易的把持时，这些香料本身却在欧洲市场失去了吸引力。尼德兰人的公司为了维持垄断，付出了极大的代价，打压亚洲商人的活动，并扰乱了诸王国和港埠公侯国的贸易。马六甲未再重获它以前的地位。以往供应马六甲稻米的爪哇岛上的马塔兰，最终却失去了它与马六甲的贸易联系。万丹位于爪哇东北部，一度是一个大的商业中心，供应稻米和奴隶给香料群岛以及马来亚和爪哇的港埠。此时，它只好转而与巴达维亚进行贸易。港埠的侯国式微，产米的诸王国成为“荷兰东印度公司”的卫星国。在丁香树被除尽的岛屿上，居民改以西米为主食。因此，尼德兰公司为了替远方的市场生产少数几种珍异的商品，搅乱了南方诸海的贸易网络。

英国人在印度

英国人像葡萄牙人一样，最初在与尼德兰人的交往中居于不利的地位。但是他们旋即扭转了这一颓势。“英国东印度公司”不像“荷兰东印度公司”那样高度集权。它的垄断也不像尼德兰公司那么严格。许多私营的英国“乡村商人”也与英国公司同时进行贸易。英国公司的资本比尼德兰公司少，现金也少。尼德兰公司一开始的时候资本是英国公司的 8 倍。事实上，英国公司往往得由当地王公和著名人士处借钱（Meilink-Roelofz，1962：194）。17 世纪初年，尼德兰公司的船只几乎是英国公司的两倍。

英国人旋即承认尼德兰人对香料贸易的把持，尤其是因为 1619 年英国人想以武力占领班达而不果。他们于 1612 年和 1613 年分别在暹罗和日本设立商栈，可是 1623 年却又将它们关闭。在尼德兰人于安波那岛处决英国商人以后，英国人更是赶快撤出他们过分扩张的地方。一直到 17 世纪最后 30 年，印度尼西亚的贸易对英国人而言依然重要，但他们的注意力却日渐由印度尼西亚转向印度。

英国人在进入印度次大陆的时候，既不像葡萄牙人那样借助宗教圣战的名义，也不像尼德兰人那样寻求即刻的政治势力。他们的选择不是出于道德或政治，而是出于经济。他们既无组织又无资金去兴建堡垒和供给战舰水手。再者，他们也很了解尼德兰人的海上优势。他们爽快地承认了当地统治者的主权。他们依靠磋商在贸易中得利，并且往往利用当地政府保护他们不受葡萄牙人和尼德兰人的欺压。因此，他们于 1611 年在戈尔康达（Golconda）的默苏利珀德姆（Masulipatam）成立了一个代理处，1612 年又在莫卧儿帝国西面边疆的苏拉特（Surat）成立了一个代理处。他们于 1639 年由一位印度小酋长处取得了马德拉斯（Madras），并以印度统治者代表的身份对它加以治理。孟买（Bombay）到 1665 年才成为英国的殖民地，它是葡萄牙布拉干萨王朝的凯瑟琳（Catherine of Braganza）公主嫁妆的一部分，后归英王查理二世所有。而查理又将这个殖民地割让给了“英国东印度公司”，以交换一笔贷款。1690 年，这个公司在加尔各答（Calcutta）建立了一个小殖民地。

在 17 世纪大半的时间中，英国商人依靠莫卧儿统治者的善意。他们在马德拉斯、苏拉特以及海岸其他地方的定居地，必须适应原已存在的情况。英国人可以努力用经济或政治的策略去改变这些情况，但绝不能用武力。苏拉特是莫卧儿帝国主要的港埠，英国人就在苏拉特做买卖，外销由广大内地来的纺织品和靛青。苏拉特也是去麦加朝圣的人主要的登船港埠。载运业掌握在穆斯林手中，他们与红海沿岸的阿拉伯港埠做交易。印度商人强大的世系群主宰了中间商的业务、商业和信贷。这些中间商又与初级生产区域的村落头人接触。每一个中间商都由他自己的供应区取得农产品。这些严格的控制手段没有给英国人留下什么掌控的余地。一直到了 18 世纪，在莫卧儿人的势力衰退而好战的马拉地人（Maratha）攫取了大部分苏拉特的腹地以后，当地若干商人家族才要求“英国东印度公司”的保护。此时，反叛与政治上的紊乱开始干扰苏拉特与西方的贸易，因而先是英国人迁移到孟买，接着是他们的贸易伙伴印度拜火教徒也跟着到了孟买。

在苏拉特与西方的贸易衰退的当儿，英国与东方（中国、菲律宾和印度尼西亚）的商业却有所增加。英国商人在印度东南的科罗曼德尔海岸尤其受欢迎。此地区不在莫卧儿的范围之内，因而他们不像在苏拉特那样受到强大商人家族的抵制，并可以与许多小商人交往，以便取得内地兴隆纺织业的产品。此外，通过互惠的安排，英国人可以在印度的船只上充任海军军官，而印度主持雇用的中间商与运货船主又为英国人服务。

由英国主要的根据地马德拉斯，我们可以看到外国商人与当地人口之间的关系结构。这座城市受英国人所建的圣乔治贸易站（Fort St. George）的控制，有一个“白色的”城和一个“黑色的”城。白城住有 50 名“东印度公司”的欧洲雇员、25 名欧洲的自由商人和 60 名欧洲船长，还有 9 家亚美尼亚人、6 家犹太人、三四家上流社会的欧亚混血家庭以及偶尔在此居住的一名印度商人。镇守白城的是 200 个欧洲普通士兵及 400 名非欧洲籍的步兵和炮兵。住在黑城的是 1 万名当地人口。在马德拉斯，由欧洲来的船只运来白银以及犹太人在里沃纳（Leghorn）专为东方贸易生产的珊瑚首饰，在回程时又运走中国的茶、印度尼西亚的胡椒、由菲律宾来的西班牙银币和由科罗曼德尔来的纺织品。可是到了 17 世纪，由于加尔各答外销中国的贸易日渐发达，加尔各答逐渐取代了马德拉斯的地位。

莫卧儿帝国

英国人在加尔各答又遇到了莫卧儿人。他们在莫卧儿帝国的鼎盛时期受到莫卧儿的主宰，而在莫卧儿式微的时候，又随之兴败荣枯。现在大家都说莫卧儿帝国时期的印度是“传统的”印度；但是莫卧儿政权本身也不过只是一个新近的政治现象。创立这个政体的是由中亚来的帖木儿王朝的突厥人，他们在 16 世纪初入侵印度，并于 1527 年以其首领巴布尔（Babur）为第一位莫卧儿皇帝。在巴布尔之孙阿克巴（Akbar）的统治下，莫卧儿的制度基本成形。它固守中亚突厥人的模式，将显赫的权位授予军人，军人的等级则依其麾下士兵的数目而定。最高级的官僚也从这些军事精英中选出。在阿克巴的统治时期，这些军事官员中有大约 1/3 的人是由

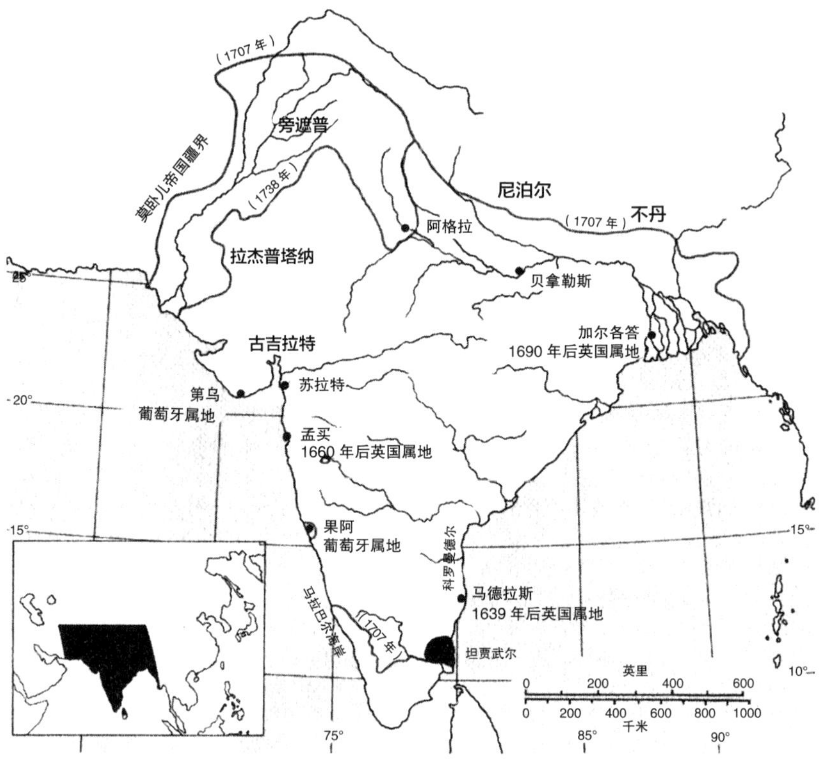

图 8-3 莫卧儿帝国时期的印度

原先越过中亚进入印度的军人中征召的；1/3 由波斯人、杰格塔人（Jagatai）和乌兹别克的穆斯林构成；另外 1/3 为当地印度人，主要是印度北部的拉杰普特人（Rajput）和穆斯林的酋长。之后，当地酋长所占的比例有所增加。

这些人形成国际性的精英，也创造了国际性的宫廷文化，如精致的甲胄和武器、昂贵的纺织品和地毯以及有豪华花园和内部装饰的宫殿。他们的艺术品味，衣着和款式（裤子、衬衫和外套，这种外套是现代"尼赫鲁式上衣"〔Nehru Jacket〕的原型），对于诗歌、书法和小画像的嗜好以及爱讲波斯语和波斯化的印度语（Urdu，乌尔都语）的习惯，是境内权力较小的、较低阶级效仿的模范。宫廷与宫廷文化又促进了皇宫所在的城镇及其整个地区出现许多工匠与手工艺品的生产，这些地区由此成为专门的手工艺品生产地。由于精英的报酬是货币，他们也促进了生活用品与奢侈品贸易。这种情形又促成了商人阶级的形成，他们贷款给精英，以便精英可以支付其奢侈的生活方式。

这些军事精英得到授权，可以收取某些特殊地区的贡金贡物。这样的授权终生享有，但不能被继承，情形和土耳其的贡金贡物授权和西班牙的临时托管特权类似。再者，一个拥有授权的人，由于在一生中要迁移到帝国不同的地区任职，其贡金贡物所出的地区也随之不断改变。

在这些精英与一般百姓之间的是显赫世系群的酋长。他们有世袭的权利，可以由某些地区收取贡金贡物。这些酋长的世系群从属于当地居于统治地位的种姓阶级。他们是中央世系群的首领，由其他世系群成员处取得贡金贡物，又将所得多余的金钱转交给莫卧儿政府。中央势力与其世系群之间的中间人，其得势与失势视国家与世系群之间的关系的强弱为转移。当关系弱时，中央世系群的酋长在其众多亲属的支持之下，变得更有势力，可以影响到政府的官僚机构。而当政府强大时，政府便扩张自己收取贡金贡物的权力，因而越过中央世系群而直接由地方上的世系群分支收取，或者它将不同世系群体的世系群分支混合在一起，而创造出新的居留地。因此，权力的分配是有流动性的。再者，显赫世系群酋长的权利是可以通过出售而转让的（Habib，1964：43）。在中央政府无法干预时，拥有授权的精英便可将其授权转化为显赫世系群酋长权利的保有权。相反，当政府强大时，又可强制将显赫世系群酋长的权利转化为精英的授权。因此，政府与显赫世系群酋长之间可能发生冲突，这样的冲突是莫卧儿帝国庞大结构中的一大弱点。

宗教上的异议是莫卧儿帝国的另一弱点。维查耶纳伽尔王国信奉印度教。它是 14 世纪早期由德干高原逃避穆斯林侵袭的难民所建立，17 世纪还存在。反伊斯兰教的反对势力，部分是由维查耶纳伽尔王国所支持。另一种反对势力是来自各种折中派的崇拜。它们援引印度教的神秘主义和伊斯兰教的苏菲神秘主义，宣扬一神崇拜，而反对仪式和种姓制度。折中派的教师以方言向会众讲道。许多这样的领袖是工匠，甚至出身低等种姓。其中最有名的是卡比尔（Kabir，1440—1518 年），他是一名织布工。另一位领袖那纳克（Nanak，1469—1539 年）创立了锡克教（Sikhism），他宣讲各宗教的统一，并主张在旁遮普的贾特族（Jat）农民种姓中废除社会地位的差别。还有一个教派（Satnamis），它吸引的是农夫、工匠及小商人。

莫卧儿帝国的统治者最初接受宗教上的差异，反正异教徒死后不用付税。可是他们愈来愈不宽容。奥朗则布（Aurangzeb）于 1658 年即位为王。他是一个宗教狂热者，不但毁坏了印度教的寺庙，而且给非伊斯兰教徒强加特别的税收。他的宗教迫害驱使许多显赫世系群的酋长及其农民徒众公开反叛，在莫卧儿政权衰弱以后，反叛愈来愈严重。1647 年，德干高原西部说马拉地语的人口在其领袖西瓦吉（Sivaji）的率领下，起而反叛莫卧儿人，想要恢复伊斯兰统治者反对的印度教信仰。他们组成了马拉地同盟，成为德干高原上的主宰势力。莫卧儿人也失去了恒河平原中部印度教世系群的支持（这个地区今日被称为北方邦〔Uttar Pradesh〕）。最后，在莫卧儿帝国的统治衰微以后，莫卧儿边远地区的官员开始扩张自己的势力，并且为了自己的利益与进入印度次大陆的欧洲人进行贸易。因而，到了 17 世纪末叶，英国人介入印度事务的时机已经成熟。

英国统治的发展

英国人在加尔各答的定居点（1690 年），在战略位置上由莫卧儿帝国的式微中得利。相对来说，孟加拉邦远离困扰印度其他地区的战争与危机。它此时进入了商业繁荣期，不仅输出精致的丝绸，也输出糖、稻米、硝石、靛青和鸦片。虽然法国人和尼德兰人在这个地区也有商站，但是“英国东印度公司”不久即在 150 多个“代理店”进行贸易。印度有权势的商人－银行家承包了为半独立的莫卧儿总督或统治者收税的任务，并往往借贷巨额的贷款给英国人。“英国东印度公司”通过这些商人－银行家，而扩大它与为贸易生产纺织品的织工间的契约。孟加拉邦半独立的莫卧儿总督或统治者与显赫世系群酋长之间正发生一场日益激烈的斗争。许多酋长在新的土地上拓殖，而不向统治者缴纳应缴的税收。英国人在这场冲突中支持显赫世系群的酋长，而与半独立的莫卧儿总督或统治者为敌。在商人－银行家的支持下，公司与许多显赫世系群的酋长秘密结盟，向半独立的莫卧儿总督或统治者公开挑起战争。1757年，在得到孟加拉邦大银行家借贷的款项以后，英国在普拉西大败莫卧儿总督或统治者的军队。

在这次胜利以后，“东印度公司”劫夺孟加拉邦500多万英镑的国有财产。它也得到了进口与出口的垄断权。它制定了对自己有利的价格政策，驱逐当地的商人阶级，并于1775—1780年又收获了500万英镑的利润。它利用印度人作为居间人（这些居间人的职位往往是由印度人花钱从公司购买的），直接控制了1万名孟加拉邦的织工，契约迫使他们只与公司交易。到了1765年，“东印度公司”也成为孟加拉邦正式的政府机构。它迅速采取行动使税收制度合于经济原则，将土地直接税由1765年的近1500万卢比，增加到1776—1777年的3000万卢比。税收负担的增长对于大多数的孟加拉邦农民和工匠的影响是毁灭性的。1770年和1783年，两度发生大饥荒。

“东印度公司”在孟加拉邦取得了一个立足点，并在因政治斗争而获利以后，迅速而有效地扩张它对领土的统治。连绵不断的战争迫使公司必须建立一支愈来愈精锐的军队。对于有领土的统治者内政不断的“干预”，更促使公司发展出以领土为基础的官僚政治。公司直接接管了印度的某些地区，并且赞助地方统治者治理其他的地区。因此1765年以后，“东印度公司”的性质改变了，由按照另一个政府规定运作的有执照的贸易公司，变为英国政府的一个军事和官僚部门。

公司性质的改变以及因此而造成的英国在印度统治的性质的改变，使英国人对印度的期望也造成重大的改变。在普拉西战役获胜之前，在印度的英国人，他们的典型特点都是商人。他们通过在代理店的生活与在内地的贸易往来，感觉自己与他交往的印度精英有平等的地位。这些商人（或像官员般办事的公司商人），均过着与印度贵族一样的生活。他们有印度情妇，身边环绕着印度拜火教徒或穆斯林仆人、葡萄牙或果阿的厨师以及马拉巴尔或马拉加西（Malagassy）的奴隶管家。如斯皮尔（Spear）所云，矛盾的是：

> 公司官员腐败，财富来路不正，压迫农民，供养情妇，维持不

正当的性关系的那个时代，也正是英国人对印度文化感兴趣，用波斯语写诗，与印度智者、伊斯兰教的法律教师、半独立的莫卧儿总督或统治者，以社交中的平等地位集会和交结为私人朋友的时代。（1963：145）

虽然在普拉西之战以前英国商人与印度商人在平等的基础上交往，但是英国人在战胜以后却开始利用新得到的政权，去控制其印度的竞争对手以及其他欧洲公司的商人。在普拉西之战以前，英国人通过地方上的中间人运作，这样的人在科罗曼德尔和马拉巴尔被称为“dubash”或“modeliar”，在孟加拉邦被称为“dadni”。“dadni”一词是指有息贷款给内地的商人，这些内地的商人又贷款给地方上的农民和工匠，农民和工匠以将来递交的农产品为抵押。这样的中间人不但尽金融与组织上的职责，而且与当地政权和手工业行会打交道。他们同时是“朝臣、谈判人、翻译、制订契约者，也充当担保人和专家”（Dermigny，1964，I：783）。现在这些人为领薪的职员所取代。职员处理“东印度公司”的业务，签发贸易许可证。我们在下面将会看到，这种情形并不能使英国人不依靠印度的资金。“英国东印度公司”与私商各种活动的目的，是利用印度的资源与劳工，生产与中国进行贸易的货物。投资于这种日益成长贸易的财富，来自印度银行家和放贷者。

英国商人的作用有了基本上的改变，由印度人的贸易伙伴变为在社交上疏远的上司。政治方面也发生了平行的改变，因为秩序的建立与施政的程序化使军人执政者有了优越的地位。这些人一向轻视“软弱的孟加拉人”，并且站在道德的制高点看待印度人，想要以英国的模式统治他们，改变他们与英国人不同的习惯。

普拉西战役的胜利为英国接管印度半岛铺平了道路。英国为主宰印度而逐渐采取的行动，并不是依照总体的规划，其发生是由于回应区域性的危机和战争。莫卧儿帝国瓦解为好几个继起的战乱区域，如德干高原西部的马拉地同盟、克里希纳河（Krishna River）与戈达瓦里河（Godavari River）之间高地上的海得拉巴（Hyderabad），以及统一内陆高原与喀拉拉以北海岸地区的迈索尔（Mysore）。这些新的国家对孟买、马德拉斯和加尔各答的英国人造成了真正的威胁。它们经常变换盟友，也求助于法国人或阿富汗人，因而可能将区域性的战争升级为国际冲突。同时，它们内部不团结与不能缔结为一个共同的联盟，又使英国人可以分化它们，各个击破。英国人于 1789 年打败了海得拉巴，1799 年打败了迈索尔，1816—1818 年击败了马拉地同盟。

这些为控制权而进行的多边战争，对于财富和资源造成了极大的破坏。有半个世纪之久，战争各方为了维持政治与军事上的竞争力，都用收税和抢劫的办法筹措经费。然而，英国在战争中的胜利，却使“东印度公司”及其官员可以有办法用印度的资源累积母国的财富。由抢劫得到的庞大私人财富都被送回英国投资。通过无报酬的输出，以前维持地方上统治者的贡金贡物，现在都可以被转手到欧洲的公司股东（Fieldhouse，1967：159）。在征服了政治上独立的国家以后，英国人也可以整顿印度的土地保有权和土地税收制度，让印度支付战争的开销和英国继续占领所需的成本。最后，英国也可以用土地和税收改革，使印度的农业改变方向，生产有利润的商品，如生棉和鸦片，因为这些都是增加英国与中国贸易的战略工具。

土地保有权与税收的新模式

莫卧儿帝国基本上实行纳贡制，终身拥有授权的人和显赫世系群的酋长，可以由他们在私人性质上或在公职上所主宰的农夫身上，抽取剩余物资。这种方式与日后英国人的做法最大的不同，是这些权利不是对土地的产权，而是要求人民的劳力与其劳力的产品。然而，在 1793 年英国人引入孟加拉的《永久产业赠予法》（Permanent Settlement）中，显赫世系群的酋长成为彻底的财产所有人，但是他们由他们农夫处收到的贡献，9/10 得交给英国当局，只保留 1/10 为自己所用。因而，英国人一举而创造了一个有 3000 名印度地主的阶级。他们与英国的地主有同样的权利，包括出售、抵押和继承土地的权利。

由于伯纳德·科恩（Bernard S. Cohn）所做的研究，我们现在很了解，英国的这种新土地法与税收评估对一个实施《永久产业赠予法》的区域所造成的影响，比如贝拿勒斯（Benares）地区。美国人类学家于20世纪四五十年代在江布尔（Jaunpur）地区进行了许多研究。江布尔地区以前是贝拿勒斯酋长（土王）辖区的一部分。科恩的研究，为这些美国人类学家提供了历史背景。18世纪，对这个区域中居民和贡赋的权利，属于世系群团体（主要是拉杰普特人）、小酋长或土王以及拥有服务授权者。所有这些收取贡赋的人都对贝拿勒斯土王有义务，而这个土王本人又臣属于奥德（Oudh）的半独立莫卧儿总督。而这位总督则效忠于莫卧儿皇帝。拥有服务授权的人收取贡赋但不付税。所有其他的人都必须向若干上司纳贡，不过，实际的贡赋随进贡者与收取贡物者的政治与军事能力而异。各群体间对资源有过无数的冲突，需要仲裁和折中处理。

英国的统治一举将所有这些群体及对人民与贡赋的身份权利，都转化为私人财产的权利。地产成为登记有案的纳贡者的财产。他们照规矩付税，而取得拥有、继承和处理的私人权利。由于税额永久固定，他们不受地价与其上农作物价值的影响。因而，被低估的土地作为一种权威的资源，变得尤其有价值，而这种权威则需要通过武力或调解性的有利可图的投资来实现。实际的评估和收税工作被指派给一群印度官员来做。他们在这件事上有利可图，可以不诚实地评估和强迫不付税的人出售其地产。有些官员兼差为放贷者、商人或银行家，并与管理钱财的知名之士交往。

这些官员也因他们懂得英国的法律程序而获得更多好处。印度的法律，是以对亨利·梅因爵士所谓的“身份”考虑为基础，而不是考虑“契约”。可是现在英国法律取代了印度法律。印度的法律程序以为争执的各方不是个别的个人，而是与其他的人有各种复杂的社会、政治和仪式关系。它承认在社会上、政治上及仪式上有不平等的世系群团体和世袭阶级，并认为冲突的案子是这些群体间持续关系的短暂时刻。可是现在世系群团体被视为个人来对待。英国法律坚持以原告和被告为一份契约中平等和个别的伙伴，而只处理法官面前的案子，不管产生这个案子的母体为何。印度法律避免最后的决定和解决，喜欢继续磋商下去。相反，英国的法律程序坚持对送进法庭的案子做出明白的裁决。其结果是印度的原告和被告共谋用智巧的办法绕过英国法律裁决的过程。这些办法从法庭看来是非法的，但是争执的人却用它们来自卫。科恩下结论说（1959：90）："大多数送进法庭的案子都是隐藏真正争执而捏造出来的故事。"因而，为了公正和公平起见而强迫使用的新法典，事实上却嘉惠于最能利用法律的那些人。

由于地产、税收评估以及法律程序的新制度，贝拿勒斯区域兴起了一个新的地主阶级，其成员从印度文职官员、银行家及商人中征召而来。这些新地主往往不亲自管理，通过代理人而非通过旧日对人民和贡赋权利的制度，管理其地产。到了 19 世纪中叶，这个阶级将控制贝拿勒斯区域近一半的土地，而许多失败的显赫世系酋长的地位下降，沦为农民。

在其他一些地区，比如印度西部和北部的部分地区，在 1833 年实行改革了的解决办法。英国人认为印度村落是一个共同体中同享平等权利的团体，因而这项解决办法尽逐收税的大地主，而将土地授予村落团体或"农耕会"。

在印度各处，所有的新地主都被迫为市场生产农作物，不论是甘蔗、烟草、香料、棉花、黄麻还是靛青。虽然当时也在英国的赞助下成立了几个种植一种作物的种植园，但是大部分农产品都是通过一种农业外包制而获得的。农作物通过一连串中间人由生产者进入购买者之手（Moore，1966：356）。各地的放贷者此时在印度的乡村已经是根基很深的人物了。他们扩大活动的范围，以高利贷协助农民收成和付税。同时在各地，不能与其较富裕同侪竞争的显赫世系群酋长、收入被剥夺的地方显贵以及反抗英国人侵略的酋长，联合起来形成对新秩序不满和批评的派系。因为新秩序剥夺了他们的资源与头衔，这使他们在社会流动中节节下降。无土地劳工的数目也有所增加，这种情形尤以英国机器生产的布料在 1814 年以后涌入印度市场后为然。英国机器生产的棉布，极大地冲击了印度市镇高品质的棉织品及乡间的棉花生产者。

新情势也使乡村权贵的力量大增，他们经受住了当时发生的激烈和摧毁性的变化，甚至从中获利。这些"强人"（Thorner and Thorner，1962：16—17；Thorner，1964：64—66）使用当地世系群和世袭阶级的机制，持续和扩大控制由于饥饿而被迫工作以求温饱的农业劳工和佃户。同时，这些地方权贵使用地方上的亲属和婚姻关系去抵制不住在当地的显赫世系群酋长和政府官员的势力。一些抵制他们的法律诉求不能被有效执行，甚至有权势的显赫世系群酋长与商人，为了取得收入和农产品，也不得不与他们讨价还价。这些在当地世系群分支中有力的强人，通过借予其同村村民款项、种子和食物，通过他们在村子中处理冲突的作用，也通过他们对当地暴力手段的控制，掌握了控制权。所谓地方暴力的手段，包括在身体上威胁其敌对人士，摧毁他们的农作物，以及不让他们在村落中有土地和住宅等（Srinivas，1959：15；Cohn，1971：85）。其结果是产生了农村的寡头政治，受制于亲属关系和种姓制度。这些乡村的寡头执政者在乡村维持了纳贡的关系，甚至就与市场的关系而论他们在履行商人的角色时也是如此。

新式军队与官僚制度

就被征服的人口来说，英国的统治还带来两个其他的结果。其一是创建了一支由英国人管辖的军队，其军官为英国人，士兵为印度人（婆罗门、印度北部的拉杰普特人和穆斯林）。这些印度士兵是雇用的佣兵，报酬由英国政府支付。这种情形有效地结束了莫卧儿帝国的模式。莫卧儿收取贡金贡物的显贵人士，有权维持军队，但也有供应统治者军队的义务。它使新的欧洲统治者掌握了暴力的工具。另一个结果是创建了一个最高阶层全是欧洲人的政府，其间运作的基本人员是数目愈来愈庞大的下级职员。

这些下级官员大多数是由孟加拉无数的翻译人员、经纪人、小吏和曾经担任英国东印度公司和私商的次要合伙的小商人、小地主中征召而来（Mukherjee，1970：48）。他们之中的许多人在为英国人做事以前曾为莫卧儿人做事，现在变节并利用英国人造成的新的政治和军事机会。他们大多出身于上层种姓，比如婆罗门、白迪亚（Baidya）和卡亚斯塔（Kayastha），用他们的职位加强自己精英文化模式承载者的地位。可是他们也允许征召阶级较低的人。

这些新的专业人员自称“可敬之士”，以新的标准取代以往以种姓制度决定的身份。这些新标准是英语教育，对印度文学传统的掌握以及专业和教士职位。他们因此不仅是使印度人西化的人，也是创造他们自己独特模式的人。他们有欧洲人想要的技艺，也有自己强烈的使命感。他们展望用自己的力量回到伟大的孟加拉的过去，那时真正的婆罗门美德尚未遭到佛教和虔诚派运动中激烈的印度教的破坏（Broomfield，1966：63—64）。类似的区域性精英群体也在东南部的马德拉斯和西部的马哈拉施特拉（Maharashtra）出现。英国人在控制了新的地区以后，便从这些群体中征召雇员去高地服务。当然，这些支持英国人统治的人，遭遇之前的精英分子的敌意。在英文和读书识字教育传播到其他的人口群（如穆斯林及阶级较低的印度人）以前，这些“可敬之士”甚至在其家乡区域也遭受愈来愈大的压力。

在印度南部（如1812年的马德拉斯）没有显赫世系群，取而代之的是一个不同的模式。为了创造一个生机勃勃和自力更生的农民阶级，英国人将土地授予个别的农夫，但他们必须直接付税给政府。凯瑟琳·高夫（Kathleen Gough）对坦贾武尔地区（Thanjavur District，英国人称之为坦焦尔〔Tanjore〕）的研究（1978），对这些财产税收新规则所造成的改变，提出了一个好例子。坦贾武尔位于马德拉斯附近，现在是泰米尔纳德邦（Tamil Nadu）的一部分。在英国人到来以前，每一个坦贾武尔的村落均由一个婆罗门或韦拉拉（Vellala）种姓所掌理。此种姓集体行动，将固定份额的谷物收成配给村落的农夫、佃农和仆人，并集体负责纳贡给政府。新的英国政府让每一个家户自己对其佃农负责和对付税负责，19世纪中叶以后，又颁发个别的村落土地份额所有权状。必须以现金付税的农夫，欠了放贷者愈来愈多的债。在过去，放贷者只能收房屋、农作物和首饰为贷款的抵押品，现在也可以收土地为抵押品。其结果是许多人失去了土地，而有些人的财产却增加了。农业在以前着重供应家户的需要，现在改为着重生产外销到南亚种植园的稻米。而过去能够参与分成并带有继承性质的佃农，现在愈来愈变成按照每年订立一次的契约工作的无保障佃户。坦贾武尔地区因而变成一个服务契约仆人的主要供应区，他们想到海外就业（参看第 7 章）。

起义

在快到 19 世纪中叶时，英国政策影响所及的地理区域愈来愈大。各种土地的安排和税收的改革，改变了经济和政治阶级组织的性质。在 18 世纪末叶以前，印度的纺织品是主要的外销品，可是在此之后印度的纺织品禁销英国市场，而印度照规定又得允许英国制造品免税流入。这种情形使得专业化的印度纺织手工业生产迅速崩溃。以机器制造货品的方式的传播摧毁了村落的手工艺，减少了以生产陶器、鞣制皮革、染色布料、油与珠宝维持生活的工匠数目。19 世纪四五十年代的造船业和铁路建设，加速了乡村商品作物生产的发展，鼓励旁遮普外销小麦、孟买外销棉花、孟加拉外销黄麻，以及由生产粮食作物改为生产经济作物，如棉花、花生、甘蔗和烟草。在农民开始在市场购买粮食、需要货币刺激经济作物以及 19 世纪中叶地价上涨以后，高利贷行业不断扩大。人们不满的情绪日益高涨。煽动这种不满情绪的是以前的权贵及其随员，他们逐渐被英国人的土地和税收改革所排挤和威胁。这种不满情绪在印度北部演变为一系列暴乱，英国人称这些暴乱为“1857 年大兵变”。

这些暴乱表面的原因据说是新式的李－恩菲尔德步枪的弹药筒擦了许多由牛油和猪油做成的脂。在子弹上膛时，士兵必须在末端用牙咬开它们，才能将火药倒出来。而宰牛对于印度教徒来说是大忌，与猪肉接触对于穆斯林来说也是禁忌。5 月，印度士兵的兵变此起彼伏，在许多地区触发了武装起义。这些兵变不过是点燃火种的火花。这个火种久已因不满而成为一个火药桶。被排挤到一边的昔日显要，想要恢复莫卧儿和马拉地权势的地方显贵，受到经济和政治压迫的村民，反对“闯入的基督徒”的宗教信徒，所有这些人再加上其他的人，都联合起来，支持起义。兵变在牺牲了许多人的性命以后终于被平定。英国人由于突然认识到印度可能脱离其控制，遂改变了对其臣民的态度。在这次兵变以后，英国的统治者放弃了以英国的自由思想改革印度的想法，而努力加强他们所认为的印度传统。当时兴起了哈钦斯（Hutchins）所谓的“真正印度”的荒诞说法。

> 这个“真正的印度”包含乡间的古印度，英国势力的随从与依靠者，王公、农民和少数民族群体。住在城市中、经商和从事专门的职业、不依靠英国人的恩宠、无意为自己谋取英国势力保证的特权职位的那些印度人，被指认为“非典型的印度人”。（1967：156）

英国人开始重新关注印度种姓制度的优点，将不同集团的印度人通过种姓地位和宗教信仰区分开来，并支持刹帝利种姓的特权。这样做无疑是为了想分化统治，并加强种姓和特权的约束，以抵制或是个人或是群体的“新”人，不让他们自由流动和维护自己的权利。

在印度的英国人聚集为一个新的准种姓统治阶级，与印度的居民分开而且不一样。他们渐渐地将印度人称为“黑鬼”（Hutchins，1967：108），认为其母国内较低的阶级与印度人一样低下。他们日渐想努力达到辛勤工作、阳刚、权威性举止、不贪图舒适和喜好运动的理想，以便培养道德的品质，而同时又认为印度人的天性与此相反，觉得他们怠惰、体弱、懦怯、柔弱、好欺诈、浪费和不道德（Hutchins，1967：29—78）。伍德拉夫（Woodruff）称他们为监护人。他们觉得因为自己是新的统治者，便可以追求一种精英分子的生活方式。这种生活方式超过他们在英国所习惯的。印度的作用是把英国人转化为“速成的贵族”（Hutchins，1969：107—108）。坚持这些新标准的英国人，与他们在母国的真实身份是极不相称的。

从印度到中国

印度内部政治与经济上的统一，与英国扩大和中国的贸易同时进行。英国人动员印度的资源，以期进入东方的宝库。路易斯·德尔米尼（Louis

Dermigny）说英国人，“每一件发生的事情，都好像是说明他们之所以将印度半岛变成一个家臣，是为了向中国发展”（1964，I：781）。

然而，在进入中国市场时，英国人却遭遇极大的障碍，因为中国政府不愿意与“红毛番”做任何买卖。随着满族人在北京建立清政权（1644年），帝国的对外贸易控制更为严格。这种重新控制一方面是为了扑灭明朝遗民中的首领，一方面也是为遏制外国人在中国沿海地区的影响力。在中国的南方，明朝最有力的支持者是郑成功（国姓爷）。郑成功逐渐控制了福建省，并且差点儿攻下了南京。他与欧洲人有广泛的接触，曾在澳门和马尼拉替葡萄牙人和西班牙人工作过，在中国台湾为尼德兰人工作过，并在日本成婚。他在被逐出中国大陆以后，避难到台湾，统治台湾直到1683年。虽然郑成功在挑战满族人统治的人中很有名和最为强大，但是清朝还有其他的挑战者（Dermigny，1964，I：97，132）。清朝皇帝接受了郑成功的一位旧部参谋（即施琅）的建议，彻底肃清海岸，希望用创造一个无人之境的办法，减少航海者与内陆居民无限制接触的可能性。

不过在清帝国的控制重新得到巩固以后，清帝国又欢迎外商进入中国的港埠。“英国东印度公司”由这个新机会中获益最多。1685—1760年，英国人受到许可，在福建省与浙江省的好几个港埠做买卖。但是他们逐渐改在广州做生意，并在广州成立了一个外商公会（公行）。广州很富有，可以事先储存大量的供应货物，而其海关关员又直接代表清朝皇帝，与地方上的士绅无关。当1760年清廷再度限制对外贸易时，广州成为唯一一个开放对外贸易的港埠。

英国人在与中国进行贸易的初年，向中国购买丝织品、瓷器和药品。他们原想以英国的毛织品支付费用，但中国人不接受。于是他们卖一些英国的铅（用以箱子描边）、锡、由马来海峡得到的藤条、胡椒、硝石以及爪哇和菲律宾的稻米。可是1793年中国皇帝却给英王乔治三世写信说：“其实天朝……梯航毕集，无所不有，……更无需尔国制办物件。”（引自Teng and Fairbank，1961：19）最后英国人不得不支付白银，这使得他们的白银持续外流。在整个18世纪，“东印度公司”又将茶树的锯齿状叶子列为它想要的商品，贸易逆差进一步拉大。

图 8-4　从港口看欧洲人在广州的贸易总部，乔治・钦纳里（George Chinnery，1774—1852 年）绘制的油画（Courtesy of the New York Historical Society, New York City）

以鸦片交易茶

饮茶的习惯在英国始于 1664 年，最初是由尼德兰人引入的。那一年英国进口的茶叶量为 2 磅 2 盎司。到了 1783 年，单是"东印度公司"销售的茶叶便达近 600 万磅，两年以后更是超过 1500 万磅（Greenberg，1951:3）。或许想要逃税的私商走私进入英国同样多的茶叶。（当在欧洲无法收茶叶税时，英国皇室便想在波士顿收茶叶税，而激发了美国人的反抗，并且改饮咖啡。）所有这些茶叶都必须用白银支付，使白银像"长期慢性出血一样"地流向东方（Dermigny，1964，I : 724），中国同时由日本和马尼拉取得白银。1600 年，由日本流入中国的白银量达到 20 万千克，但是同时由马尼拉每年流入中国的白银量却达 800 万千克（Rawski，1972 : 76）。中国成为"美洲财富的坟墓"。德尔米尼估计 1719—1833 年流入中国的白银量为 3.06 亿到 3.3 亿比索。这是那个时期墨西哥白银总产量的 1/5，或许多达欧洲所有白银储量的 1/5（1964，I : 740）。

在白银外流这件事上，英国人是继承了一个古老的问题。甚至在罗马帝国时代，印度南部输出香料、细薄棉布和宝石到地中海地区，而赚得罗马的黄金。印度曾发现有大量的罗马银币（Wheeler，1955：164—166）。由地中海外流的金银块，数量相当庞大。普林尼（Pliny）说："印度没有一年不吸收少于5000万塞斯特斯的罗马钱币。"（Wheeler，1955：167）罗马帝国灭亡以后，金银的外流并未中止。中世纪时黄金和白银稳稳地经意大利外流到拜占庭和伊斯兰世界，并由伊斯兰世界流入印度（Lopez，Miskimin，and Udovitch，1970）。布罗代尔说：在现代早期，

> 整个地中海地区好像是一架累积贵金属的机器，贪得无厌。这个地区囤积贵金属，却将它们全部流失给印度、中国及东印度群岛。地理大发现可能在路线和价格上造成革命性的变化，但是没有改变这种根本的情势。（1972，I：464）

到了17世纪，欧洲西北部也面临同样的问题。

当然，所有这些商业活动在中国内部也造成了影响。16世纪，日渐扩张的葡萄牙与西班牙贸易，在中国南方的沿海地区造成为海外市场而专门生产蔗糖、纺织品、瓷器和五金制品的现象。伊比利亚半岛人带来的是新世界的烟草、甘薯和花生。中国的农民热切地接受了这些新的农作物，它们似乎也促成了中国人口的迅速增长（Ho，1965）。烟草在17世纪成为一种主要的经济作物，由海岸向内陆传播，到达云南、中国的西北部以及长江下游地区。罗斯基在不断上涨的地价中、对土地激烈的竞争中、对土地改良投入的加大中、生产率的提高中以及较高的租金和利率中，追踪这种商业化的连锁结果（Rawski，1972）。对于茶叶日增的需求又加强了这个循环。预付的款项开始由"东印度公司"流入广州的公行，由此又流入福建、浙江、江西和安徽的茶叶批发商。茶商把这个钱贷给以家庭为单位的"山民"。这些"山民"逐渐由副业种茶转为专业种茶。

这样的茶是要付钱的。"东印度公司"在国际收支平衡的问题上赤字日增。它在征服印度的时候已向英国国王借了很多的钱。为了偿债，它向印度富有的拜火教徒（例如塞斯〔Jagath Seth〕）借钱。而其以私人身份经商的职员，又向印度的放贷者举债。这些钱用来在印度种棉花以及将棉

图 8–5　中国的茶叶贸易，约 1800 年。茶叶种在山坡上（左上）；茶叶的干燥、烘烤、揉搓、包装和称重；外国商人购买茶叶（左下），将茶叶装上船（右下）（Courtesy, Berry–Hill Galleries, New York）

花运到中国。当时出现了一种复杂的三角贸易。大致上是由印度拜火教徒与苏格兰商人所经营的、“乡村商人”组成的私人代理商号，将棉花运到广州出售，以换取白银。他们用白银购买“东印度公司”的贷记票，这种贷记票可在伦敦兑现。公司又用出售贷记票取得的白银购买茶叶。

在这些交易中，英国许多为自身利益经商的乡村商人和东印度公司职员，为可观的私人财富打下基础。他们将这些财富变成在母国增进影响力与政治权势的工具。在英国国会中，他们的影响力再加上威廉·皮特所谓的“孟加拉帮”，不久即比代表西印度群岛利益的集团更为重要。

虽然英国人在 1785—1833 年平均每年出售 2700 万磅的印度生棉，但是他们的收入还是不够购买他们希望运到英国的全部茶叶。为了增加硬币的存量，“英国东印度公司”不得不由新世界的西班牙领地进口硬币。然而，1776 年美国的革命却断绝了英国由墨西哥获得的白银供应。同时，中国北方的棉花也开始注入中国纺织品的生产，它的价格要比印度棉花低。“东印度公司”在财务问题上的唯一解决办法，就是由印度输出鸦片。

鸦片的销售久已构成莫卧儿帝国的一大财源。1773 年，“东印度公司”取得了鸦片销售的垄断权。1797 年，它又将垄断权延伸到鸦片的生产。在巴特那（Patna）和贝拿勒斯附近的加济布尔（Ghazipur），代理人以其地名为其所生产鸦片的名称：巴特那与贝拿勒斯。印度西海岸的马尔瓦（Malwa）公国也加入生产。巴特那与贝拿勒斯的鸦片装在芒果木盒子中，每箱重 145 磅（五六英亩的产量），在加尔各答的坦克方场（Tank Square）拍卖。马尔瓦的鸦片则通过印度孟买的拜火教商人抵达广州。美国人也加入了这种贸易，将愈来愈多的鸦片由土耳其运到纽约，再由纽约运到中国。

鸦片贸易是隐秘、非法和有极大利润的。不久之后，从事鸦片贸易的代理商号所经手的鸦片量，其价值是“东印度公司”以自己的船只运到广州的全部货物的 4 倍。许多朝廷亲信和贪官污吏把鸦片输送到内陆。到了 19 世纪末叶，每 10 个中国人中便有一个成为有鸦片瘾的人。然而，欧洲人终于有了可以卖给中国人的商品了。在 19 世纪的头 10 年，中国还有 2600 万银圆的贸易盈余。但是在第三个 10 年，3400 万银圆流出中国去购买鸦片（Wakeman，1975:126）。白银由中国外流，旋即影响到整个国家。政府所设的税额是用白银，而农民是用铜币付税。由于白银日渐稀少而价格上扬，付税所需要的红铜量便愈来愈大。因此，鸦片不仅损伤中国有鸦片瘾者的健康，也开始败坏中国乡间的社会秩序。

太平洋上的贸易

鸦片绝对是输入中国最重要的商品，但是欧洲人还想竭力找出中国人感兴趣的其他东西。其中一样便是檀香木。中国人用檀香木的油制供神所焚的香。在檀香木贸易发展的初期，一艘从澳洲悉尼驶出的“檀香木贸易”船，可以获得 25% 的赢利（Furnas，1947：221）。为此，欧洲商人在太平洋各岛大肆搜索檀香木，几乎将它们砍伐殆尽。他们在 1804—1810 年砍伐斐济群岛（Fiji）的檀香树，在 1804—1818 年砍伐玛贵斯群岛（Marquesas）的檀香树，在 1811—1835 年砍伐夏威夷群岛的檀香树。夏威夷国王每年卖出价值 30 万美元的檀香木，他换回了五金器具、布料、衣着、朗姆酒、枪炮，甚至在马萨诸塞州的塞伦（Salem）修建了一艘豪华游艇。然而，到了 1826 年，因为夏威夷酋长拖欠交货，美国商人强制要求他们签订契约。根据这份契约，每一个夏威夷男人必须为每担檀香木（约 140 磅重）交税西班牙币 4 元，以为偿债之用（Furnas，1947：120）。

19 世纪中叶，商人以契约雇用原住民在新喀里多尼亚（New Caledonia）和新赫布里底群岛（New Hebrides）收取檀香木。由于澳大利亚的淘金潮耗竭了欧洲的劳力供应，使用原住民的情形变得更为普遍。原住民劳工所得到的报偿是铁器和五金器具、布料、烟草和烟斗以及滑膛枪和弹药。同时，商人也以其他岛上的土产支付报酬，因而加强了岛屿间的交易。斐济群岛、利富（Lifu）和塔纳供给其他岛屿生猪。塔纳要所罗门群岛（Solomons）以龟壳交易其生猪；伊罗曼加（Eromanga）想要新喀里多尼亚的贝；圣埃斯皮里图岛（Espiritu Santo）和伊罗曼加岛以檀香木交易生猪、贝、龟壳与鲸牙（Shineberg，1966）。

另一种在中国有需求的商品是海参。中国人珍视海参，以之为食物，也以之为壮阳药。长久以来，印度尼西亚和菲律宾的水手供应中国海参，但是现在欧洲的商人也开始从事海参的贸易。海参的收集和处理需要花费很多劳力。一个中等规模的加工作坊，可以雇到 300 个人清洗这种海生动物和采集柴薪将之烘干。原住民劳工订有契约，最初是为自己的酋长工作，后来又在欧洲人的控制下工作。商人为支付海参所给土著的商品，包括枪炮在内，或许比檀香木贸易所给的更多。在广州，140 磅的海参要价高达 90 美元（Furnas，1947：212）。

檀香木和海参的贸易，再加上加强了的捕鲸业，有助于火器在南方诸海的交易。有势力的酋长在控制了这些新武器以后，其军事潜力便大幅提升。因此，与欧洲人的贸易在若干岛屿上促成小邦国的兴起，其首领是有欧洲军事配备的强大酋长。

在夏威夷群岛，夏威夷国王的侄子（或外甥）卡米哈米哈（Kamehameha），由于控制了几个位置适宜的海滩，于 18 世纪 90 年代取得了大量的武器。

他先用这些武器征服了若干敌对的酋邦，而后又取代了合法的王位继承人。到了1804年，卡米哈米哈已拥有600支滑膛枪、14门小炮、40门旋回炮和20艘帆船（Furnas，1947：121）。他的儿子与继承人再进一步巩固王权。由于僧侣可以通过传统的禁忌制度质疑出现中的中央集权。他于是废除了传统的禁忌制度（Webb，1965；Davenport，1969）。

在塔希提岛（Tahiti），年轻的酋长杜（Tu）使用他因出售生猪给新南威尔士（New South Wales）殖民地的监狱而取得的欧洲枪炮，自立为波玛尔国王（King Pomare）。他的儿子波玛尔二世与英国的传教士联合并强迫他的子民改信基督教，以此巩固了新获得的王位。

1828—1835年，紧随海参贸易而来的是输送到斐济群岛的5000支枪。1842—1850年，或许又有5000支枪被运过来。这些枪支造成巴乌（Bau）政体的兴起，当时一位名叫萨空鲍（Cakobau）的酋长垄断了火器的进口（Ward，1972：110—111）。类似的战争领袖也在所罗门群岛与新赫布里底群岛兴起（Docker，1970：23—42）。

葡萄牙人开拓了进入亚洲水域的海上航线，而尼德兰、英国和法国的公司和私商，旋即尾随而至。欧洲人因为无法直接深入大陆，于是巩固他们沿亚洲海岸的登陆点，并着手将亚洲大陆的沿海地区发展为一个长程交通和商业的网状组织。为了满足新生贸易的需求，这些海上航线沿途的各个地区，开始专精于某些商品的生产，以之交易其他商品。有些商品产生了极大的需求，其中最重要的是中国的茶叶。为了支付茶叶的费用，北美西北海岸的海獭皮、太平洋的海参和檀香木、美洲的白银以及印度的生棉都开始流向中国，商业活动一时大盛。水路商业的增加也在遥远的内陆地区造成了影响。它减少了陆地上的商队贸易，降低了商队商业中心区的重要性，并且改变了游牧民族与定居人口之间的均势。

虽然大多数的欧亚商业活动仍旧与大海这一媒介保持密切的关系，但是“英国东印度公司”这个贸易机构却为自己制定了一条不同的路线。它接管了以陆地为基础的莫卧儿帝国，将其政治与经济遗产据为己用，并使自己由贸易公司转变为政治上的独立国家。这个国家一旦建立，统治权便归于英国皇室。英国的统治对印度社会造成了深远的影响。土地与税收的改革取消了形成莫卧儿帝国秩序的贡赋抽取者的等级制，而代之以土地所有者的阶层。在地方上和区域中具有支配力量的种姓精英，被转化为拥有土地的商人。他们因为必须要筹钱付税，遂生产经济作物。地主、乡村雇工和依靠别人的劳工，其间关系的性质也有所改变。虽然种姓间的义务与依赖的文化形式不但被保存下来，而且还得到了加强，但是这些关系却愈来愈被用于为生产农业商品而动员劳力。

印度在整个大英帝国的结构中，逐渐开始发挥重要的作用。在英国统治期间，印度以殖民地的身份向英国纳贡，以支付英国征服与平定 1857 年印度士兵起义的花销以及英国统治印度的成本。18 世纪屡次战争中所累积的战利品，使英国人财富大增。由孟加拉所得到的税收，多到足以供给与东方日益扩展贸易所需的经费，抵消了每年从英国流出的金银。印度的鸦片使中国开始进入外国的贸易，逆转了钱币由欧洲流向亚洲的局面。英国人在欧洲、非洲和印度尼西亚出售细致的印度纺织品，使母国更能累积用以赚取更多金钱的金钱。

随着英国资本主义生产方式的建立（参看第 9 章），工业资本逐渐主宰了商业财富，也将印度引入其不断扩展中的势力范围。英国机器制造的纺织品入侵印度市场，伤害了印度的手工业。19 世纪中叶，印度铁路的修建使英国的资金有了投资的地方，刺激了英国钢铁的生产，并且打开了英国煤炭在印度次大陆的市场。此后，印度的农产品和机器制造的印度棉织物外销到国际市场，有助于平衡英国和欧洲工业化国家、美国之间的贸易赤字。印度的剩余物资使英国可以创造和维持一个全球性的自由贸易体系。如果当年英国被迫禁止进口美国和德国的商品并与它们在外国市场上竞争，美国和德国的工业化发展便会迟缓得多。因而，整个亚洲，尤其是印度和中国，绝非当时国际上经济演化的周边，而是对这个演化有非常重要的影响（Latham，1978：70）。印度在英国的支配之下，成为当时出现的全球性资本主义大厦的关键性基础。

第三部分

资本主义

自 15 世纪起，欧洲的士兵与水手背负着统治者的旗帜前往世界的各个角落，欧洲商人从韦拉克鲁斯(Vera Cruz ）到长崎都建立起货栈与仓库。主宰了全世界的海上航线，这些商人侵入既有的交易网络，并一个接一个地将它们联结起来。服务于“上帝与利润”，他们锁定欧洲所需的生产原料，为运送建立起强制的体系。相应地，全欧洲不论独立或整合进工厂的作坊，都着眼于更广大的军事与海上活动，生产大量货品，销售给海外供应商，以换取可以在欧洲本土销售的商品。全球规模的商业网络就这样建立起来。

经过长达三个半世纪的欧洲扩张，西班牙与葡萄牙瓜分了南美洲大陆。英国与法国控制了安的列斯群岛并遍植甘蔗。英国与法国同时也在北美洲的东部海岸相争，意欲取得通往大湖区与更远地区的通道。相形之下，在旧世界，极少数的欧洲人向内陆发展，当葡萄牙人挺进安哥拉时，英国人则取得了对印度次大陆的控制。大体上说来，欧洲的海上商人在亚洲与非洲都更倾向于取得并控制主要的海上航线，借由控制重要港口染指蕴藏于大陆的巨额财富。

同时，欧洲商业的成长也遇到了自身的瓶颈与矛盾。商人借由多种垄断与对贸易的限制，确保廉价资源的供应。他们的背后是统治者的庇护与支持，意在充实国库并压缩敌方的获益。受到国家保护并强化了的商业活动扩大了商品流通，但大体上仍然被限定在有限的渠道内，遭遇用特许和特权设下的重重障碍。即使商人已在各地经由采购协议与散工制动员工匠与乡村生产者生产产品以供销售，也只有在少数情况下他们会将劳工集中在雇主控制的工厂里。商人更倾向于获取商品流通的利润，而将生产的风险转嫁给直接生产者。于是，如同多布（Dobb）所说的，“在个体生产者之间或生产者与商人之间的经济依赖关系，并非取决于生产本身的需求，而取决于外在环境”（1947：260）。

在资本主义关系支配工业生产之前，一连串相关的必要变革确保了新的秩序。国家的纳贡结构必须转变为足以支持资本主义企业的结构。所有的专制政体蕴涵的纳贡关系都阻碍了资本的再生产效能，因而必须要被废除。国家官员必须回应资本积累的需求，去除国家对于生产资源的垄断，降低统治君主对于国家机器的控制。与此同时，国家投资必须被重新引导至交通与运输等基础设施的创建，有利于资本而无需额外的支出。还有法令的翻新，一方面保护私有财产与积累的权利，另一方面推行新的劳动契约。必须动用国家干预以去除国境内限制资本、机器、原料与劳工流通的藩篱。最后，还需要国家的支持以保护初萌的工业抵抗外部的竞争，或打开外销市场。

突破了商业支配并朝向资本主义的生产方式，发生在18世纪下半叶的英国。由于资本主义投资的带动，一连串相互关联的发明建立了机器生产的主导地位，首先是纺织业，其次是铁路网的建设。欧洲与美洲各国很快便起而仿效英国。新兴的工业生产需要原料与粮食以支应新的“世界工厂”。当在资本主义支持下的工业生产改变了工业化地区时，同样强大的力量也造成全球供应地区的人民生活的变迁。资本主义生产方式的传播不仅推动了新的商品流动，也促使大规模人口朝向新近发展的工业中心流动。世界目睹了工人阶级的诞生，随着地区与加入积累过程的时间点的差异而有着众多面貌。为普遍的动力所驱动，资本主义也造就了自身的多样变化。

第 9 章 工业革命

18 世纪，英国的纺织工业是过渡到资本主义生产方式的主要工具。在布料的生产中，商业财富有形地转化为资本。因为它取得了双重功能，一面购买机器和原料，一面购买人力去操作生产。从那个时候起，财富的累积便不再依靠经济以外的方法去榨取剩余物资，也不再依靠由商人销售剩余物资。通过购买机器，作为资本的财富把持了工艺技术，并拥有了使自然转型的物质设备。借由购买劳力，资本可以自由支配社会劳动力，并照自己的意思去使用它改造自然。在资本主义的方式确立以前，人也为工资而工作。但是现在工资劳工成为劳力征召的最重要形式。而必须依靠工资生活的劳工阶级，其存在成为主宰社会劳动力动员和调度的最重要因素。工艺技术和劳动力都受到创造剩余价值的计算法的支配，其结果是加速了工艺技术的变化，以及劳力与工艺技术必要条件的同步作用。博兰尼说，“在 18 世纪末之前，西欧的工业生产只不过是商业的附属品”（Polanyi，1957：74）。而以马克思的话来说，现在商业成为工业生产的仆佣（*Cap.* Ⅲ，1967：330，336）。

这个转型为何发生在欧洲？有人说这是因为欧洲具有“落后状态的特殊条件”。公元 1000 年以前，欧洲还是一个边陲地带，在地中海、信奉伊斯兰教的近东，以及东方的中央集权国家的边缘上。它的政治权力支离破碎；掌权的人也比较软弱。军事－政治霸主与商人之间的关系不明确而且敌对。贵族可以抢劫商人，限制其政治上的自主权，或禁止商业投资土地。可是它们与庞大的中央集权国家相比，却更需要商人以剩余物资交易关键性的商品，因为中央集权国家可以通过税收筹集所有必要的供应品。矛盾的是，欧洲的贵族因为不许商人取得土地和政治力量，也迫使他们再投资于贸易，将他们的财富在商业中冒险，而非安全地投资在地产上。因此，在软弱的权力领域中的间隙与权力交替的空当，欧洲商人得以建造商业网络，在广大的地理区域将剩余物资转化为商品，又将商品转化为财富。

贸易的存在，其本身并不导致资本主义生产方式的出现。近东、印度和中国，当时都有范围广大的地区间贸易。所有这些地区甚至还有由商人主办的手工艺生产，或是集中在工厂，或是分散在民家。可是在这些中央集权的贡赋制国家，商人仍然受到政治统治者强力的约束，并且依靠这些统治者。中国的学者说，当时可能有“资本主义的萌芽”，但没有资本主义的生产方式。英国情形的特点，不是商人买卖商品，而是他们迅速而不能抗拒地被拉进生产的领域。

英国的转型

这种情形是怎样发生的，为何发生，又为何发生在英国？虽然有人做了许多研究，但是至今尚没有全面而清晰的答案。不过，我们却可以指出这个不寻常发展的几个可能的原因。

15 世纪，英国已由养绵羊取毛卖到国外，过渡为自己生产羊毛织品。之后，羊毛织品的生产，成为英国主要的制造业。成群结队的商人和金融业者去往地方城镇，由最初的生产者处取得产品，监督他们加工处理，然后将商品送到市场。因此，羊毛织品的贸易产生了一个商业利益的等级秩序，将伦敦牢牢地与内地连接起来。

接下来是 4 种互相关联的发展。第一，地主逐渐将农业转化为商业，将土地转化为绵羊放牧区，但也用由欧洲大陆引进的新方法加强农耕。托尼说，“地主如果修改其农耕的方法以配合新的商业条件，便会获大利。如果他们保守而遵循老办法，便会失败”（Tawney，1967：195）。

第二，内地与伦敦之间的联系不仅产生了众多的商人群体，也在商业经纪人与纳贡大地主之间，以及商人与有土地的贵族之间，促成了高度的互动和密切关系。在欧洲大陆的许多地方，拥有土地的贵族被禁止经商，而商人又不许取得土地。在英国，商人和有土地贵族的通婚与互动，达到了不寻常的程度。

第三，这些商人与地主联合起来，因而他们能够充分利用自己的优势，转而改变英国“农夫”的特殊地位。“农夫”的地位是英国在发展中出现的典型矛盾的结果。自 15 世纪中叶起，农民向大地主纳的贡，便愈来愈少，可是他们同时也未能建立对土地的保有权（终身享有或者可以让予子嗣）。到了 15 世纪中叶，英国已废除农奴制，也取消了力役与任意征税。租金则按照习俗固定下来。由于通货膨胀造成货币的贬值，租金的真实价值也就减少了。贵族由于不能以领主的身份重建和加强农奴制，便开始使用金融手段，合理改革农业生产。他们将农民以惯常保有权所保有的土地改变为租用的土地，支持那些耕作大单位土地而有赢利的富有佃农。此外，他们增加农民的负担，继承要罚金，确认房产证明也要罚金。在谷物耕作发达的地区，农民的土地被接管，用于“改进了的”商品农业。在农业势弱而以豢养家畜为主的地区，尤其是北方与西方的高地，农民不得已兼事乡村手工艺以及其他副业。因而在 16 和 17 世纪，即使租给佃农供他们自用的土地减少了，可是在农民先是以制造羊毛布，后来又以纺织开始补充其收入的地方，依据官册享有不动产产权和按惯例付地租的农民，人数甚至还有所增加（Thirsk，1974）。在能够合并农耕或畜牧与工艺品生产（日后又合并领工资工作）的地方，夫妇可以比以前早婚和早生子女。可是人口的增加却或许再一步分割租给佃农供他们自用的土地（Tilly，1975：404—405），完全没有土地者的人数也有增加。到了 17 世纪末叶，地主拥有 70%—75% 的可耕地（Brenner，1976：63）；而在 18 世纪 90 年代，大地主和士绅则控制了 80%—85% 的土地（Mingay，

1973：25）。琼斯（E. L. Jones）曾经估计：到17世纪末，多达40%的英国人口已离开土地，许多人成为工业雇工（Brenner，1976：66）。因而，虽然“改良中的”地主及其佃农为资本密集的农业奠定了基础，但是它也使工业有了流动的“自由”劳工的劳动力。

第四，连续的政治斗争削弱了支持国王的大贵族与商人的力量，使各地阶级较低的土地持有人和商业经纪人有了较大的自由。这为地方层次上的变革搭建好了行动的舞台。

农业的转型与农村人口的发展对全职或兼职雇工的需求，使商人可以在各处乡间扩大经营。商人扩大经营的一个办法，是在各地的市镇向主要的工艺品师傅订货。然后，这些师傅在使用家庭劳力或雇人工作的小规模作坊中照商人所嘱制造货品。另一个办法是用外包工制。商人将原料分发给工人，工人在自己的简陋小屋中加工，他们所用的简单机器往往是由这些商人处租来。这两种动员劳力的制度往往互相交叉，从事一个阶段工作的工匠师傅，在另一个阶段成为乡村的代理商。然后，商人与其经纪人收集完工的产品，将它们送到市场上。

尼德兰与印度的竞争

这种在商人的财富庇护下的织物贸易，不久便遭遇来自两个方面似乎势不可挡的竞争：尼德兰对手，以及印度的手工业生产者。

尼德兰人在纺织业的竞争很激烈。他们染布和布料精加工的技术比英国人精良。为了应对尼德兰人的竞争，英国人改为生产较廉价的产品。他们放弃以前所生产的不染色、不对布料进行精加工、纯羊毛的“旧织物”，以便生产羊毛与丝、亚麻和棉混纺的“新织物”，以及经纬线都是梳刷过羊毛的较轻毛纱。他们先将生产由城市地区转移到乡下，而后又将纺织工业机器化，因而可以比尼德兰人生产较廉价的产物。尼德兰人无法跟进，因为其工业与农业的工资当时都偏高（de Vries，1975：56），而其商业比其纺织业的赢利又大得多（Smit，1975：62）。而且那个时候尼德兰的劳力昂贵，英国乡间的劳力低廉。

图 9–1　在木架印花布机上印花，由卡特绘制的线雕画，1835 年（The Granger Collection, New York）

然而，这种成本上的长处，在英国与印度纺织工业的竞争中不存在。印度生产的纺织品比欧洲纺织品价廉物美。印度的棉布或印花布（印花布〔Calico〕，以马拉巴尔海岸上的卡利卡特得名），在欧洲风行一时。“荷兰东印度公司”和“英国东印度公司”因而开始委托印度织工按照欧洲人的品味生产印花布，也开始进口印度的白棉布到欧洲，再加印上欧洲图案。印度的丝织品和平纹细布在欧洲也很受欢迎。这两个公司除了进口印度的棉织物以外，也进口丝织品和平纹细布，尤其是从孟加拉进口。可是此时，欧洲母国的工业却用政治手段，阻碍印度纺织品流入欧洲。“英国东印度公司”被禁止进口印花布或白棉布。同时，英国的纺织工业又开始自己仿制印度的印花布，尤其是棉麻粗布。棉麻粗布是棉麻混纺。英国的棉麻粗布与印度的产品愈来愈难以区分。这种竞争又加强了英国纺织业的机器化，使它可以通过生产廉价的机器制布料，击败亚洲的竞争对手。而且，英国人在使用机器生产亚洲产品“进口代替品”上的成功，也使他们在 18 世纪末叶得以抑制德国人和法国人的竞争。

新兴的企业家

1760年，英国棉织业中所使用的机器“几乎和印度使用的一样简单”（E. Baines，1835，引自 Rostow，1975：126）。棉织品通过外包工制在无数的简陋小屋中被纺织出来。这个制度“是组织上的创新，技术上却没有激烈的改变”（Coleman，1973：14）。20年以后，技术与组织上的改变都在活跃进行。然而，造成这个变化的是些什么人呢？

他们不是伦敦布料市场布莱克威尔大厅（Blackwell Hall）的伦敦大商人，而是涉足外包制商业网络的外郡商人及其经纪人或代理人。这些商人和代理人，为了得到可以与国外生产的布料竞争的标准化产品，亲自监督布料生产完工的各阶段，如漂白、染色和印花。由对布料生产完工的控制，他们进而生产改进的纱棉，或是自己生产，或是鼓励作坊主人操作新机器，前面已经谈过这两个角色有时交叉。作坊主人可兼任外包商人的乡间代理人。由查普曼（Chapman，1973）对于1730—1750年1000名纺织商人资产的分析所示，他们往往也从事麦芽的生产与酿造、旅馆业、零售业和农耕，以及房地产业。这些资产使他们可以累积财富并提高自己的社会地位，也可以在纺织品市场衰落的时候赖以维生。房舍、旅店和旅店的院子，都很容易被改建为作坊和织工的住处，或被抵押借钱以为投资之用。购买早期的机器和雇用劳力所需的资金最初很有限（在3000英镑与5000英镑之间），可是1830年以后，罗伯茨（Roberts）的自动骡机却将成本提高了10倍（Chapman，1972：26，30）。下面将谈到，在纺纱机械化了以后，也必须改变织布的方式以便赶上纱线日增的产量。用在机器、原料和劳力上的资金支出，产生了其本身的运作逻辑。它用“合理”配合各种生产因素的办法，设法尽量扩大盈余。于是，以人操作机器的过程，促成了资本主义企业家的兴起，他同时是资本家、金融业者、作坊经理、商人和推销员（Wilson，1957：103），而在社交上，这是一个“新”人阶级，出自外郡中产阶级的下层，当时有人说“其地位在绅士与佃农或农民之间”（Dobb,1947:125）。“工程师”和“技工”也来自这个阶层，背景相似。他们设计、改进和制造新的机器，以及用水力推动的水车、蒸汽机和农业设备。

工业最初的资本大致是地方性的，通过亲属、婚姻、友谊和当地熟人的关系筹措，而非来自制度规定的出处（Perkin，1969：80）。不过授予短期信贷（汇票）的办法，却使各种交易能顺利进行。汇票是给借方的结单，说明借方因货物与服务而欠下的债。债务人在汇票上签名以确认其债务，而后把汇票还给债权人。债权人也要在汇票背面签字，而后用它保障自己的承付款项。到了 18 世纪末叶，许多居间人（称为票据商人或票据经纪）兴起，加速了这些交易。他们通常是与新成立的乡村银行打交道，将由伦敦来的票据转给它们以便用于工业。

机械化

资本存量可以用来支付机器，但是使用机器以使成本低廉和具竞争力的关键问题，却是纺纱与织布不能同时进行。以纺轮纺纱很慢，而织布就比较快。1733 年凯伊（Kay）发明用手操作的飞梭，使带着纬线的梭与经线交叉的速度大增，因而织工的产量增加了一倍。而后，在将纱线传递到织布机上时，却出现了瓶颈。因此，发明家集中精力想提高纺线的效率与产量。

1770 年，詹姆斯·哈格里夫斯（James Hargreaves）发明了一种同时可以纺几条线的纺纱机，即“珍妮纺纱机”。1769 年，阿克赖特（Arkwright）的水力纺纱机获得了专利。水力纺纱机抽出卷轴上疏松的棉花纤维束，不断地将它们缠绕在直立的纺锤上。1779 年克朗普顿（Crompton）发明的骡机，兼有上述同时纺几条线的纺纱机及水力纺纱机的优点，1790 年又采用了蒸汽动力。这些新发明使生产力有了惊人的提升。18 世纪，印度一个用手纺线的工人处理 100 磅的棉花要用 5 万多个小时。克朗普顿的纺织机把这个时间减少到 2000 个小时。1795 年前后的蒸汽骡机，更是把这个时间减少到了 300 个小时。阿克赖特所发明机器的作业速度也在这个层次。它大都雇用无技巧和待遇低的妇女和儿童，在生产力上立于不败之地。一直到 1825 年，罗伯茨的自动骡机才将作业时间减少到每 100 磅棉花只需 135 个小时（Chapman，1972：20—21）。在生产力提升的同时，所生产纱线的品质也有所改善。这个是以每磅线所纺纱束的数目而度量。它从手轮纺车的 16 到 20 纱束增加到 18 世纪末克朗普顿骡机的 300 多纱束。因而，纺织机的纺锤数由 1788 年的 5 万个，上升到 1811 年的 460 万个（Chapman，1972：21—22）。

同时，机械化也改变了纺纱所需的预备步骤。刚从大包中拿出来的棉花需要经过精选和清洗，它们的纤维还需要被展开，被梳理开或刷顺，并被牵伸和加捻。在这些步骤都能以机械控制以后，协调纺纱各种活动为连续作业流程的基础便被奠定好了。在所有这些机器中，瓦特（Watt）蒸汽机（1764 年）的应用，使手力作业过渡到机器作业。

这些新的机器也影响到操作它们所需的那些劳力。前面已经提到，阿克赖特的水力纺纱机可以由妇女和儿童操作，因而一直到 18 世纪末、19 世纪初还能有效与生产力比较高的机器竞争，甚至之后在某些边远的地区也还是这样。新的机器确实使一个工人可以照顾的纺锤数增加了。19 世纪 30 年代，罗伯茨的自动骡机被引进来，它能使一个纺织工人在两三个男孩的协助下，可以操作多达 1600 个纺锤。因而，用纺织机纺纱成为一门技高、报酬也高的手艺。它不久便有了自己的同业工会，其成员占用酒店最好的房间，它们的房门上挂着这样的标牌：只为纺织机纺工保留。

矛盾的是，在纺纱机械化的时候，织布的技术却长久停滞。卡特莱特（Cartwright）的动力织布机于 1785 年获得了专利，但四五十年后才得以流传，其被使用的数目由 1820 年的 12 150 架增加到 1833 年的 8.5 万架。可是同时，手摇织布机织工的人数又由 1795 年的 7.5 万人增加到 1833 年的 25 万人（Chapman，1972：60）。这些数字指出若干变化。第一，与动力织布机的竞争，连累手摇织布机机工赚取的工资和收入下降。这些织工迅速失去了其独立的地位，而日渐贫穷和困苦（Thompson，1966：Ch.9）。手摇织布机织工工资的下降，实际上可能妨碍了动力织布机的采用。第二，工资与地位的下降，影响到散布在广阔乡村的家庭，而由于彼此分散，他们更无自卫的力量。然而，这个情形的必然结果却是棉纺织工厂事实上一直到 19 世纪 30 年代才变得普遍起来。19 世纪 30 年代早期，手摇织布机棉织工的人数，仍然超过全部棉、毛、丝纺织工厂成年男女工人的总和。第三，操作动力织布机的新劳动力主要是妇女和青少年。到了1838年，只有23%的纺织工厂工人是成年男子（Hobsbawm，1969：68）。

工厂

不可避免地，劳力散漫的组织方式，终于为新式生产企业——工厂——所取代。将从事不同技术作业的大数目工人集中在一个地方，甚至集中在一组建筑物中，这种构想并不新鲜。可是，新颖的是创造在统一技术管理之下的机构，去负责同时进行的生产过程和生产上的各种改变，以应对市场不断变化的情形。而外包工制的作坊和简陋小屋，是“在部分不能移动的环境中作业，用相当固定的技术，享受到实际上或法律上的垄断，或由宫廷或军队这些非商业性质的买主所送来的大订货单”（Pollard，1965：7）。

工厂制度因外包工制度的各种缺陷而产生（Landes，1969：55—60；Pollard，1965：30—37；Schlumbohm，1977：274—276）。在外包工制度中，商人提供原料；许多小的家庭作坊对此进行加工处理。这个制度在维持和扩张作业的规模和范围上，遭遇严重的困难，因而也为累积资金的潜力设限。在生产者分散和无人监督的经济单位中工作时，劳力的密集度和持久性都受到限制。只要工业操作是补充农业任务，以至田地的工作比纺织机前的工作更重要，情形便更是如此。类似地，宗教活动、亲属往来以及娱乐，也可以影响工作的密集性和程序。再者，商人无法防止分散开的工人偷窃和贪污原料，也很难控制产品的品质。18世纪，这两个问题变得愈来愈严重，而生产流程中的同步骤不能同步进行，增加了运输的成本。当纺纱慢下来时，商人-协调人不得不去找织工以满足织布机的需求。在纺织技术因创新而得到改良以后，商人又得去找手摇织布机的织工。加工处理和交货延误的情形，使资金循环迟缓，而顾客对此感到不满。因此，不断增长的大规模贸易遭遇外包工生产制的限制。这个制度分成无数小作坊单位，无人监督，也无法监督（Pollard，1965：31）。这种矛盾的解决方法是建立资本主义的工厂。

这个新形式的组织工作造成几种相关的变化。第一，它将尽量多的工作阶段聚集“在一个屋顶之下”，只要行得通和有利润。这样的集中，减少了外包工制所特有的监督与运输成本。它也增加了对劳动力的控制。安德鲁·尤尔（Andrew Ure）是一位为工厂制辩护的人。他在1835年写道：工厂制使组织生产的人可以“压制习于突然勤突然惰的工人的倔强脾气”（1967：16）。第二，工作过程被分割为基本的组成部分，取代了工匠间劳力等级的划分（Ure，1967：20）。第三，这些工作的不同阶段逐渐以所需的训练和技巧分高下，而给以不同的酬劳。这样一来，工作可以更有效地同步进行，而劳工被分为由不同目的推动的团队，也便于控制。第四，任务的同步进行使工作过程持续不断，所得的盈余价值可以增加到最大限度。事实上，在增加的资金被固定在机器中以后，工作的持续成了工厂作业必须遵守的主要规则。当需求迟滞时，指导外包工制度的商人，可以干脆停止作业。可是在资本主义的生产关系下，停止的机器日渐磨损贬值，直接消耗资本。再者，如果在机器新的时候不用它，它在过时作废以前可能收不回成本。而企业家便成为“他投资的囚犯”（Landes，1969：43）。

然而，早期的英国纺织工厂却面临一个问题：潜在的劳动阶级，普遍不愿意进工厂工作。他们尤其抗拒工厂中不松懈的劳动和严格的纪律，因为这些和较早的习惯与自主劳力的交际习俗不符合。许多早期的工厂仿效用作处罚之地的收容院和监狱，其所用的人也是非由己意的穷困学徒。以为进入工厂做工是强制性的刑罚劳力的想法，也使以前的工匠或家庭作坊的劳工认为，由家庭生产者相当的自决走向工业工人的苦役有失社会身份。“只要一个工人多少有一些自由选择的余地，他便宁可在家中工作。”（Pollard，1965：162）自由的工厂劳动阶级，其成长迟缓，并且在当时受到抗拒。对于工厂制度的憎恨，在相当程度上促成了绅士与百姓之间近于内战的状态。它成为19世纪初期英国的特色。一直到19世纪中叶，冲突才有所缓解。到了那个时候，工厂的劳动力比较稳定，工人的身份也逐渐有了差异，不同的职位有不同的报酬。工作精神的传播与新工人阶级的服从，加强了工厂的纪律（Pollard，1965：186，197；Foster，1974）。

棉纺织工厂的发展，造成英国若干纺织品生产中心的成长。历史上以前也有过大的城市人口聚居，但是在英国制造业市镇的兴起中，世人看到在规模和速度上都无法赶超的质的变化。伟大的伦敦城，在 1660 年已有 50 万居民。那个时候它不是一个工业城市，而是“一个重要的贸易与分销中心，冶金与印刷业的技术工匠的重要中心，服装、家居与时尚中心，以及与运输和市场有关的所有活动的重要中心”（Williams，1973：147）。相反，推动工业革命的新工业城市，“是环绕其重要工作场地组成的，而且往往是从事单一的工作”（Williams，1973：154）。在这些市镇中，曼彻斯特既是典型代表又是象征。1773 年，它只有 2.4 万名居民。到了 1851 年不列颠群岛的居民大都住在市镇的时候，它的人口已增加了不止 10 倍，为 25 万人。到了 19 世纪中叶，它每 3 个居民中便有 2 个工人。在曼彻斯特附近的工业卫星市镇中，10 个居民中便有 9 个工人。到了那个时候，在 20 岁以上的人口中，2/3 以上的人是在别处出生的。其中大约有 13 万人来自周边各郡，约 4 万人来自爱尔兰。有的人说这个新城“和尼亚加拉瀑布一样壮丽”（Carlyle），有的人则说它是“新的地狱”（de Tocqueville），“地狱的入口”（Napier）。恩格斯说它是英国劳动阶级诞生的地点之一，人们搬到那儿是出于他们自己的自由意志（1971：135）。由于一度紧紧掌握他们的生产方式已经瓦解，他们现在可以自由出售自己的劳力。然而，他们现在又须服从资本主义生产方式的迫切需要。这个方式把他们当作出卖劳力的人推到市场上。它只不过是将他们的产品转化为资本家可借以购买这些产品的手段。于是，工业城市变成庞大的劳力市场，各种群体和类别的人（用手纺织纱线的人，手摇织布机的织工和动力织布机的工人，男人、女人和儿童，以前的工匠和新来的移民），在此竞争就业的机会。这些劳力市场又创造了若干持续的对立：形将被机器取代的工匠与机器工人之间的对立，监督生产的人与生产者之间的对立，工资较高的男人与工资较低的妇女和儿童之间的对立，就业者与失业者之间的对立（尤以 1826 年与 19 世纪 40 年代的周期性衰退时为然），以及英国工人与爱尔兰移民之间的对立。

随着工业化的进展，英国工人与爱尔兰工人之间的冲突更形尖锐。1800年以后，爱尔兰人大批移居到英国的城市。到了19世纪30年代，在所有体力劳动最低贱的部门中，都有爱尔兰人（《爱尔兰穷人在大不列颠情况的报道》，Report on the Sate of the Irish Poor in Great Britain，引自Thompson，1966：435）。马克思在1870年写道：

> 英国每一个工商业中心，现在都有分为两个敌对阵营的工人阶级，一个是英国劳动阶级的阵营，一个是爱尔兰劳动阶级的阵营。普通的英国工人憎恨爱尔兰工人，认为爱尔兰工人是他们的竞争对手，降低了他们的生活水平。相对于爱尔兰工人来说，他们感觉自己是统治民族的一分子，因而将自己转化为他自己国家那些反对爱尔兰的贵族和资本家的工具，而加强了贵族和资本家对他们的支配力量。他们对爱尔兰工人持有宗教、社会和民族的偏见。他们对爱尔兰工人的态度，很像美国从前蓄奴各州的“穷白人”对“黑人”的态度。爱尔兰人以偏见回报偏见，而且偏见更深。他们视英国工人是英国主宰爱尔兰的从犯和愚蠢的工具。……英国工人阶级虽有组织，但是这种敌对却是造成它虚弱无能的秘密。（1972：293—294）

英国人与爱尔兰人之间的冲突在19世纪上半叶偶尔爆发，但到了19世纪下半叶，冲突却大为增加。这个情形与工人阶级策略上的巨大改变有关。这个策略由19世纪上半叶普遍反对现状的人民宪章主义，转移到19世纪下半叶对资本家支配力量的接受。工会运动日渐发展，它组织了工人，但也制定了技能等级，加强了职业的等级制（包括由男工监督女工），并且接受上流社会的教育和道德标准，寻求就业与工作情况的稳定（Foster，1974）。同时，英国工人与爱尔兰工人间的冲突加剧，主要是因为英国国教鼓动反对天主教，想要拒绝爱尔兰天主教徒在政治上的要求（Hechter，1975：269，n.）。

棉布的外销

因而在不列颠资本家的保护下，棉织品的生产成为工业革命主要的承载工业。霍布斯鲍姆说，在拿破仑战争以后：

> 棉织品的价值大约构成了英国出口总值的一半。在 19 世纪 30 年代中期棉织品外销鼎盛的时候，生棉占了所有进口货净值的 20%。英国的国际收支平衡事实上有赖于这一项工业的盈利，英国一般的运输业和海外贸易也大致有赖于这一项工业。此外，它对于资金累积的贡献，几乎一定比其他的工业都多。（Hobsbawm，1969：51）

这些棉织品都去了哪里？照英国人看来，拉丁美洲是一个极大的尚未开发的市场。到了 1840 年，它已吸收了 35% 的英国外销纺织品（Hobsbawm，1969：147）。伴随这种增长的是英国贸易公司在拉丁美洲各地纷纷成立。1810—1820 年，在拉丁美洲营业的这种商号已超过 150 家，其中大部分是在巴西和阿根廷。可是当拉丁美洲当地的生产可以与英国货竞争时，其进口货的市场便达到了极限，进口货的价格虽然在持续降低也无济于事。为了保持拉丁美洲的市场，英国政府用公家的经费在拉丁美洲有英国公司营业的国家，为其政府放开信用限额，但这也仅能补偿巴西和阿根廷两处因销售下滑而导致的损失。为了补偿在拉丁美洲的损失，英国纺织品外销商扩大了在亚洲的销售。印度和中国在拿破仑战争后只吸收英国棉织品外销的 6%，可是在 1840 年吸收了 22%，1850 年吸收了 31%，1873 年以后吸收了 50% 以上。在 1873 年以后，印度则成为这项亚洲贸易的主要参与者（Hobsbawm，1969：147）。

供应地区：美国南方的产棉区

羊毛是英国进入海外商业的第一张王牌，它由英国本国生产，可是棉花却必须要从国外进口。1787 年，超过一半的生棉是从欧洲国家在西印度群岛的领地进口的。士麦那（Smyrna）和土耳其供应另外的1/4。可是到了1807年，到达伦敦、利物浦和格拉斯哥（Glasgow）的棉花，60%以上却是来自英国从前的殖民地美国（North，1961：41）。此后美国一直是英国棉花的主要来源地。1815年后，棉花成为美国经济扩张的最重要的直接原因（North，1961：68）。1815—1860年，棉花占了美国出口总值的一半以上。

在英国，蒸汽机、珍妮纺纱机与动力织布机在技术上的配合，促进了纺织业的发展。同样地，伊莱·惠特尼（Eli Whitney）的轧棉机也使美国南方可以大量产棉。英国最初需求的是“海岛棉”（Sea Island Cotton）。1786年，“海岛棉”由巴哈马群岛传入佐治亚—卡罗来纳的海岸地区。这种棉的纤维在压过滚轴以后很容易与棉籽分开，可是气候先决条件上的限制，使得产量偏低。美国外销的棉花因而大部分是第二级的“中等陆地棉”。惠特尼的轧棉机，旋即使一个人从前清理1磅短纤维棉花所用的时间可以清理50磅短纤维棉花，因为这种机器很容易使棉籽与黏黏的纤维分开。

以使用奴隶劳力为基础的棉花种植企业，是高度有组织和使用大量劳力的生产单位。当种植园向西面移动时，它们由种植烟草和谷物改为生产棉花。这时需要种植园的规模更大，奴隶的数目更多，只有少数奴隶主

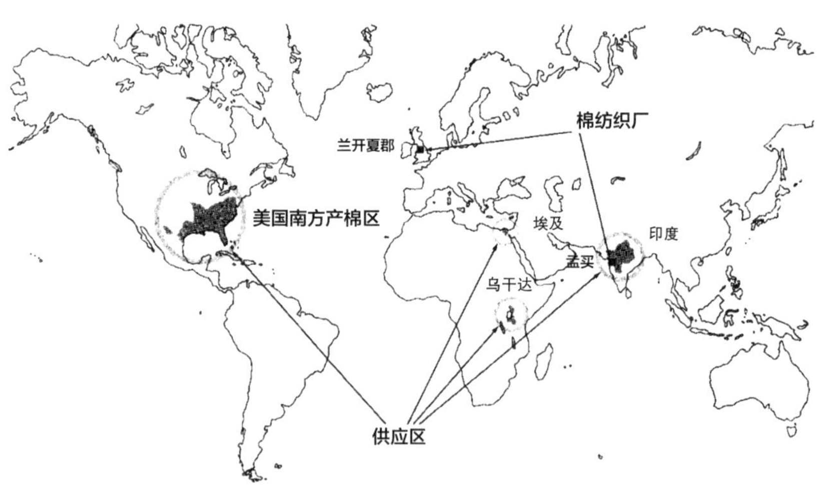

图9-2　工业革命中的棉纺织品：制造中心与供应地区

能跟得上这种发展的趋势。专业产棉的种植园，大部分都有 30 个以上的奴隶。在美国南北战争以前的 10 年间，阿拉巴马州和得克萨斯州沿海岸平原沃土地区，其产量较大的种植园至少有 50 个奴隶；而在密西西比州冲积平原上的种植园至少有 200 个奴隶。为了使劳力高度密集，指派劳力群在种植周期中从事一个接一个的特定工作，其节奏使人联想到工业生产。维持这些作业所需的纪律，使奴隶不怠惰，当然是工头和监工的暴力了。暴力在这个制度中非常重要。福格尔和恩格曼（Fogel and Engerman，1974：238）说："现有的证据说明，用暴力由奴隶身上所得到的劳力，其花费为不用暴力的一半不到。"

用奴隶劳力种植棉花是有利润的行业。平均来说，奴隶主可以赚到其奴隶市价的 10%。它比 19 世纪中叶前后新英格兰最兴隆的纺织厂所赚到的报酬率更高（Fogel and Engerman，1974:70）。同时，我们必须记住，当时许多白人家庭根本没有奴隶。而即使是在有奴隶的人家，几乎一半的家庭只有 5 个以下的奴隶（Bruchey，1967：165）。

种植棉花不是引起美国奴隶制度的原因。可是美国奴隶制度之所以延续到 19 世纪中叶以后，棉花的种植却是一个重要因素。造成奴隶制度延续的是对棉花持续的需求，尤其是英国人的需求。1790 年，美国的全部棉产量只有 3000 包，可是 1810 年上升到 17.8 万包，1830 年上升到 73.2 万包，1860 年上升到 450 万包（Fogel and Engerman，1974：44）。伴随生产增长的是种棉地的扩大。棉花的生产向西移动，沿着每年至少有 200 个无霜天气和有棉作物所需雨量的气候带，由大西洋沿岸移动到南方诸州。种棉业的扩大配合汽船和铁路运输的稳定发展。汽船和铁路使遥远的地区也可以与搭载货物的大港埠衔接起来。随着这种扩张，人口也大规模迁徙，1790—1860 年 83.5 万个奴隶迁移，大都是从马里兰州、弗吉尼亚州和南北卡罗来纳州迁移到阿拉巴马州、密西西比州、路易斯安那州和得克萨斯州。在这些奴隶中，2/3 以上是在 1830—1860 年迁移的。那是历史上最大的一次强制迁移。

与西印度群岛的情形相反，北美洲的奴隶人口大都是自我繁殖的。早在 1680 年，在美国殖民地出生的黑人，已占奴隶人口的一大半。到了美国独立战争结束的时候，土生的奴隶数目已为在非洲出生的奴隶数目的 4 倍。到了 1860 年，除了 1% 的奴隶以外都是美洲土生的，其中许多奴隶是其他土生奴隶的第三代或第四代后裔。这种情形与西印度群岛和巴西的情形构成鲜明对比。西印度群岛和巴西必须不断进口奴隶以为补充。尤金・吉诺维斯（Eugene Genovese）说：“在新世界所有的奴隶社会中，只有美国南方的奴隶劳力是自我繁殖的。”（1972：5）这件事的原因不完全清楚。对于种植园记录的研究，质疑所谓有计划地养育奴隶以出卖的说法（Fogel and Engerman，1974：78—86）。有人说黄热病在热带的西印度群岛杀死了奴隶，但在比较有益健康的大陆上却不曾发生。但是只有比较这两个地区整个的传染病环境，这个意见才能有说服力。古特曼（Gutman）说：在 1720 年之后的几十年，是美洲大陆由西印度群岛奴隶的死亡模式转变到为了自我延续的生殖的关键时期（1976：341—343）。他说，对于北美奴隶，家庭的形成与亲属网络的出现，对于支持他们的进一步增长起到了很大的作用。

不论美国奴隶生生不息的理由何在，显然这个人口都将累积自己的经验和发明自己的适应模式，并且传诸后代。研究（Gutman，1976）说明，亲属和拟亲属的网络如何在奴隶中间发展和发生作用，又如何用它们传播和壮大知识与信仰，这些知识与信仰是基于奴隶的经验，而非奴隶主的要求。

这种在时空上连接一代又一代的亲属和拟亲属的网络，其存在使人怀疑以奴隶为一个在社会关系上完全适应其主人家长式意识者的说法。奴隶学着对付其主人，但是却没有证据说明他们被动地甘愿接受主人的命令。福格尔和恩格曼曾经说，在这样的劳力制度中，不大可能“恰当地”运用暴力，以最低的成本达成最大的结果（1974：232）。奴隶主与奴隶之间的问题，不是仔细校准“待遇”以得到“最适当的服从”，而是两个阶级之间复杂和不断改变的关系。这两个阶级因命令和劳动而凝聚，又因阶级的组织与利害关系而分化。古特曼曾经说：“19 世纪四五十年代，整个南方奴隶群落以内亲属和拟亲属网络的存在，是奴隶制度仍然残酷和具有强制性的重要原因。”（1976：325）可是在这些束缚以内，日常关系仍需不断地重新磋商。乔治·拉维克（George Rawick）说："这种关系很有问题，需要经常创造与再创造日常的礼节，以便将等级制和建立在赤裸裸的权势基础之上的社会关系变得人性化一些。"（1972：62）

南方的种植园因而具有双层关系，一层是"大厦"与其奴隶之间的等级关系，一层是黑人群落延伸到种植园以外的水平关系。种植园通常有一个监工（一般是白人）、几个工头（一般是黑人）、大量的奴隶工匠（往往技艺高超）和种植园工人，还有担任家仆的奴隶。不过，家仆与种植园工人之间的区别往往是生命周期中的阶段，而非绝对的界线。家仆由年轻和年老的奴隶中调来，而种植园工人只限于身强力壮的年轻人与中年人，还有自由黑人。1860 年自由黑人为数约 50 万人，大都集中在马里兰州、弗吉尼亚州、南北卡罗来纳州和路易斯安那州。这些人有时也充当工匠和劳工，尤以在路易斯安那州为然，不过在别的地方种植园主人对他们的看法完全相反，认为他们和奴隶差不多。相反，市镇中的奴隶往往被出租到别处工作。

经纪人

奴隶、工头、监工和种植园主都是同一条锁链上的环节。这条锁链中尚有将棉花运到目的地的中间人，以及使运输加速的商人。棉花由南方诸州流出，换取贷记以及用贷记购买的货物。管理这种双向流动而从中赚取销售佣金的主要代理人则是经纪人。海港的港埠，如萨凡纳（Savanna）和查尔斯顿（Charleston），都驻有经纪人。而诸如费耶特维尔（Fayetteville）、哥伦比亚、奥古斯塔（Augusta）、梅肯（Macon）、亚特兰大、蒙哥马利（Montgomery）、纳什维尔（Nashville）、孟菲斯（Memphis）和什里夫波特（Shreveport）的内陆城市的经纪人，直接与较大的种植园主打交道。他们通过内地的店商与较小的种植园主接触。店商以预付的方式给予贷记而收取棉花。银行也协助这些交易，为种植园主的经纪人所背书的种植园主票据贴现。贷记流入，棉花流出。店商或种植园主将棉花交给内陆的经纪人。内陆经纪人又与海岸经纪人磋商，将货物转运欧洲，在

1815年拿破仑战争结束以前，大部分的棉花是由萨凡纳和查尔斯顿运往利物浦。之后，巴尔的摩（Baltimore）和纽约成为转运棉花横渡大西洋的主要港埠，其中纽约尤其重要。

纽约在南方棉花贸易中的得势，有几个原因。1816年，一群彼此主要是姻亲的教友派企业家，创设了黑球航线公司（Black Ball Line）。黑球航线公司不久就在美国海岸经营去欧洲的固定包裹运送业务。它由美国南部的港埠和纽约将棉花运到利物浦，而由欧洲归来时运回欧洲制造的货品和欧洲的移民。欧洲与美国北方的制造品又被运往美国南方（Albion，1939）。在美国西部的谷物、肉类和木材开始沿新完成的伊利运河运往东部，而美国土产和外国的制造品又沿这条运河由东部运往西部时，纽约在这种三角贸易中的地位更为重要。另一个使纽约日益重要的因素是纽约立有规则，当投标偏低时，禁止撤回出售的货物。因此，纽约吸引了愈来愈多想要便宜货的购货人。而赢利的银行业机构的发展又方便了这些多重的商业交易。最后，许多在南方运作的棉花经纪人，或许本人就是纽约人，

图9-3 奴隶在阿拉巴马河上借火炬之光将棉花装船，弗洛伊德（W. Floyd）的版画，1842年（Courtesy of the New York Historical Society, New York City）

或许是纽约公司的代理人。贷予南方种植园主的贷记大都来自纽约，其规模超过南方商号可能提供的（Foner，1941：12）。

南方所使用的制造品大都由东北部供应，这些商品或者是在东北部制造或是由国外进口。在拿破仑战争结束以后，东北部也用一部分南方的棉花于其本身日益成长的纺织工业。1815—1831年，这个区域纺锤的数目增加了3倍；1831—1860年又增加了3倍（North，1961：160）。日渐扩大的美国西部为南部供应的粮食愈来愈多，尤以1816年以后密西西比河上开始有汽船行驶以后为然。19世纪二三十年代俄亥俄、伊利和宾夕法尼亚运河通航以后，西部的食物也日渐流向东北部地区。随着19世纪50年代东西行铁路的修筑（大部分由英国出资），芝加哥成为美国的谷仓和“肉场”。因此，美国的各区域愈来愈专门化，而它们彼此之间又互相配合。可是在这种具有互相依存关系的网络中，南方显然居于不利的地位。种植园主手中刚累积到钱，这笔新的财富便又流出去了，购买粮食以供应粮食不足的种植园，或进口制造品，如奴隶用的布料、五金器具和奴隶主用的奢侈品。

驱逐印第安人

之前被认为是“美国梦”的西向扩张如今成为现实。北美洲的旷野似乎有土地待人占取。而像杰斐逊这样主张平均分配土地的农业民主党人，则盼望美国成为一个坚强的自耕农国家。自耕农因为有自己的土地，不仰人鼻息。但是当然这不是一片“为无土地者而存在的无人之地”。土地由美洲原住民所占领和使用。为了创造自耕农，就必须先剥夺这些原住民的土地。就新定居者而言，土地比它可以滋养的农作物与牲畜更有价值。“在共和国成立以后的第一个50年间，这个国家最想要的商品是土地”（Rohrbough，1968：xii），这是它“最大的投资机会”（Rogin，1975：81）。

东南方最重要的印第安人的政治组织是切罗基人、克里克人和乔克托人（Choctaw）。切罗基人当时住在今日的阿拉巴马州、佐治亚州、北卡罗来纳州和田纳西州；克里克人住在今日的阿拉巴马州和佐治亚州；乔克托人住在密西西比州。数目较少的契卡索人（Chickasaw）住在密西西比州的北部。塞米诺人（Seminole）住在佛罗里达州的南部。这些群体都从事种植（耕作由妇女担任）和狩猎。他们牢守在自己的田地上和狩猎区，不愿把土地让给新来者。他们基本的单位是村落。切罗基人的村落有 350 人到 600 人。克里克人的村落在 100 人和多达 1000 人之间。所有的村落都自主自治。每个村落有许多母系家族，由母系世系群挑选出来的长老所组成的会议，以及通常由某个特殊的母系世系群挑选出来的一个村落酋长。由于氏族不是地方性的，而是散布在不止一个村落，它们便有了结盟的可能。18 世纪早期，许多切罗基人和克里克人的村落开始组成同盟，在由法国人、英国人或西班牙人的印第安人同盟所传递过来的欧洲人的压力之下，这些同盟愈来愈中央集权。促成中央集权的主要原因是为了要抗拒不断扩张、到处抢劫奴隶的卡罗来纳殖民地，同时与欧洲人的关系，又使印第安人采用了许多欧洲人的做法，如农作物、牲口和火器。有些重要的酋长逐渐成为棉花种植园的主人，并且往往由欧洲人那儿购买非洲奴隶从事耕作。18 世纪后期与 19 世纪早期，原住民的精英阶级形成了。他们与欧洲人通婚，往往也受洗成为基督徒。比如切罗基人，他们的精英分子也学会了阅读和书写。19 世纪早期塞阔亚（Sequoya）发明了切罗基字母，他认为没有英文阅读和书写能力的人也可以写字（Kroeber，1948：369）。

这些部落，尤其是克里克人和乔克托人，阻止白人向西开疆拓土和取得土地种植棉花。1813—1814 年与克里克人的战争，打开了第一个裂罅。由于在英美 1812 年战争之后棉价上升，白人种植园主遂通过这个裂罅进入阿拉巴马。1817—1818 年安德鲁·杰克逊（Andrew Jackson）总统对塞米诺人（渗入佛罗里达半岛并逐渐扩张的一支克里克人）发动的战争，不仅使佛罗里达进入了美国的版图，也关闭了一个黑奴避难所，因为许多逃亡黑奴往往在美洲原住民处寻求庇护。

杰斐逊原本主张把所有的印第安人迁移到密西西比河以西的地区。这个想法在 1817 年得到大家的支持，在杰克逊的鼓动下，美国政府给了印第安人两个选择：或是接受在商业上可转让的个别土地摊派，或是整个搬走。在鼓动印第安人搬迁的同时，又有许多白人闯入印第安人的土地，并且往往还是在政府的秘密支持之下。他们攫取印第安人的土地、家畜和工具，杀戮其猎物。如果印第安猎人进入州界狩猎，便会受到攻击。白人贿赂印第安人出售其土地，又以欺诈取得地契。他们援引州的法律骚扰住在州内的印第安人。安置在印第安人中间的政府官员提倡搬迁，又以送礼物和授赠年金的方式选出印第安酋长，让他们鼓吹搬迁的政策。住在印第安人中间而反对搬迁的传教士和白人，都被强令离开。

1830 年，搬迁本身被写进法律。如果印第安人的群体不肯自动离去，政府便派兵执行搬迁的命令。1820—1840 年，住在密西西比河以东的 12.5 万名印第安人，其中 75% 的人都奉政府之命西迁。在同一时期，1/4 到 1/3 的南方印第安人丧生。到了 1844 年，留在美国东部的印第安人已不到 3 万人，大部分住在苏必利尔湖的周围。伴随整个强迫迁移过程的是赞美文明战胜野蛮的凯歌。迁移行动的成功完成，实现了杰克逊的希望，也就是可以快快地把印第安人的土地“带进市场”（Rogin，1975：174）。

供应地区：埃及

英国的纺织业不仅由美国南部，也由地中海东部地区进口棉花。黎凡特地区的国家和岛屿久已种植棉花，并在欧洲销售。19 世纪，埃及成为替欧洲市场生产棉纤维的重要国家。埃及的这种发展是有双重好处的。埃及是奥斯曼帝国中最早与西方发生商业关系的地区之一。而这样做又使它成为第一个试图赶上欧洲工业化和商业化的非欧洲国家。

想要达到这种双重目的，首先必须使以前的政治和经济关系大规模转型。18 世纪，在埃及掌权的是马穆鲁克（Mamluk）。他们是土耳其 - 切尔克斯（Turkish-Circassian）的军事奴隶和收取贡赋的精英分子，从奥斯曼帝国购买到由农民身上榨取贡赋的权利。埃及原来常常与欧洲进行贸易，将也门的咖啡运到欧洲。但是到了 18 世纪末，这种转运贸易已一蹶不振。这种情形使强加在久已受苦的农民身上的纳贡相对增加。而收取贡赋的军人彼此竞争权力与资源，更加重了纳贡的负担。不过，农村还能维护其对公共土地的保有权和土地转让的自主管辖权。而且只要村落头人能转交给马穆鲁克适宜的贡赋，他们想种什么作物便可种什么作物。

可是在 1803 年穆罕默德·阿里（Mehemet Ali）掌权以后，政治和军事力量的分布便有了剧烈的变化。阿里是一位来自阿尔巴尼亚的奥斯曼帝国副总督的侄子。他在故乡因烟草贸易致富，并且曾带领阿尔巴尼亚分遣部队在将法国人逐出埃及的战争中，发挥了重要作用。阿里不仅对奥斯曼帝国确立了他对于埃及的自主权，还摧毁了马穆鲁克的权力，杀了他们许多人。虽然阿里认为埃及是他的家族领地而非公家的托管地，但是他也知道为了应付外国的竞争，必须推动政治和经济上的改革。因而他在 19 世纪 20 年代制定了一个方案，减少为国内生计而生产的谷物，增加可以输出的外销作物——长绒棉花。他也设法兴建工业，提高他的军力，并成立了一支由农民中征召士兵组成的军队，以之取代他不可靠的阿尔巴尼亚分遣队。在这样做时，他得到了欧洲第一批“技术统治论者”——法国乌托邦社会主义圣西门学派——的协助。苏伊士运河便是在圣西门学派的斐迪南·德·雷赛布（Ferdinand Marie de Lesseps）指导下修建的，并于 1869 年竣工。为了创造种棉所需的水利基础设施，他也抽调大量的农民修建灌溉工程和运河。

在阿里及其继任者的统治之下，农民种植生计作物的自主权大为缩减，以便他们听命递交棉花和做强迫性的劳动服务。农民的土地也被划归大地主，以增加棉花的生产。当然，皇室本身也是大地主之一。1818—1844 年，农民所拥有的土地，由全部土地面积的 85%—90%，减少到 56%。这个喜好开发的政权所举的外债，使政府要求更多的贡赋，而这又使埃及愈来愈着重在大地产上以劳工生产棉花，也使佃农和小地主努力生产棉花，以便缴纳得起税收。在这个过程中，村落的头人也得势了。他们既是农民与政府的中间人，也是放贷者。其结果是他们的财产增加了。日增的内部不安状态和反叛，再加上政府愈来愈无力偿还外债，终于引起外国入侵并平定了一次排外的军事叛乱。1882 年，英国接管埃及。英国人加强了在大地产上种植棉花的模式，而造成了一些在 20 世纪折磨埃及的问题。

印度的纺织工业

在大英帝国的亚洲领地，19世纪下半叶纺织品的工业生产开始发展。在欧洲人扩张进入亚洲的早期，印度已有高度发展的纺织工艺，但是这个发展却非以往印度纺织工业的衍生。英国出口到印度机器制造的布料和纱线，也因此扼杀了印度的手工艺，以至到了1840年，在印度从事贸易的一家英国大公司的负责人竟然说，手工印花的丝手绢是“印度行将绝灭的制造品中的最后一件”（Thorner and Thorner，1962：71）。再者，印度的生棉在英国市场上也不吃香，只有在美国的棉花供应中断时，才有人喜欢印度的生棉，印度的生棉纤维短，不容易清理，需要花费很多精力，因而比美国的长纤维品种需要较高的劳力成本。然而，印度的棉花却是英国外销到中国的主要物品之一。因此印度种棉的英亩数日益扩大，到了1850年已超过800万英亩，其中有一半在印度西部，离发展中的城市孟买不远（Guha，1972，1973）。孟买的代理商号和商人，通过中间人贷款给外地的地主耕种棉花，而后集中产品以为当地之用或外销。运输大量棉花的需要造成了一次“牛车革命”（Guha，1972：21）。新发明的两头阉牛所拖轻便货车的载重比一头阉牛所拖轻便送货车的载重多了6倍。之后，棉花生产得到不断扩展的印度铁路网络的帮助，在19世纪最后10年已占地1700万英亩（Guha，1973）。

印度的作用是作为英国与中国贸易的主要基地。印度机器纺织工业最初的成长以及棉花田在这个次大陆所占英亩数的扩大，都必须由这一个角度去了解。棉线和棉制品在送往中国的物品中，重要性仅次于鸦片，而在鸦片贸易式微以后，又成为最重要的物品（Latham，1978：88—90）。印度商人参与鸦片和棉花贸易，其所累积的财富，是投资发展纺织工业的基础。纺织业在印度是唯一因国内资金与国内企业的主动精神而诞生和发展的工业（Saini，1971：98）。这种自主发展之所以可能实现，是因为印度是由中国汲取剩余物资的中转站。在19世纪末遭遇日本人对中国市场的竞争以前，印度的纺织工业不断扩张。不过甚至到了那个时候，它仍继续供应日本工厂所使用的大量棉纱。

孟买

这个新纺织工业的中心是孟买。孟买最初是7个小岛中的一个居留地，以当地渔夫所崇拜的一个女神为名。1665年，它让渡给英国皇室。虽然孟买这个贸易港的重要性，与苏拉特及布罗奇（Broach）这两个与黎凡特地区进行贸易的终点相比较，黯然失色，但是在来自第乌和苏拉特的商人来此定居和印度拜火教徒的拓殖地日益成长以后，孟买的商业重要性旋即增加。这些人是信奉拜火教的工匠、商人和造船者，最初来自伊朗。他们不久便在与东方的利润优厚的贸易中扩大了份额。在19世纪第二个10年，孟买的人口由最初的一万名居民增加到16万至18万名居民（Morris，1965；Rowe，1973）。

到了1800年，孟买已成为印度西部的一个大港埠。它将鸦片和生棉外销到中国，又进口糖和金属制品。到了19世纪中叶，它已是英国制造品在亚洲主要的分发点，以及转运短纤维生棉到欧洲的首要货物集散地。19世纪中叶以后，由于有了铁路，孟买成为转运古吉拉特和那格浦尔（Nagpur）棉花的重要中心。在美国南北战争期间，由于美国不再供应英国棉花，印度棉花的外销出人意料地盛极一时。

也是在19世纪中叶，孟买成为印度棉纺织品工业的中心。第一家工厂使用英国技术和印度资金，出资者大部分是印度拜火教徒。它在1856年投入生产。最初各工厂只生产纱线，但不久也织棉布。到了1900年，工厂已有86家之多。工厂中的劳工也相对地由1865年的6600人，增加到1900年的8万人，其中五分之一到四分之一是妇女。

虽然这些工厂在开办时用了很多印度资金，但是经营控制权却掌握在经营代理人之手。经营代理人一开始往往是商人。他们在股份公司中有重要的股份，并担任好几个不同企业的连锁董事。他们在印度用以支付外国进口货资源的开发中，起着不可或缺和投机的作用。棉纺织业只是这些行当中的一个，往往被视为为了这些代理人所营其他事业“挤乳求利的乳牛”（Morris，1965：34）。

各工厂的管理和技术人员最初都是英国人，但不久也征召印度人担任。工厂组织中关键性的人物，是负责征召和监督非技术性工人的工头。他有很大的权力。在由排在工厂门口等待挑选的新劳工中挑选工人时，他可以挑自己的亲戚或来自他的村子或区域的种姓成员，除非是给予他报酬或佣金，其他人是进不了工厂的。由于他负责维持工作纪律，他可以让什么人留下什么人走路，这又是一个赚钱的办法，而且往往造成工厂经常换工人的现象。同时他又借钱给工人取息，又把有兴趣的商人的货物卖给工人，而由商人处拿佣金。从技术上来说，他虽然不是劳务承包商，但是通过与他随从的私人关系，他在组织劳工市场的过程中有重要的作用。我们猜想，他往往优先录用他自己的世系群或种姓分支的成员。

工厂中的工人的职业不因其种姓而专门化。不过，也有一个例外。占全部劳工不到 10% 的贱民，通常被派担任最低贱的工作。织布是发展最快、待遇最好的部门，可是贱民被禁止织布，借口是如果他们在换纬线的线轴时将纱线吸入梭子中，便会玷污地位较他们优越的工人（Morris，1965：79）。

19 世纪，孟买工厂中大多数的劳工都来自 100 到 200 英里之外的地方，来自孟买南面和东面的康坎地区和德干高原。20 世纪，由北方 750 英里以外的北方邦来的移民劳工显著增加。20 世纪中叶研究这种北方移民的罗威廉，说他们最初是由穆斯林中梳理棉纱和织布的种姓征召而来（1973：222）。他们按照自己的起源地和种姓在孟买定居下来。在 20 世纪 50 年代，这样的群落由血亲组成，但也有来自同一种姓的姻亲。使用“村落兄弟”一词的拟亲属关系，进一步加强了群落的团结。群落也有头人。他们熟悉孟买城，在群落以内是权威人士，对外又代表群落。同时，有较高种姓地位的群落，拥有更广泛的亲属关系，并且利用这样的关系找待遇好的理想工作。

印度的纺织品生产，其市场大都在亚洲。它是日渐成长中的工业资本主义体系“边缘”工业繁殖的一个早期例子。虽然孟买的纺织业受制于英国的进口税、消费税，以及资本由印度输出，但它仍是以本地资本为主的一个经济领域。纵然生产最初有扩张，可是它的成长率在 1890 年以后却开始波动，并在较低的层次稳定下来。印度的纺织外销品主要是纱线，由 19 世纪末的最高点到 20 世纪的第二个 10 年，其价值几乎减少了一半。这种衰退是由于外国的竞争，其日本和中国的市场均为日本夺去，因为日本自明治维新以后便创建了自身的纺织工业。之后，印度的纺织业改为替国内的市场生产布料，在第一次世界大战以后甚至进口日本的纱线（Saini，1971）。

在印度境内，纺织工业的发展又影响到它所在的地区。前面已经提到，它导致印度纺织工人这个劳工阶级的兴起。它也刺激印度棉花种植英亩数的增加，尤以在孟买—信德（Bombay-Sind）、贝拉尔（Berar）和海得拉巴为然（Guha, 1973）。而孟买的代理人则扩大贷款，取得棉花收成。当棉花田面积不够时，其他的英国属地便成为棉花的来源地，比如乌干达。1900 年签署的“乌干达协议”（Uganda Agreement），将世系群和氏族的土地转化为可继承的终身自由保有的不动产。其结果是大部分的土地被一个由大约 1000 名酋长和显贵所组成的阶级垄断。他们任用自己的族人为佃农，种植棉花（Mair，1934；Apter，1961：122—123）。

因此，在印度大部分的手织工匠在早期遭遇政治与经济的冲击之后，大英帝国的扩张和贸易，尤其是与东方的贸易，又促成在其自身的供应和劳力基础之上的印度机器纺织工业，做第二次成长。即使这种工业成长并不持久，它却是边缘地区资本主义工业化的一个早期事例。这个过程在 20 世纪大为加速。

危机与再次扩张

资本家最初是在英国走上使生产方式转型的“真正革命的路线”；在棉纺织品的生产中，他们实现了这一步。我们在前面曾经追踪这种“承载工业”的发展，以及它对欧洲以外供应地区的影响，尤其是美国南部和埃及。但是我们必须记住：它虽然在一开始便刺激英国的经济并对未来也有重要性，但是那时的规模并不大。纺织工业只是许多工业中的一种，兴建和经营新工厂所需的资金，又必须是在财产有限的企业家能力所及的范围以内。同时，它虽然到后来也创造了对新机器的需求，但它仍然是一个消费品工业。它最初的成功基于日增的利润，而利润的增加又是由于工匠所制的机器价格低廉，劳力的成本也在不断下跌。

可是，在英国的纺织工业看来正稳定发展的时候，即 1826—1850 年它却突然停滞。这是资本主义生产方式的第一次“结构上的”大危机。使赢利率不再上升的部分原因是机器成本的上扬。它在某种程度上可能是一场“变现”危机，因为偏低的工资缩小了国内的市场，而国外的市场似乎又趋于饱和。不论原因是什么，从 1826 年到 1847—1848 年是一段收缩时期。在英国，这段时期经历了许多政治上的大动乱，日增的不满情绪爆发为激烈的对抗。愈来愈多的人开始离开英国，想到国外安居乐业（参看第 12 章）。

铁路建设

要重新发动制造金钱的引擎，就必须注入新的资金，并且发展一种可以恢复累积率与发掘新市场的新工业。这项新工业便是修筑铁路，以及钢铁生产与采矿这两个卫星工业。多布说（Dobb，1947：296）：“铁路的修筑对于资本主义有不可估计的好处，因为它大量吸收资金。在这方面只有现代战事的军备超过它，连现代的都市建设也比不上它。”

这种工业也始于英国，第一条铁路修筑于 1825 年，连接达勒姆（Durham）的煤田与海岸。同时，这个新发明迅速传播到了国外。1827 年，巴尔的摩与俄亥俄公司（Baltimore and Ohio Company）获得了修建铁路的特许状，5 年以后铺设了 70 英里的铁路。英国资金投入美国开发，对于美国筑路的开始与迅速成长有很大的影响。它最壮观的成果是伊利运河的修造，始于 1817 年，完成于 1825 年。它连接纽约与水牛城（Buffalo），又通过水牛城与西部衔接起来，使纽约城成为对西部贸易最大的终点站和货物集散地。美国的铁路修筑业是这种成功的直接结果。其他各州也不甘示弱，纷纷邀请英国的资金投入其运河和铁路的修建。到了 1836 年，英国的投资人至少拥有价值 2 亿美元的股票。可是这一年却以金融破产结束，“以致三大洲的贸易减缩了一半”（Jenks，1973：98）。美国由于不能支付贷款利息，便使“美国的股票和葡萄牙、墨西哥、希腊的股票一样，不再值钱”（Jenks，1973：99）。

然而，到了这个时候英国本国的铁路修筑带来了其他的投资机会。当美国不景气的效应波及英国时，大家却发现19世纪30年代地方资本家在那儿修筑的铁路很赚钱，40年代已能支付股息。接下来的铁路大修建，旋即吸收了6000万镑以上的投资。英国国内铁路的资本总额在1844—1849年增加了3倍以上，铁路里程也增加了近三倍。钢铁生产也随之增长。“赚得小财富的成年男女、大小手艺人与小店主、领年金的人、政府工作人员、专业人员、商人、乡绅都投资铁路的修筑”（Thomas Tooke，引自Jenks，1973：132）。其所促成的经济好转，也使英国避免了社会的暴乱。

铁路的修筑因而保证了工业革命的第二个阶段，使生产由主要依靠棉纺织品转而依靠钢铁。我们习于认为工业是“重”工业，因而当布罗代尔说在19世纪初年以前钢铁“微不足道”（1973b：275—277）时，我们便觉得很奇怪。在此之前，冶金工业的重要性主要在于作战，在战争时期发达，在和平时期不发达。16世纪，英国的生产赶不上巴斯克人住的地区（Basque Country）、施第里尔（Styria）、列日（Liege）、法国、德国和瑞典这些产铁地区。1539年，它只生产了6000吨铁。在1640年英国内战前夕，英国的生产上升到7.5万吨，但到1788年，又只有6.8万吨。

然而，在19世纪它向前跃进了一大步。产铁的先决条件是技术上的。要使产量大增，燃料和动力转换器就需要将热转换为能量。英国由于缺少木材，因而也缺少炭，于是以煤为燃料。再者，英国的矿砂成分不好，需要用动力通过精炼、搅炼和辗压以去掉杂质。为了给这些作业供应动力，革新的人改装用以清除矿场积水的抽水机。从此以后，煤和铁的使用，将英国变成了“世界工厂”。

推动这种转型的力量是铁路。铁路的修筑由1840年的4.5万英里（其中1.7万英里是在欧洲，2.8万英里是在北美），上升到40年后世界各地的22.8万英里（Hobsbawm，1975：54）。大力修筑的原因是因为

> 许多机构需要工作，制铁业者需要订货单，银行家和企业家需要投资项目。而如果大不列颠的金融和工程公司在本国没有足够的事做，铁路修筑便可以成为它在国外致力的事务。（Jenks，1973：133—134）

到了19世纪中叶，英国的钢铁产量到达250万吨。1845—1875年，英国铁路用的钢铁外销量增加了3倍以上，而机器的外销增加了10倍以上（Hobsbawm，1975：40，39）。由铁路“大王”出资、承包商主办的“工业化的基本部队”（Hobsbawm，1975：39）四散海外，由阿根廷到旁遮普修筑铁路。有些铁路的修筑只是炫耀式的生产，但大多数的铁路成为运输的基本设施，使大量货物可以自生产地点由陆路运输到海岸上船的地点。货畅其流的重要结果之一就是陆路运输价格的下降，到19世纪最后二三十年已下降了90%（Bairoch，1975：115—119）。

海运

在19世纪，海运的费用也大幅下降，情形与陆运相仿。在技术上，这是由于大帆船的改良，尤其是尖船首、窄船幅的美国快船的发明。19世纪上半叶美国船运的发展，大都是拜这些船舶（巴尔的摩快船、鸦片快船和茶叶快船）所赐。然而，在19世纪下半叶，英国重执船运的牛耳。英国修造的快船，比美国的快船更适合运送各种货物。1853年，船身是用铁造的。到了1864年，船身是用钢造的。这些有金属船身的大帆船，其载重量为1500—2000吨，使它们暂时还可以与比较昂贵的轮船相竞争。

轮船最后战胜了大帆船，因为它的吨数较大、速度较快。这一胜利的关键在于钢质汽锅的发明，使轮船可以产生较大的压力，因而也有了较大的动力。一艘载货量大约为1000吨的普通快船，由中国南海岸到伦敦需要120—130天。可是在1865年首次下水、载重量为3000吨的蓝烟囱运输公司（Blue Funnel Line）的轮船，只用了77天（Hyde，1973：22）。轮船最初只用以横渡大西洋。它在19世纪四五十年代征服了大西洋。在

1869 年苏伊士运河通航以后，汽船大批行驶于亚洲诸海。可是快船一直到 19 世纪最后二三十年才不见于亚洲诸海。一直到 1873—1894 年的大萧条时期，由于过多的吨数引发航海船只过度生产的危机，轮船才终于战胜了帆船（A. Lacroix，引自 Toussaint，1966：212）。

苏伊士运河的开掘，使由英国到东亚的旅行时间减少了一半。通过这个地峡的铁路于 1851 年开工。1854 年，发展中的埃及将开掘运河的特许权授予一家法国财团。法国认捐了三分之一的资金，埃及统治者也承担了三分之一，剩下的股份预备卖给其他国家。可是这最后一部分的股份始终无人购买，因而不得不由欧洲私人资本家再投资。运河于 1869 年竣工，征用了 2 万名埃及当地劳工。可是运河和其他开发计划的成本，在金融专家的建议下提高了利率，使得埃及陷入了更大的借贷泥淖，利息愈来愈高（Jenks，1973：Chap.10），终使埃及国库破产。1874 年，英国政府通过与罗斯柴尔德银行的协商，取得了苏伊士运河公司大部分的股份，所需的钱由罗斯柴尔德银行预先支付。强加在埃及头上的庞大债务，使它在财政上处于英法国库公债（Anglo-French Treasury of Public Debt）的金融破产管理之下，此后每年支付利息。最后偿债的是埃及的当地劳工。埃及部分军队在村落酋长的支持之下反叛使埃及如此完全依靠上外国资金的统治者。英国干预了这次反叛，加强了单方控制。

在苏伊士运河竣工 10 年后的 1879 年，德·雷赛布领导的一家法国公司又在西面巴拿马地峡主持开掘了与苏伊士运河同样的运河。运河工程在 1881 年开始，所用主要为牙买加的劳工，但是技术上的困难使工程在 1888 年停顿下来。1903 年复工，这一年美国鼓励巴拿马脱离哥伦比亚。美国用黄金向巴拿马支付定金，以后每年还用黄金支付报酬。为此，美国取得了对这个 10 英里宽的地峡的权利。1904 年，美国由那家法国公司购得对运河的权利。10 年以后，竣工的运河开放，远洋船只得以通行。

英国纺织业的成长，开启了一个建筑在新生产方式上的社会秩序。在这种方式的支配性关系之下，资本家购买机器并雇用劳工操作机器，而新的劳工人口服从工厂的工作纪律以赚取工资。对于生产手段的控制，使资金可以视需要使唤机器和劳力，并且对机器和劳力做种种安排以提高利润。同时，资金也可以在利润低的区域使机器停顿和解雇人力，又在其他利润较高的区域重新开始生产。在这种新方式的情形下，资金可以在国内和国际不停地周转，将愈来愈多的人群吸收进它的活动范围，并在它生根的任何时间和地点，复制其关键性的关系。

这种资金和依靠工资的劳力之间的大规模结合，在历史上是十分不寻常的。它让我们发问："自由"劳力是怎么发展出来的？为什么发展出来的是自由劳力而非某种奴役形式？英国人和其他欧洲人一样，是熟习苦役监禁的，也就是流浪者的强迫工作、贫民的学徒制、收容院中的强制工作和契约服务。他们本可用这些高压的方法，为初期的工厂招工。然而，最初的工厂主人却可以雇用到很多失业的劳工。从历史上来说，他们是圈地和外包工制度下工作的家庭大量增加所造成的。由于这些有利的因素，英国的纺织工业得以雇用自由劳力克服尼德兰人和印度人的竞争。

这些新的工业不仅需要劳力和机器，也需要原料。世界上的许多广大地区都经过重新规划，以供应工厂原料。这样做产生了新的劳力制度，或大大加强了对于现存制度中的劳力的需求。为了供应兰开夏郡(Lancashire)的工厂，奴隶种植园将美国南方的印第安人驱逐出去，而对于棉花日增的需求又使奴隶必须愈来愈大量出货。在埃及，农民生产输给种植棉花的大农场。为了供应孟买的工厂，印度西部数百万英亩以前种植粮食作物的土地，如今都改为种植棉花。

当资金开始由纺织品的制造流向铁路时，越来越多的原料供应地区被开发出来，以支持铁路时代所创造的新的人与机器的配合。而铁路的修筑与海运的发展，又拓展了供应的地区和商品贸易的地区。虽然资本主义的方式不断将新的人口直接和间接地引进其日益拓展的联系轨道中，但是它也使他们受制于它加速与前进和减速与后退的节奏。在这个新方式之下，结合带来了专门化，而专门化又促成对全球性经济与政治结合的依靠。

第10章
资本主义的危机与变异

在资本家的赞助下，英国的纺织工业实现了机械化。整个国家走上了“真正革命的道路”。资本主义的生产方式愈来愈占优势。19世纪，这种方式由英国向外扩张，终于支配了全世界。有些地区（如北美洲和1868年以后的日本）直接受到它的影响。在其他地区，它包围和渗透其他的生产方式，并建立起资本主义飞地，它们拥有以不同方式组织而成的腹地。

在资本主义的母国和在国外，各地都在创造资本主义方式及其附属地带的重要基础。这一点必须强调，因为往往有人随便使用“核心”与“边缘”这样的词语，而遮蔽了这个事实。资本主义的发展，在其核心地带本身创造边缘地带。以机械化纺纱织布为基础的工业资本主义来到英国以后，使按照商业外包工制度组成的家庭手工艺大规模地崩溃。在英国本国，可以迅速过渡的区域如西赖丁（West Riding）和阿尔斯特（Ulster），变成了重要的工业中心，而另有一些地区如英格兰西部诸郡、东英格兰（East Anglia）和爱尔兰南部，则日渐衰落。在拿破仑的大陆封锁政策瓦解以后，英国的纺织品进入欧洲市场。在这种廉价进口货的竞争下，欧洲手工艺活跃的地区一个接一个凋敝。欧洲其他之前面向海外市场（尤其是拉丁美洲）生产纺织品的地区，在国外也敌不过英国的竞争。爱尔兰、佛兰德斯和布拉班特、法国西部、西班牙南部、意大利南部、德国南部和东部，尤其受到这种衰落的影响。它们成为附属区域，为日渐工业化的心脏地带供应廉价的粮食、原料和劳力。

资本主义：方式和市场

这个过程所造成的结果，是由资本主义生产方式所控制的一个复杂阶级组织体系，但也包括许许多多附属的区域。在附属区域中，资本主义的方式与其他方式有各种不同的配合。资本主义方式中的承载工业主宰了这个体系，但是它所根据的，却是往往植入不同生产方式而且不断变化的支柱。欧内斯特·曼德尔（Ernest Mandel，1978：48—49）曾经描写过这个体系中的各种复杂关系，说它是“资本主义、半资本主义和先资本主义生产关系的一个用活结结合的体系，由资本主义交易的关系互相连接，并由资本主义的世界市场所主宰”。这个定义说明了至少三点。第一，它区别了资本主义的生产方式和“资本主义世界市场”。资本主义生产方式在资本主义市场关系的体系中可能具有支配力量，但它并没有把世界上的各民族都改变为剩余价值的工业生产者。第二，它说明资本主义方式如何与其他生产方式关联的问题。第三，它使我们注意到构成这个体系的各种不同社会与子社会的不均质性，而不将这种不均质性在二分法中一笔勾销，说世界分成两个部分——“核心地区－边缘地区”或“母国－卫星地区”。

应该强调的是，曼德尔的定义指出的方向，与A. G. 弗兰克和伊曼纽尔·沃勒斯坦所发明的资本主义制度模型不一样。弗兰克暗示这些模型，而沃勒斯坦明言这些模型。他们都认为资本主义是为市场而生产的制度，为牟利的动机所驱策。不事生产的企业家，侵吞了直接生产者的盈余。因而，这两位学者的注意力都集中于盈余转移的过程，而非生产盈余的生产方式。沃勒斯坦尤其认为生产盈余时使用的社会劳力的方式是不重要的，因为他认为在资本主义交易关系中所有生产盈余的人，都是“无产阶级”，而所有取得盈余的人都是“资本家”。这些模型将资本主义生产方式的概念融入资本主义世界市场的概念。再者，由于这个说法认为资本主义是为了牟利而为市场生产。他也认为欧洲自15世纪以来的扩张，便是整个资本主义的兴起。弗兰克和沃勒斯坦不仅将16—18世纪欧洲人对财富的寻求定义为纯粹的资本主义，也认为由那个时候起全世界各部分也都变成资本主义的地区。

资本主义这种生产方式，不仅是以利用交易机会牟利（根据和平牟利机会）为原则的经济行动，也是以由交易中获利为取向的终极行动，或“以持续的、合理的、资本主义的事业追求利润，并永远在追求新利润的有纪律行动”（Weber，1958：17）。韦伯对资本主义的定义，只是伊本·赫勒敦的“寻求利润”或亚当·斯密所假定的“人类嗜好利润”的当今翻版。任何人都不否认商人求利。14世纪，普拉托（Prato）的商人弗朗西斯科·迪·马可·塔提尼（Francesco di Marco Datini）在他的总账簿上所写的标题是一句箴言：“为了上帝和利润的缘故。”（Origo，1957）但是，我们必须明白“使用财富以追求未来财富”与资本主义在分析上的区别：资本主义是一种在本质上不同的方式，它用社会劳力改造自然。

此处我们所谈的是马克斯·韦伯和卡尔·马克思的差异。马克思认为，资本不仅是许多财富，也是一个关键性的财务因素与其他因素（机器、原料和劳力）的配合。马克思说，这种配合不是由于任何假想的人类嗜好，而是由于人类的贪婪。它不是普遍的，而是一时一地所特有的。它牵涉许多可指明的先决因素的历史发展及其逐渐配合的过程。这些因素诚然是出于财富、人类精力和工具的形式。但是只有当财富可以购买人力，并用人力操作工具去生产更多的财富，而这更多的财富又可以购买更多的人力与工具时，财富才成为资本。在财富、人力和工具配合为一个合理的体系，而每一个体系中的因素又与其他因素互动以前，它们只不过是因素而已。只有当以财富购买人力为“劳力”（由没有其他方法，只能使用其劳力谋生的人所出售），又使劳力操作买来的机器（具体表现人类过去花精力所完成的自然转型）时，“财富”才变成“资本”。

因而，我与弗兰克和沃勒斯坦持不同的看法。我认为，一直到18世纪后期，资本主义的生产方式才出现。在那以前，欧洲人的扩张，产生了一个锚定在非资本主义生产方式中的广大商业关系网络。商品世界性的流动产生了物价和可以赚钱的钱，不过还不曾把生产手段与劳力包含进资本。只有在将生产手段与劳力转化为可以在市场上买卖的因素以后，才创造了经济学家所谓的包括一切和“自动调节”的市场。之后，“劳力的组织便与市场系统的组织一致改变”（Polanyi，1957:75）。资本主义的方式，一举产生了利用社会劳力的新形式与由商业到资本主义市场的改变。因而，资本主义交易关系的兴起是基于资本主义生产方式的发展，而资本主义生产方式的发展，不是由于资本主义交易关系的兴起。新生方式的动力，将这些关系大力提高到了世界性资本主义市场的层次。

资本主义的扩张

但是，资本主义不停向其本身的边界以外扩张，这种动力是哪儿来的呢？马克思的答案是：资本不断累积，加上通过在工艺技术上的投资而出现的不断上升的生产力层次，造成了奇怪和矛盾的结果。在资本主义生产的过程中，资本所购买的两个因素，是生产的手段与劳动力。随着工艺技术投入的增加，投资在生产手段上的资本的比例便增加，而投资在劳力上的资本比例便减少。在资本主义的情形下，“盈余”是除了需要赚到其工资的时间以外，劳动力在它操作生产手段的时间中，所生产的价值。因此，增加用于工艺技术投入的资本量，便相对减少在整个资本进量中投资于劳动力的资本。事实上，虽然盈余量可能增加，但是盈余的生产率却会减少，因而所得的获利率也会减少（Sweezy，1942：69）。马克思在这个不平衡中看到了资本主义生产方式最重要的矛盾。为了竞争，必须不断投资于生产手段，但是这种成长却会威胁获利率的提高。当获利率降低到某个临界点以下时，危机便会发生。

危机的后果是什么？马克思强调，后果之一是资本不再有生产力，甚至会毁灭。工厂倒闭，建立在未来生产基础之上的贷记会崩溃，资本也将贬值。同时，日益严重的失业使工资下跌。然而，这种双向运动又使这个周期重新开始。投资在生产手段上的资本，在危机中会贬值，劳动力也可以用较低的价格购买。因此，投资在生产手段上的资本与投资在劳力上的资本的比率，现在与危机以前的这个比率正好相反。在过去，工厂对劳力比率的增加造成利润的下跌。现在，劳力对工厂比率的增加会再度造成利润的上升，而扩张重新开始。这个模型不应被视为在特殊危机中实际发生事情的原因，而应该是想要描述资本主义生产方式中结构上固有不平衡的企图。这样的不平衡，使资本主义的生产方式永远不稳定。

马克思本人注意到了另一个造成危机的原因，但不曾加以解决。问题的所在是在于当生产的东西太多，市价过低，而利润减少或消失时，如何获得盈余。这种“获利危机”，不是由于利润率下降的固有趋势，而是由于资本家因为消费者不能充分吸收生产的商品，不能获得利润（Sweezy，1942：Chap.X）。引起这个危机的，或是由于资本家因彼此竞争而生产出了比事实上能卖出的多得多的商品，或是由于消费者没有充足的购买能力。

马克思一派的学者，运用马克思有关资本主义危机的某一方面，去解释资本主义扩张越过一个单一政治体系界限的趋势。马克思只是略微触及这个问题，他没有谈到帝国主义，但是谈到了对外贸易。事实上，虽然帝国主义这个词在 19 世纪 50 年代已经有人使用，但是他在著作中却没有使用这个词。他感兴趣的主要是使用英国的情形为基础去建立一个抽象的模型，以此说明资本主义的“运动律”。然而，他的若干接班人，尤其是列宁和卢森堡，注意的却主要是要解释帝国主义。列宁的《帝国主义论》（*Imperialism*）写于 1916 年。卢森堡的《资本积累论》（*Accumulation of Capital*）写成于 1913 年。

列宁援引英国自由派经济学家约翰·霍布森（John Hobson）的著作。霍布森的《帝国主义研究》（*Imperialism: A Study*）发表于 1902 年。他对于帝国主义发展的解释，是说虽然资本家手上往往累积有资本，但是国内的市场却不足以吸收生产出来的所有产品，因而资本家向国外寻找投资新机会。霍布森认为，在许多民族－国家的政治与军事竞争的背后，是资本家的经济竞争；他们想要寻找机会输出和投资资本。然而，虽然霍布森写作《帝国主义研究》的目的，是主张创造更大的购买力和创造由国内购买力所支持的市场，但是列宁却扩大了霍布森的分析，说帝国主义不是资本主义的一个可逆转变体，而是资本主义进一步发展的必要阶段。列宁认为资本主义的发展，已超越个别厂商间竞争的情形而进入另一个阶段。在这个新的阶段，金融与工业资本的巨大联合企业，将生产与资本的累积集中在金融寡头之手，由他们主宰整个经济。这些巨大的联合企业因为拥有的资本太多，在生产上找不到出路，于是找寻国外的投资机会。而在外国的投资又需要相应地延伸政治的控制，因而这些巨大的联合企业着手将世界分割为许多势力范围。在分割完了以后，他们挑拨起资本主义民族 - 国家间的战争。列宁的主张，因而把垄断性的资本主义、输出资本的需要、在政治上对殖民地的控制，以及互相竞争的资本主义国家间战争的爆发，在一条累积性因果关系的链条中联结起来。

在列宁的著作发表之后，有人曾经指出这个因果关系链条中的一些环节，其作用是在特殊情形下的伴随特征，而非连续和不可避免的阶段。第一，列宁或许高估了他写作时垄断在资本主义中的作用。在 1900 年的大不列颠，重要的资本 - 工业联合企业并不多。在德国，银行很早便控制了工业，一直到 20 世纪初年大托拉斯才兴起。在美国，20 世纪早年的合并运动，引起更多而非更少的竞争（Kolko，1963）。因此，巨大的联合企业不是在每个地方都同时以同样方式成长，其成长也没有造成相同的结果。

第二，英国大部分的资本，不是输出到其殖民地，而是输出到其他的资本主义国家，如美国、阿根廷和英国的属地加拿大、澳大利亚和南非。印度接收了大约五分之一的输出资本。非洲公司主要是从小认股人得到经费，而非由大银行（Cairncross，1953）。即使是在列宁的时代，资本主义已有重新投资在已经存在的累积中心的趋向，而非开拓新投资的边疆区域。

第三，贸易与国旗的关系，在世界许多地方比列宁的分析所示更为间接。英国与印度的关系对于大英帝国体系诚然是非常重要的，而英国也确曾于 1882 年在埃及干预以保护去亚洲的苏伊士运河的生命线。然而，英国在非洲和马来亚的干预，往往却是欧洲海外商人之间，以及互相竞争的地方权贵之间冲突的结果（这种地方上的冲突，也掺杂了欧洲人的因素：互相敌对的欧洲国家，伺机利用地方上的冲突为自己图利）。事实上，英国甚至没有怎么想在拉丁美洲成立殖民统治。夺取伯利兹（Belize），即英属洪都拉斯（British Honduras），是一个例外。英国也很快放弃夺取布宜诺斯艾利斯（Buenos Aires）的计划。不过在资本主义扩张的策略中，出兵干预及夺取往往在资本主义扩张的过程中伴随地方上的特殊行动而发生。罗纳德・罗宾逊（Ronald Robinson）曾经强调融合非资本主义与资本主义社会结构的困难。这样的同步化需要一个媒介者或合作者的社会群体。如果这些合作者本身之间因冲突而决裂，或无法掌握必要的调停功能，则使用资本主义方式的人便不容易办事。罗宾逊认为宗主国的接管，是因为以前在欧洲政治以外的各种合作机制曾经给他们充分的机会和保护，而现在这些机制却瓦解了（1972：132）。

可是我们不应忘记欧洲的社会结构也不稳定，不过不稳定的方式或许不一样。譬如，约瑟夫・熊彼特（Joseph Schumpeter）认为大战争的起因，不是由于资本主义本身，而是由于垄断性工业与以战士传统为特色的过时国家机器结合的结果。虽然他关于资本主义方式的非战主义说法也许不对，但是他的判断的确指出了一个可能性，那便是一个与以前非资本主义方式有关的纳贡大地主阶级，可以通过进入军方或进入殖民地公职的办法，而在资本主义之下延续其生命。这样的阶级赞成战争与殖民统治，他们可以在工业领袖和产业劳工中，以及殖民主义者和商人中找到同志。工业界可以由军备竞赛或取得较低廉的原料中获利，而许多殖民主义者和商人则可以在地方接管中获取利益。最后，“社会帝国主义”永远想把国内的冲突丢给国外的敌人，以团结国内的人民。而支配众多的“外国佬”，可以为“优等民族”滋生真实的利益。因而，帝国主义的传播与殖民统治的公然扩张，似乎是比列宁所说更为复杂的许多社会结构间的相互作用而导致的结果。

由于其他原因，卢森堡的分析很重要。她认为资本主义危机真正的原因，既不在于利润率有下降的趋势，也不在于累积的资本没有投资的机会，而是由于整个制度有生产超过购买力所能吸收商品的趋势。因而她认为资本主义的扩张，只有用延伸其市场和将商品售予新顾客的办法。照她看来，这样的顾客只有到非资本主义的经济中去找。

就经济诊断而言，卢森堡大约是错误的。她所忽略的一件事，是资本主义生产的扩张，其趋势是使“生产”为其本身的“消费者”——生产更多的生产手段以扩大生产，而非生产更大量的使用价值去为人们所消费。她也认为，在资本主义下工人的收入不能增加。事实上，资本主义的扩张增加了资本在生产手段上的投资，不仅是在生产者的工业中，也在消费者的工业中，因而工人工资的真正价值提高了。再者，她也没有解释在非资本主义诸经济中，可能的顾客到何处去取得资本主义实业所生产商品所需的购买力。

不过卢森堡的确指出了资本主义有扩张的趋势，一面在别处寻找新的原料，一面寻找处理新原料的廉价劳力。再者，她的经验解释举了许多例子，说明对这种原料和劳力的控制往往是使用暴力取得的，而又使用暴力迫使劳动人口购买在别处所生产的商品。她因而比以往的人更能说明资本主义方式在国外的扩张，往往导致主宰非资本主义方式的过程的确立。她初创的研究方法，不以视资本主义的民族－国家为孤立现象和研究焦点，而强调资本主义中心与受支配的边缘地区间的各种关系。

资本主义方式的变异

虽然马克思建造了一个纯粹形式的资本主义生产方式模型，但我们不确知他有没有想到各地都会建造相同的模型。在《资本论》中（Ⅲ，1967：792），他说由于无数不同的实际情形、自然环境、民族关系、外在的历史影响等，同样的经济基础会在外观上有无限的变异性和层次性。他也认识到大量农民的存在可能抑制资本主义方式的充分发展（*Cap*. Ⅲ，1967：196；the original Ch.6 of *Cap*.I，quoted in Mandel，1978：45）。1881年，马克思在写给维拉·查苏利奇（Vera Zasulich）的信中说：他“对于资本主义方式的分析，明确限于西欧的国家”（尤其参看这封信的手稿〔Marx，1942：298—302〕）。有重要意义的是，马克思在写这封信的时候，正埋首于民族学和农业历史的文献之中。

列宁和卢森堡都想用马克思的纯粹模型来分析由 1873—1894 年大萧条开始到第一次世界大战资本主义方式全球性的传播与影响。列宁的焦点是资本输出的需要，卢森堡的焦点是国内市场的缺陷。然而，他们最感兴趣的，却是在于说明驱策资本主义方式由其发源点向全球其他地区扩张的“移动律”。他们集中注意力于资本主义向外吐出资金与商品的中心，也想象其效果在各处基本上相似，将整个世界纳入一个均质的活动范围。

俄国革命在 1917 年爆发（以及德国随后模仿俄国革命的失败），说明马克思所谓的“外观上的无限变异性和层次性”，对于这个假设的制度在历史实情上作用的方式，有很重要的影响。当列宁描写俄国为资本主义主宰锁链上“最弱”的一环时，他含蓄地提出是什么使一个环节较强或较弱的问题。托洛茨基（Trotsky）想回答这个问题，他说这种可变性是由“不平衡和合并的发展”所造成。所谓的“不平衡”，是因为资本主义遭遇过去不平衡发展所造成的许多极端情形。所谓的“合并”，是因为资本主义在渗透这些不平衡的情形时，必须与它们合并。这个答案承认从前存在的非资本主义方式有一些影响力，而且资本主义作用的方式有赖于这个影响力。可是托洛茨基仍然认为资本主义在其“移动律”上是一致的，因而在其效用上也是一致的。然而，如果资本主义方式不仅通过它与其他方式合并，也在其本身作用的过程中造成了变异性与多样性，那又如何呢？

我们可以区别好几种变异的原因。有的是起于这个方式本身。所有的资本家都知道，为了追求较大的利润，必须不断投资于新的工艺技术，以便将其生产的手段尽量扩大。然而，不是所有的资本家都能做出同样的回应。在资本累积上升曲线的每一个点上，有的资本愈积愈多，有的则落在后面。有些资本的持有人徐缓推进，而有的原地不动，有的则后退或被淘汰出局。胜利者将失败者的筹码兑换为现金：

> 利润层次的差异，是由于许多资本间的竞争，以及在这场竞争中落后的所有公司、分公司和地区遭受的无情惩罚。落后者必须将“自己”的部分盈余让给领先者。除了不断产生落后的公司、分公司、地区和区域以外，这个过程还能是什么？（Mandel，1978：85）

因此，在每一点上资本主义方式都滋生区别，有的资本总量使用资本在生产手段上较之使用资本在劳力上多得多，有的则相反。而这种区别又反过来影响资本单位与若干事项（经费的来源、技术投入、市场、获得劳力的方法，以及在国内外的政治影响力）间的关系。

造成变异性的另一个原因，是资本主义方式表现出经济活动反复上扬与下沉的趋势，以及资本轮替累积与减少的趋势。根据马克思的模型，这些起伏是由于模型本身的矛盾。在《晚期资本主义》（*Late Capitalism*，1978）一书中，欧内斯特·曼德尔在资本主义方式的发展中，分辨出 7 个“长波”，由 18 世纪最后 10 年到越战的时候。每一波与前一波的分野，是获利率的改变，而利润的改变又是因为投资在生产手段与投资在劳力上比率的变化而产生。当把资本投资在新奇的工艺技术时，每一次投资在工厂上的比投资在劳力上的资本多，便会促进获利率。这种情形不断发生：在以工匠研制的机器取代手工业的工业化初期（1793—1825 年），在使用机械机器和铁路修筑兴旺的 1848—1873 年，在使用电动机器和内燃机的 1894—1913 年，以及从第二次世界大战开始到 1966 年，都是如此。在上述最后一个时期，资本大量投资战争工业，又创造了战后的各种电子工业。

每一个获利率加速上升的阶段必然伴随有一个减速阶段。因此，在工业革命的情况好转阶段之后的便是 1826—1847 年的不景气时期，由于工业产品的市场萎缩，出现“变现危机”。1848—1873 年机械机器与大规模铁路修建的太平时期，让位于 1873—1894 年的大萧条。在这个下降趋势中，资本输出日益成长，又设法减少原料的成本。在政治上，它表现为互相敌对的欧洲国家在国外激烈竞争势力范围与原料。1894—1913 年的繁荣时期，收获了前一时期资本输出和加强了的原料生产的善果，并且劳力的生产率通过新工艺技术的引入而陡然增加。然而，接下来的第一次世界大战与其后的经济与政治分裂（1914—1939 年），繁荣也随之而终结。只有等到第二次世界大战与其后的工艺技术革命，这个制度才由不景气中被搭救出来，而开启一个新的利润率提升阶段。

资本主义发展的周期化，说明资本主义方式的影响，在各个阶段都不一样。这个方式在不同的时代有不同的条件，因而它对世界不同地区的需求也不一样。

变异的另一个原因是若干先资本主义的商业财富模式，有时在资本主义下面也得以存活。从历史上和发展上来说，用来赚钱的钱在生产中有了资本的功能以后，便成为资本。就这点而言，资本是商业财富储备的衍生。可是在改变其功能时，作为资本的钱，达成了用来赚钱的钱以前所不能达成的任务：它能影响和控制具体表现在商品上的社会劳动力的量和质。

商业活动以贱买贵卖牟利，一般被称为非等值和不平等的交易。为了这个目的，商人以好几种方式取得货物。在皮毛贸易中，商人预付像枪支和毯子这样的贵重货品，而取得皮毛。在香料贸易中，“荷兰东印度公司”以欧洲货或在印度制成的精美布料，交易当地大地主所收到的贡物——香料。在奴隶所生产的蔗糖的例子中，商人借出奴隶和加工设备等生产手段以及预付欧洲商品，而由种植园主处取得蔗糖。在上述各种情形下，商人都是用钱和以钱购买的货物，而对生产有留置权，但是他们却置身于生产过程的本身之外。他们将自己交易的渠道安放在其他使用社会劳动力的方式中，混合使用暴力与销售手段去取得合作与顺从。然而，合作与顺从是不稳定的。当地方上的盟友提出更多要求，转而去和竞争者做生意，或拒绝继续合作时，这种关系便得重新协商。商人永远依靠他自己的政府替他说话。他同时也不得不迎合他的贸易伙伴，以便继续维持他们之间的不平等交易。

随着资本主义方式在英格兰及其边界地区的建立，工业资本控制了国内的商品生产。它因此把商业流通在国内的终端放置在一个新的生产基础之上。当资本主义的方式散布到其他地区时，它又影响到商人作业的国外终端。由于新机器的发明要求由国外安全递交愈来愈大量的商品，这种情形也愈来愈明显。于是，在 19 世纪，工业资本逐渐剥夺了商人的自主权，使他们成为资本的经纪人，而非为他们自己利益工作的人。可是在资本主义发展的不同阶段和在世界的不同地区，这个过程的作用也有参差。在日益成长的纺织工业中担任经纪人的商人，在 19 世纪最初二三十年在拉丁美洲找寻市场。可是随后的经济衰退趋势却又使他们在非洲和亚洲找寻新的销路。商业活动在修筑铁路的阶段加强了，但接下来的不景气又给商人极大的压力。这个时候对原料的极大需求，使世界上的若干地区建立了以资本主义方式经营的大种植园和矿场。在这些地区，商人或是被排挤到工业化农业和矿业新部门的边缘，或是被迫将其资源集结为大型的工商业卡特尔，如英国和法国在西非的贸易公司。

世界上的许多区域虽然受到资本主义方式进展的影响，但却没有直接卷入机器生产或“田间工厂”。它们处于资本主义扩张的前缘或在若干资本主义的突出阵地之间。然而在这样的区域，商业活动与累积仍然重要。它们是：大英帝国在“白色”殖民地与主要原料生产地区以外的后置地，拉丁美洲沿海种植园地带以外的内地，北美洲大陆上美国与加拿大拓殖区的边缘，以及太平洋诸岛。向前挺进的商人，在这些地区创造了商品的边疆与劳力的边疆。他们将由工业中心来的货物运到这些地带，以之交易地方产品，或在与种植园或矿场劳工订立契约的时候拿它们垫付。

在这些区域，最初的商业渗透往往使许多群体可以在整个 19 世纪，甚至进入 20 世纪，继续以亲属关系为原则组成的或贡赋制的生产方式。偶尔的交易，可以加强一个群体应付其环境和抵抗外来侵略者的能力。可是，频繁的交易却逐渐损害地方群体的自主权。只要交易的活动范围有限，当地的贸易伙伴和外来的商人在交易中便是平等的，各拿出对方所想要的东西。但是在交易的范围拓宽了以后，当地的生产者往往变成贸易中的顾客而非对称的伙伴。他们在依靠商人供应生产工具，如枪支、弹药、钢质捕捉机、金属工具和制造品，甚至食物这样的消费品以后，便愈来愈依靠较广大的资本主义市场。他们控制自己生产手段的能力日渐降低，尤其是因为日渐拓宽的交易腐蚀了他们通过亲属关系和权力机制重新生产这些手段的能力。类似地，贡赋制生产方式中的精英分子日渐依靠资本主义制度下所生产的货物，感到加强附庸劳力并使之从事商业生产的压力。以金钱或商品交易劳力的劳力征召者，在连接劳力与其亲属或大地主的关系上造成了改变。在这样的情形下，地方上的资源与服务往往变成商品，愈来愈受制于在先前生产方式以外进行的各种交易。

于是，这些边疆的周边地区逐渐被拉进资本主义的市场，并间接与资本主义生产方式的工业基地搭上关系。在这个过程中，商人陷入矛盾境地。他们是边疆地带市场的先头经纪人，往往将他们所享有的某种程度的自主权转化为在地方上或区域中的支配力量。然而，在市场关系日深以后，他们对资本和商品的需要，使他们与主持生产和分配的都市中心有了更密切的关系。同时，在拓宽了的竞争冲击下，他们在地方上的暂时垄断往往随之终结。

有些以往偶尔供应劳力的边疆区域，逐渐变为现成劳力的永久储藏库。这些区域是 19 世纪印度和中国输出契约劳工的地区、19 世纪末在非洲所创造的“本地居民保留区”，以及 20 世纪地中海周边供应流动劳力的地区。在历史上，这些区域是战败国的一部分，或在欧洲扩张中降落到次要地位国家的一部分。欧洲人重组这些区域，使它们培养劳力以供应需要，并在劳力的生产岁月过去以后，继续维持劳力。人口中的一部分被动员在供应区以外从事有工资的劳动。其家人与亲属留在保留区，通过以生计为目的的家庭生产和以销售为目的的商品生产，维持自己的生活。工资与汇款由外面流入这个地区，这个地区自己也制造商品。这些资源使商业中间人可以出现，他们将劳力储备与其资本主义的母体组织联系起来。

变异：国家

造成资本主义方式内部变异的主要原因，是因为推动资本主义发展的是政治独立的不同国家。要了解资本主义方式的这个方面，我们必须先和贝·波洛乔夫（Ber Borochov）一样发问：

> 一方面，资本主义制度似乎是国际性的，它打破了部落与民族间的所有界限，并将所有传统连根拔起；另一方面，它本身又成为加剧国际争斗和提高民族自觉意识的工具。这是为什么？（1937：160）

在本书第二章中，我们说资本主义方式的国家，是为了维持和促进各种“主宰社会劳动力的资本主义配置”的重要关系而设的机构。资本主义国家的存在，是为了确保一个阶级支配另一个阶级。可是在每个国家中，这个职能的运用都有不同，而结果也不一样。

这个情形是有历史原因的。资本主义不是一下子便支配一切的。它形成于较古老的贡赋制方式，而且只是断断续续和逐渐占领较广大的社会领域。每一群新的资本家，都遭遇根植在各种贡赋安排中的其他先已存在的阶级。每一个新出现的资本主义社会，其工人阶级的背景都不一样，其工人阶级发展的速度与强度也不一样。阶级“混合”的可变性，又因资本家阶级取得支配权的各种不同方式而扩大。英国工业家在其权力的上升过程中，与“改良的地主”联合起来。在德国工业化的过程中，大企业的首脑以“钢铁与面包协定”和易北河东岸的农场主（或称容克）联合起来。在美国，由谁主宰国家的问题，终于引起美利坚合众国（Union）与美利坚联盟国（Confederacy）之间的战争，最后南方所代表的阶级力量战败。

一旦这些内部的战争平息下来，阶级支配的问题便有了政治上的形式——在阶级统治的体制以内，“谁在什么时候得到什么”。这样的政治活动在每个国家又都不一样。首先，资本主义下的政治活动涉及资本家阶级本身各部分之间的冲突。虽然所有的资本家都对阶级支配有共同的兴趣，但是个别的资本家群体事实上为短期的利害关系所驱策，互相争执。这些冲突甚至可以发展到威胁国家的程度。资本家阶级的不同部分又与其他阶级的部分联合起来，包括发展中的工人阶级的部分。由于所有这些阶级的特色由一个国家到另一个国家都不一样，阶级以内与阶级之间的冲突和联合的性质也不一样。这种变异性在经年累月以后，逐渐形成了国家机器的形式与功能。

资本主义国家的另一个变异原因，是由于每一个资本家群体在国外累积资本的方式。欧洲商人较早在国外扩张，在世界各地区曾经创造了具有商业影响力的网络。在有些扩张中，资本家的群体可以利用这些商业网络，并把它们转化成自己累积资本的资源。再者，每当一个资本主义国家控制了一个地区以后，它也更改了日后的竞争者进入这个地区的谈判条件。因此，英国在最初突破进入资本主义方式以后，也得以利用英国商人所创造的商业网络，在取得市场和原料方面得到关键性的好处，并且不许日后的竞争对手，如法国和德国，得到这些好处。

英国的成功，又改变了其竞争对手的政治发展方向。英国霸权性的扩张，以其资本家阶级唤醒所有与它竞争的民族国家的团结。这样的团结，又想以加强国家势力的办法，改进每一个资本主义社会对其本身“生产条件”的控制。它们采用支持资本主义扩张的政策，以求保护初生的工业对抗英国的竞争，适应国家的需要，发展交通与运输的基本设备，成立集中的投资与银行业，创造劳工纪律与官办教育的国家制度，发展作战的潜能。虽然英国以“廉价的”政府推动资本主义的发展，而且仍然可以将许多支配的职能委托给地方上掌权的人，但是后起的竞争者为了在竞争中不落人后，必须建设强大和昂贵的政府。

不论是廉价还是昂贵，所有的国家都需要经费去支付政府的各种服务。筹措经费的方法通常是收税，或者由国家出面贷款，而后用税收清偿贷款。收税的办法是扣工资，或把盈余价值由资本家转给政府。不同的国家扣税和转移的办法不一样，也对其公民造成不同的影响。然而，它们都能累积一笔“间接剩余价值”的经费（O’Connor，1974：39—42），由政府机构管理。这笔经费可用于促进进一步的工业发展，尤其是与战争有关的工业，嘉惠资产阶级中的一部分而非其他部分。或者它可以用在社会服务和各种支持物价的方案上，嘉惠某些阶级和阶级的部分。于是阶级支配的问题又转化为政治活动。因“谁在什么时候得到什么”而起冲突的结果，又加深资本主义国家的分化。虽然我们在此所谈的主要是 19 世纪世界国家体系在资本主义下的初步发展，但是也不妨指出：这些基于间接剩余价值累积的国家职能，在不景气、社会动乱和战争的影响下，在 20 世纪大为扩展，尤其在 1930 年以后为然。

第 11 章

商品的流动

19 世纪后期，资本主义制度下的生产向前跃进了一大步，增加了对原料和粮食的需求，并且创造了一个全世界规模的大市场。整个区域专门从事生产某种原料、粮食作物或刺激物。有些区域的专业化较早在商人的庇护下成立，如加勒比海地区的产糖区。又有些是由于要适应早期资本主义的发展而成长起来，如美国、埃及和印度的产棉区。还有一些则完全是新兴的。如果一个区域着重单独种植一种农作物或是原料产物，它需要其他地区种植粮食作物养活它的初级生产者，或者由其他地区供应劳力给新的种植园、农场、矿场、加工厂和运输系统。由于日益扩大专门商品的生产，在世界市场层次发生的改变，也影响到了家户、亲属群体、共同体、区域和阶级的层次。

要了解人们如何被迫进入或被拉进这个市场，我们必须知道市场不仅是交易货物与服务的地方，也是一组社会互动的机制（Mintz，1959a：20）。替市场生产的货物与服务是商品，可以不管生产它们的社会母体，而加以比较和交易。前面已经谈到，商品交易比资本主义生产方式早得多，在贡赋性或以亲属关系为原则组成的生产方式中，商人已拿商品在交易。每件商品具体表现为人类的目的而花费的转化自然的微量社会劳力，也就是在生产方式主宰性的关系下动员的社会劳力。随着资本主义的发展，更大数量的商品进入市场，在市场中遭遇在其他生产方式下产生的商品，并与之竞争。在资本主义日益在全球占优势的情形下，市场变成了互相竞争的生产方式之间冲突和互动的斗技场，表现在其各种不同商品的交易上。资本主义不一定取消其他的生产方式，但是它一如既往地直接，从远处就接触并改变了许多民族的生活。

工业资本主义的发展，并非一路坦途。紧随资本累积上升阶段的是经济衰退期；紧随乐观扩张期的是动荡和低迷期。每一个进展的阶段都开启新的活动舞台和新的供应区。而每一次的衰退都要质疑资本投资的主要方向，并且引起市场的收缩，如 1825 年之后拉丁美洲的情形。每一个进展的阶段和每一次试图阻止衰退的努力，都影响到卷入资本主义联系网络中的人口。有时候，资本主义的影响是直接的，是投资或减少投资于全球各区域的工业设施、原料供应或食物生产企业的结果。有时候，它的影响是由市场机制传递的，加强或减少资本主义方式对其他方式的变革性影响。每一次进展都造成社会劳动力的组织发生改变。然而，当衰退紧随进展而来时，采用以前的适应办法是不可能的。就人类学家所研究的许多民族来说，这样的改变在 19 世纪最后二三十年最为重要。

大萧条

大家都知道，苏伊士运河的开凿会大大促进欧洲与亚洲之间的商业。可是在它开通仅仅 5 年以后，资本主义的扩张就经历了一次严重的衰退。铁路的修筑曾经将资本主义由 1826—1847 年的衰落中解救出来。1848—1873 年，通过铁、钢和煤生产的突然大量增加，它又促进了新的发展。1873 年，在扩张之后又是一轮衰退期。大家把这次衰退的影响称为“大萧条”（Great Depression）。经济学家对于这个现象的普遍性有不同的意见，说它在每一处不是同样广泛和剧烈。有的学者说它根本不曾发生。可是资本累积的速度和性质的确发生了一次巨大的改变，甚至一直到现在还余波荡漾。大萧条引进了资本主义与世界其他部分遭遇的新阶段。在这个阶段，好战的资本主义，愈来愈猛烈地侵蚀贡赋和亲属关系的生产方式下的种种社会安排。它将以不同方式组织的资源和劳动力，引进一个由资本主义生产关系所支配和渗透的大体系。在这个体系内，各附属部分被强迫或鼓励生产特殊的商品，而一切都在资本累积的核心过程中发展和销售。

在资本主义的发展中造成这一改变的有若干因素。由于在欧洲实际的工资增加，而在世界其他地方原料的成本又上涨，获利率于是下降。为了减少成本，投资加强生产的手段，但这件事迟迟才发生。很可能当时没有足够的资本，去推动由蒸汽机技术，迅速改变为以用汽油和电力驱动的内燃机和涡轮为基础的新技术。新出现的化学工业在其初生阶段也是如此。

工业的迟滞在地理与政治方面也有所体现。迟滞下来的是由蒸汽驱动的英国工业，而美国和德国逐渐在新的工艺技术基础上扩展其工业。英国失去了世界工厂的主导地位。到了 1870 年，它只拥有世界蒸汽动力的四分之一，生产的钢也不到世界钢产量的一半（Hobsbawm，1969：134）。在 1880—1890 年，美国的钢产量超过了英国的钢产量。在接下来的 10 年内，德国的钢产量也超过了英国（Barratt Brown，1970：82）。英国的“魔鬼工厂”仍在伯明翰和谢菲尔德（Sheffield）努力增产。“针线街上的老妇人”（The Old Lady of Threadneedle Street）英格兰银行，仍然是全世界金融交易的中心。大英帝国仍然称雄四海。可是英国已不再是世界工业的领袖。它只不过是众多工业化国家中的一个而已。

大萧条因而是资本主义累积的一个危机，因为它影响到发动这个过程的国家并改变它与世界其余地区的关系。它引发了一场英国的霸权危机。之后，支持英国继续繁荣的主要不是它本身的工业能力，而是其过去成功事业的回报。使英国在国际竞争中不落后的是它对印度的控制。印度的棉花和纺织品愈来愈多地卖往美国、欧洲大陆和日本，为大英帝国系统提供盈余。印度的棉花和纺织品贸易在 19 世纪下半叶由 400 万美元上升到 5000 万美元。更重要的是所谓的“本地费用”。这是英国向印度征的税，以支付英国统治印度的花费，以及殖民地英国政府所举债务的利息。这种“本地费用”在 19 世纪最后 25 年，由 7000 万英镑上升到 2.25 亿英镑（Barratt Brown，1970：85）。这些款项的流动维持了英国作为金融中心的优越地位，但在国际上的领导权却落入他人之手。

同时，欧洲的农业生产也发生了重大变化。欧洲突然从美国和俄国大量进口小麦，导致农产品价格骤降。美国扩张进入大平原与俄国开垦东南大草原，都增加了小麦的供应量。修筑铁路以及汽船和大帆船日益频繁地横渡大西洋，均使运输大为改良，也引起运输成本的迅速下降。1869—1879年，运输8蒲式耳的小麦由芝加哥到利物浦，平均花费为11先令，可是到1902年已下跌到3先令以下（Bagwell and Mingay，1970：75）。这个情形动摇了欧洲农业的根本，并加速了前往南北美洲的移民。

其结果是若干欧洲资本主义的国家，在这个机会日益减少的时期，着手努力找寻新的投资和市场。它们互相激烈竞争，想要控制供应廉价原料和劳力的区域。在美国和俄国，同样的原因推动扩张、殖民和巩固整个大陆。国内日增的不满情绪和国外愈来愈激烈的竞争，又驱使各国运用政治手段以求扩张，也就是从事帝国主义的政治活动。这些政治活动的目的，是通过共同为争取国外殖民地和势力范围的努力，以团结国内不满意和互相斗争的阶级，而同时使“母国”可以优先取得市场与资源。大萧条刺激了欧洲国家在国外的扩张：非洲被瓜分；在亚洲建立新的殖民地；在太平洋地区殖民。在这个经济不景气的时期，欧洲各国在国外所取得的领土增加了3倍。资本主义的累积因而恢复，只不过是断断续续。资本利用19世纪最后二三十年的新运输工具，着手为欧洲的市场开发“热带”的农产品和原料。

区域性的专门化

新农作物和新产品的引进重大地改变了同一大洲各区域间的关系，以及各大洲间的关系。有的区域专门生产粮食或工业原料。有的区域加工处理原料，消费谷物或肉类，并卖出制造品。前面曾经谈到英国如何依靠美洲供应的棉花，后来又依靠埃及和印度供应的棉花。而产棉地区又因为专门生产其主要的经济作物，以至必须由别处取得食物和制造品。英国在 18 世纪粮食自足且有剩余的农产品外销，可是到了 19 世纪末叶却依靠外国供应它所消耗的五分之四的小麦以及五分之二的肉类（Woodruff，1971：12）。美国南部产棉区，几乎完全依靠北部的制造品和西部的小麦。

区域性的专门化不限于谷物、肉类和棉花。为了大量供应蔗糖、茶叶、咖啡或橡胶，在整个世界范围内，很多地区成为生产蔗糖、茶叶、橡胶或咖啡的种植园。由于种植园的生产往往集中在一两种经济作物，它还需要可以供应粮食和其他必需商品的生产者，供养其劳动力。在亚洲，供养劳动力的主食是稻米而非小麦。因而，大种植园农业的扩张与稻米生产的扩张同时进行，而种植稻米也是为了将它们卖往没有稻米的地区。世界上还有一些区域的专门化，不是在于种植作物或从事工业活动，而是专为农业和工业生产劳工。虽然在工业资本主义的庇护下，这些地区之间有了联系，但是它们彼此之间的关系事实上却导致分歧，也使每一个地区不断重新整理其内部的社会关系和文化模式。

当亚当·斯密和大卫·李嘉图（David Ricardo）想象世界各地日渐分工时，他们认为每一个国家会自由选择其最有资格生产的商品，每一个国家以其最好的商品交易另一个国家最好的商品。因而，照李嘉图的说法，英国把它的纺织品送给葡萄牙，而英国人将会喝到葡萄牙的水果酒。这种自由商品交易的想象忽略的是主宰特殊商品选择的各种制约，以及持续用以确保相当不对称交易的各种政治和军事制裁。这样不对称的交易，嘉惠一方面而减损另一方面的资产。

在日渐成长的相互关系体系中，选择很少是自由的。在大多数的情形下，选择是在压力下促成的，或者是在各种制约下促成的。产生这些制约的原因，是比较有权势的参与者主宰了市场。不论是通过对一个殖民地直截了当的政治接管，或仅是通过经济上的主宰，胁迫或强制都是这个过程的精髓。它们不是副现象。再者，一旦一个区域被卷入资本的流通，则由于累积的要求，它必须整理它生产的因素以加强资本的成长，否则便会落伍。在资本主义的农业中，这个情形或许导致高度资本化的“田间工厂”的发展，或许导致小规模专业化生产者的发展。后者的经营是听命于现金产品的市场。同时，这个累积过程的本身，又剥夺了其他地区取得生产手段的权利，因而让它们可以出卖劳力给第三方。

在本章中，我将谈到某些农业和畜牧产品，如何逐渐在大种植园里或小块租给佃农的土地上生产。我也将说明这些新形式的生产，如何影响参与的人口。在下一章中，我将仔细探究工人阶级在世界各地的发展。累积的资本愈来愈多，它所促成的新工业和农业，就是由这些工人操作的。

商业性农业：种植园

在农业方面，19 世纪资本主义扩张主要的工具是大种植园和专门生产经济作物的小农场。对大种植园正式的定义是“一个使用资本的单位。它雇用大量劳工，在严密的监管下，为销售而生产一种作物”。劳工通常成群结队地工作，在工头的监视下做重复性和吃力的工作。工头维持工作所需的次序和同步性。大种植园的农业因而具有军队秩序与操演的特性，埃德加·T. 汤普森（Edgar T. Thompson）称它为“军事”农业。它的目的是为市场生产一种或两种农作物。这种专门化同时是它的长处和缺点。它可以回应市场增加的要求，但是当经济走下坡路的时候，便容易受到影响。

大种植园的面积往往很大。它们尽量把资源集中用于种植单一的一种作物，而面积愈大则收获也愈多。大规模的生产需要大规模的加工处理。大量的产品必须由农田运到加工处理中心。加工处理后的农作物必须加以储藏以备送到市场上。一整套的组织控制、加工处理和储藏功能，创造了大种植园的中心。它成为一个指挥部，四周有围墙与田野和工人广布的简陋房舍分开。当形式和功能新颖的大种植园在一个已有人居住的乡村建立起来时，它像是一块“飞地”，处于一个完全不同的环境中。当大种植园在较古老聚落的边缘形成时，它们构成日渐扩张的边疆。它们事实上是一种生产方式在其他生产方式中间的前哨站。大种植园与基于其他生产方式形成的生产形式，其间的关系往往是敌对的。大种植园是一个入侵者，而它的成功扩张是其成功入侵的结果。

直到 18 世纪末，大种植园仍主要是创建于南北美洲及印度洋上的几个岛屿。在大种植园工作的主要是由非洲进口的庞大数目的奴隶。可是 1807 年英国废除了奴隶贸易，不久美国、法国和尼德兰也废除了奴隶贸易。1833 年，英国更进一步，在全球各个属地宣布使用奴隶劳力非法。

为什么在 19 世纪的最初几十年各国废除奴隶贸易和奴隶制度，这是一个不容易回答的问题。诚然，当时使用奴隶的利润是在减少（Craton，1974：113）。另一件明显的事是一度扩张中的大英帝国金融焦点的英属加勒比海产糖岛屿，其种植园主阶级在 19 世纪最后二三十年已经严重衰落。法国以利用圣多明戈奴隶劳力为基础的竞争，加上由孟加拉进口的愈来愈多的蔗糖，使糖价下跌。与美国的战争和后来与法国的战争，破坏了与北美诸殖民地的关系，引起加勒比海诸岛上的饥荒与通货膨胀。在某些岛屿上，甘蔗的产量已达到生产力的极限。而且在拿破仑战争期间欧洲大陆也种植甜菜制糖，甜菜糖旋即成为蔗糖的劲敌。加勒比海的英国种植园主债务缠身，经历了一次真正的“种植园主阶级的危机”（Ragatz，1928）。

可是要了解英国在势力范围以内由奴隶劳力到其他形式劳力控制的改变，不能只看英国内部的发展。英国是当时逐渐改变的国际体系的一部分，因而也要看这个国际体系。在工业资本主义霸权的上升过程中，大家愈来愈喜欢使用自由劳力而非奴隶劳力。可是我们必须知道奴隶制度在美国继续实行，19 世纪在巴西和古巴甚至愈演愈烈。巴西一直到 1871 年才废止奴隶制度。古巴新兴的“田间工厂”的产糖量日增，因而古巴一直到 1886 年才废除奴隶制度。牙买加以前的奴隶离开了大种植园，在自己的小块土地上从事生计农业。可是 1811—1870 年，巴西仍然输入了近 190 万名奴隶，古巴输入了 55 万名。世界上一个部分终止奴隶贸易和奴隶劳力，却导致另一部分继续甚至加剧使用奴隶劳力和进行奴隶贸易。美国南方产棉区是继续使用奴隶劳力的地区之一。它现在是英国日渐扩张的资本主义重要原料的主要产地。因而，即使奴隶制度不再依靠奴隶贸易的持续，可是工业资本主义的兴起，却依靠在世界的另一部分维持奴隶制度。

在英国的势力范围以内，奴隶制度转变的另一个方面是拿破仑战争使英国控制了加勒比海地区以外的大部分热带世界。战前英国的许多财富来自加勒比海地区，可是战后英国的厂商开始期盼一个“新的”帝国。这个帝国将不依靠几个岛屿上的强迫劳力，而是依靠将制造品外销亚洲和非洲和由亚洲和非洲进口热带产品。新的远洋运输工具可以将这些商品运过大洋，而英国海军也会实施针对奴隶制度的措施，确保海洋运输的安全。因而，英国人在其产糖的岛屿上牺牲了奴隶制度，以便扩张大种植园农业，并在世界其他部分进行由小生产者从事的经济作物耕作。由于英国对自己的利益重新进行了定位，由英属加勒比海地区来的奴隶所种植的蔗糖，不再是资本累积的重要泉源，而在世界其他部分所种植的其他种类的经济作物，却日益重要。

19 世纪，大种植园农业发生了一项重大的改变。本来种植园的投资者是种植园主的家庭及商人，商人预付大种植园所需的商品，而在将来拿走收成。可是现在愈来愈走向高度资本化、法人团体的“田间工厂”，其所有的生产要素，包括劳力在内，都由日益扩大的资本主义市场的行动决定。“种植园主阶级的式微”不限于加勒比海地区，它是一个全球性的现象（Beckford，1972：102—110）。种植园主与商人间的优惠关系，为加速资本的自由流动所取代。为了尽量累积资本和降低劳力成本，资本必须无约束地流向可以加强和扩张的农业形式和部分，而远离那些受阻于老朽的技术、设限的机构和固定的劳力供应的形式和部分。

种植园主阶级得不到多的资本，又固守过时的生产模式。他们在一个接一个的大种植园地区不能完成这样的过渡。大都市法团取得他们的资产，利用由伦敦、巴黎、纽约和汉堡注入的资本，在法人团体的控制下，改变大种植园的工艺技术和组织。巨大的生产和分销机构，如“联合非洲公司”（United Africa Company）、“联合水果公司”（United Fruit）、“哈里森和克罗斯菲尔德公司”（Harrisons and Crosfields）、“布鲁克·邦德”（Brooke Bond）、“法国西非公司”（Compagnie Française de l’Afrique Occidentale）和“西非商业公司”（Société Commerciale de l'Ouest Africain），逐渐主宰了所有的经济活动和许多国家。于是，大种植园农业和小规模经济作物生产，都受到远方中心的金融和商业控制。

商业性农业：种植经济作物的小农场

19 世纪，在欧洲以内和在世界其他地区，租给佃农供他们自用的较小土地上的经济作物生产，也有发展和增长。用一般的话来说，即农民成为农场主。在欧洲，这种转变是通过两种方式完成的：第一种是在经济和政治上使农夫不再对大地主阶级有纳贡的义务，而可以把他们的土地和劳力当作生产的市场因素使用。这是一个逐渐的过程，需要经历许多阶段。其中一个是由西向东发展的过程，1789 年始于法国，1848 年以后到达奥匈帝国的领土，1861 年随着“解放法令”的颁布在俄国获得了胜利。第二种将农民阶级转化为专门的经济作物生产者的方式是，断绝生计农作与外包工制下家庭手工艺生产之间的关系。由于在商人控制下的手工艺生产为资本主义工业所取代，比较穷的农夫 - 工匠被迫放弃农耕，迁移到别的地方在工业中工作，让他们比较幸运或富有的邻人垄断他们的田地，用这些田地为市场种植专门的作物。当然，这不是同时在各地发生的一个均匀过程，在某些地方要经过若干世代才能完成。然而到了最后，贡赋制的生产方式和与之并存的商业财富活动一齐取消，一种新的农业生产者得到释放，去回应市场的需求。

下面将谈到，这些发展也发生在欧洲以外的地区，尤其是西非和东南亚。资本主义的扩张由小土地持有人和大种植园农业所推进，但是他们也只不过是其他地区的法团或代理公司的资本持有者在当地的代理人。商业农业的扩张涉及资本流入、地方生产与销售和资本流出的多层结构的发展。下面，我们将追踪某些作物和产品的种植与扩散，并简述这种种植和扩散如何影响地方上的人口。然而，这些发展及其影响，只不过是一个巨大的全球性资本累积过程中的地方性事件。

商品生产：食物

在这个新的全球性农业的专门化过程中，最重要的是粮食（尤其是欧洲和美洲的小麦和亚洲的稻米）、专门化的牲畜生产，以及香蕉一类的种植园食物。

小麦

前面已经谈到英国逐渐依靠谷物的进口，以供应这个“世界的工厂”。在这个时期，专门为外销生产小麦的重要地区有3个：第一个是美国的中西部和西部。农民进入大平原，并且用深犁和机械收割机割除这个地区的韧草。第一次东运的小麦只有78蒲式耳，于1838年到达芝加哥。但是南北战争以后，谷物的生产量大增。到了那个时候，铁路的修筑与不定期航行货船的出现，使得谷物出口海外愈来愈有利可图。

铁路向内陆延伸，最初引起了许多大规模小麦农场的成立，它们由流动的工资劳工耕作。不过在19世纪80年代，这些农场转盈为亏，为备有农耕机械的家庭经营农场所取代。蒸汽打谷机于19世纪30年代出现，机械收割机于50年代出现，而联合收割机于80年代出现。有了这些机器，有两个男人（如父与子）的家庭，便可以在200英亩大的农场上成功种植小麦。这些人不是为了生计而耕作的农夫，而是商品生产者，在市场上购买生产工具，又将其产品卖给市场（Friedmann，1978）。

美国的小麦在欧洲的售价比欧洲本地小麦的售价低廉，引发了一场欧洲农民种植业的危机，使许多破产的农夫相率到新兴的南北美洲寻找出路。讽刺的是，他们所乘坐的去往美国的船，正是那些运小麦到欧洲而使他们破产的船。

德国东部的贵族地主阶级应付这次谷物危机的办法，是以流动的工资劳工取代其永久性的佃户劳工。在过去，这些佃户在贵族地主阶级的地产上工作，换取住一幢简陋小屋的权利、一小块为自己耕作的农地、其牛群可以吃草的牧地，以及一份收成。他们现在失去了这些权利，许多人于是向外移民（Walker，1964：184—190）。为了取代他们，德国东部的贵族地主阶级引进了季节性的波兰农业劳工，因为可以付他们低廉的工资。由贵族地主阶级所支持的政府政策把这些工资压得很低，以便抑制波兰人所拥有的独立农场在这个地区的发展（Weber，1979；Gerschenkron，1943）。

在 19 世纪 80 年代，阿根廷也变成世界上重要的小麦生产地区。1870 年它还由国外进口小麦，但是到了 19 世纪末，它已是世界上主要外销小麦的地区之一。从欧洲移民过来的殖民者、佃农和收割劳工将小麦种植区的前线往西推进，一直到达最低降雨量的界限。

西欧又得到了第三个小麦生产地区（俄国南部）的供应。南俄草原上的小麦，在 1831—1860 年的产量增加了 3 倍。90% 的南俄小麦都是由敖德萨港（Port of Odessa）出口。在那儿，世界价格开始为整个俄国（Lyashchenko，1949：367）订立标准。与欧洲俄国的其余地方相反的是，俄国草原发明了农业工资劳工的模式，在日渐以机器耕作的地产上，取代了农奴制。

稻米

在小麦由俄国和南北美洲大量涌入欧洲半岛的时候，稻米在南亚和东南亚成为非常重要的外销作物。1855 年英国占领下缅甸。在伊洛瓦底江的三角洲区域，稻田大约有 100 万英亩。1855—1881 年，这个数目增加了 9 倍。主要生产稻米的人是农民，其中许多是由上缅甸干地来的新移民。投资生产的是通过乡村放贷者网络的仰光和勃生(Bassein）大碾米厂。这些放贷者大部分来自马德拉斯的切蒂亚尔种姓（Chettiar Caste），他们取代了缅甸的放贷者。农民的负债更刺激了稻米的生产，而农民又因向缅甸和中国的小店主借贷而负债日深。这些贷款被花在消费、生命周期仪式和戏剧表演上了。在缅甸，大约一半为外销而种的大米被外销到印度，四分之一被外销到锡兰和马来亚的大种植园（这些大种植园已开始专门生产茶叶和橡胶），另外的四分之一供养毛里求斯和西印度群岛的蔗糖殖民地。消耗缅甸大米的大都是在海外地产上工作的印度服务契约劳工。载运这些劳工到其目的地的船，也载运供养他们的大米。

泰国也同样开始生产外销大米，不过其规模比缅甸小。泰国的碾米

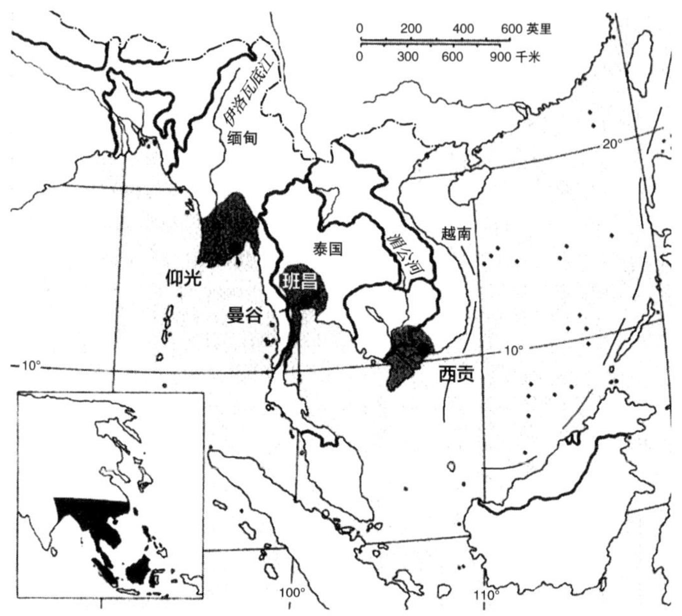

图 11-1 东南亚：生产外销稻米的区域

厂掌握在华人之手。扩张进入乡村当中间人和放贷者的是华人。稻米的栽种尤其在泰国的中部平原扩展。班昌（Bang Chan）就是其中一个居留地，它位于曼谷的东北，是在 19 世纪中叶前后建立起来的。劳里斯顿·夏普（Lauriston Sharp）和“康奈尔泰国科研项目”（Cornell Thailand Project）在一个世纪以后，研究了这个居留地（Sharp et al.，1953；Sharp and Hanks，1978；Hanks，1972）。这个居留地的发展与塞桑运河（Saen Saeb Canal）的开凿有关系。这条运河长 34 英里，连接东部平原与湄南河（Chao Phraya River），曼谷就位于湄南河边上。运河最初是为了军事原因而开凿，不过它使这个区域可以直接通往曼谷的市场。住在班昌的人口庞杂，包括与泰国人通婚的海南岛来的华人、由南面来的信奉伊斯兰教的马来战俘、由东北来的老挝战俘，以及由曼谷来的释放了的奴隶。当地的佛寺给予了这些定居族群认同感。它建于 1891 年前后，由一个来自运河与湄南河交汇处村落的华裔所建，他是一位水运商人。在 19 世纪中后期，为市场而栽种的稻米数量增长得很快。到了第一次世界大战开始的时候，它已完全处于领先地位。

班昌在人类学的文献中很重要。它是“结构松散社会体系”的一个典型事例。约翰·恩布里（John Embree，1950）最初发明这个“结构松散社会体系”的概念去描写泰国的社会。对于班昌研究的结论是：“班昌没有分化的社会结构，清楚地反映出所有泰国社会异常无定型和相当没有结构的性质。”（Sharp et al.，1953：26）这个看法激起关于泰国社会结构的许多辩论。为此，杰克·波特（Jack Potter，1976）提出另一个模型，说这个模型中的几个“结构因素”，“产生了”泰国的乡村群落。但是要了解班昌的特征，必须不仅视它们为某种社会结构，也必须视它们为商品生产扩张的结果。像以其他方式卷入稻米经济的泰国村落的特征一样，班昌的特征，使人说它是一个结构松散的社会体系。

亚洲生产大米外销的第三个区域是交趾支那（Cochinchina）。这是越南南方的三角洲地带，1861 年被法国占领。这个区域大致上是法国水利工程的产物。水利工程的目的是为了生产大量的大米外销。大部分的稻米都是产于由佃户耕作的大地产上。1880—1900 年，栽种稻米的面积增加了一倍。同一时期通过西贡输出的大米增加了 3 倍。大部分的大米都是通过香港运往中国，大致是由中国人经手这个贸易。

肉类

欧洲人之前要消耗相当数量的肉类，但是这个消耗量在工业革命开始以后却显著减少。不过，铁路与汽船的出现，却引起新“家畜边疆”的发展。到了 1860 年，欧洲和美国餐桌上的肉类，有了若干新的来源。

最著名的一个边疆就是美国“未开发的西部”。南北战争结束以后，它成为世界“肉牛王国”之一。在战前，大批半野生的、无主的牛群在得克萨斯州南部开阔的牧地上漫游。南北冲突结束以后，对于肉类的需求突然增加，使此前牧地上的无用牲口变为可以销售的商品。这一转变开始了大规模地“赶”牛。“牛仔”把牛群赶到已铺铁路的最远点。火车再把它们运到东部的屠宰场。这些骑在马上赶牲口并领取工资的工人，包括英裔美国人、墨西哥人，以及奴隶制度废止以后去到西部的美国黑人。养牛的技术源自墨西哥的畜牧技术。

虽然有关牛仔的历史已经铭记在美国通俗神话中了，但是它们也就持续了不到 25 年的时间。此外，美国西部所供应的肉牛，从未超过美国所生产全部肉牛的三分之一。半野生牛群在空旷牧地放牧的情形，只不过是养牛业成长中的一个插曲。这种行业不久便与日渐向西发展的农耕人口妥协，改为在仔细围有栅篱的牧场上驯服密集饲养的纯种牲口。

北美养牛业的发展附属于芝加哥、圣路易斯和堪萨斯市的肉类包装工场。而阿根廷潘帕斯大草原上牧牛业的发展，也是附属于布宜诺斯艾利斯的肉类包装工场。在阿根廷繁茂的大草原上，为了获取兽皮，牧人最初狩猎日益不受驯服的牛群，后来又供应腌肉给巴西以奴隶劳工为基础的大种植园。可是一直到 19 世纪的最后二三十年，阿根廷才有了工业化的养牛业。到了那时候，牛肉可以被制成冻肉，并以廉价的运输费用被运送到欧洲的市场，尤其是英国。正是英国的资本投资修筑了大部分的阿根廷铁路，建造了新屠宰肉类所需的冷冻柜和提供有冰柜的船只，将肉类运过大西洋。彭德尔（George Pendle，1963：141）说："到了 19 世纪末，潘帕斯大草原已被驯服，其组织和发展实际上受到大不列颠经济的极大牵绊。"

阿根廷养牛业的扩张可分为三个互相关联的阶段。第一，在军事上击败草原上骑马的阿劳干人。第二，剥夺了潘帕斯大草原上半独立的猎牛者

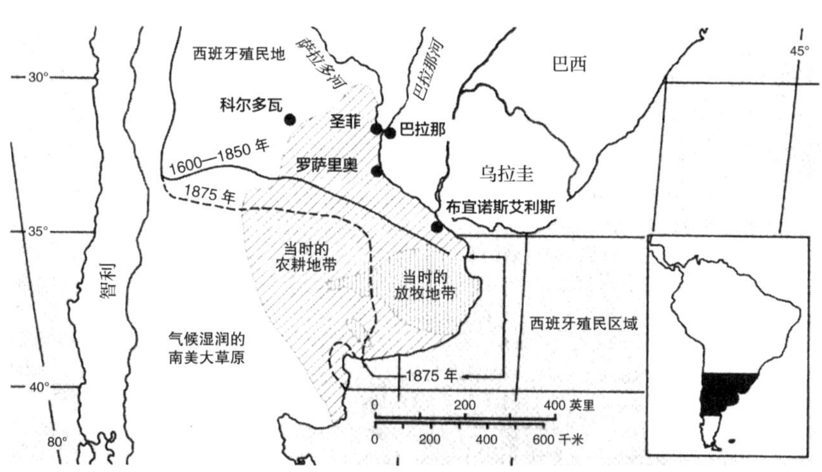

图 11-2　阿根廷饲养牲畜的区域

（加乌乔人）的自主权。铁丝栅篱的使用，减少了将牲口关在牧场界限以内所需的人数。加乌乔人变成了牧场上的雇工。第三，使牧场的生产和农场土地上的生产同步进行。这些现在租予西班牙和意大利移民的土地，轮种小麦和紫花苜蓿。小麦供外销；紫花苜蓿作为饲料供应牧场。

第三个发展出牲口业的地区是澳大利亚。自 19 世纪最初的二三十年起，在由原住民处得来的牧地上，人们饲养绵羊以外销羊毛。19 世纪中叶的淘金热使绵羊牧场上的劳力外流。之后，绵羊主便使用骑马的边界骑手，并引入新世界筑栅篱等新技术，以节约其生产所需的人力。不过，澳大利亚的牧羊场与这个大陆周边的农业区域却是分开的。澳大利亚绵羊的数目由 19 世纪中叶的 800 万只，增加到 19 世纪末的 7000 万只。

在 19 世纪的最后二三十年，澳大利亚的饲牛业也向内陆扩张。牛羊日渐与以亲属关系为原则组成的原住民人口竞争植物和水。这个情形使原住民与欧洲人的冲突势所难免。有些原住民群体，如纳迪吉人（Ngadidji）和阿兰达人（Aranda），干脆被牧人毁灭。另一些原住民群体，如瓦尔比利人（Walbiri），由于居住在放牧区以外，有一段时期保全了其自主权。后来较年轻的瓦尔比利人开始在牧场上受雇工作，不久其他人也跟进。默文·梅吉特（Mervyn Meggitt）曾经提到，在 20 世纪 50 年代中期，瓦尔比利人因为过渡到领工资的工作，而不必辛勤地采集食物，有了较多的空闲。他们利用空闲，加强了社会和仪式活动（1962：333）。

香蕉

香蕉并不是像谷物和肉类那样的主要食物。可是香蕉大种植园在 19 世纪因商业显著进步的刺激而发展起来，影响到广大的地区，尤其是中美洲。香蕉是在西班牙征服早年，由来自加那利群岛的西班牙人引进南北美洲。它在热带低地广泛散布，同时成为原住民人口和农民人口的主食。在 19 世纪 70 年代，它成为大种植园的一种作物。1871 年，一位来自美国的铁路建筑商在哥斯达黎加修筑铁路。他也开始试验商业的香蕉生产，以便由他的铁路载运。1889 年，由这些试验中产生出了“联合水果公司”。

“联合水果公司”在哥斯达黎加、巴拿马、洪都拉斯、哥伦比亚和厄瓜多尔都有自己的大种植园。在 35 年间，这些种植园共生产了 20 亿串的香蕉。地理上的分散使这个公司可以不在乎任何一个地主国的政治压力。由于分散，它也可以利用不同地点的适宜环境，因而不致因为洪水、飓风、地力的耗竭，以及植物疾病而停工。为了进一步减少这些风险，公司在任何时候获得的土地都要比使用的土地多，以备不时之需。在某些地区，它又与当地种植香蕉的农民建立了关系，他们把香蕉卖给公司。

哥伦比亚北面海岸圣玛尔塔内华达山脉下面的冲积平原便是这个情形（Partridge，1979）。这个地区在西班牙人到来以前为原住民泰罗纳人所居住。他们给它排水、灌溉，并在上面密集耕作（参看第 2 章）。不过在西班牙人的征服毁掉大部分的原住民人口以后，住在上面的人已经很稀少了。在 19 世纪最后二三十年以前，这个地方或是有许多牲口牧场，或是为临时性的耕地者所用；后者住在分散的小村庄中，种植作物为生计之用，偶尔也会将它们出售。这些居民的生活方式，成为哥伦比亚小说家加布里埃尔·加西亚·马尔克斯（Gabriel García Márquez）所著《百年孤独》（*One Hundred Years of Solitude*）的背景。他在描写想象中的市镇马贡多（Macondo）的时候，综合了若干居留地的经验。19 世纪 70 年代哥伦比亚的企业家开发了这个地区，在上面修筑了一条铁路，又开凿了一条排水运河和灌溉沟渠。哥伦比亚的种植者不久以后就开始香蕉的生产，将香蕉运往纽约市场销售。1896 年“联合水果公司”买下了这条铁路，并取得了哥伦比亚以南的土地以建立其本身的灌溉地区。公司因为控制了陆路运输、船运和销售，不久就使哥伦比亚的种植者依附上它。他们使自己的生产过程和公司的生产过程同步进行，并通过这家公司出售其水果。劳力承包商征召大种植园工人，并监督整个实际的劳作过程。工人每天得到一小份现金工资，以及在大种植园的日用品商店购买东西的小条子。马尔克斯的小说辛辣地描写了工资劳力在当地人口的生活中所造成的一些变化，以及这些变化在 1928 年的血腥罢工中达到最高点。

虽然哥伦比亚香蕉种植园的大多数工人均是在当地征召的，但是在中美洲，“联合水果公司”则喜欢来自加勒比海说英语的岛屿（尤其是牙买加）的工人。公司在由附近高地吸收工人去热带低地工作时，常遭遇困难。说英语的西印度群岛人不仅能与北美大种植园的工作人员沟通，他们在国外受雇于这家公司时，也完全依靠这家公司，因而比原住民工人容易驾驭。当公司放弃一个地区而去另一个地区种植时，这些岛民也容易被解雇。可是，在地主国施加压力反对输入外国工人，而原住民人口又比较熟习了海岸上领工资的工作以后，西印度群岛的工人在“联合水果公司”的大种植园里的作用逐渐减少。

在中美洲，成为公司的巴拿马大种植园工人的一个群体是圭米人（Guaymí）。在西班牙人征服时，这个说奇布查语的人口群撤退到了巴拿马西部崎岖的山区避难。他们在山区中保存了以亲属关系为基础的共同拥有土地的群体。20 世纪 30 年代，愈来愈多的圭米人开始将在家乡的迁移耕作和周期性地为“联合水果公司”做定量的工资劳动结合起来。当公司在 60 年代开始机械化，以机器取代工人时，愈来愈依靠工资及商店出售商品的圭米人，遭到很大的打击。菲利普・扬（Philip Young，1971）从这种剥夺中看出当时在圭米人中兴起的本土保护主义千禧年运动的主要原因。

工业作物

美洲的橡胶制品

橡胶这种工业树生作物，在 19 世纪变得非常重要。在 1839 年发明了硫化工艺以后，它变成了首要的工业材料。橡胶最初是用于制造雨衣、鞋、自行车轮胎、避孕套和其他家用物品。而后，它也逐渐用在铁路和工程建设，并在新兴的电气工业中充当绝缘材料。最后，它在 19 世纪末成为汽车工业的一种主要原料。

在 1900 年以前，巴西是唯一生产橡胶的国家。它的产量由 1827 年的仅仅 27 吨，增加到 19 世纪最后 10 年每年平均 2 万吨（Poppino，1968：140—141）。最早的初级生产者是亚马孙河流域的印第安人和葡萄牙－巴西（Luso-Brazilian）种植者。稍后，巴西东北部的劳工（所谓的灾民）

通过契约被引进来收集橡胶。巴西东北部原是巴西经济的心脏地带。由于这个地区的产糖工业普遍不景气，这些劳工不得不在热带雨林中找寻新的谋生办法。说得更直白一点，他们是1877—1880年这个地区大旱灾的受害人。这一次大旱灾可能使20万左右的人因饥饿而丧生。另外20万左右的人，在19世纪的最后几十年迁入了亚马孙河流域（Furtado，1963：143—144）。1953年，查尔斯·韦格利（Charles Wagley）所描写的伊塔镇（Itá），可能就是由1880年这些东北部的移居者所创建的。

采集橡胶的人：穆杜卢库人

有一个民族可以例示亚马孙河流域的印第安人对橡胶业引入这个地区的反应。这些人自称“我们的人”（Weidyénye），但是却以穆杜卢库人这个名称广为人知。穆杜卢库是一种蚂蚁，这个名称是其敌人帕林廷廷人（Parintintín）给他们的。18世纪晚期，葡萄牙-巴西人在袭击下亚马孙河流域的其他印第安人和白人定居者时，初次与他们相遇。穆杜卢库人与入侵者成为盟友。在这个联盟中，穆杜卢库的男性和女性有不同的作用。妇女开始为拓荒者生产木薯。男人最初虽然怀有敌意，但是以佣兵的身份，与其新的盟友并肩对付穆拉人（Mura Indians，居住在亚马孙河与尼格罗河〔Rio Negro〕之间的地区）和塔巴究斯河（Tapajós）上游地区的卡瓦希瓦人（Cawahíwa）。葡萄牙-巴西人使用穆杜卢库人在这些人口中间抢劫奴隶，压制地方叛乱和平定大规模的反叛，如1835年的卡瓦尼亚斯（Cabanas）革命——由当地白人、非裔巴西人、穆拉人和其他印第安人发动的一次叛乱。

由妇女所达成的木薯增产和由男人进行的长距离扩张战争，不仅造成男女两性间更明确的分工，也影响到穆杜卢库人的居住和继嗣关系模式。20世纪中叶，当罗伯特·墨菲（Robert Murphy）研究穆杜卢库人的时候，他们代表民族志学上的一个特例。他们一面是父系继嗣，一面又是从母居。克鲁伯（1952：213）说他“不知道有这样的社会，并设想它很少发生”。此外，墨菲还发现穆杜卢库人这种出人意料的配合法，是因为

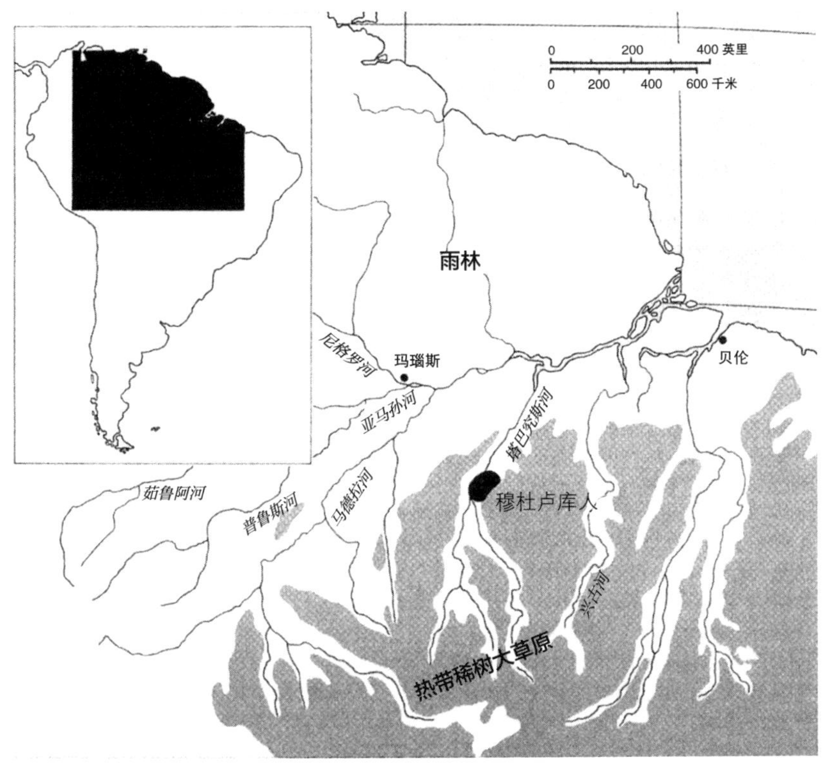

图 11-3　穆杜卢库人所在地区

其较早的父系继嗣与从父居制模式的改变。有些人类学家认为这种改变不可能发生，它所遭遇的障碍几乎是不能克服的（Murdock，1949：217）。墨菲则说明了穆杜卢库人是如何完成这一改变的。

一直到 19 世纪早期，穆杜卢库人都是住在村落中。每一个村落都以一个单一的父系世系群为中心。父系世系群通过从父居的规则，由其他父系的村落以婚姻的方式征召妇女。在“男人的房子”中，藏有具体表现祖先灵魂的神圣号角。每一个父系世系群，通过拥有和在仪式中使用这些号角，象征其团结。可是，随着基于女性生产的木薯贸易的到来，婚姻的规则成为从母居，以便维持以女性为中心的家庭特别任务团体的团结和持续。以前是女人在结婚的时候搬到其丈夫的村落中去，可是现在男人搬到其妻子的住处。在任何一个村落中，都有由好几个不同父系世系群中征召来的男人，而父系世系群不再锚定在当地。因而村落中的“男人的房子”

图 11–4　穆杜卢库人的卡布鲁亚（Cabrua）村落。妇女在火上烤干木薯粉；男人则在“男人的房子”里休息，由罗伯特·墨菲摄影（Courtesy of Robert F. Murphy）

不再只是为一个单一的父系世系群所用，而变成共同的男人会社和“兵营”。神圣的号角不再象征父系世系群的特殊性。相反，它们开始代表“男人的房子”的团结，强调超越地方性的军事潜力。

汲取橡胶使穆杜卢库人的社会组织产生了另一个转变。在橡胶贸易兴起以前，穆杜卢库人的村落通常位于与无树大草原相似的高地。在每年的旱季，村民便下到河里去捕鱼。可是，随着对橡胶日增的需求，他们开始在河流沿岸的森林中汲取野生树木的树液，并以收集到的乳液交换金属器物、衣着，甚至食物。逐渐地，个别的家族团体沿河边建立了永久的住处，声称某一片森林是他们的。愈来愈多的橡胶乳液在商栈被用来交易商品，他们终于放弃了自己的手工艺，而更依靠商人预付的货物。一度是战斗和种植木薯单位的穆杜卢库人的村落，现在解散为无数的小家户，每一个家户在交易和债务累积的网络中，分别与商栈连接。商人取代穆杜卢库人的首领，成为当地生产和交易的枢轴。橡胶贸易者又依靠下游的商号收取他的橡胶，并供应他必要的商品，而商号本身又依靠进出口公司，以取得供应品和销售橡胶。因而，穆杜卢库人、贸易者、商人和进出口公司，在一个日渐扩张的生产和流通网络中彼此联结起来。

亚洲的橡胶制品

在 19 世纪的大部分时间里，巴西的野生橡胶垄断了世界市场。然而，1876 年罗伯特·威克姆爵士（Sir Robert Wickham）将亚马孙河流域橡胶树的种子偷运到英国的邱园（Kew Gardens），在那儿让它们适应水土，并经选择栽种在马来亚。1900 年以后，橡胶的生产在亚洲迅速扩张，尤其是在马来亚。1900 年，马来亚的橡胶大种植园占地 5000 英亩，1913 年已达 125 万英亩。原来小本经营的种植园主阶级，不久便为经销处安置的经理所取代，这些经销处在伦敦发行公债（Jackson，1968）。劳工大多数从印度南部输入。他们是泰米尔人，与劳力承包商订立了工作契约。劳力承包商从自己老家的村落雇用工人，并且在大种植园监督他们的集体劳动（Jain，1970）。

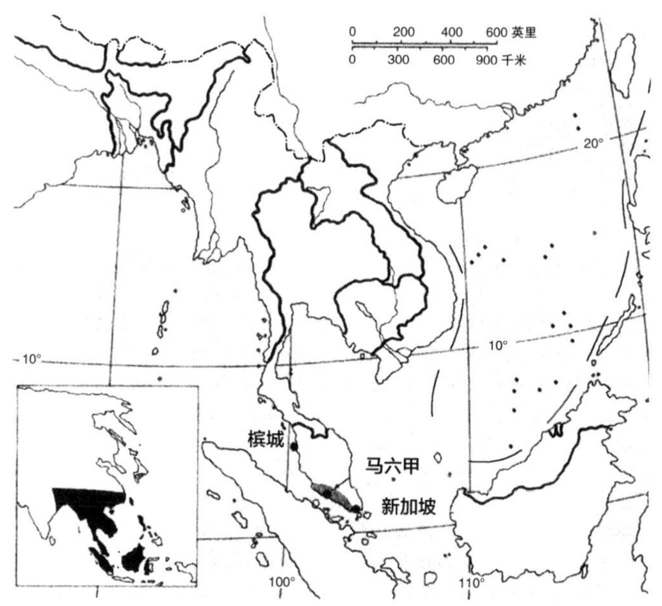

图 11-5 马来亚：橡胶种植区

南亚另一个生产橡胶的地区位于苏门答腊的东海岸，环绕德利（Deli）发展起来。尼德兰人久已在这个地区的大种植园种植烟草，并与当地的马来和巴塔克（Batak）村民的刀耕火种农业共生。大种植园接收了焚烧地表植被的劳力，而后在焚烧后的土地上种植了第一种作物——烟草。当烟草生产力在次年降低时，大种植园又开辟出了新的土地，而让村民接收那些种过烟草的小块土地以种植粮食。当橡胶在1906年被引入时，这种共生关系告终。橡胶树是多年生的作物，不能与一年生的作物轮替种植。相反，由从爪哇和中国输入的劳工所从事的橡胶种植业，现在吞噬了当地人口维持生计的土地。当地的村落也让位于公司的商业中心区。

在印度尼西亚或马来亚，大种植园的橡胶不是橡胶的唯一来源。在印度尼西亚的苏门答腊和婆罗洲，有土地的小农也开始种植橡胶树。一开始，他们一面种植橡胶树，一面从事刀耕火种式的临时性食物生产，之后视市场情况和价格的许可逐渐倚重经济作物。马来亚的情况也与之相类似。马来的农耕者逐渐依靠橡胶生产为收入来源。譬如在吉兰丹（Kelantan）的一个农村，在20世纪50年代后期所做的研究（Downs，1967：162—

166），说明汲取橡胶已成为几乎四分之三的成年村民的一个现金收入来源。虽然马来亚的大米被认为有很高的基本价值，但是大家愈来愈喜欢汲取橡胶而非种植水稻。

棕榈油

19 世纪日形重要的第二种木本作物是棕榈。在西非，棕榈油的外销最先赶上了奴隶贸易。在 19 世纪 60 年代废止了奴隶贸易以后，西非森林地带的棕榈油成为主要的外销商品。1810 年，西非外销到英国的棕榈油只有 1000 吨，可是在 1860—1900 年，每年平均已达到 5 万吨。棕榈油在肥皂制造中取代了动物脂肪，而且成为机器润滑油愈来愈重要的一种原料。19 世纪后期，棕榈仁的油也可以用来制造人造奶油和牛饲料。

奴隶贸易的旧日中心回应了这种新的需求。可是这种新贸易却引起内外关系上的大变动。其中一个直接的结果是“贵族阶级的危机”。所谓“贵族阶级”，是指以往通过奴隶贸易而富强起来的战士精英分子和国家组织。一个像达荷美这样完全专门从事抢劫与贩卖奴隶的实体，尤其感到不容易转为经营这种新商品。为了取得劫夺品和贡物的便捷来源，国家间的战争增多。此外，达荷美的统治者和约鲁巴人的酋长，又想在由奴隶耕作的大种植园生产棕榈油。为了补偿奴隶贩卖式微所造成的损失，阿善提人扩大了其可乐果的生产与销售，将它们销售给北方的豪萨人。可是与此同时，沿海地区的芳蒂族中间人又自己生产棕榈油供应新市场，以摆脱阿善提人的控制。旧日精英阶级的收入受到威胁。尼日尔河三角洲的“独木舟奴隶公司”瓦解了，以前的奴隶声称自己独立，以便参与新贸易，奴隶之间也因此纠纷迭起。如果小农能够取得其继嗣群或住区土地上的产油棕榈树，并动员其家庭劳力，则也可以从事棕榈油的生产（Uchendu，1965）。

在奴隶贸易中，非洲的中间人将奴隶运送到海岸，以便他们上船出洋。可是在棕榈油贸易中，欧洲的批发商却与生产者或生产者在非洲内陆的代表，建立了直接的接触。而非洲的新商业精英分子（其中许多是受过欧洲宗教传教团体教育的昔日奴隶），接管了以前由奴隶贩子经手的进

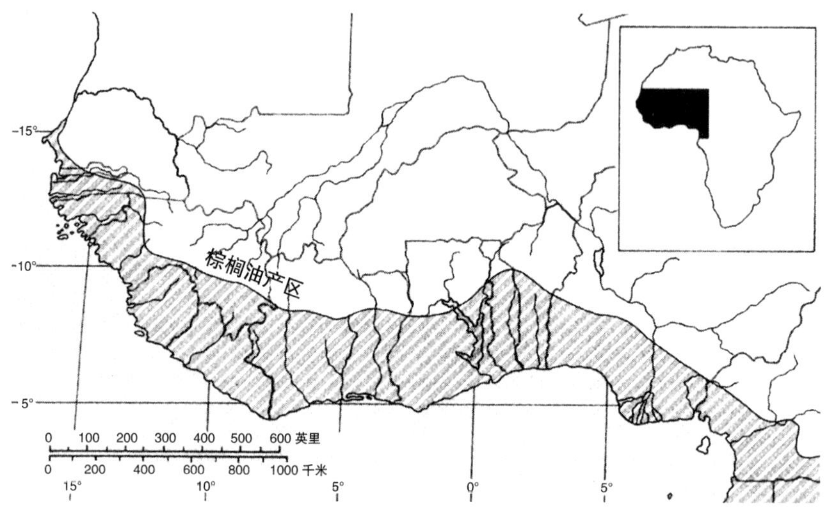

图 11-6 西非的棕榈油生产区域

口贸易。在欧洲各方面都能使用的货币传入非洲，取代了以前使用的铁、红铜和子安贝通货，使欧洲的棕榈油商人和非洲的进口商人的双重发展更能顺利进行。新货币减少了以欧洲货物交易奴隶或非洲产品的情形，而将棕榈油的外销和商品的进口，放在现购自运的基础上。

这些竞争力量的相互作用，受到 1873 年大萧条的严重影响。棕榈油产品的价格下跌，利润百分比也减少了。以前从事奴隶贸易的贵族、新的非洲中间人、欧洲的批发商和非洲的生产者，都遭遇机会日渐减少的情势，并且由于资源较以往更为稀少，他们面临的竞争会更加激烈。霍普金斯说："不足为奇，19 世纪后期出现了猛烈的斗争，各方都想控制当地市场，并向另一方提出条件。"（Hopkins，1973：154）欧洲商人要求法律与秩序。殖民地的官员往往支持这个要求，因为他们的名誉和以欧洲为基础的商业扩张密不可分。欧洲人想要将铁路延伸到内陆，以便更进一步为商业和运输找借口。以前的统治阶级，正确地看出这是对他们日渐衰微势力的致命一击。使情形更为紊乱的是，欧洲各国互相竞争，每一个都受其商业代表团的支持。这些代表团都想获取特权，率先进入受到控制的市场。

最后，欧洲的军队进入非洲，征服了阿善提、达荷美、奥约和贝宁这些内陆王国，毁灭了阿罗人及其"主要发布神谕的地方"，并建立了欧洲人的主宰权。欧洲人在西非帝国主义的扩张，是由帝国的官员所进行的，不过这些人也许没有完全意识到任何经济上的迫切需求。各种力量的辩证关系很复杂，它们所造成的紊乱又引起政治和军事干预。可是这些紊乱的基本原因是经济性的，而干预的后果也是经济性的。

刺激物

在各种最后由工业化地区所消费的产物中，少数几样显然不是主食或工业产物，而是刺激物。茶叶、咖啡、可可粉、糖、烟草，甚至鸦片这些商品，在欧洲最初的海外扩张时期已经很重要。它们在 19 世纪后期进出口货物的名簿中重复出现，以至有些学者甚至说它们是“主坐标”。

这些刺激物为何那么受人欢迎是不容易解释的。也许是由于它们在药理学上可以使人上瘾，满足人体的某些生化倾向。就这一点来说它们并不独特，只形成了人类所使用的刺激物的一部分。其他的刺激物，还包括西非的可乐果、南亚和东南亚的槟榔、阿根廷的马黛茶和安第斯山的古柯。不过这些产物与工业革命中的流行产物不一样，只为某些区域的人所喜好。有人说这些工业时代的刺激物之所以为人所喜，是因为在人体需要从事比较漫长和紧张的工作的时候，它们可以很快使人精神焕发。有些刺激物能供给人体碳水化合物和能量，而不像酒那样会使身体降低效率。因而，“饮茶时间”和“工作时喝咖啡休息的时间”，比杜松子酒或朗姆酒这样的酒类，更能配合新的工业时间表。不过，虽然有人大力提倡禁酒运动，但是大量喝酒的人还是不少。

我们也许不应该以各种刺激物的生理学性质，作为最后的解释，相反，应该视日渐增加地使用它们为消费模式重塑的一部分。18 和 19 世纪，饮食方面有过许多重要的改变，其中若干改变就营养学来说是变差了（Braudel，1973b：129—130；Hobsbawm，1967：Chaps.5、7）。由于供应地方市场的小生产者日益减少，人们较以往不容易得到农产品，尤其是肉类。聚集在城市和工业中心的人口越来越多，更需要少数几种大宗产物。可是当时也有了交际和沟通的新模式，如在咖啡馆和茶馆的交际与沟通。新的、以阶级为基础的规范出现了，如应该在哪儿、在什么时候吃饭，又是如何吃法。这些又确立了正在经历社会和文化迅速变迁的社会之中文化竞争的标准。随着这些新模式的形成，生物碱、可可碱、糖，甚至“镇静剂”，其消费量在社会各阶级中都迅速增加。欧洲企业在供应这些新产品的时候，通过供应欧洲工人阶级低廉的食物和代用品，又累积了大量的资金（Mintz，1979b：61）。

糖

在这些刺激物中，排在第一位的是糖。糖是果酱和用油及面粉烤成的点心的不可或缺的添加剂，也是无数杯咖啡、茶和可可的甜味剂。甘蔗在制糖原料中的霸权地位曾多次受到挑战。先是法属圣多明戈（海地）的奴隶反抗，而英属牙买加又废除了奴隶制度，其后甜菜又在欧洲气候温和的地区传播开来。但是它始终没有完全失败，并且在19世纪30年代以后，它种植的英亩数再度有所扩大。

在英国人的势力范围以内，甘蔗糖的再兴得力于一种新的劳力，也就是来自东印度群岛的服务契约劳工。英国人于1815年由法国人手中赢得了印度洋上的毛里求斯岛。它是得力于这种新劳工的第一个英国殖民地。它在新的甘蔗糖生产地中也是首屈一指。接下来的是英国由西班牙手中夺来的特立尼达岛（Trinidad）和由尼德兰手中夺来的圭亚那（Guyana）。19世纪下半叶，来自东印度群岛的服务契约劳工，开始在斐济群岛（1850年）和南非纳塔尔（Natal，1860年）的蔗田中工作。而大部分来自新赫布里底群岛的美拉尼西亚人，都以征用或签约的方式在澳大利亚的昆士兰（Queensland，1863年）和斐济群岛（1864年）工作。

对美拉尼西亚人的强迫征召或者“绑架”，影响了大量的人。1863—1907年，单是抓往昆士兰的美拉尼西亚人便有6.1万人之多，其中后来能够平安还乡的不到4.5万人（Docker，1970：274）。这样的强迫征召在许多岛屿上促进了当地劳工征召人或猎奴者的事业。其中一个这样的人是苏禄群岛（Sulu Vou）上的夸苏里亚（Kwaisulia）。夸苏里亚签约在昆士兰工作，于 19 世纪 80 年代还乡。他依赖自己在当地的关系网络，将劳工供应给强迫征召的人，而取得的报酬是武器与弹药、煤油、药品、五金器具和建筑材料（Docker，1970：130—138）。他利用这笔财富扩大了经营的规模。在其他地区，地方贸易的终结并不是由垄断的人所控制。不过强迫征召引进了枪炮，抢劫与战争增加，毁灭了大部分的当地人口。

由 1830 年开始，尼德兰人也在印度尼西亚，尤其是在爪哇，着手扩大糖的生产，所用的制度曰“耕种制度（Culture System，尼德兰语“Cultuurstelsel”意指“耕种制度”，参见 Geertz，1963）。“耕种制度”要求村民以农作物而非货币向政府付税。这个办法是为了增加所有热带农作物的生产，而在糖和咖啡这两种作物上最为成功。糖和咖啡成为“荷兰东印度公司”最主要的两种外销农作物。甘蔗是一年生的作物，可以种植在像爪哇村民的水稻灌溉田那样的土地上。尼德兰人的甘蔗种植园以村中五分之一的土地生产甘蔗，一方面得到了适宜的土地基础；另一方面得到了就住在村落中的劳力，这些劳工可以季节性地在蔗田上工作。尼德兰人阻碍爪哇小农独立生产蔗糖，但加强了爪哇村落惯常的活动。在这些村落中，劳工因不断加强在灌溉田上种植稻米而人数增加，他们很可能是蔗糖作业的储备人力。

1870 年，新制定的立法，将执行“耕种制度”的责任由政府转移给私人企业这项法律。法律通过保护村落的土地产权，继续维持了村落的完整，但却将甘蔗丛的所有权授予个人。不久以后，这些新的种植者经历财政危机而破产，其权利遂归于本部在尼德兰的公司。这些公司于是将蔗田和大规模的资本密集型加工厂合并。生产蔗糖的劳工仍然由种植水稻的村落中征召而来，但是对每一个新工厂及其相关蔗田的管理权，却完全落入欧洲人之手。

资本密集型的种植园兴起

尼德兰人将东印度群岛的甘蔗田由一个主要依靠使用大量劳力的单位，改变为以资金充分的糖厂为中心组织的单位。这个情形说明全球性

“种植园主阶级”的式微。种植园主依赖商人的资金，而以其经济作物偿付。日渐增加的资本累积，需要较高层次的运输、劳力作业和加工处理。而种植园主无法调度资金与技术资源以达到这个层次。这个要求在蔗糖的生产上增加以后，土地、加工处理设备和基本的交通设施便有大数目的新花费，创造了许多“田间工厂”。同时，对这些企业的财务控制，又由商号转移到合股或有限偿债责任公司的手中，再后来又转变成公司的资本。

加勒比海地区和印度尼西亚均曾发生这种转型。这种转型在古巴发生得最多。19 世纪下半叶，古巴由于加强了糖的生产，也加强了对奴隶劳力的榨取。和波多黎各一样，在古巴，美国加入了地方上与西班牙分离的运动，终于为以由美国引入的公司资本取代种植园主的资本创造了条件。

文思理（1974：Chap.4）曾经追踪波多黎各南海岸上一个农场转型的详细经过。在 1873 年奴隶制度被废除以前，维嘉大庄园（Hacienda Vieja）除了用奴隶以外，也用由强制性劳工立法所强迫工作的无土地自由民。它由单独一个家庭所拥有，规模很小，通常在 100 到 400 英亩之间。

图 11–7 拉斯卡纳斯（Las Canas）为古巴 19 世纪下半叶技术最进步的蔗糖农场。图示在农场上砍伐和装载甘蔗。沃尔特·耶格尔（Walter Yeager）的素描，1880 年（Courtesy of the New York Historical Society, New York City）

四分之一的土地用来种植甘蔗，其余的地方是牧场和种植生计作物的田地，以所收获的喂养劳工。耕地是用镰刀式的犁，肥料限于兽粪。而耕种这个干燥海岸地区所需的灌溉，也很有限。加工处理蔗糖的机器老式，所生产的糖也比较粗劣。在奴隶制度被废除以后，它改为使用自由劳力，支付工资，并授予工人小块土地，让他们生产自己的食物。然而可用的资金太有限，不可能过渡到更现代化的农业和加工处理技术。

一直到 25 年后，这种转变随着这片地区被北美占领，才得以完成。这个庄园被卖给了一家大陆公司。公司将几个较老式的种植园集结为一个大的“纳贡农场”复合体，以一个巨大的加工处理工厂为中心。甘蔗的耕作扩张，吞没了生计田和牧场，将整个地区都变成了绵延不绝的甘蔗田。公司扩大了灌溉和沼泽排水的作业，并引入肥料的使用。生计田则消失了。根据工作量，工资以代用货币支付。工人可以拿这种代用货币在公司的商店换取商品。在很短的时间内，这个地区的劳工便由大致以实物支付的劳力人口，转化为彻底的乡村无产阶级。

咖啡

喝咖啡的习惯是通过与近东的接触传到欧洲的。咖啡的原产地是埃塞俄比亚，15 世纪末咖啡已在亚丁被饮用。虽然有许多禁令，但是在 16 世纪它已在奥斯曼帝国各地流行。17 世纪后期，它与咖啡馆的制度一起传遍欧洲。最初咖啡豆的唯一来源地是也门的穆哈（Mocha）腹地，但是到了 1712 年尼德兰人已在爪哇种植咖啡灌木。1833 年，爪哇已有 100 多万株咖啡树，到 19 世纪中期有 3 亿株（Geertz，1963：66）。在尼德兰农地上和由印度尼西亚小地主所生产的咖啡，不久便成为荷属东印度群岛主要的外销农作物。

可是在 1880—1890 年，由于招致咖啡病害的菌类在树丛间肆虐，咖啡的生产大为减少。之后，在农场与外岛农夫所拥有的砍烧田上咖啡的产量恢复，但换了一个品种。不过，此阶段首要的出口农作物已由咖啡换成了糖。而同时，爪哇遭受了 10 年的作物灾害，这给了巴西扩大生产的机会。

咖啡在 18 世纪早期传到了巴西，不过最初其生产只是为了国内的消耗。法属圣多明戈的奴隶起义使咖啡的价格上涨，又刺激了巴西咖啡的外销。虽然后来咖啡的价格下跌，但是在使用奴隶劳力的大种植园里生产的咖啡，很快成为巴西最重要的农业外销品。使用无报酬的奴隶劳力，事实上补偿了赢利的下跌。可是在巴西想进一步扩大生产时，它却遭遇一个严重的人力问题（Furtado，1963：Chaps.21、22）。非洲的奴隶贸易已经停止，因而巴西国内的奴隶供应也不能源源不断。再者，为了各种原因，奴隶制度在 1888 年终于被废除。将劳力由不安定的砍烧生计农业转移到种植园农业，会逐渐损伤食品经济，而又不能保证可用劳力的增加。当意大利南部的农业困难及纺织业的式微使很多欧洲人移居巴西时，有些巴西人已想到输入亚洲人。在 1880—1890 年，150 万欧洲移民来到巴西。他们大都是意大利人，其中许多在迅速发展的圣保罗市咖啡大种植园成为劳工。到了 19 世纪末，巴西已能供应世界上四分之三的咖啡了。

虽然巴西逐渐主宰全球的咖啡市场，但是其他地区也进入了咖啡的生产。中美洲便是这样一个地区，尤其是墨西哥的恰帕斯州（Chiapas）和危地马拉。商业的咖啡生产在此处的扩散得力于立法（Mexico，1856；Guatemala，1877）。新法律废除了土地的公共管辖权。以前法人组织的美洲原住民人群有法律上的保障，可以在面临夺取他们资源和利用他们劳力的不断威胁下存活和过上安稳的生活。可是新法律取消了这样的保障（参看第 5 章）。现在实行土地私有制，土地可以被购买、出售和抵押。这个情形使非印第安人可以买下没有登记的土地和没收印第安债务人的抵押物。到了 19 世纪中叶，恰帕斯的圣克里斯托瓦尔·德拉斯卡萨斯（San Cristóbal Las Casas），其周围说泽套语（Tzeltal）和索西（Tzotzil）语的群落，已大致失去了大部分的领地，只剩下一点使用过度的公有土地。1869 年，说泽套语的原住民人群事实上起而反抗，抗议在外来压力下失去其资源。然而在 19 世纪 70 年代，咖啡开始在外国人所拥有的土地上栽种，而许多印第安人又被鼓励在新的种植咖啡的地区定居。第一次世界大战以后，种植园主通过使用预付现金贷款的办法，由高地群落雇用临时工人，以此增加其劳力的供应。这种预付现金的办法，使工资劳力成为许多高地居民主要的收入来源。他们工作之暇，便回到自己的群落中去耕种小片的生计农田（Wasserstrom，1977，1978）。此处，我们又看到生产经济作物的大种植园与以生计作物为取向的“劳力储备”，逐渐互相支持。

在比较晚近的第二次世界大战期间，低地格里哈尔瓦（Grijalva）流域的墨西哥地主，由于首都粮食的价格好，扩大了粮食的生产，尤其是玉蜀黍。他们将未开发利用的土地租给辛纳坎特科（Zinacanteco）的佃户去开辟和耕作，因而一面保留了地权，一面又得到了现成的劳力。比较成功的辛纳坎特科佃户，又由恰木拉（Chamula）雇用工资劳工以尽量增产，或者雇用其群落中的其他分子替他们征召和组织工人。

自 20 世纪 40 年代起，美国的人类学家便精心研究住在恰帕斯高地的圣克里斯托瓦尔·德拉斯卡萨斯周围辛纳坎特科、恰木拉和其他说泽套语和索西语的群落。这些研究，大都或是认为他们是古代玛雅人的“部落”遗民，不与外界接触；或是认为他们是殖民时代西班牙社会的一部分，在日渐现代化的墨西哥内部以封闭的形式保存下来。然而，说泽套语和索

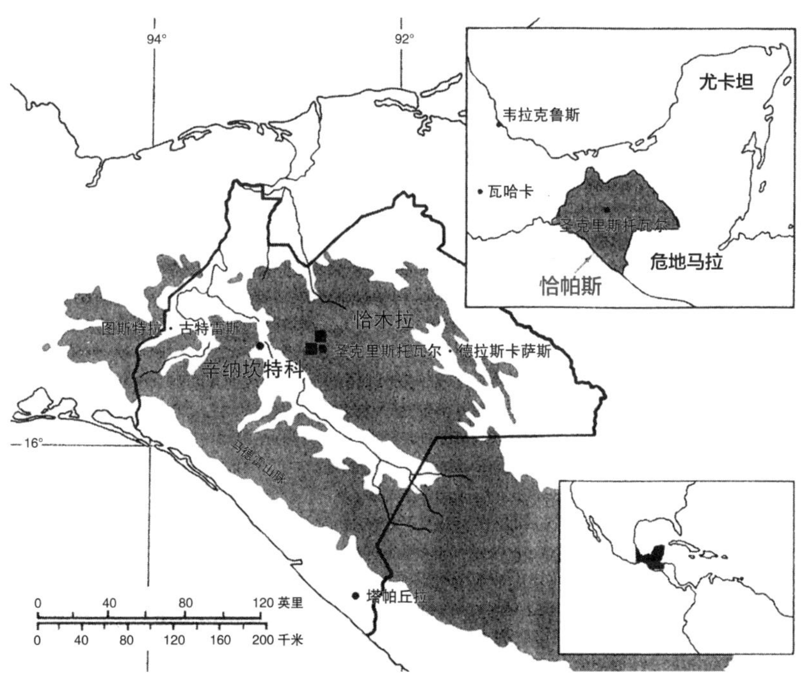

图 11-8　墨西哥的恰帕斯地区

西语的人以及许多其他的中美洲原住民，很早便被拉进商业扩张的网络（McLeod，1973），而且自19世纪起，他们便已积极参与当地的商业咖啡和玉蜀黍经济以及墨西哥的政治活动。而这些参与又改变了他们在农业上的适应，更改了他们的阶级结构和影响了他们的政治与仪式组织。他们保留下来的“印第安”群落居民身份，因而不代表许多以连续方式由遥远过去维持下来的不变的传统。相反，它是由资本主义发展所启动的许多互相关联且往往敌对的过程的结果。

茶叶

当然，在供应全世界含有生物碱的兴奋剂中，茶叶成为咖啡的劲敌。历史上第一次关于茶的可靠记载，见于4世纪的一份中国文献，但是直到8世纪，在记载的文献中它才有了自己的名称——“茶”。这时它已有相当的经济重要性，以至政府收取茶税。葡萄牙传教士或许是最初报道茶叶的欧洲人。而尼德兰的航海商人将这种饮料介绍到了欧洲。到了17世纪中叶，它已成为尼德兰和法国的大众饮料。而在17世纪的最后三十年，茶又为英国的宫廷圈子所偏爱。这时茶叶仍全部来自中国。在18世纪的最初二三十年，英国沿中国海岸交易的船只，它们所装载的最主要的货物已经是茶而不再是丝了。不久，非但英伦三岛饮茶，美洲的英国殖民地也饮茶。它在美洲殖民地成为仅次于纺织品与五金器具的第三大进口货，一直到由塞缪尔·亚当斯（Samuel Adams）领导的拙笨化装为印第安人的一群起义小队，将新到的一批茶叶倾倒入波士顿港果鱼腹为止，此举开启了美国的独立战争。

自1840年起，阿萨姆（Assam）的茶叶数量增长得很快，那儿的茶树是野生的，而且印度各地都生长有茶树。可是在苏伊士运河通航以前，印度茶叶只占全世界所饮用茶叶的一小部分。在这条运河通航以后，在载运茶叶方面汽船战胜了快船，而印度所产的红茶在商业上战胜了中国的绿茶。

在19世纪70年代，锡兰的茶叶大种植园以惊人的速度在丘陵地带扩散，大致上牺牲了康提（Kandyan）僧伽罗（Sinhalese）农民的利益。大量的村落公地变成了皇家的土地，而后被售予种植园主。1848 年，咖啡树占地 6 万英亩，由 367 个大种植园所掌控，但是在 1868 年咖啡树发生病害时，种植园主改种茶叶。到了 1903 年，种有茶叶灌木的土地已超过 40 万英亩（Royal Kandyan Peasantry Commission，引自 Yalman，1971：20，n.10）。其结果是将僧伽罗农民局限在水稻村落的区域，并且降低他们在自己的保留地上开辟砍烧农田的能力。

种茶要花费很多劳力。每一英亩如果种有 3000—5000 株茶树（每株产茶 5—8 盎司），则每天需要 20—40 名采集者。为了取得必要的劳力，种植园主将印度南部说泰米尔语的人输入到锡兰。这些“印度泰米尔人”和北面与东面海岸较古老的“锡兰”泰米尔人不一样。今天他们有近 100 万人，而高地康提的僧伽罗人为数约 200 万。印度泰米尔人与周围的僧伽罗农民之间在社会与经济上的对立，又因语言和宗教的差异而加剧。僧伽罗人说印欧语，泰米尔人说德拉威语（Dravidian）。僧伽罗人是佛教徒，而泰米尔人是印度教徒。这些差异又使僧伽罗农耕者与泰米尔的大种植园劳动阶级间的冲突，更为加剧。

可可

可可树最初是中美洲的农作物。在 17 世纪，尼德兰人将它带到了西非海岸几内亚湾的圣多美岛。1879 年，一位富于创业精神的说加族语的人，将可可树的种子由比邻的费尔南多波岛带到了阿夸平山（Akwapim Ridge），今日加纳黄金海岸的阿克拉市就位于它的山脚下。1885 年后阿夸平山的棕榈产品跌价，于是这个地方在 19 世纪 90 年代改种可可树。可可树很容易种植，不需要新的工具，将可可豆弄干和使之发酵的过程也很简单，而且只有在收割的时候才需要大量的劳力。当地也有生产和推销这种新作物所需的金融技巧。前面（第 7 章）已经谈到西非人得到许多关于商业技术细节的知识和技巧。投身于可可粉生产的种植者熟习货币与信贷机制。他们有的以前从事过贸易，有的曾经采集橡胶求售。

新的种植者为了取得种可可树的土地，与控制阿基姆·阿布亚夸多余土地的酋长磋商，想购买其多余的土地。这些新地主在购买土地时，巧妙地合并取得土地的新方式与较古老的群体组织模式，像克罗博人（Krobo）这样的父系社会人口，组织了许多非亲属的“公司”或购买土地的会社。每个公司或会社分别单独购买土地，分为小块分配给公司成员。母系社会的阿布里人（Aburi）和阿克罗庞人（Akropong）给自己的母系世系群购买土地，将土地的使用权分配给世系群分子，通常一开始在新土地上定居的人维持其最初核心的团结，同时在政治上隶属于当地的酋长。

生产可可的人最初是在自己村落的附近种可可树，直到树长成。而后他们用最初出卖可可所得之钱，开辟新的生产可可地带，引进佃农及其家人耕种及收获，而通常将三分之一的收成给佃农。在收获间隔期，他们也雇用埃维人（Ewe）和其他来自沃尔特河以东的人为劳工，给土地除草。逐渐累积了资金的人便“预购”土地，并且借钱给别人去购买新的边远地方的可可树丛，或者接收无法竞争的耕种者所放弃的土地。

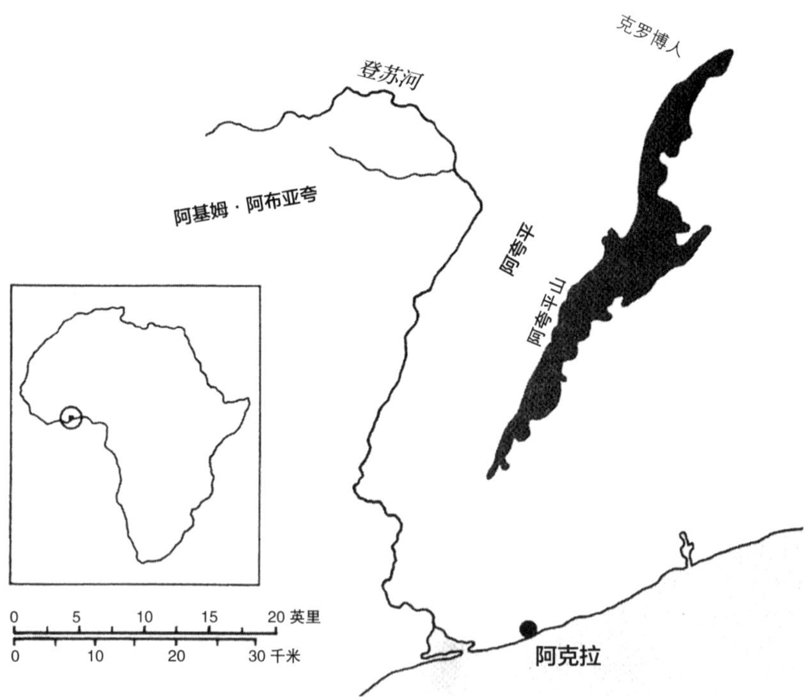

图 11-9 加纳和象牙海岸的可可树栽种与民族关系

到了 1911 年，加纳已是全球可可的主产地，而可可又是每一个喜欢吃巧克力糖的人最钟爱的商品。在扩大的生产中，拥有庞大土地且以佃农和季节性工资劳工耕作的人，和只使用家庭劳力的家户相比占了上风。因此，在种植可可树的人日渐增加以后，整个人口便分为种植园主与劳工两个阶级（Hill，1963）。

可可树的种植迅速传遍西非，向北到达阿善提，向东到达尼日利亚的约鲁巴，向西到达象牙海岸。象牙海岸种植的可可树不是由非洲种植者引进的，而是由法国的殖民政府所引进，以开发商业财富和税收的新资源。与加纳的情形不同的是，这儿种植可可树的人不是在居留地边疆的拓垦农民，而是在法国殖民地政府控制之下有等级组织的非洲国家的国民。形成这些国家的是阿格尼人（Agni），一个与阿善提人有关的战士民族，他们在 17 世纪迁入了今日象牙海岸的东南面，形成了两个国家：北面的纳旦尼（Ndenié）和南面的桑维（Sanwi）。每一个国家都是以国王为中心组成的，他授权给村落和母系社会的酋长。人口分为接受贡赋者与纳贡者。接受贡赋者有皇室(最初阿格尼酋长的母系后裔）以及若干酋长阶层，包括被任命为酋长的战士和移民与分支群体的酋长。纳贡（劳力或实物的贡献）者或是阿格尼母系世系群的分子，或是奴隶，后者一般是阿格尼人所征服人口群的后裔。土地的使用权由母系继承取得，由母亲的兄弟传给姐妹的儿子。

象牙海岸可可生产的到来，使这个制度受到压力。第一，对于土地有绝对权力的世系群首脑，开始把世系群的其他分子贬低为劳工，并且独占新作物所滋生的利润。这个情形造成世系群内部的分裂。第二，权利由母系继承的办法，与种植可可树的模式冲突，因为种树的是从父居的工人群体。土地的新继承人又与在上面实际耕作的人冲突，后者的身份或是佃农，或是按工作量拿工资的人。母系继承权利的办法，使一个曾经在一块土地上投资其劳力的儿子不能继承这块土地，他也没有把握他的舅父将来会给他一块相当的土地。第三，迪尤拉（Diula）、巴洛（Baoulé）或者莫西这些申请使用阿格尼人世系群土地的外族人，又与授予这些权利的阿格尼酋长不睦。新来者想把他们新开辟的土地传给自己的儿子，但是不久便发现受困于母系宗族地主的要求。再者，这些外来人种植可可树的事业往往很成功，因而想要得到和阿格尼人同样的地位。可是阿格尼人却自认比任何外来人都要优越，因为他们是取得胜利的战士。第四，对于货币和资本日增的需要，使富有的商人、放贷者和可可树种植园主掌握大权。这个情形使财富的占有超越了亲属关系和建立在阿格尼人和非阿格尼人极化基础上的身份区别。尤有甚者，包括阿格尼人与非阿格尼人在内的新兴富有精英分子与外人建立关系，而将阿格尼群体与阿比让（Abidjan）和更远方的资本流通联系起来。这些外人通常是迪尤拉或黎巴嫩的商人。于是，在阿格尼社会中又叠加了一组完全不同的社会关系，它使各阶级与民族群体间发生冲突。

鸦片

在 19 世纪，鸦片这种作物的地位愈来愈重要。前面已经提到过，它在英国与中国的贸易中曾经起到重要的作用。中国政府竭力想阻止国内的鸦片生产和由外面进口这种“洋烟土”，但没有效果。1729 年，中国下令禁止吸食鸦片烟；1800年，又有一道敕令禁止吸食、种植和进口鸦片。然而，这道敕令反而刺激了鸦片的走私以及四川省和云南省的鸦片生产。最后，由于中国在 1839—1842 年中英鸦片战争中战败，印度的鸦片无限制地输入到中国。1858 年，中国签署了一份协议，对进口的鸦片征收少量的关税。此举说明中国政府承认已无法控制这种由英国所主持的贸易。同时，1860 年以后中国境内的鸦片生产大量增加，成为外国产品的劲敌。到了 19 世纪 80 年代，四川省每年收获的生鸦片估计在一万吨，云南省也开始外销鸦片到东南亚。

鸦片的生产与走私，成为住在中国边界与东南亚低地之间山民的主要经济基础。其中有些人是自 17 世纪后期起逐渐迁出中国的苗族和瑶族。他们现在自己也开始种植罂粟花。在 19 世纪 90 年代，泰国和缅甸东北部也种植鸦片，一位英国观察家说那儿数英里的山坡上开满了罂粟花（J. Scott，引自 McCoy，1972：65）。对于东南亚大部分的山地民族（苗族、瑶族、哈尼族、拉祜族、傈僳族等）而言，鸦片自此成为主要的经济作物。

由于云南品种的罂粟花在 3000 英尺以上的地方长得最好，于是它们往往是被种在旱稻砍烧田以上的高地，或者它们是在砍烧田上与每年种植一次的玉蜀黍轮种，由于砍烧田的生产力渐弱，因而每 5 年便需搬到另一个地方。为了与其他群体争夺适宜的地盘，人们援引广泛的亲属关系与其同族群的支持。

生产鸦片需要花费很多劳力，不仅要开辟土地，罂粟花田也必须不断除草和除去部分作物，使之疏松。一旦花瓣掉落，人们便必须汲取裸露出来的果实，必须仔细斫割果实让树脂状沉淀物流出来，而后又必须将凝结的沉淀物刮下来包装好。当然，这份工作又必须与种植大米、玉蜀黍或蔬菜的其他工作同步进行。这种对劳力的高度需求通常由家庭成员及应该为娶妻而服务的女婿来满足。家户之间彼此也交换劳力，有时也雇用劳工做除汲取树脂的细活以外的工作。这些受雇的劳工往往是其他民族群体中的“瘾君子”，他们得到的工资的一部分就是鸦片，以供他们自己使用。

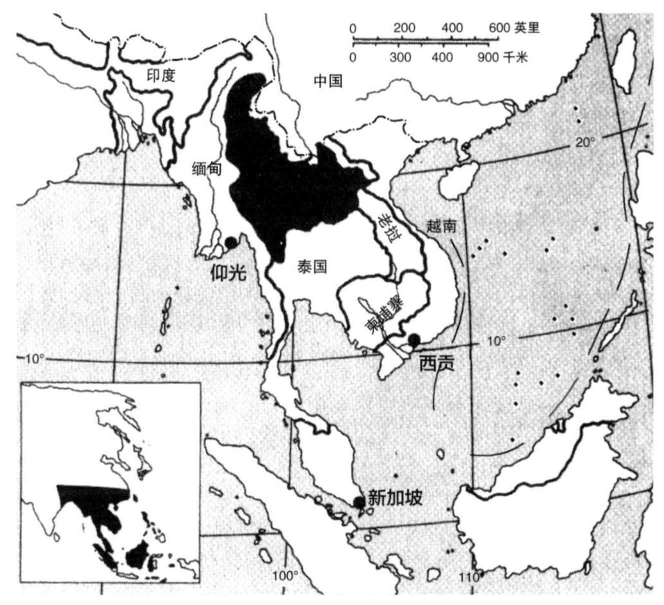

图 11-10 东南亚的罂粟种植地带

于是鸦片生产的成功有赖于一个人吸引足够劳力的能力，而且一个人可以因为有许多子女和女婿而受益。而养育众多的子女和得到许多女婿，关键又在于能够操纵婚姻市场和聘礼的流动。种植罂粟花与扩大亲属关系的成功，使一个人有了政治上的影响力。他通过家庭和世系神灵的名义而大摆宴席，去进一步提高自己的影响力。

鸦片在山居民族的生活中成为关键性的经济因素，这可以从缅甸东北部山区的克钦族（Kachin）的情况中看出来。埃德蒙·利奇（Edmund Leach，1954）所做的开创性的工作，使克钦族在人类学的研究中十分重要。利奇是最先超越拉德克利夫－布朗（Radcliffe-Brown）所倡导的静态结构主义的英国社会人类学家之一。他描写克钦族的社会结构，为摇摆于酋长－追随者的等级组织模型（gumsa）与平等的组织模型（gumlao）间的一个可反转的过程。克钦族的等级组织模型，近似于谷地掸人（valley Shan）的神权政治王权。可是它先天就是不稳定的，因为它缺乏在低地灌溉农业中的经济基础，以及在神权政治中的政治基础。相反，在它所锚定其间的体系中，父系世系群分为两类：嫁女的与娶妻的。由于兄弟往往竞争同一酋长职，女婿往往又不同意将其娶妻服务转化为更永久和强制的依靠形式，这个体系不断地有分裂的危险。因此，"gumsa"等级组织天生便容易崩溃，引起分裂，也促成按照更平等的方式组成的新群体。可是，当想成为谷地掸人式酋长的人开始扩大其"食腿肉的酋长"的角色时，平等型又变成支配型。

弗里德曼（Friedman，1975）曾经质疑认为克钦族分化的原因在于其社会组织固有矛盾的说法。弗里德曼提出了另一个模型。他说平等型反抗的主要原因是政治－经济特征的结合。随着刀耕火种农业的赢利日减，将贵重聘礼给嫁女者的群体负债累累，遂以分裂解决这种困境。相反，如果能够将贵重物品转变为祭亡灵的功德宴，某些克钦族的分支便可得到更多的妻子与追随者，因而更有声望和影响力。

然而，当把支配型和平等型放在一个较广大的历史网络中去看时，我们便可看出平等型的叛变，代表历史上对19世纪后期影响克钦山地的变化所做出的晚近反应，而不是支配型身份竞争与要求姻亲劳役的恒定结果。

纽金特（Nugent，1980）有一篇文章分析了这段历史。在 19 世纪的最后 25 年以前，克钦族的酋长都是支配型。他们使用奴隶种植鸦片，并且控制了琥珀、蛇纹石和玉的矿产。自 18 世纪早期以来，中国的玉大致都是来自这个地区（Leach，1954：290）。尤其是，他们对中缅之间广泛而利润优厚的中国载运业征收通行税。在 19 世纪后期，这些通行税的收入构成了主要的支配型酋长的权力来源（Leach，1954：237）。进入阿萨姆的英国人、想要抑制英国人前进的缅甸人，以及在云南省与缅甸间经营商队的中国商人，都想与支配型酋长结盟。因此，想要模仿掸人的神权政治王权的克钦酋长，就必须能够控制奴隶劳力、贸易和在这个地区互相竞争的政治势力所供应的武器。

在 19 世纪下半叶，这种有利的情势愈来愈不保了。云南省的起义与掸人对分崩离析的缅甸国的反叛，使中缅间的运输业衰落。英国干预缅甸事务，在 1852 年导致下缅甸被合并，并在 1886 年攻占了上缅甸，而对掸人和克钦族的平定战争一直打到了 1891 年。除了在密支那（Myitkyina）以北的三角地带以外，英国的统治严重缩减了克钦族支配型酋长的势力（这个三角地带一直到 20 世纪 20 年代才被平定）。克钦支配型酋长的领地被分裂；在其本身酋长统治下的每一个村落，都被视为一个个别的政治实体；奴隶被解放；酋长被限制插足鸦片生产。英国人不允许酋长再收过路商队的通行税，也就是他们在 19 世纪主要的收入来源。他们也不许向邻近的掸人群落收取贡赋。中缅边界贸易的干涸最初使“食腿肉的酋长”的势力日渐衰微。之后，英国人强制减少酋长的权力，终使他们式微。当支配型酋长衰微时，平等型的反叛开始出现。因而，这些反叛主要是对酋长软弱的反应，而非对酋长势力日增的反应。

再者，反叛是在鸦片生产的背景下发生的。马兰・拉・罗（Maran La Raw）曾经说，“平等型偏离克钦族传统和本来的理想模型，与其日渐依赖高地罂粟花（经济作物）的耕种在时空上相合，而不再从事高地稻米的生计农业”（1967，I：138—139；Leach，1954：26）。在种植鸦片时，克钦人也是在筹钱，因为对于山区的人口来说，鸦片自来便是随时随地可以使用的货币。它甚至在操纵取得身份与势力很重要的聘礼上，也有作用。利奇曾经提到过一个例子：一个通过经营鸦片买卖而致富的人，完全用鸦片付聘礼。而聘礼（新娘的身价）本来是用牛、白银、鸦片和来复枪计算的（1954：151，n.66）。因不断生产鸦片而创造出来的财富似乎又造成新支配型酋长的兴起。他们主要是依靠种植、出售和走私鸦片。缅甸佤邦（Wa States）的人便是如此。在那儿，成功的鸦片种植者模仿平原上的水稻农人，改信了佛教，并以"山区掸人"见称。

黄金和钻石

在19世纪，大量进入世界市场的商品，不仅是植物和牲畜产品，当时还有矿石，如来自马来的锡和来自智利的红铜。1866年，人们在南非奥兰治自由邦（Orange Free State）境内的阿非利卡人（Afrikaaner，又称布尔人〔Boer〕）的地域内发现了钻石，20年后又在德兰士瓦的威特沃特斯兰德（Witwatersrand）发现了黄金。到了1874年，钻石矿场已雇用了一万名非洲人，而在发现黄金之后的10年，9.7万人已在金矿上工作。到了1910年，非洲矿工的数目已上升到25.5万人，到了1940年已达44.4万人。

欧洲人在南非开辟的边陲地带，与北美的边陲地带相类似。欧洲人最初在这个区域的定居地位于好望角，1652年"荷兰东印度公司"在此为其亚洲贸易开设了一个供应站。尼德兰最初的殖民者由这个供应站向四方扩散，驱逐并毁灭了采集食物的桑人（布须曼人），并且奴役游牧的科伊科伊人（霍屯督人），同时将它们的肥尾绵羊和牛群据为已有。

欧洲人进一步向北扩张，接触到了说班图语的诸民族。他们分好几个阶段驱逐这些民族，于1775年到达了鱼河（Fish River）。这个边区在此存在了50年，其范围由与开普敦牛市的距离决定。然而，在1820年大批的英国殖民者到达奥尔巴尼湾的鱼河下游时，这个边区又开始移动，这一次在布尔人与说班图语的科萨人（Xhosa）之间，为牛群及牧地而引发了冲突。由于这些冲突，在南面鱼河与北面葡萄牙人所占据的德拉瓜湾

（Delagoa Bay）之间的地区，情势愈来愈紧张。

占据这个地区的是许多恩古尼（Nguni）小酋邦。每一个领地以一个酋长、其父系世系群，以及其他因继嗣关系或联盟连接的父系世系群为中心。酋邦在一个连续不断的分裂与再结合的过程中分分合合。恩古尼的军事与狩猎组织以酋长这个人为中心，它随着一个酋长领地的分裂而破碎，又围绕另一个酋长领地重组。在 18 世纪的最后二三十年，3 个主要的族群战胜了其余的族群。在 19 世纪的最初 10 年，这 3 个族群之一——姆特瓦（Mthetwa）——逐渐主宰了其他的族群，部分是由于其酋长丁吉斯瓦约（Dingiswayo）的军事才能，部分是由于与海岸地区葡萄牙人的贸易关系。丁吉斯瓦约将他的人民的年龄级序军事化，以此取代效忠次级酋长的军事与狩猎组织。他也将钳形包围的狩猎技术用到作战上。在丁吉斯瓦约去世以后，祖鲁人的一个小部落联盟的领袖沙卡（Shaka），篡夺了姆特瓦的酋长职，并建立了一个更大的祖鲁政体。他成功地组织这个政体作战，使用丁吉斯瓦约的年龄级序组织和战术。沙卡也用短刺枪提高了祖鲁军队的攻击力。他也许是这种短刺枪的发明者，无论如何是他命令祖鲁的铁匠制造这种武器的。

人类学家不常能找到一个比较充满活力的文化转型例子。祖鲁国家的形成，便是这样的一个例子。丁吉斯瓦约和沙卡回应他们周围政治立场的变化，建立了一个新的政治实体。他们在这样做时，援引了自己所熟习的过去组织的模式，但是却大力对此加以改动。这些改动损害了地方上父系世系群的特殊利益，而同时又将其人力凝聚在强大的军事机构之中。在过去，割礼学校将相关家族的成员联合在其酋长儿子的管辖权之下。丁吉斯瓦约废除了这些学校。在过去，军事组织由比邻家族召集亲属，使他们听命于当地的酋长，丁吉斯瓦约则将年龄群军事化。这将一代又一代同一世系群及复合体的人，指派到不同的军团，并使他们专心对国王效忠。每个军团均穿特殊的衣服，拿特殊颜色的牛皮盾牌。沙卡为妇女成立了平行的组织，加强了军团的作用。男人到 40 岁才许娶妻，由军团指定他们从对应的妇女单位中娶妻。

沙卡也负起祖鲁兰（Zululand）所有的巫术责任。他亲自接管所有的

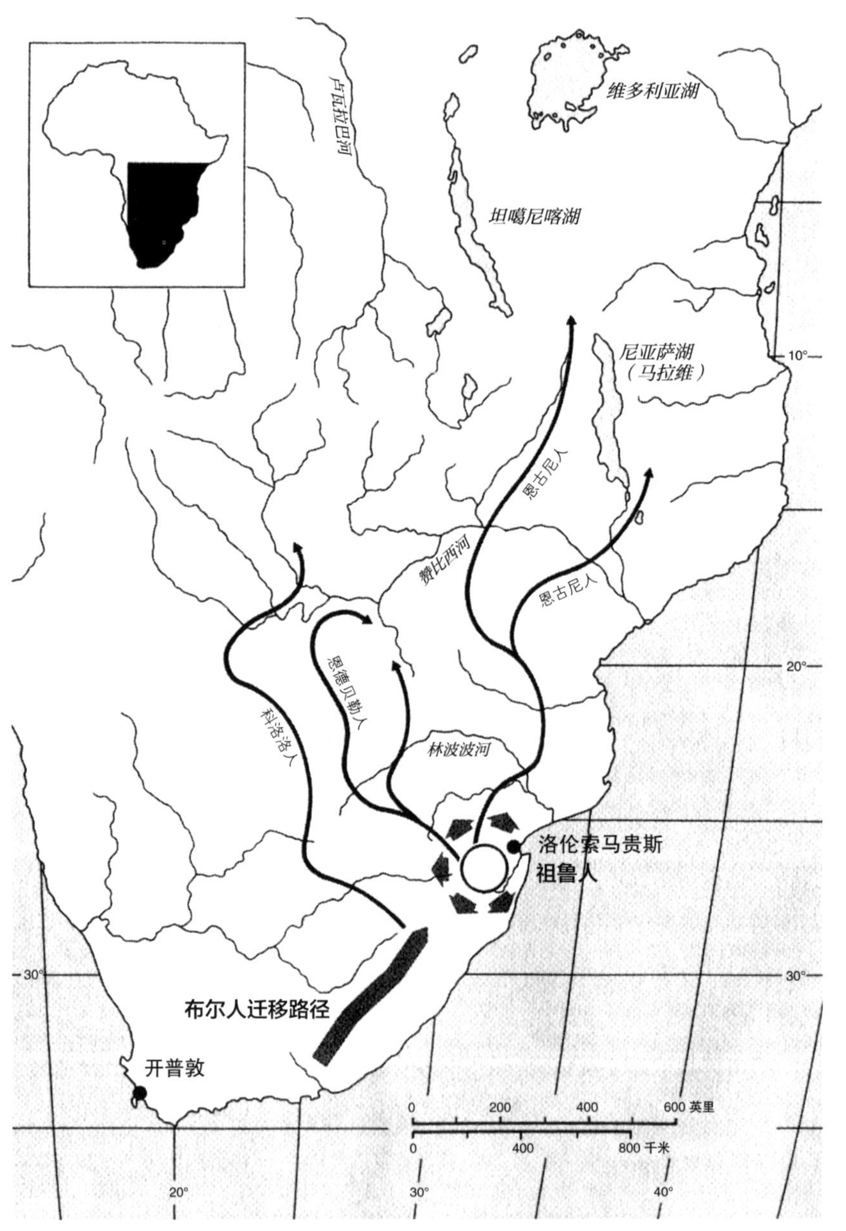

图 11-11　在非洲南部的扩张和迁徙

祈雨功能，驱逐敌对的祈雨师。他迫使土医教给他疗法。他使所有妖术案件的裁决都必须得到皇家的批准。为了进一步加强祖鲁的王权，他将一年一度的尝新祭和战争的仪式以国王及其皇室祖先的世系为中心。这种一年一度的仪式成为由集结的军队表现力量与团结的场合。“祖鲁皇家世系群的传统变成全国的传统。祖鲁的方言变成全国的通用语言，而每一个居民不论从何而来，都变成一个祖鲁人，对沙卡效忠。”（Thompson，1969：345）这个转变强烈地表现在建国过程中操纵仪式的方式上。而推动原住民建国的是欧洲人定居点边沿的不断扩张。

从 19 世纪初年到 1836 年祖鲁人的扩张，又将其他人口群向四面八方推动。因此，恩古尼人的库马洛（Kumalo）家族先主宰了比邻的茨瓦纳人（Tswana）和索托人（Sotho），而后越过林波波河吞并了津巴布韦－罗得西亚的人口群，而建立了庞大的恩德贝勒（Ndebele，马塔贝列〔Matabele〕）集群。马科洛洛（Makololo）部落北迁进入赞比西河流域，控制了巴罗策人（Barotse），并且成为科洛洛人（Kololo）。由德拉瓜湾来的德拉米尼人（Dlamini）统治了斯威士兰（Swaziland）北部的恩古尼人和索托人，而形成庞大的斯威士集群。还有一些集群，如莱索托（Lesotho）的巴苏陀人（Basuto），是由其他群体的难民分支所形成。今日博茨瓦纳（Botswana）的恩瓦托（Ngwato）集群也是以说西索托语的人为核心群体混合而成，在这个核心群体之外又加上茨瓦纳人、北索托人、修纳人、罗泽人（Rotse）、库班人（Kubam）、苏比亚人（Subia）、赫雷罗人（Herero）和班图化了的桑人（Schapera，1940）。因而，祖鲁人所发动的强迫迁徙，创造了许多新的政治集群。这些集群在 19 世纪以前并不存在。现在的人类学文献将它们描述为“部落”或“土邦”。

英国人在 1795 年征服了好望角。19 世纪 20 年代以后，他们沿海岸定居。这种拓殖又迫使尼德兰农民和牧民向内陆迁移。他们分别于 1852 年及 1854 年在内陆建立了德兰士瓦共和国和奥兰治自由邦。尼德兰人和英国人在所谓的“卡弗尔战争”（Kaffir Wars）中都打击非洲人，这些战争针对科萨人（1835 年、1847 年、1851 年）和巴苏陀人（1858 年，1865—1866 年，1867—1888 年）。这些战争破坏了科萨人的畜牧基础，

图 11-12　在英国人最后一次想攻克祖鲁人首都乌伦迪的战役中，祖鲁人在英图比河（Intombi River）攻击第 80 军团。根据厄谢尔（L. W. R. Ussher）中尉的素描所做的木刻画（The Granger Collection, New York）

使科萨人在欧洲人所拥有的农场上做苦工和当棚户。在 19 世纪 50 年代的千禧年运动中，非洲人屠杀牲口以促成大家所希望的净化与丰饶，并且降灾给白人及其盟友。这些运动进一步削弱了科萨人的抵抗能力。祖鲁人仍然强大到在伊散德尔瓦纳（Isandhlwana）击败英国人，但 5 个月以后在乌伦迪（Ulundi）的最后一战中战败。之后，祖鲁的军队便不复存在。后来，虽然常常也有战争和反抗，可是一个接一个的非洲人口群都落入欧洲人的控制之中，包括 19 世纪 80 年代的茨瓦纳人、巴苏陀人和 90 年代的斯威士人。

非洲人口的平定，伴随着南非采矿业的成长。这个行业依靠使用非洲的劳力。在格里夸兰（Griqualand）发现钻石以后的 5 年，钻石的外销值达每年 160 万镑。在之后的 100 年间，在这一地区所找到的钻石价值不少于 7 亿镑。在 1886 年发现黄金以后的 80 年，南非的金矿所生产的黄金价值达到 60 亿镑。这两种矿的开采都需要庞大的资金，尤其是由表面的“干料挖掘”变为在地下深处开采以后。此外，黄金的开采又需要昂贵的机器装备，由广阔但低级的矿床中找出黄金。“德比尔斯统一矿业公司”（De Beers Consolidated Mines Ltd.）是塞西尔·罗兹（Cecil Rhodes）创办的。它是以在金伯利（Kimberley）发现的最早的矿址之一的名称命名的，位于一个叫德比尔的布尔人的农场附近。罗兹以 1.8 万美元买下了这个农场（Gunther，1953：553）。它今日是 7 个知名公司的企业组合，并且控制了钻石的生产与销售。黄金的开采由 7 个大连锁公司所控制，其中两个最大的——德比尔斯矿业公司和英美矿业公司——掌控在同一个家族之手。

19 世纪后期的大萧条，在世界各地区之间，开始了史无前例的商品大流动。每种促成资本主义发展的商品，如食品、工业用农作物、刺激物、黄金、钻石，都进入日渐成长的流程，并且不断扩大，不断加强其流势。我们在前面已经谈到几种对人类学上有记载的若干民族很重要的商品。其他未谈到的商品还有很多，它们加速流动，表现在世界各个金融市场的交易上。

商品的生产与交易自然不是新颖的事。在 1400 年之前的世界，在贡

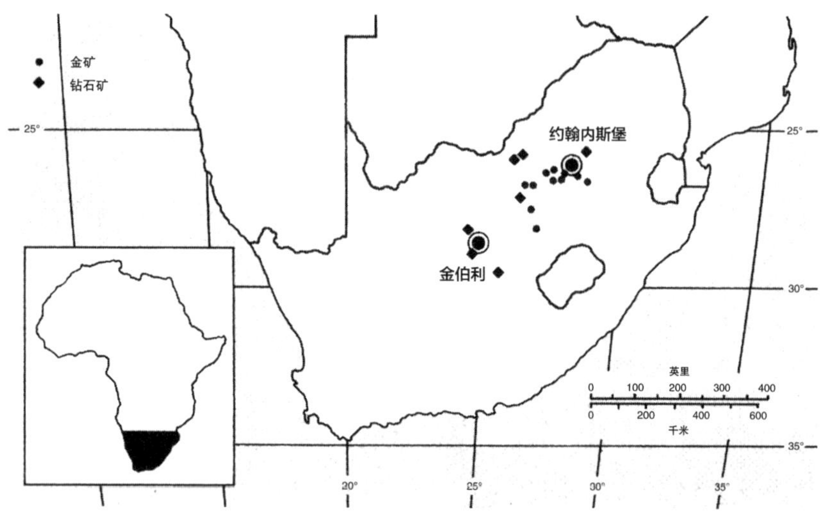

图 11–13 南非的矿区分布

赋性社会之间，以及在贡赋性社会与以亲属关系组成的群体之间，商业交易的路径已经纵横交错。在欧洲航海商人到来很久之前，许多人口群已进入商品生产，以供应这种贸易。然而，欧洲的扩张却创造了全球性规模的市场。它合并早先已经存在的交易网络，并在各大洲之间创造了新的路线。它鼓励区域性的专门化，并开始世界性的商品流动。

资本主义的成长，不仅是在生产的支配方式上，也在与它有关的商业网络中，造成了质的改变。这些网络现在促进资本累积的过程，不但使商品的种类和数量大增以求赚取更多的钱，而且也滋生资本以购买机器、原料和劳力，以求扩大生产并因此累积更多的资本。商业交易失去了独立性与自主权，因为利润率不再只是由区域性价格的差异（这样的差异使商人可以贱买贵卖）来决定，也是由生产的过程本身来决定。

“没有历史的人”于是被拉进一个驾驭世界资源以求累积资本的体系。可是这不表示所有供应商品给市场的生产方法都是资本主义式的。根据曼德尔的说法，资本主义的世界经济是一个生产的资本主义关系与非资本主义关系互动的体系，由交易的关系加以联系，而交易的关系又为资本的累积所主宰。在某一个时期，这个体系中的某些部分和区域，对其运作是有中心的重要性，其他部分和区域居于辅助和边缘的地位，供应中心商品和劳力。随着时间的流逝，中心和次要区域的分布可能会改变，因为资本累积的需求可能将辅助的部分提高到中央的地位，或者将以前的中央部分贬低到边际的地位。

虽然中央的部分和区域直接由资本主义方式的生产关系所主宰，但是在辅助的边际地区，还是可以容许、维持，甚至加强以亲属关系组成或贡赋的方式所建立的各种社会安排。这个情形往往发生在非常有限的政治和经济自主权的条件下。首先，这些社会为了追逐其独立的利害关系，必须放弃其实质的主权与部署武器的能力。其次，它们逐渐放弃重建其社会网络与阶级组织的能力，而又未能参与由资本主义所主宰的市场。它们的人民，由于是商品生产者与劳工，成为资本主义的后备部队，在前进的时候加以动员，在后退的时候释放回其居住区或飞地。因而，世界上一个又一个民族的生活被资本主义的方式所重塑，或听从资本主义方式的命令。

第 12 章

新劳工

资本的本质是可以购买劳动力并使之工作，动员社会的劳力。这样做需要一个市场，在这个市场中人类工作的能力可以像其他商品一样被购买和出卖。购买劳力者付出工资，出卖劳力者接受工资而报之以一种商品，也就是自己的劳力。市场让人误以为这种买卖是双方对等的交易，但是事实上市场的交易却促成不同阶级间不平衡的关系。通过这种交易，工人以工资的形式得到其劳力产品的一部分，而将剩余部分作为剩余价值出让给了资本家。

在资本主义生产方式的支持下进入工业或种植园农业的工人阶级，构成了世界上一个新的现象。在 19 世纪，许多观察家很了解这种新奇事物。这些工人阶级的出现是现代历史和社会科学应该研究的事，但是学者们只是很迟疑地承认它们在创造各种新社会方面所发挥的作用。它们在历史舞台上的出现，使人害怕群众的侵入和社会的骚乱，以及对于即将来临的社会革新的夸大希望。对于那些主要注意有权势者行动的历史学家来说，新的工人阶级没有历史，只有一部反动的历史。对于那些认为社会学主要是“道德”科学的社会科学家来说，这些新出现的“群众”意指无根之萍与社会的反常状态。对于那些支持提高人类精神成就的人文学者来说，无产阶级使人想起在罗马城中圈马的东哥特人。对于革命分子来说，工人阶级具体表现社会转型的实现，这些“新人”是文明的一个对立面。

即使在社会科学家开始更仔细地研究这些“新人”以后，他们仍然视这些人为社会问题（由于脱离部落或移民，他们与自己的祖先分离而产生问题），而不视他们本身便是社会中的行动者，对新的情形做出回应。甚至是研究劳工的历史学家最初也是集中精力于劳工组织与劳工运动的历史。他们注意的是如何超越一个情形，而非描写这个情形的本身。于是，研究工作主要是注意不存在的事情，如一度存在而现已不存在的情形与特征，以及将来的情形。学者不大谈当时存在的事情，也就是工人阶级存在的关系矩阵及内容。一直到最近，某些社会历史学家才开始写工人阶级的历程和关系的历史，其态度就好像是开始写在演化永久性停滞状态中止步的人口一样。事实上，历史的这两个分支只不过是一种历史。各大洲上“没有历史的人”的轨迹，在欧洲扩张和资本主义生产方式所创造的较大矩阵中相互汇聚和吻合。

劳工市场

在 19 世纪，工业化与农业中大规模经济作物的引入加速进行。在资本流向新的有利地区和进入新的活动范围以后，它将机器聚集为愈来愈大的集合体，并将愈来愈多的新劳动群众引入日渐成长的工业队伍中。由人而非机器决定工作速度的生产（Landes，1969：121），愈来愈让位于由机器决定工作速度的生产。政治经济被重新塑造，社会关系破碎又被重新组织，人们则由供应的地区搬到需求的地区。

许多指数说明生产额的增加，并反映对工业劳力日增的需求。自 18 世纪下半叶工业化的开始起，世界上的蒸汽动力在 1850 年估计达到 400 万马力，而在仅仅 20 年后达到了 1850 万马力。煤的生产对于工业主义的成长有重要的作用。1800 年，它的产量为每年 1500 万吨，1860 年为 1.32 亿吨，1900 年为 7.01 亿吨。世界上含铁矿物的生产，由 1820 年的 100 万公吨，上升到 1910 年的 6500 万公吨。由煤、褐煤、石油、天然汽油、天然气和水力所生产的无生命能量，1860年达11亿“兆瓦时”，1900年达61亿，1950年达210亿（Cipolla，1962：48，49，51；Woodruff，1971：9）。铁路轨道由1831年的332千米，增加到1876年的30多万千米。汽船的吨数由1831年的3.2万吨，增加到1876年的330万吨（Hobsbawm，1975：310）。世界各地的港口堆满了种植园的产品，等待装船运往欧洲和美洲。

生产单位的规模增加，加速了对劳力的需求。在19世纪20年代，英国兰开夏郡普通的纺织厂雇用100—200个劳工。但是1851年在奥尔德姆（Oldham），三分之一的纺织工人已受雇于有不止250个劳工的工厂（Chapman，1972：26；Foster，1974：91）。到了1841年，半数以上的奥尔德姆矿工，都是在雇用有不止200个工人的矿场上工作。更大的工人群体也早早出现了，而且后来愈来愈普遍。因此，1815—1816年罗伯特·欧文（Robert Owen）在新拉纳克（New Lanark）雇用了1600—1700个工人（Chapman，1972：32）。1849年，英国最大的制铁工厂（在新道莱斯〔New Dowlais〕）有7000多名工人（Landes，1969：121）。1848年，埃森（Essen）的克虏伯工厂（Krupp Works）只有72个工人，但是到了1873年已有近1.2万人。在法国的勒克勒索（Le Creusot），1870年施奈德公司雇用了1.25万名工人，占城里面一半的人口（Hobsbawm，1975：213）。同样地，种植园农业也需要劳工。在秘鲁沿海的一个种植园集结了约2000名劳工，而爪哇的种植园也有好几千名劳工。

资本主义方式开创的新劳工制度，在抓住机遇和满足发展要求方面赋予资本主义企业家极大的灵活性。在以亲属原则组织的生产方式中，人们不能雇用或解雇亲属。在贡赋性的生产方式中，大地主必须用武力或其他相当的办法，去增加或减少他所管辖生产者的人数。甚至，奴隶主操纵其劳力供应的能力也有限制，因为他必须保护他在奴隶上的投资，在他们不工作的时候也必须养活他们。相反，资本主义企业家，可以适应不断变化的情况，而雇用和解雇劳工或改变其工资。利润率的变更可以导致供应和劳力报酬上的变化，因而也导致劳工市场规模与性质的变化。资本累积的增强开启劳工市场新的部分，或扩大旧的部分。资本累积减缓会减少工作机会，或者将工作机会转移到劳力成本较低的区域。当资本累积发生变化时，它在对劳力的需求上所造成的改变，又更改不同工人阶级出现和稳定化的条件。

在资本主义之下，企业家也可以改变使用劳力与机器的比例。他可以召集更多的劳工去操作现有的机器，或削减其工资经费，以机器替代人力。资本主义生产方式在不断地求取资金累积的过程中，在历史上往往增加投资在工厂和原料上的资本，而减少花在劳力上的资本。使用机器以扩大生产规模的工业单位，在减少每个生产单位的劳力成本时，往往想以较高的劳力对工厂的比率去取代工业单位。不过这个趋势在时间上并非呈直线性发展，而是在任何时候也非普遍的。在任何时间，资本家之间的竞争，造成各种不同的工业、工业分支和各工业内的企业单位，其资本的配合比很不一样。因而，倚重机器和原料甚于倚重劳力的工业单位，将永远与倚重劳力的工业单位共存和对抗。

特殊的情形事实上可能有利于高劳力、低机器的配合比。例如，无技巧和低工资的妇女和儿童，在有充分水力供应的工厂中使用较古老的阿克赖特滚轴纺纱技术时，一度可以与生产力比较高的骡机竞争（Chapman，1972：20—21）。欧洲大陆纺织业制造者对机器的反应虽然比较迟缓，但也可以与英国竞争（Landes，1969：Chap.3）。有时候，那些以较高的机器对劳力的比率工作的企业家，如果将工作过程中的几个阶段交由比率较低的工厂去做，也许是有效率和有利润的。为了降低每一产量单位的生产成本而增加工厂和公司的规模是可以的，但可能在增加到某一临界点上时，其单位生产的成本便不再改变，甚至可能上升。这些临界点不仅是发展的机械过程的结果，也与集中、地点、管理、劳工纪律和需求有密切关系。因而，那些拥有较高的机器对劳力的资本比率的工业，可以引起结构成分较低的工业的兴起。

有不同资本比率的工业单位，其间的变异会影响劳力市场，造成劳力需求在量上与在质上的变异。其结果是劳力市场被“分割成许多部分”和“分化”，而非均质的（Gordon，1972）。在任何时候，拥有较高的设备对劳动力的资本率的那些工业，要求高层次的技巧与正式的或在职的训练，并且支付较高的工资和身份报酬，希望其劳动力能够稳定。而拥有较低的设备对劳动力的资本率的那些工业，支付较低的工资，不顾身份报酬，不重视技术和训练的要求，并使用不稳定或轮换的劳动力。因而，劳工市场的各个部门，以及回应在这些部门中产生出来的要求的工人，彼此之间划分等级。最上层的是收入与名望均处于顶端的“劳动贵族”。底层是就业情形不稳定的工人，他们的工资也低。这样的等级组织可以描写一个指定了的工业场所的情形。它可以形容与不同工业分支有关的工业区域间的对比。就国际上来说，情况也是这样。在不同的国家和大洲，从事不同工业职业的劳动力也分等级。

资本与劳工市场的分布，以及它所造成的劳动力在地方、区域、全国与国际上的变异，绝非固定和稳定的。正如工业企业家的先驱在竞争中可能倒在路边一样，昔日的“劳动贵族”也可以为机器所取代，成为明日劳动力的冗赘部分。在资本主义制度下技术变革的历史，充满技术劳工失去技术的例子（Burawoy，1979；Warner and Low，1947）。同时，位于一个区域的劳动阶级群体，可能因为资本移动到另一个区域，而被丢进半就业和失业的“工业后备部队”中去。在第二次世界大战后，由于工厂和资本迁移到美国南部，新英格兰的纺织工业逐渐式微。在比较晚近的时候，制造业又迁移到中国台湾、香港和韩国这些劳力比较廉价的地区和国家。这些现代的例子都可以说明，在资本主义生产方式的支持下一个不断重复的过程。

工人阶级

当“工人阶级”一词在 1815 年前后出现时，它是个复数词，形容众多的阶级。虽然各处工人阶级的发展都“复制”劳力与资本的一般关系，但是特定的工人阶级的特征仍然很不一样。它们的起源不同，进入劳动大军的点不同、成分不同，与其他群体和社会类别的关系也不同。

起源的不同可以把变动中的资源交由新的工人阶级处理。像法国西南部的卡尔莫（Carmaux）吹玻璃工匠这样的群体，他们所从事的工人阶级职业与同一区域矿工的职业不同。吹玻璃工匠是一个有广泛“国际性”关系的流动技巧工匠团体的后裔。矿工是小农的后裔，有本地的根源，说本地语言，在农闲时候兼职矿工。在失去了土地以后，他们便愈来愈依靠工业采矿，而彼此间在技巧和身份上的差异都消失了（Scott，1974；Trempé，1971）。在德国的工人阶级中，技巧工匠占有很高的百分比。俄国的工人阶级则大半由农民的子女中征召而来（Walker，1971；Moore，1978；Lyashchenko，1949）。有的国家，其工人阶级来自国内。而有一些像美国这样的国家，其劳动力主要是由国外输入的各种族群和人群。

征召工人阶级的特殊环境，又进一步加强了工人阶级的可变性。“旧的”工人阶级与“新的”工人阶级有不同的特征。英国的工人阶级又分为许多的“行业”，并且应征在比较小的工厂中工作。他们所回应的市场需求，与19世纪后期的俄国工人阶级（Gordon，1941）、20世纪最初几十年的中国工人阶级（Chesneaux，1962），或在20世纪20年代进入罗得西亚铜矿的本巴人（Epstein，1958），所面临的市场需求很不一样。

各工人阶级的成分也不一样。征召进入工业化第一个阶段的英国纺织工厂的劳工，大部分是妇女、儿童和贫穷的学徒。早期新英格兰的工厂工人大部分是未婚的年轻女子。相反，1850年以后开工的孟买工厂，其劳工大多数是成年的已婚男子。工人阶级在地点、地理范围和支持他们维持生计与繁衍的社会关系能力上，也有不同。在1850年前后的英国工业城镇，工人阶级的组成单位是核心或主干家庭。它们应付存活问题的方法是送妇女与儿童出去工作，或是集结为较大的家族团体。在奥尔德姆的纺织业中心，三分之一11岁以下儿童的母亲都出去工作，四分之一的儿童本人也出去工作。许多家庭挤在共享的房舍中一起生活（Foster，1974：96—99）。同时，工业城镇的人们又努力与乡下的亲属维持关系，并且着眼于尽量扩大相互的利益（Anderson，1971：999）。与英国的情形相反的是，印度的纺织工人把妻子、儿女留给他们在老家村落的联合家族，在工作一段时间后换其他家人去接替他们的工作（Morris，1960）。在其他地方，工人阶级的经历只是生命周期中的一个阶段。譬如，征召到新英格兰纺织工厂做工的，主要是拓垦农民未婚的女儿。她们的工资使其农耕家庭可以留在这个地区，女子在结婚的时候再回到自己的家庭。在南非，生命周期中的这种往返移动被写进了劳工契约。工人由不同的“部落”特居地带来到矿场，而在其契约终结时又被迫回到其“部落”特居地带。因此，永久居留工人阶级的发展受到抑制。在 1879—1918 年进入美国的移民中，男性大约比女性多一倍。距离与旅费的因素使得他们不容易回到原居地，因而大部分移民留在了新世界。即使如此，19 世纪 80 年代以后，大约三分之一的新移民，仍旧回到了欧洲（Rosenblum，1973：72—73，126）。

于是，工人阶级的特征不仅是由工资关系决定，也是由亲属关系、地点和社会关系决定。这些因素由其故乡的村落和街镇，一直涵盖到工业地点的新街坊邻居。一个工人与其留在故乡的父母和兄弟姐妹、未婚妻、妻子和儿女有关系；与新居留地的亲属有关系；与劳工老板、移民经纪人、放贷者、教士有关系；与朋友、邻居、工人同事，以及在寄宿酒店和工会会堂的相识有关系；与教会、丧葬机构和“风筝俱乐部”① 有关系。工人阶级不单是在工作的地点形成的。他们是许多伸入较大社会的联系所产生的。这个较广大的关系网络也决定了工人阶级的政治活动，如特殊工人阶级质疑雇主和政府的能力，组织协会、工会及政党的能力，以及改进其工作与生活情况的能力。

城市化

工人阶级的发展，与 1800 年以后城市的加速发展有关系，也与城市人口的规模、密度和异质性有密切关系。1600 年，只有 1.6% 的欧洲人口住在有 10 万或 10 万以上居民的城市里。1700 年，这个数目是 1.9%。1800 年，这个数目是 2.2%。工业化的先驱国家英国也引领城市化。1801 年，英格兰和威尔士大约有十分之一的人口住在有 10 万或 10 万以上居民的城市。到了 1840 年，这个数目翻倍，到了 19 世纪末又翻倍。到了

① “风筝俱乐部”（Kite-flying）一般是指民间的经济互助组织。——编者

1900 年，英国已是一个城市化了的国家（Davis，1965：43）。欧洲其他国家的工业化虽较英国为迟，但是不久也走上了与英国类似的城市扩张之路。

人口朝向与大规模工业有关的人烟稠密的大城市移动，是较早趋势的反逆。在 1600—1800 年的 200 年间，外包工制的普及使“工业化以前的工业化”岛屿散布在各地的乡村。在这段时期，虽然整个人口有了相当大的增长，但是住在有 2 万人口以上城市的欧洲人，没有显著增加，甚至还可能减少（Tilly，1976）。或许是由于愈来愈多的农业劳工和工匠进入乡村的家庭手工业，人口由大的中心迁移到较小的城镇和乡村。1800 年以后，资本主义的工业化把人口往反方向拉。它在将乡村地区变成工业劳力的储备地区时，也使乡村不再是工业化的地区。

走向城市的集中化转变，不仅是在量上的。在将人口配置到空间和活动上时，其机制也有质上的改变。旧日政治行政、贸易或象征性的沟通的中心，现在变成新生产方式的枢轴。机械制造促成像曼彻斯特和埃森这样的新工厂市镇的兴起，并且在已有城市的周围创造了一圈工业地区。金融服务的发展与企业沟通的需要，促成有银行、办公室和俱乐部的企业区域的成长。新兴的工人阶级住在工人阶级的街坊或区域，其特色是大规模修盖多家合居的住宅，或“多人居住的简易统一的出租房舍”。港口有了设施。铁路轨道、调车场和车站，改变了城市的景观。在工业区、工人阶级居住区和货运调车场以外，工商业巨头修盖了新的豪宅和乡间别墅。

流动的劳力

为了顺应对劳力日增的需求，劳力开始由人口就业率低，或不能再从事农业或家庭手工业的地区，走向工业和农业活动繁多的地区。资本主义随后的成长和扩张，引起人口大规模迁徙，因为人们会从劳力和资源过多或无所事事的地区，迁移到新的重要累积区。这并不是说人口的迁徙永远是回应需求的上下波动。劳力往往受到严格的制约，政府也不愿见其人民向外移民。有的时候，人口的迁徙发生在经济活动上扬以前而非以后。劳工多了，工资便下跌，有利于投资。不过资本主义通常随时随地都可以找到它所需要的劳工，而迁徙的活动又将劳力带到地球上的每一个角落。

在讨论迁徙这个题目时，社会科学家往往区别“国内”与“国际”的迁徙，或以人口“在本洲以内”的迁徙与在“各大洲间”的迁徙做对比。对于迁徙的人或接受迁徙者的人口来说，长距离或跨越政治界限的搬迁，都会造成后勤与交通上的特殊问题。可是起源点与目的地之间社会与文化差异的大小，却不是由地理上的距离或政治的界限决定。我们也不应该用与历史无关的民族认同标准，来臆断迁徙者所经历的疏离程度。在欧洲，19 世纪是一个国家建设，经济与政治融合，语言标准化，以及创造、强迫接受和传播霸权的文化模式的世纪。这些过程在 19 世纪开始的时候就发动了，但仍然还未步入正轨。同一个国家的居民，彼此经常因为语言障碍和文化上的不了解而分开。城市与乡村之间、阶级之间、区域之间的内部障碍，与国家之间或洲际迁徙者面临的障碍相似。

认为迁移的人承载和代表一个均质和整合的文化，而且他们或是保留或是放弃整个文化，这个观点是不对的。我们对于文化模式所知甚多，知道它们的内部经常有矛盾，而且它们也可以与其他文化模式合并。一个祖鲁人或夏威夷人，在学习与忘却文化方面，不比一个波美拉尼亚人（Pomeranian）或中国福建人更感困难。对于迁移的人来说，重要的是当他到了一个新地方的时候，他的职位身份，这种职位身份决定他可以应用以前哪些资源，而又必须取得哪些新资源。

迁徙者的职位身份主要不是由他本人或他的文化决定，而是由他处境的结构决定。在资本主义的生产方式下，这种结构是在其特殊的时空运作中的资金与劳力关系所创造的，也就是劳力市场的结构。人可以因宗教、政治、生态因素，或其他的理由而迁移，但是 19 与 20 世纪的迁徙却大致上是劳力的迁徙，也就是劳力承载者的迁移。当然，这些劳力迁徙也带上了报纸编辑，去为波兰的矿工或德国的金属品制造工人出版报纸，带上了小店主，去为移民供应面食或红豆，带上了宗教人士，抚慰天主教徒或佛教徒的心灵，以及其他的人。每一次迁徙不仅是将人力搬到新的地方，也将提供服务与资源的人力搬了过去。而每一波迁徙又在目的地产生供应服务的人，不论这些人是劳力经纪人、商人、律师，还是操作打击乐器的演奏者。

在资本主义的发展中，显著的迁徙有 3 次，每一次都是回应对劳力需求的重要改变，每一次都创造了新的工人阶级。第一次迁移是与欧洲工业化开始的时期有关。由英国开始，这些最初朝向资本主义工业的迁徙只涵盖短的距离，因为工业发展本身还是地方性和有限的。因而，1851 年在兰开夏郡的棉织市镇普雷斯顿（Preston），大致一半的人口是移民，而其中 40% 是由离其出生地不到 10 英里的地方来的，只有 30% 来自 30 英里以外的地区。然而，14% 的移民出生在爱尔兰，是 19 世纪 40 年代爱尔兰移民潮的一部分（Anderson，1971：37）。这些流动虽然是地方性的，但是到了 19 世纪中叶已使兰开夏郡成为英国城市化程度最高的郡县。它的一半人口住在人口数量超过一万人的 14 个市镇中（Anderson，1971：32）。

在 19 世纪 20 年代，由于说瓦龙语（Walloon）的南方省份的工业城镇兴起，比利时紧跟着英国，开始了工人从乡村向城镇的迁移。在 30 年代，普鲁士的威斯特伐利亚（Westphalia）、莱因、柏林和勃兰登堡等省份开始工业扩张，由普鲁士东部的农业区域吸引来大批的人口（Milward and Saul，1977：44—46）。大规模的普鲁士贵族地产整合与机械化，使昔日依附在上面的农民流离失所，人口的流动在 19 世纪的最后二三十年大为加速。

资本主义下第一波的劳力迁徙将人口带到欧洲半岛以内的各工业中心，而第二波则把欧洲人带到海外。据估计，1800—1914 年，5000 万人永远离开了欧洲。这种迁徙最重要的目的地是美国。1820—1915 年，美国吸收了约 3200 万移民，其中大部分来自欧洲（Rosenblum，1973：70）。人口的大量注入为美国的工业化提供了劳力。

第三波迁徙将来自各处的契约劳工带到了日益扩大的热带矿场和种植园。这种流动代表好几种发展，如南美矿场上流动劳力的确立、印度和中国契约劳力贸易的成长，以及意大利劳工在赞助下迁徙到巴西的咖啡种植区。这些流动不仅为热带生产的大量增加奠定了基础，也在交通与运输的基础设施建设方面有重要作用，而这些基础设施是进一步加速资本主义发展的先决条件。

美国

英国、比利时和德国大致是通过国内与洲内的移民征召其工人阶级，而美国则是用大帆船和汽船输入了工人阶级。当然，这种对移民劳力的依赖是在美国工业化开始之前。我们在前面已经讨论过非洲人被强迫迁徙到新世界，包括日后在英国纺织业发展影响下的南部产棉区。在美国独立战争以前来到的欧洲移民中，许多人是为了希望在新世界立足而接受临时服务契约约束的。这些服务契约劳工可能占所有早期移民的三分之二。之后，到了 18 世纪，来了 25 万名苏格兰－爱尔兰人。他们先是由苏格兰低地转移到乌尔斯特，而后又为苛捐杂税与日益增长的什一税所迫，放弃乌尔斯特而移民美洲。自 18 世纪以来，美国的另一群移民是苏格兰高地人，他们是被绵羊或日益升高的租金赶出来的。领导他们的人是酋长家族幼支的头人，其作用是酋长与平民之间的居间人（Fox，1976：112—113）。还有 25 万移民来自德国的西南部，这一带是贫瘠与分散的农业区。但是一直到拿破仑战争结束以后，大量移民才开始进入美国。

在 19 世纪 20 年代，15.1 万名移民来到美国。在 30 年代，这个数目增加了 3 倍，为 59.9 万人。到 40 年代，它又增加到 171.3 万人，50 年代为 231.4 万人（Jones，1960：93）。使这些人离开欧洲的原因，主要是工业资本主义的扩张与农业的商业化。在工业资本主义扩张以后，工匠流离失所，家庭外包工的制度也被破坏。农业的转型，使爱尔兰人和德国西南部农民的租金、抵押和负债增加，并为了养绵羊和牛，将苏格兰、英格兰和斯堪的那维亚的农民由土地上驱逐出去。因而，1820—1860 年，美国主要的移民群体是由爱尔兰（200 万人）、德国西南部（150 万人）和英伦三岛（75 万人）来的。美国当然不是这种迁徙唯一的目的地。在 1818—1828 年，25 万德国人在俄国定居下来。又有一些人去往巴西。许多爱尔兰人也在加拿大及其沿海诸省定居下来，或在澳大利亚觅新居。新移民到达美国以后，加速了资本主义的工业化，马尔德温·琼斯（Maldwyn Jones）说，“如果不是移民潮储备了廉价的劳力，则这个时期工厂制度和大运河与铁路的发展，便不会如此快速地出现”（1960：132）。就这一点而言，爱尔兰移民所发挥的作用尤其重要。他们与美国的黑人激烈竞争，很快便垄断了这个时期建筑工程和工厂作业的非技术劳力市场。

1860—1890 年，更多的英国人、瑞典人和易北河以东的德国人来到美国。1865—1875 年，价格低廉的美国和俄国谷物的进口，使英国、瑞典与德国小麦的生产崩溃，而使许多农民流离失所。“大萧条”也影响到德国和英国煤矿的开采、钢铁的生产和纺织品。许多矿工、冶铁工、纺纱工和织布工都到新世界来找工作。他们之中，农民尤其受惠于铁路发展和中西部及西部诸州授予他们的土地。

在 1890 年前后，欧洲向外移民的地区由欧洲北部和西部转移到南部和东部。新移民主要是在意大利南部、奥匈帝国和巴尔干诸国失去土地的农民与农业劳工。此外，还有来自俄罗斯帝国的波兰人、犹太人和伏尔加德意志人；俄国人自己大多移民到西伯利亚。新来者在若干工业地点和职业上很快取代了以前的工人。在 1890 年以前，宾夕法尼亚的矿工大都来自英国或德国，但是之后他们主要是波兰人、斯洛伐克人、意大利人和匈牙利人。虽然新英格兰纺织工厂的工人以前主要是法裔加拿大人、英国人和爱尔兰人，但是新的纺织工人则是葡萄牙人、希腊人、波兰人和叙利亚人。在成衣业，俄国犹太人和意大利人抢了德国人、捷克人和爱尔兰人的饭碗。

欧洲劳力大规模的注入，对于美国科技发展的方向有显著的影响。19 世纪上半叶，资本主义企业家面临劳力相对短缺的情形。那个时候，想务农的人便可以得到土地，工匠也有就业的机会，这使许多新来者不愿从事工业工作。各种工人的工资都比较高。这个现象似乎促进了节省劳力器械的发明，并将它们较早引入工业（Habakkuk，1962）。之后，工业上无技巧的工人由欧洲南部和东部大量涌入，又促进不依靠机械技术的机器和合理化生产过程的进一步发展。1908 年，美国移民委员会（U.S. Immigration Commission）说，新移民纵然缺乏技巧，却往往进入高度资本化了的工业：

图 12–1　意大利移民去往埃利斯岛（Ellis Island），约 1905 年（The Granger Collection, New York）

> 他们之所以能在美国的矿场和制造工厂就业，只是因为许多机械器械和工序的发明。这些发明消除了昔日大部分工作所需要的技巧和经验。（Rosenblum，1973：76）

绝大多数在外国出生的工人，进入无技巧和工资低的工业职业。虽然他们在新职业中取得的报酬比以前在欧洲的所得高得多，但是机械化与无技巧移民劳力的结合使美国的企业家可以把工资压得很低（Douglas，1930；Rees，1961）。到了1900年，意大利人、斯拉夫人、希腊人、葡萄牙人、法裔加拿大人和俄国犹太人，已经在供应美国主要工业的大部分劳力。没有这些人，美国在1880—1900年所发生的工业扩张，便不可能（Jones，1960：312）。

矿场上所用的劳力：南非

前面已经谈到（第11章），在美国走向全盘工业化的同时，南非也开始步入资本主义发展的道路。在南非奥兰治河和瓦尔河（Vaal River）以北的地区，人们在19世纪的最后三四十年发现了钻石和黄金。南非发展的核心地区，也随之迁移到这些内陆地区。最初，钻石和黄金都是露天开采。有的时候特别的工作项目以契约包给白人企业家做，由这些企业家组织劳工群体。虽然有些非洲人支付了做全职挖掘者规定的许可费，但是到了1876年，工资较高的技巧工作却由白人挖掘者垄断（Welsh，1971：181），而非洲劳工只能签约做三个来月的短工。到了1892年，技术工人已组成一个工会，以防管理部门为了降低劳力成本而使用非洲劳工，或赞助英国人进一步移民南非。

1899—1902年，由于英国与布尔人之间为争夺对南非的政治控制而作战，采矿作业中断，并减少了一半的可用劳力。可是到了1906年，各个矿场又全面开工，其所用劳力有1.8万名白人、9.4万名非洲人，以及5.1万名中国契约佣工（Houghton，1971:15）。1907年，白人技术工人罢工，反对管理部门增加中国移民和以黑人劳力取代白人劳力的计划。当失业的布尔人被拉来当破坏罢工者时，罢工便平息了。可是它所造成的结果，却是遣返中国矿工，并加强就业方面的种族隔离。

到了 1912 年，大多数的白人矿工均来自南非以外的地方，如英国、澳大利亚、美国等地。这些白人构成了技术劳力。相反，非洲人是无技术的流动工人。他们签为期 6—8 个月的契约，工资为白人工资的十分之一。

雇用非洲人为临时劳工的想法，在开矿最初 10 年根深蒂固。在 19 世纪 80 年代，这个想法又与在非洲劳工契约期间把他们局限在自己所住地方的概念结合。这个办法最初是在金伯利的钻石矿场确立下来，部分是为了使非洲矿工不再非法地将钻石售予商人，部分是为了控制逃亡。自此以后，这种封闭的“综合住宅”便成为钻石矿场的一个特色。地方上的商人最初抗议矿业公司为其关起来的劳工成立公司的商店。当黄金矿场后来采用“综合住宅”的制度时，这些综合住宅是开放式而非关闭式的，以回应地方上店商的反对（Welsh，1971：180）。

从一开始，采矿业便不仅吸引了南非本地的工人，也吸引了远在尼亚萨兰（Nyasaland）和莫桑比克的工人。1911—1920 年，矿场开始日渐依靠由所谓“原住民保留区”进口的临时契约劳工。这些保留区是专为非洲人居住而划出的领地。它们所占的地方包括南非联邦全部领土的 13% 左右，以及贝专纳兰（Bechuanaland，今日的博茨瓦纳）、巴苏陀兰（Basutoland，今日的莱索托）和斯威士兰等英国的“保护国”。这些地区理应给矿场供应流动劳力，也为流动者的家庭和老年人提供基本的生计。然而，原住民保留区的制度，只构成较大劳力控制系统的一个组成部分。这个系统同时牵涉为白人农场主安排非洲劳力的供应，并且不许非洲人在街镇和城市作永久性的合法居留。1913 年的《土地法案》（Land Act of 1913），将仍留在白人所拥有土地上的非洲人，指派给农场主为“劳力佃户”。这些佃户为农场主服定额的劳役以交换在其土地上居住的许可。这样的劳力使白人农场主可以扩大粮食作物（尤其是玉米）的商业生产，以供应日渐成长的矿场和城市，而同时又减缩住在保留地上非洲农民的经济作物销售。这个情形促进了白人所拥有的商业性农业，也抑制了耕种经济作物的非洲农民的成长，使保留地只能生产生计作物。保留地的制度也造成矿场上的工资降低，因为矿场主人可以付给非洲劳工低于生计所需的工资，而《土地法案》又禁止劳力由白人的农场迁移到市镇。

劳力控制政策的另一个要素是“通行证”法。这些法律规定非洲人必须随身携带居住许可证、寄宿许可证、其雇主所给的证件、宵禁通行证，也允许政府将它认为多余的非洲人由一个地方迁移到另一个地方。这些法律使非洲人不能自由流动。还有进一步的法律规定旷工与违反纪律犯法。这些法律的作用是抑制一个稳定的非洲工人阶级在市镇中的成长（一个可以对经济和政治制度提出要求的阶级），而强迫城市中的非洲人与其保留地维持关系。而同时，白人工人又可以担任监督性的职位和得到报酬上的好处，因而造成了一个由政治手段维持的分裂的劳力市场。

自第二次世界大战以来，南非采矿业以外的工业发展大为加速，将愈来愈多的南非黑人劳工引进采矿业以外的工业工作。为此，矿业公司在南非联邦以外的地方加强寻找廉价的流动劳力，如马拉维和莫桑比克。这个政策得以在采矿业以及采矿业以外的工业，将非技术性劳力的工资压得很低。

为种植园主供应劳力：东印度

在英国、欧洲大陆的西北部，以及南非高地的杂树草原进口劳力，操作其新型的工业机器时，世界上的其他地区也在寻找新的农业劳力资源。随着奴隶制度被废除，大都是种植甘蔗的种植园农业“老”地区，便失去了奴隶劳力的供应。在加勒比海的某些小岛（如巴巴多斯和圣基茨岛）上，获释的奴隶因为别无选择，只有仍然为其从前的主子工作。但是在像特立尼达和牙买加这样较大的岛屿，以及在大陆上的圭亚那（当时叫德梅拉拉〔Demerara〕）蔗糖殖民地，昔日的奴隶却得以在种植园以外取得土地，而拒绝为旧日的种植园工作。种植园主由于面临毁灭的可能性，开始奋起寻找新的劳力资源。有的时候英国人拦截去巴西的奴隶船，在名义上释放了那些奴隶，而后却把他们送到西印度的蔗糖岛屿（Furtado，1963：135）。

但这些不过是权宜之计。除了替代旧日劳工供应的呼吁以外，不久又有了新的需求，因为商业农业的规模日益扩张，需要愈来愈多的劳力。在旧日种植甘蔗的地区以外，进口劳工有时也有政治上的理由。譬如在马来亚，英国人决定维持马来农民阶级的完整以及他们与村落头人及统治阶级贵族的纳贡关系，因而为了满足种植园对劳力的需要，有组织地由印度引进服务契约劳工，由中国引进契约劳力。

虽然中国劳力主要是用于采矿和建筑工程，但是印度的服务契约佣工却主要是用于种植园，尤其是位于大英帝国以内的种植园。在莫卧儿王朝的统治下，已有成群的男人担任挑夫或在船上做劳役。到了 18 世纪末，在东南亚的所有港埠都有印度的劳工，雇用期为 2—3 年。可是廷克（Tinker，1974）所谓的“第二次奴隶制度”发展的诱因是 1808 年废止奴隶贸易与对廉价和温顺劳力的突然需要。这个情形尤以在热带产糖的种植园为然。

圭亚那想要印度的劳工。自 1836 年起，牙买加和特立尼达也想要印度劳工（目前，圭亚那人口中有 50% 以上的东印度人，特立尼达是 40% 左右，牙买加是约 2%）。东印度劳力在 1835 年开始进入毛里求斯。到了 1861 年，东印度人构成毛里求斯岛人口的三分之二。1860 年，阿萨姆和不丹的茶叶种植园开始竞争移民。由 1870 年到 19 世纪末，70 万—75 万的劳工应征在那儿工作。斐济群岛在 1879 年开始需求东印度人。今日在那儿的印度人比斐济的本地人更多。在 19 世纪 70 年代以后，锡兰成为主要的劳动力需求地区。在 80 年代则是缅甸。20 世纪初是马来亚。在 1870 年前后，南非的纳塔尔开始输入东印度契约劳工，让他们在它的甘蔗种植园工作。据廷克估计，“在 1870 年以前的 40 年，100 多万的印度劳工到海外的热带种植园工作，不过这个数目也许高达 200 万”（1974：114—115）。

当英国人最初开始为在比哈尔的靛青种植园和加尔各答征召劳工时，他们十分倚重焦达那格浦尔高原（Chota-Nagpur plateau）的山居人口，如桑塔尔人（Santals）、蒙达人和奥昂人。这些山民在奴隶制度终止以后，随即被派往毛里求斯和圭亚那的服务契约佣工中，也很有分量。在 19 世纪 70 年代，他们参与向阿萨姆和不丹茶叶种植园的迁徙。除了这些山民之外，征召劳力的人也去往孟买、马德拉斯和加尔各答等英属印度诸省。在 19 世纪 40 年代，由于军队中的比哈尔人为奥德的婆罗门和拉杰普特人所取代，比哈尔也成了一个征召劳工的省份。之后，印度南部成为一个主要的征召场所，以至所有海外的印度南方人后来都被称为马拉巴尔人。去往锡兰、缅甸、马来亚和纳塔尔的劳工，大部分说泰米尔语。1945 年，最初来自东印度的人口在缅甸约为 100 万人，在锡兰为 75 万人，在马来亚为 75 万人，在毛里求斯为 30 万人，在斐济为 10 万人，在特立尼达和圭亚那为 30 万人，在纳塔尔为 10 万人。

为了进行这种服务契约佣工贸易，当时人们曾发明了一个复杂的运送系统。在印度，位于这种交易顶层的是一群副代理人。这些人通常属于中间人的少数分子群体，如犹太人、亚美尼亚人、印度基督教徒，以及欧亚混血儿。副代理人通常派出一名熟习当地情形的征召人。他或许直接与可能的人选接触，或许通过当地的群体领袖或征召者办事。在南方，这样的群体领袖被称为“Kangani”，这个词源自泰米尔语中的“头人”。到了 19 世纪中叶，一个“Kangani”往往通过忠于他的经纪人而管理一队新征召的劳工。征召是用贷款的办法，应召的人用这笔贷款清偿债务，开一次告别宴，并且买票。在到达地点之前，应召者必须解决一切债务。不幸的是，能不能到达最后的目的地却不可确知。在 19 世纪中叶，去加勒比海的每 6 名乘客中，便几乎有一人在这为期三四个月的旅途中丧生。

在 1830 年以后的一个世纪中，像马德拉斯省的坦贾武尔（英国人称之为坦焦尔）等地区，均经重新整顿，以适应印度劳工贸易的急切需要（Gough，1978）。在 19 世纪 30 年代，英国政府开始修复在征服期间破坏了的灌溉系统。到了 19 世纪中叶，坦贾武尔四分之三的耕地面积都得到了灌溉，转而进行稻米生产。1841—1842 年，灌溉稻米占这个地区出口货物的近 70%，到了 1868—1869 年，占 80% 以上。大部分的大米都是由海路运到锡兰、马来亚和毛里求斯等种植园属地。同时，英国的统治在坦贾武尔的土地保有权和劳力组织方面造成许多大的改变。英国逐渐将土地当作私产分配给村落管理者种姓的个别家户。新的土地拥有者有权与佃户磋商私下的租约，开除不想要的依从者，并随意雇用临时工人，而不必像以前那样与村落的仆人和佃户集体打交道。这样的改变促成居民的大批外移。在 1830—1930 年离开坦贾武尔的 100 万人中，大多数是“不可触摸者”或非婆罗门的农民低等种姓。其中，四分之三是男人，其余是年轻女子。坦贾武尔生产劳力和稻米以为外销之用，实际上成为英国种植园的人力与营养服务站（Gough，1978：42）。

为种植园主供应劳力：欧洲

农业劳力的另一个主要来源是欧洲。前面已经提到，1870 年以后，在德国东部普鲁士容克的庄园里，波兰工人已开始取代德国佃农 - 劳工。在巴西出产咖啡的地带，奴隶制度的终结也造成了一次劳力危机。当时已不可能利用葡萄牙 - 巴西小农的劳力，这些人与当地地主和其他权贵有密切的依从关系。有一段时间，有些巴西政治领袖想要引进签服务契约的“亚洲人”。最后的解决办法是输入意大利的劳工。政府给他们出旅费，当地的种植园主预支他们一年的工资，并给他们一小块种植自己生计作物的田地，以此津贴“自由”的意大利劳力。

意大利人向外移民，大致是由于自 19 世纪 70 年代起，意大利内部发生了一次农业危机（Schneider and Schneider，1976：120—125）。国有土地与教会地产的出售，使大地主可以增加土地面积，而小农又因农产品价格的下跌而被排挤出来。农产品价格的下跌，主要是由于俄国和美国小麦的竞争。制造品大量流入，也破坏了地方手工业。而葡萄根瘤蚜又毁灭了葡萄园。富有的地主开始将其流动资产投入工业（Mack Smith，1969：159），可是小农和劳工逃避这种挤压的唯一办法是移居别处，不论是季节性的、临时性的，还是永久性的。

最初，在 19 世纪 60 年代，意大利人在法国、瑞士、德国和奥匈帝国就业，但这 10 年间永久外移的人只有 1.6 万人。在 19 世纪 70 年代，永久外移的人增加到 36 万人，其中大约 1.2 万人去往阿根廷和巴西。而后，1881—1901 年，永久外移的人数上升了 6 倍，超过 200 万。1861—1911

年，永久离开意大利的人总计超过 400 万。其中，大多数人原来住在农业危机最严重的意大利南部；五分之四的人是农业劳工和建筑工人（Sereni，1968：353）。在 19 世纪初期和末期，南美是移民主要的目的地。去巴西和阿根廷的人比去美国的人多 2 倍。然而，到了 1901 年，这个趋势却逆转了。在 20 世纪第一个十年，去美国的移民比去南美的多一倍以上。不过到了那个时候，由于巴西政府为新劳力支付旅费，新的劳力供应使得巴西的咖啡种植园主能为飞速的工业发展奠定基础。

巴西的里奥克拉鲁

沃伦·迪恩（Warren Dean）曾经研究在圣保罗以北 150 英里的一个郡，以探究在巴西的咖啡种植园由奴隶劳力到移民劳力的转变。这个郡是里奥克拉鲁（Rio Claro）。在 18 世纪，里奥克拉鲁郡仍是腹地朝向外面荒野的一个入口。郡中住的是棚户。他们在砍烧田上种植生计作物，并且养猪以补充狩猎得到的肉类。少数人也出售猪和烟草。然而，到了 19 世纪 30 年代，或是通过土地的授予或是通过投机买卖，三分之二的土地已进入种植园主、商人、官员和城市行业者之手。被逐出的棚户向更荒凉的地区迁徙，侵入了原住民图皮人（Tupi）群体的地域。在接下来的冲突中，他们受到美洲原住民的愤怒攻击，之后他们进行还击，因此在图皮人与开发中的种植园之间，插入了一道障碍。

里奥克拉鲁种植园最初种植的农作物是甘蔗，它的种植者往往是有自己的加工处理工厂的种植园主。构成他们劳力的是非洲的奴隶、定居在种植园的依附劳工、当地尚存的棚户（做工资工作以补充其生计产品），以及为一项工作而受雇的流动劳工。

在 19 世纪 40 年代，咖啡被引入这个地区，到了 1859 年，这个郡已有 260 万株咖啡树。种植咖啡的钱是蔗糖利润的再投资，或由在圣保罗外港桑托斯（Santos）定居的英国和德国出口商出资。咖啡树的种植最初是由拥有奴隶的承包商把持。种植园主而后接管咖啡树丛，以自己的奴隶照管，他们也得买去壳所需的昂贵机器。土地、奴隶和设备的高昂成本，使

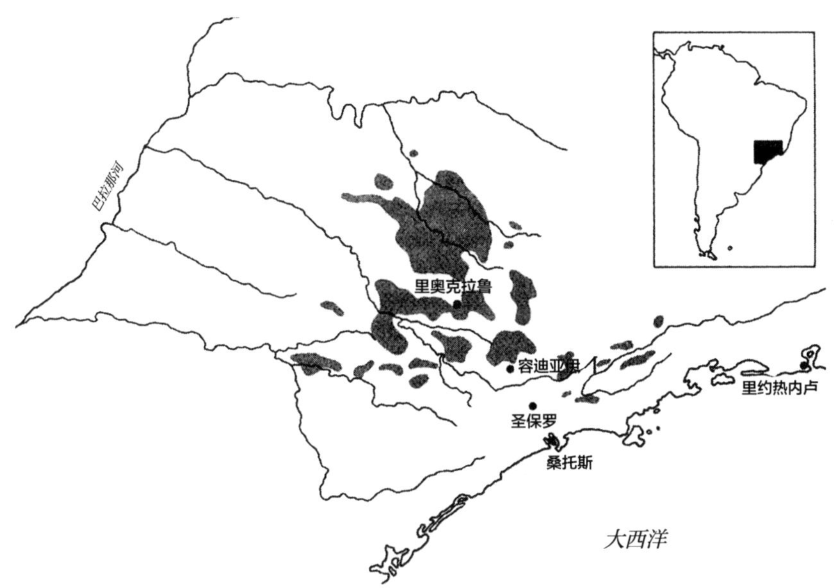

图 12-2　圣保罗地区的咖啡种植园

得集中生产比较合宜。到了 1860 年，11 个咖啡树种植者生产的咖啡占据了咖啡产量的 60% 还多。虽然咖啡成为主要的农作物，但是这些种植园始终未曾实现完全的专门化。种植园主种植自己的食物，饲养自己的驮兽，供养自己的工匠，虽然他们是从街镇购买制造品。

咖啡的生产稳定上升，在 1901 年到达最高点。促成它扩张的是一条新建的通往桑托斯港的铁路，以及当地种植园主与英国投资人的出资。咖啡被售予与种植园主有亲属或姻亲关系的经纪人。到了后来，种植园主自己纷纷迁居圣保罗市，让雇用的经理人代他们监管种植园。

虽然 1835 年非洲的奴隶贸易已被宣布为非法，但是在 19 世纪 70 年代，里奥克拉鲁一半以上的农业劳力仍然是奴隶。那个时候，巴西其他地区使用奴隶的情形已在减少。但是在里奥克拉鲁，由于种植园主由比较贫苦的区域和仍旧从事种植且拥有奴隶群体的企业主手中购买奴隶，奴隶的使用在里奥克拉鲁事实上在扩大。不过，奴隶人口不自我繁殖。杀婴的情形普遍，婴儿因其他事故的死亡率也很高。奴隶也经常逃亡，这给了职业的捕奴者被雇用的机会。在 19 世纪中叶以后，大多数的奴隶均是在巴西出生的，而劳力也变得越来越同质化，因而这些奴隶的反抗也日增。

为了补充劳力的供应，种植园主开始打移民的算盘。在19世纪四五十年代，里奥克拉鲁的有些种植园主已经试着引进了葡萄牙、德国和瑞士的服务契约劳工。1857年，这样的工人在里奥克拉鲁已不止1000人。可是，当这些欧洲人通过其领事馆抗议其工作条件时，这种尝试终于失败。于是，种植园主不得已回头再用奴隶的劳力。不过，奴隶的价格在其后20年稳定上升，而控制他们的成本也上升了。

在1888年废除奴隶制度以后，种植园主改为输入意大利的劳工。政府为这些人及其家人支付由欧洲来到桑托斯的旅费。新来者以家庭为单位被雇用，由男性家长指导工作。契约以一年为期，由收获的季节到收获的季节。工资是根据所需锄掘的工作以及收获到的咖啡量来支付。那些工人免交房租，可以在种植园的商店购物，被允许先拿东西，以后用做的工抵偿。他们也可以为自己种植生计农作物，不过这个情形常引起工人与种植园主之间的冲突，后者害怕他们因为去管自己家的果园、菜圃，而不能集中注意力于咖啡树。在每一次契约到期的时候，劳工便大迁移，去往生产力更高的种植园就业。

虽然种植园大部分的工作都交由这样的移民去做，但是一半的咖啡树仍然由临时雇用的巴西佃户劳工或结队劳工经管。结队劳工是未婚的意大利人或解脱奴隶身份而得自由的劳工，他们是订约出卖劳力的，在清理、种植和筑篱这样的工作中仍然很重要。

工资劳力的到来，在市镇的阶级结构上造成很大的改变。在移民佃户劳工中，只有约10%自己购买土地，通常他们得到了政府的津贴，因为政府想要稳定移民人口。剩下的移民佃户劳工或是回家或是加入市镇的劳动阶级。工资所供应的现金流动加强了商业。这个情形将新的商人吸引到市镇，商人而后将其利润投资于购买土地。解脱奴隶身份而得自由的人，通常被贬低到零工的阶级，与留在这个地区的棚户后裔一样。意大利的移民因而创造了人口中的“民族”分层。政府用当初由压榨巴西劳力所得的经费，给他们相当程度的津贴。

维持咖啡树生产力的工作做得很少。当生产力下降时，咖啡的边界便向更内陆的地区移动，而种植园主也一起向内陆移动。这个市镇被留在后方，其中住的是新的中产阶级——商人和专业人员，以及沮丧的劳动阶级。日后圣保罗市的扩展，逐渐将它吞噬。

中国劳工的贸易

中国是供应外部世界劳力的另一出处。在欧洲扩张以前，东南亚便有中国人。在 13 和 14 世纪的蒙古人统治期间，中国的穆斯林进入中国的西南边疆。他们中的许多人与亚洲南部进行陆上贸易。中国也在那个时候在许多岛屿上建立了商业定居点。然而，15 世纪中国政府禁止对外国的商业活动，它在海岸上创设无人烟的地带，以防止外国人与汉族接触。这个情形阻止了向外移民。不过，葡萄牙人通过澳门输出中国人。而“荷兰东印度公司”为了充实其总办公处所在的巴达维亚城，也在中国沿海劫掠中国人（Dermigny，1964，I：831）。

1842 年中英鸦片战争以后所签订的条约，取消了中国人向外移民的障碍，也允许外国企业家做“苦力”贸易，直接发掘中国的劳力市场。中国政治上的紊乱和经济上的危机，如太平天国运动，驱使许多人接受到国外工作的契约。不久，一个复杂的商人组织发展起来，促进这样的人口移动。如果一位企业家想在马来亚使用中国的劳工，他便可以在新加坡或槟城（Penang）接触一位“苦力经纪人”，“苦力经纪人”又向厦门、香港或澳门等地“饭馆”管理人发出劳力订单。“饭馆”管理人而后接触在村落层次征召劳工的“头人”。劳工或是自付路费，或是与“信贷票”经纪人签订服务契约，由这些经纪人支付他们的路费。

自付路费的劳工在抵达目的地以后，可以自由找工作。不是自己支付路费的劳工必须对经纪人履行服务契约，直到清偿债务为止。在马来亚，这些签有服务契约的人在到达以后，便被安置在“保管处”，由“苦力经纪人”所雇用的“保管处管理员”看守。“苦力经纪人”和“保管处管理员”往往在强大的秘密会社任职，秘密会社也供应守卫给“保管处”。秘密会社在劳力贸易的系统中发展出双重的功能。它们对附属的中国人口维持社会控制与威逼，而同时又针对当地政府的命令和策略，维护华人聚居区的利益。在 1914 年第一次世界大战开始以后，“保管处”的制度才在马来亚终结。

新加坡

新加坡是中国人劳力迁徙的一大中心。它是一个很好的例子，说明劳力贸易如何适应亚洲一个主要港埠和商业中心的活动。

新加坡建立于 1819 年，是由英国人得到对这个地区的权利而建立起来的。那个时候，居民只是少数的马来和中国渔夫。到了 1900 年，这个城市已有 22.9 万名居民。其中三分之二是华人，其余是马来人。马来人主要来自马来半岛，但是有的远自婆罗洲及菲律宾列岛而来。

周围的人口也大致是马来人。这个人口以贡赋的方式组成，并且分为几个王国。每一个王国的君主都有皇家血统，并且其地位由地域、地区和地方的贵族世系的领袖组成的等级组织所认可。在等级组织的底部是村落，住着马来农民。实物形式的贡物和劳力贡献，由村落通过村落头人和贵族等级组织流向首都。首都往往位于国家主要河流河口附近的重要位置。英国人在统治马来诸邦时，做了一个政治决定，它尽量保存马来的社会秩序，尽可能对它们不做改变，为此而每年收免役税。其结果是，大多数的马来人仍然被锁定在传统社会的体制中，这个社会只是慢慢地在变化（Roff，1967：122）。

可是它还是改变了，并且大致是通过在它腹地所创建的大商业城市的作用。当华人种植园主开始在新加坡岛上种植胡椒和槟榔膏这一类经济作物时，马来的统治者欢迎华人种植园主和农民进一步移民，以便开启可喜的新税收来源。1850 年以后，他们也赞助华人开采锡矿的公司向内陆迁移。不久，新加坡岛后面的马来腹地便成了互相敌对联盟的战场。这些联盟由当地的马来酋长、华人锡矿工，以及资助和供应酋长和矿工的华商组成。斗争所造成的敌对与竞争，逐渐损害了英国人所提倡的间接统治，而使英国人进行直接的干预。

由 1867 年起，新加坡成为英国人统治马来半岛的枢纽。官员是英国人，助理是马来人，书记是华人和泰米尔人。英国人也管理负责经手欧洲贸易的代理商号。与欧洲商人并肩而立的是华商。华商领袖来自有威望的巴巴（Baba）家族[①]，这些家族彼此有亲属关系。由于他们不是马来人，因而不能担任任何有政治权威的正式职位，但是他们对城市中的人和财却掌握有真正的权力。他们借钱给种植园主和矿工。他们经营劳力贸易，将工人送到霹雳州（Perak）和雪兰莪州（Selangor）的矿场，或送到种植园。他们主宰了控制移民劳工的强大秘密会社，给这些劳工提供保护与协助，以交换他们的效忠和服务（Freedman，1960：33）。而英国人又利用这些秘密会社的首领为“华人的首领”，以控制华人人口。1889 年，由于这些秘密会社本身累积的权势太大，英国人才宣布它们为非法。取代秘密会社的是宗亲会。宗亲会仿照中国的同乡会，它们的功能也是资助和福利。这些宗亲会也是宗教性团体。在新加坡的环境中，它们一方面具体表现秘密会社反对清朝统治的政治态度，另一方面也通过灵媒崇拜为个人的需要提供非正统的宗教表达方式。

因而，城市资金主要通过英国人和华人之手流动，而大部分的劳力又由华人供应。在这座城市，马来人被贬为一个小角色。有一部分马来人担任政治上的职位。也有一些是与这个列岛打交道的商人，如由西里伯斯岛（Celebes，印尼苏拉威西岛的旧称）来的布吉人（Bugis）、由婆罗洲来的迪雅克人（Dyaks）和由苏门答腊来的米南卡保人（Minankabau）。还有一些人是宗教教师和清真寺职员。大多数的马来人都从事待遇不好的职业，如警察、更夫、车夫、仆人、沿街叫卖的小贩，以及在马来人居住的区域开小店铺的人。当种植橡胶树在 20 世纪初成为要事时，这份工作落入印度劳工之手。而新加坡的马来人只能做边缘性或不起眼的工作。乡间的马来农民，虽然其政治权利受到保护，但是却对许许多多的非马来碾米厂商、推销橡胶的经纪人、村落小店主，以及放贷者负债累累，受害很大。

① 巴巴家族是指中国人和马来人通婚的家族，后代男性被称为巴巴，女性被称为娘惹。——编者

中国劳工：其他的目的地

马来亚不是中国劳工唯一的目的地。1849—1874 年，9 万多个中国服务契约佣工被送到秘鲁。他们大都取道澳门，去秘鲁取代在肥料厂因工作过度劳累而去世的夏威夷人（Stewart，1951：74）。当美国南北战争过后棉花因为缺乏而需求日增时，有些中国人便奉派前往秘鲁沿海的棉花田工作。另一些人则受雇去修筑铁路。

1852—1875 年，另有 20 万中国人被送往加利福尼亚州（Campbell，1923：33），在那儿种植果树和加工处理水果、淘金和修铁路。在 19 世纪 60 年代，1 万—1.4 万名华工筑成加州的中央太平洋铁路（Central Pacific Railroad）。这条铁路到 1885 年连接西海岸与犹他州的东部，因而得以横贯北美大陆。另外 5000 名华工由香港到达维多利亚，修筑加拿大太平洋铁路（Canadian Pacific Railroad），开启了英属哥伦比亚（British Columbia）金矿的淘金热潮。

加利福尼亚州华工的流动由商人－经纪人所控制。他们视需要让华工受雇，而又通过秘密会社保持对他们的控制（Dillon，1962；Lee，1965）。这些秘密会社又与所谓的“六大公司”[①] 互相联结，它的得名是由于它在广东省的起源地，又模仿中国在清政府统治下所发展出来的区域会社（Ho，1966）。在新加坡，“六大公司”在富有敌意的环境中维护华人的利益。而同时，他们又在美国西海岸控制华人。“太平洋汽船公司”与他们合作，同意不让任何没有清偿债务的人返回中国。在劳工贸易停止以后，“六大公司（后为七大公司）”仍是在美华人群体的政治、教育和福利会社。

人们不仅在加利福尼亚州和英属哥伦比亚发现了黄金，在澳大利亚也发现了黄金（1853 年）。1854 年，澳大利亚黄金矿场有 2000 名华人矿工，1859 年有 4.2 万名。世界上若干其他地区也进入华人劳工贸易。1847 年，古巴订约雇用了 800 名华工，1852 年已有 8000—15 000 名。1856—1867

① “六大公司”即“中华会馆”，在 1882 年建于旧金山，由美国加州六家最重要的会馆组成，是唐人街历史最悠久的社群组织。——编者

年，1.9万名中国人签约离开香港，其中6630人去往英属西印度群岛（主要是圭亚那），4991人去往古巴，2370人去往印度孟买，1609人去往荷属圭亚那（Dutch Guiana），1035人去往塔希提、夏威夷及其他太平洋岛屿（Campbell，1923：130，150）。

有些外移的华工在国外契约期满后便回中国，但有一些外移的华人想在国外永久定居。他们前往定居的一个主要地区是东南亚。在20世纪70年代，东南亚有1200多万华人（McEvedy and Jones，1978：166）。早期移居的群体往往是商人。他们逐渐形成了一个商业贵族阶级，如马六甲的巴巴和印度尼西亚的土生华人（Peranakans）。后来者往往得与先到者争权。

在新家园的华商，常常借助亲属或来自中国同乡者的帮忙，建立可靠的徒众。在就业上，近亲比远亲吃香，远亲比说同一中国方言的人吃香，说同一方言的人比其他华人吃香，华人比非华人吃香（Jeromin，1966：53）。这种建立在亲属或类亲属关系上的徒众，参与许多不同的活动，而其活动的中心事项是在于联系穷乡僻壤的初级生产者与西方的商业企业。华人是活跃的中间人，以至印度尼西亚人开始称他们为“中间族”。华商也汇出款项使商业资本周转更为畅通。“当地农民欠华商的债，商人欠批发商的债，批发商欠进出口公司的债。债务将贸易所有的步骤连接在一起。”（Jeromin，1966：75）无足为奇，这些中间人和信贷功能往往使华商-债权人成为东南亚政治攻击和迫害的目标。他们在东南亚的处境与犹太人在东欧的处境相似。

中国劳工也受到他们进入地区工人的敌视。1882年，美国在“劳动骑士团”（Knights of Labor）的压力下通过了《排华法案》（Chinese Exclusion Act）。“劳动骑士团”甚至要将华人逐出洗衣业。在美国西海岸爆发的反华骚动，不仅是加州一地的问题，也是美国初现的种族主义的一部分（Hune，1977：48—50）。对华人移民的限制，只构成在种族间涉及就业机会分配的一个更大运动的一个阶段。其他的地方也有类似的排华运动。澳大利亚在华人于金矿的工作结束以后便排斥华人。1904年，有43 296名中国契约劳工在南非兰德（Rand）工作，但1907年却被遣返（Campbell，1923：187）。

民族的分割

在资本家赞助下在世界各地兴建的工业与种植园的综合结构，其特点是不同社会与文化起源的群体比邻而居。建立于这种综合结构（尤其是种植园属地）上的社会，有时被称为“多元社会”（Furnivall，1939，1942，1948）。这个词旨在说明其内部的分裂为不同的社会和文化群体。并列在市场上的异类群体，被认为由一个主宰群体运用权力凝聚在一起，而这个主宰群体是人数少的欧洲人。其基本的假设是一旦统治权被取消，这些群体便会互相残杀，因而欧洲人的统治对于控制这种由于庞杂而一定会产生的冲突是必要的。加勒比海地区和东南亚都是这种多元性的显著例子。

这种看法的错误在于它给了社会和文化异质性在解释上的力量。相反，这种异质性的本身，必须被固定在劳动过程的组织之中。当然，聚集在一起的不同群体，确乎利用不同的文化形式去建立亲属关系、友谊、宗教关系、共同的利益和政治联盟，以便互相竞争，尽量取得资源。但是不由工人阶级中不同的群体如何被引进资本主义累积的过程着眼，我们便不能了解这样的活动。

再者，强调这些群体的不同，会让我们错误地拿异质的“多元”社会，与所谓的欧洲的均质社会做对比。认为文化上的一致性使国家在欧洲容易建立是不正确的。譬如，想要整合法国不同分区与将“粗鄙人变成法国人”时所遭遇的困难（Weber，1976）；“意志软弱的西班牙”的离心倾向所造成的问题（Ortega y Gasset，1937）；想要将众多城市和省份的居民变成“意大利人”时所遭遇的障碍（Mack Smith，1969）；将德国单个的和不情愿的“故乡市镇”锤炼成一个德国（Walker，1971）；英国被持久划分为凯尔特（Celt）边疆和撒克逊核心（Hechter，1975），以及其特权阶级和被剥削的工人阶级之间的差异巨大，仿佛像被划分为“两个国家”（Disraeli，1954）。所有这些问题都表明，简单地将多元异质性与欧洲的同质性做对比是错误的。

种植园属地的“多元社会”不构成一种特殊形式的社会。它们只是资本主义生产方式的一般倾向在历史上和地理上的特殊实例。资本主义方式，倾向于由不同的人口中创造一群“可以被自由处置”的劳工，而后把他们丢进缺口，以满足资本时时改变的需要。在所有这些步骤中，资本主义的方式再造资本与劳力间的基本关系。同时，它也给产生出来的劳动力再造异质性。它以两种方式做这件事：它将劳工的群体和类别划归不同的等级，又不断制造和再造他们之间象征性的“文化”区别。

前面已经谈到，花在工厂设备上的资金与支付工资的资金，其间的比率造成劳力市场的分裂。在市场上比较特权的环节任职的工人，比进入较低环节的工人享受较高的待遇和较好的工作环境。他们比较能够通过工会组织与政治影响力，去维护和增加报酬。相反，在较低环节就业的工人，直接暴露在失业劳工对他们所施加的压力中，失业的劳工要把他们的工资与工作环境往下压。从较广大处着眼，他们不仅比较高的工人阶级工资低，工作也没有保障，也在“后备部队”的直接工作竞争前替较高阶级做缓冲，不论这种后备劳力是国内的还是国际的。

分割工人阶级的相对利害关系，又因诉诸“种族”和“民族”的区别而有所加强。这样的呼吁将不同类别的工人分配到劳力市场的不同等级，将“劣等”的人群贬到较低的层次，而又使较高的层次与下面来的竞争绝缘。资本主义没有创造所有分开各类工人的民族和种族区别。但是使这些区别有效用的，却是在资本主义下的劳力动员过程。

就这一点来说，“种族”的区别和“民族”的变异有相当不同的含义。种族的名称，如“印第安人”或“黑人”是欧洲商业扩张过程中许多人口群被征服的结果。“印第安人”一词代表新世界被征服的人口，不论美洲原住民之间在文化上或体质上的任何差异；“黑人”一词，也涵盖供应奴隶的或成为奴隶的，在文化和体质上有变化的非洲人口群。前者是被征服的人，可以迫使他们服劳役或纳贡；而后者是“砍柴汲水之人”，以暴力得之，又威逼他们工作。这两个名词因而让我们注意到一个历史事实，也就是这些人口被迫服劳役以供养一个新的主子阶级。同时，这些名词不顾这两大类别本身以内的文化和体质差异，不许任何一个类别有其自己的政治、经济或意识形态的认同。

种族称呼就像一面镜子，反映出在整个大陆人口被转化为供应强迫剩余劳力的政治过程。在资本主义下，这些名词不失其“无政治能力”的含义。它们激发特权阶层由这些“劣等”人口想到其所谓的血统，而不许其后代进入劳力市场较高的环节。于是，“印第安人”和“黑人”便被局限于工业群众较低的阶级，或被贬低到工业后备部队。工业资本主义中的种族类别是具有排外性的。它们污蔑某些群体，以便不许他们担任待遇比较高的职位，也不许他们接触担任这些职位所需的资讯。它们使比较占优越地位的工人与来自下面的竞争绝缘，使雇主不容易使用被污蔑的人口为低廉的替代工人或罢工破坏者。最后，它们强迫这些群体担任临时的职务，因此加强了他们彼此之间对稀少而不断变化资源的竞争，用这个办法削弱他们为自己的利益而动员政治影响力的能力（Bonacich，1972：555—556）。

种族类别主要的作用，是将许多人排除到工业群众（除了最低阶层以外）所有的阶层之外，而民族的类别却是表示特殊人口群本身与劳力市场某些环节发生关联的办法。这样的类别有两个来源，一个在所谈到的群体以外，另一个在其内部。当每一个群体进入工业的过程时，外人可以用其想象中的来源和其与劳力市场某些特殊环节假定的密切关系，给它归类。同时，这个群体本身的分子，逐渐以如此决定的群体的成员身份，作为建立经济和政治权利要求的资格。这样的民族性，很少吻合工业上征召到的工人最初对自己身份的看法。他们最初认为自己是汉诺威人（Hanoverians）或巴伐利亚人，而非德国人；是其村落或教区的分子，而非波兰人；是汤加群岛人或瑶族，而非尼亚萨兰人。一直到特殊的工人群体进入劳力市场不同的环节，并开始认为他们的进入是在社会上和政治上应该要维护的一个资源时，比较广博的类别才出现。这样的民族性因而不是“最初的”社会关系。它们是在资本主义方式下劳力市场被分割的历史性产物。

新工人阶级同时被创造和分割的过程，一直持续到现在。它按照资本主义累积的一般节奏进行。这个节奏在加强时刺激新劳力市场的发展，在缓慢时又减少对劳力的需求。在第一次世界大战以后，累积随国际市场的混乱而慢了下来。但是1919—1926年，由于新的自动化输送系统使汽车和电器用品等耐久消费品的成本降低，它又有扩展的趋势。而后，累积的过程停滞和崩溃，一直到第二次世界大战造成庞大的军事支出，以及重建战争所破坏的工厂时，它才恢复。

在累积的最后阶段中，由电子机器所指引的自动操作（“连续处理技术”）被引入工业。自动化的生产单位，成长为自动化工厂及其周围相关活动场所的较大的综合企业（Nehnevajsa and Frances，1959：397）。在这些综合企业中任职的人，逐渐不再直接干预生产的过程，其主要的职责只是确保自动化机器顺利运作。自动化的工厂需要新的作业团队。构成团队的是技术精英和从事简单的日常维修工作的辅助人员。因此，自动化创造了对有适当技巧劳工的特殊需求，而同时又减少了需求的人数。

然而，只有少数的工厂才能因自动化而增加利润。其余的工厂必须用别的方法尽量增加利润，由部分自动化到主要依靠廉价劳力。仍然以劳力为主要生产要素，不仅是像纺织品生产或半自动食物加工处理那样的“轻工业”的特征，甚至是生产重要的控制自动化工具的电子工业，也仍然高度依靠劳力，劳力大约占其生产成本的一半（C. Freeman，引自Mandel，1978：206）。因此，资本继续寻找有多余劳力供应和低廉劳力成本的地区，而且通过它们对廉价劳力的需求，创造新的工人阶级。譬如，自1960年起，40多家一流的工业工厂由美国西北部迁到美国南方，因为南方的工资比全国的平均工资低20%，而且只有少数的劳工属于工会（NACLA-East Apparel Project，1977：2）。更多的美国资金向南流动，进入格兰德河（Rio Grande）以南墨西哥的边境地区。而美国、德国和日本的资本，又利用中国香港、新加坡、韩国和中国台湾的低廉劳力成本。

资金的流动引发了一个新的工业模式，以某些生产阶段的高科技与其他阶段的劳力密集手工生产配合。零件的标准化、电子监控生产，以及数据处理，使劳力过程可以在自动化母工厂和在位于低工资地区依靠劳力的装配工厂分开进行。因此，在自动作业工厂劳力减少的同时，新的工人阶级也在所谓的“输出工作平台”不断增长。这些“输出工作平台”主要是位于亚洲东部和东南部的沿海地区，以及南北美洲加勒比沿海地区。

资金不但流向比较依靠劳力的工业，也流向在第二次世界大战以后消费主义扩张所产生的新颖产品和许多不同的生产部门。这个现象得力于消费信贷的扩大，也为广告业所刺激。它将许多以前在家中进行的活动，转移到工业和商业的企业中去，也大大增加了对工业所生产和加工处理的商品的需求。伴随这种以顾客为取向的工业与服务成长的是对劳力的需求，尤其是对低工资劳力的需求。而供应这种需求的，大致是新的工作人口。而大规模的食品加工处理工业，又重新使资金投资在农业上。它所造成的“农业企业”，合并了高成本的机器和科学投入与低成本流动工人的密集手工作业。

在第二次世界大战以后的时期，世界各地加强了征召和雇用工人阶级的情形。在20世纪60年代后期，已有来自地中海地区的1100万“临时工人”，在西德、法国、瑞士、比荷卢经济联盟国家工作（Castles and Kosack，1973）。西德的工业又吸引了东欧1000万的难民。在美国，由于非裔美国人在迅速机械化的南方失业而向北迁徙，在1950—1970年就业的妇女几乎增加了3倍，而墨西哥和加勒比海地区的劳工移民美国，这些均促使劳工市场部分重组。中东产油国开始输入从埃及人、巴勒斯坦人和印度人中间征召到的工人阶级。劳力迁徙在非洲与拉丁美洲也加快了步伐。1950年，10万莫西人季节性地由沃尔特河上游迁移到象牙海岸的种植园，1965年几乎达到了100万人。1968年，加纳吸引了230万外国人，其中大多数是到可可种植园工作（Amin，1973a：52—53，68）。在哥伦比亚农村，大约有100万人迁移到比邻石油储量丰富的委内瑞拉，另有6万人进入了厄瓜多尔，在厄瓜多尔的新石油企业中就业（Chaney，1979：205）。

因此，资本主义的累积在世界上广阔而分散的地区继续产生新的工人阶级。它由各种各样的社会和政治背景中征召这些工人阶级，并把他们安插进各种各样的政治和经济等级组织中去。新工人阶级的出现改变了这些等级组织，而其本身又因暴露在各种力量之下也有所改变。因而，在一个层面上，资本主义方式的传播，通过其特有资本劳力关系的频繁重组，而在各处造成更广泛的一致性。在另一个层面上，它也创造了多样性，即使在使社会合成一体的时候，也强调社会的对立与分割。在一个愈来愈统一的世界以内，我们看到散居在各处的各种各样的无产阶级的成长。

后记

本书提出一个问题：如果我们把世界当成一个整体、一个体系来看，而不把它当作许多独立的社会和文化的总和来看，如果我们更能了解这个整体逐步的发展，如果我们好好听人劝告，认为人类群体总是不可避免地陷入与其他相距或远或近群体的网状关系中（Lesser，1961：42），那么我们的认识会如何不同呢？当我们探索在特殊群体的生活中发生作用的因果联系时，我们便可看出这样的联系延伸到任何一个人口群之外，包括其他群体——所有其他群体——的轨迹。

归根结底，这些因果关系环绕了整个大洲，把旧世界和新世界联结在一起。在造成这个全球性的结合上，欧洲这个由亚洲大陆伸出的小小半岛，发挥了显著的重要作用。我们以公元1400年为时间上的参考点，以展示这种扩张的性质。1400年的世界已经萌发了区域性的联系和关系，可是欧洲人随后的跨洋扩张，却将区域性的网络引进世界性的和谐组织，并让它们配合全球性的节奏。

这些力量将来源各异、社会成分也不一样的人拉进各种集体的活动，驱使他们参加一个共同世界的建造。这些人包括欧洲的海上商人和各国军人，美洲、非洲和亚洲的原住民。在这个过程中，所有这些人的社会和文化都发生了重大的改变。改变不仅影响了所谓的“真正”历史的承载者，也影响到人类学家所谓的“原始”人口，人类学家往往把这些“原始”人口当作从永恒过去延续下来的人来研究。欧洲扩张所发动的全球过程，也构成了“他们的”历史。用列维－斯特劳斯的话来说，没有任何民族的历史是“冷态的”。

说明人类群体的全球性相互关系是一件事，可是解释这些关系的发展与性质又是另外一件事。我认为除非由造成和维持这些关系的经济和政治情况去看，便不能了解这些关系。为了说明这些联系的物质基础结构，我援引了许多马克思的构想。我借用了马克思的基本概念，也就是说社会生活是按照人类通过生产利用自然的各种方法而形成的。我也借用了马克思的劳动价值理论、商业与工业资本间的差异，以及资本主义发展长波的构想。我尽量把这些观念当思想工具而非真理看待，它们的用途在于有助于解释。

我在分析的时候特别着重生产方式这个观念。这个观念旨在揭示社会劳力借以开发自然的各种关键性关系。在我的用法中，“生产”与“工作”不是同义词。一种生产方式与一个技术系统不是一回事。而生产方式也和“社会”不一样。社会的构想以群体的社会组合为中心。生产方式的构想，目的在于指出指导这些组合的力量。生产方式因而让我们注意到，人类为了按照自己的利害改变世界时，应付世界的各种方法。它的焦点在于这些方法的动态结果。我不用“关系”一词去指可以觉察到的各种因素的特征的伴同发生或伴同变化，这种事件本身没有结果。我认为关系有力量。关系使人有必须履行的责任。它把人们在社会上组合起来，并给这些组合一个方向。一种生产方式的关键性关系给人类行动力量、鼓舞，也为人类行动所推进。马克思说，人类创造自己的历史，但不是在自己所选择的条件下创造历史。他们在创造历史时受到各种关系和力量的束缚。这些关系和力量指导他们的意志和欲望。

每一种生产方式产生一个典型的社会群体与环节的组合。这个组合具体表现其原动力，并复制其繁衍的条件。每一种方式也创造其本身特有的裂隙与对立。以亲属关系为原则的生产方式，根据那些“属于”和“不属于”的人之间的对立，造成性别、等级和特权上的区别，使得某些亲属凌驾于另一些亲属。贡赋性的生产方式造成接受纳贡者与纳贡者之间的对立，并在互相争斗的阶级以内和互相争斗的阶级之间引起军事和政治上的竞争。资本主义的生产方式通过雇用劳力累积资金，但它周期性地轮流动员劳力和迁移劳力。每一次引入劳力，便将以前的某些适应方式连根拔起。而每一次解雇劳力又会造成许多人失业。由于主宰社会劳力动员的关键关系在每一种生产方式下都不一样，也由于每一种生产方式都产生其本身的分裂，就它所包含的人口来说，不同生产方式的遭遇，便引起矛盾与冲突。

如果我们想象人类群体在时空上互相关联，可是又回应各种不同生产方式所产生的力量，便会由更过程性的着眼点，去思考社会这个观念。各种“社会”为社会群体、环节和阶级的不断变化的组合，其间没有固定的界限或稳定的内在构造。每一种生产方式，就其影响力所及，滋生群体与阶级的组合，以此满足它在特殊历史和地理情况下的需要。这些需要有变化，它们所造成的组合也有变化。在不同的生产方式交叉的地方，群体的组合便带有各种力量相互作用的标记。因此，我们不应假设有跨世代的连续性、制度的稳定性和合于规范的一致性。相反，我们应该视这些为有问题的。我们必须由历史的角度去了解这些特征，注意其出现、维持和废止的条件。再者，我们不应当视社会的组合是自决的。我们在一开始探讨的时候，便必须将它们放置在多重的外部联系中去看它们。

这种认为人类群体互相关联的看法，也要求我们再思考文化的概念。我们必须记得文化的概念是在一个特殊的历史情境中出现的。那个时候，某些欧洲国家互相竞争霸权，又有一些国家力求自己的民族认同和独立。每一个挣扎中的国家如果能证明它具有为其特殊文化精神所激励的特殊社会，那么它自己想形成一个独立国家的愿望便是正当的愿望。独立和完整文化的观念对应这种政治计划。然而，一旦我们在历史上有变化、界限不分明、多重和分支的社会组合中，找到社会的实际情形，那么固定的、单元的和有界限的文化的概念，必须让位于文化丛的流动性和可渗透性观念。在社会交互行动的混战中，各群体往往利用继承而来的形式不明确的意义，给予它们新的评价和帷幕，假借更能表现它们利害关系的形式，或者创造全新的形式，以回应已改变的情况。再者，如果我们不认为这样的交互行动是它本身造成的，而认为它是回应较大的经济和政治力量，那么对文化形式的解释必须考虑到这个较大的情境，一种更为广阔的力场。因而，我们最好视“一种文化”为一系列建造、再建造和拆解文化素材的过程，以回应可指认的决定因素。

罗伯特·罗维区别“实际的用法”与“二级解释”或“合理化”（Robert Lowie，1937：138—139）。这种区别至今还有用。甚至是最单纯的采集食物群体，在处世上也使用许许多多的对象、习俗和知识，再加上使用这些对象、习俗和知识时的一套指令。这构成了文化现象的实际层次。在另一个层次上，对象、行动和构想等重要的形式，以文化编码中元素的形式出现，旨在说明它们在人类相互关系中的位置，以及在人类与周围社会关系中的位置。对文化形式的工具性应用的说明，与对人类处境的性质与惯例的交流，是同步进行的。这是解释、合理化或意识形态的层次，是说明对人类命运特殊看法的假设与看法的层次。这些交流不只是概述和逻辑性的，往往也是肉体的、动觉的、情感的和审美的。

人类学家称这种实际用法和意识形态合理化的特定结合为“文化”。他们在处理“文化”的时候，视“文化”逐渐拥有内在的一致性。可是实际方法与关于它引入的更广泛交流之间的关系，绝非自动和不证自明的。意义并不是生来就被铭刻进事物的。它们是人类发明和强加的。由这一点可以衍生出好几件事。赋予意义（给事物、行动和构想命名）的能力，是权力的来源。对于交流的控制，使管理意识形态的人可以定出类别，人们通过这些类别理解真实情形。相反，这也容易使人否认其他类别的存在，把它们指派到无序和紊乱的领域，而使它们在社会上和在符号上看不见。再者，一旦给了事物名称，则需要权力将如此而产生的意义放在正确的位置——中国人说：“必也正名乎！”又必须用各种方法制裁可能的怀疑，以维护意识形态话语的各种类别。因而，建造和维持一套意识形态传播的体系，是一个社会过程，不能只把它当作一种正式的内在文化逻辑规划。一个整体的霸权模式或“生活设计”的发展，不是集体认知逻辑或审美冲动的胜利，而是冗余的发展——在各种重要领域中的不断重复，也是关于创立出来的现实本质的共同基本命题的发展。

如果意识形态的创造在本质上是社会性的，那么创造意识形态的过程就发生在历史时期，并在可以详细说明的情形下。设计象征世界的能力，很可能位于人脑的结构中。据列维－斯特劳斯的说法，它力求解决自然与文化间不能解决的矛盾。然而，虽然列维－斯特劳斯这么说，处理这种矛盾的方法不仅是纯粹思想上的（“具有神话思维的人”），也在于通过人类社会的劳动力积极转化自然。有的人认为心智有它本身独立的方向。可是我却认为意识形态的创造，不是在“赤裸的人”思考“赤裸的自然”时的对抗中产生出来的，相反，它发生在一种生产方式的有限范围以内。人们用这种生产方式驯服自然以为自己所用。

每一种生产方式在人与人之间都引发了基本区别。由这些区别所造成的社会对抗，是建造意识形态的强制背景。在以亲属关系组成的生产方式中，血亲与姻亲的重要区别分别以血统关系、骨骼或丰产神灵来象征。贡赋性生产方式的基本对立，是在接受贡献的“太阳的子女”、“神的后代”、“贵族血统”或“白骨头”，与纳贡的“平民”、“黑骨头”或“黑发人”之间。而基本的对立又由于每一个类别中的各种等级被进一步划分而加剧了。资本主义生产方式的基本对立，是在拥有生产手段的人与工人之间。它在法律和政治上得到认可。这种对立与额外的区别结合起来，如“白领”与“蓝领”。

意识形态认为这些区别不仅是社会关系非常重要的方面，也被认为是建筑在宇宙的本质上——在自然、人性和社会的性质上。在以亲属关系组成的社会中，血亲与姻亲的区别是通过超自然的方式确定的。在贡赋性社会，基本社会类别的区别，被概念化为宇宙等级组织的一个方面，而又以神话、仪式和暴力来维持尘世与天堂之间适当的和谐秩序。在以资本主义生产方式所主宰的社会中，本质上的区别出现在加尔文主义的观念中，也就是说上帝报偿美德，成功的人是有德的人。这些区别也出现在“大自然在自然选择中将成功的棕榈枝颁给赢家”的观念中，贫穷则被认为是一个人没有价值和在自然选择中失败的体现，因而被指派担任低贱的职业。

可是每一种生产方式也滋生行为与思想上的特有矛盾。在以亲属关系为原则组成的生产方式中，有的亲属“比其他亲属更平等”，而远亲在得到亲属的协助上，遭遇真正的限制。再者，一个被分为自己人和外人的社交世界，又创造了陌生人和孤儿的问题。在贡赋性生产方式中，收取贡物者与纳贡者之间在利害关系上的持续冲突，不仅造成社会的对立，也使人在意识形态上注意到什么是“正确的行动”或“适当的公道”，什么又是“错误的行动”和“不公平”。因而贡赋性的社会秩序，在实行神圣的等级体制时，很可能要面对“纠正这种制度所造成的不公平”的反抗。

在资本主义生产方式中，占据支配地位的意识形态假设：尽管在资本家与工人的政治与经济力量上有基本的区别，但是所有参与市场的人都是平等的。既然所有的社会行动者都被认为是商品交易中的参与者，那么在结构上这个方式依靠资本所有人与劳力出售者的“不平等的天赋要素”。意识形态的创造，因而使阶级之间的区别变成品德与价值之间的区别。取得有价值商品的能力证明一个人的成功，因而，无力消费代表社会的失败。然而，由于资本主义的生产方式在劳力的动员与抛弃之间不断轮替，它也不断复制品格优良的消费者与失去价值的穷人之间的对立。正如贡赋性的生产方式同时引发阶级对立和想要纠正不公平的反抗一样，资本主义的生产方式也同时引起劳工的不满，以及想要改变品德与缺点定义的意识形态运动。

意识形态可以调解矛盾，但不能解决矛盾。各种生产方式自身的运作，会不断滋生“构想”与“富有意识形态的行为”的替代制度。这些制度是许多群体与阶级相互作用所造成的。而这些群体与阶级又使用意识形态替代物，去定义他们在由一种生产方式所滋生出来的力场中的位置。这些替代物有各种不同的形式，同时表现各群体与阶级在某种生产方式中的关联性与对立。它们可以是不同的口音与内涵，由占据不同有利地位的社会人输入到共同的交流规范中。它们可以形成构想与实践，表示对主流思想有体系的反对。它们甚至可以发展为以非正统的眼光看待真实情形，威胁要反抗当前的秩序。再者，这些内涵、反对和非正统见解，很少局限于单一的社会群或社会。崇拜、宗教或政治活动，其界限往往相互重叠，并且也向界限外的受众传播意识形态的替代物。

因而，构想系统的形成有其经济和政治的方面。而构想系统一旦产生，便成了社会利害关系冲突中的武器。然而，成套的构想与特殊的群体利害关系，不是一对一的机械性关系。如果一种生产方式产生构想系统，那么这些系统是多重的，并且往往互相矛盾。它们形成了一种集体表征的“生态学”。意识形态的建构在一个意识形态选择的场域形成。在这个场域内，群体在对各种选项的复杂选择过程中，描述其立场。这种收容与排斥的过程不仅是认知上的，它也牵涉权力的运用。为了维持意识形态霸权，维护正统的人必须把其讯息传到愈来愈多的重要领域，而同时减少僚属群体提出可行的替代选项的能力。当经济衰退而意识形态的建构又失败时，他们仍可以用暴力弥补。

本书认为我们不能再视诸社会是孤立和自我维持的体系。我们也不能认为诸文化是许多整合的整体，其间每一部分出力维持一个有组织的、自主的和持久的整体。只有实践与构想的文化丛，在明确的情况下才能被坚决的人类行动者调动，从而发挥作用。在行动的过程中，这些文化丛永远在集合、拆解和再集合，以可变的音调传达诸群体与阶级的分歧路径。许多相互作用的个人为了自己的利益做出了决定，而这些路径不能在这些决定中找到解释。它们由社会劳力的使用中产生。动员社会劳力是为了约束自然的世界。动员的方式决定了历史的条件。在历史的条件下，那些宣称与历史有特权关系的人和那些被否认有历史的人，遭遇共同的命运。

参考文献综述

本书包含许多学科的研究发现，在历史时间上和地理空间上涵盖的范围也很广。在这样一本书中，作者应该向读者交代它的资料出处和选用这些资料的原因。正文中引用的参考资料，只限于定量信息、引文，以及可能有争论的观点。在下文，我将谈到本书所根据的较多资料。我无意列举自己全部参考的著作，而只想指出那些对我构建自己的理论性理解最为重要和在每一个主题上给我带来最直接的学术滋养的著作。由于本书是许多经验与研究工作所累积的结果，对于资料的讨论，也有几分是我智识历史的自传。

第 1 章　导论

长久以来，对于社会科学过分专门化、缺乏专业的远见和忽略历史，都有人批评。1939 年，社会学家罗伯特 · S. 林德（Robert S. Lynd）发表了《求知做什么？》(*Knowledge for What?*) 一书，1949 年又有《非人关系的科学》(The Science of Inhuman Relations) 一文，评论社会学的方法。赖特 · 米尔斯（C. Wright Mills）毕生提倡革新社会学，而阿尔文 · 古德纳(Alvin Gouldner) 在 1981 年逝世以前，大力批评社会学。斯图尔特 · 休斯（H. Stuart Hughes）精彩的三部曲（1958，1966，1975），最有助于我对社会思想发展的了解。莱昂·布拉姆逊（Leon Bramson）在他不太为人所知的著作《社会学的政治背景》（*Political Context of Sociology*，1961）中，对社会学的保守基础有独到的见解。

政治科学自从放弃政治社会学和不再注意"行为"研究的经济学以后，便失去了概括归纳的推力。基（V. O. Key, Jr.）将微观研究（如他1949年发表的《南方政治》〔*Southern Politics*〕）与对政府机关的兴趣结合起来。可是由于后来许多学者将注意力集中于小群体的政治学与民意调查，基这样的学者的影响力，似乎被一扫而光。查尔斯·林布隆（Charles Lindblom，1977）的著作是一本相当独特的书，他在书中比较了不同政治制度的经济效能。关于政治学最重要的著作，其作者都是有历史头脑的社会学家，如巴林顿·摩尔（Barrington Moore，1966，1978）、查尔斯·蒂利（Charles Tilly，1975）、埃伦·特里姆伯杰（Ellen K. Trimberger，1978），以及西达·斯考切波（Theda Skocpol，1979）。麦克弗森（C. B. Macpherson）的《占有性个人主义的政治理论》（*Politial Theory of Possessive Individualism*，1962）和尼科斯·柏兰扎斯（Nicos Poulantzas）的著作（尤其是1973年出版的《政治权力与社会变迁》〔*Political Power and Social Change*〕），对于政治理论多有阐述（1979年柏兰扎斯自杀身亡，志业中辍）。鲍勃·杰索普（Bob Jessop）1977年的著作，综述"有关资本主义国家最近的理论"，是一本有用的参考书。

对基本假设的自省，人类学要晚于社会学。早在1948年，桃乐茜·格雷格（Dorothy Gregg）和埃尔金·威廉姆斯（Elgin Williams）即曾攻击功能论及其含义，这成为日后对功能论批评的前兆。但是由于其议论的风格与克鲁伯和拉德克利夫-布朗在回应时对它们所表现出来的愤怒，其作用也被抵消。下一位重要的批评者是彼得·沃斯利（Peter Worsley）。沃斯利的批评，先见于他的《小喇叭即将吹响》（*Trumpet Shall Sound*）一书中鲜为人知的附录（1957），后来又见于其《英国社会人类学对反叛与革命的分析》（The Analysis of Rebellion and Revolution in British Social Anthropolgy，1961）一文。在20世纪60年代早期，胡克（J. R. Hooker）

质疑在非洲做的人类学研究（1963），雅克·马凯特（Jacques Maquet）也批评《人类学中的客观性》（Objectivity in Anthropology，1964）。在美国人类学界，1967年凯思琳·高夫（Kathleen Gough）最先质问：为什么这门学科绕过了“世界社会最重要的问题”（1968：138）。之后，出现了大量自觉的批评讨论。只举少数的几个例子，如戴尔·海姆斯（Dell Hymes）编的《再造人类学》（*Reinventing Anthropology*，1969）、阿萨德（Talal Asad）编的《人类学与殖民遭遇》（*Anthropology and the Colonial Encounter*，1973），以及让·科潘斯（Jean Copans）编的《人类学与帝国主义》（*Anthropologie et impérialisme*，1975）。可是大家迟迟才寻找适合的其他办法。其中两种尝试很有趣，也是由很不一样的角度看问题，一是沃斯利的《第三世界》（*Third World*,1964），一是达西·里贝罗（Darcy Ribeiro）的《文明的过程》（*Civilizational Process*，1968）。

由于马克思的名字相当赫然，我们必须将注意力集中于他的思想，而非环绕这些思想的争论。照我看来，弗农·维纳布尔（Vernon Venable）的《人性：马克思式的看法》（*Human Nature: The Marxian View*，1945）仍是对这个课题最好的综合导论。伯特尔·奥尔曼（Bertell Ollman）给他的著作《异化》（*Alienation*，1976）所写的《哲学性引言》（Philosophical Introduction），是进入马克思式哲学思想的一个有用门径。阿尔弗雷德·施密特（Alfred Schmidt）的《马克思的自然概念》（*Concept of Nature in Marx*,1971）写得很好但不容易看懂。我由弗兰茨·梅林（Franz Mehring）所写的马克思的传记（1935）中，懂得许多马克思思想的发展情形。古德纳的《两种马克思主义》（*Two Marxisms*，1980）写得很好，介绍了马克思本人思想中的矛盾，以及后来采纳马克思思想某一个或另一个方面的马克思主义变种。霍布斯鲍姆深刻地描述了《马克思对历史学的贡献》（Karl Marx's Contribution to Historiography，1973）。

人类学家可以看一看埃莉诺·里柯克（Eleanor B. Leacock）给恩格斯所著《家庭、私有制和国家的起源》（*Origin of the Family, Private Property and the State*）一书1972年版所写的引言，莫里斯·郭德烈（Maurice Godelier）所著《马克思关于原始社会想法中的失效章节和活性构想》（Dead sections and Living Ideas in Marx's Thinking on Primitive Society，1977），以及威斯曼（James W. Wessman）的佳作《人类学与马克思主义》（*Anthropology and Marxism*，1981）。劳伦斯·克拉德（Lawrence Krader）于1972年编辑并出版了马克思本人的民族学研究。

第2章　1400年的世界

想把世界史写成文化联结的过程，或想由全球的观点去了解文化，在人类学上都不是新颖的事。在我进入这个领域的时候，戈登·柴尔德（V. Gordon Childe）的《历史发生了什么》（*What Happened in History*，1946）是必读的书，而研究生也必须熟读克鲁伯重写的《人类学》（*Anthropology*，1948）。拉尔夫·林顿的《文化树》（*Tree of Culture*，1955），就是根据他的演讲集成，没有参考书目。这本书也属于同一传统，不过现在似乎只有考古学中涉及人类学的部分仍对它感兴趣。在历史学的领域，有些像阿诺德·汤因比（Arnold Toynbee）这样具备多方面才能的历史学家。然而，汤因比认为历史是不断走向救世的看法，也只能说服相信他的人。麦克尼尔（McNeill）的《西方的兴起》（*Rise of the West*，1963）一书对人类学家来说有用得多。在这本书中，麦克尼尔试图将历史描述成相互联系和连接的，质疑斯宾格勒（Spengler）或汤因比这样的人所谓的文明单元。

我之所以喜欢概括性地叙述欧洲和亚洲，是受到约瑟夫·斯特雷高斯基(Joseph Strygowski）的影响。我的童年是在维也纳度过的。那个时候，许多人讨论斯特雷高斯基关于欧亚大陆动物类型的演讲和展览。欧文·拉铁摩尔所著《中国的亚洲内陆边疆》（*Inner Asian Frontiers of China*，1951）以及他后来的论文集（1962），他对游牧－农耕人口的相互关系的一般看法，很具有启发性。

阿尔特海姆（Altheim，1954，1960）和巴洛文（Barloewen，1961）的著作，有助于我对地中海周围游牧－农耕人口关系的了解。弗雷德里克·梯加特所著的《罗马与中国》（*Rome and China*，1939）是一部有趣的书。它是早期计量史学的一个例子，也暴露出机械性量化的缺点。

格鲁塞（René Grousset）的《草原帝国》（*Empire of the Steppes*，1970），是我叙述亚洲游牧民族的政治历史时主要的资料出处。克拉德对这种文化类型的人类学多有论述，尤其见于他关于社会组织（1955）、生态学（1957）及邦国（1958）的著作。我们显然不能认为游牧民族是政治历史的独立原动力，而应该由他们与定居地区的生态、交易制度和权力结构的关系去看他们。关于这一点，请参看拉科斯特（Lacoste，1974）、利斯（Lees）和贝茨（Bates，1974）的著作。

我很久以来便对伊斯兰世界的历史和发展感兴趣（Wolf，1951，1969：Chap.5）。1961—1971 年，我和威廉·肖尔格（William D. Schorger）一同在密歇根大学教授地中海文化。教学相长，在这 10 年我自己也学到很多。关于伊斯兰教的标准论著，有许多现成的书目，但是我认为马歇尔·霍奇森（Marshall G. S. Hodgson）的三卷本著作《伊斯兰教的冒险事业》（*Venture of Islam*，1974）最为重要。有人批评这部书，说它带有唯心主义的偏见。可是对于大多数强调伊斯兰教规范性质的著作，都可做此批评。这部书谈到伊斯兰世界在地理上与时间上的所有方面，并且不带有其他西方作家具有的民族优越感的偏见。它主要的缺点在于缺乏社会与经济历史的基本知识。但这个缺点在写伊斯兰国家的作者中很普遍。对于大多数写伊斯兰世界的著作的尖锐批评，参看布赖恩·特纳（Bryan Turner）的著作《马克思与东方主义的终结》（*Marx and the End of Orientalism*，1978）。

除了零星的几篇较早的论文以外，关于伊斯兰世界的社会和经济历史，近来才有人写。较为显著的成果有库克（M. A. Cook，1970）、伊萨维（Charles Issawi，1966），尤其是亚伯拉罕·乌多维奇（Abraham Udovitch）编辑的多卷本著作（1980）。安德鲁·沃特森（Andrew Watson）的《阿拉伯的农业革命》（Arab Agicultural Revolution，1974）与理查德·布利特（Richard Bulliet）的《骆驼与车轮》（*Camel and the Wheel*，1975），对于工艺技术和生产，都有很中肯的讨论。关于市镇与乡村的关系，请参看拉皮德斯（Ira M. Lapidus）编辑的论文集《中东的城市》（*Middle Eastern Cities*，1969），尤其是他本人的论文。特别要注意伊斯兰历史上社会与经济方面的学者，有克劳德·卡昂（Claude Cahen，1955，1957，1959，1965）和戈伊坦（S. D. Goitein），后者研究近东工匠和资产阶级的兴起（1956—1957，1964）。有一天，我们会更了解伊斯兰世界广泛的贸易关系。海德（Heyd，1885）和莱比耶（Lybyer，1915）的著作仍然是经典。罗伯特·洛佩兹和欧文·雷蒙德（Irving Raymond）关于地中海贸易的论文集（1955）包罗万象。理查兹曾经编辑了关于伊斯兰教和亚洲贸易的好书（1970）。乌多维奇曾经写过一部精彩的关于中世纪伊斯兰世界的商业法律的书（1970）。而马克西姆·罗丁森（Maxime Rodinson）的《伊斯兰与资本主义》（*Islam et capitalisme*，1966），富有见解、资料详实。

关于奥斯曼帝国的早期历史，维特克（Wittek）的著作（1957）是必读之书，尤其应与维尔纳的书（1966）一并研读。伊纳西克（Halal Inalcik）的《奥斯曼帝国》（*Ottoman Empire*，1973），是一位土耳其历史学家做出的重要贡献。我也在此请读者注意他的《奥斯曼帝国的资本形成》（Capital Formation in the Ottoman Empire，1969）。凯德尔（Çağlar Keyder）关于奥斯曼帝国瓦解的论文（1976）与伊斯拉摩格鲁（Huri Islamoğlu）和凯德尔合著的《奥斯曼历史纪事》（Agenda for Ottoman History，1977）等是后来出现的挑战。

对非洲史前历史的探讨，是一个十分有趣的研究新领域。罗兰·奥立弗（Roland Oliver）和布赖恩·费根（Brian Fagan）合著的《铁器时代的非洲》（*Africa in the Iron Age*，1975），综述这个主题。费奇（J. D. Fage）和奥立弗由《非洲史杂志》（*Journal of African History*）中选辑了若干重要的论文，出版为《非洲史前史论文集》（*Papers in African Prehistory*，1970）一书。然而，奥立弗本人在这本论文集中的一篇文章《班图人扩张的问题》（The Problem of Bantu Expansion），却不及菲利普森（D. W. Phillipson）关于这个问题的说明——《班图语言的传播》（Spread of the Bantu Languages，1977）。我在本书中所用的就是菲利普森的这篇文章。凡西纳（Vansina）、莫尼（Mauny）和托马斯（Thomas，1964），以及麦考尔（McCall，1969），曾经探讨过研究非洲的历史学家所面临的各种机会与困难。

今日我们略知将非洲许多部分联系在一起的广大交易网络。巴威尔（E. W.Bovill）的《摩尔人的黄金贸易》（*Golden Trade of the Moors*, 1968）的主题是跨越撒哈拉大沙漠的贸易。本书是巴威尔于1933年所撰《老撒哈拉的商队》（*Caravans of the Old Sahara*）一书的修订版。拉尔斯·森德斯特伦（Lars Sundstrom）的《先殖民时代热带非洲的交易经济》（*Exchange Economy of Per-Colonial Tropical Africa*, 1974），是一本在瑞典出版的鲜为人知的书籍可喜的翻版。莫尼的书（1961）也很有价值。艾弗·威尔克斯（Ivor Wilks, 1962）着重东西间的贸易路线，以及南北的联系。克劳德·梅拉苏编辑的一本论文集（1971）资料中肯，但所谈主要是19世纪的贸易。关于11世纪与17世纪间西非为国际经济主要的黄金供应者的研究，请参看布罗代尔（1972：462—475）与霍普金斯（1973：82）的著作。

在阿雅伊（Ajayi）和克罗德（Crowder）合编的《西非史》（*History of West Africa*, 1972）中，尼米亚·列夫锡安（Nehemia Levtzion）和史密斯（Abdullahi Smith）讨论了苏丹的政治。列夫锡安所谈为1500年以前苏丹西部的邦国；史密斯所谈为苏丹中部的邦国。麦考尔（1971）曾经著书讨论11世纪这个地区的伊斯兰化。杰克·古迪（Jack Goody, 1971）通过欧洲与亚洲邦国形成过程的比较，说明非洲邦国的形成，但也请参看伊曼纽尔·泰雷（Emmanuel Terray）的评论（1973）。

罗伯特·罗特伯格（Robert Rotberg）和内维尔·奇蒂克（H. Neville Chittick）编辑的《东非和东方》（*East Africa and the Orient*, 1975）一书，让我们想到跨越阿拉伯海和印度洋的联系。弗里曼－格伦维尔（G. S. P. Freeman-Grenville）所著的《坦噶尼喀海岸中古史》（*Medieval History of the Coast of Tanganyika*, 1962）和奇蒂克的论文《葡萄牙人到来以前的海岸》（The Coast Before the Arrival of the Portuguese, 1972），谈到了海岸殖民地的考古背景。罗杰·萨默斯（Roger Summers）对于说明津巴布韦的考古学序列和为之断代很感兴趣，请参看他的著作《津巴布韦》（*Zimbabwe*, 1963）及其日后的论文《罗得西亚的铁器时代》（Rhodesian Iron Age, 1970）。罗宾逊曾撰写《罗兹威考古》（The Archaeology of the

Rozwi，1966）一文。亚伯拉罕（D. P. Abraham）首创将葡萄牙记录与非洲口述传统结合起来的研究，并曾以此撰成数文（1961，1962，1966）。爱德华·阿尔珀斯（Edward Alpers）关于《穆塔帕和马拉维的政治制度》（The Mutapa and Malawi Political Systems，1968）的讨论和穆登格（S. G. Mudenge）关于《对外贸易的作用》（The Role of Foreign Trade，1974）的探讨，都很有用。

我对于印度的看法，形成于最初上研究所的时候。最影响我的是保罗·罗萨斯（Paul Rosas）的论文《印度的种姓和阶级》（Caste and Class in India，1943）。后来，我又受到弗雷德里克·莱曼雄心勃勃的博士论文《一个文明的人类学参量》（*Anthropological Parameters of a Civilization*，1957）的影响。伯纳德·科恩的《印度：一个文明的社会人类学》（*India: The Social Anthropology of a Civilization*，1971），是一部杰作。我由谢尔凡卡（K. S. Shelvankar）的小书《印度的问题》（*The Problem of India*，1943）中学到一些东西，又由乔希（P. C. Joshi）的一篇论文（1970）中学到很多。乔希主张传统印度不是千篇一律和一成不变的。

我和所有研究印度的人一样，设法理解种姓。关于这个课题的文献错综复杂，我不知道读者最后能不能拨云见日。有的学者在意识形态中、在基础结构或仪式洁净和污染的假设中，找到将种姓制度结合起来的凝聚力。路易·杜蒙（Louis Dumont）的《阶序人》（*Homo Hierarchicus*，1970），是坚持这种立场的主要观点。我比较同意的说法是："维系种姓制度的是集中在某些群体手中的权力，而非共识。"（Berreman，1979：112）这种说法更具有说服力。斯里尼瓦（M. N. Srinivas）的论文《拉姆普拉的统治种姓》（The Dominant Caste in Rampura，1959），以及贝利（F. G. Bailey）的《种姓与经济边疆》（*Caste and the Economic Frontier*，1957）和《部落、种姓和国家》（*Tribe, Caste and Nation*，1960），都充分说明权力在维持种姓的区别与地位上有重要的作用。埃里克·米勒(Eric Miller）在其论文《马拉巴尔的种姓与地域》（Caste and Territory Malabar，1954）中，说明皇家的权力是这个制度的关键。希斯特曼的《印度与各种传统的内在冲突》（India and the Inner Conflict of Traditions，1973）讨论了祭司的权力与政治权力之间的冲突。钱德拉·贾亚瓦德纳（Chandra Jayawardena）解释了《斐济农村社会种姓的解体》（The Dsintegration of Casts in Fiji Rural Society，1971）。从以上三位学者的著述中，我认识到这种权力的系统特征。

同时，我们不该随便下结论说种姓只是一个附带现象。即使次级种姓和种姓分支按照环境和处境分分合合，种姓的类别还得牵涉成员身份、共同血统和内婚（Béteille，1969：157），在整个种姓制度改变其社会地位时亦然（Sinder，1964；Silverberg，1968）。莫顿·克拉斯（Morton Klass，1980）将种姓制度的兴起，追溯到原来的平等团体的分化过程，令人信服。梅拉苏（1974）提出的种姓制度模型，以在取得生产手段上的分化为基础，不过他认为在决定哪个群体得到什么上，意识形态的因素不重要。琼·曼切尔（Joan Mencher）的《上下颠倒的种姓制度》（The Caste System Upside Down，1974），阐明了贱民的地位。

我的结论是：种姓现象与权力和对经济资源的控制有密切的关系，但是为了了解在一个权力场域印度的阶级体系如何发生作用，就必须考虑到以血统为基础的群体的团体性质。我认为这种研究方法的模范之作是理查德·福克斯的《亲属、氏族、拉贾和统治》（*Kin, Clan, Raja, and Rule*，1971），我很倚重这本杰作。

在第二次世界大战期间，我在军队服役时读到拉铁摩尔夫妇（Owen and Eleanor Lattimore）所著的《现代中国的形成》（*Making of Modern China*，1944）。那是我读到的有关中国方面书籍的开始。随后我又看到两本好书：卡尔·魏特夫（Karl Wittfogel）的《中国的经济与社会》（*Wirtschaft und Gesellschaft Chinas*，1931）和欧文·拉铁摩尔的《中国的亚洲内陆边疆》。在研究生期间，我由莫顿·弗里德处领受许多教益。那个时候，他正为他1950年首次开设的著名的有关中国和中国边缘的课程做准备。弗里德也给我指点中国西南边疆复杂的民族分布，请参看他的《土地保有权、地理和生态》（Land Tenure，Geography and Ecology，1952）。沃尔夫冈·埃伯哈德（Wolfgang Eberhard）的著作现已合成为一本《中国史》（*A History of China*，1977）以及伊懋可（Mark Elvin）的佳作《中国过去的模式》(*Pattern of the Chinese Past*, 1973),提出一个不同的看法,着重中国发展的累积性和非周期性的变化。伊懋可对于汉人扩张进入中国南方的叙述,尤其富有戏剧性。

关于中国土地保有权趋势的讨论,我援引了艾蒂安·巴拉兹(Etienne Balazs)的《4 世纪和 5 世纪中国土地所有权的演化》(Evolution of Landownership in Fourth-and Fifth-Century China)和《中国由 4 世纪到 14 世纪的土地所有权》(Landownership in China from the Fourth to the Fourteenth Century),以上两文均收入他的论文集(1964);丹尼斯·崔瑞德(Denis Twitchett)的《唐宋时期中国的土地保有权和社会秩序》(Land Tenure and the Social Order in T'ang and Sung China, 1962);以及伊懋可的《中国过去的模式》中的第六章"没有封建制度的采邑制度"(Manorialism without Feudalism)及第十五章"农奴制的消失"(The Disappearance of Serfdom)。伊懋可的著作和维尔莫特(W. E. Wilmott)编辑的《中国社会的经济组织》(*Economic Orgnization in Chiese Society*, 1972),都影响了我对中国商业活动的看法。桑原骘藏(Jitsuzo Kuwabara)在其著作《蒲寿庚考》(*On P'u Shou-Keng*, 1928-1935)中,讨论了与阿拉伯世界的贸易联系。我最初是由戴闻达(J. J. L. Duyvendak)的《中国发现非洲》(*China's Discovery of Africa*, 1949)中,注意到中国与非洲的接触。

我在研究生学习的早期阶段,读了一些关于东南亚生态的书,如莫尔(E. C. J. Mohr)的《热带土壤形成的过程》(*Tropical Soil Forming Processes*, 1933)和《赤道区域的土壤》(*Soils of Equatorial Regions*, 1944);皮埃尔·古鲁(Pierre Gourou)的《越南北部三角洲的农民》(*Les paysans du delta tonkinois*, 1936);卡尔·佩尔泽(Karl Pelzer)的《亚洲热带地区的拓荒》(*Pioneer Settlement in the Asiatic Tropics*, 1945)。在那个时候,罗伯特·冯·海涅-格尔登(Robert von Heine-Geldern)、托马森·艾·苏辛克(Anj. Thomassen a Thuessink)和福来克(B. H. M. Vlekke)的各种著作,质量不一,只是对早期文化史的一些揣度性看法。之后,情形有了很大的改善,主要是由于几本书的问世,如勒尔的《印度尼西亚的贸易与社会》(*Indonesian Trade and Trade Society*, 1955);乔治·柯岱斯

（George Coedès）的《中南半岛的诸民族》（*Les peuples de la Péninsule Indochinoise*，1962）和《中南半岛和印度尼西亚的印度教邦国》（*Les états hindouisés d'Indochine et d'Indonésie*，1964）；保罗·惠特利（Paul Wheatley）的《公元1500年前马来半岛的历史地理学研究》（*Golden Khersonese*，1961）及其有关由互惠到重新分配的论文佳作（1975）；以及沃特斯（O.W.Wolters）的《早期印度尼西亚的商业》（*Early Indonesian Commerce*，1967）与《马来历史上三佛齐王国的覆亡》（*The Fall of Śrīviyaya in Malay History*，1970）。

霍尔（D. G. E. Hall）的《东南亚史》（*History of South-East Asia*，1968），是关于这个地区的历史和政治很好的概论。在勒巴（Lebar）、希基（Hickey）和马斯格雷夫（Musgrave）合编的《东南亚大陆的族群》（*Ethnic Groups of Mainland Southeast Asia*,1964）和孔斯塔特(Kunstadter）编的《东南亚部落、少数民族和邦国》（*Southeast Asian Tribes, Minorities, and Nations*，1967）中，我找到了许多有用的系统化的民族志资料。哈利·班达（Harry J. Benda）的论文《东南亚历史的结构》（The Structure of Southeast Asian History，1962），对于了解这个地区有持久的贡献。本文提醒我们注意重要的社会、经济和政治关系。在他过世以后，这篇论文与其他论文合并为一纪念论文集出版（Benda，1972）。

朱利安·斯图尔德对于新世界文化发展的研究很有贡献。他使美洲考古学注意到生态学和社会经济过程的发展。我通过阅读斯图尔德所编的《南美印第安人手册》（*Handbook of South American Indians*，1946-1959），开始在人类学方面得到许多领悟。我们可以在斯图尔德和法龙在1959年的合著中，看到这部七卷本著作的简写本。

斯图尔德的论文《由南美看美洲文化史》（American Culture History in the Light of South America，1947），有助于我对美洲原住民的人类文化学做比较性思考。在詹宁斯（Jennings）和诺贝克（Norbeck）合编的《新世界的史前人类》（*Prehistoric Man in the New World*，1963）以及梅杰斯（Meggers）与埃文斯（Evans）合编的《拉丁美洲原住民的文化发展》（*Aboriginal Culture Dvelopment in Latin America*，1963）；戈登·威利的

两卷本著作《美洲考古学导论》(*Introduction to American Archaeology*, 1966, 1971);威廉·桑德斯(William T. Sanders)与约瑟夫·马里诺(Joseph Marino)的《新世界史前史》(*New World Prehistory*, 1970)中,我都找到了许多有用的文章。

约翰·穆拉的《安第斯世界的经济与政治结构》(*Formaciones económicas y políticas del mundo andino*, 1975);梅杰斯的《厄瓜多尔》(*Ecuador*, 1966);热拉尔多·雷谢尔-多玛托夫(Gerardo Reichel-Dolmatoff)的《哥伦比亚》(*Colombia*, 1965),对于安第斯山区和亚安第斯山区的"古社会学"多有阐明。关于布里塔卡(Buritaca)遗址,请参看《今日的哥伦比亚》(*Colombia Today*, 1979)。在《亚马孙河上游》(*The Upper Amazon*, 1970)一书中,唐纳德·拉斯瑞普(Donald Lathrap)强调安第斯山区和亚马孙河流域的关系。这个课题在将来很可能有意外的发现。奥尔加·利纳雷斯(Olga R. Linares, 1979)评论了美洲地峡考古。玛丽·赫尔姆斯写过一本好书——《古代的巴拿马:追求权力的酋长》(*Ancient Panama: Chiefs in Search of Power*, 1976)。

我在1959年就曾写过关于中美洲的文章(Wolf, 1959)。关于这个课题,我所用的资料是桑德斯和芭芭拉·普赖斯(Barbara J. Price)所著的《中美洲:一个文明的演化》(*Mesoamerica: The Evolution of a Civilization*, 1968),佩德罗·卡拉斯科(Pedro Carrasco)等编的《西班牙人到来以前中美洲社会阶层的形成》(*Estratificación Social en la Mesoamérica Prehispanica*, 1976),以及卡拉斯科和约翰娜·布罗达(Johanna Broda)合编的《中美洲的经济、政治和思想方式》(*Economía, Política e ideología en Mesoamérica*, 1977)。

戈登·埃克霍尔姆和威利合编的《中美洲印第安人手册》(*Handbook of Middle American Indians*)的第四卷,卷名是《考古学的边疆和与外面的联系》(*Archaeological Frontiers and External Connections*, 1966)。在这卷中,查尔斯·凯利(J. Charles Kelley)谈了中美洲与美国西南部的关系;詹姆斯·格里芬(James B. Griffin)讨论了中美洲与美国东部的关系。也请参看查尔斯·迪·佩索(Charles Di Peso)的《大屋》(*Casas Grandes*, 1974)。

关于美国东部的史前史，请参看约瑟夫·考德威尔（Joseph R. Caldwell）的《趋势与传统》（*Trend and Tradition*，1958）及《北美东部》（Eastern North America，1962），梅尔文·福勒（Melvin L. Fowler）的《北美洲东部的农业与村落》（Agriculture and Village Settlement in the North American East，1971），以及詹姆斯·布朗（James A. Brown）的《斯皮罗艺术与其墓葬环境》（Spiro Art and Its Mortuary Contexts，1975）。

第 3 章　生产方式

本书广泛使用"生产方式"的概念，但用法比当今好用这个概念的人折中。关于这个概念的导论，请参看布里奇特·劳克林（Bridget O'Laughlin）的《马克思式的人类学研究方法》（Marxist Approaches in Anthropology，1975），乔纳森·弗里德曼的《马克思主义、结构论和通俗唯物论》（Marxism，Structuralism and Vulgar Materialism，1974），以及威斯曼（1981）著作的第六章。不过应当注意的是，生产方式的概念，通过马克思主义和结构论在法国的融合，而得到了目前的突出地位。因而，它是马克思思想的一个特殊变型，而非其全部。

马克思和恩格斯本人常常随便和含糊地使用"生产方式"一词。他们指出若干不同的"生产制度的一般形式"（维纳布尔的话）。他们有时好像视原始共产主义、亚细亚社会、奴隶社会、封建制度、资本主义和社会主义这一连串的制度，为演化的阶段；有时又将这些一般的形式做双线排列，想象一条演化的线路由原始共产主义走向亚细亚的方式，另一条演化的线路由原始共产主义走向西欧模式的资本主义。霍布斯鲍姆在自己编的马克思的《前资本主义经济结构》（*Precapitalist Economic Formations*，1964）的引言中，检讨了牵涉的若干问题，其中编入了长久以来无人翻译和不为人所知的《政治经济学批判大纲》（*Grundrisse*）的部分内容。在马克思和恩格斯之后的正统说法往往倾向于一个单线进化模式，其中每一个一般性的生产制度又依次引起一个较高阶段的产生。苏联的解释，尤其是在斯大林时期，为了证明苏联的社会主义是以前的封建主义与资本主义合理合法的继承，遂倡言一个全球性的普遍次序——由奴隶社会、封建主义、资本主义到社会主义。

法国结构派学者（尤其是哲学界的路易斯·阿尔都塞〔Louis Althusser〕、艾蒂安·巴利巴尔〔Etienne Balibar〕和人类学界的莫里斯·郭德烈），想要把生产方式当作其本身便是结构或制度来说明和分析，而不涉及演化、过渡或历史的问题。我们应当视之为对大家所接受的正统说法的反动。这几位法国学者使讨论更为明晰，也为自己的做法巧辩。

我由结构学派学者处学到很多，但也看到他们研究方法上的缺点。由于他们认为马克思是超前他自己时代的制度理论家，并因为不能用阿尔都塞式的措辞而用了黑格尔式的措辞，于是他们淘汰了马克思学说中的黑格尔式辩证法。这个情形抵消了马克思思想建立“内在关系的哲学”的努力（我认为这种努力很有趣，也很有价值），而赞成机械性制度的研究方法，研究“关系中的因素”而非“关系的因素”（Ollman，1976：Part I）。结构学派还赋予结构或制度一个绝对的目的论（“结构上的因果关系”），它以世人为制度的载运者，但是不给人类的意识或历史留空间。因而，在他们的人类学中，他们往往将所有文化与文化的变化压缩为生产方式的因素。此外，他们将生产方式的概念具体化为许多无时间性的要素，让它们不管历史上的时间和情况，而自我生殖和彼此互动。

我采用生产方式的概念，是把它当作思考各种关系的方式，而不是把它当作上帝的真理。这个概念并非什么都能说明，也并不能解决所有理论性的问题。我在本书中采用它，是因为这样可以远离机械性和线性的因果关系。但是我无意接受鲁布·戈德堡（Rube Goldberg）式对关联起来的部分、层次、时刻和实例的理论性建构。它们往往只是对“功能”这个古老观念的另一些复杂说法。

有兴趣进一步发掘相关文献的读者，应当读一读阿尔都塞和巴利巴尔的《读资本论》（*Reading Capital*，1970），尤其是第三部，以及郭德烈的《经济的合理与不合理》（*Rationalité et irrationalité en economie*，1966）。大卫·塞登（David Seddon）在其编辑的《生产的关系》（*Relations of Production*，1974）中，精选了英译法国结构学派人类学家的论著。不过塞登的引言却让我们误以为，人类学中马克思的研究方法是在20世纪60年代起源于巴黎高等师范学院（École Normale Superieure）。可以阅读德文的读者，会发现伊姆加德·塞农（Irmgard Sellnow）的《史前时代历史分期的基本原则》（*Grundprinzipien einer Periodisierung der Urgeschichte*）很有趣，它来自一个不同的传统。在英国的马克思社会科学领域，巴里·海因兹（Barry Hindess）和保罗·赫斯特（Paul Q. Hirst）在给《前资本主义生产方式》（*Pre-capitalist Modes of Production*，1975）所写的引言中直言不讳，批评了阿尔都塞。他们坚持没有理论便没有事实，又坚持不用历史解释其生产方式，这些都是令人恼怒的。但是其他人却可以拿他们的极端说法为标准，测验自己的构想。汤普森（E. P. Thompson）在《理论的贫乏》（*The Poverty of Theory*，1978）中，愤怒地批评整个结构学派，他的批评很有深度。

我对于资本主义方式如何运作的见解，部分源于20世纪30年代大萧条期间在波希米亚北部的德国和捷克边界的纺织工人的经验。1939年，我看了约翰·斯特拉奇（John Strachey）的《资本主义危机的性质》（*Nature of the Capitalist Crisis*，1935）一书，激发了我对于替代性经济学的兴趣。我在纽约皇后学院读书时，由于阅读了迪克森（Dixon）和埃伯哈特（Eberhardt）的作品（1938），我逐渐了解了制度经济学。保罗·斯威齐（Paul M. Sweezy）的《资本主义发展的理论》（*Theory of Capitalist Development*，1942）和欧内斯特·曼德尔的《马克思式的经济理论》（*Marxist Economic Theory*，1968），是讨论马克思主义经济学的好书。自1968年起，《激进政治经济学评论》（*Review of Radical Political Economics*）为许多高质量的经济和政治主题的出版物提供了生动而丰富的素材。当然，马克思的《资本论》（*Capital*）仍是我们用以分析的参考宝典。我看的是1977年的兰登书屋版（卷一）和国际出版公司（International Publishers）版（卷三）。

萨米尔·阿敏（Samir Amin）在他的几种著作中（如《不平等的发展》〔*Le développement inégal*，1973〕，尤其是论前资本主义结构的第一章），都使用了“贡赋性生产方式”这个概念。但是马克思在《政治经济学批判大纲》中对征服可能产生的结果的讨论，已预示了这个概念（*Gr.*，

1973：97）。日本历史学家早川次郎（Jiro Hayakawa）在20世纪30年代中期写作的时候，说亚洲的生产方式即贡赋性的方式（Shiozawa，1965）。布加勒斯特大学的哲学史家巴努（Ion Banu）也说，亚洲的社会结构是贡赋性的（1967）。

亚洲独特的生产方式的观念源于亚当・斯密、詹姆斯・密尔（James Mill）、理查德・琼斯（Richard Jones）和约翰・斯图亚特・密尔（John Stuart Mill）这几位古典经济学家的著作。马克思在若干著作，尤其是在《政治经济学批判大纲》中进一步发展了这个概念，但是着重点却有变化，有时强调亚洲社会的水利基础，有时强调村庄群落，这些村落支持一个神－王，神－王代表它们的无差别统一。在分析水利社会时最初尝试使用这个概念的是魏特夫的巨著《中国的经济与社会》（*Wirtschaft und Gesellschaft Chinas*，1931）。斯大林禁止在苏联和共产国际的其他成员国讨论这个问题，但是魏特夫却仍旧竭力倡议。苏联的马克思列宁主义显然受到这个概念对政府官吏批评态度的威胁，受到有人可能用它形容苏联社会为“亚细亚”社会的威胁，受到社会文化的演化是多线而非单线进行的想法的威胁（这个想法可能使人要求多线和非正统的政治回应和策略，而非一致和正统的政治回应的策略）。在斯大林去世以后，对这个概念重起的兴趣，似乎是由于左派想要走多线的、民族分化的通往社会主义的路线。指向这个方向的作品，其作者有令人敬畏的东德历史学家，他们的研究方向是近东和古典时代，比如伊丽莎白・夏洛特・韦尔斯可普（Elisabeth Charlotte Welskopf，1957）；法国的东方史学家让・赛斯内欧（Jean Chesneaux，1964）；法国的人类学家郭德烈（1965）；匈牙利的东方文学史家杜克义（Ferenc Tökei，1966）。关于这个概念造成的问题，有用的著作有魏特夫的《东方专制主义》（*Oriental Despotism*，1957），尤其是第九章；“马克思主义研究中心”出版的论文集《论〈亚细亚生产方式〉》（*Sur le'mode de Production asiatique*，1969）；克拉德的《亚细亚生产方式》（*Asiatic Mode of Production*，1975）；海因兹和赫斯特（1975）著作中重要的第四章；以及伊尔凡・哈比卜（Irfan M. Habib）的《对魏特夫东方专制主义理论的分析》（Examination of Wittfogel's Theory of Oriental

Despotism，1969）。弗里德曼的《制度、结构和矛盾》（*System, Structure and Contradiction*，1979），提到了亚细亚的国家形式，可能由原先存在的以亲属关系组织的“圆锥形氏族”结构发展出来。这个想法使我们认为，以阶级组成和亲属关系为基础的、封建的亚细亚结构，是彼此的转型。

约书亚·普洛尔（Joshua Prawer）和什穆埃尔·艾森施塔特（Shmuel N. Eisenstadt）在《国际社会科学百科全书》（*International Encyclopedia of the Social Sciences*，1968）的一篇文章《封建制度》（Feudalism）中，介绍了封建制度造成的问题和重要的参考书目。马克·布洛赫（Marc Bloch）的《封建社会》（*Feudal Society*，1961）仍是关于这个课题的经典著作。这部书于1939—1940年第二次世界大战爆发之初出版，其作者在大战中阵亡。“马克思主义研究中心”于1971年出版了一册论文集《论封建制度》（*Sur le féodalisme*）。其中，雷内·盖里索（René Gallissot）质问：为何软弱、短期和边际性的西欧封建制度，会被当作各地封建制度的典型事例？海德·文德尔（Heide Wunder）集成了一本西德和东德学者的论文集《封建制度》（*Feudalismus*，1971）；文德尔本人写了一篇很有用的引言。不过，出版公司没有获准重印奥托·欣茨（Otto Hintze）重要的论文《封建主义的性质和传播》（Wesen und Verbreitung des Feudalismus，1929）。这篇文章首次鼓励我视封建制度为一个更大方式中的一个阶段。它视封建制度为经常发生但不普遍的现象或症候，可以发生在邦国形成的过程中，也可能是政治退化或崩溃的结果。文德尔所编辑的论文集中的东德学者，视封建制度为一种生产方式，海因兹与赫斯特亦然（1975：Chap.5）。在东德学者中，伯恩哈德·特福芬（Bernhard Töpfer）最注意封建主义是否为多线过程的特殊结果（Wunder，1971：Chap.7）；而海因兹和赫斯特由于其极端结构主义的主张，不过问其假设方式在跨文化时空的发生与可变性。库拉（Witold Kula）的封建制度经济理论，关于封建“合理性”和商业在封建制度中作用的讨论也很重要（1970）。

我对于以亲属关系为原则的生产方式的解释，受到各种影响。其中有保罗·基尔霍夫（Paul Kirchhoff）的《人类社会氏族制的原则》（Principles of Clanship in Human Society）。这篇文章最初写成于1935年，但一直到 1955 年才出版（1959 年重印）。弗里德在《共同单系继嗣群的分类》（Classification of Corporate Unilineal Descent Groups，1957）一文中，又修订了基尔霍夫的看法。我的第二个参考出处是梅拉苏的几篇文章，尤其是《经济现象的解释》(Essai d'interprétation du phénomène économique，1960)，《由再生产到生产》(From Reproduction to Production，1972)，以及《农民阶级的社会组织》(The Social Organization of the Peasantry，1973)。第三个对我的影响是萨林斯关于家族层次与亲属关系之间矛盾的观念，尤其参看萨林斯的《石器时代经济学》(*Stone Age Economics*，1972：Chaps.2 and 3)。第四个出处是珍妮特·西斯金德（Janet Siskind）的名篇《亲属关系与生产方式》(Kinship and Mode of Production，1978)，它将亲属关系和婚姻的基本因素与两性间的分工联系起来。大卫·施奈德(David M. Schneider)的《亲属关系是指些什么？》(What is Kinship All About?，1972)使我明白亲属关系作为象征性结构的复杂性。

关于酋长在亲属关系秩序中的矛盾作用，以及关于由亲属关系到阶级的过渡，请参看基尔霍夫(1959)、弗里德(1957,1960)、萨林斯(1960;1972:130—148,204—210)、莱尔（Ruyle,1973）和韦伯斯特（Webster，1975，1976）的著作。

皮埃尔－菲利普·雷伊（Pierre-Philippe Rey）的《阶级联盟》(*Les alliances de classes*，1976)，提出各种生产方式如何互动的问题。这本书中关于互动的论文，自 1969 年起便以油印本的方式流传。芭芭拉·布拉德比（Barbara Bradby）的论文《自然经济的毁灭》(The Destruction of Natural Economy，1975）是一明白易解的重要作品。艾丹·福斯特－卡特（Aidan Foster-Carter）的《我们能明确表达互动吗？》(Can We Articulate Articulation?，1977)，讨论了某些相关的文献及其问题。

第 4 章 欧洲，扩张的序幕

要解释在罗马帝国灭亡以后，欧洲相对于黎凡特地区而言的边际性地位，我们必须先询问谁衰亡了、什么衰亡了。莫蒂默·钱伯斯(Mortimer

Chambers）所编的小册子《罗马的衰亡》（*The Fall of Rome*，1963），给读者介绍了对这个问题的各种看法。佩里·安德森（Perry Anderson）的《从古代到封建主义的过渡》（*Passages from Antiquity to Feudalism*，1978），是对这个问题的精密研究。西罗马帝国在政治上崩溃了，但是同时罗马的模式却传遍乡村地区。关于这一点，请参看海歇尔海姆的著作（Heichelheim，1956）。我们也必须记住：虽然西罗马灭亡了，但是东罗马又存活了1000年。格奥尔格·奥斯特洛格尔斯基（Georg Ostrogorsky）的《拜占庭国家史》（*History of the Byzantine State*），是关于拜占庭的一部重要著作，但是安德森关于拜占庭的讨论（1978：265—293），所引的新文献很多。我关于西欧被束缚在拜占庭－维京（Byzantine-Viking）钳形包围圈的概念，是根据阿奇博尔德·刘易斯（Archibald Lewis）精彩的著述《海军力量与地中海的贸易，500—1100年》（*Navel Power and Trade in the Mediterranean, 500-1100*，1951）和《北方诸海》（*The Northern Seas*），以及格温·琼斯（Gwyn Jones）的《维京人史》（*History of the Vikings*，1968），琼斯讨论了维京人与东方的关系（Part 2，Chap.4）。

关于将欧洲人送往东方为奴隶的贸易，我们有必要做进一步的详细研究。这些奴隶在10世纪以前是一种重要的商品。关于拜占庭的奴隶制度，请参看哈金尼可劳－马拉瓦的著作（Hadjinicolaou-Marava，1950）。关于9世纪瑞汉尼亚人（Al-Radhaniyya）的奴隶贩卖活动，请参看洛佩兹和雷蒙德的合著：《中世纪贸易》（*Medieval Trade*，1955：31—32，115）。关于维京人将奴隶贩卖给伊斯兰世界的贸易，请参看伊本·法德兰（Ibn Fadlan）阴郁的叙述（Togan，1939）。关于威尼斯的奴隶贸易，请参看莱恩（Lane）的《威尼斯》（*Venice*，1973：69）。查尔斯·威灵顿（Charles Verlinden）的《奴隶制度》（*L'esclavage*，1955）是我关于通过黑海港埠进行的奴隶贸易的主要资料出处。欧瑞格（Iris Origo，1955）记载了在14与15世纪托斯卡纳存在大量这样的东部奴隶。

关于意大利城邦的发展，请参看罗伯特·雷诺兹（Robert Reynolds）的《欧洲的出现》（*Europe Emerges*，1961），基诺·卢扎托（Gino Luzzatto）的《意大利经济史》（*Economic History of Italy*，1961），这些

书有许多中肯的参考书目资料，以及洛佩兹关于中世纪商业革命的小书（1971）。十字军东征的整个问题都需要被重新研究。雷诺兹在《地中海边疆，1000—1400年》（The Mediterranean Frontier，1000-1400，1957）中，对于欧洲在地中海地区的扩张，有许多有用的评论。海德（1885）的著作仍是与宗教-政治东进有关的商业活动的关键资料。我们应当视1400年以后欧洲人在欧洲半岛以外的再度扩张，为对所谓的“14世纪的危机”的回应。利奥波德·杰尼科（Leopold Génicot）在《剑桥欧洲经济史》（*Cambridge Economic History of Europe*,1966）中，充分讨论了这次危机，并有详尽的参考书目。伊曼纽尔·沃勒斯坦在其《现代世界体系》（*Modern World-System*，1974：21—28）中，清楚地陈述了这次危机所造成的问题。罗德尼·希尔顿（Rodney Hilton，1951）主张当时有一次封建制度的普遍危机。他认为，这次危机的根源是封建制度不能在不加紧榨取农民贡金贡物的情形下增加收入，以及农民为回应这种压榨起而反抗，最终吞噬欧洲。

奥利维拉·马奎斯（A. H. Oliveira Marques）的《葡萄牙史》（*History of Portugal*，1972）充分讨论了葡萄牙的发展。我关于海外葡萄牙人的讨论所根据的资料，有查尔斯·博克塞（Charles R. Boxer）所著的《葡萄牙人的海上帝国》（*The Portuguese Seaborne Empire*，1973a），贝利·迪菲（Bailey W. Diffie）和乔治·文纽斯（George D. Winius）合著的《葡萄牙帝国的基础》（*Foundation of the Portuguese Empire*，1977），以及维托里诺·戈迪尼奥的两卷本关于地理大发现时期全球经济方面的著作（1963-1965）。

我对于西班牙的看法大致来自安杰尔·帕勒姆的论文《工业主义和衰微》（El industrialismo y la decadencia，1949）。杰米·温塞斯·比韦斯（Jaime Vícens Víves）的《西班牙经济史》（*Economic History of Spain*，1969）和《西班牙历史研究》（*Approaches to the History of Spain*，1970），以及约翰·艾略特（John H. Elliott）的《西班牙帝国，1469—1716年》（*Imperial Spain 1469-1716*，1966），也是不可少的参考书。帕勒姆也指引我看雷蒙·卡兰德（Ramón Carande）的《查理五世及其银行

家》(*Carlos V y sus banqueros*，1943，1949)。我由露丝·派克(Ruth Pike)的叙述中，懂得了热那亚人在打开新世界之门上所发生的作用(1966)。《塞维利亚与大西洋》(*Séville et l'Atlantique*，1955-1959)，是于盖特和皮埃尔·绍努(Huguette and Pierre Chaunu)对西班牙和西班牙属美洲经济的研究。我参考了这部长达八卷的巨著，并对它十分敬服。汉密尔顿(E. J. Hamilton)的《美洲财富》(*American Treasure*，1934)是一本饱经讨论和批评的书，但至今仍是关于美洲白银对西班牙经济影响的经典著作。

关于尼德兰联省共和国的发展，我在上大学的时候便看了盖尔(Pieter Geyl)的《尼德兰的反叛》(*The Revolt of the Netherlands*，1932)。历史地理学使我们可以在发展中的欧洲经济以内为低地国家定位，比如史密斯(C. T. Smith，1967)的著作。弗吉尼亚·巴伯尔(Virginia Barbour)对于17世纪阿姆斯特丹的研究(1963)与博克塞(1973a)和乔治·马塞尔曼(George Masselman，1963)对尼德兰人海外扩张的研究，使我们可以把内在与外在的发展连接起来。布罗姆利(J. S. Bromley)和科斯曼(E. H. Kossman)所编的关于英国和尼德兰的专题论文集(1964，1968)对我很有帮助，尤其是其中迪伦(J. G. van der Dillen)关于阿姆斯特丹所发生作用的文章，以及罗尔达(J. D. Roorda)关于17世纪尼德兰统治阶级的文章(均在第二卷)。扬·弗里斯(Jan de Vries，1974)强调尼德兰所达到的高度专业化，并且认为尼德兰人在充分利用风车、运河、木制机械装置和土煤燃料等"文艺复兴"工艺技术方面的成功，抑制了尼德兰走向工业资本主义和无产阶级主义的能力(de Vries，1975)。

我们不容易掌握法国发展的持续线索，这或者是因为很少有关于法国历史的著作，能逃避1789年革命性言辞的影响。从一个人类学家的立场来说，我认为在巴黎的政治和思想体系中心，其力量能使法国的变化多端归于和谐一致，这是一件很了不得的事。在读到福克斯(1971)关于法国境内地理划分的著作、蒂利对于旺代地区(Vendée)起而反抗革命的分析(1964)，以及哈里特·罗森伯格(Harriet Rosenberg)论落后的阿尔卑斯奎拉斯地区(Alpine Queiras)的发展的尚未发表的优秀的博士论文（1975）以后，我对这一点的印象更为深刻。亨利·西伊（Henri Sée，1937）、摩尔（1966）和西达·斯考切波（1979）为我说明了执掌霸权的法国的成长。马克·布洛赫的《法国农村史》（*French Rural History*，1970）讲的是法国农业基础的发展及其许多变异，并与英国的农业发展做对比。弗朗索瓦·克鲁泽（François Crouzet）所做的18世纪法国和英国经济成长的比较（1967），令人信服。科班（Cobban，1964）、霍布斯鲍姆（1962）和肯普（Kemp，1971）都设法解释了法国大革命的矛盾性质——资产阶级的但非资本主义的，甚至是反资本主义的。

关于中世纪的英国，我援引的是桃瑞丝·斯坦顿（Doris Stenton）的《中世纪早期的英国社会》（*English Society in the Early Middle Ages*，1952）、马里恩·吉布斯（Marion Gibbs）的《封建秩序》（*Feudal Order*，1949）和约瑟夫·斯特雷耶（Joseph Strayer）见解深刻的《论现代国家的中世纪起源》（*On the Medieval Origins of the Modern State*，1970）。英国境内政治上的统一发生甚早，可是它同时又将法律和政治活动委托给地方集团和群体。以上几本书说明了这种似乎矛盾的情形。在英法百年战争以后，英国贵族辈在自相残杀的玫瑰战争中被毁灭。宾多福（S. T. Bindoff）的《都铎王朝统治下的英国》（*Tudor England*，1966）一书，说明了都铎王朝如何在这个残局下巩固其统治。英国的农民阶级在政治上得到一些权力，但对经济资源渐失掌控。罗德尼·希尔顿关于农奴制衰亡的著作（1969）与罗伯特·布伦纳（Robert Brenner）写得很清晰的论文《农业阶级结构与经济发展》（Agrarian Class Structure and Economic Development，1976），都阐释了这个矛盾。艾伦·麦克法兰（Alan MacFarlane，1979）讨论的是同样的问题，但是他的看法比较唯心。他认为英国人的个人主义导致了土地私有制的发展，而不深察英国农民阶级的处境以解释其个人主义。理查德·托尼的《16世纪的农业问题》（*Agrarian Problem in the Sixteenth Century*，1967）、摩尔的《民主与专制》（*Democracy and Dictatorship*，1966：Chap.1）和威廉·拉让尼克（William Lazonick）有关圈地运动的论文（1974），我认为都充分阐明了英国农民与土地分离的过程。拉让尼克的看法很正确。他说像阿什顿（T. S. Ashton）、钱伯斯（J. D. Chambers）和明盖（G. Mingay）这样认为人与地的分离改进其就业机会的学者，其观点是根据发达的资本主义，而非当时的证据。那个时候，资本主义不过刚成立。西尔维亚·斯拉普（Sylvia Thrupp）论述了14与15世纪的《中世纪伦敦的商人阶级》（*The Merchant Class of Medieval London*，1962）。拉尔夫·戴维斯（Ralph Davis）综合自己关于国外贸易的许多论文，写成了《英国的海外贸易，1500—1700年》（*English Overseas Trade 1500-1700*，1973）。莫里斯·多布的《资本主义发展的研究》（*Studies in the Development of Capitalism*，1947）、克里斯多夫·希尔（Christopher Hill）的《转向工业革命的改革》（*Reformation to Industrial Revolution*，1967）和查尔斯·威尔逊（Charles H. Wilson）的《英国的学徒工》（*England's Apprenticeship*，1965），详述了随后的发展。威尔逊还写了一本好书《利润和权力》（*Profit and Power*，1957），讨论了英国与尼德兰的抗衡。关于英国由16到18世纪的阶级联合与分裂的文献颇多，比如摩尔（1966）和沃勒斯坦（1974）的著作，我们对它们都要善加利用。

对于欧洲海外扩张的一般看法，我援引了若干作者的著作。沃勒斯坦的著作常富于资料和见识。弗兰克的《世界积累》（*World Accumulation*，1978），细述了全球性的商业财富积累，不过他所谓的资本主义，我和马克思一样，认为是“资本的史前史”。我由奥利弗·考克斯（Oliver C. Cox）的《资本主义的基础》（*Foundations of Capitalism*，1959）学到甚多，不过我不同意他所谓的资本主义根源在意大利诸城邦的说法。弗雷德里克·莫罗（Frédéric Mauro）拟订了1600—1870年欧洲扩张的时间表（1967），并细述了1500—1800年“洲际”的经济关系（1961）。约翰·帕里（John H. Parry）的著作论及1415—1715年欧洲霸权的建立（1966）和18世纪欧洲人的海外帝国（1971）。

第5章　在美洲的伊比利亚人

自从我在20世纪50年代开始研究和叙述伊比利亚人的美洲属地

以来，新的资料和解释已经出来很多了。由于彼得·贝克韦尔（Peter J. Bakewell，1971）、布雷丁（1971）、布雷丁与克罗斯（Cross，1972）等关于开采白银的研究工作，我们现在明白美洲原住民人口的锐减，与白银的生产水平关系很小或没有关系。我们现在也明白，虽然17世纪对于伊比利亚半岛上的母国来说是一个不景气的时期，但是其美洲属地却日趋繁荣，只不过其繁荣的方式有一些矛盾而已。这种繁荣的一个重要原因是走私。这个情形表示，世界历史的许多部分都应根据今日客气地被称为“非正式的经济”来改写。对于殖民政府主要中心以外地区的进一步研究，我们也发现了许多始料不及的变化和有趣的差异。大田庄的组织与功能，现在似乎也比过去以为的更有变化。关于这一点，请参看马格努斯·摩纳（Magnus Mörner，1973）和恩里克·弗洛斯卡诺（Enrique Florescano）所编辑的《大庄园、大农场与种植园》（*Haciendas, latifundios y plantaciones*，1975）。

我认为詹姆斯·朗（James Lang）论述西班牙和英国在美洲（1975）与葡属巴西（1979）这两本书很有用。这些著作出于对经济事实有坚实了解的历史社会学家之手，其焦点在于欧洲的殖民所创造的各种不同邦国。其他的好论著有斯坦（Stein and Stein，1970）等人的著述，这本书由依附理论的观点看拉丁美洲；卡马格兰尼（1975）的书对于贸易和经济理性行为的讨论很有用；而弗洛斯卡诺所编辑的有争议性的论文集（1979），其中帕勒姆的那篇《论殖民制度的形成》（Sobre la formación del sistema colonial），对我的想法尤其有影响。

目前有人类学根基的历史学家与有历史学根基的人类学家，他们关于特殊人群和区域的著作愈来愈多。其中最重要的是：查尔斯·吉布森（Charles Gibson）今日已成为经典著作的关于殖民时代阿兹特克人的论著；威廉·泰勒（William Taylor）关于瓦哈卡州的著作（1972）；默多·麦克劳德（Murdo MacLeod）关于中美洲的论述（1973）；维拉玛林夫妇（Juan and Judith Villamarín）关于哥伦比亚的论述（Juan Villamarín，1972，1975；J. and J. Villamarín，1979）；詹姆斯·罗赫德（James Lockhardt）对于西班牙人征服秘鲁的第一个世纪的论述（1968，1972）；凯伦·斯波尔丁（Karen Spalding）关于殖民时代秘鲁的印第安人社会的论述（1967，1972）；弗雷德里克·鲍泽（Frederick Bowser）关于秘鲁的奴隶制度的论述（1974）和威廉·弗雷德里克·夏普（William Frederick Sharp）关于乔科人（Chocó）奴隶制度的论述（1976）；克拉顿和詹姆斯·瓦尔文（James Walvin）关于一个牙买加种植园的论述（1970）；曼纽尔·莫雷诺·弗拉吉诺斯（Manuel Moreno Fraginals）关于古巴蔗糖工厂的论述（1978）。

第 6 章　皮毛贸易

皮毛贸易的发展，像一条血和黄金的线一样贯穿了整个北美洲的历史。人类学民族史学现在开始与社会和经济历史学的研究一同，更清楚地论述了日益扩张的皮毛贸易如何牵涉当地的人口而又受到他们的影响。

我认为在了解殖民时代北美不同人口群的历史遭遇上，最有用的一本书是盖里·纳什的《红、白、黑》（*Red, White, and Black*，1974）。关于皮毛贸易的典范著作，有默里·劳森(Murry Lawson, 1943)、里奇(E. E. Rich, 1959)、保罗·菲利普斯（Paul Phillips, 1961），尤其是哈罗德·英尼斯（Harold Innis，1956，a revised edition of a 1930 classic）的著作。讨论皮毛贸易的论文佳作收在好几个集子中，其中有两次学术会议的论文集（“美洲皮毛贸易学术会议”〔American Fur Trade Conference〕，1967，Bolus ed.，1972）;《加拿大西部人类学杂志》（*Western Canadian Journal of Anthropology*）的两本专刊（Bishop and Ray，1972，1976）；以及豪普特曼（Hauptman）和坎皮西（Campisi）合编的论文集（1978）。里柯克和南希·卢里（Nancy Lurie）汇编了一本历史个案集《从历史观点看北美印第安人》（*North American Indians in Historical Perspective*，1971），其中有一些文章明确地讨论了这种贸易的影响。

关于东北方面的人口，1937 年阿尔弗雷德·贝利（Alfred Bailey）写过一部通论《欧洲文化与东面阿尔冈昆文化的冲突，1504—1700 年》（*The Conflict of European and Eastern Algonkian Cultures 1504-1708*，1969）。里柯克有关蒙塔格尼人（Montagnais）的研究（1954），率先细说了诱

捕动物取其皮毛这件事对家族狩猎领域组织的影响。弗朗西斯·詹宁斯（Francis Jennings，1976）论述了欧洲人对美洲大西洋沿岸的入侵，尤其集中讨论了新英格兰。易洛魁人在美洲人类学上和美洲历史上都有重要的作用，但是像奎恩（1937）和芬顿（1971）这样概述易洛魁人发展的好书还很少。新的《北美印第安人手册》（*Handbook of North American Indians*）的第五卷论述了东北地区（Trigger，1978），综述了芬顿、伊丽莎白·图克（Elizabeth Tooker）、安东尼·华莱士（Anthony Wallace）等人对易洛魁人研究的结果，它所附的参考书目也绝佳。乔治·亨特（George Hunt，1940）、艾伦·特里利斯（1960）和芭芭拉·格雷蒙（Barbara Graymont，1972）阐明了易洛魁人与外界的政治关系。关于休伦人，现在有一部真正的杰作——布鲁斯·特里杰（Bruce Trigger）的《艾塔安济克的儿女》（*The Children of Aataentsic*，1976），也请参看芬顿给这部书写的书评（1978）。

金尼兹（Kinietz）以传统的方式写大湖区的民族志（1965），但是我们对奥吉布瓦人及其邻人的新了解，则完全拜哈罗德·希克逊（Harold Hickerson）以及更晚近时期的毕夏普著作之赐。我对于“死者飨宴”和“米德维文”的解释，主要仰赖希克逊（1960，1962a），也根据他的《西南的齐佩瓦人》（*Southwestern Chippewa*，1962b）和他的一部民族史——《齐佩瓦人及其邻人》（*The Chippewa and Their Neighbors*，1970）。关于北面奥吉布瓦人发展的讨论，我根据的是毕夏普（1976）的研究。佩卡姆（Peckham）1970年的著作，是一位历史学家对庞蒂克起义的研究。雷伊（1974）研究印第安人在“哈德逊湾公司”贸易中的作用。在大卫·达玛斯（David Damas）所编辑的几册书（1969a，1969b）中，罗杰斯、理查德·斯洛波丁（Richard Slobodin）和琼·赫尔姆（June Helm）有几篇写北极圈附近地区猎人和设陷阱捕兽者的好文章。

关于平原印第安人的文献很丰富、精彩，但质量不均衡。西姆斯·奥立弗（Symmes Oliver）的《生态与文化连续》（Ecology and Cultural Continuity，1974）综述了大平原上的适应性。克莱德·威尔逊（H. Clyde Wilson，1963）分析了大平原上的游牧生活。弗兰克·塞科伊（Frank

Secoy）的博士论文（1953），充分描述了大平原上社会、政治与军事组织的出现。布伦纳（1961）探讨了曼丹人的发展与贸易成长间的关系。普勒斯顿·霍尔德（Preston Holder，1970）概述了大平原农业社会以内充分的专业化牧马所造成的各种矛盾。特别讨论大平原群体与外界关系的著作有两种：一是奥斯卡·刘易斯（Oscar Lewis）关于皮毛贸易对黑脚族影响的专论（1942）；另一个是约瑟夫·贾布洛（Joseph Jablow）的佳作《夏安族在大平原贸易关系中的地位，1795—1840 年》（*Cheyenne in Plains Trade Relations, 1795-1840*，1951）。贝利（1966）讨论了奴隶抢劫之风在西南的扩散，不过其更为广泛的意义尚有待说明。皮毛贸易在由大湖区扩张到萨斯喀彻温河流域时，其物流的改变，我在看了罗伯特·梅里曼（Robert Merriman）的《野牛与皮毛贸易》（*The Bison and the Fur Trade*，1926）以后才明白。关于红河边的欧洲人与印第安人的混血儿，约瑟夫·霍华德（Joseph Howard）的《奇异帝国》（*Strange Empire*，1952）是一个有趣的资料来源，这方面也请参看麦克休（McHugh，1972）和希克逊（1956）的著作。

菲利普·德鲁克的小书《西北海岸的印第安人》（*The Indians of the Northwest Coast*，1963），仍是一本见解很好的导论。厄纳·冈瑟（Erna Gunther，1972）收集了许多到过这个地区的早期欧洲旅客所写的报告，其中大部分报告是费了很多周折才得到的。西班牙博物学者约瑟·马里亚诺·莫济诺（Jośe Mariano Moziño）的《努特卡资讯》（*Noticias de Nutka*，1792），现已有英译本（1970）。罗宾·费希尔（Robin Fisher，1977）解说了美洲原住民与新来者长期的接触。

1947 年，当我在哥伦比亚大学上研究生一年级的时候，乔伊斯·维克在那儿写成了一篇论海上贸易及其影响的毕业论文，写得很好。她日后所有的论文（1952，1957，1958a，1958b）都非常有价值。韦恩·萨特尔斯（Wayne Suttles）以及受他影响的学者，加深了我们对区域性生态学的了解。他写西北海岸地区环境与文化变异的一篇文章（1960），例示了他的研究方法。亚伯拉罕·罗斯曼（Abraham Rosman）和保拉·鲁贝尔（Paula Rubel）对于“赠予”的研究（1971），探讨了礼物交换在继承与婚姻中的作用，这篇文章取得了很好的成绩。照我看来，萨特尔斯的生态学研究方法，与罗斯曼和鲁贝尔对群体关系的结构学派研究方法相辅相成，不是对立的。我也用了弗雷德里卡·德·拉古纳（Frederica De Laguna）关于雅库塔特（Yakutat）特林吉特人的研究（1972），奥伯格对奇尔卡特特林吉特人的研究（1933年的博士论文，1973年出版），维奥拉·加菲尔德（Viola Garfield）对钦西安人的研究（1939），“贝拉库拉人”麦克伊瑞（McIlwraith）对贝拉库拉人的研究（1948），德鲁克对努特卡人的研究（1951），海伦·科德尔（1950，1961）和戈德曼（1975）对夸扣特尔人的研究，以及科林斯对斯卡吉特人（Skagit）的研究（1974）。我始终认为戈德曼关于阿尔卡乔卡列尔人的论文（收入林顿关于北美印第安人涵化的论文集），是一篇小杰作。

我自小时候起便对俄国的皮毛贸易感兴趣。我那时看了一些俄国探险家阿塞涅夫（Arseniev）和猎人德苏（Dersu）的故事书，以及《最后的莫希干人和温尼托人》（*The Last of the Mohicans and Winnetou*）。在主修人类学以后，我对雅库特人的食鱼马的可疑故事也十分好奇。吉布森（1969：191）提出了一些确切的证据，证明这些故事可信。罗伯特·克尔纳（Robert Kerner）的《出海的强烈愿望》（*The Urge to the Sea*，1942），是我关于俄国扩张与皮毛贸易基本的资料出处。在约翰·巴德利的《俄国、蒙古与中国》（*Russia, Mongolia, and China*，1919）中，我们可以看到一张取自《瑞米佐夫地图集》（*Remezoff Atlas*）的复印的1673年地图。费希尔（1943）谈到了1500—1700年的俄国贸易。马克·曼考尔（Mark Mancall，1971）有许多关于1728年以前与中国贸易的资料。克利福德·福斯特（Clifford Foust，1961，1969）谈到了18世纪的中俄贸易情形。里奇在《俄国与殖民地的皮毛贸易》（Russia and the Colonial Fur Trade，1955）中，阐明了皮毛贸易的国际联系。吉布森（1969）还谈到了许多西伯利亚的民族，说明在俄国的亚洲沿海省份如何供应皮毛贸易中的日常必需品。纳尔逊·格雷本（Nelson Graburn）和斯蒂芬·斯特朗（B. Stephen Strong）的《极地附近的民族》（*Circumpolar Peoples*，1973），则谈到了皮毛贸易对雅库特人的某些影响。

第 7 章 奴隶贸易

我在年轻时看过列奥·弗罗贝尼乌斯（Leo Frobenius）的《非洲文化史》（*Kulturgeschichte Afrikas*，1933），之后很久仍为它着迷，不过对它臆说性的故事和对“文化形态学”的主观解释愈来愈怀疑。在读了罗伯特·史蒂文森（Robert Stevenson）的《热带非洲的人口与政治制度》（*Population and Political Systems in Tropical Africa*，1968）以后，我相信写一部非洲社会的真实历史是有可能的。而这样的历史将改变在非洲工作的社会人类学家所发展出来的看法。这部书在批评功能论的人口学时，也批评了功能论的人类学。它受到了挑战（Goody，1973），也有人成功地为它辩护（Harris，1979：306—307）。自 1960 年以后，关于非洲历史的著作在不断增加，其中的很多杰作值得我们一读。

非洲的奴隶制度是早于欧洲人到来以前，还是大致由欧洲对强迫劳力的需求所造成的一个现象？这个问题不容易回答，需要进一步研究。伊戈尔·科普托夫（Igor Kopytoff）和迈尔斯（Suzanne Miers，1977）认为，非洲的奴隶制度只不过是设法增加对人的控制，而这个动机是根植在非洲的亲属关系和婚姻制度之中。他们认为奴隶制度使亲属群可以把没有亲属群体支持的个人拉进来。因而奴隶制度的反面不是“自由”，而是“归属”。玛丽·道格拉斯在她论典当的论文佳作（1964）中，也持这种看法。许多研究学者也正确指出：对奴隶的权力与奴隶本身的权利在每一个社会都不一样。

不过臆想非洲完全由平等的亲属群体组成，则又错了。1400 年以后，非洲已有逐渐分等级的贡赋性邦国和以亲属关系为原则组成的社会，也已有越过撒哈拉大沙漠和印度洋的非洲奴隶贸易。8 世纪以后，伊斯兰世界的奴隶制度尚有待研究。莫尼（1961:379）和塔德乌什·勒维克（Tadeusz Lewicki，引自 Hopkins，1973：82，n.11）都说，横跨撒哈拉大沙漠的奴隶外销贸易，牵涉成百万的人。欧洲对于奴隶持续的需求，诚然加强了奴役，并促成抢劫奴隶的贵族阶级和邦国的成长。梅拉苏（1975）和沃森（1980）也有一些相关著作。

为了掌握西非的奴隶贸易，我引用了菲利普·科廷（Philip Curtin）关于塞内冈比亚的论著（1975）、沃尔特·罗德尼（Walter Rodney）关于上几内亚海岸的论著（1970）、夸梅·达古（Kwame Daaku）关于黄金海岸的论著（1970），以及夸梅·艾兴（Kwame Arhin，1976）和艾弗·威尔克斯（Ivor Wilks，1967，1975）关于阿善提发展的问题。彼得·莫顿－威廉姆斯（Peter Morton-Williams）写的贸易在阿善提和奥约王国政策的形成过程中所起的作用的论文（1969），以及阿金约宾（I. A. Akinjogbin）写的奥约和达荷美互相关联的发展的论著（1972），都很富于见识。彼得·莫顿－威廉姆斯（1964，1965，1967，1969）和罗宾·劳（Robin Law，1975）的相关著作有助于我对奥约王国的了解。我之前由梅尔维尔·赫斯科维茨（Melville Herskovits，1938）、斯坦利·戴蒙德（Stanley Diamond，1951）和卡尔·博兰尼（1966）的著作中，了解了达荷美的情形，而阿金约宾（1967，1972）在这方面使我知道得更多。而在彼得·劳埃德（Peter Lloyd，1954，1965，1968）和威廉·巴斯科姆（William Bascom，1969）的著作中，我找到了许多关于约鲁巴王国的重要资料。布拉德伯里（R. E. Bradbury）曾谈到贝宁（1957，1964）。关于尼日尔河三角洲，文献丰富而且往往出人意料。除了琼斯（G. I. Jones，1963）和戴克（K. O. Dike，1956）论三角洲区域的贸易和政治的著作以外，我们还可以读到罗宾·霍尔顿（Robin Horton）的新卡拉巴尔社会史（1969），莱瑟姆的论述《旧日的卡拉巴尔，1600—1891 年》（*Old Calabar 1600-1891*，1973）和理查德·亨德森（Richard N. Henderson）论奥尼沙伊博人（Onitsha Ibo）的《人人是国王》（*The King in Every Man*，1972）。大卫·诺斯拉普（David Northrup）列有许多关于伊博人贸易的资料（1972）。而西蒙·奥滕伯格（Simon Ottenberg）对于伊博人的神谕和群体间的关系，有极佳的讨论（1958）。

关于中非，凡西纳的《大草原上的王国》（*Kingdoms of the Savannah*，1968）是一部拓垦之作，也为我们提供了进一步研究的基础。凡西纳关于中非长距离贸易路线（1962）和刚果王国起源的论文（1963）也很重要。里斯本和罗马的大量档案，未来无疑还会给我们许多惊喜，目前让·库维利（Jean Cuvelier）和路易斯·雅丹（Louis Jadin）已经开始收集关于刚果的罗马文献。他们的著作《古代刚果》（*L'Ancien Congo*，1954），成为乔治·巴兰迪尔（George Balandier）在《刚果王国的日常生活》（*Daily Life in the Kingdom of the Congo*，1968）中叙述刚果历史的基础。我十分倚重凯萨·埃克霍尔姆（Kajsa Ekholm）富于见解的结构研究（1977），它根据声望货物的流通，谈母系继嗣与政治之间的关系。关于安哥拉，我用的书是大卫·伯明翰（David Birmingham）的《葡萄牙人的征服》（*The Portuguese Conquest*，1965）和《贸易与冲突》（*Trade and Conflict*，1966），以及他对于若干早期解释的审慎的重新评估（1972）。约瑟夫·米勒（Joseph C. Miller）的《安哥拉的姆邦杜邦国》（*Mbundu States in Angola*，1975）以及《刚果和安哥拉的奴隶贸易》（The Slave Trade in Congo and Angola，1976），让我觉得早就应该看他的论著。凡西纳的《诸王国》（*Kingdoms*），与让-吕克·维勒（Jean-Luc Vellut）的《隆达人的笔记》（Notes sur le Lunda，1972），也使我了解了卢巴-隆达人的扩张。伊恩·康尼森（Ian Cunnison）谈论了隆达人向东扩张（1956，1957，1961），而马林·奈维特讨论了《葡萄牙人在赞比西的拓殖》（*Portuguese Settlement on the Zambesi*，1973）。安德鲁·罗伯茨（Andrew Roberts）的《本巴人史》（*History of the Bemba*，1973），则将这个族群牢牢地放进日益扩张的奴隶与象牙贸易网络中。

非洲外销奴隶的数目取材自菲利普·科廷的《大西洋奴隶贸易人口调查》（*The Atlantic Slave Trade, a Census*，1969）。

第 8 章　在东方的贸易与征服

我们还必须了解欧洲人深入亚洲水域，是过去欧洲人与亚洲关系的继续。英尼斯·米勒（J. Innis Miller，1969）详述了罗马帝国与亚洲之间的香料贸易。洛佩兹与雷蒙德合著关于地中海地区贸易的书（1955），中间有许多关于欧洲人在亚洲经商的资料。洛佩兹在其小书《中世纪的商业革命》（*The Commercial Revolution of the Middle Ages*，1971）中，谈到由格陵兰到北京的“意大利贸易的急剧增长”。霍尔（Hall）的《东南亚史》（*History of South-East Asia*，1968：Chap.10），概述了伊斯兰教势力在南亚和东南亚的扩张。沃特海姆（Wertheim，1973：13）也讨论了这个话题。西姆金（C. G. F. Simkin，1968）讨论了在欧洲人到来以前亚洲的“传统”贸易。卡洛·奇波拉（Carlo Cipolla）关于欧洲海外扩张的书（1970），其论述“枪炮和帆船”的第一部，对于欧洲海上商业的航海与军事后勤有很好的介绍。史汀斯嘉（Steensgard，1973）关于这种商业对亚洲大陆商队贸易的影响，也写得很好。

关于葡萄牙人在亚洲的扩张，我用的参考书是戈迪尼奥（1969）、博克塞（1948，1953，1973a）、张天泽（1934）和迪菲及文纽斯（1977）的著作。关于尼德兰人的扩张，我参考的是马塞尔曼（1963）、博克塞（1973b）、克里斯托夫·格拉曼（Kristof Glamann，1958），尤其是迈林克－罗洛夫（M. A. P. Meilink-Roelofz，1962）的著述。

最早详细地描述莫卧儿王朝统治下的农业制度的著作，是由莫兰（W. H. Moreland，1963，最初出版于1929年）写的，但是哈比卜的近著《农业制度》（*Agrarian Systems*，1963）却有许多新资料。哈比卜强调商业化与阶级冲突。他在《莫卧儿王朝统治下的印度银行业》（Banking in Mughal India，1960）一文中讨论了当时的货币经济。这篇文章被收在瑞查得符里（Raychaudhuri）的《论文集》（*Contributions*）中。霍华德·斯波戴克（Howard Spodek）在《统治者、商人和其他群体》（Rulers, Merchants and Other Groups，1974）一文中，强调了独立商人和放贷者的作用，连带也提到了以都市为基地的其他社会群体。珀西瓦尔·斯皮尔有一篇文章被收在了利奇和慕克吉（Mukherjee）合编的著作（1970）中了，它对莫卧儿帝国的统治结构有很好的介绍。

菲利普·伍德拉夫在其两卷本著作《统治印度的人》（*The Men Who Ruled India*，1964）中，说明了英国人在印度所扮演的角色。这部书不仅读起来令人愉悦，它还颇具价值。不过关于他对英国人统治的颂扬，我们也得参考其他人的著作，如罗梅什·杜特（Romesh Dutt）的《印度经济史》（*Economic History of India*，1960，1901年初版）和慕克吉对“英国东印度公司”的评价（1958）。甘古里（Ganguli,1964）和瑞查得符里（1960）所编的两卷本文集，代表了印度人所写的印度新经济史。莫里斯·莫里斯（Morris D. Morris）和伯顿·斯坦（Burton Stein）写有一篇关于印度经济史的有用参考书目（1961）。莫里斯对于19世纪印度工业化和商业化的正面评价，以及日本和印度经济学者的批评，已由《印度经济与社会史评论》（*India Economic and Social History Review*，Morris，1963）重印出来。利奇和慕克吉的论文集（1970），描写了印度商业和政府的各种精英分子。布鲁姆菲尔德（J. H. Broomfield）的论文《区域性精英分子》（Regional Elites，1966），说明了在英国统治之下这些精英分子的上升与演替。斯皮尔在他的《纳瓦布》（*The Nabobs*，1963）中，记述了英国人在印度所采取的生活方式。

科恩做过许多研究，探讨了英国统治在印度北部地区所造成的影响。我引用了他关于法律变迁的讨论（1959，1961），以及他对贝拿勒斯地区各种政治制度相互作用的分析（1960，1962）。关于英国人占领的马德拉斯，我引用了霍尔登·费伯（Holden Furber，1970）著作中的资料。凯瑟琳·高夫（1978）探讨了在坦贾武尔开始的改变。

路易斯·德尔米尼（Louis Dermigny）的《中国与西方》（*La Chine et L'Occident*，1964）是一部像布罗代尔的著作一样的大部头精彩著作。由德尔米尼的这部书中，我更了解了英国对印度的控制与对中国商业渗透之间的关系，也觉察到了16、17世纪中国南方沿海地区秘密贸易与政治活动的重要性。关于尼德兰和英国之间的关系与竞争，布罗姆利和科斯曼曾编有一套论文集，很有学术价值（1964，1968）。

关于鸦片贸易的书有很多。迈克尔·格林伯格（Michael Greenberg）说鸦片贸易是当时最大宗的单一商品商业（1951 : 104）。弗雷德里克·韦克曼（Frederic Wakeman）在他的杰作《大门口的陌生人》（*Strangers at the Gate*，1974）中，描写了鸦片贸易所造成的社会紊乱。费正清的《中国沿海地区的贸易与外交》（*Trade and Diplmacy on the China Coast*，1953），是19世纪这个课题的经典著作。

而关于太平洋地区的商品贸易和文化遭遇，我还没有看到一本完全令人满意的论著。奥立弗（1961）和道奇（1976）写过很好的简介。历史学家莫德（H. E. Maude，1968）和杰拉尔德·沃德（R. Gerard Ward，1972）编的两本书提供了关于某些贸易的详细记载。沃德在论文集中有他自己谈海参贸易的一篇文章（9—123）。麦克耐特（C. C. MacKnight，1972）曾经谈到这种贸易对于马来渔民和澳大利亚原住民之间关系的影响。但我记得之前劳埃德·沃纳(W. Lloyd Warner）在论默宁人(Murngin）的著作中（1958，1937 年原版，尤其是附录一），也谈过这个话题。桃乐茜·施奈伯格（Dorothy Shineberg）曾写过美拉尼西亚的檀香木贸易（1966，1967）；她也曾撰文论述在潮湿的热带使用滑膛枪的困难，很有见地（1970）。弗纳斯（J. C. Furnas）的《对天堂的剖析》(*Anatomy of Paradise*, 1947）对于夏威夷的研究很有用。维布（1965）、莱文（Levin，1968）和德文波特（Davenport，1969）都曾探讨过为何夏威夷废止其复杂的禁忌制度，克鲁伯说这是由于“文化疲劳”（1948：403—405）。

第 9 章　工业革命

许多作者都曾怀疑 1750 年以后的一段时期是否独特。他们说“那个”工业革命不过是许多工业革命中的一次而已，或者它只是持续不断进行的累积过程中的一个阶段。不过在本章中我还是用了“工业革命”一词，因为它表示生产力与生产关系上的一次质的改变。这个看法的根据是莫里斯·多布（1947）和保尔·芒图（Paul Mantoux，1928）的著作。博兰尼的《大转变》(*Great Transformation*，1944）和大卫·兰德斯的《获释的普罗米修斯》(*Unbound Prometheus*，1969)，其书名与内容也作如是观。克瑞特（Kriedte）、麦迪克（Medick）和施伦博姆（Schlumbohm，1977）的论述根据是富兰克林·门德尔斯（Franklin Mendels）的“原工业化”（proto-industrialization）概念（1972）。我由这些书中获益甚多。施伦博姆谈外包工制缺点的那一节（194—257）尤其有用。我认为这几位学者对于牵涉的现象有很好的分析与掌握，不过皮埃尔·金宁（Pierre Jeannin，1980）批评他们低估了地理与社会的分化所造成的变化。

多布（1947）和霍布斯鲍姆（1962，1969，1975）为我的陈述指点了线索，但是我也参考了兰帕德（Lampard，1957）、弗林（Flinn，1966）和哈特韦尔（Hartwell，1970）的不同看法。现在我们已在相当程度上了解了最初工厂主的社会背景，尤其是通过查普曼（1967，1973）的著作。我倚重以上著述中的发现。哈罗德·珀金（Harold Perkin，1969）对于1780年之后一个世纪的英国社会，进行了社会学性质的讨论。这方面也可参看汤普森的著作（1978）。

在说明棉纺织业（工业革命的“承载行业”）的发展上，我所用为我自己父系先辈所累积的知识。我家累代从事纺织业。我基本的资料有芒图的《工业革命》（*Industrial Revolution*，1928）、沃兹沃斯（A. P. Wadsworth）与茱莉娅·曼（Julia de L. Mann）的名著《棉布贸易和工业区兰开夏郡》（*The Cotton Trade and Industrial Lancashire*，1931）、曼的《织布业》（*Cloth Industry*，1971），以及查普曼的佳作（1972）。关于工厂的组织和管理，我读了西德尼·波拉德（1965）和莱因哈德·本迪克斯（Reinhard Bendix，1956）的著作。鲍尔斯（Bowles）和金迪斯（Gintis）坚持认为，“生产上的权威，必须被用来激励工人的行为。工资劳力合约并不保证工人的行为”（1977：177）。这句话给了我很多启示。

汤普森（1966）关于英国工人阶级成长的书，现在已是一部经典著作。邓肯·拜索（Duncan Bythell，1969）特别研究了手摇纺织机的织工，其观点与汤普森相反。为了熟习关于工人阶级征召、家族和亲属关系日增的文献，我看了尼尔·斯梅尔瑟（Neil Smelser，1959）的著述。斯梅尔瑟强调家庭工作与工厂就业间的连续性。我也看了批评斯梅尔瑟的学者——迈克尔·爱德华兹和劳埃德-琼斯（Michael Edwards and R. Lloyd-Jones，1973）的著作，对我来说，这些评论也是令人信服的。关于劳工的迁徙，我看的是亚瑟·雷德福德（Arthur Redford，1926）的著述。关于日益赤贫的农人与工匠家庭的转型，我用的是迈克尔·安德森（Michael Anderson，1971）和大卫·勒旺（David Levine，1977）的著述。约翰·福斯特（John Foster）的《阶级斗争与工业革命》（*Class Struggle and the Industrial Revolution*，1974），详细研究了包括奥尔德姆在内的英国三个市镇发展中的工人阶级群落。史蒂文·马库斯（Steven Marcus）在《恩格斯、曼彻斯特和工人阶级》（*Engels, Manchester, and the Working Class*，1974）中，对恩格斯对于新资本主义工业主义的解释表示同情。

自从1960年以后，关于黑人奴隶制度和美国南方产棉区的佳作出版了很多。我避免关于种族关系带有道德主义色彩的文献，而集中注意力于以实际经验为基础的历史研究，如尤金·吉诺维斯（Eugene Genovese，1966，1969）、埃德蒙·摩根（Edmund Morgan，1975）、罗伯特·福格尔和斯坦利·恩格曼（1974）、埃德加·汤普森（1975），以及加文·莱特（Gavin Wright，1978）的著述，以便了解奴隶制度与种植园农业之间的关系。虽然我不同意福格尔和恩格曼的某些结论，但是我对于他们提出的重要问题，比批评者的看法好一点，我也依靠他们的数据资料。为了将南方棉花的生产放在美国发展中经济的较大背景中，我引用了布鲁奇（Bruchey）所编的《棉花与美国经济的成长》（*Cotton and the Growth of the American Economy*，1967），以及摩尔（1966：Chap.3）、多德（Dowd，1956）、诺斯（North，1961）和布鲁奇（1965）的著述。为了了解"奴隶所造成的世界"，我看了吉诺维斯（1972）、赫伯特·古特曼（1976），约翰·布拉辛盖姆（John Blassingame，1972）和乔治·拉维克（1972）的著作。文思理和理查德·普莱斯（Sidney Mintz and Richard Price，1976）对非裔美国人文化模式的研究方法很有用。古特曼（1976：Chap.8）谈到这些模式是如何产生的。

关于美国东南方的原住民人口，文献有很多且具有启发性，不过质量却不均衡。约翰·斯万顿（John Swanton，1946）和查尔斯·哈森（Charles Hudson，1976）提出了民族学的概观。威利斯（Willis，1980）援引了考古学和民族史学的证据，讨论了原住民多群落体系的形成。关于欧洲殖民者与美洲原住民群体在17和18世纪的交互行动，我认为弗纳·克兰（Verner Crane，1956）和大卫·科克伦（David Corkran，1962，1967）的论述很有用。福尔曼（G. Foreman）的《五个开化的部落》（*The Five Civilized Tribes*，1934）和科特里尔（R. S. Cotterill）的《南方的印第安人》（*The Southern Indians*，1954），已是标准的资料出处。弗雷德·吉林（Fred Gearing 的《僧侣与战士》（*Priests and Warriors*，1962）分析了切罗基人的社会与政治。盖里·纳什（1974：Chap.10）概述了克里克人和切罗基人的社会和政治变迁，并讨论了印第安人在面对白人的侵略时所用的策略。然而，我们还需要了解更多的情况，如关于在美国东南方对印第安人的奴役，可参考劳伯（Lauber，1913）和温斯顿（Winston，1934）的作品；关于非洲人、印第安人和白人的交互行动，可参看威利斯的论述（1963，1970）；而关于印第安人口中对黑人的奴役，可参阅威利斯和帕度的作品（Willis，1955；Perdue，1979）。威廉·斯特蒂文特（William Sturtevant）曾写过印第安人与西班牙人的关系（1962），并曾发表过一篇极佳的论文谈论塞米诺人的发展——《克里克人成为塞米诺人》（Creek into Seminole，1971）。我也受益于杰拉尔德·塞德（Gerald Sider）的一篇关于美国东南地区的未发表的手稿，这篇手稿是根据他的博士论文（1970）而写成的。迪博（Debo，1941）曾论述印第安人被驱逐的问题。关于杰克逊总统在迫使美国原住民离开原住地方面的作用，我援引了迈克尔·罗金（Michael Rogin，1975）著述中的历史资料，但没有依据罗金的心理史解释。

关于埃及这个课题，我引用了艾伦·理查兹（Alan Richards）的论文《埃及的原始积累，1798—1882 年》（Primitive Accumulation in Egypt, 1798-1882，1977）。理查兹在这篇文章中精辟地分析了埃及与奥斯曼帝国的分离、穆罕默德·阿里发动自主的现代化过程的尝试，以及埃及逐渐转向棉花生产的过程。欧文（E. R. J. Owen，1969）特别论述的是棉花在埃及经济中的作用。而加布里埃尔·贝尔（Gabriel Baer，1962）则细说了种植棉花的庄园是如何驱逐农民的。贝尔在其他著述（1969：Chaps.2、3）中描写了埃及村落群的瓦解，以及成为地主的地方酋长权力日增的过程。大卫·兰德斯（1958）研究了国际金融对埃及的影响。此前利兰·詹克斯（Leland Jenks）在《1875 年以前英国资金的流动》（*Migration of British Capital to 1875*，1973，1927 年初版）的精彩一章“近东的破产”（Bankrupting the Near East）中，也探讨了同样的课题。

关于英国的棉布贸易，迈克尔·爱德华兹（1967）探讨了这种贸易的发展；普莱特（D. C. M. Platt，1973）谈论了拉丁美洲这个棉货市场的缺点；彼得·哈尼特（Peter Harnetty，1972）讨论了兰开夏郡与印度市场之间的关系。莫里斯·莫里斯（1965）写了关于孟买棉纺织厂的发展与其劳动力成长的重要著作。而莫里斯的论文《印度工业劳动力的征募》（The Recruitment of an Industrial Labor Force in India，1960），比较了印度劳动力的征募与英国和美国劳动力的征募。关于1750—1901年印度生棉的生产，我大致取材自古哈（Amalendu Guha，1972，1973）的著作。理查德·舍默霍恩（Richard Schermerhorn，1978：268—272）则讨论了涉足棉织业和贸易的印度拜火教商业精英分子。露西·梅尔（Lucy F. Mair）的《20世纪的一个非洲民族》（*An African People in the Twentieth Century*，1934）和大卫·阿普特（David Apter）的《乌干达的政治王国》（*Political Kingdom of Uganda*，1961）描述了种植棉花对乌干达的影响。在贝弗莉·加特尔（Beverly Gartrell）论述乌干达的英国官员的博士论文中，棉花的生产也是一个主题（1979）。

詹克斯（1973：Chap.5）有力地论述了修筑铁路对于再发动资本累积过程的作用。多布和霍布斯鲍姆都引述过这本书。丹尼尔·索纳（Daniel Thorner，1950）写了印度的铁路修筑。乔治·泰勒（George Taylor）的《运输革命》（*Transportation Revolution*，1951）对美国的经济史很有贡献。威廉·伍德拉夫（1966）在第六章“征服距离”（The Conquest of Distance）中，讨论了陆地与海上交通在统一世界的过程中所发生的作用。弗朗西斯·海德（1973）研究了远东运输与贸易的发展。贝洛赫（Bairoch，1975）和莱瑟姆（1978）则讨论了19世纪下半叶运输成本的减少。

第10章　资本主义的危机与变异

马克思认为，资本主义累积的过程造成利润率下降的趋势。我虽然同意他的说法，但是却也认为奥托·鲍尔（Otto Bauer，1907）、保罗·斯威齐（1942）和欧内斯特·曼德尔（1978）的话也不错。这几位先生说特殊的危机可能是由各种原因所触发，也可能导致各种反应。危机也许是地方性的，但是危机的形式与其解决的方式却是可变和偶然的。曼德尔（1978：Chap.1）认为，马克思关于资本主义危机的理论，旨在解释为什么资本主义虽然天生有发生混乱的趋向，但却还能有效作用。我很信服曼德尔的说法。

我不同意列宁（1939）、卢森堡（Luxemburg，1922）和斯滕伯格（Sternberg，1929）的说法。我认为侵略战争、帝国主义、殖民主义和新殖民主义是偶尔的现象，不是结构性的现象。关于各种不同的帝国主义理论以及关于欧洲各国所采取的各种帝国主义策略，罗杰・欧文和鲍勃・萨克利夫（Roger Owen and Bob Sutcliffe，1972）编了一本很有用的书。乔瓦尼・阿瑞吉（Giovanni Arrighi，1978）尝试发明了一个结构模型，以此分析和预测这些不同的反应。我认为这本书富有深刻见解，但过于"笛卡尔式"和"类型学式"。我觉得有两个事实很重要。第一，英国虽然在拉丁美洲只有间接的"新殖民式"影响，但是通过在印度的帝国主义和殖民主义，却在19世纪取得了对世界贸易的支配权，这方面请参见巴勒特・布朗（Barratt Brown，1970）和莱瑟姆（1978）的著述。第二，第一个资本主义国家的成功，改变了后来进入资本主义发展的国家所遭遇的情况。最初明白指出这一点的是"第一位国家社会主义者"弗里德里希・李斯特（Friedrich List，1789—1846年），后来是亚历山大・格申克龙（Alexander Gerschenkron，1962：Chap.6）。再者，虽然资本主义群体、环节或小部分间的竞争可能是结构性的，但是没有什么天然的理由支持这些竞争为什么应该牵涉国家而非城邦、区域或跨国公司。

由若干互相敌对竞争的民族国家瓜分竞争的场所，是马克思式分析的一个悬而未决之点。我们现在能比19世纪看得清楚的是：民族与民族国家也许只不过是历史的产物，它们是慢慢建立起来的，或许在面临新的跨国的过程中会衰微。为什么一种特殊形式的"丰富"国家在资本累积成长的紧要阶段是必需的，甚至是有作用的？为什么阶级间的历史性互动必须有这种政治-经济机构的发展？我知道对此至今没有完全令人满意的答案。关于这两个问题，奥托・鲍尔误受人诋毁的《国家问题》（*Nationalitätenfrage*，1907）或卡尔・多伊奇（Karl Deutsch）的《民族主义与社会沟通》(*Nationalism and Social Communication*，1966)，尚有待发掘的有价值的内容。我在一篇只有西班牙文版的文章(Wolf，1953)中，也曾设法解答这个问题。尼科斯·普兰查斯(Nicos Poulantzas，1968，1978)和詹姆斯·奥康纳(James O'Connor，1974)，在了解资本主义国家的行为方面有一点进步。

关于资本主义发展阶段的改变，我用了曼德尔在《晚期资本主义》(*Late Capitalism*，1978 : Chap.4)中对于“长波”的讨论。我也大致接受了他对这个现象的解释，不过我也意识到了其他学者对它的批评，例如罗森(Rowthorn，1976)对它的评价。尼古拉·康德拉季耶夫(Nikolai D. Kondratieff)是一位经济学家和统计学家，在1920—1928年担任“莫斯科商业研究所”(Moscow Business Conditions Institute)的所长，但却在之后斯大林发动的“大清洗”中失踪。曼德尔像许多其他人一样，继承了康德拉季耶夫的传统。康德拉季耶夫在1919—1921年确切地说明了他的假设。他的一篇文章于1925年以俄文发表，在1926年被译为德文，后来又被译为英文发表在《评论》(*Review*)这个刊物专论“周期与趋势”的特刊上(Kondratieff,1979)。熊彼特(Schumpeter)在《商业周期》(*Business Cycles*)中使用了康德拉季耶夫的概念(1939)。沃尔特·罗斯托(Walter W. Rostow)对于康德拉季耶夫周期的讨论(1978)，由一个反对的政治立场与曼德尔的解释一致(Wallerstein，1979 : 665)。汉斯·罗森伯格(Hans Rosenberg)在其《大萧条》(*Grosse Deprssion*，1967)中，使用了这个概念以解释19世纪最后三四十年德国对“大萧条”的多面反应。

第11章　商品的流动

我之所以探索特殊产品由生产到市场的流动，是为了聚合三个通常分开处理的方面：一是由于资本累积的需要而发生的不可避免的事；二是采集或种植某种农作物或抽提某种物质在生态学上的意义；三是对于其劳力被动员从事这些工作的人所造成的结果。我在讨论中之所以包括特殊的商品，是因为这些商品的量在世界市场上有重要的意义；因为经济学家、经济地理学家或历史学家，注意到了大量生产这些商品所造成的各种转型；因为人类学家对于卷入这些转型中的人口，有他们的看法。

我对于种植园的讨论，大部分是由于我与文思理对种植园与农民之间辩证关系的共同兴趣。自从文思理与我同时参加朱利安·斯图尔德对波多黎各的研究以后，我们便对这个课题有兴趣，请参考斯图尔德等人编辑的著述（1956：Chaps.7、9）和邓肯编辑的对该研究的新评价（1978），尤其是威廉·罗斯伯里（William Roseberry）的那篇文章。关于这个课题的著作有很多，比如文思理对种植园类型（1959b）、加勒比海地区的农民（1961，1979a），以及对于“农民定义”（1973）的研究；我个人对种植园制度的各种亚文化和阶级（1959）与农民阶级的一般情形（1966）的研究；以及文思理与我对各种大庄园的研究（1957）。汤普森对于种植园农业的了解很有贡献，他这方面的著述现在被辑成一册（1975）。劳埃德·贝斯特（Lloyd Best）关于“纯粹种植园经济”的模型（1968）和乔治·贝克福德（George Beckford）关于种植园作为发展不充分的一种原因（1972）的著作，也很有用。

在人类学家关于农民市场交易的许多研究中，我尤其受到文思理以市场制度为“社会互动机制”（1959a）的影响。我认为市场是由阶级间的关系构成的，而非由发生“市场经纪人”作用的家户构成。新古典经济理论认为家户最初具有的因素是想当然的事，而市场上的竞争，根据家户使用这些因素有无效率，给它们分类分等。我不甚同意这个理论。相反，我同意爱德华·内尔（Edward Nell）的看法，也就是说“市场根据相对的权力分配收入”（1973：95）。内尔将正统的新古典经济学与他所谓的“马克思式”经济学完全相反的范式并置。这两种模式的对比是清楚而精确的。

关于北美的小麦生产，我参考的是保罗·盖茨（Paul Gates）的《草原边疆》（*Prairie Frontier*，1973）、目前已是经典著作的沃尔特·维布的《大平原》（*The Great Plains*，1931），以及查尔斯·克伦佐（Charles Kraenzel）的《转型中的大平原》（*Great plains in Transition*，1955）。尤其有用的是哈里特·弗里德曼精彩的论文《世界市场、国家与家庭农场》（World Market, State, and Family Farm，1978）。詹姆斯·斯科比（James

Scobie,1964）所写的阿根廷小麦生产史，写得很好。马克斯·韦伯(1979)和亚历山大·格申克龙（1943）都曾讨论过容克的小麦种植情况。关于俄国的谷物农业，我依靠彼得·拉什琴科的经济史（Peter I. Lyashchenko, 1949）和帕特里夏·赫利希（Patricia Herlihy）的一篇关于敖得萨在谷物外销贸易中所发生作用的论文（1972）。迈克尔·阿达斯（Michael Adas）在《缅甸三角洲》（*The Burma Delta*，1974）中，讨论了稻米生产在缅甸的发展。关于泰国，请参看汉克斯（Hanks）的《稻米与人》（*Rice and Man*，1972）。关于越南，请参看查尔斯·洛布昆（Charles Robequain）的《经济发展》（*Economic Development*,1944）和罗伯特·桑塞姆(Robert Sansom）的《暴乱的经济学》（*Economics of Insurgency*，1970）中具有历史导向性的第二章。

我对1860年以后牲畜生产成长的了解，大部分是根据阿诺德·施特里肯（Arnold Strickon）的论文《欧美牧业复合体》（The Euro-American Ranching Complex，1965）。这篇文章比较了美国西部和阿根廷。为了了解北美的牧牛业，维布的著作（1931）和奥斯古德（E. S. Osgood）的《牧牛人的日子》（*Day of the Cattleman*，1957）不可不读；乔·弗朗茨和朱利安·乔特（Joe Frantz and Julian Choate，1955）曾论述美国牛仔的虚构故事与实际情形。这个课题尚有待进一步探究。关于黑人牛仔，请参看达勒姆和琼斯的著述（Durham and Jones，1965）。关于阿根廷，施特里肯的论文和博士论文（1960）都非常有用。图利奥·霍尔珀林-唐希（Tulio Halperin-Donghi）在其《革命的后果》（*Aftermath of Revolution*，1973：Chap.3）中，重新解释了萨尔米恩托（Sarmiento）对于文明与野蛮的极化说法，也很有用。关于澳大利亚，我参考的是格林伍德(G. Greenwood）所编的一本书(1955)。罗纳德·哈特韦尔(Ronald Hartwell）的一篇关于“游牧业的优势”的佳作就被收录在这本书中。罗斯克兰斯（Rosecrance，1964）与伯特（Burt，1957）关于澳大利亚畜牧业政治意义的评语，也使我受益良多。

关于香蕉种植的文献，在企业和公司史方面很强，但是不大注意受影响的地方人口的命运。我所用的资料是查尔斯·凯普纳（Charles

Kepner）和杰伊·苏西尔（Jay Soothill）合著的《香蕉帝国》（*Banana Empire*，1935）、凯普纳的《香蕉业的社会方面》（*Social Aspects of the Banana Industry*，1936）、查尔斯·威尔逊的《黄绿帝国》（*Empire in Green and Gold*，1947），以及瓦特·斯图尔特（Watt Stewart）为“联合水果公司”创办人迈纳·基思（Minor C. Keith）所写的传记（1964）。迈克尔·奥利恩（Michael Olien，1970）则讨论了黑人所发挥的作用，尤其是在哥斯达黎加。

关于蔗糖的书籍有很多。关于某些涉及的问题，我最重要的参考书是诺埃尔·迪伊尔（Noel Deerr）的多卷本著作《蔗糖史》（*History of Sugar*，1949），费尔南多·奥尔蒂斯（Fernando Ortiz）的《古巴的对应物》（*Cuban CounterPoint*，1947），文思理关于波多黎各甘蔗种植园的著作（1956，1974），所罗门·米勒（Solomon Miller）对于秘鲁沿海甘蔗种植园的研究（1967），以及克利福德·格尔茨对爪哇的甘蔗种植园和生计稻米田交错情形的研究（1963）。文思理的《时间、蔗糖和甜蜜》（Time, Sugar and Sweetness，1979b），是对饮食的文化动力学这个问题有趣的新研究。

威廉·乌克斯（William Ukers）的《关于咖啡的一切》（*All About Coffee*，1935），是一本关于咖啡生产和销售的实际指南，其中的材料很丰富。关于咖啡种植区域事例的研究，有我自己写波多黎各高地的博士论文（Steward et al.，1956：Chap.7）、威廉·罗斯伯里关于安第斯山区委内瑞拉的佳作，以及本书第十二章所描写的沃伦·迪恩关于巴西南部极佳的历史记载（1976）。阿兰·德桑（Alain Dessaint）有文章论述咖啡生产对美洲原住民群落的影响（1962）。他或许是第一位强调中美洲劳力迁徙的人类学家。而关于咖啡馆的历史与其对欧洲政治和社交的影响，现在尚没有人研究。布罗代尔的评语（1973b：184—187）富于启发性。关于英国人的饮茶，请参看福里斯特的著述（Forrest，1973）。

除了第八章所列的关于鸦片贸易的资料以外，我对于鸦片的生产机制和影响的掌握，十分倚重阿兰·德桑（1971，1972）和威廉·德桑（William Dessaint，1975）的著述。在孔斯塔特所编的《东南亚部落、少数民族和国家》（*Southeast Asia Tribes, Minorities, and Nations*, 1967）中，我们能找到许多关于东南亚大陆山居人口种植鸦片的民族志学资料。阿尔弗雷德·麦考伊的《海洛因的政治学》（*Politics of Heroin*, 1972），追溯了第二次世界大战以后海洛因生产的增长情况。

我在本书中引用了罗伯特·墨菲关于穆杜卢库人种植橡胶所造成改变的论点（1958，1960），不过拉莫斯（Alcida Ramos，1978）质疑墨菲关于早期穆杜卢库人历史的记载。目前我们还没有关于橡胶贸易对亚马孙河流域人口影响的详细研究，这样的研究是有必要的。同时，我们依靠一些戏剧性的记载，如理查德·科利尔（Richard Collier）所说亚马孙河流域橡胶大老板的故事（1968）。关于马来亚的橡胶生产，我用了艾伦（G. C. Allen）和唐宁桑（A. G. Donnithorne）的《印度尼西亚和马来亚的西方企业》（*Western Enterprise in Indonesia and Malaya*, 1962）、詹姆斯·杰克逊（James Jackson）的《种植者与投机者》（*Planters and Speculators*, 1968），以及简恩（Ravindra Jain）对于一个橡胶种植园的研究（1970）。关于西非可可的生产，我看的是霍普金斯的经济史（1973）、波莉·希尔（Polly Hill）关于加纳可可树的流动种植者的佳作（1963），以及鲁道夫·斯塔文哈根（Rodolfo Stavenhagen）对于象牙海岸研究的概述（1975：Part Ⅱ）。这篇概述解释了许多现有的法国文献。基思·哈特（Keith Hart）也给我看了他关于西非商业农业发展的尚未发表的手稿（1979）。

为了掌握南非所发生的情形，我参考了波洛克（N. C. Pollock）和阿格纽（Swanzie Agnew）有用的历史地理学著述（1963），以及莫尼卡·威尔逊（Monica Wilson）和伦纳德·汤普森（Leonard Thompson）合编的两卷本杰作《牛津南非史》（*Oxford History of South Africa*, 1969-1971）。我还十分受益于本杰明·马固班（Benjamin Magubane）的论文《南非的历史政治学》（The Politics of History in South Africa，1978）。关于科萨人屠牛活动的具体阐释，请参看凯勒（Keller，1978）的著述。

第12章 新劳工

本章引用了若干不同但比较集中的资料出处。其中之一是"新城市社会学"，它研究的兴趣在于城市，以城市为资金累积和投资、劳动力储藏与政府干预的中心点。关于这一发展的主要论著，是曼纽尔·卡斯特利斯（Manuel Castells）的《都市问题》（*Urban Question*，1977）和大卫·哈维（David Harvey）的《社会公正与城市》（*Social Justice and the City*,1973）。我也由这些文献和卡斯特利斯在《城市社会学与城市政治学》（Urban Sociology and Urban Politics，1975）一文中关于研究趋势的讨论，获益匪浅。朱克英（Sharon Zukin）的《新城市社会学十年》（A Decade of the New Urban Sociology，1980），对于这个研究的方向有极佳的讨论与概述。近来某些城市人类学的著作也谈及类似的方面。请参看杰克·罗维根（Jack Rollwagen）对于《城市人类学新方向》（New Directions in Urban Anthropology，1980）的评论。

本章所用的第二种资料得自新的劳工史著述。代表这种研究方法的著作，有汤普森的《英国工人阶级的形成》（*The Making of the English Working Class*，1966）、霍布斯鲍姆的《劳动者》（*Labouring Men*，1964）、罗朗德·特伦普（Rolande Trempé）的《卡尔莫的矿工》（*Les mineurs de Carmaux*,1964）和艾伦·道利（Alan Dawley）对马萨诸塞州林恩市（Lynn）的研究（1976）。这几位学者在写社会史的时候，设法将工人阶级放在一个较广大和在历史上有变化的社会和文化基础上，而不只集中论述工人阶级或劳工组织。乔治斯·豪普特（Georges Haupt）的论文《为什么要谈工人阶级运动的历史》（Why the History of the Working Class Movement，1978），对这种研究方法有纲领性的说明。关于对美国这种趋势的说明，请参看大卫·布罗迪（David Brody）的《旧劳工史和新劳工史》（The Old Labor History and the New,1979）。在人类学中，戈弗雷·威尔逊（Godfrey Wilson）也及早地采取了这种方法。威尔逊在1938—1941年担任罗得斯-利文斯敦研究所（Rhodes-Livingstone Institute）的所长。他在《去部落化的经济学》（*The Economics of Detribalization*，1941-1942）中所谓的

“由于与其他文化接触而失去部落特征”，正是指在罗得西亚的产铜区工人阶级形成的过程。关于威尔逊以及他想“结合马克思和马利诺夫斯基（Malinowski）”的尝试，请参看理查德·布朗（Richard Brown）不偏不倚的记述（1973）。

本章所用的第三种资料是关于迁徙的文献。过去的论著，主要说“迁徙”是个人或群体为了找更好的机会而移动所造成的集体结果，并且由同化或多元化的文化过程，去解释其成功与失败。然而，对这个课题的新研究，却是由国际的观点去看它，说它是“输出”社会政治与经济变迁的结果，也是“接受”社会对劳力需求有所改变的结果。马里奥斯·尼科利纳科斯（Marios Nikolinakos）想要发展出在“晚近”资本主义中迁徙的一般理论（1975）。特奥多尔·沙宁（Teodor Shanin）曾批评尼科利纳科斯的研究（1978）。萨斯基亚·萨森-科布（Saskia Sassen-Koob）有文章论述迁徙与移民劳动力（1978，1981）。亚历杭德罗·波特斯（Alejandro Portes）撰有《迁徙与落后》（Migration and Underdevelopment，1978）。上述论著对我都很有用。安东尼·利兹（Anthony Leeds）的《迁徙过程中的妇女》（Women in the Migratory Process，1976），是由一个人类学家的观点所做的评语。1979 年的“历史特别工作组”（History Task Force），成功地将新的研究方法的视角用在了波多黎各的特殊案例上。

影响我论点的第四个研究方向，见于有关劳力市场分化的论著。这个概念初现于克拉克·克尔（Clark Kerr）的《劳力市场的割据》（Balkanization of Labor Markets，1954）一文中，后来又有许多著作对此加以详细阐述。其中就我而言最重要的是大卫·戈登（David Gordon）的《贫穷与不充分就业的理论》（*Theories of Poverty and Underemployment*，1972），与爱德华兹、赖希（Reich）和戈登合编的《劳力市场的分化》（*Labor Market Segmentation*，1975）。埃德娜·波纳西奇（Edna Bonacich，1972）有所创新，她将“分化的劳力市场”与民族敌对的问题联系起来。这一种新的研究方法，考虑到不断变化的劳力市场和其中不断改变的群体就业情形，避免了静态与限制性的职业等级模式，而这些职业只适合稳定与有特殊文化的群体。

在关于移民到美国的出版物中，我认为最有用的是马尔德温·琼斯的《美国移民》(*American Immigration*，1960)和杰拉尔德·罗森布拉姆(Gerald Rosenblum)的《移民工人》(*Immigrant Workers*，1973)。我还得益于雪莉·胡内的《太平洋地区人口向美国的迁徙》(*Pacific Migration to the United States*，1977)。关于中国劳工贸易的主要资料出处，仍是波斯·克劳福德·坎贝尔(Persia Crawford Campbell)的《中国苦力移民》(*Chinese Coolie Emigration*，1923)。休·廷克在《新奴隶制度》(*A New System of Slavery*，1974)中，谈论了印度的劳力贸易。我也引用了凯瑟琳·高夫关于这种贸易对坦贾武尔影响的说法(1978)。

关于南非，我用的是弗兰克尔(S. H. Frankel)关于资本投资的记述(1938)，以及林顿所编的《世界的大部分地区》(*Most of the World*，1949)中由西蒙斯(Simons)所写的关于非洲东部和南部的部分。这两本书我在研究生时期已看过。而西蒙斯夫妇(H. J. Simons and Ruth Simons)合著的《阶级与颜色》(*Class and Color*，1969)也很有用。马固班的《种族与阶级的政治经济》(*Political Economy of Race and Class*，1979)写得很好；也请参看大卫·卡普兰(David Kaplan)对它有趣的评论(1979)。在《牛津南非史》(*Oxford History of South Africa*, Wilson and Thompson, eds.，1971：Vol. Ⅱ)中，霍顿(D. Hobart Houghton)和大卫·威尔士(David Welsh)所写的几章资料丰富。在帕尔默和帕森斯(Palmer and Parsons，1977)所编的文集中，马丁·勒加西克(Martin Legassick)论述了由采矿业到工业的过渡的文章和科林·邦迪(Colin Bundy)关于特兰斯凯(Transkei)农民阶级的文章，都很有价值。曾经写过一本关于罗得西亚南部非洲矿工的书(1976)的查尔斯·凡·昂塞伦(Charles Van Onselen)，也撰文论述过兰德地区黑人和白人劳动力的二元划分的形成过程(1979)。弗朗西斯·威尔逊(Francis Wilson，1972)特别论述了金矿上的劳动力。劳力储备与采矿地点的交错存在情形，是在资本主义的保护下非洲南部与中部发展的典型特征。哈罗德·沃尔普(Harold Wolpe，1972)和迈克尔·布洛维(Michael Burawoy，1976)都讨论过这个情形，但是着眼点不一样。

本章关于巴西里奥克拉鲁的一节内容，是根据沃伦·迪恩的历史研究(1976)。威廉·罗夫(William Roff，1967)谈论马来民族主义的著作和莫里斯·弗里德曼（Maurice Freedman）谈论华人移民的著作，都富于有关新加坡的资料与见解。

“多元社会”的概念由弗尼瓦尔（J. S. Furnivall）在关于印度尼西亚和缅甸的著作（1939，1948）中最早提出来，而后由史密斯（M. G. Smith）在《英属西印度群岛的多元社会》（*Plural Society in the British West Indies*，1965）中详加解说。关于这个概念及其用法的文献现在已经有很多。利奥·德斯普莱斯（Leo Despres）的《多元社会中的族群与资源竞争》（*Ethnicity and Resource Competition in Plural Societies*，1975），是进入相关问题的入门书，并附有参考书目。

后记

在这篇后记中，作者设法根据马克思主义的意识形态和知识社会学的观念，再思考人类学的文化概念。关于这个主题的作者，有马克思主义倾向的弗里德里希·恩格斯、奥古斯特·塔尔海默（August Thalheimer）、弗朗茨·波克诺（Franz Borkenau）、安东尼奥·葛兰西（Antonio Gramsci）、路易斯·阿尔都塞（Louis Althusser）和斯图亚特·霍尔（Stuart Hall），以及自称溯源于马克斯·韦伯和威廉·狄尔泰（Wilhelm Dilthey）的知识社会学家。格奥尔格·卢卡奇（Georg Lukács）、吕西安·戈德曼（Lucien Goldmann）和卡尔·曼海姆（Karl Mannheim）合并了这两个传统，但所用的方式不一样。阿萨德（Talal Asad）、史蒂夫·巴奈特（Steve Barnett）、马丁·西尔弗曼（Martin Silverman）、莫里斯·布洛赫（Maurice Bloch）、王斯福（Stephan Feuchtwang）、乔纳森·弗里德曼、莫里斯·郭德烈和乔尔·卡恩（Joel Kahn），各以不同的方式，在人类学的讨论中都曾使用过马克思的意识形态概念。

克劳德·列维－斯特劳斯的著作，由（在各社会以内和各社会之间所产生）意识形态选项或变异体的概念所启发。但是列维－斯特劳斯认为，自然和文化的关系直接通过人类的大脑。我主张思想是由当时所使用的生产方式所传递。“霸权”的概念来自葛兰西的著作。雷蒙德·威廉姆斯（Raymond Williams，1973）精彩地详述了替代形式和对立形式的各种观念。口音差异的概念见于弗拉斯诺夫的著述（1973），而与之相对应的概念还可见于威勒姆·沃特海姆的著述（Willem Wertheim，1974）。我仍然认为，各种人类的科学没有文化的概念便不行。目前大家在辩论如何可以根据新的理解重铸这个概念，我谨以本书的讨论，对这种辩论做一点贡献。

参考文献

ABRAHAM, D. P. 1961. Maramuca: An Exercise in the Combined Use of Portuguese Records and Oral Tradition. Journal of African History 2: 211–245.

—— 1962. The Early Political History of the Kingdom of Mwene Mutapa (850–1589). *In* Historians in Tropical Africa: Proceedings of the Leverhulme Inter-Collegiate History Conference Held at the University College of Rhodesia and Nyasaland, 1960. Pp. 61–92. Salisbury: International African Institute.

—— 1964. Ethno-History of the Empire of Mutapa, Problems and Methods. *In* The Historian in Tropical Africa. Jan Vansina, R. Mauny, and L. V. Thomas, eds. Pp. 104–121. London: Oxford University Press.

—— 1966. The Roles of the 'Chaminuka' and the Mhondoro-Cults in Shona Political History. *In* The Zambezian Past. Eric T. Stokes and R. Brown, eds. Pp. 28–46. Manchester: Manchester University Press.

ABUN-NASR, JAMIL M. 1971. A History of the Maghrib. Cambridge: Cambridge University Press.

ADAMS, ROBERT McC. 1965. Land Behind Baghdad: A History of Settlement on the Diyala Plain. Chicago: University of Chicago Press.

ADAS, MICHAEL 1974. The Burma Delta: Economic Development and Social Change on the Rice Frontier, 1852–1941. Madison: University of Wisconsin Press.

AJAYI, J. F. ADE, and MICHAEL CROWDER, eds. 1972. History of West Africa, Vol.1. New York: Columbia University Press.

AKINJOGBIN, I. A. 1967. Dahomey and Its Neighbors, 1708–1818. Cambridge: Cambridge University Press.

—— 1972. The Expansion of Oyo and the Rise of Dahomey 1600–1800. *In* History of West Africa, Vol.1. J. F. Ade Ajayi and Michael Crowder, eds. Pp. 304–343. New York: Columbia University Press.

ALBION, ROBERT G. 1939. The Rise of New York Port, 1815–1860. New York: Scribner's.

ALLEN, G. C., and A. G. DONNITHORNE 1962. Western Enterprise in Indonesia and Malaya. London: Allen & Unwin.

ALPERS, EDWARD 1968. The Mutapa and Malawi Political Systems. *In* Aspects of Central African History. Terence O. Ranger, ed. Pp. 1–28. Evanston, IL: Northwestern University Press.

ALTHEIM, FRANZ 1954. Gesicht vom Abend und Morgen. Frankfurt a.M.: Fischer Bücherei.

—— 1960. Zarathustra and Alexander. Frankfurt a.M.: Fischer Bücherei.

ALTHUSSER, LOUIS, and ÉTIENNE BALIBAR 1970. Reading Capital. New York: Pantheon Books.

AMERICAN FUR TRADE CONFERENCE 1967. Selected Papers of the 1965 American Fur Trade Conference. St. Paul: Minnesota Historical Society.

AMIN, SAMIR 1973a. Neo-Colonialism in West Africa. Harmondsworth: Penguin Books.

—— 1973b. Le dévéloppement inégal. Paris: Les Éditions de Minuit.

ANDERSON, MICHAEL 1971. Family Structure in Nineteenth Century Lancashire. Cambridge: Cambridge University Press.

ANDERSON, PERRY 1974. Lineages of the Absolutist State. London: New Left Books.

—— 1978. Passages from Antiquity to Feudalism. London: Verso.

ANSTEY, ROGER 1977. the Profitability of the Slave Trade in the 1840s. *In* Comparative Perspectives on Slavery in New World Plantation Societies. Vera Rubin and Arthur Tuden, eds. Pp. 84–93. Annals of the New York Academy of Sciences, Vol. 292. New York: New York Academy of Sciences.

APTER, DAVID E. 1961. The Political Kingdom of Uganda: A Study in Bureaucratic Nationalism. Princeton, NJ: Princeton University Press.

ARHIN, KWAME 1967. The Structure of Greater Ashanti (1700–1824). Journal of African History 8: 65–85.

ARRIGHI, GIOVANNI 1978. The Geometry of Imperialism: The Limits of Hobson's Paradigm. London: New Left Books.

ASAD, TALAL, ed. 1973. Anthropology and the Colonial Encounter. London: Ithaca Press.

BADDELEY, JOHN F. 1919. Russia, Mongolia, and China. 2 vols. London: Macmillan.

BAER, GABRIEL 1962. A History of Landownership in Modern Egypt. London: Oxford University Press.

—— 1969. Studies in the Social History of Modern Egypt. Publication of the Center for Middle Eastern Studies, No.4. Chicago: University of Chicago Press.

BAGWELL, PHILIP S., and G. E. MINGAY 1970. Britain and America 1850–1939: A Study of Economic Change. New York: Praeger.

BAILEY, ALFRED G. 1969. The Conflict of European and Eastern Algonkian Cultures 1504–1700: A Study in Canadian Civilization. Toronto: University of Toronto Press. (First pub. 1937.)

BAILEY, F. G. 1957. Caste and the Economic Frontier. Manchester: Manchester University Press.

—— 1960. Tribe, Caste, and Nation. Manchester: Manchester University Press.

BAILEY, L. R. 1966. Indian Slave Trade in the Southwest: A Study of Slave-taking and the Traffic in Indian Captives from 1700–1935. Great West and Indian Series, Vol.32. Los Angeles: Westernlore Press.

BAIROCH, PAUL 1975. The Economic Development of the Third World Since 1900. Berkeley, Los Angeles, London: University of California Press.

BAKEWELL, PETER J. 1971. Silver Mining and Society in Colonial Mexico: Zacatecas, 1546–1700. Cambridge: Cambridge University Press.

BALANDIER, GEORGE 1968. Daily Life in the Kingdom of the Congo From the Sixteenth to the Eighteenth Century. New York: Pantheon Books.

—— 1970. The Sociology of Black Africa: Social Dynamics in Central Africa. New York: Praeger.

BALAZS, ÉTIENNE 1964. Chinese Civilization and Bureaucracy. New Haven, CT: Yale University Press.

BANU, ION 1967. La formation sociale 'tributaire.' Recherches Internationales à la Lumière du Marxisme, No. 57–58. Special number: Premières sociétés des classes et mode de production asiatique. Pp. 251–253. Paris: Éditions de la Nouvelle Critique.

BARBOUR, VIOLET 1963. Capitalism in Amsterdam in the Seventeenth Century. Ann Arbor: University of Michigan Press.

BARLOEWEN, WOLF-DIETRICH VON 1961. Abriss der Geschichte Antiker Randkulturen. Munich: Oldenbourg.

BARRATT BROWN, MICHAEL 1970. After Imperialism. New York: Humanities Press.

BARRETT, WARD J., and STUART B. SCHWARTZ 1975. Comparación entre dos economías azucareras coloniales: Morelos, México y Bahía, Brasil. *In* Haciendas, latifundios y plantaciones en América Latina. Enrique Florescano, ed. Pp. 532–572. Mexico City: Siglo Veintinuno Editores.

BASCOM, WILLIAM 1969. The Yoruba of Southwestern Nigeria. New York: Holt, Rinehart & Winston.

BAUER, OTTO 1907. Die Nationalitätenfrage und die Sozialdemokratie. Marx-Studien, Vol.2. Max Adler and Rudolf Hilferding, eds. Vienna: Volksbuchhandlung Ignaz Brand.

BEAN, RICHARD 1974. A Note on the Relative Importance of Slaves and Gold in West African Exports. Journal of African History 15: 351–356.

BECKFORD, GEORGE L. 1972. Persistent Poverty: Underdevelopment in Plantation Economies of the Third World. New York: Oxford University Press.

BENDA, HENRY J. 1972. Continuity and Change in Southeast Asian History. Yale University Southeast Asian Studies Monograph Series, No.18, New Haven, CT: Yale University Southeast Asian Studies.

BENDIX, REINHARD 1956. Work and Authority in Industry: Ideologies of Management in the Course of Industrialization. New York: Wiley.

BERREMAN, GERALD 1979. Caste and Other Inequities. Meerut, India: Folklore Institute.

BERTIN, JACQUES, SERGE BONIN, and PIERRE CHAUNU 1966. Les Philippines et le Pacifique des Ibériques, XVIe-XVIIe-XVIIIe Siècles, Construction Graphique. Paris: École Pratique des Hautes Études, VIe Section, S.E.V.P.E.N.

BEST, LLOYD A. 1968. Outlines of a Model of Pure Plantation Economy. Social and Economic Studies 17: 282–326.

BÉTEILLE, ANDRÉ 1969. Castes: Old and New. Bombay: Asia Publishing House.

BINDOFF, S. T. 1966. Tudor England. The Pelican History of England, Vol.5. Harmondsworth: Penguin Books.

BIRMINGHAM, DAVID 1965. The Portuguese Conquest of Angola. London: Oxford

University Press.

—— 1966. Trade and Conflict in Angola: The Mbundu and Their Neighbors Under the Influence of the Portuguese 1483–1790. Oxford: Clarendon Press.

—— 1972. The African Response to Early Portuguese Activities in Angola. *In* Protest and Resistance in Angola and Brazil. Ronald Chilcote, ed. Pp. 11–28. Berkeley, Los Angeles, London: University of California Press.

BISHOP, CHARLES A. 1976. The Emergence of the Northern Ojibwa: Social and Economic Consequences. American Ethnologist 3: 39–54.

BISHOP, CHARLES A., and ARTHUR J. RAY, eds. 1976. The Fur Trade and Culture Change: Resources and Methods. Special Issue. Western Canadian Journal of Anthropology 6 (1).

BLASSINGAME, JOHN 1972. The Slave Community: Plantation Life in the Antebellum South. New York: Oxford University Press.

BLOCH, MARC 1961. Feudal Society. 2 vols. Chicago: University of Chicago Press. (First pub. in French 1939–1940).

—— 1970. French Rural History: An Essay on Its Basic Characteristics. Berkeley, Los Angeles, London: University of California Press. (First pub. in French 1931.)

BOAS, FRANZ 1921. Ethnology of the Kwakiutl Based on Data Collected by George Hunt. 35th Annual Report of the Bureau of American Ethnology. Pt. 2. Pp. 795–1481. Washington, DC.

BOLUS, MALVINA, ed. 1972. People and Pelts: Selected Papers of the Second North American Fur Trade Conference. Winnipeg, Manitoba: Peguis.

BONACICH, E. 1972. A Theory of Ethnic Antagonism: The Split-Labor Market. American Sociological Review 5: 533–547.

BOROCHOV, BER 1937. Nationalism and the Class Struggle: A Marxian Approach to the Jewish Question. New York: Poale-Zion.

BOVILL, E. W. 1968. The Golden Trade of the Moors. New York: Oxford University Press. (First ed. 1933, as Caravans of the Old Sahara.)

BOWLES, SAMUEL, and HERBERT GINTIS 1977. The Marxian Theory of Value and Heterogeneous Labour: A Critique and Reformulation. Cambridge Journal of Economics 1: 173–192.

BOWSER, FREDERICK P. 1974. The African Slave in Colonial Peru 1524–1650. Stanford, CA: Stanford University Press.

BOXER, CHARLES B. 1948. Fidalgos in the Far East, 1550–1770; Fact and Fancy in the History of Macao. The Hague: M. Nijhoff.

—— 1953. South China in the Sixteenth Century, Being the Narratives of Galeote Pereira, Fr. Gaspar da Cruz, O.P.Fr. Martín de Rada, O.E.S.A., 1550–1575. London: Hakluyt Society.

—— 1973a. The Portuguese Seaborne Empire 1415–1825. Harmondsworth: Penguin Books.

—— 1973b. The Dutch Seaborne Empire 1600–1800. Harmondsworth: Penguin Books.

BRADBURY, R. E. 1957. The Benin Kingdom and the Edo-Speaking Peoples of South-western Nigeria, Ethnographic Survey of Africa: Western Africa, Pt. 13. London: International African Institute.

—— 1964. The Historical Uses of Comparative Ethnography: Data with Special Reference to Benin and Yoruba. *In* The Historian in Tropical Africa. Jan Vansina, R. Mauny, and L. V. Thomas, eds. Pp. 145–160. London: Oxford University Press.

BRADBY, BARBARA 1975. The Destruction of Natural Economy. Economy and Society 4: 127–161.

BRADING, D. A. 1971. Miners and Merchants in Bourbon Mexico 1768–1810. Cambridge: Cambridge University Press.

—— 1977. The Haciendas as an Investment. *In* Haciendas and Plantations in Latin American History. Robert G. Keith, ed. Pp. 135–140. New York: Holmes & Meier.

BRADING, D. A., and HARRY E. CROSS 1972. Colonial Silver Mining: Mexico and Peru. Hispanic American Historical Review 52: 545–579.

BRAMSON, LEON 1961. The Political Context of Sociology. Princeton, NJ: Princeton University Press.

BRAUDEL, FERNAND 1972. The Mediterranean and the Mediterranean World in the Age of Philip II, Vol.1. New York: Harper & Row.

—— 1973a. The Mediterranean and the Mediterranean World in the Age of Philip II, Vol.2. New York: Harper & Row.

—— 1973b. Capitalism and Material Life 1400–1800. New York: Harper & Row.

BRENNER, ROBERT 1975. England, Eastern Europe, and France: Socio-Historical Versus Economic Interpretation. *In* Failed Transitions to Modern Industrial Society: Renaissance Italy and Seventeenth Century Holland. Frederick Krantz and Paul M. Hohenberg, eds. Pp.68–71. Montreal: Interuniversity Centre for European Studies.

—— 1976. Agrarian Class Structure and Economic Development in Pre-Industrial Europe. Past and Present, No.70: 30–75.

BRODY, DAVID 1979. The Old Labor History and the New: In Search of an American Working Class. Labor History 20: 111–126.

BROMLEY, J. S., and E. H. KOSSMANN, eds. 1964. Britain and the Netherlands. Groningen: Wolters.

—— 1968. Britain and the Netherlands in Europe and Asia. London: Macmillan.

BROOMFIELD, J. H. 1966. The Regional Elites: A Theory of Modern Indian History. *In* Modern India: An Interpretative Anthology. Thomas R. Metcalf, ed. Pp. 60–70. London: Macmillan.

BROWN, JAMES A. 1975. Spiro Art and Its Mortuary Contexts. *In* Death and the Afterlife in Pre-Columbian America. Elizabeth P. Benson, ed. Pp. 1–32. Washington, DC: Dumbarton Oaks Research Library and Collections, Trustees for Harvard University.

BROWN, JUDITH K. 1975. Iroquois Women: An Ethnohistoric Note. *In* Toward an Anthropology of Women. Rayna Rapp Reiter, ed. Pp. 235–251. New York: Monthly Review Press.

BROWN, RICHARD 1973. Anthropology and Colonial Rule: Godfrey Wilson and the Rhodes-Livingstone Institute, Northern Rhodesia. *In* Anthropology and the Colonial Encounter. Talal Asad, ed. Pp. 173–197. London: Ithaca Press.

BRUCHEY, STUART W. 1965. The Roots of American Economic Growth 1607–1861: An Essay in Social Causation. New York: Harper& Row.

BRUCHEY, STUART W., comp. and ed. 1967. Cotton and the Growth of the American Economy: 1790–1860, Sources and Readings. New York: Harcourt, Brace and World.

BRUNER, EDWARD M. 1961. Mandan. *In* Perspectives in American Indian Culture Change. Edward H. Spicer, ed. Pp. 187–227. Chicago: University of Chicago Press.

BULLIET, RICHARD 1975. The Camel and the Wheel. Cambridge: Harvard University Press.

BUNDY, COLIN 1977. The Transkei Peasantry, c.1890–1914: Passing Through a Period of Stress. *In* The Roots of Rural Poverty in Central and Southern Africa. Robin Palmer and Neil Parsons, eds. Pp. 201–220. Berkeley, Los Angeles, London: University of California Press.

BURAWOY, MICHAEL 1976. The Functions and Reproduction of Migrant Labour: Comparative Material from Southern Africa and the United States. American Journal of Sociology 81: 1050–1087.

—— 1979. The Anthropology of Industrial Work. Annual Review of Anthropology 8:

231–266.

BURT, A. L. 1957. If Turner Had Looked at Canada, Australia, and New Zealand When He Wrote about the West. *In* The Frontier in Perspective. Walker D. Wyman and Clifton B. Kroeber, eds. Pp. 60–77. Madison: University of Wisconsin Press.

BYTHELL, DUNCAN 1969. The Handloom Weavers: A Study in the English Cotton Industry During the Industrial Revolution. Cambridge: Cambridge University Press.

CAHEN, CLAUDE 1955. L'histoire économique et sociale de l'orient musulmane médiéval. Studia Islamica 3: 93–116.

—— 1957. Les facteurs économiques et sociaux dans l'ankylose culturelle de l'Islam. *In* Classicisme et déclin culturel dans l'histoire de l'Islam. Pp. 195–207. Paris: Besson et Chantemerle.

—— 1959. Mouvements populaires et autonomisme urbain dans l'Asie musulmane de moyen-âge. Arabica 5: 225–250; 6: 25–56, 233–265.

—— 1965. Quelques problèmes concernant l'expansion économique musulmane jusqu'au XIIe siècle. *In* Occidente e l'Islam nell' alto medioevo, Vol.1. Pp. 391–432. Spoleto: Centro Italiano di Studi sull' alto Medievo.

CAIRNCROSS, A. K. 1953. Home and Foreign Investment, 1870–1913. Cambridge: Cambridge University Press.

CALDWELL, JOSEPH R. 1958. Trend and Tradition in the Prehistory of the Eastern United States. American Anthropological Association, Memoir 88.

—— 1962. Eastern North America. *In* Courses Toward Urban Life: Archaeological Considerations of Some Cultural Alternatives. Robert J. Braidwood and Gordon R. Willey, eds. Pp. 288–308. Viking Fund Publications in Anthropology, Vol.32. Chicago: Aldine.

CAMPBELL, MAVIS C. 1977. Marronage in Jamaica: Its Origin in the Seventeenth Century. *In* Comparative Perspectives on Slavery in New World Plantation Societies. Vera Rubin and Arthur Tuden, eds. Pp. 389–419. Annals of the New York Academy of Sciences, Vol.292. New York: New York Academy of Sciences.

CAMPBELL, PERSIA CRAWFORD 1923. Chinese Coolie Emigration to Countries Within the British Empire. Studies in Economics and Political Science, London School of Economics, Monograph No.72. London: P. S. King and Son.

CARANDE Y THOBAR, RAMÓN 1943. Carlos V y sus banqueros. Madrid: Revista de Occidente.

—— 1949. La Hacienda real de Castilla. Madrid: Sociedad de Estudios y

Publicaciones.

CARMAGNANI, MARCELLO 1975. L'America latina dal'500 a oggi: Nascita, espansione e crisi di un sistema feudale. Milan: Feltrinelli.

CARRASCO, PEDRO, et al. 1976. Estratificación social en la Mesoamérica prehispánica. Mexico City: SEP-INAH.

CARRASCO, PEDRO, and JOHANNA BRODA, eds. 1977. Economía, política e ideología en Mesoamérica. Mexico City: Editorial Nueva Imagen.

CASTELLS, MANUEL 1975. Urban Sociology and Urban Politics: From a Critique to New Trends of Research. Comparative Urban Research 3: 7–13.

—— 1977. The Urban Question. London: Edward Arnold. (First ed. in French 1972).

CASTLES, STEPHEN, and GODULA KOSACK 1973. Immigrant Workers and Class Structure in Western Europe. London: Oxford University Press.

CENTRE D'ÉTUDES ET DE RECHERCHES MARXISTES 1969. Sur le'mode de production asiatique.' Paris: Éditions Sociales.

—— 1971. Sur le féodalisme. Paris: Éditions Sociales.

CHAMBERS, MORTIMER, ed. 1963. The Fall of Rome: Can It Be Explained? European Problem Studies. New York: Holt, Rinehart &Winston.

CHANEY, ELSA M. 1979. The World Economy and Contemporary Migration. International Migration Review 13: 204–212.

CHANG, T'IEN-TSE 1934. Sino-Portuguese Trade from 1514 to 1644. Leiden: Brill.

CHAPMAN, S. D. 1967. The Early Factory Masters: The Transition to the Factory System in the Midlands Textile Industry. Newton Abbot: David and Charles.

—— 1972. The Cotton Industry in the Industrial Revolution. Studies in Economic History prepared for the Economic Historical Society. London: Macmillan.

—— 1973. Industrial Capital Before the Industrial Revolution: An Analysis of the Assets of a Thousand Textile Entrepreneurs c.1730–50. *In* Textile History and Economic History: Essays in Honour of Miss Julia de Lacy Mann. N. B. Harte and K. G. Ponting, eds. Pp. 113–137. Manchester: Manchester University Press.

CHAUNU, HUGUETTE, and PIERRE CHAUNU 1955–1959. Séville et L'Atlantique 1504–1650. 8 vols. Vol.1, Paris: Lib. Armand Colin. Vols.2–8, Paris: S.E.V.P.E.N.

CHAUNU, PIERRE 1960. Les Philippines et le Pacifique des Ibériques (XVIe, XVIIe, XVIIIe siècles). Introduction Méthodologique et indices d'activité. Ports-Routes-Trafics, Vol.11. Paris: S.E.V.P.E.N.

CHEONG, W E. 1965. Trade and Finance in China: 1784–1834; a Reappraisal. *In* Les grandes voies maritimes dans le monde, XV-XIXe siècles: Rapports présentés aux XIIe Congrès International des Sciences Historiques par la Commission Internationale d'Histoire Maritime. Pp. 277–290. Paris: Biblioteque General de l'École Pratique des Hautes Études, VIe Section.

CHESNEAUX, JEAN 1962. Le mouvement ouvrier Chinois de 1919 à 1927. École Pratique des Hautes Études-Sorbonne. Sixième Section: Sciences Économiques et Sociales, Le Monde d'Outre-Mer Passé et Présent, Première Série, Études XVII. The Hague: Mouton.

—— 1964. Le mode de production asiatique: quelques perspectives de recherches. La Pensée, No.114: 47–53.

CHILDE, V. GORDON 1946. What Happened in History. New York: Penguin Books.

CHITTICK, H. NEVILLE 1972. The Coast Before the Arrival of the Portuguese. *In* Perspectives on the African Past. Martin A. Klein and G. Wesley Johnson, eds. Pp. 93–106. Boston: Little, Brown.

CIPOLLA, CARLO M. 1962. The Economic History of World Population. Baltimore: Penguin Books.

—— 1970. European Culture and Overseas Expansion. Harmondsworth: Penguin Books.

COBBAN, ALFRED 1964. The Social Interpretation of the French Revolution. Cambridge: Cambridge University Press.

CODERE, HELEN 1950. Fighting with Property: A Study of Kwakiutl potlatching and Warfare, 1792–1930. American Ethnological Society, Monograph No.18. New York: J. J. Augustin.

—— 1961. Kwakiutl. *In* Perspectives in American Indian Culture Change. Edward H. Spicer, ed. Pp. 431–516. Chicago: University of Chicago Press.

COEDÈS, GEORGE 1962. Les peuples de la Péninsule Indochinoise. Paris: Dunod.

—— 1964. Les états hindouisés d'Indochine et d'Indonésie. Paris: E. de Bocard.

COHEN, YEHUDI A. 1969. Ends and Means in Political Control: State Organization and the Punishment of Adultery, Incest, and Violation of Celibacy. American Anthropologist 71: 658–687.

COHN, BERNARD S. 1959. Some Notes on Law and Change in North India. Economic Development and Cultural Change 8: 79–93.

—— 1960. The Initial British Impact on India: A Case Study of the Benares Region. Journal of Asian Studies 19: 419–424.

—— 1961. From Indian Status to British Contract. Journal of Economic History 21: 613–628.

—— 1962. Political Systems in Eighteenth Century India: The Benares Region. Journal of the American Oriental Society 82: 312–320.

—— 1971. India: The Social Anthropology of a Civilization. Englewood Cliffs, NJ: Prentice-Hall.

COLEMAN, D. C. 1973. Textile Growth. *In* Textile History and Economic History: Essays in Honour of Miss Julia de Lacy Mann. N. B. Harte and K. G. Ponting, eds. Pp. 1–12. Manchester: Manchester University Press.

COLLETTI, LUCIO 1973. Marxism and Hegel. London: New Left Books. (First pub. in Italian 1969.)

COLLIER, RICHARD 1968. The River That God Forgot: The Dramatic Story of the Rise and Fall of the Despotic Amazon RubberBarons. New York: Dutton.

COLLINS, JUNE McCORMICK 1950. Growth of Class Distinctions and Political Authority Among the Skagit Indians During theContact Period. American Anthropologist 6: 331–342.

—— 1974. Valley of the Spirits: The Upper Skagit Indians of Western Washington. American Ethnological Society, Monograph No.56. Seattle: University of Washington Press.

COLOMBIA TODAY 1979. La Ciudad Perdida-Major Colombian Archaeological Find. Colombia Today 14 (4). New York: Colombian Information Service.

COOK, M. A., ed. 1970. Studies in the Economic History of the Middle East. New York: Oxford University Press.

COPANS JEAN, ed. 1975. Anthropologie et imperialisme. Paris: François Maspéro.

CORKRAN, DAVID H. 1962. The Cherokee Frontier: Conflict and Survival, 1740–1762. Norman: University of Oklahoma Press.

—— 1967. The Creek Frontier, 1540–1783. Norman: University of Oklahoma Press.

COTTERILL, R. S. 1954. The Southern Indians: The Story of the Civilized Tribes Before Removal. Norman: University of Oklahoma Press.

Cox, OLIVER C. 1959. The Foundations of Capitalism. London: Peter Owen.

CRANE, VERNER W. 1956. Southern Frontier, 1670–1732. Ann Arbor: University of Michigan Press.

CRATON, MICHAEL 1974. Sinews of Empire: A Short History of British Slavery. Garden City, NY: Anchor Books, Doubleday.

CRATON, MICHAEL, and JAMES WALVIN 1970. A Jamaican Plantation: The History of Worthy Park 1620–1970. Toronto: Universityof Toronto Press.

CROUZET FRANÇOIS 1967. England and France in the Eighteenth Century: A

Comparative Analysis of Two Economic Growths. *In* The Causes of the Industrial Revolution in England. Richard Hartwell, ed. Pp. 139–174. London: Methuen.

CUNNISON, IAN 1956. Perpetual Kinship: A Political Institution of the Luapula Peoples. Human Problems in British Central Africa 20: 28–48.

—— 1957. History and Genealogies in a Conquest State. American Anthropologist 59: 20–31.

—— 1961. Kazembe and the Portuguese, 1789–1832. Journal of African History 2: 61–76.

CURTIN, PHILIP D. 1969. The Atlantic Slave Trade, a Census. Madison: University of Wisconsin Press.

—— 1975. Economic Change in Precolonial Africa: Senegambia in the Era of the Slave Trade. Madison: University of Wisconsin Press.

—— 1977. Slavery and Empire. *In* Comparative Perspectives on Slavery in New World Plantation Societies. Vera Rubin and Arthur Tuden, eds. Pp. 3–11. Annals of the New York Academy of Sciences, Vol.292. New York: New York Academy of Sciences.

CUVELIER, JEAN, and LOUIS JADIN 1954. L'Ancien Congo d'après les archives romaines (1518–1640). Institut Royal Colonial Belge(Brussels). Section des Sciences Morales et Politiques, Mémoires, Vol.36. Brussels: Académic Royale des Sciences d'Outre-Mer.

DAAKU, KWAME YEBOA 1970. Trade and Politics on the Gold Coast 1600–1720: A Study of the African Reaction to European Trade. Oxford: Clarendon Press.

DAMAS, DAVID, ed. 1969a. Contributions to Anthropology: Band Societies. Proceedings of the Conference on Band Organization, Ottawa, 1965. National Museums of Canada Bulletin No.228. Anthropological Series No.84.

—— 1969b. Contributions to Anthropology: Ecological Essays. Proceedings of the Conference on Cultural Ecology, Ottawa, 1966. National Museums of Canada Bulletin No.230. Anthropological Series No.86.

DAVENPORT, WILLIAM 1969. The 'Hawaiian Cultural Revolution': Some Political and Economic Considerations. American Anthropologist 71: 1–20.

DAVIDSON, BASIL, with F. K. BUAH and J. F. ADE AJAYI 1966. A History of West Africa to the Nineteenth Century. Garden City, NY: Anchor Books, Doubleday.

DAVIS, DAVID BRION 1966. The Problem of Slavery in Western Culture. Ithaca, NY: Cornell University Press.

DAVIS, KINGSLEY 1965. The Urbanization of the Human Population. Scientific

American 213: 41–53.

DAVIS, RALPH 1954. English Foreign Trade, 1660–1700. Economic History Review 7: 150–166.

—— 1962. English Foreign Trade, 1700–1774. Economic History Review 15: 285–299.

—— 1973. English Overseas Trade 1500–1700. London: Macmillan.

DAWLEY, ALAN 1976. Class and Community: The Industrial Revolution in Lynn. Cambridge, MA: Harvard University Press.

DEAN, WARREN 1976. Rio Claro: A Brazilian Plantation System, 1820–1920. Stanford, CA: Stanford University Press.

DEBO, ANGIE 1941. The Road to Disappearance. Norman: University of Oklahoma Press.

DEERR, NOEL 1949–1950. The History of Sugar. 2 vols. London: Chapman and Hall.

DE LAGUNA, FREDERICA 1972. Under Mount Saint Elias: The History and Culture of the Yakutat Tlingit. 3 parts. Smithsonian Contributions to Anthropology, Vol.7. Washington, DC: Smithsonian Institution Press.

DERMIGNY, LOUIS 1964. La Chine et 1'Occident: Le commerce a Canton au XVIIIe siècle. 1719–1833. 3 vols. + album. Ports-Routes-Trafics, Vol.18. École Pratique des Hautes Études, VIe Section, Centre de Recherches Historiques. Paris: S.E.V.P.E.N.

DESPRES, LEO A., ed. 1975. Ethnicity and Resource Competition in Plural Societies. World Anthropology: An Interdisciplinary Series. The Hague: Mouton.

DESSAINT, ALAIN Y. 1962. Effects of the Hacienda and Plantation Systems on Guatemala's Indians. América Indígena 22: 323–354.

—— 1971. Lisu Migration in the Thai Highlands. Ethnology 10: 329–348.

—— 1972. The Poppies Are Beautiful This Year. Natural History 81: 31–37, 92–96.

DESSAINT WILLIAM Y. and ALAIN Y. DESSAINT 1975. Strategies in Opium Production. Ethnos, Nos. 1–4: 153–168.

DEUTSCH, KARL W. 1954. Political Community at the International Level: Problems of Definition and Measurement. Doubleday Short Studies in Political Science. Garden City, NY: Doubleday.

—— 1966. Nationalism and Social Communication: An Inquiry into the Foundations of Nationality. Cambridge, MA: MIT Press. (First pub. 1953).

DIAMOND, STANLEY, 1951. Dahomey: A Proto-State in West Africa. Ph.D.

dissertation, Department of Anthropology, Columbia University.

DIFFIE, BAILEY W., and GEORGE D. WINIUS 1977. Foundations of the Portuguese Empire 1415–1580. Europe and the World in the Age of Expansion, Vol.1 (Series). Minneapolis: University of Minnesota Press.

DIKE, K. ONWUKA 1956. Trade and Politics in the Niger Delta, 1830–1885. Oxford: Clarendon Press.

DILLON RICHARD 1962. The Hatchet Men: The Story of the Tong Wars in San Francisco's Chinatown. New York: Coward-McCann.

DI PESO, CHARLES 1974. Casas Grandes: A Fallen Trading Center of the Gran Chichimeca. 3 vols. Dragoon, AZ: Amerind Foundation;Flagstaff, AZ: Northland Press.

DISRAELI, BENJAMIN 1954. Sybil, or The Two Nations. Harmondsworth: Penguin Books. (First pub. 1845.)

DIXON, RUSSELL A., and E. KINGMAN EBERHARDT 1938. Economic Institutions and Cultural Change. New York: McGraw-Hill.

DOBB, MAURICE 1947. Studies in the Development of Capitalism. New York: International Publishers.

DOBYNS, HENRY F. 1963. An Outline of Andean Epidemic History to 1720. Bulletin of the History of Medicine 37: 493–515.

DOCKER, EDWARD WYBERGH 1970. The Blackbirders: The Recruiting of South Sea Labour for Queensland, 1863–1907. Sydney: Angus and Robertson.

DODGE, ERNEST S. 1976. Islands and Empires: Western Impact on the Pacific and East Asia. Minneapolis: University of MinnesotaPress.

DOUGLAS, DAVID C. 1969. The Norman Achievement, 1050–1120. Berkeley and Los Angeles: University of California Press.

DOUGLAS, MARY 1964. Matriliny and Pawnship in Central Africa. Africa 34: 301–313.

DOUGLAS, PAUL 1930. Real Wages in the United States: 1890–1926. Boston: Houghton Mifflin.

DOWD, DOUGLAS F. 1956. A Comparative Analysis of Economic Development in the American West and South. Journal of Economic History 16: 558–574.

—— 1974. The Twisted Dream: Capitalist Development in the United States Since 1776. Cambridge, MA: Winthrop.

DOWNS, RICHARD 1967. A Kelantanese Village of Malaya. *In* Contemporary Change in Traditional Societies, Vol.2. Julian H. Steward,ed. Pp. 107–186. Urbana:

University of Illinois Press.

DRUCKER, PHILIP 1951. The Northern and Central Nootkan Tribes. Bureau of American Ethnology, Bulletin 144.

—— 1963. Indians of the Northwest Coast. American Museum Science Books. New York: Natural History Press. (First pub. 1955.)

DUMONT, LOUIS 1957. Une sous-caste de l'Inde du Sud. The Hague: Mouton.

—— 1970. Homo Hierarchicus: An Essay on the Caste System. Chicago: University of Chicago Press. (First pub. in French 1966.)

DUNCAN, RONALD J., ed. 1978. Social Anthropology in Puerto Rico. Special issue. Revista/Review Interamericana 8: 3–64.

DURHAM, PHILIP, and EVERETT L. JONES 1965. The Negro Cowboys. New York: Dodd, Mead.

DUTT ROMESH CHUNDER 1960. The Economic History of India. 2 vols. Classics of Indian History and Economics. New Delhi:Publications Division, Ministry of Information and Broadcasting, Government of India. (First pub. 1901.)

DUYVENDAK, J. J. L. 1949. China's Discovery of Africa. London: Probsthain.

EBERHARD, WOLFGANG 1977. A History of China. Berkeley, Los Angeles, London: University of California Press. (First pub. in German 1948.)

EDWARDS, MICHAEL M. 1967. The Growth of the British Cotton Trade 1780–1815. Manchester: Manchester University Press.

EDWARDS, MICHAEL M., and R. LLOYD-JONES 1973. N. J. Smelser and the Cotton Factory Family: A Reassessment. *In* Textile History and Economic History: Essays in Honour of Miss Julia de Lacy Mann. N. B. Harte and K. G. Ponting, eds. Pp. 304–319. Manchester: Manchester University Press.

EDWARDS, RICHARD, MICHAEL REICH and THOMAS E. WEISSKOPF, eds. 1972. The Capitalist System. Englewood Cliffs, NJ: Prentice-Hall.

EKHOLM, GORDON F., and GORDON R. WILLEY, eds. 1966. Archaeological Frontiers and External Connections. Handbook of Middle American Indians, Vol.4. Robert Wauchope, general ed. Austin: University of Texas Press.

EKHOLM, KAJSA 1978. External Exchange and the Transformation of Central African Social Systems. *In* The Evolution of Social Systems: Proceedings of a meeting of the Research Seminar in Archaeology and Related Subjects, Institute of Archaeology, London University. Jonathan Friedman and Michael J. Rowlands, eds. Pp. 115–136. London: Duckworth.

ELIAS, NORBERT 1939. Über den Prozess der Zivilisation. 2 vols. Basel: Haus zum

Falken.

ELLIOTT, J. H. 1966. Imperial Spain 1469–1716. New York: Mentor Books, New American Library.

—— 1970. The Old World and the New 1492–1650. Cambridge: Cambridge University Press.

ELVIN, MARK 1973. The Pattern of the Chinese Past. London: Eyre Methuen.

EMBREE, JOHN F. 1950. Thailand, A Loosely Structured Social System. American Anthropologist 52: 181–193.

ENGELS, FRIEDRICH 1971. The Condition of the Working Class in England. W. O. Henderson and W. H. Chaloner. transl. and eds. Oxford: Basil Blackwell. (First pub. in German 1845.)

ENGLER, ROBERT 1968. Social Science and Social Consciousness: The Shame of the Universities. *In* The Dissenting Academy. Theodore Roszak, ed. Pp. 182–207. New York: Vintage Books.

EPSTEIN, A. L. 1958. Politics in an Urban African Community. Manchester: Manchester University Press.

FAGE, J. D., and R. A. OLIVER, eds. 1970. Papers in African Prehistory. Cambridge: Cambridge University Press.

FAIRBANK, JOHN K. 1953. Trade and Diplomacy on the China Coast: The Opening of the Treaty Ports, 1842–1854. 2 vols. Cambridge, MA: Harvard University Press.

FAIRBANK, JOHN K., EDWIN O. REISCHAUER, and ALBERT M. CRAIG 1973. East Asia: Tradition and Transformation. Boston: Houghton Mifflin.

FALS BORDA, ORLANDO 1976. Capitalismo, hacienda y poblamiento en la Costa Atlántica. 2d revised edition. Bogotá: Editorial Punta de Lanza.

FEINMAN, GARY 1978. The Causes of the Population Decline in Sixteenth Century New Spain. Paper written for Ethnology and Ethnography of Mesoamerica, U 732.02. Program in Anthropology, Graduate Center, City University of New York.

FENTON, WILLIAM N. 1971. The Iroquois in History. *In* North American Indians in Historical Perspective. Eleanor B. Leacock and Nancy O. Lurie, eds. Pp. 129–168. New York: Random House.

—— 1978 Huronia: An Essay in Proper Ethnohistory. American Anthropologist 80: 922–935.

FEUCHTWANG, STEPHAN 1975. Investigating Religion. *In* Marxist Analyses and Anthropology. Maurice Bloch, ed. Pp. 61–82. Association of Social Anthropologists, Studies No.2. London: Malaby.

FIELDHOUSE, D. K. 1967. The Colonial Empires: A Comparative Survey from the Eighteenth Century. New York: Delacorte Press.

FINER, SAMUEL E. 1975. State-and Nation-Building in Europe: The Role of the Military. *In* The Formation of National States in Western Europe. Charles Tilly, ed. Pp. 84–163. Princeton, NJ: Princeton University Press.

FISHER, RAYMOND H. 1943. The Russian Fur Trade, 1550–1700. University of California Publications in History, Vol.31. Berkeley and Los Angeles: University of California.

FISHER, ROBIN 1977. Contact and Conflict: Indian-European Relations in British Columbia, 1774–1890. Vancouver: University of British Columbia Press.

FLINN, M. W. 1966. The Origins of the Industrial Revolution. New York: Barnes & Noble.

FLORESCANO, ENRIQUE, ed. 1975. Haciendas, latifundios y plantaciones en América Latina. Simposio de Roma. org. por CLACSO. Mexico City: Siglo Veintiuno Editores.

—— 1979. Ensayos sobre el desarrollo económico de México y América Latina (1500–1975). Mexico City: Fondo de Cultura Económica.

FOGEL, ROBERT W., and STANLEY L. ENGERMAN 1974. Time on the Cross: The Economics of American Negro Slavery, Vol.1. Boston: Little, Brown.

FONER, PHILIP S. 1941. Business and Slavery: The New York Merchants and the Irrepressible Conflict. New York: Russell and Russell.

FOREMAN, G. 1934. The Five Civilized Tribes. Norman: University of Oklahoma Press.

FORREST, DENYS 1973. Tea for the British: The Social and Economic History of a Famous Trade. London: Chatto and Windus.

FORTES, MEYER 1953. The Structure of Unilineal Descent Groups. American Anthropologist 55: 17–41.

FOSTER, JOHN 1974. Class Struggle and the Industrial Revolution: Early Industrial Capitalism in Three English Towns. New York: St. Martin's Press.

FOSTER-CARTER, AIDAN 1977. Can We Articulate Articulation? New Left Review, No.107: 47–77.

FOUST, C. M. 1961. Russian Expansion to the East Through the 18th Century. Journal of Economic History 21: 469–482.

—— 1969. Muscovite and Mandarin: Russia's Trade with China and Its Setting, 1727–1805. Chapel Hill: University of North Carolina Press.

FOWLER, MELVIN L. 1971. Agriculture and Village Settlement in the North American East: The Central Mississippi Valley Area, a Case History. *In* Prehistoric Agriculture. Stuart Struever, ed. Pp. 391–403. Garden City, NY: Natural History Press.

FOX, EDWARD 1971. History in Geographic Perspective: The Other France. New York: W. W. Norton.

FOX, RICHARD G. 1971. Kin, Clan, Raja, and Rule: State-Hinterland Relations in Preindustrial India. Berkeley, Los Angeles, London: University of California Press.

—— 1976. Lineage Cells and Regional Definition in Complex Societies. *In* Regional Analysis, Vol.2. Carol A. Smith, ed. Pp. 95–121. New York: Academic Press.

FRANK, ANDRE GUNDER 1966. The Development of Underdevelopment. Monthly Review 18: 17–31.

—— 1967. Sociology of Development and Underdevelopment of Sociology. Catalyst (Buffalo), No.3: 20–73.

—— 1978. World Accumulation 1492–1789. New York: Monthly Review Press.

FRANKEL, S. H. 1938. Capital Investment in Africa. London: Oxford Universitv Press.

FRANTZ, JOE B., and JULIAN E. CHOATE, JR. 1955. The American Cowboy: The Myth and the Reality. Norman: University of Oklahoma Press.

FREEDMAN, MAURICE 1960. Immigrants and Associations: Chinese in Nineteenth-Century Singapore. Comparative Studies in Societyand History 3: 25–48.

FREEMAN-GRENVILLE, G. S. P. 1962. The Medieval History of the Coast of Tanganyika. London: Oxford University Press.

FRENCH, DAVID 1961. Wasco-Wishram. *In* Perspectives in American Indian Culture Change. Edward H. Spicer, ed. Pp. 337–430. Chicago: University of Chicago Press.

FRIED, MORTON H. 1952. Land Tenure, Geography and Ecology in the Contact of Cultures. American Journal of Economics and Sociology 11: 391–412.

—— 1957. The Classification of Corporate Unilineal Descent Groups. Journal of the Royal Anthropological Institute 87: 1–29.

—— 1960. On the Evolution of Social Stratification and the State. *In* Culture in History. Stanley Diamond, ed. Pp. 713–731. New York: Columbia University Press.

—— 1966. On the concepts of 'tribe' and 'tribal society.' Transactions of the New York Academy of Sciences, (Ser.2) 28: 527–540.

—— 1967. The Evolution of Political Society: An Essay in Political Anthropology. New York: Random House.

—— 1975. The Notion of Tribe. Menlo Park, CA: Cummings.

FRIEDMAN, JONATHAN 1974. Marxism, Structuralism and Vulgar Materialism. Man 9: 444–469.

—— 1975. Tribes, States, and Transformation. *In* Marxist Analyses and Social Anthropology. Maurice Bloch, ed. Pp. 161–202. Association of Social Anthropologists, Studies No.2. London: Malaby Press.

—— 1979. System, Structure and Contradiction: The Evolution of 'Asiatic' Social Formations. Social Studies in Oceania and South East Asia, No.2. Copenhagen: The National Museum of Denmark.

FRIEDMANN, HARRIET 1978. World Market, State, and Family Farm: Social Bases of Household Production in the Era of Wage Labor. Comparative Studies in Society and History 20: 545–586.

FROBENIUS, LEO 1933. Kulturgeschichte Afrikas: Prolegomena zu einer historischen Gestaltenlehre. Zurich: Phaidon-Verlag.

FURBER, HOLDEN 1970. Madras Presidency in the Mid-Eighteenth Century. *In* Readings on Asian Topics: Papers Read at theInauguration of the Scandinavian Institute of Asian Studies 16–18 September 1968. Kristof Glamann, ed. Pp. 108–121. ScandinavianInstitute of Asian Studies Monograph Series, No.1. Lund: Studentlitteratur.

FURNAS, J. C. 1947. Anatomy of Paradise: Hawaii and the Islands of the South Seas. New York: William Sloane Associates. (First pub.1937.)

FURNIVALL, J. S. 1939. Netherlands India: A Study of Plural Economy. Cambridge: Cambridge University Press.

—— 1948. Colonial Policy and Practice: A Comparative Study of Burma and Netherlands India. London: Cambridge University Press.

FURTADO, CELSO 1963. The Economic Growth of Brazil: A Survey from Colonial to Modern Times. Berkeley and Los Angeles: University of California Press.

GANGULL B. N., ed. 1964. Readings in Indian Economic History: Proceedings of the First All-India Seminar on Indian Economic History, 1961. London: Asia Publishing House.

GARFIELD, VIOLA E. 1939. Tsimshian Clan and Society. University of Washington Publications in Anthropology, Vol.7, No.3. Seattle: University of Washington Press.

GARTRELL, BEVERLY 1979. The Ruling Ideas of a Ruling Elite: British Colonial

Officials in Uganda, 1944–52. Ph.D. dissertation, Program in Anthropology, Graduate School, City University of New York, New York.

GATES, PAUL W. 1973. Landlords and Tenants on the Prairie Frontier: Studies in American Land Policy. Ithaca, NY: Cornell University Press.

GEARING, FRED 1962. Priests and Warriors: Social Structures for Cherokee Politics in the 18th Century. American Anthropological Association, Memoir 93, Vol.64, No.5, Pt.2.

GEERTZ, CLIFFORD 1963. Agricultural Involution: The Processes of Ecological Change in Indonesia. Berkeley and Los Angeles: University of California Press.

GÉNICOT LEOPOLD 1966. Crisis: From the Middle Ages to Modem Times. *In* The Cambridge Economic History of Europe, Vol.2: The Agrarian Life of the Middle Ages. M. M. Postan, ed. Pp. 660–741. Cambridge: Cambridge University Press.

GENOVESE, EUGENE D. 1966. The Political Economy of Slavery: Studies in the Economy and Society of the Slave South. New York: Pantheon Books.

—— 1969. The World the Slaveholders Made: Two Essays in Interpretation. New York: Pantheon Books.

—— 1972. Roll, Jordan, Roll: The World the Slaves Made. New York: Pantheon Books.

GERSCHENKRON, ALEXANDER 1943. Bread and Democracy in Germany. Berkeley and Los Angeles: University of California Press.

—— 1962. Economic Backwardness in Historical Perspective. New York: Praeger.

GEYL, PIETER 1932. The Revolt of the Netherlands (1559–1609). London: William and Norgate.

GHIRSCHMAN, ROMAN 1954. Iran, from the Earliest Times to the Islamic Conquest. Harmondsworth: Penguin Books.

GIBBS, MARION 1949. Feudal Order: A Study of the Origins and Development of English Feudal Society. London: Cobbett Press.

GIBSON, CHARLES 1964. The Aztecs Under Spanish Rule: A History of the Indians of the Valley of Mexico 1519–1810. Stanford, CA: Stanford University Press.

GIBSON, JAMES R. 1969. Feeding the Russian Fur Trade: Provisionment of the Okhotsk Seaboard and the Kamchatka Peninsula 1639–1856. Madison: University of Wisconsin Press.

GLAMANN, KRISTOF 1958. Dutch Asian Trade, 1620–1740. The Hague: M. Nijhoff.

—— 1971. European Trade 1500–1750. *In* The Fontana Economic History of Europe,

Vol.2: 1500–1700, The Sixteenth and Seventeenth Centuries. Carlo M. Cipolla, ed. *separatum*. London: Fontana.

GODELIER, MAURICE 1965. La notion de mode de production asiatique. Temps Modernes 20: 2002–2027.

—— 1966. Rationalité et irrationalité en économic. Paris: François Maspéro.

—— 1977. Dead Sections and Living Ideas in Marx's Thinking on Primitive Society. *In* Perspectives in Marxist Anthropology. Maurice Godelier, ed. Pp. 99–124. Cambridge Studies in Social Anthropology, No.18. Cambridge: Cambridge University Press. (First pub. in French 1973.)

GODINHO, VITORINO MAGALHÃES 1963–1965. Os descobrimentos e a economia mundial. 2 vols. Lisbon: Editoria Arcádia.

—— 1969, L'économie de l'empire Portugais aux XVe et XVIe siècles. École Pratique des Hautes Études, VIe Section, Centre de Recherches Historiques. Paris: S.E.V.P.E.N.

GOITEIN, S. D. 1956–1957. The Rise of the Near Eastern Bourgeoisie in Early Islamic Times. Cahiers d'histoire mondiale 3: 583–604.

—— 1964. Artisans en Méditerranée orientale au haut Moyen Age. Annales 15: 847–868.

GOLDMAN, IRVING 1940. The Alkatcho Carrier of British Columbia. *In* Acculturation in Seven American Indian Tribes. Ralph Linton, ed. Pp. 333–389. New York: Appleton-Century.

—— 1975. The Mouth of Heaven: An Introduction to Kwakiutl Religious Thought. New York: Wiley.

GOODY, JACK 1971. Technology, Tradition, and the State in Africa. London: Oxford University Press.

—— 1973. British Functionalism. *In* Main Currents in Cultural Anthropology. R. Naroll and F. Naroll, eds. Pp. 185–215, New York: Appleton-Century-Crofts.

GORDON, DAVID M. 1972. Theories of Poverty and Underemployment: Orthodox, Radical, and Dual Labor Market Perspectives. Lexington, MA: Lexington Books, D.C. Heath.

GORDON, MANYA 1941. Workers Before and After Lenin. New York: Dutton.

GOUGH, KATHLEEN 1968. World Revolution and the Science of Man. *In* The Dissenting Academy. Theodore Roszak, ed. Pp. 135–158. New York: Vintage Books

—— 1978, Agrarian Relations in Southeast India, 1750–1976. Review 2: 25–53.

GOULDNER, ALVIN 1980. The Two Marxisms. New York: Seabury Press.

GOUROU, PIERRE 1936. Les paysans du delta tonkinois. Paris: Éditions d'art et d'histoire.

GRABURN, NELSON H. H., and B. STEPHEN STRONG 1973. Circumpolar Peoples: An Anthropological Perspective. Pacific Palisades, CA: Goodyear.

GRAHAM, GERALD S. 1970. A Concise History of the British Empire. London: Thames and Hudson.

GRAYMONT, BARBARA 1972. The Iroquois in the American Revolution. Syracuse, NY: Syracuse University Press.

GREENBERG, MICHAEL 1951. British Trade and the Opening of China 1800–42. Cambridge: Cambridge University Press.

GREENFIELD, SIDNEY M. 1977. Madeira and the Beginnings of New World Sugar Cane Cultivation: A Study in Institution Building. *In* Comparative Perspectives on Slavery in New World Plantation Societies. Vera Rubin and Arthur Tuden, eds. Pp. 536–552. Annals of the New York Academy of Science, Vol.292. New York: New York Academy of Sciences.

GREENWOOD, G., ed. 1955. Australia: A Social and Political History. New York: Praeger.

GREGG, DOROTHY, and ELGIN WILLIAMS 1948. The Dismal Science of Functionalism. American Anthropologist 50: 594–611.

GROUSSET, RENÉ 1970. The Empire of the Steppes: A History of Central Asia. New Brunswick, NJ: Rutgers University Press. (First pub.in French 1939.)

GUHA, AMALENDU 1972. Raw Cotton of Western India: Output, Transportation and Marketing, 1750–1850. Indian Economic and Social History Review 9: 1–41.

—— 1973. Growth of Acreage Under Raw Cotton in India 1851–1901–A Quantitative Account. Artha Vijnana 15: 1–56.

GUNTHER, ERNA 1972. Indian Life on the Northwest Coast of North America as Seen by the Early Explorers and Fur Traders During the Last Decades of the Eighteenth Century. Chicago: University of Chicago Press.

GUNTHER, JOHN 1953. Inside Africa. New York: Harper & Brothers.

GUTMAN, HERBERT G. 1973. Work, Culture, and Society in Industrializing America, 1815–1919. American Historical Review 78: 531–587.

—— 1976. The Black Family in Slavery and Freedom, 1750–1925. New York: Pantheon Books.

HABAKKUK, H. J. 1962. American and British Technology in the Nineteenth

Century: The Search for Labour-Saving Inventions. Cambridge: Cambridge University Press.

HABIB, IRFAN 1960. Banking in Mughal India. *In* Contributions to Indian Economic History, Vol.1. Tapan Raychadhuri, ed. Pp. 1–20. Calcutta: Mukhopadhyay.

—— 1963. The Agrarian System of Moghul India 1556–1707. New York: Asia Publishing House.

—— 1964. The Structure of Agrarian Society in Mughal India. *In* Readings in Indian Economic History: Proceedings of the First All-IndiaSeminar on Indian Economic History, 1961. B. N. Ganguli, ed. Pp. 37–43. London: Asia Publishing House.

—— 1969. An Examination of Wittfogel's Theory of Oriental Despotism. *In* Studies in Asian History: Proceedings of the Asian History Congress, New Delhi, 1961. K. S. Lal, ed. Pp. 378–392. London: Asia Publishing House.

HADJINICOLAOU-MARAVA, ANNE 1950. Recherches sur la vie des esclaves dans le monde byzantin. Athens: L'Institut Français.

HALL, D.G.E. 1968. A History of South-East Asia. 3d revised edition. London: Macmillan.

HALPERIN-DONGHI, TULIO 1973. The Aftermath of Revolution in Latin America. New York: Harper & Row.

HAMILTON, E. J. 1934. American Treasure and the Price Revolution in Spain 1501–1650. Harvard Economic Studies, Vol.42.

HANKS, LUCIEN M. 1972. Rice and Man: Agricultural Ecology in Southeast Asia. Chicago and New York: Aldine and Atherton.

HARNETTY, PETER 1972. Imperialism and Free Trade: Lancashire and India in the Mid-Nineteenth Century. Vancouver: University of British Columbia Press.

HARRIS, MARVIN 1972. Portugal's Contribution to the Underdevelopment of Africa and Brazil, *In* Protest and Resistance in Angola and Brazil. Ronald H. Chilcote, ed. Pp. 210–223. Berkeley, Los Angeles, London: University of California Press.

—— 1979. Cultural Materialism: The Struggle for a Science of Culture. New York: Random House.

HART, KEITH 1979. The Development of Commercial Agriculture in West Africa. Discussion paper prepared for the United Nations Agency for International Development.

HARTWELL, R. M., ed. 1970. The Industrial Revolution. New York: Barnes & Noble.

HARVEY DAVID 1973. Social Justice and the City. Baltimore: Johns Hopkins

University Press.

HAUPT, GEORGES 1978. Why the History of the Working-Class Movement? Review 2: 5–24.

HAUPTMAN, LAURENCE M, and JACK CAMPISI, eds. 1978. Neighbors and Intruders: An Ethnohistorical Exploration of the Indians of Hudson's River. Canadian Ethnology Service, Paper 39. National Museum of Man Mercury Series. Ottawa: National Museums of Canada.

HAYS, HOFFMAN R. 1975. Children of the Raven: The Seven Indian Nations of the Northwest Coast. New York: McGraw-Hill.

HECHTER, MICHAEL 1975. Internal Colonialism: The Celtic Fringe in British National Development 1536–1966. Berkeley, LosAngeles, London: University of California Press.

HEESTERMAN, J. C. 1973. India and the Inner Conflict of Traditions. Daedalus, Winter: 97–113.

HEICHELHEIM, FRITZ H. 1956. Effects of Classical Antiquity on the Land. *In* Man's Role in Changing the Face of the Earth. William L. Thomas, ed. Pp. 165–182. Chicago: University of Chicago Press.

HELMS, MARY 1976. Ancient Panama: Chiefs in Search of Power. Austin: University of Texas Press.

HEMMING, JOHN 1978. Red Gold: The Conquest of the Brazilian Indians. Cambridge: Harvard University Press.

HENDERSON, RICHARD N. 1972. The King in Every Man: Evolutionary Trends in Onitsha Ibo Society and Culture. New Haven, CT: Yale University Press.

HENIGE, DAVID 1977. John Kabes of Komenda: An Early African Entrepreneur and State Builder. Journal of African History 18: 1–19.

HERLIHY, PATRICIA 1972. Odessa: Staple Trade and Urbanization in New Russia. Paper presented at the Symposium "Italian, Russianand Balkan Cities," 87th Meeting of the American Historical Association, New Orleans, December 29th, 1979.

HERSKOVITS, MELVILLE J. 1939. Dahomey, an Ancient West African Kingdom. 2 vols. New York: J. J. Augustin.

HEYD. W 1885. Histoire du commerce du Ievant au Moyen-Age. 2vols. Leipzig: Otto Harrassowitz.

HICKERSON, HAROLD 1956. The Genesis of a Trading Post Band: The Pembina Chippewa. Ethnohistory 3: 289–345.

—— 1960. The Feast of the Dead Among the Seventeenth Century Algonkians of the Upper Great Lakes. American Anthropologist 62: 81–107.

—— 1962a. Notes on the Post-Contact Origin of the Midewiwin. Ethnohistory 9: 404–423.

—— 1962b. The Southwestern Chippewa: An Ethnohistorical Study. American Anthropological Association, Memoir 92. Menasha, WI: American Anthropological Association.

—— 1970. The Chippewa and Their Neighbors: A Study in Ethnohistory. New York: Holt, Rinehart & Winston.

HILL, CHRISTOPHER 1949. The English Revolution and the State. The Modern Quarterly 4: 110–128.

—— 1967. Reformation to Industrial Revolution, 1530–1780. The Making of English Society, Vol.1. New York: Pantheon.

HILL, POLLY 1963. Migrant Cocoa Farmers in Southern Ghana: A Study in Rural Capitalism. Cambridge: Cambridge University Press.

HILTON, RODNEY 1951. Y eut-il une crise générale de la feodalité? Annales 6: 23–30.

—— 1969. The Decline of Serfdom in Medieval England. London: Macmillan.

HINDESS, BARRY, and PAUL Q. HIRST 1975. Pre-Capitalist Modes of Production. London and Boston: Routledge & Kegan Paul.

HINTZE OTTO 1929. Wesen und Verbreitung des Feudalismus. Akademie der Wissenschaften, Berlin, Philosophisch-historische Klasse. Sitzungsberichte. Pp. 321–347. (Reprinted *in* Die Welt als Geschichte 4: 157–190, 1938. Reproduced in part in English transl. *In* Lordship and Community in Medieval Europe. Fredric Cheyette. ed., 1968. New York: Holt, Rinehart & Winston.)

HISTORY TASK FORCE, CENTRO DE ESTUDIOS PUERTORRIQUEÑOS 1979. Labor Migration Under Capitalism: The Puerto Rican Experience. New York: Monthly Review Press.

HO. PING-TI 1965. The Introduction of American Food Plants into China. American Anthropologist 57: 191–201.

—— 1966. The Geographical Distribution of hui-kuan (Landsmannschaften) in Central and Upper Yangtze Provinces. Tsing Hua Journal of Chinese Studies 5: 120–152.

HOBSBAWM, ERIC J. 1962. The Age of Revolution: Europe 1789–1848. London: Weidenfeld & Nicolson.

—— 1967. Labouring Men: Studies in the History of Labour. New York: Anchor Books, Doubleday.

—— 1969. Industry and Empire. Harmondsworth: Penguin Books.

—— 1973. Karl Marx's Contribution to Historiography. *In* Ideology in Social Science. Robin Blackburn, ed. Pp. 265–283. New York: Vintage.

—— 1975. The Age of Capital 1848–1875. New York: Scribner's.

HOBSBAWM, ERIC J., ed. 1964. Karl Marx. Precapitalist Economic Formations. New York: International Publishers.

HODGSON, MARSHALL G. S. 1974. The Venture of Islam. 3 vols. Chicago: University of Chicago Press.

HOLDER, PRESTON 1970. The Hoe and the Horse on the Plains: A Study of Cultural Development Among North American Indians. Lincoln: University of Nebraska Press.

HOOKER, J. R. 1963. The Anthropologist's Frontier: The Last Phase of African Exploitation. Journal of Modern African Studies 1: 455–459.

HOPKINS, A. G. 1973. An Economic History of West Africa. London: Longman Group.

HORTON, ROBIN 1969. From Fishing Village to City-State: A Social History of New Calabar. *In* Man in Africa. Mary Douglas and Phyllis M. Kaberry, eds. Pp. 37–58. London: Tavistock.

HOUGHTON, D. HOBART 1971. Economic Development, 1865–1965. *In* The Oxford History of South Africa, Vol.2: South Africa 1870–1966. Monica Wilson and Leonard Thompson, eds. Pp. 1–48. New York and Oxford: Oxford University Press.

HOWARD, JOSEPH K. 1952. Strange Empire, a Narrative of the Northwest. New York: Morrow.

HU, HSIEN CHIN 1948. The Common Descent Group in China and Its Functions. Viking Fund Publications in Anthropology, No.10. New York: Wenner-Gren Foundation for Anthropological Research.

HUDSON, CHARLES M. 1976. The Southeastern Indians. Knoxville: University of Tennessee Press.

HUDSON, CHARLES M., ed. 1971. Red, White and Black: Symposium on Indians in the Old South. Southern Anthropological Society Proceedings, Series No.5. Athens, GA: Southern Anthropological Society (distributed by University of Georgia Press).

HUGHES, H. STUART 1958. Consciousness and Society: The Reorientation of European Social Thought 1890–1930. New York: Random House.

—— 1966. The Obstructed Path: French Social Thought in the Years of Desperation, 1930–1960. New York: Harper & Row.

—— 1975. The Sea Change: The Migration of Social Thought, 1930–1965. New York: Harper & Row.

HUNE, SHIRLEY 1977. Pacific Migration to the United States: Trends and Themes in Historical and Sociological Literature. RIIES Bibliographic Studies, No.2. Washington, DC: Research Institute on Immigration and Ethnic Studies, Smithsonian Institution.

HUNT, GEORGE T. 1940. The Wars of the Iroquois: A Study in Intertribal Trade Relations. Madison: University of Wisconsin Press.

HUNTINGTON, SAMUEL P. 1968. The Bases of Accommodation. Foreign Affairs 46: 642–656.

HUTCHINS, FRANCIS G. 1967. Illusion of Permanence: British Imperialism in India. Princeton, NJ: Princeton University Press.

HUTTON, JOHN H. 1951. Caste in India, Its Nature, Function and Origins. 2d edition. New York: Oxford University Press.

HYDE, FRANCIS E. 1973. Far Eastern Trade, 1860–1914. The Merchant Adventurers Series. New York: Harper & Row/Barnes & Noble.

HYMES, DELL, ed. 1969. Reinventing Anthropology. New York: Pantheon.

INALCIK, HALAL 1969. Capital Formation in the Ottoman Empire. Journal of Economic History 29: 97–140.

—— 1973. The Ottoman Empire: The Classical Age, 1300–1600. New York: Praeger.

INIKORI J. E. 1977. The Import of Firearms into West Africa, 1750–1807: A Quantitative Analysis. Journal of African History 18: 339–368.

INNIS, HAROLD A. 1956. The Fur Trade in Canada: An Introduction to Canadian Economic History. 2d revised edition, by Mary Q. Innis. Toronto: University of Toronto Press. (First pub. 1930.)

ISLAMOĞLU, HURL, and ÇAĞLAR KEYDER 1977. Agenda for Ottoman History. Review 1: 31–55.

ISSAWI, CHARLES, ed. 1966. The Economic History of the Middle East 1800–1914. Chicago: University of Chicago Press.

JABLOW, JOSEPH 1951. The Cheyenne in Plains Trade Relations 1795–1840. American Ethnological Society Monograph, No.19. New York: J. J. Augustin.

JACKSON, JAMES S. 1968. Planters and Speculators: Chinese and European Enterprise in Malaya. Kuala Lumpur: University of Malaya Press.

JACOBS, WILBUR R. 1972. Dispossessing the American Indian: Indians and Whites on the Colonial Frontier. New York: Scribner's.

JAIN, RAVINDRA K. 1970. South Indians on the Plantation Frontier in Malaya. New Haven, CT: Yale University Press.

JAYAWARDENA, CHANDRA 1971. The Disintegration of Caste in Fiji Rural Society. *In* Anthropology in Oceania: Essays Presented to Ian Hogbin. L. R. Hiatt and C. Jayawardena, eds. Pp. 89–119. San Francisco: Chandler.

JEANNIN, PIERRE 1980. La protoindustrialisation: développement ou impasse. Annales 35: 52–65.

JENKS, LELAND R. 1973. The Migration of British Capital to 1875. New York: Harper & Row/Barnes & Noble. (First pub. 1927.)

JENNINGS, FRANCIS 1976. The Invasion of America: Indians, Colonialism, and the Cant of Conquest. New York: W. W. Norton.

JENNINGS, JESSE D., and EDWARD NORBECK, eds. 1963. Prehistoric Man in the New World. Chicago: University of Chicago Press.

JEROMIN, ULRICH 1966. Die Überseechinesen: Ihre Bedeutung für die wirtschaftliche Entwicklung Südostasiens. Ökonomische Studien, Vol.12. Stuttgart: Gustav Fischer.

JESSOP, BOB 1977. Recent Theories of the Capitalist State. Cambridge Journal of Economics 1: 353–373.

JONES, G. I. 1963. The Trading States of the Oil Rivers. London: Oxford University Press.

JONES, GWYN 1968. A History of the Vikings. New York: Oxford University Press.

JONES, MALDWYN ALLEN 1960. American Immigration. Chicago: University of Chicago Press.

JORDAN, WINTHROP D. 1968. White over Black: American Attitudes Toward the Negro, 1550–1812. Chapel Hill: University of North Carolina Press.

JOSHI, P. C. 1970. Social Change in Traditional India. *In* Neue Indienkunde-New Indology, Festschrift Walter Rubin zum 70. Geburtstag. Horst Krüger, ed. Pp. 287–306. Berlin: Akademie Verlag.

KAPLAN, DAVID 1979. Toward a Marxist Analysis of South Africa: Review of Bernard Makhosezwe Magubane, The Political Economy of Race and Class in South Africa. Socialist Review 9: 117–137.

KEA, R. A. 1971. Firearms and Warfare on the Gold and Slave Coasts from the Sixteenth to the Nineteenth Centuries. Journal of African History 12: 185–213.

KELLER, BONNIE B. 1978. Millenarianism and Resistance: The Xhosa Cattle Killing. Journal of Asian and African Studies 13: 95–111.

KELLEY, J. CHARLES 1966. Mesoamerica and the Southwestern United States. *In* Archaeological Frontiers and External Connections. Gordon F. Ekholm and Gordon R. Willey, eds. Pp. 95–110. Handbook of Middle American Indians, Vol.4. Robert Wauchope, general ed. Austin: University of Texas Press.

KEMP, TOM 1971. Economic Forces in French History. London: Dobson Books.

KEPNER, CHARLES D., JR. 1936. Social Aspects of the Banana Industry. New York: Columbia University Press.

KEPNER, CHARLES D., JR., and JAY H. SOOTHILL 1935. The Banana Empire. New York: Vanguard Press.

KERNER, ROBERT J. 1942. The Urge to the Sea: The Course of Russian History. The Role of Rivers, Portages, Ostrogs, Monasteries, and Furs. New York: Russell and Russell.

KERR, CLARK 1954. The Balkanization of Labor Markets. *In* Labor Mobility and Economic Opportunity. E. Wight Bakke, et al. Pp. 92–110. New York: Wiley.

KEY, V. O. 1949. Southern Politics in State and Nation. New York: Knopf.

KEYDER, ÇAĞLAR 1976. The Dissolution of the Asiatic Mode of Production. Economy and Society 5: 178–196.

KINIETZ, W. VERNON 1965. The Indians of the Great Lakes 1615–1760. Ann Arbor: University of Michigan Press. (First pub. 1940.)

KIRCHHOFF, PAUL 1959. The Principles of Clanship in Human Society. *In* Readings in Anthropology, Vol.2. Morton H. Fried, ed. Pp. 260–270. New York: Thomas Y. Crowell.

KLASS, MORTON 1980. Caste: The Emergence of the South Asian Social System. Philadelphia: Institute for the Study of Human Issues.

KLEIN, A. NORMAN 1969. West African Unfree Labor Before and After the Rise of the Atlantic Slave Trade. *In* Slavery in the New World. L. Foner and E. D. Genovese, eds. Pp. 87–95. Englewood Cliffs, NJ: Prentice-Hall.

KOENIGSBERGER, H. G. 1971. Estates and Revolutions: Essays in Early Modern European History. Ithaca, NY: Cornell University Press.

KOLKO, GABRIEL 1963. The Triumph of Conservatism: A Reinterpretation of American History, 1900–1916. Glencoe, IL: The Free Press.

KONDRATIEFF, N. D. 1979. The Long Waves in Economic Life. Review 2: 519–562.

KONETZKE, RICHARD 1971. America Latina II: La época colonial. Historia Universal Siglo XXI. Madrid and Mexico City: Siglo XXI. (First pub. in German 1965.)

KOPYTOFF, IGOR, and SUZANNE MIERS 1977. African 'Slavery' as an Institution of Marginality. *In* Slavery in Africa: Historical and Anthropological Perspectives. Igor Kopytoff and Suzanne Miers, eds. Pp. 3–81. Madison: University of Wisconsin Press.

KOSAMBI, D. D. 1969. Ancient India: A History of Its Culture and Civilization. New York: Meridian Books-World Publishing Company.

KRADER, LAWRENCE 1955. Principles and Structures in the Organization of the Steppe-Pastoralists. Southwestern Journal of Anthropology 11: 67–92.

—— 1957. Culture and Environment in Interior Asia. *In* Studies in Human Ecology. Ángel Palerm, et al. Pp. 115–138. Social Science Monographs III. Washington, DC: Pan American Union.

—— 1958. Feudalism and the Tatar Polity of the Middle Ages. Comparative Studies in Society and History 1: 76–99.

—— 1975. The Asiatic Mode of Production: Sources, Development and Critique in the Writings of Karl Marx. Assen: Van Gorcum.

KRADER, LAWRENCE, ed. 1972. The Ethnological Notebooks of Karl Marx (Studies of Morgan, Phear, Maine, Lubbock). Assen: VanGorcum.

KRAENZEL, CHARLES F. 1955. The Great Plains in Transition. Norman: University of Oklahoma Press.

KRIEDTE, PETER, HANS MEDICK, and JÜRGEN SCHLUMBOHM 1977. Industrialisierung vor der Industrialisierung: Gewerbliche Warenproduktion auf dem Land in der Formationsperiode des Kapitalismus. Veröffentlichungen des Max-Planck-Instituts für Geschichte 53. Göttingen: Vandenhoek and Ruprecht.

KROEBER, ALFRED 1. 1948. Anthropology. New York: Harcourt Brace.

—— 1952. Basic and Secondary Patterns of Social Structure. *In* The Nature of Culture. Pp. 210–218. Chicago: University of Chicago Press. (Article first pub. 1938.)

—— 1952. The Nature of Culture. Chicago: University of Chicago Press.

KUBLER, GEORGE 1946. The Quechua in the Colonial World. *In* Handbook of South American Indians, Vol.2: The Andean Civilizations. Julian H. Steward, ed. Pp. 331–410. Bureau of American Ethnology, Bulletin 143. Washington, DC:

Smithsonian Institution.

KULA, WITOLD 1970. Teoria economica del sistema feudale. Turin: Einaudi. (First pub. in Polish 1962.)

KUNSTADTER, PETER, ed. 1967. Southeast Asian Tribes, Minorities, and Nations. 2 vols. Princeton, NJ: Princeton University Press.

KUWABARA, JITSUZO 1928–1935. On P'u Shou-keng, a Man of the Western Regions Who Was the Superintendent of the Trading Ships Office in Ch'uanchou Towards the End of the Sung Dynasty, Together with a General Sketch of Trade of the Arabs in China During the T'ang and Sung Eras. Memoirs of the Research Department of the Toyo Bunko, No.2: 1–79; No. 7 (1935): 1–102.

LACOSTE, YVES 1974. General Characteristics and Fundamental Structures of Medieval North African Society. Economy and Society 3:1–17.

LAMPARD, ERIC R. 1957. Industrial Revolution: Interpretations and Perspectives. Service Center for Teachers of History, Publication No.4. Washington, DC: American Historical Association.

LANDES, DAVID 1958. Bankers and Pashas: International Finance and Economic Imperialism in Egypt. Cambridge: Harvard University Press.

—— 1969. The Unbound Prometheus: Technological Change and Industrial Development in Western Europe from 1750 to the Present. Cambridge: Cambridge University Press.

LANE, FREDERICK C. 1973. Venice: A Maritime Republic. Baltimore: The Johns Hopkins University Press.

LANG, JAMES 1975. Conquest and Commerce: Spain and England in the Americas. New York: Academic Press.

—— 1979. Portuguese Brazil: The King's Plantation. New York: Academic Press.

LAPIDUS, IRA M. 1969. Muslim Cities and Islamic Societies. *In* Middle Eastern Cities. Ira M. Lapidus, ed. Pp. 47–79. Berkeley and Los Angeles: University of California Press.

LAPIDUS, IRA M., ed. 1969. Middle Eastern Cities. Berkeley and Los Angeles: University of California Press.

LAROUI, ABDALLAH 1976. The Crisis of the Arab Intellectual: Traditionalism or Historicism? Berkeley, Los Angeles, London: Universityof California Press.

LATHAM, A. J. H. 1973. Old Calabar 1600–1891: The Impact of the International Economy Upon a Traditional Society. Oxford: Clarendon Press.

—— 1978. The International Economy and the Underdeveloped World 1865–1914.

London: Croom Helm.

LATHRAP, DONALD 1970. The Upper Amazon. London: Thames and Hudson.

LATTIMORE, OWEN 1951. Inner Asian Frontiers of China. 2d edition. New York: American Geographic Society. (First pub. 1940.)

—— 1962. Studies in Frontier History: Collected Papers 1928–1958. London: Oxford University Press.

LATTIMORE, OWEN, and ELEANOR LATTIMORE 1944. The Making of Modern China. Washington, DC: The Infantry Journal.

LAUBER, ALMON W. 1913. Indian Slavery in Colonial Times Within the Present Limits of the United States. New York: Columbia University Press.

LAW, ROBIN 1975. A West African Cavalry State: The Kingdom of Oyo. Journal of African History 16: 1–15.

LAWSON, MURRY G. 1943. Fur: A Study in English Mercantilism, 1700–1775. University of Toronto Studies, History and Economics Series, Vol.9. Toronto: University of Toronto Press.

LAZONICK, WILLIAM 1974. Karl Marx and Enclosures in England. Review of Radical Political Economics 6: 1–59.

LEACH, EDMUND R. 1954. Political Systems of Highland Burma: A Study of Kachin Social Structure. Cambridge: Harvard University Press.

—— 1961. Rethinking Anthropology. London School of Economics Monographs on Social Anthropology, No.22. London: Athlone Press.

LEACH, EDWARD R., and S. N. MUKERJEE, eds. 1970. Elites in South Asia. Cambridge: Cambridge University Press.

LEACOCK, ELEANOR B. 1954. The Montagnais 'Hunting Territory' and the Fur Trade. American Anthropological Association Memoir 78. Menasha, WI: American Anthropological Association.

—— 1972. Introduction. *To* Frederick Engels, The Origin of the Family, Private Property, and the State. Pp. 7–67. New York: International Publishers.

LEACOCK, ELEANOR B., and NANCY O. LURIE, eds. 1971. North American Indians in Historical Perspective. New York: Random House.

LEBAR, FRANK M., GERALD C. HICKEY, and JOHN K. MUSGROVE, eds. 1964. Ethnic Groups of Mainland Southeast Asia. New Haven, CT: Human Relations Area Files Press.

LEE, CALVIN 1965. Chinatown, U.S.A. Garden City, NY: Doubleday.

LEEDS, ANTHONY 1976. 'Women in the Migratory Process': A Reductionist

Outlook. Anthropological Quarterly 49: 69–76.

LEES, SUSAN H., and DANIEL G. BATES 1974. The Origins of Specialized Pastoralism: A Systemic Model. American Antiquity 39: 187–193.

LEGASSICK, MARTIN 1977. Gold, Agriculture, and Secondary Industry in South Africa, 1885–1970; from Periphery to Sub-Metropole as a Forced Labour System. *In* The Roots of Rural Poverty in Central and Southern Africa. Robin Palmer and Neil Parsons, eds. Pp. 175–200. Berkeley, Los Angeles, London: University of California Press.

LEHMAN, FREDERIC K. 1957. Anthropological Parameters of a Civilization: The Ecology, Evolution and Typology of India's High Culture. 2 vols. Ph.D. dissertation, Department of Anthropology, Columbia University, New York.

LEKACHMAN, ROBERT 1976. Economists at Bay. New York: McGraw-Hill.

LENIN, V. I. 1939. Imperialism: The Highest State of Capitalism. Little Lenin Library, Vol.15. New York: International Publishers. (First pub. in Russian 1917.)

LE ROY LADURIE, EMMANUEL 1977. Occitania in Historical Perspective. Review 1: 21–30.

LESSER, ALEXANDER 1961. Social Fields and the Evolution of Society. Southwestern Journal of Anthropology 17: 40–48.

LEUR, JACOB CORNELIS VAN 1955. Indonesian Trade and Society: Essays in Asian Social and Economic History. The Hague and Bandung: W. van Hoewe.

LEVIN, STEPHANIE SETO 1968. The Overthrow of the Kapu System in Hawaii. Journal of the Polynesian Society 74: 402–430.

LEVINE, DAVID 1977. Family Formation in an Age of Nascent Capitalism. New York: Academic Press.

LEVTZION, NEHEMIA 1972. The Early States of the Western Sudan to 1500. *In* History of West Africa, Vol.1. J. F. Ade Ajayi and Michael Crowder, eds. Pp. 120–157. New York: Columbia University Press.

LEWIS, ARCHIBALD R. 1951. Naval Power and Trade in the Mediterranean, 500–1100. Princeton, NJ: Princeton University Press.

—— 1958. The Northern Seas: Shipping and Commerce in Northern Europe, A.D. 300–1100. Princeton, NJ: Princeton University Press.

LEWIS, OSCAR 1942. The Effects of White Contact Upon Blackfoot Culture: With Special Reference to the Role of the Fur Trade. American Ethnological Society, Monograph No.6. New York: J. J. Augustin.

LINARES, OLGA T. 1979. What Is Lower Central American Archaeology? Annual

Review of Anthropology 8: 21–43.

LINDBLOM, CHARLES E. 1977. Politics and Markets: The World's Political Economic Systems. New York: Basic Books.

LINTON, RALPH 1955. The Tree of Culture. New York: Knopf.

LLOYD, PETER C. 1954. The Traditional Political System of the Yoruba. Southwestern Journal of Anthropology 10: 235–251.

—— 1965. The Political Structure of African Kingdoms. *In* Political Systems and the Distribution of Power. Michael Banton, ed. Pp. 25–61. Association of Social Anthropologists, Monograph No.2. London: Tavistock Publications.

—— 1968. Conflict Theory and Yoruba Kingdoms. *In* History and Social Anthropology. I. M. Lewis, ed. Pp. 25–61. Association of Social Anthropologists, Monograph No.7. London: Tavistock Publications.

LOCKHART, JAMES 1968. Spanish Peru, 1532–1560: A Colonial Society. Madison: University of Wisconsin Press.

—— 1972. The Men of Cajamarca: A Social and Biographical Study of the First Conquerors of Peru. Austin: University of Texas Press.

LOPEZ, ROBERT S. 1971. The Commercial Revolution of the Middle Ages, 950–1350. Englewood Cliffs, NJ: Prentice-Hall.

LOPEZ, ROBERT S., HARRY A. MISKIMIN, and ABRAHAM UDOVITCH 1970. England to Egypt, 1350–1500: Long-Term Trends and Long-Distance Trade. *In* Studies in the Economic History of the Middle East from the Rise of Islam to the Present Day. Michael A. Cook, ed. Pp. 93–128. London: Oxford University Press.

LOPEZ, ROBERT S., and IRVING W. RAYMOND 1955. Medieval Trade in the Mediterranean World, Illustrative Documents Translated with Introduction and Notes. New York: Columbia University Press.

LOVE, THOMAS F. 1977. Ecological Niche Theory in Sociocultural Anthropology: A Conceptual Framework and an Application. American Ethnologist 4: 27–41.

LOWIE, ROBERT H. 1920. Primitive Society. New York: Boni and Liveright.

—— 1937. The History of Ethnological Theory. New York: Rinehart.

LUXEMBURG, ROSA 1922. Die Akkumulation des Kapitals. Ein Beitrag zur ökonomischen Erklärung des Imperialismus. Berlin: Vereinigung Internationaler Verlags-Anstalten. (First pub. 1913.)

LUZZATTO, GINO 1961. An Economic History of Italy from the Fall of the Roman Empire to the Beginning of the Sixteenth Century. London: Routledge & Kegan Paul.

LYASHCHENKO, PETER I. 1949. History of the National Economy of Russia to the 1917 Revolution. New York: Macmillan. (First pub.in Russian 1939.)

LYBYER, A. H. 1915. The Ottoman Turks and the Routes of Oriental Trade. Economic History Review 30: 577–588.

LYND, ROBERT S. 1939. Knowledge for What? Princeton, NJ: Princeton University Press.

—— 1949. The Science of Inhuman Relations. The New Republic 121: 22–24.

McCALL, DANIEL F. 1969. Africa in Time-Perspective. New York: Oxford University Press.

—— 1971. Islamization in the Western and Central Sudan in the Eleventh Century. *In* Aspects of West African Islam. Daniel F. McCall and Norman R. Bennett, eds. Pp. 1–30. Boston University Papers on Africa, Vol.5. Boston: African Studies Center, Boston University.

McCOY, ALFRED W., with CATHLEEN B. READ and LEONARD P. ADAMS II 1972. The Politics of Heroin in Southeast Asia. NewYork: Harper & Row.

McEVEDY, COLIN, and RICHARD JONES 1978. Atlas of World Population History. Harmondsworth: Penguin Books.

MACFARLANE, ALAN 1979. The Origins of English Individualism: The Family, Property and Social Transition. New York: Cambridge University Press.

McHUGH, TOM, with VICTORIA HOBSON 1972. The Time of the Buffalo. New York: Knopf.

McILWRAITH, T. F. 1948. The Bella Coola Indians. 2 vols. Toronto: University of Toronto Press.

MACKNIGHT, C. C. 1972. Macassans and Aborigines. Oceania 42: 283–321.

MACK SMITH, DENIS 1969. Italy: A Modem History. (2d revised edition.) Ann Arbor: University of Michigan Press.

MACLEOD, MURDO J. 1973. Spanish Central America: A Socioeconomic History, 1520–1720. Berkeley, Los Angeles, London:University of California Press.

McNEILL, WILLIAM H. 1963. The Rise of the West: A History of the Human Community. Chicago: University of Chicago Press.

MCPHERRON, ALAN 1967. On the Sociology of Ceramics: Pottery Style Clustering, Marital Residence, and Cultural Adaptations of the Algonkian-Iroquoian Border. *In* Iroquois Culture, History and Prehistory: Proceedings of the 1965 Conference on Iroquois Research. Elizabeth Tooker, ed. Pp. 101–107. Albany: State Education Department, University of the State of New York, and New York Museum and

Science Service.

MACPHERSON, C. B. 1962. The Political Theory of Possessive Individualism: Hobbes to Locke. Oxford: Clarendon Press.

MAGUBANE, BERNARD M. 1978. The Politics of History in South Africa. Notes and Documents No.11 /78. New York: Centre AgainstApartheid, Department of Political and Security Council Affairs, United Nations.

—— 1979. The Political Economy of Race and Class in South Africa. New York: Monthly Review Press.

MAIR, LUCY P. 1934. An African People in the Twentieth Century. London: Routledge.

MANCALL, MARK 1971. Russia and China: Their Diplomatic Relations to 1728. Cambridge, MA: Harvard University Press.

MANDEL, ERNEST 1968. Marxist Economic Theory. 2 vols. New York: Monthly Review Press. (First pub. in French 1942.)

—— 1978. Late Capitalism. London: Verso. (First pub. in German 1972.)

MANN, JULIA DE LACY 1971. The Cloth Industry in the West of England from 1640 to 1880. Oxford: Clarendon Press.

MANTOUX, PAUL 1928. The Industrial Revolution in the Eighteenth Century: An Outline of the Beginnings of the Modern Factory System in England. London: Jonathan Cape.

MAQUET, JACQUES J. 1961. Une hypothèse pour l'étude des feodalités africaines. Cahiers d'études africaines 2: 292–314.

—— 1964. Objectivity in Anthropology. Current Anthropology 12: 419–430.

MARAN LA RAW 1967. Towards a Basis for Understanding the Minorities in Burma: The Kachin Example. *In* Southeast Asian Tribes,Minorities, and Nations, Vol.1. Peter Kunstadter, ed. Pp. 125–146. Princeton, NJ: Princeton University Press.

MARCUS, STEVEN 1974. Engels, Manchester, and the Working Class. New York: Random House.

MARX, KARL 1942. The Marx-Zasulich Correspondence. The New International, November: 298–302 (Dated 1881.)

—— 1967. Capital: A Critique of Political Economy. Vol.3: The Process of Capitalist Production as a Whole. New York: International Publishers. (First pub. in German 1894.)

—— 1972. Ireland and the Irish Question: A Collection of Writings. New York: International Publishers.

—— 1973. Grundrisse: Foundations of the Critique of Political Economy, Rough Draft. Martin Nicolaus, transl. London: Allen Lane. (Manuscript written in 1857–1858; first pub. in German 1939.)

—— 1977. Capital: A Critique of Political Economy. Vol.1. David Fembach, transl. Marx Library. New York: Vintage-Random House. (First pub. in German 1867.)

MASSELMAN, GEORGE 1963: The Cradle of Colonialism. New Haven, CT: Yale University.

MATHEW, GERVASE 1963. The East African Coast Until the Coming of the Portuguese. *In* The History of East Africa, Vol.1. Roland Oliver and Gervase Mathew, eds. Pp. 94–127. Oxford: Clarendon Press.

MAUDE, H. E. 1968. Of Islands and Men: Studies in Pacific History. Melbourne: Oxford University Press.

MAUNY, RAYMOND 1961. Tableau géographique de l'ouest africain au Moyen Age, d'après les sources ecrites, la tradition et I'archéologie. Mémoires de 1'Institut Français d'Afrique Noire, No.61, Dakar.

MAURO, FRÉDÉRIC 1961. Toward an 'Intercontinental Model': European Overseas Expansion Between 1500–1800. Economic History Review 14: 1–17.

—— 1967. L'expansion européenne (1600–1870). Paris: Presses Universitaires de France.

MEGGERS, BETTY J. 1966. Ecuador. New York: Praeger.

MEGGERS, BETTY J., and CLIFFORD EVANS, eds. 1963. Aboriginal Culture Development in Latin America: An Interpretive Review. Smithsonian Miscellaneous Collections, Vol.146. Washington, DC: Smithsonian Institution.

MEGGITT MERVYN J. 1962. Desert People: A Study of the Walbiri Aborigines of Central Australia. Sydney: Angus and Robertson.

MEHRING, FRANZ 1935. Karl Marx, the Story of His Life. New York: Covici, Friede.

MEILINK-ROELOFSZ, M.A.P. 1962. Asian Trade and European Influence in the Indonesian Archipelago Between 1500 and About 1630. The Hague: M. Nijhoff.

MEILLASSOUX, CLAUDE 1960. Essai d'interpretation du phénomène économique dans les sociétés traditionelles d'auto-subsistence. Cahiers d'Études Africaines. No.4: 38–67.

—— 1972. From Reproduction to Production: A Marxist Approach to Economic Anthropology. Economy and Society 1: 93–105.

—— 1973. The Social Organization of the Peasantry: The Economic Basis of Kinship.

Journal of Peasant Studies 1: 81–90.

—— 1974. Are There Castes in India? Economy and Society 2: 89–111.

MEILLASSOUX, CLAUDE, ed. 1971. The Development of Indigenous Trade and Markets in West Africa. London: Oxford University Press.

—— 1975. L'esclavage en Afrique Précoloniale. Paris: François Maspéro.

MENCHER, JOAN 1974. The Caste System Upside Down: Or the Not So Mysterious East. Current Anthropology 15: 469–494.

MENDELS, FRANKLIN F. 1972. Proto-Industrialization: The First Phase of the Industrialization Process. Journal of Economic History 32: 241–261.

MERRIMAN, ROBERT O. 1926. The Bison and the Fur-Trade. Departments of History and Political and Economic Science in Queen's University, Bulletin 53, Kingston, Ontario.

MEYEROWITZ, EVA L. R. 1951. The Sacred State of the Akan. London: Faber and Faber.

MILLER, ERIC 1954. Caste and Territory in Malabar. American Anthropologist 56: 410–420.

MILLER, J. INNIS 1969. The Spice Trade of the Roman Empire, 29 B.C. to A.D. 641. Oxford: Clarendon Press.

MILLER, JOSEPH C. 1973. Requiem for the 'Jaga.' Cahiers d'Études Africaines 13: 121–149.

—— 1975. Kings and Kinsmen: Early Mbundu States in Angola. London: Oxford University Press.

—— 1976. The Slave Trade in Congo and Angola. *In* The African Diaspora: Interpretive Essays. Martin L. Kilson and Robert I. Rotberg,eds. Pp. 75–113. Cambridge, MA: Harvard University Press.

MILLER, SOLOMON 1967. Hacienda to Plantation in Northern Peru: The Processes of Proletarianization of a Tenant Farmer Society. *In* Contemporary Change in Traditional Societies, Vol.3: Mexican and Peruvian Communities. Julian H. Steward, ed. Pp. 133–225. Urbana: University of Illinois Press.

MILWARD, A., and S. B. SAUL 1977. The Development of the Economics of Continental Europe. Cambridge, MA: Harvard University Press.

MINGAY, G. E. 1973. English Landed Society in the Eighteenth Century. London: Routledge & Kegan Paul.

MINTZ, SIDNEY W. 1956. Cañamelar: The Subculture of a Rural Sugar Plantation Proletariat. *In* The People of Puerto Rico. Julian Steward, et al. Pp. 314–417.

Urbana: University of Illinois Press.

—— 1959a. Internal Market Systems as Mechanisms of Social Articulation. *In* Intermediate Societies, Social Mobility, and Communication. Proceedings of the 1959 Annual Spring Meeting of the American Ethnological Society. Verne F: Ray, ed. Pp. 20–30. Seattle: University of Washington.

—— 1959b. The Plantation as a Socio-Cultural Type. *In* Plantation Systems of the New World. Ángel Palerm and Vera Rubin, eds. Pp. 42–49. Social Science Monographs VII, Pan American Union. Washington, DC: Pan American Union.

—— 1961. The Question of Caribbean Peasantries: A Comment. Caribbean Studies 1: 31–34.

—— 1973. A Note on the Definition of Peasantry. Journal of Peasant Studies 1: 91–106.

—— 1974. Caribbean Transformation. Chicago: Aldine.

—— 1979a. Slavery and the Rise of Peasantry. Historical Reflections 6: 215–242.

—— 1979b. Time, Sugar and Sweetness. Marxist Perspectives 2: 56–73.

MINTZ, SIDNEY W. ,and RICHARD PRICE 1976. An Anthropological Approach to the Study of Afro-American History: A CaribbeanPerspective. Philadelphia: ISHI.

MOHR, E. C. J. 1933. Tropical Soil Forming Processes and the Development of Tropical Soils with Special Reference to Java and Sumatra. Peking: National Geological Survey of China.

—— 1944. The Soils of Equatorial Regions. Ann Arbor, MI: Edwards Brothers.

MOORE, BARRINGTON, JR., 1966. Social Origins of Dictatorship and Democracy: Lord and Peasant in the Making of the ModernWorld. Boston: Beacon Press.

—— 1978. Injustice: The Social Bases of Obedience and Revolt. White Plains, NY: M. E. Sharpe.

MORELAND, W. H. 1963. The Agrarian System of Moslem India. Bombay: Oriental Book Reprint Corporation. (First pub. in 1929.)

MORENO FRAGINALS, MANUEL 1978. El ingenio: complejo económico social cubano del azúcar. 2 vols. La Habana: Editorial de Ciencias Sociales.

MORGAN, EDMUND S. 1975. American Slavery-American Freedom: The Ordeal of Colonial Virginia. New York: W. W. Norton.

MORNER, MAGNUS 1973. The Spanish American Hacienda: A Survey of Recent Research and Debate. Hispanic American Historical Review 53: 183–216.

MORRIS, MORRIS D. 1960. The Recruitment of an Industrial Labor Force in India, with British and American Comparisons. Comparative Studies in Society and

History 2: 305–328.

—— 1963. Towards a Reinterpretation of Nineteenth Century Indian Economic History. Journal of Economic History 23: 606–618. (Reprinted with critical comments by Toru Matsui, Bipan Chandra, and T. Raychaudhuri, Indian Economic and Social History Review,1968: 1–100, 319–388.)

—— 1965. The Emergence of an Industrial Labor Force in India: A Study of the Bombay Cotton Mills 1854–1947. Berkeley and Los Angeles: University of California Press.

MORRIS, MORRIS D., and BURTON STEIN 1961. The Economic History of India: A Bibliographic Essay. Journal of Economic History 21: 179–207.

MORTON-WILLIAMS, PETER 1964. The Oyo Yoruba and the Atlantic Slave Trade, 1670–1830. Journal of the Historical Society of Nigeria 3: 24–45.

—— 1965. The Fulani Penetration into Nupe and Yoruba in the Nineteenth Century. *In* Political Systems and the Distribution of Power.Michael Banton, ed. Pp. 1–24. Association of Social Anthropologists, Monograph No.2. London: Tavistock Publications.

—— 1967. The Yoruba Kingdom of Oyo in the Nineteenth Century. *In* West African Kingdoms in the Nineteenth Century. Daryll Forde and Phyllis Kaberry, eds. Pp. 36–69. London: Oxford University Press.

—— 1969. The Influence of Habitat and Trade on the Polities of Oyo and Ashanti. *In* Man in Africa. Mary Douglas and Phyllis Kaberry,eds. Pp. 79–98. London: Tavistock Publications.

MOZIÑO, JOSÉ MARIANO 1970. Noticias de Nutka: An Account of Nootka Sound in 1792. American Ethnological Society, Monograph No.50. Seattle: University of Washington Press.

MUDENGE, S. I. 1974. The Role of Foreign Trade in the Rozvi Empire: A Reappraisal. Journal of African History 15: 373–391.

MUKHERJEE, RAMKRISHNA 1958. The Rise and Fall of the East India Company: A Sociological Appraisal. Berlin: VEB Deutscher Verlag der Wissenschaften.

MUKHERJEE, S. N. 1970. Class, Caste and Politics in Calcutta, 1815–38. *In* Elites in South Asia. E. R. Leach and S. N. Mukherjee, eds. Pp. 38–78. Cambridge. Cambridge University Press.

MURDOCK, GEORGE P. 1949. Social Structure. New York: Macmillan.

MURPHEY, RHOADS 1977. The Outsiders: The Western Experience in India and China. Ann Arbor: University of Michigan Press.

MURPHY, ROBERT F. 1958. Matrilocality and Patrilineality in Mundurucú Society. American Anthropologist 58: 414–434.

—— 1960. Headhunters' Heritage: Social and Economic Change Among the Mundurucú Indians. Berkeley and Los Angeles: University of California Press.

MURRA, JOHN V. 1972. El control 'vertical' de un máximo de pisos ecológicos en la economía de las sociedades andinas. *In* Iñigo Ortiz de Zúñiga, visitador, visita de la provincia de León de Huánuco en 1562, Vol.1. John V. Murra, ed. Pp. 427–476. Documentos para la Historia y Etnología de Huánuco y la Selva Central. Huánuco. Peru: Universidad Hermilio Valdizán.

—— 1975. Formaciones económicas y políticas del mundo andino. Lima: Instituto de Estudios Peruanos.

NACLA-East Apparel Project, North American Congress for Latin America 1977. Capital on the Move: An Overview. NACLA's Latin American and Empire Report 11: 2–3.

NASH, GARY B. 1974. Red, White, and Black: The Peoples of Early America. Englewood Cliffs, NJ: Prentice-Hall.

NEHNEVAJSA, JIRI, and ALBERT FRANCES 1959. Automation and Stratification. *In* Automation and Society. Howard B. Jacobson and Joseph S. Roucek, eds. Pp. 394–415. New York: Philosophical Library.

NEKICH, SANDRA 1974. The Feast of the Dead: The Origin of the Indian-White Trade Ceremonies in the West. Western Canadian Journal of Anthropology 4: 1–20.

NELL, EDWARD 1973. Economics: The Revival of Political Economy. *In* Ideology in Social Science: Readings in Critical Social Theory.Robin Blackburn, ed. Pp. 76–95. New York: Vintage Books/Random House.

NEWELL, WILLIAM H. 1974. Comment on "The Caste System Upside Down," by Joan P. Mencher. Current Anthropology 15: 487–488.

NEWITT MALYN D. D. 1973. Portuguese Settlement on the Zambesi: Exploration, Land Tenure and Colonial Rule in East Africa. NewYork: Africana.

NIKOLINAKOS, MARIOS 1975. Notes Towards a General Theory of Migration in Late Capitalism. Race and Class 17: 5–17.

NORTH, DOUGLASS C. 1961. The Economic Growth of the United States 1790–1860. Englewood Cliffs, NJ: Prentice-Hall.

NORTHRUP, DAVID 1972. The Growth of Trade Among the Igbo Before 1800. Journal of African History 13: 217–236.

NUGENT, DAVID 1980. Closed Systems and Contradiction: The Kachin In and Out of History. Manuscript, files of the author, Department of Anthropology, Columbia University, New York.

OBERG, KALERVO 1973. The Social Economy of the Tlingit Indians. American Ethnological Society, Monograph No.55. Seattle: University of Washington.

O'CONNOR, JAMES 1974. The Corporations and the State: Essays in the Theory of Capitalism and Imperialism. New York: Harper &Row.

O'LAUGHLIN, BRIDGET 1975. Marxist Approaches in Anthropology. Annual Review of Anthropology 4: 341–370.

OLIEN, MICHAEL D. 1970. The Negro in Costa Rica: The Role of an Ethnic Minority in a Developing Society. Developing Nations Monograph Series. No.3. Winston-Salem, NC: Overseas Research Center, Wake Forest University.

OLIVEIRA MARQUES, A. H. DE 1972. History of Portugal. 2 vols. New York: Columbia University Press.

OLIVER, DOUGLAS L. 1962. The Pacific Islands. Revised edition. Cambridge, MA: Harvard University Press.

OLIVER, ROLAND A. 1970. The Problem of Bantu Expansion. *In* Papers in African Prehistory. J. D. Fage and R. A. Oliver, eds. Pp. 141–156. Cambridge: Cambridge University Press.

OLIVER, ROLANDA., and BRIAN FAGAN 1975. Africa in the Iron Age, 500 B.C. to A.D. 1400. London: Cambridge University Press.

OLIVER, ROLANDA., and J. D. FAGE 1962. A Short History of Africa. New York: New York University Press.

OLIVER, SYMMES C. 1974. Ecology and Cultural Continuity as Contributing Factors in the Social Organization of the Plains Indians. *In* Man in Adaptation: The Cultural Present. 2d edition. Yehudi A. Cohen, ed. Pp. 302–322. Chicago: Aldine.

OLLMAN, BERTELL 1976. Alienation. 2d edition. Cambridge: Cambridge University Press.

ONSELEN, CHARLES VAN 1976. Chibaro: African Mine Labour in Southern Rhodesia 1900–1933. London: Pluto Press.

—— 1979. The World the Mineowners Made: Social Themes in the Economic Transformation of the Witwatersrand, 1886–1914. Review 3:289–302.

ORIGO, IRIS 1955. The Domestic Enemy: The Eastern Slaves in Tuscany in the 14th and 15th Centuries. Speculum 30: 321–366.

—— 1957. The Merchant of Prato, Francesco Di Marco Datini, 1335–1410. London: Jonathan Cape.

ORLOVE, BENJAMIN 1977. Integration Through Production: The Use of Zonation in Espinar. American Ethnologist 4: 84–101.

ORTEGA Y GASSET, JOSÉ 1937. Invertebrate Spain. New York: W. W. Norton. (First pub. in Spanish 1921.)

ORTIZ, FERNANDO 1947. Cuban Counterpoint: Tobacco and Sugar. New York: Knopf. (First pub. in Spanish in 1940.)

OSGOOD E. S. 1957. The Day of the Cattleman. Chicago: Phoenix Books.

OSTROGORSKY, GEORG 1957. History of the Byzantine State. New Brunswick, NJ: Rutgers University Press. (First pub. in German 1940.)

OTTENBERG, SIMON 1958. Ibo Oracles and Intergroup Relations. Southwestern Journal of Anthropology 14: 295–317.

OTTERBEIN, KEITH F. 1964. Why the Iroquois Won: An Analysis of Iroquois Military Tactics. Ethnohistory 11: 56–63.

OWEN, E. R. J. 1969. Cotton and the Egyptian Economy 1820–1914: A Study in Trade and Development. Oxford: Clarendon Press.

OWEN, ROGER, and BOB SUTCLIFFE, eds. 1972. Studies in the Theory of Imperialism. London: Longman.

PALERM, ÁNGEL 1949. El industrialismo y la decadencia. Presencia (Mexico City), Nos. 5–6: 38–80.

—— 1979. Sobre la formación del sistema colonial: apuntes para una discusión. *In* Ensayos sobre el desarrollo económico de México y América Latina (1500–1975). Enrique Florescano, ed. Pp. 93–127. Mexico City: Fondo de Cultura Económica.

PALMER, ROBIN, and NEIL PARSONS, eds. 1977. The Roots of Rural Poverty in Central and Southern Africa. Berkeley, Los Angeles, London: University of California Press.

PARRY, J. H. 1966. The Establishment of the European Hegemony 1415–1715: Trade and Exploration in the Age of the Renaissance. 3d revised edition. New York: Harper Torchbooks/Harper & Row.

—— 1971. Trade and Dominion: The European Overseas Empires in the Eighteenth Century. London: Weidenfeld & Nicolson.

—— 1973. The Spanish Seaborne Empire. Harmondsworth: Penguin Books.

PARTRIDGE, WILLIAM L. 1979. Banana County in the Wake of the United Fruit: Social and Economic Linkages. American Ethnologist 6: 491–509.

PECKHAM, HOWARD H. 1970. Pontiac and the Indian Uprising. New York: Russell and Russell. (First pub. 1947.)

PELZER, KARL 1945. Pioneer Settlement in the Asiatic Tropics: Land Utilization and Agricultural Colonization in Southeast Asia. American Geographical Society, Special Publication No.29. New York: American Geographical Society.

PENDLE, GEORGE 1963. A History of Latin America. Baltimore: Penguin.

PERDUE, THEDA 1979. Slavery and the Evolution of Cherokee Society 1540–1866. Knoxville: University of Tennessee Press.

PERKIN, HAROLD J. 1969. The Origins of Modern English Society 1780–1880. Toronto: University of Toronto Press.

PHILLIPS, PAUL C. 1961. The Fur Trade. 2 vols. Norman: University of Oklahoma Press

PHILLIPSON, D. W. 1977. The Spread of the Bantu Language. Scientific American 286: 106–114.

PIKE, RUTH 1966. Enterprise and Adventure: The Genoese in Seville and the Opening of the New World. Ithaca, NY: Cornell University Press.

PIRENNE, HENRI 1937. Economic and Social History of Medieval Europe. New York: Harcourt Brace. (First pub. in French 1933.)

PLATT, D. C. M. 1973. Latin America and British Trade, 1806–1914. The Merchant Adventurers Series. New York: Harper & Row/Barnes& Noble.

POLANYI, KARL 1957. The Great Transformation: The Political and Economic Origins of Our Time. Boston: Beacon Press. (First pub.1944.)

—— 1966. Dahomey and the Slave Trade. American Ethnological Society, Monograph No.42. Seattle: University of Washington Press.

POLLARD, SIDNEY 1965. The Genesis of Modern Management: A Study of the Industrial Revolution in Great Britain. Cambridge, MA: Harvard University Press.

POLLOCK, N. C., and SWANZIE AGNEW 1963. An Historical Geography of South Africa. London: Longmans.

POPPINO, ROLLIE 1968. Brazil: The Land and People. London: Oxford University Press.

PORTES, ALEJANDRO 1978. Migration and Underdevelopment. Politics and Society 8: 1–48.

POTTER, JACK M. 1976. Thai Peasant Social Structure. Chicago: University of Chicago Press.

POULANTZAS, NICOS 1973. Political Power and Social Classes. London: New Left Books. (First pub. in French 1968.)

—— 1978. Classes in Contemporary Capitalism. London: Verso. (First pub. in French

1974.)

PRAWER, JOSHUA, and SHMUEL N. EISENSTADT 1968. Feudalism. *In* International Encyclopedia of the Social Sciences, Vol.5. David Sills, ed. Pp. 393–403. New York: Macmillan and Free Press.

QUAIN, BUELL 1937. The Iroquois. In Cooperation and Competition Among Primitive Peoples. Margaret Mead, ed. Pp. 240–281. NewYork: McGraw-Hill.

RAGATZ, LOWELL J. 1928. The Fall of the Planter Class in the British Caribbean, 1763–1833. New York: Century.

RAMOS, ALCIDA R. 1978. Mundurucú: Social Change or False Problem? American Ethnologist 5: 675–689.

RANDLE, MARTHA C. 1951. Iroquois Women, Then and Now. Bulletin of the Bureau of American Ethnology, No.149:167–180.

RANGER, TERENCE O., ed. 1968. Aspects of Central African History. Evanston, IL: Northwestern University Press.

RAWICK, GEORGE P. 1972. From Sundown to Sunup: The Making of the Black Community. Contributions in Afro-American and African Studies, No.11. Westport, CT: Greenwood.

RAWSKI, EVELYN SAKAKIDA 1972. Agricultural Change and the Peasant Economy of South China. Harvard East Asian Series, No.66. Cambridge, MA: Harvard University Press.

RAY, ARTHUR J. 1974. Indians in the Fur Trade: Their Role as Hunters, Trappers and Middlemen in the Lands Southwest of Hudson Bay 1660–1870. Toronto: University of Toronto Press.

RAYCHAUDHURI TAPAN, ed. 1960. Contributions to Indian Economic History, Vol.1. Calcutta: Firma K. L. Mukhopadhyay.

REDFORD, ARTHUR 1976. Labour Migration in England, 1800–1850. 3d edition. Manchester: Manchester University Press. (First pub.1926.)

REES, ALBERT 1961. Real Wages in Manufacturing: 1890–1914. Princeton, NJ: Princeton University Press.

REICHEL-DOLMATOFF, GERARDO 1961. The Agricultural Basis of the Sub-Andean Chiefdoms of Colombia. *In* The Evolutionof Horticultural Systems in Native South America: Causes and Consequences. A Symposium. Johannes Wilbert, ed. Pp. 83–100. Supplement Publication No.2, Antropológica. Caracas: Sociedad de Ciencias Naturales La Salle.

—— 1965. Colombia. New York: Praeger.

REY, PIERRE-PHILIPPE 1976. Les alliances de classes. Paris: François Maspéro.

REYNOLDS, ROBERT L. 1957. The Mediterranean Frontiers, 1000–1400. *In* The Frontier in Perspective. Walker D. Wyman and Clifton B. Kroeber, eds. Pp. 21–34. Madison: University of Wisconsin Press.

—— 1961. Europe Emerges. Madison: University of Wisconsin Press.

RIBEIRO, DARCY 1968. The Civilizational Process. Washington, DC: Smithsonian Institution Press.

RICH, E. E. 1955. Russia and the Colonial Fur Trade. Economic History Review 7: 307–328.

—— 1959. History of the Hudson's Bay Company 1670–1870. 2 vols. London: Hudson's Bay Record Society.

RICHARDS, ALAN R. 1977. Primitive Accumulation in Egypt, 1798–1882. Review 1: 3–49.

RICHARDS, CARA B. 1957. Matriarchy or Mistake: The Role of Iroquois Women Through Time. *In* Cultural Stability and CulturalChange. Proceedings of the 1957 Annual Spring Meeting of the American Ethnological Society. Verne F. Ray, ed. Pp. 36–45. Seattle: American Ethnological Society, University of Washington.

RICHARDS, D. S., ed. 1970. Islam and the Trade of Asia: A Colloquium. Oxford: Bruno Cassirer; Philadelphia: University of Pennsylvania Press.

RICHARDS, W. 1980. The Import of Firearms into West Africa in the 18th Century. Journal of African History 21: 43–59.

ROBEQUAIN, CHARLES 1944. The Economic Development of French Indo-China. London: Oxford University Press. (First pub. in French 1939.)

ROBERTS, ANDREW D. 1973. A History of the Bemba: Political Growth and Change in North-eastern Zambia Before 1900. Madison: University of Wisconsin Press.

ROBINSON, K. R. 1966. The Archaeology of the Rozwi. *In* The Zambezian Past: Studies in Central African History. Eric T. Stokes and R. Brown, eds. Pp. 3–27. Manchester: University of Manchester Press.

ROBINSON, RONALD 1972. Non-European Foundations of European Imperialism: Sketch for a Theory of Collaboration. *In* Studies inthe Theory of Imperialism. Roger Owen and Bob Sutcliffe, eds. Pp. 118–140. London: Longman.

RODINSON, MAXIME 1966. Islam et capitalisme. Paris: Éditions du Seuil.

RODNEY, WALTER 1970. A History of the Upper Guinea Coast. Oxford: Clarendon Press.

ROFF, WILLIAM R. 1967. The Origins of Malay Nationalism. New Haven, CT: Yale University Press.

ROGERS, EDWARD S. 1969. Band Organization Among the Indians of Eastern Subarctic Canada. *In* Contributions to Anthropology: Band Societies. Proceedings of the Conference on Band Organization, Ottawa, 1965. David Damas, ed. Pp. 21–50. National Museumof Canada Bulletin No.228, Anthropological Series No.84. Ottawa: National Museums of Canada.

ROGIN, MICHAEL P. 1975. Fathers and Children: Andrew Jackson and the Subjugation of the American Indian. New York: Knopf.

ROHRBOUGH, MALCOLM J. 1968. The Land Office Business: The Settlement and Administration of American Public Lands, 1789–1837. New York: Oxford University Press.

ROKKAN, STEIN 1975. Dimensions of State Formation and Nation-Building: A Possible Paradigm for Research on Variations Within Europe. *In* The Formation of National States in Western Europe. Charles Tilly, ed. Pp. 562–600. Princeton, NJ: Princeton University Press.

ROLLWAGEN, JACK 1980. New Directions in Urban Anthropology: Building an Ethnography and an Ethnology of the world system. *In* Urban Life: Readings in Urban Anthropology. George Gmelch and Walter P. Zenner, eds. Pp. 370–382. New York: St. Martin's Press.

ROSAS, PAUL 1943. Caste and Class in India. Science and Society 7: 141–167.

ROSEBERRY, WILLIAM 1978. Historical Materialism and The People of Puerto Rico. *In* Social Anthropology in Puerto Rico. Special issue. Robert Duncan, ed. Revista Interamericana (San Germán, Puerto Rico) 8: 26–36.

ROSECRANCE, RICHARD N. 1964. The Radical Culture of Australia. *In* The Founding of New Societies. Louis Hartz, ed. Pp. 275–318. New York: Harcourt, Brace and World.

ROSENBERG, HANS 1967. Grosse Depression and Bismarckzeit: Wirtschaftsablauf, Gesellschaft and Politik in Mitteleuropa. Veröffentlichungen der Historischen Komission zu Berlin beim Friedrich-Meinecke-Institut der Freien Universität Berlin, Vol.24; Publikationen zur Geschichte der Industrialisierung, Vol.2. Berlin: Walter de Gruyter.

ROSENBERG, HARRIET G. 1978. The Experience of Underdevelopment: Change in a French Alpine Village from the Old Regime tothe Present. Ph.D dissertation, Departments of Anthropology and History, University of Michigan, Ann Arbor.

ROSENBLUM, GERALD 1973. Immigrant Workers: Their Impact on American Labor Radicalism. New York: Basic Books.

ROSMAN, ABRAHAM, and PAULA RUBEL 1971. Feasting with Mine Enemy: Rank and Exchange Among Northwest Coast Societies. New York: Columbia University Press.

ROSTOW, WALT WHITMAN 1960. The Stages of Economic Growth: A Non-Communist Manifesto. Cambridge: Cambridge University Press.

—— 1975. How It All Began: Origins of the Modern Economy. New York: McGraw-Hill.

—— 1978. The World Economy: History and Prospect. Austin: University of Texas Press.

ROTBERG, ROBERT I., and H. NEVILLE CHITTICK, eds. 1975. East Africa and the Orient: Cultural Syntheses in Pre-Colonial Times.New York: Africana.

ROTHENBERG, DIANE 1976. Erosion of Power: An Economic Basis for the Selective Conservatism of Seneca Women in the Nineteenth Century. Western Canadian Journal of Anthropology 6: 106–122.

ROWE, JOHN H. 1957. The Incas Under Spanish Colonial Institutions. Hispanic American Historical Review 37: 155–199.

ROWE, WILLIAM L. 1973. Caste, Kinship, and Association in Urban India. *In* Urban Anthropology. Aidan Southall, ed. Pp. 211–249. New York: Oxford University Press.

ROWTHORN, BOB 1976. Late Capitalism. New Left Review, No.98: 59–83.

RUSSELL, JOSIAH C. 1958. Late Ancient and Medieval Populations. Transactions of the American Philosophical Society Philadelphia, Vol.43, No.3.

—— 1972. Medieval Regions and Their Cities. Bloomington: Indiana University Press.

RUYLE, EUGENE 1973. Slavery, Surplus, and Stratification on the Northwest Coast: The Ethnoenergetics of an Incipient Stratification System. Current Anthropology 14: 603–631.

SAHLINS, MARSHALL D. 1960. Political Power and the Economy in Primitive Society. *In* Essays in the Science of Culture in Honor of Leslie A. White. Gertrude E. Dole and Robert L. Carneiro, eds., Pp. 390–415. New York: Thomas Y. Crowell.

—— 1972. Stone Age Economics. Chicago: Aldine-Atherton.

SAHLINS, MARSHALL D., and ELMAN R. SERVICE, eds. 1960. Evolution and Culture. Ann Arbor: University of Michigan Press.

SAINI, KRISHAN G. 1971. A Case of Aborted Economic Growth: India, 1860–1913. Journal of Asian History 5: 89–118.

SANDERS, WILLIAM T., and JOSEPH MARINO 1970. New World Prehistory. Englewood Cliffs, NJ: Prentice-Hall.

SANDERS, WILLIAM T, and BARBARA J. PRICE 1968. Mesoamerica: The Evolution of a Civilization. New York: Random House.

SANSOM, ROBERT L. 1970. The Economics of Insurgency in the Mekong Delta of Vietnam. Cambridge, MA: MIT Press.

SANTAMARÍA, DANIEL J. 1977. La propriedad de la tierra y la condición social del indio en el Alto Perú, 1780–1810. Desarrollo Económico: Revista de Ciencias Sociales (Buenos Aires, Argentina) 17: 253–271.

SASSEN-KOOB, SASKIA 1978. The International Circulation of Resources and Development: The Case of Migrant Labour. Developmentand Change 9: 509–545.

—— 1981. Notes Towards a Conceptualization of Immigrant Labor. Social Problems, 29: 65–85.

SAUER, CARL O. 1966. The Early Spanish Main. Berkeley and Los Angeles: University of California Press.

SCHAPERA, ISAAC 1940. The Political Organization of the Ngwato of Bechuanaland Protectorate. *In* African Political Systems. Meyer Fortes and E. E. Evans-Pritchard, eds. Pp. 56–82. London: Oxford University Press.

SCHERMERHORN, RICHARD A. 1978. Ethnic Plurality in India. Tucson: University of Arizona Press.

SCHLUMBOHM, JÜRGEN 1977. Produktionsverhältnisse-Produktivkräfte-Krisen in der Proto-Industrialisierung. *In* Industrialisierung vor der Industrialisierung: Gewerbliche Warenproduktion auf dem Land in der Formationsperiode des Kapitalismus. Peter Kriedre, Hans Medick, and Jürgen Schlumbohm, eds. Pp. 194–257. Veröffentlichungen des Max-Planck-Instituts ür Geschichte 53. Göttingen: Vandenhoeck & Ruprecht.

SCHMIDT, ALFRED 1971. The Concept of Nature in Marx. London: New Left Books.

SCHNEIDER, DAVID M. 1972. What Is Kinship All About? *In* Kinship Studies in the Morgan Centennial Year. Priscilla Reining, ed. Pp. 32–63. Washington, DC: Anthropological Society of Washington.

SCHNEIDER, JANE 1977. Was There a Pre-Capitalist World System? Peasant Studies 6: 20–29.

SCHNEIDER, JANE, and PETER SCHNEIDER 1976. Culture and Political Economy in Western Sicily. New York: Academic Press.

SCHUMPETER, JOSEPH 1939. Business Cycles: A Theoretical, Historical and Statistical Analysis of the Capitalist Process. 2 vols. NewYork: McGraw-Hill.

SCOBIE, JAMES R. 1964. Revolution on the Pampas: A Social History of Argentine Wheat, 1860–1910. Austin: University of Texas Press.

SCOTT, JOAN WALLACH 1974. The Glassworkers of Carmaux: French Craftsmen and Political Action in a Nineteenth-Century City. Cambridge, MA: Harvard University Press.

SECOY, FRANK R. 1953. Changing Military Patterns on the Great Plains (17th Century Through Early 19th Century). American Ethnological Society, Monograph No.21. New York: J. J. Augustin.

SEDDON, DAVID, ed. 1974. Relations of Production: Marxist Approaches to Economic Anthropology. London: Frank Cass.

SÉE, HENRI 1937. Orígen y evolución del capiralismo moderno. Mexico City: Fondo de Cultura Económica. (First pub. in French 1926.)

SELLNOW, IRMGARD 1961. Grundprinzipien einer Periodisierung der Urgeschichte. Berlin: Akademie Verlag.

SERENI, EMILIO 1968. Il capitalismo nelle campagne (1860–1900). Turin: Einaudi.

SERVICE, ELMAN R. 1962. Primitive Social Organization: An Evolutionary Perspective. New York: Random House.

—— 1968. War and Our Contemporary Ancestors. *In* War: The Anthropology of Armed Conflict and Aggression. Morton H. Fried,Marvin Harris, and Robert F. Murphy, eds. Pp. 160–167. Garden City, NY: Natural History Press.

SHANIN, TEODOR 1978. The Peasants Are Coming: Migrants Who Labour, Peasants Who Travel, and Marxists Who Write. Race and Class 19: 277–288.

SHAPIRO, SEYMOUR 1967. Capital and the Cotton Industry in the Industrial Revolution. Ithaca, NY: Cornell University Press.

SHARP, LAURISTON, and LUCIEN M. HANKS 1978. Bang Chan: Social History of a Rural Community in Thailand. Ithaca, NY: Cornell University Press.

SHARP, LAURISTON, HAZEL M. HAUCK, KAMOL JANLEKHA, and ROBERT B. TEXTOR 1953. Siamese Rice Village: APreliminary Study of Bang Chan, 1948–1949. Bangkok: Cornell Research Center.

SHARP, WILLIAM FREDERICK 1976. Slavery on the Spanish Frontier: The Colombian Chocó 1680–1810. Norman: University of Oklahoma Press.

SHARROCK, SUSAN R. 1974. Crees, Cree-Assiniboines, and Assiniboines: Inter-ethnic Social Organization on the Far Northern Plains. Ethnohistory 21: 95–122.

SHELVANKAR, K. S. 1943. The Problem of India. Harmondsworth: Penguin Books.

SHINEBERG, DOROTHY 1966. The Sandalwood Trade in Melanesian Economics, 1841–65. Journal of Pacific History 1: 129–146.

—— 1967. They Came for Sandalwood: A Study of the Sandalwood Trade in the South-West Pacific 1830–1865. Carlton: Melbourne University Press.

—— 1970. Guns and Men in Melanesia. Journal of Pacific History 5: 61–82.

SHIOZAWA, KIMIO 1965. Les historiens japonais et le mode de production asiatique. La Pensée. No.122: 63–78.

SIDER, GERALD M. 1970. The Political History of the Lumbee Indians of Robeson County, North Carolina: A Case Study of Ethnic Political Affiliations. Ph.D. dissertation, Department of Anthropology, New School of Social Research, New York.

SILVERBERG, JAMES ed. 1968. Social Mobility in the Caste System in India. Comparative Studies in Society and History: Supplement Ⅲ.

SIMKIN, C. G. F. 1968. The Traditional Trade of Asia. London: Oxford University Press.

SIMONS, H. J. 1949. Race Relations and Policies in Southern and Eastern Africa. *In* Most of the World: The Peoples of Africa, Latin America, and the East Today. Ralph Linton, ed. Pp. 271–330. New York: Columbia University Press.

SIMONS, H. J., and R. E. SIMONS 1969. Class and Colour in South Africa. Harmondsworth: Penguin Books.

SINDER, LEON 1964. Caste Instability in Moghul India. Seoul: Chung-ang University.

SINHA, SURAJIT 1962. Status Formation and Rajput Myth in Tribal Central India. Man in India 42: 35–80.

SISKIND, JANET 1978. Kinship and Mode of Production. American Anthropologist 80: 860–872.

SKOCPOL, THEDA 1979. States and Social Revolutions: A Comparative Analysis of France, Russia, and China. Cambridge: Cambridge University Press.

SMELSER, NEIL J. 1959. Social Change in the Industrial Revolution: An Application of Theory to the British Cotton Industry. Chicago: University of Chicago Press.

SMIT; J. W. 1975. Holland: Comment. *In* Failed Transitions to Modern Industrial Society: Renaissance Italy and Seventeenth Century Holland. First International

Colloquium 1974. Frederick Krantz and Paul M. Hohenberg, eds. Pp. 61–63. Montreal: Interuniversity Centre for European Studies.

SMITH, ABBOT E. 1947. Colonists in Bondage: White Servitude and Convict Labor in America, 1607–1776. Chapel Hill: University of North Carolina Press.

SMITH, ABDULLAHI 1972. The Early States of the Central Sudan. *In* History of West Africa. J. F Ade Ajayi and Michael Crowder, eds., Vol.1. Pp. 158–201. New York: Columbia University Press.

SMITH, C. T. 1967. An Historical Geography of Western Europe Before 1800. Praeger Advanced Geographies. New York: Praeger.

SMITH, M. G. 1965. The Plural Society in the British West Indies. Berkeley and Los Angeles: University of California Press.

SNOW, DEAN 1976. Abenaki Fur Tradc in the Sixteenth Century. Western Canadian Journal of Anthropology 6: 3–11.

SOUTHALL, AIDAN W. 1953. Alur Society: A Study in Processes and Types of Domination. Cambridge, MA: W Heffer.

SPALDING, KAREN W. 1967. Indian Rural Society in Colonial Peru: The Example of Huarochiri. Ph.D. dissertation, Department ofHistory, University of California, Berkeley.

—— 1974. De indio a campesino: Cambios en la estructura social del Perú colonial. Lima: Instituto de Estudios Peruanos.

SPEAR, PERCIVAL 1963. The Nabobs: A Study of the Social Life of the English in Eighteenth Century India. London: Humphrey Milford/Oxford University Press.

—— 1970. The Mughal Mansabdari System. *In* Elites in South Asia. E. R. Leach and S. N. Mukherjee, eds. Pp. 1–15. Cambridge: Cambridge University Press.

SPODEK, HOWARD 1974. Rulers, Merchants and Other Groups in the City-States of Saurashtra, India, Around 1800. Comparative Studies in Society and History 16: 448–470.

SRINIVAS, M. N. 1959. The Dominant Caste in Rampura. American Anthropologist 61: 1–16.

—— 1961. Social Change in Modern India. Berkeley and Los Angeles: University of California Press.

STAVENHAGEN, RODOLFO 1975. Social Classes in Agrarian Societies. Garden City, NY: Anchor Press/Doubleday.

STEENSGARD, NIELS 1973. Carracks, Caravans, and Companies: The Structural Crisis in the European-Asian Trade in the Early 17thCentury. Monograph Series,

Vol.17. Copenhagen: Scandinavian Institute of Asian Studies.

STEIN, STANLEY J., and BARBARA STEIN 1970. The Colonial Heritage of Latin America. Oxford: Oxford University Press.

STENTON, DORIS M. 1952. English Society in the Early Middle Ages (1066–1307). 2d revised edition. Pelican History of England, Vol.3. Harmondsworth: Penguin Books.

STERNBERG, FRITZ 1926. Der Imperialismus. Berlin: Malik.

STEVENSON, ROBERT F. 1968. Population and Political Systems in Tropical Africa. New York: Columbia University Press.

STEWARD, JULIAN H. 1947. American Culture History in the Light of South America. Southwestern Journal of Anthropology 3: 85–107.

STEWARD, JULIAN H., ed. 1946–1959. Handbook of South American Indians, 7 vols. U.S. Bureau of American Ethnology, Bulletin143. Washington, DC: U.S. Government Printing Office.

—— 1956. The People of Puerto Rico: A Study in Social Anthropology. Urbana: University of Illinois Press.

STEWARD, JULIAN H., and LOUIS G. FARON 1959. Native Peoples of South America. New York: McGraw-Hill.

STEWART, WATT 1951. Chinese Bondage in Peru: A History of the Chinese Coolie in Peru, 1849–1874. Westport, CT: Greenwood Press.

—— 1964. Keith and Costa Rica: The Biographical Study of Minor Cooper Keith. Albuquerque: University of New Mexico Press.

STRACHEY, JOHN 1935. Nature of the Capitalist Crisis. New York: Covici Friede.

STRAYER, JOSEPH R. 1970. On the Medieval Origins of the Modem State. Princeton, NJ: Princeton University Press.

STRICKON, ARNOLD 1960. The Grandsons of the Gauchos: A Study in Subcultural Persistence. Ph.D. dissertation, Department of Anthropology, Columbia University, New York.

—— 1965. The Euro-American Ranching Complex. *In* Man, Culture, and Animals. Anthony Leeds and Andrew P. Vayda, eds. Pp. 229–258. American Association for the Advancement of Science, Publication 78. Washington, DC: American Association for the Advancement of Science.

STURTEVANT, WILLIAM C. 1962. Spanish-Indian Relations in Southeastern North America. Ethnohistory 9: 41–94.

—— 1971. Creek into Seminole. *In* North American Indians in Historical Perspective.

Eleanor B. Leacock and Nancy O. Lurie, eds. Pp. 92–128. New York: Random House.

SUMMERS, ROGER 1961. The Southern Rhodesian Iron Age. Journal of African History 2: 1–13.

—— 1963. Zimbabwe: A Rhodesian Mystery. Johannesburg: Nelson.

—— 1970. The Rhodesian Iron Age. *In* Papers in African Prehistory. J. D. Fage and R. A. Oliver, eds. Pp. 157–172. Cambridge: Cambridge University Press.

SUNDSTROM, LARS 1974. The Exchange Economy of Pre-Colonial Tropical Africa. New York: St. Martin's Press. (Reprint of The Trade of Guinea, 1965).

SUTTLES, WAYNE 1960. Variation in Habitat and Culture in the Northwest Coast. Akten des 34. Internationalen Amerikanisten-Kongresses, Vienna. Pp. 522–537. Horn, Vienna: Ferdinand Berger.

SWANTON, JOHN R. 1946. The Indians of the Southeastern United States. U.S. Bureau of American Ethnology Bulletin 137. Washington, DC: U.S. Government Printing Office.

SWEEZY, PAUL M. 1942. The Theory of Capitalist Development: Principles of Marxian Political Economy. New York: Oxford University Press.

TAWNEY, R. H. 1967. The Agrarian Problem in the Sixteenth Century. New York: Harper & Row. (First pub. 1912.)

TAYLOR, GEORGE ROGERS 1951. The Transportation Revolution 1815–1860. The Economic History of the United States, Vol.4. NewYork: Rinehart.

TAYLOR, WILLIAM B. 1972. Landlord and Peasant in Colonial Oaxaca. Stanford, CA: Stanford University Press.

TEGGART, FREDERICK J. 1939. Rome and China: A Study of Correlations in Historical Events. Berkeley and Los Angeles: University of California Press.

TENG, SsU-YÜ, and JOHN K. FAIRBANK 1961. China's Response to the West: A Documentary Survey 1839–1923. Cambridge, MA: Harvard University Press.

TERRAY, EMMANUEL 1973. Technologie, état et tradition en Afrique. Annales 28: 1331–1338.

—— 1975. Classes and Class Consciousness in the Abron Kingdom of Gyaman. *In* Marxist Analyses and Social Anthropology. Maurice Bloch, ed. Pp. 85–135. Association of Social Anthropologists, Studies No.2. London: Malaby Press.

THIRSK, JOAN 1974. The Disappearance of the English Peasantry. Paper presented at the Peasant Seminar, Centre of International and Area Studies, University of London, March 15. Mimeographed version P.74/37.

THOMPSON, EDGAR T: 1975. Plantation Societies, Race Relations, and the South: The Regimentation of Populations. Durham, NC: Duke University Press.

THOMPSON, E. P. 1966. The Making of the English Working Class. New York: Vintage Books.

—— 1978a. Eighteenth-Century English Society: Class Struggle Without Class? Social History 3: 133–165.

—— 1978b. The Poverty of Theory and Other Essays. New York and London: Monthly Review Press.

THOMPSON, LEONARD 1969. Cooperation and Conflict: The Zulu Kingdom and Natal. *In* The Oxford History of South Africa, Vol.1: South Africa to 1870. Monica Wilson and Leonard Thompson, eds. Pp. 334–390. New York and London: Oxford University Press.

THORNER, DANIEL 1950. Investment in Empire: British Railway and Steam Shipping Enterprise in India, 1825–1849. Philadelphia: University of Pennsylvania Press.

—— 1964. Agricultural Cooperatives in India: A Field Report. London: Asia Publishing House.

THORNER, DANIEL, and ALICE THORNER 1962. Land and Labour in India. Bombay: Asia Publishing House.

THRUPP, SYLVIA L. 1962. The Merchant Class of Medieval London (1300–1500). Ann Arbor: University of Michigan Press.

TILLY, CHARLES 1964. The Vendée: A Sociological Analysis of the Counterrevolution of 1793. New York: Wiley.

—— 1975. Food Supply and Public Order in Modern Europe. *In* The Formation of National States in Western Europe. Charles Tilly, ed. Pp. 380–455. Princeton, NJ: Princeton University Press.

—— 1976. Sociology, History, and the Origins of the European Proletariat. Center for Research on Social Organization, Working Paper No.148. Ann Arbor: University of Michigan.

TILLY, CHARLES, ed. 1975. The Formation of National States in Western Europe. Princeton, NJ: Princeton University Press.

TINKER, HUGH 1974. A New System of Slavery: The Export of Indian Labour Overseas 1830–1920. London: Oxford University Press.

TITIEV, MISCHA 1943. The Influence of Common Residence on the Unilateral Classification of Kindred. American Anthropologist 45: 511–530.

TOGAN, A. ZEKI VALIDI 1939. Ibn Fadlan's Reisebericht. Abhandlungen für die Kunde des Morgenlandes (Leipzig) 24 (3).

TÖKEI, FERENC 1966. Sur le mode de production asiatique. Paris: Centre d'Études et de Recherches marxistes. (First Hungarian ed.1965; first German transl. 1969.)

TÖPFER, BERNHARD 1974. Zu einigen Grundfragen des Feudalismus. Ein Diskussionsbeitrag. *In* Feudalismus. Heide Wunder, ed. Pp. 221–254. Munich: Nymphenburger Verlagshandlung.

TOUSSAINT, AUGUSTE 1966. History of the Indian Ocean. Chicago: University of Chicago Press.

TRELEASE, ALLEN W. 1960. Indian Affairs in Colonial New York: The Seventeenth Century. Ithaca, NY: Cornell University Press.

TREMPÉ, ROLANDE 1971. Les mincurs de Carmaux. Paris: Éditions Ouvrières.

TRIGGER, BRUCE G. 1976. The Children of Aataentsic: A History of the Huron People to 1660. 2 vols. Montreal: McGill-Queen's University Press.

TRIGGER, BRUCE, ed. 1978. Handbook of North American Indians, Vol.5: The Northeast. Washington, DC: Smithsonian Institution.

TRIMBERGER, ELLEN K. 1978. Revolution from Above: Military Bureaucrats and Development in Japan, Turkey, Egypt, and Peru. New Brunswick, NJ: Transaction Books.

TURNER, BRYAN S. 1978. Marx and the End of Orientalism. Controversies in Sociology, No.7. London: Allen & Unwin.

TURNER, VICTOR 1967. The Forest of Symbols: Aspects of Ndembu Ritual. Ithaca, NY: Cornell University Press.

TWICHETT, DENIS 1962. Land Tenure and the Social Order in T'ang and Sung China. Inaugural Lecture, November 28th, 1961. London: School of Oriental and African Studies, University of London.

UCHENDU, VICTOR C. 1965. The Igbo of Southeast Nigeria. New York: Holt, Rinehart & Winston.

UDOVITCH, ABRAHAM L. 1970. Partnership and Profit in Medieval Islam. Princeton, NJ: Princeton University Press.

UDOVITCH, ABRAHAM L., ed. 1980. The Islamic Middle East, 700–1900: Studies in Social and Economic History. Princeton, NJ: Princeton University Press.

UKERS, WILLIAM H. 1935. All About Coffee. 2d edition. New York: Tea and Coffee Trade Journal Company.

URE, ANDREW 1967. The Philosophy of Manufacturers or, an Exposition of the

Scientific, Moral, and Commercial Economy of the Factory System of Great Britain. Reprints of Economic Classics. New York: Augustus M. Kelley. (First pub. 1835.)

VANSINA, JAN 1962. Long Distance Trade-Routes in Central Africa. Journal of African History 3: 375–390.

—— 1963. Notes sur l'origine du royaume du Congo. Journal of African History 4: 33–38.

—— 1968. Kingdoms of the Savanna. Madison: University of Wisconsin Press.

VANSINA, JAN, R. MAUNY, and L. V. THOMAS, eds. 1964. The Historian in Tropical Africa. London: Oxford University Press.

VASILIEV, L. S., and I. A. STUCHEVSKII 1967. Three Models for the Origin and Evolution of Precapitalist Societies. Soviet Review: A Journal of Translations 8: 26–39.

VELLUT, JEAN-LUC 1972. Notes sur le Lunda et la frontière Luso-Africaine (1700–1900). Études d'Histoire Africaine 3: 61–166.

VENABLE, VERNON 1945. Human Nature: The Marxian View. New York: Knopf.

VERCAUTEREN, FERNAND 1967. The Circulation of Merchants in Western Europe from the 6th to the 10th Century: Economic and Cultural Aspects. *In* Early Medieval Society. Sylvia L. Thrupp, ed. Pp. 185–195. New York: Appleton-Century-Crofts.

VERLINDEN, CHARLES 1955. L'esclavage dans l'Europe mediévale. Vol.1: Peninsule Ibérique. France. Bruges: De Tempel.

VÍCENS VIVES, JAIME 1969. Economic History of Spain. Princeton, NJ: Princeton University Press. (First pub. in Spanish 1955.)

—— 1970. Approaches to the History of Spain. Revised edition. Berkeley, Los Angeles, London: University of California Press. (First pub.in Spanish 1952.)

VILLAMARÍN, JUAN A. 1972. Encomenderos and Indians in the Formation of Colonial Society in the Sabana de Bogotá, Colombia:1537–1740. Ph.D. dissertation, Department of Anthropology, Brandeis University, Waltham, Mass.

—— 1975. Haciendas en la Sabana de Bogotá, Colombia, en la época colonial: 1539–1810. *In* Haciendas, latifundios y plantaciones. Enrique Florescano, ed. Pp. 327–345. Mexico City: Siglo XXI Editores.

VILLAMARÍN, JUAN, and JUDITH E. VILLAMARÍN 1975. Indian Labor in Mainland Colonial Spanish America. University of Delaware Latin American Studies Program Occasional Papers and Monographs, No.1. Newark: University of

Delaware Latin AmericanStudies Program.

—— 1979. Chibcha Settlement Patterns Under Spanish Rule 1537–1810. *In* Social Fabric and Spatial Structures in Colonial Latin America. Dellplain Monograph Series in Latin American Studies, Vol.1. David J. Robinson, ed. Pp. 25–84. Syracuse, NY: Departmentof Geography, Syracuse University.

VOLOŠ1NOV, VALENTIN N. 1973. Marxism and the Philosophy of Language. New York and London: Seminar Press. (First pub. in Russian 1930.)

VRIES, JAN DE 1974. Dutch Rural Economy in the Golden Age, 1500–1700. New Haven, CT: Yale University Press.

—— 1975. Holland: Commentary: In Failed Transitions to Modern Industrial Society: Renaissance Italy and Seventeenth Century Holland. First International Colloqium 1974. Frederick Krantz and Paul M. Hohenberg, eds. Pp. 55–57. Montreal: InteruniversityCentre for European Studies.

WADSWORTH, A. P., and JULIA DE LACY MANN 1931. The Cotton Trade and Industrial Lancashire, 1600–1780. Manchester: Manchester University Press.

WAGLEY, CHARLES 1953. Amazon Town: A Study of Man in the Tropics. New York: Macmillan.

WAKEMAN, FREDERIC, JR. 1974. Strangers at the Gate: Social Disorder in South China 1839–1861. Berkeley, Los Angeles, London: University of California Press.

—— 1975. The Fall of Imperial China. New York: Free Press.

WALKER, MACK 1964. Germany and the Emigration, 1816–1885. Cambridge, MA: Harvard University Press.

—— 1971. German Home Towns: Community, State, and General Estate 1648–1871. Ithaca, NY: Cornell University Press.

WALLACE, ANTHONY F. C. 1970. The Death and the Rebirth of the Senecas. New York: Knopf.

WALLERSTEIN, IMMANUEL 1974. The Modern World-System: Capitalist Agriculture and the Origins of the European World-Economy in the Sixteenth Century. New York: Academic Press.

—— 1979. Kondratieff Up or Kondratieff Down? Review 2: 663–673.

WANG, YÜ-CH'ÜAN 1936. The Rise of the Land Tax and the Fall of Dynasties in Chinese History. Pacific Affairs 9: 201–220.

WARD, R. GERARD 1972. The Pacific Bêche-de-Mer Trade with Special Reference to Fiji. *In* Man in the Pacific Islands. R. Gerard Ward, ed. Pp. 91–123. Oxford: Clarendon Press.

WARD, R. GERARD, ed. 1972. Man in the Pacific Islands. Oxford: Clarendon Press.

WARD, W. E. F. 1966. A History of Ghana. London: Allen & Unwin.

WARNER, W. LLOYD 1958. A Black Civilization: A Social Study of an Australian Tribe. Revised edition. New York: Harper & Row. (Firstpub. 1937.)

WARNER, W. LLOYD, and J. LOW 1947. The Social System of a Modern Factory. New Haven, CT: Yale University Press.

WASHBURN, WILCOMB E., ed. 1964. The Indian and the White Man. Documents in American Civilization Series. New York: Anchor Books.

WASSERSTROM, ROBERT 1977. Land and Labour in Central Chiapas: A Regional Analysis. Development and Change 8: 441–463.

—— 1978. Population Growth and Economic Development in Chiapas, 1524–1975. Human Ecology 6:127–143.

WATROUS, STEPHEN D. 1966. John Ledyard's Journey Through Russia and Siberia 1787–1788. The Journal and Selected Letters. Madison: University of Wisconsin Press.

WATSON, ANDREW M. 1974. The Arab Agricultural Revolution and Its Diffusion, 700–1100. Journal of Economic History 34: 8–35.

WATSON, JAMES L., ed. 1980. Asian and African Systems of Slavery. Oxford: Basil Blackwell.

WEBB, MALCOLM C. 1965. The Abolition of the Taboo System in Hawaii. Journal of the Polynesian Society 74: 21–39.

WEBB, WALTER P. 1931. The Great Plains. New York: Grosset's Universal Library.

WEBER, EUGEN 1976. Peasants into Frenchmen: The Modernization of Rural France 1870–1914. Stanford, CA: Stanford University Press.

WEBER, MAX 1958. The Protestant Ethic and the Spirit of Capitalism. New York: Scribner's. (First pub. in German 1904–1905.)

—— 1968. On Charisma and Institution Building: Selected Papers. Shmuel N. Eisenstadt, ed. Chicago: University of Chicago Press.

—— 1979. Developmental Tendencies in the Situation of East Elbian Rural Laborers. Economy and Society 8: 177–205. (First pub. in German 1894.)

WEBSTER, DAVID 1975. Warfare and the Evolution of the State: A Reconsideratíon. American Antiquity 40: 464–470.

—— 1976. On Theocracies. American Anthropologist 78: 812–828.

WEIGAND, PHIL C. 1978. La prehistoria del estado de Zacatecas: una interpretación. Zacatecas No.l: 203–248.

WELSH, DAVID 1971. The Growth of Towns. *In* The Oxford History of South Africa, Vol.2: South Africa 1870–1966. Monica Wilsonand Leonard Thompson, eds. Pp. 172–243. New York and Oxford: Oxford University Press.

WELSKOE ELISABETH CHARLOTTE 1957, Die Produktionsverhältnisse im Alten Orient and in der Griechisch-Römischen Antike. Berlin: Akademie Verlag.

WERNER, ERNST 1966. Die Geburt einer Grossmacht-Die Osmanen: Ein Beitrag zur Genesis des türkischen Feudalismus. Forschungenzur Mittelalterlichen Geschichte, No.13. Berlin: Akademie Verlag.

WERTHEIM, W. F. 1973. Dawning of an Asian Dream: Selected Articles on Modernization and Emancipation. Antropologisch-Sociologisch Centrum van de Universiteit van Amsterdam, Afd. Zuid-en Zuidoost Azie. Publication No.20.

—— 1974. Evolution and Revolution: The Rising Waves of Emancipation. Harmondsworth: Penguin Books.

WESSMAN, JAMES W. 1981. Anthropology and Marxism. Cambridge, MA: Schenkman.

WESTERN CANADIAN JOURNAL OF ANTHROPOLOGY 1972. Special Issue on the Fur Trade. Vol.3, No.1.

WHEATLEY, PAUL 1961. The Golden Khersonese: Studies in the Historical Geography of the Malay Peninsula Before 1500 A.D. KualaLumpur: University of Malaya Press.

—— 1975. Satyānrta in Suvarnadvīpa: From Reciprocity to Redistribution in Ancient Southeast Asia. *In* Ancient Civilizations and Trade. Jeremy A. Sabloff and C. C. Lamberg-Karlovsky, eds. Pp. 227–283. Albuquerque: University of New Mexico Press.

WHEELER, MORTIMER 1955. Rome Beyond the Imperial Frontiers. Harmondsworth: Penguin Books.

WIKE, JOYCE 1947. The Effects of the Maritime Fur Trade on Northwest Coast Indian Society. Ph.D. dissertation, Department of Anthropology, Columbia University, New York.

—— 1952. The Role of the Dead in Northwest Coast Culture. *In* Indian Tribes of Aboriginal America. Proceedings of the 29thInternational Congress of Americanists, Vol.3. Sol Tax, ed. Pp. 97–103. Chicago: University of Chicago Press.

—— 1957. More Puzzles on the Northwest Coast. American Anthropologist 59: 301–317.

—— 1958a. Social Stratification Among the Nootka. Ethnohistory 5: 219–241.

—— 1958b. Problems in Fur Trade Analysis: The Northwest Coast. American Anthropologist 60: 1086–1101.

WILBUR, CLARENCE M. 1943. Slavery in China During the Former Han Dynasty, 206 B.C.-A.D. 25. Field Museum of Natural History, Publication 525, Chicago.

WILKS, IVOR 1962. A Medieval Trade Route from the Niger to the Gulf of Guinea. Journal of African History 3: 337–341.

—— 1967. Ashanti Government. *In* West African Kingdoms in the 19th Century. Daryll Forde and P M. Kaberry, eds. Pp. 206–238. Oxford: Oxford University Press.

—— 1975. Asante in the Nineteenth Century: The Structure and Evolution of a Political Order. London: Cambridge University Press.

WILLEY, GORDON R. 1966. An Introduction to American Archaeology, Vol.1: North and Middle America. Englewood Cliffs, NJ: Prentice-Hall.

—— 1971. An Introduction to American Archaeology, Vol.2: South America. Englewood Cliffs, NJ: Prentice-Hall.

WILLIAMS, ERIC 1944. Capitalism and Slavery. Chapel Hill: University of North Carolina Press.

WILLIAMS, RAYMOND 1973a. The Country and the City. New York: Oxford University Press.

—— 1973b. Base and Superstructure in Marxist Cultural Theory. New Left Review, No.82: 3–16.

WILLIS, WILLIAM S., JR. 1955. Colonial Conflict and the Cherokee Indians 1710–1760. Ph.D. dissertation, Department of Anthropology, Columbia University, New York.

—— 1963. Divide and Rule: Red, White, and Black in the Southeast. Journal of Negro History 48: 157–176.

—— 1970. Anthropology and Negroes on the Southern Colonial Frontier. *In* The Black Experience in America. James C. Curtis and Lewis L. Gould, eds. Pp. 33–50. Austin: University of Texas Press.

—— 1980. Fusion and Separation: Archaeology and Ethnohistory in Southeastern North America. *In* Theory and Practice: Essays Presented to Gene Weltfish. Stanley Diamond, ed. Pp. 97–123. The Hague: Mouton.

WILMOTT W. E., ed. 1972. Economic Organization in Chinese Society. Stanford, CA: Stanford University Press.

WILSON, CHARLES H. 1957. Profit and Power: A Study of England and the Dutch Wars. Cambridge: Cambridge University Press.

—— 1965. England's Apprenticeship, 1603–1763. London: Longmans, Green.

WILSON, CHARLES MORROW 1947. Empire in Green and Gold. New York: Henry Holt.

WILSON, FRANCIS 1972. Labour in the South African Gold Mines, 1911–1969. African Studies 6. Cambridge: Cambridge University Press.

WILSON, GODFREY 1941–1942. The Economics of Detribalization in Northern Rhodesia. Rhodes-Livingstone Papers No. 5 (Part 1, 1941) and No.6 (Part II, 1942). London: Oxford University Press, for the Rhodes-Livingstone Institute.

WILSON, H. CLYDE 1956. A New Interpretation of the Wild Rice District of Wisconsin. American Anthropologist 58: 1059–1064.

—— 1963. An Inquiry into the Nature of Plains Indian Cultural Development. American Anthropologist 65: 355–369.

WILSON, MONICA, and LEONARD THOMPSON, eds. 1969–1971. The Oxford History of South Africa. 2 vols. Vol.1: South Africato 1870 (1969); Vol.2: South Africa 1870–1966 (1971), New York and Oxford: Oxford University Press.

WINSTON, SANFORD 1934. Indian Slavery in the Carolina Region. Journal of Negro History 19: 431–440.

WITTEK, PAUL 1957. The Rise of the Ottoman Empire. London: Royal Asiatic Society.

WITTFOGEL, KARL A. 1931. Wirtschaft and Gesellschaft Chinas, Erster Teil: Produktivkräfte, Produkts-und Zirkulations-Prozess. Schriften des Instituts für Sozialforschung an der Universität Frankfurt a.M. Vol.3. Leipzig: C. L. Hirschfeld.

—— 1957. Oriental Despotism. New Haven, CT: Yale University Press.

WOLF, ERIC R. 1951. The Social Organization of Mecca and the Origins of Islam. Southwestern Journal of Anthropology 7: 329–356.

—— 1953. La formación de la nación. Part I. Ciencias Sociales 4: 50–62.

—— 1959. Specific Aspects of Plantation Systems in the New World: Community Sub-cultures and Social Class. *In* Plantation systems inthe New World. Angel Palerm and Vera Rubin, eds. Pp. 136–146. Social Science Monograph No.7. Washington, DC: Pan American Union.

—— 1966. Peasants. Foundation of Modern Anthropology Series. Englewood Cliffs, NJ: Prentice-Hall.

—— 1969. Peasant Wars of the Twentieth Century. New York: Harper & Row.

WOLF, ERIC R., and SIDNEY W. MINTZ 1957. Haciendas and Plantations in Middle America and the Antilles. Social and Economic Studies 6: 380–411.

WOLPE, HAROLD 1972. Capitalism and Cheap Labour-Power in South Africa: From Segregation to Apartheid. Economy and Society 1:425–456.

WOLTERS, O. W. 1967. Early Indonesian Commerce: A Study of the Origins of Sriviyaya. Ithaca, NY: Cornell University Press.

—— 1970. The Fall of Śrīviyaya in Malay History. London: Lund Humphries.

WOODRUFF, PHILIP 1964. The Men Who Ruled India. 2 vols. New York: Schocken Books.

WOODRUFF, WILLIAM 1966. The Impact of Western Man, a Study of Europe's Role in the World Economy: 1760–1960. London: Macmillan.

—— 1971. The Emergence of an International Economy 1700–1914. *In* The Fontana Economic History of Europe, Vol.4: The Emergence of Industrial Societies. Carlo Cipolla, ed. *separata*. London: Fontana.

WORSLEY, PETER 1957. The Trumpet Shall Sound: A Study of 'Cargo' Cults in Melanesia. London: Macgibbon and Kee.

—— 1961. The Analysis of Rebellion and Revolution in British Social Anthropology. Science and Society 21: 26–37.

—— 1964. The Third World. London: Weidenfeld & Nicolson.

WRIGHT, GARY A. 1967. Some Aspects of Early and Mid-Seventeenth Century Exchange Networks in the Western Great Lakes. Michigan Archaeologist 13: 181–197.

WRIGHT, GAVIN 1978. The Political Economy of the Cotton South: Households, Markets, and Wealth in the Nineteenth Century. NewYork: W. W. Norton.

WUNDER, HEIDE, ed. 1971. Feudalismus. Munich: Nymphenburger Verlag.

YALMAN, NUR 1971. Under the Bo Tree: Studies in Caste, Kinship, and Marriage in the Interior of Ceylon. Berkeley, Los Angeles, London: University of California Press.

YOUNG, PHILIP D. 1971. Ngawbe: Tradition and Change Among the Western Guaymi of Panama. Illinois Studies in Anthropology, No.7. Urbana: University of Illinois Press.

ZUKIN, SHARON 1980. A Decade of the New Urban Sociology. Theory and Society 9: 575–601.

附图 1

比利牛斯山脉
阿尔卑斯山脉
阿特拉斯山脉
喀尔巴阡山脉
高加索山脉
厄尔布尔士山脉
旧 世 界
欧亚大陆的干燥气候地带
大草原
沙漠
0
500
1000 英里
0
500
1000
1500 千米

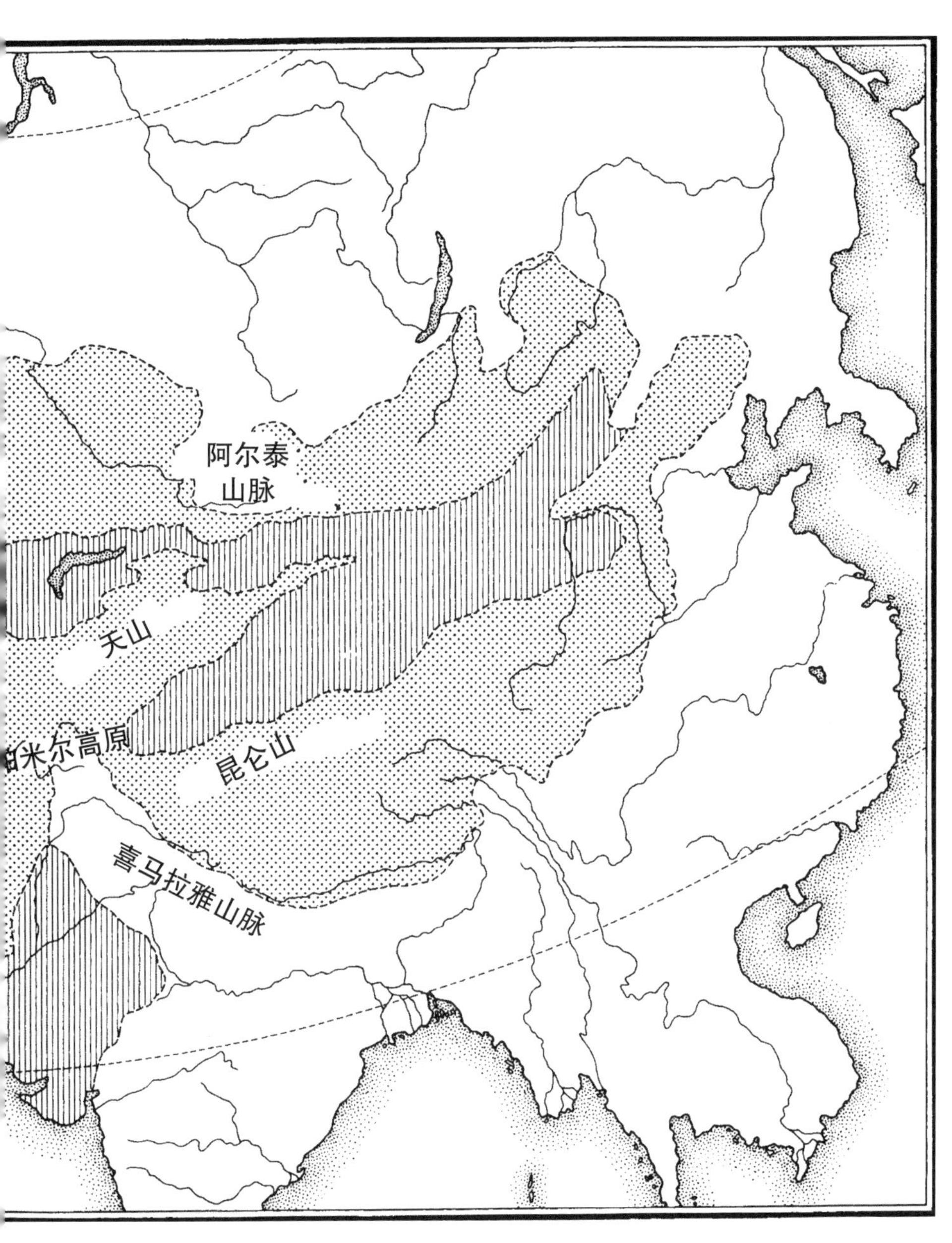

阿尔泰
山脉
天山
帕米尔高原
昆仑山
喜马拉雅山脉

附图 2

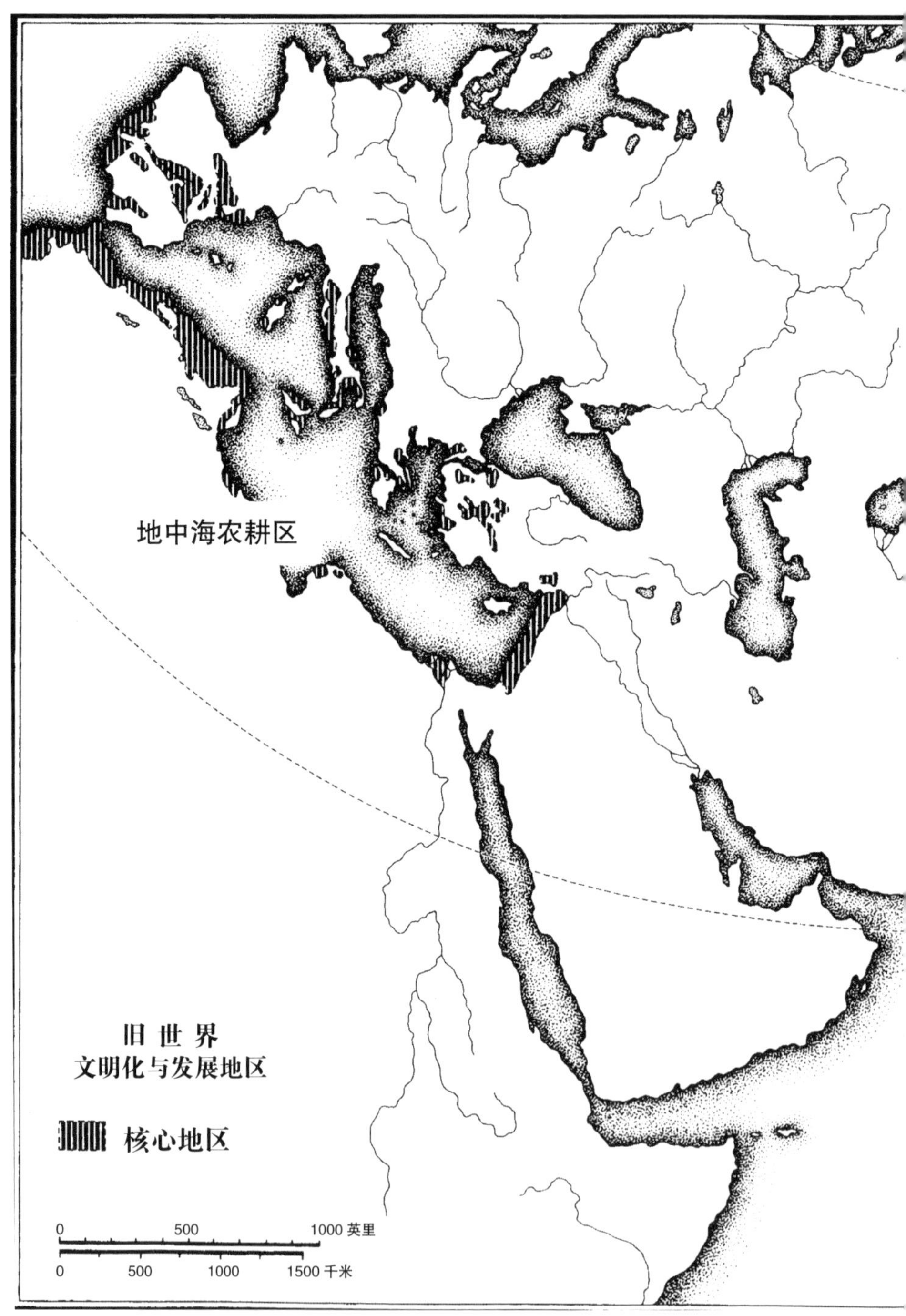

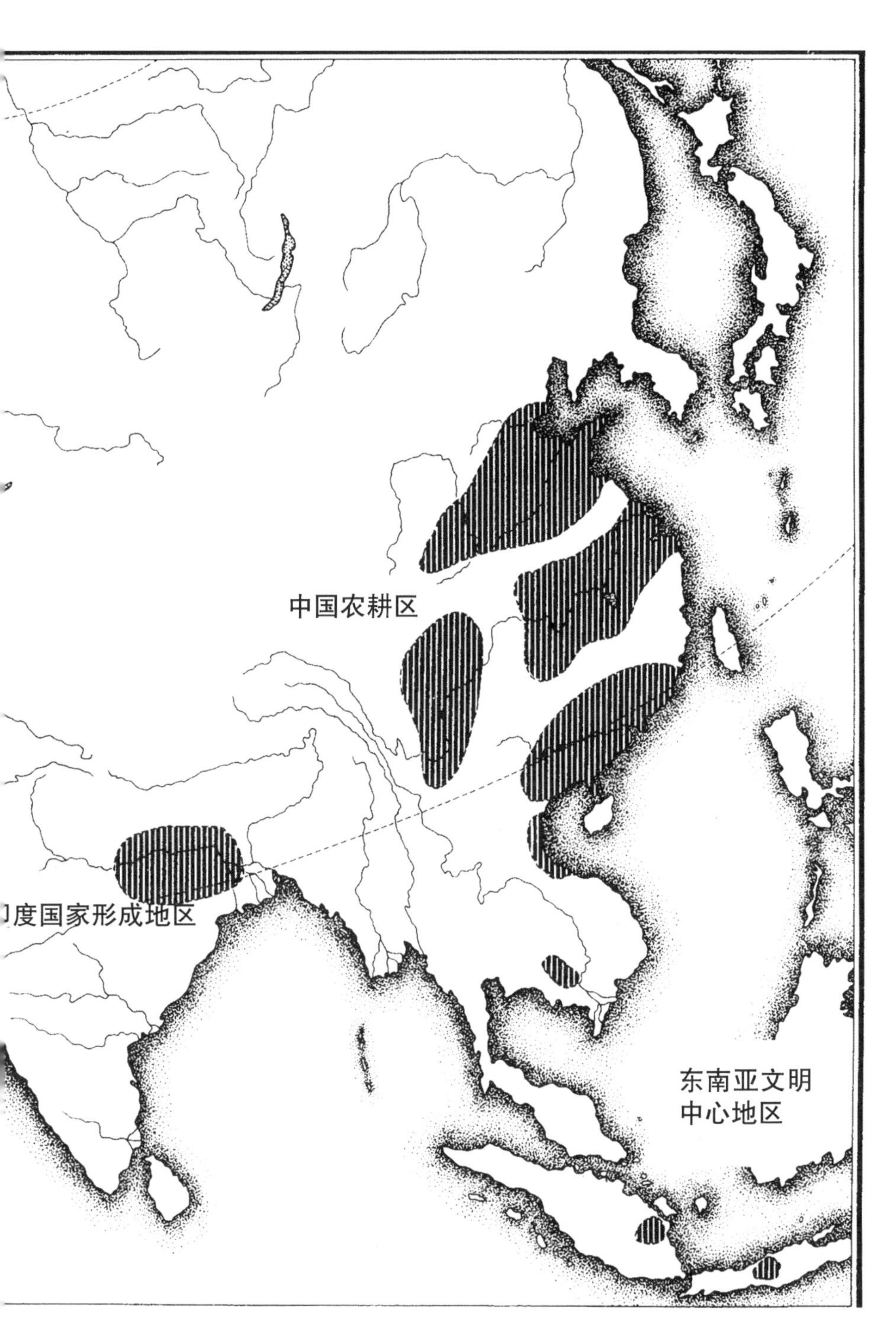
中国农耕区
度国家形成地区
东南亚文明
中心地区

图书在版编目（CIP）数据

欧洲与没有历史的人 / (美) 埃里克・R.沃尔夫(Eric R. Wolf) 著 ; 贾士蘅译. -- 北京 : 民主与建设出版社, 2018.4（2023.12重印）
书名原文: Europe and the People without History
ISBN 978-7-5139-2100-8

Ⅰ. ①欧… Ⅱ. ①埃… ②贾… Ⅲ. ①欧洲—中世纪史 Ⅳ. ①K503

中国版本图书馆CIP数据核字(2018)第066377号

版权登记号：01-2023-2747

地图审图号：GS（2018）2042号

欧洲与没有历史的人
OUZHOU YU MEIYOU LISHI DE REN

著　　者：［美］埃里克・R. 沃尔夫
译　　者：贾士蘅
责任编辑：王　颂
封面设计：徐睿绅 xuxgraphic@gmail.com
出版发行：民主与建设出版社有限责任公司
电　　话：（010）59417747　59419778
地　　址：北京市海淀区西三环中路 10 号望海楼 E 座 7 层
邮　　编：100142
印　　刷：北京盛通印刷股份有限公司
版　　次：2018 年 8 月第 1 版
印　　次：2023 年 12 月第 9 次印刷
开　　本：655 毫米 ×1000 毫米　1/16
印　　张：35
字　　数：484 千字
书　　号：ISBN 978-7-5139-2100-8
定　　价：110.00 元